NomosKommentar

Dr. Alfred G. Debus [Hrsg.]

Informationszugangsrecht Baden-Württemberg

Handkommentar

Dr. Alfred G. Debus, Referent, Ministerium für Inneres, Digitalisierung und Migration Baden-Württemberg, Stuttgart | **Prof. Dr. Anja Hentschel**, Hochschule Darmstadt | **Dr. Walter Krämer**, Referatsleiter bei dem Landesbeauftragten für den Datenschutz Baden-Württemberg, Stuttgart | **Dr. Clemens Rehm**, Abteilungsleiter im Landesarchiv Baden-Württemberg, Stuttgart | **Dr. Corinna Sicko**, Referentin, Regierungspräsidium Karlsruhe | **Ronny Vorbeck**, LL.M. Taxation, Richter am Finanzgericht, Hannover

Nomos

Die Deutsche Nationalbibliothek verzeichnet diese Publikation in der Deutschen Nationalbibliografie; detaillierte bibliografische Daten sind im Internet über http://dnb.d-nb.de abrufbar.

ISBN 978-3-8487-1697-5

1. Auflage 2017

Vorwort

Der Informationszugang nach dem Landesrecht von Baden-Württemberg ist in vielen verschiedenen Gesetzen geregelt. Sollte keine gesetzliche Regelung eingreifen, so kann ein ungeschriebener Anspruch auf ermessensfehlerfreie Entscheidung über den Informationszugang der antragstellenden Person bestehen.

Mit dem vorliegenden Kommentar wird für Informationssuchende und angefragte Stellen gleichermaßen zunächst ein Gesamtüberblick gegeben. Anschließend sind die für die Praxis wichtigsten Informationszugangsrechte kommentiert. Früher waren für die Verfahrensbeteiligten die Rechte auf Beratung, Auskunft, Akteneinsicht und Informationspflichten nach dem Landesverwaltungsverfahrensgesetz am wichtigsten. Zumindest in der gerichtlichen Praxis haben diese jedoch gegenüber den Informationsfreiheitsrechten an Bedeutung verloren. Seit dem 30.12.2015 gilt das Gesetz zur Regelung des Zugangs zu Informationen in Baden-Württemberg (Landesinformationsfreiheitsgesetz – LIFG), dessen Entstehung ich im Innenministerium von Baden-Württemberg begleiten durfte und auf welches der Schwerpunkt gelegt wurde. Daran anknüpfend werden bei den Kommentierungen der speziellen Regelungen über Umweltinformationen nach dem Umweltverwaltungsgesetz und über die Verbraucherinformationen nach dem Ausführungsgesetz zum Verbraucherinformationsgesetz häufig nur die Unterschiede zum LIFG aufgezeigt und im Übrigen auf die Kommentierung zum LIFG verwiesen. Spezieller sind die Regelungen zur Auskunft oder zur Nutzung des Archivgutes nach dem Landesarchivgesetz. Enthalten sind auch die Zugangsrechte nach dem Landesdatenschutzgesetz, nicht aber Ansprüche von speziellen Personengruppen (zB Presse und Medien oder Beamtinnen und Beamte auf Personalakteneinsicht).

Die Kommentierungen geben ausschließlich die persönliche Meinung der Autorinnen und Autoren wieder. Nichtsdestoweniger sind Wünsche für Ergänzungen und sonstige Anregungen sowie Hinweise auf Fehler ausdrücklich erwünscht und werden erbeten an Info@Debus.online.

Neben den Autorinnen und Autoren bin ich zu Dank verpflichtet im Nomos-Verlag insbesondere der betreuenden Lektorin Frau Gisela Krausnick.

Stuttgart, im Frühjahr 2017 *Alfred G. Debus*

Verzeichnis der Bearbeiterinnen und Bearbeiter

Dr. Alfred G. Debus Referent, Ministerium für Inneres, Digitalisierung und Migration Baden-Württemberg, Stuttgart	Einleitung: Gesamtüberblick, § 8 EGovG BW, §§ 4, 6 bis 11 LIFG, §§ 25, 29, 71 c LVwVfG, §§ 32 bis 35 UVwG
Prof. Dr. Anja Hentschel Hochschule Darmstadt	§§ 22 bis 31 UVwG
Dr. Walter Krämer Referatsleiter bei dem Landesbeauftragten für den Datenschutz Baden-Württemberg, Stuttgart	§§ 5, 12 LIFG, §§ 11 Abs. 4, 21, 27 LDSG
Dr. Clemens Rehm Abteilungsleiter im Landesarchiv Baden-Württemberg, Stuttgart	Vorb. LArchG, §§ 5 bis 6 a LArchG
Dr. Corinna Sicko Referentin, Regierungspräsidium Karlsruhe	§§ 1 bis 5 AGVIG iVm §§ 1 bis 7 VIG, §§ 1 bis 3 LIFG
Ronny Vorbeck, LL.M. Taxation Richter am Finanzgericht, Hannover	Einleitung: Ungeschriebene Ansprüche auf Informationszugang

Inhaltsverzeichnis

Abkürzungsverzeichnis

9. BImSchV	Neunte Verordnung zur Durchführung des Bundes-Immissionsschutzgesetzes (Verordnung über das Genehmigungsverfahren)
a. M.	am Main
aA	anderer Ansicht
aaO	am angegebenen Ort
Aarhus-Konvention	Übereinkommen über den Zugang zu Informationen, die Öffentlichkeitsbeteiligung an Entscheidungsverfahren und den Zugang zu Gerichten in Umweltangelegenheiten v. 25. 6.1998
AbgG	Gesetz über die Rechtsverhältnisse der Mitglieder des Deutschen Bundestages (Abgeordnetengesetz – AbgG)
AbgG BW	Gesetz über die Rechtsverhältnisse der Mitglieder des Landtags (Abgeordnetengesetz – AbgG)
ABl.	Amtsblatt der Union
Abs.	Absatz
aE	am Ende
AEUV	Vertrag über die Arbeitsweisen der Europäischen Union
aF	alte Fassung
AGVIG	Ausführungsgesetz zum Verbraucherinformationsgesetz (AGVIG)
AGVwGO	Gesetz zur Ausführung der Verwaltungsgerichtsordnung (AGVwGO)
AIG BB	Akteneinsichts- und Informationszugangsgesetz (AIG) (für das Land Brandenburg)
allg.	allgemein
Alt.	Alternative(n)
aM	anderer Meinung
Anh.	Anhang
Anm.	Anmerkung
AO	Abgabenordnung (AO)
AöR	Archiv des öffentlichen Rechts
APrO-LMK	Verordnung des Ministeriums für Ländlichen Raum und Verbraucherschutz über die Ausbildung und Prüfung von Lebensmittelkontrolleurinnen und Lebensmittelkontrolleuren (Ausbildungs- und Prüfungsordnung für Lebensmittelkontrolleurinnen und Lebensmittelkontrolleure - APrO-LMK)
ArchG LSA	Archivgesetz Sachsen-Anhalt (ArchG LSA)

ArchGB	Gesetz über die Sicherung und Benutzung von Archivgut des Landes Berlin (Archivgesetz des Landes Berlin – ArchGB)
ArchG-ProfE	Schoch, Friedrich/Kloepfer, Michael/Garstka, Hansjürgen: Archivgesetz (ArchG-ProfE), 2007
ArchivG NRW	Archivgesetz Nordrhein-Westfalen (ArchivG NRW)
Art.	Artikel
AtVfV	Verordnung über das Verfahren bei der Genehmigung von Anlagen nach § 7 des Atomgesetzes (Atomrechtliche Verfahrensverordnung – AtVfV)
AufenthG	Gesetz über den Aufenthalt, die Erwerbstätigkeit und die Integration von Ausländern im Bundesgebiet (Aufenthaltsgesetz – AufenthG)
Aufl.	Auflage
ausf.	ausführlich
Az.	Aktenzeichen
Bad. GVBl.	Badisches Gesetz- und Verordnungsblatt
BaFin	Bundesanstalt für Finanzdienstleistungsaufsicht
BArchG	Gesetz über die Sicherung und Nutzung von Archivgut des Bundes (Bundesarchivgesetz – BArchG)
BauGB	Baugesetzbuch (BauGB)
BayArchivG	Bayerisches Archivgesetz (BayArchivG)
BayUIG	Bayerisches Umweltinformationsgesetz (BayUIG)
BayVBl	Bayerische Verwaltungsblätter
BayVGH	Bayerischer Verwaltungsgerichtshof
BayVwVfG	Bayerisches Verwaltungsverfahrensgesetz (BayVwVfG)
BB	Betriebs-Berater/Brandenburg
BBergG	Bundesberggesetz (BBergG)
BbgArchivG	Brandenburgisches Archivgesetz (BbgArchivG)
BbgUIG	Umweltinformationsgesetz des Landes Brandenburg (BbgUIG)
Bd.	Band
BE	Berlin
BeamtStG	Gesetz zur Regelung des Statusrechts der Beamtinnen und Beamten in den Ländern (Beamtenstatusgesetz – BeamtStG)
BeckOK Datenschutzrecht	Wolff, Heinrich Amadeus/Brink, Stefan: Datenschutzrecht in Bund und Ländern
BeckOK InfoMedien	Gersdorf, Hubertus/Paal, Boris P.: Informations- und Medienrecht, Kommentar

BeckOK-GG	Epping, Volker/Hillgruber, Christian: Beck'scher Online-Kommentar, GG
BeckRS	Beck online Rechtsprechung
BEG	Bundesgesetz zur Entschädigung für Opfer der nationalsozialistischen Verfolgung (Bundesentschädigungsgesetz – BEG)
Begr.	Begründung
Bek.	Bekanntmachung
ber.	berichtigt
bes.	besonders
Beschl.	Beschluss
BfDI	Bundesbeauftragte(r) für den Datenschutz und die Informationsfreiheit
BFH	Bundesfinanzhof
BFHE	Sammlung der Entscheidungen des BFH
BGB	Bürgerliches Gesetzbuch (BGB)
BGBl.	Bundesgesetzblatt
BGH	Bundesgerichtshof
BImSchG	Gesetz zum Schutz vor schädlichen Umwelteinwirkungen durch Luftverunreinigungen, Geräusche, Erschütterungen und ähnliche Vorgänge (Bundes-Immissionsschutzgesetz – BImSchG)
BLL Leitfaden VIG	Bund für Lebensmittelrecht und Lebensmittelkunde e.V. (BLL), Leitfaden Verbraucherinformationsgesetz, 2008
BMF	Bundesministerium der Finanzen
BMG	Bundesmeldegesetz (BMG)
BMG	Bundesministerium für Gesundheit
BMI	Bundesminister des Inneren
BNatSchG	Gesetz über Naturschutz und Landschaftspflege (Bundesnaturschutzgesetz – BNatSchG)
BRAO	Bundesrechtsanwaltsordnung
BR-Drs.	Drucksache des Bundesrates
BremArchivG	Bremisches Archivgesetz (BremArchivG)
BremIFG	Gesetz über die Freiheit des Zugangs zu Informationen für das Land Bremen (Bremer Informationsfreiheitsgesetz – BremIFG)
BremUIG	Umweltinformationsgesetz für das Land Bremen (BremUIG)
BremVwVfG	Bremisches Verwaltungsverfahrensgesetz (BremVwVfG)
BSI-Gesetz	Gesetz über das Bundesamt für Sicherheit in der Informationstechnik (BSI-Gesetz – BSIG)

bspw	beispielsweise
BStBl	Bundessteuerblatt
BT-Drs.	Drucksache des Bundestages
BVerfG	Bundesverfassungsgericht
BVerfGE	Sammlung der Entscheidungen des BVerfG
BVerwG	Bundesverwaltungsgericht
BVerwGE	Sammlung der Entscheidungen des BVerwG
BW	Baden-Württemberg
BY	Bayern
bzgl	bezüglich
bzw	beziehungsweise
CR	Computer und Recht
ders.	derselbe
dh	das heißt
dies.	dieselbe
Dok.	Dokument
DÖV	Die öffentliche Verwaltung
DSchG	Denkmalschutzgesetz
DStR	Deutsches Steuerrecht
DStZ	Deutsche Steuerzeitung
DVBl	Deutsches Verwaltungsblatt
e.V.	eingetragener Verein
EAEG	Einlagensicherungs- und Anlegerentschädigungsgesetz
EAG BW	Gesetz über Einheitliche Ansprechpartner für das Land Baden-Württemberg (EAG BW)
ebd.	ebenda
EFG	Entscheidungen der Finanzgerichte
EG	Europäische Gemeinschaft(en)
EGMR	Europäische Gerichtshof für Menschenrechte
EGovG Bln	Gesetz zur Förderung des E-Government (E-Government-Gesetz Berlin – EGovG Bln)
EGovG BW	Gesetz zur Förderung der elektronischen Verwaltung des Landes Baden-Württemberg (E-Government-Gesetz Baden-Württemberg – EGovG BW)
EGovG M-V	Gesetz zur Förderung der elektronischen Verwaltungstätigkeit in Mecklenburg-Vorpommern (E-Government-Gesetz Mecklenburg-Vorpommern – EGovG M-V)

EGovG NRW	Gesetz zur Förderung der elektronischen Verwaltung in Nordrhein-Westfalen (E-Government-Gesetz Nordrhein-Westfalen – EGovG NRW)
Einf.	Einführung
Einl.	Einleitung
einschl.	einschließlich
EL	Ergänzungslieferung
EMRK	Konvention zum Schutz der Menschenrechte und Grundfreiheiten
endg.	endgültig
et al.	et alii/aliae (und andere Personen)
etc.	et cetera
EU	Europäische Union
EuGH	Europäischer Gerichtshof
EurUP	Zeitschrift für Europäisches Umwelt- und Planungsrecht
EUV	Vertrag über die Europäische Union
EuZW	Europäische Zeitschrift für Wirtschaftsrecht
EvaluationsVO	Verordnung des Kultusministeriums über die Evaluation von Schulen (EvaluationsVO)
evtl	eventuell
f	folgende
FA-VerwR	Terwiesche, Michael (Hrsg.): Handbuch des Fachanwalts Verwaltungsrecht, 2. Aufl., 2012
ff	folgende
FG	Festgabe/Finanzgericht
FGO	Finanzgerichtsordnung (FGO)
Fn	Fußnote(n)
FPR	Familie, Partnerschaft, Recht
FS	Festschrift
FVG	Gesetz über die Finanzverwaltung (Finanzverwaltungsgesetz – FVG)
GABl.	Gemeinsames Amtsblatt
GBl.	Gesetzblatt
GBO	Grundbuchordnung (GBO)
gem.	gemäß
GemO	Gemeindeordnung
GenTG	Gesetz zur Regelung der Gentechnik (Gentechnikgesetz – GenTG)

GewArch	Gewerbearchiv
GG	Grundgesetz
GKG	Gerichtskostengesetz
GMBl.	Gemeinsames Ministerialblatt
GO BR	Geschäftsordnung des Bundesrates (GO BR)
GRCh	Grundrechtecharta der EU
grds.	grundsätzlich
GVG	Gerichtsverfassungsgesetz (GVG)
GWB	Gesetz gegen Wettbewerbsbeschränkungen (GWB)
Habil.	Habilitationsschrift
HArchivG	Hessisches Archivgesetz (HArchivG)
HB	Bremen
Hdb	Handbuch
HE	Hessen
HessVGH	Hessischer Verwaltungsgerichtshof
HFR	Höchstrichterliche Finanzrechtsprechung
HGB	Handelsgesetzbuch (HGB)
HH	Hamburg
HK-IFG	Rossi, Matthias: Informationsfreiheitsgesetz, 2006
HK-VerwR	Fehling, Michael/Kastner, Berthold/Störmer, Rainer: Verwaltungsrecht, VwVfG – VwGO – Nebengesetze, Handkommentar, 4. Aufl. 2016
hL	herrschende Lehre
hM	herrschende Meinung
HmbArchG	Hamburgisches Archivgesetz (HmbArchG)
HmbTG	Hamburgisches Transparenzgesetz (HmbTG)
HmbUIG	Gesetz über den Zugang zu Umweltinformationen in Hamburg (Hamburgisches Umweltinformationsgesetz – HmbUIG)
HmbVwVfG	Hamburgisches Verwaltungsverfahrensgesetz (HmbVwVfG)
Hrsg.	Herausgeber
hrsg.	herausgegeben
Hs	Halbsatz
HUIG	Hessisches Umweltinformationsgesetz (HUIG)
HVwVfG	Hessisches Verwaltungsverfahrensgesetz (HVwVfG)
HwO	Gesetz zur Ordnung des Handwerks (Handwerksordnung – HwO)

idF	in der Fassung
idR	in der Regel
idS	in diesem Sinne
iE	im Ergebnis
ieS	im engeren Sinne
IFG	Gesetz zur Regelung des Zugangs zu Informationen des Bundes (Informationsfreiheitsgesetz – IFG)
IFG BE	Gesetz zur Förderung der Informationsfreiheit im Land Berlin (Berliner Informationsfreiheitsgesetz – IFG)
IFG M-V	Gesetz zur Regelung des Zugangs zu Informationen für das Land Mecklenburg-Vorpommern (Informationsfreiheitsgesetz – IFG M-V)
IFG NRW	Gesetz über die Freiheit des Zugangs zu Informationen für das Land Nordrhein-Westfalen (Informationsfreiheitsgesetz Nordrhein-Westfalen – IFG NRW)
IFG-ProfE	Schoch, Friedrich/Kloepfer, Michael: Informationsfreiheitsgesetz (IFG-ProfE), 2002
insb.	insbesondere
iS	im Sinne
iSd	im Sinne des
iSv	im Sinne von
iVm	in Verbindung mit
IWG	Gesetz über die Weiterverwendung von Informationen öffentlicher Stellen (Informationsweiterverwendungsgesetz – IWG)
iwS	im weiteren Sinne
IZG LSA	Informationszugangsgesetz Sachsen-Anhalt (IZG LSA)
IZG-SH	Informationszugangsgesetz für das Land Schleswig-Holstein (IZG-SH)
JA	Juristische Arbeitsblätter
JAPrO	Verordnung des Justizministeriums über die Ausbildung und Prüfung der Juristen (Juristenausbildungs- und Prüfungsordnung – JAPrO)
JB InfoR	Informationsfreiheit und Informationsrecht, Jahrbuch
JURA	Juristische Ausbildung
JuS	Juristische Schulung
JZ	Juristenzeitung
K&R	Kommunikation und Recht
KAG	Kommunalabgabengesetz

Kap.	Kapitel
KHEntgG	Gesetz über die Entgelte für voll- und teilstationäre Krankenhausleistungen (Krankenhausentgeltgesetz – KHEntgG)
KOM	Europäische Kommission
krit.	kritisch
KrWG	Gesetz zur Förderung der Kreislaufwirtschaft und Sicherung der umweltverträglichen Bewirtschaftung von Abfällen (Kreislaufwirtschaftsgesetz – KrWG)
KWG	Gesetz über das Kreditwesen
LArchG	Gesetz über die Pflege und Nutzung von Archivgut (Landesarchivgesetz – LArchG)
LArchG RP	Landesarchivgesetz (LArchG)
LArchG SH	Gesetz über die Sicherung und Nutzung öffentlichen Archivgutes in Schleswig-Holstein (Landesarchivgesetz – LArchG)
LArchivG M-V	Archivgesetz für das Land Mecklenburg-Vorpommern (Landesarchivgesetz – LArchivG M-V)
L-BGG	Landesgesetz zur Gleichstellung von Menschen mit Behinderungen (Landes-Behindertengleichstellungsgesetz – L-BGG)
LBG	Landesbeamtengesetz (LBG)
LBO	Landesbauordnung für Baden-Württemberg (LBO)
LDG	Landesdisziplinargesetz (LDG)
LDSG	Gesetz zum Schutz personenbezogener Daten (Landesdatenschutzgesetz – LDSG)
LFGB	Lebensmittel-, Bedarfsgegenstände- und Futtermittelgesetzbuch (Lebensmittel- und Futtermittelgesetzbuch – LFGB)
LGebG	Landesgebührengesetz (LGebG)
LGeoZG	Gesetz über den Zugang zu digitalen Geodaten für Baden-Württemberg (Landesgeodatenzugangsgesetz – LGeoZG)
LIFG	Gesetz zur Regelung des Zugangs zu Informationen in Baden-Württemberg (Landesinformationsfreiheitsgesetz – LIFG)
lit.	litera (Buchstabe/n)
LKRZ	Zeitschrift für Landes- und Kommunalrecht Hessen | Rheinland-Pfalz | Saarland
LKV	Landes- und Kommunalverwaltung
LPresseG	Gesetz über die Presse (Landespressegesetz)

LReg	Landesregierung
LS	Leitsatz
LSA	Sachsen-Anhalt
LStatG	Landesstatistikgesetz (LStatG)
LSÜG	Gesetz über die Sicherheitsüberprüfung aus Gründen des Geheimschutzes (Landessicherheitsüberprüfungsgesetz – LSÜG)
LT-Drs.	Landtagsdrucksachen
LTranspG	Landestransparenzgesetz (LTranspG)
LUIG aF	Landesumweltinformationsgesetz v. 7.3.2006 (GBl. S. 50)
LUIG M-V	Landes-Umweltinformationsgesetz (LUIG M-V)
LV	Verfassung des Landes Baden-Württemberg (LV)
LVwG SH	Allgemeines Verwaltungsgesetz für das Land Schleswig-Holstein (Landesverwaltungsgesetz – LVwG)
LVwVfG	Landesverwaltungsverfahrensgesetz
LVwVG	Verwaltungsvollstreckungsgesetz für Baden-Württemberg (Landesverwaltungsvollstreckungsgesetz – LVwVG)
LwVfG	Gesetz über das gerichtliche Verfahren in Landwirtschaftssachen
m.Anm.	mit Anmerkung
mE	meines Erachtens
MMR	Multimedia und Recht
mN	mit Nachweisen
MV	Mecklenburg-Vorpommern
mwN	mit weiteren Nachweisen
Nachw.	Nachweise
NArchG	Gesetz über die Sicherung und Nutzung von Archivgut in Niedersachsen (Niedersächsisches Archivgesetz – NArchG)
NATO	North Atlantic Treaty Organization (Organisation des Nordatlantikvertrags)
ND	Niedersachsen
nF	neue Fassung
NJW	Neue Juristische Wochenschrift
NK-BArchivG	Becker, Siegfried/Oldenhage, Klaus: Bundesarchivgesetz, 2006

NK-VwVfG	Mann, Thomas/Sennekamp, Christoph/Uechtritz, Michael: Verwaltungsverfahrensgesetz, Großkommentar, 2014
NordÖR	Zeitschrift für öffentliches Recht in Norddeutschland
Nr.	Nummer(n)
NUIG	Niedersächsisches Umweltinformationsgesetz (NUIG)
NuR	Natur und Recht
NVwVfG	Niedersachsisches Verwaltungsverfahrensgesetz (NVwVfG)
NVwZ	Neue Zeitschrift für Verwaltungsrecht
NVwZ-RR	Rechtsprechungs-Report Verwaltungsrecht
NW	Nordrhein-Westfalen
NWVBl	Nordrhein-Westfälische Verwaltungsblätter
NZS	Neue Zeitschrift für Sozialrecht
o.Ä.	oder Ähnliches
o.g.	oben genannt
OFD	Oberfinanzdirektion
OVG	Oberverwaltungsgericht
OWiG	Gesetz über Ordnungswidrigkeiten (OWiG)
ProdSG	Gesetz über die Bereitstellung von Produkten auf dem Markt (Produktsicherheitsgesetz – ProdSG)
PSI-Richtlinie 2013/37/EU	RICHTLINIE 2013/37/EU DES EUROPÄISCHEN PARLAMENTS UND DES RATES vom 26. Juni 2013 zur Änderung der Richtlinie 2003/98/EG über die Weiterverwendung von Informationen des öffentlichen Sektors
PStG	Personenstandsgesetz (PStG)
RDV	Recht der Datenverarbeitung
RL	Richtlinie
Rn	Randnummer
RP	Rheinland-Pfalz
Rs.	Rechtssache
Rspr	Rechtsprechung
s.	siehe
s.a.	siehe auch
s.o.	siehe oben
s.u.	siehe unten
SächsArchivG	Archivgesetz für den Freistaat Sachsen (SächsArchivG)

SächsEGovG	Gesetz zur Förderung der elektronischen Verwaltung im Freistaat Sachsen (Sächsisches E-Government-Gesetz – SächsEGovG)
SächsUIG	Umweltinformationsgesetz für den Freistaat Sachsen (Sächsisches Umweltinformationsgesetz – SächsUIG)
SächsVBl	Sächsische Verwaltungsblätter
SArchG	Gesetz Nr. 1296 Saarländisches Archivgesetz (SArchG)
SG	Soldatengesetz
SGB X	Zehntes Buch Sozialgesetzbuch – Sozialverwaltungsverfahren und Sozialdatenschutz –
SH	Schleswig-Holstein
SIFG	Gesetz Nr. 1596 Saarländisches Informationsfreiheitsgesetz (SIFG)
SL	Saarland
Slg	Sammlung
SN	Sachsen
sog.	so genannt
ST	Sachsen-Anhalt
st. Rspr.	ständige Rechtsprechung
StGB	Strafgesetzbuch (StGB)
StGH	Staatsgerichtshof
StPO	Strafprozeßordnung (StPO)
str.	streitig
StUG	Gesetz über die Unterlagen des Staatssicherheitsdienstes der ehemaligen Deutschen Demokratischen Republik (Stasi-Unterlagen-Gesetz – StUG)
StVG	Straßenverkehrsgesetz (StVG)
SÜG	Gesetz über die Voraussetzungen und das Verfahren von Sicherheitsüberprüfungen des Bundes (Sicherheitsüberprüfungsgesetz – SÜG)
SUIG	Saarländisches Umweltinformationsgesetz (SUIG)
SVwVfG	Saarländisches Verwaltungsverfahrensgesetz (SVwVfG)
TB	Tätigkeitsbericht
TH	Thüringen
ThürArchivG	Thüringer Gesetz über die Sicherung und Nutzung von Archivgut (Thüringer Archivgesetz – ThürArchivG)
ThürIFG	Thüringer Informationsfreiheitsgesetz (ThürIFG)
ThürUIG	Thüringer Umweltinformationsgesetz (ThürUIG)
ThürVBl	Thüringer Verwaltungsblätter
ThürVwVfG	Thüringer Verwaltungsverfahrensgesetz (ThürVwVfG)

TierSchMVG	Gesetz über Mitwirkungsrechte und das Verbandsklagerecht für anerkannte Tierschutzorganisationen (TierSchMVG)
TV-L	Tarifvertrag für den Öffentlichen Dienst der Länder (TV-L)
Tz.	Textzahl(en)
u.a.	unter anderem
uÄ	und Ähnliches
UIG	Umweltinformationsgesetz (UIG)
UIG LSA	Umweltinformationsgesetz des Landes Sachsen-Anhalt (UIG LSA)
UIG NRW	Umweltinformationsgesetz Nordrhein-Westfalen (UIG NRW)
UIRL 2003/4/EG	RICHTLINIE 2003/4/EG DES EUROPÄISCHEN PARLAMENTS UND DES RATES vom 28. Januar 2003 über den Zugang der Öffentlichkeit zu Umweltinformationen und zur Aufhebung der Richtlinie 90/313/EWG des Rates
umstr.	umstritten
UmweltHG	Umwelthaftungsgesetz (UmweltHG)
UNESCO	United Nations Educational, Scientific and Cultural Organization (Organisation der Vereinten Nationen für Erziehung, Wissenschaft und Kultur)
unstr.	unstreitig
UPR	Umwelt- und Planungsrecht
UrhG	Gesetz über Urheberrecht und verwandte Schutzrechte (Urheberrechtsgesetz)
Urt.	Urteil
usw	und so weiter
uU	unter Umständen
uVm	und Vieles mehr
UVPG	Gesetz über die Umweltverträglichkeitsprüfung (UVPG)
UVwG	Umweltverwaltungsgesetz (UVwG)
v.	von/vom
Var.	Variante(n)
VBlBW	Verwaltungsblätter für Baden-Württemberg
VerfGH	Verfassungsgerichtshof
Verw	Die Verwaltung, Zeitschrift für Verwaltungsrecht und Verwaltungswissenschaften
VerwArch	Verwaltungsarchiv

VG	Verwaltungsgericht
VGH	Verwaltungsgerichtshof
vgl	Vergleiche
VHZG	Vierteljahrshefte für Zeitgeschichte
VIG	Gesetz zur Verbesserung der gesundheitsbezogenen Verbraucherinformation (Verbraucherinformationsgesetz – VIG)
VO	Verordnung
Vorb	Vorbemerkung
VR	Verwaltungsrundschau
VS	Verschlusssache
VSA	Verwaltungsvorschrift des Innenministeriums zum materiellen und organisatorischen Schutz von Verschlusssachen vom 20.12.2004 – Az.: 5-0214.3/77 (GABl. 2005 S. 218), die durch Verwaltungsvorschrift vom 1.12.2011 – Az.: 4-0214.3/77 (GABl. S. 566) geändert worden ist
VwGO	Verwaltungsgerichtsordnung
VwVfG	Verwaltungsverfahrensgesetz (VwVfG)
VwVfGBbg	Verwaltungsverfahrensgesetz für das Land Brandenburg (VwVfGBbg)
WHG	Gesetz zur Ordnung des Wasserhaushalts (Wasserhaushaltsgesetz – WHG)
WpHG	Gesetz über den Wertpapierhandel (Wertpapierhandelsgesetz – WpHG)
WpÜG	Wertpapiererwerbs- und Übernahmegesetz (WpÜG)
WuW	Wirtschaft und Wettbewerb
zB	zum Beispiel
ZD	Zeitschrift für Datenschutz
Ziff.	Ziffer
zit.	zitiert
ZJS	Zeitschrift für das juristische Studium
ZLR	Zeitschrift für das gesamte Lebensmittelrecht
ZNER	Zeitschrift für Neues Energierecht
ZUR	Zeitschrift für Umweltrecht
zust.	zustimmend
zw.	zweifelhaft

Literatur

Angelov, Jean, Grundlagen und Grenzen eines staatsbürgerlichen Informationszugangsanspruchs, 2000 (zit. Angelov).

Bannasch, Hermann/Maisch, Andreas/Richter, Georg, Archivrecht in Baden-Württemberg, 1990 (zit. Bannasch/Maisch/Richter).

Bauer, Rainer/Heckmann, Dirk/Ruge, Kay/Schallbruch, Martin (Hrsg.), Verwaltungsverfahrensgesetz (VwVfG) mit rechtlichen Aspekten des E-Government, Kommentar, 2012 (zit. Bauer/Heckmann/Ruge/Schallbruch/Bearbeiter VwVfG).

Beck, Rita, Verbraucherinformationsgesetz, Kommentar, 2009 (zit. Beck VIG).

Becker, Siegfried/Oldenhage, Klaus, Bundesarchivgesetz, 2006 (zit. NK-BArchivG/Bearbeiter).

Berger, Sven/Kollbeck, Johannes/Partsch, Christoph/Roth, Jürgen/Scheel, Christopher, Informationsfreiheitsgesetz, 2. Aufl. 2013 (zit. Berger/Kollbeck/Partsch/Roth/Scheel/Bearbeiter IFG).

Bergmann, Lutz/Möhrle, Roland/Herb, Armin, Datenschutzrecht, Kommentar zum Bundesdatenschutzgesetz, den Datenschutzgesetzen der Länder und zum Bereichsspezifischen Datenschutz, Loseblatt (zit. Bergmann/Möhrle/Herb).

Beyerlein, Thorsten/Bochert, Günter, Verbraucherinformationsgesetz, 2010 (zit. Beyerlein/Bochert VIG).

BfDI, Anwendungshinweise zum Informationsfreiheitsgesetz (IFG). Überarbeitete Fassung (Stand: 1. August 2007), (zit. BfDI Anwendungshinweise IFG).

BfDI, BfDI-Info 1, BDSG, 19. Aufl., Juni 2016 (zit. BfDI-Info 1).

BfDI, Informationsfreiheitsgesetz des Bundes, Text und Erläuterungen, Info 2, 5. Aufl. August 2016 (zit. BfDI Info 2).

BfDI, Unterrichtung TB zur Informationsfreiheit 2008 und 2009, BT-Drs. 17/1350 (zit. BfDI 2. TB 2008 und 2009).

BfDI, Unterrichtung TB zur Informationsfreiheit 2010 und 2011, 20.4.2010, BT-Drs. 17/9100 (zit. BfDI 3. TB 2010 und 2011).

BfDI, Unterrichtung TB zur Informationsfreiheit 2012-2013, BT-Drs. 18/1200 (zit. BfDI 4. TB 2012-2013).

BfDI, Unterrichtung TB zur Informationsfreiheit für die Jahre 2006 und 2007, BT-Drs. 16/8500 (zit. BfDI 1. TB 2006 und 2007).

BfDI, Unterrichtung TB zur Informationsfreiheit für die Jahre 2014 und 2015, BT-Drs. 18/1200 (zit. BfDI 5. TB 2014 und 2015).

BMI, Anwendungshinweise zum Informationsfreiheitsgesetz, Bek. d. BMI v. 21.11.2005, GMBl. 2005, 1346-1350 (zit. BMI Anwendungshinweise IFG).

Böhm, Monika/Lingenfelder, Michael/Voit, Wolfgang, Endbericht. Auswertung der Anwendungserfahrungen mit dem Verbraucherinformationsgesetz (VIG) sowie Erarbeitung von konkreten Empfehlungen für Rechtsänderungen, 2010 (zit. Böhm/Lingenfelder/Voit).

Brandt, Jürgen/Sachs, Michael (Hrsg.), Handbuch Verwaltungsverfahren und Verwaltungsprozess, 3. Aufl. 2009 (zit. Brandt/Sachs).

Bräutigam, Tobias, Rechtsvergleichung als Konfliktvergleich. Das deutsche Informationsfreiheitsgesetz aus Perspektive des US-amerikanischen und finnischen Rechts, 2008 (zit. Bräutigam).

Brühbach, Nils (Hrsg.), Der Zugang zu Verwaltungsinformationen – Transparenz als archivische Dienstleistung, 2000 (zit. Brühbach).

Bund für Lebensmittelrecht und Lebensmittelkunde e.V. (BLL), Leitfaden Verbraucherinformationsgesetz, 2008 (zit. BLL Leitfaden VIG).

Däubler, Wolfgang/Klebe, Thomas/Wedde, Peter/Weichert, Thilo, Bundesdatenschutzgesetz, Kompaktkommentar zum BDSG, 5. Aufl. 2016 (zit. Däubler/Klebe/Wedde/Weichert/Bearbeiter BDSG).

Dolzer, Rudolf/Kahl, Wolfgang/Waldhoff, Christian (Hrsg.), Bonner Kommentar zum Grundgesetz, Loseblatt (zit. Bonner Kommentar zum GG/Bearbeiter).

Domeier, Danja/Matthes, Robert, Verbraucherinformationsgesetz, Kommentar, 2008 (zit. Domeier/Matthes VIG).

Dreier, Horst, Grundgesetz, Band I, 3. Aufl. 2013 (zit. Dreier/Bearbeiter GG).

Druey, Jean Nicolas, Information als Gegenstand des Rechts, 1995 (zit. Druey).

Epping, Volker/Hillgruber, Christian (Hrsg.), Beck'scher Online-Kommentar, GG, (zit. BeckOK-GG/Bearbeiter).

Falck, Franz-Christian, Verbraucherinformationsgesetz, 2. Aufl. 2013 (zit. Falck VIG).

Fehling, Michael/Kastner, Berthold/Störmer, Rainer, Verwaltungsrecht, VwVfG – VwGO – Nebengesetze, Handkommentar, 4. Aufl. 2016 (zit. HK-VerwR/Bearbeiter).

Fluck, Jürgen/Theuer, Andreas, Informationsfreiheitsrecht mit Umweltinformations-, Verbraucherinformations- und Informationsweiterverwendungsrecht, Kommentar, Loseblatt (zit. Fluck/Theuer/Bearbeiter).

Franßen, Georg/Seidel, Sabine, Das Informationsfreiheitsgesetz Nordrhein-Westfalen – Ein Praxiskommentar, 2007 (zit. Franßen/Seidel IFG NRW).

Frenzel, Sabine, Zugang zu Informationen der deutschen Behörden, Speyerer Arbeitshefte 131 (2000) (zit. Frenzel).

Friauf, Karl Heinrich/Höfling, Wolfram, Berliner Kommentar zum Grundgesetz, Loseblatt (zit. Friauf/Höfling/Bearbeiter GG).

Fricke, Ernst, Recht für Journalisten, 2. Aufl. 2010 (zit. Fricke).

Friedersen, Gerd-Harald/Lindemann, Niels, Informationsfreiheitsgesetz für das Land Schleswig-Holstein (IFG-SH), 2000 (zit. Friedersen/Lindemann IFG-SH).

Gassner, Ulrich M., Umweltinformationsgesetz (UIG), 2006 (zit. Gassner UIG).

Gersdorf, Hubertus/Paal, Boris P., Informations- und Medienrecht, Kommentar, (zit. BeckOK InfoMedien/Bearbeiter).

Gola, Peter/Schomerus, Rudolf, Bundesdatenschutzgesetz, 12. Aufl. 2015 (zit. Gola/Schomerus/Bearbeiter BDSG).

Grabenwarter, Christoph/Papel, Katharina, Europäische Menschenrechtskonvention, 6. Aufl. 2016 (zit. Grabenwarter/Papel).

Grabitz, Eberhard (Begr.)/*Hilf, Meinhard/Nettesheim, Martin* (Hrsg.), Das Recht der Europäischen Union, Loseblatt (zit. Grabitz/Hilf/Nettesheim/Bearbeiter).

Griebel, Thomas, Die verfahrensrechtliche Absicherung von Informationsfreiheitsrechten in rechtsvergleichender Sicht, 2007 (zit. Griebel).

Grube, Markus/Immel, Manuel/Wallau, Rochus, Verbraucherinformationsrecht, Kommentar, 2013 (zit. Grube/Immel/Wallau/Bearbeiter VIG).

Hahn, Peter, „Neues“ Verbraucherinformationsgesetz, 2. Aufl. 2013 (zit. Hahn).

Höffler, Imke, Akteneinsichtsrechte des Bürgers bei deutschen Verwaltungsbehörden, 2002 (zit. Höffler).

Hoffmann-Riem, Wolfgang/Schmidt-Aßmann, Eberhard/Voßkuhle, Andreas (Hrsg.), Grundlagen des Verwaltungsrechts, Band II, 2. Aufl. 2012 (zit. Hoffmann-Riem/Schmidt-Aßmann/Voßkuhle (Hrsg.), GrVwR II^{2}).

Hoffmann-Riem, Wolfgang/Schmidt-Aßmann, Eberhard (Hrsg.), Verwaltungsrecht in der Informationsgesellschaft, 2000 (zitiert Bearbeiter, Titel des Beitrags, Hoffmann-Riem/Schmidt-Aßmann, Informationsgesellschaft).

Hong, Kang-Hoon, Das allgemeine Informationszugangsgesetz in Deutschland und Korea. IFG und OIDA im Vergleich, 2011 (zit. Hong).

Hufen, Friedhelm/Siegel, Thorsten, Fehler im Verwaltungsverfahren, 5. Aufl. 2013 (zit. Hufen/Siegel).

Jahn, Mark, Das Informationszugangsrecht nach dem Informationsfreiheitsgesetz Schleswig-Holstein, 2007 (zit. Jahn IFG SH).

Jastrow, Serge-Daniel/Schlatmann, Arne, Informationsfreiheitsgesetz, 2006 (zit. Jastrow/Schlatmann IFG).

Karpenstein, Ulrich/Mayer, Franz C., Konvention zum Schutz der Menschenrechte und Grundfreiheiten, Kommentar, 2. Aufl. 2015 (zit. Karpenstein/Mayer/Bearbeiter EMRK).

Klessmann, Jens/Denker, Philipp/Schieferdecker, Ina/Schulz, Sönke E. (unter Mitarbeit von Hoepner, Petra/Lapi, Evanela/Marienfeld, Florian/Müller, Lena-Sophie/Tcholchev, Nikolay/Rein-Fischböck, Katharina/Borchers, Kim Corinna/Janda, Timm/Völz, Dominic/Warnecke, Thomas), Open Government Data Deutschland. Eine Studie zu Open Government in Deutschland im Auftrag des Bundesministerium des Innern, Stand: Juli 2012 (zit. Klessmann/Denker/Schieferdecker/Schulz).

Kloepfer, Michael, Informationsfreiheitsgesetz und Schutz von Betriebs- und Geschäftsgeheimnissen – Betriebs- und Geschäftsgeheimnisse in verschiedenen Rechtsgebieten und verschiedenen Kontexten, Rechtsgutachten im Auftrag des Bundesbeauftragten für den Datenschutz und die Informationsfreiheit, Juni 2011 (zit. Kloepfer Betriebs- und Geschäftsgeheimnisse).

Kloepfer, Michael, Informationsrecht, 2002 (zit. Kloepfer Informationsrecht).

Knack, Hans-Joachim (Begr.)/*Henneke, Hans-Günter* (Hrsg.), Verwaltungsverfahrensgesetz, 10. Aufl. 2014 (zit. Knack/Henneke/Bearbeiter VwVfG).

Kopp, Ferdinand O./Ramsauer, Ulrich, Verwaltungsverfahrensgesetz, 16. Aufl. 2015 (zit. Kopp/Ramsauer VwVfG).

Kugelmann, Dieter, Gesetz zur Regelung des Zugangs zu Informationen des Bundes (Informationsfreiheitsgesetz – IFG), Praxis der Kommunalverwaltung, Stand der Bearbeitung: EL September 2007 (zit. Kugelmann IFG).

Landmann, Robert von/Rohmer, Gustav (Begr.), Umweltrecht, Loseblatt (zit. Landmann/Rohmer/Bearbeiter).

Lodde, Stephan W. H., Informationsrechte des Bürgers gegen den Staat, 1996 (zit. Lodde).

Lucke, Jörn von/Geiger, Christian P., Open Government Data, Frei verfügbare Daten des öffentlichen Sektors, Gutachten für die Deutsche Telekom AG zur T-City Friedrichshafen, Version vom 3.12.2010 (zit. Lucke/Geiger).

Manegold, Bartholomäus, Archivrecht, 2002 (zit. Manegold).

Mangoldt, Herrmann von/Klein, Friedrich/Starck, Christian, Grundgesetz, Band I, 6. Aufl. 2010 (zit. Mangoldt/Klein/Starck/Bearbeiter GG).

Mann, Thomas/Sennekamp, Christoph/Uechtritz, Michael, Verwaltungsverfahrensgesetz, Großkommentar, 2014 (zit. NK-VwVfG/Bearbeiter).

Matthes, Robert, Das Informationsfreiheitsgesetz – Eine praktische Erläuterung, 2006 (zit. Matthes IFG).

Maunz, Theodor/Dürig, Günter (Begr.), Grundgesetz, Kommentar, Loseblatt (zit. Maunz/Dürig/Bearbeiter GG).

Mecklenburg, Wilhelm/Pöppelmann, Benno H., Informationsfreiheitsgesetz, 2007 (zit. Mecklenburg/Pöppelmann IFG).

Mecklenburg, Wilhelm, Entwurf eines Bürgerinformationsgesetzes präsentiert von Greenpeace e.V./Netzwerk Recherche e.V./Deutschen Gesellschaft für Informationsfreiheit e.V., 2010 (zit. Mecklenburg).

Meyer, Hans/Borgs-Maciejewski, Hermann, Verwaltungsverfahrensgesetz, 2. Aufl. 1982 (zit. Meyer/Borgs VwVfG).

Meyer-Ladewig, Jens, Europäische Menschenrechtskonvention, 4. Aufl. 2015 (zit. Meyer-Ladewig EMRK).

Münch, Ingo von/Kunig, Philip, Grundgesetz-Kommentar, Band 1, 6. Aufl. 2012 (zit. Münch/Kunig/Bearbeiter GG).

Nadler, Andreas, Die Archivierung und Benutzung staatlichen Archivgutes nach den Archivgesetzen der Bundes und der Länder, 1995 (zit. Nadler).

netzwerk recherche/Deutscher Journalisten-Verband/Deutsche Journalistinnen- und Journalisten-Union/Humanistische Union/Transparency International, Deutsches Chapter, ENTWURF FÜR EIN INFORMATIONSFREIHEITSGESETZ DES BUNDES, 2004 (zit. netzwerk recherche IFG Bund 2004).

Obermayer, Klaus/Funke-Kaiser, Michael, VwVfG, 4. Aufl. 2014 (zit. Obermayer/Funke-Kaiser VwVfG).

Palm, Thomas, Akteneinsicht im öffentlichen Recht, 2002 (zit. Palm).

Palme, Christoph, Landesumweltinformationsgesetz (LUIG) Baden-Württemberg, 2007 (zit. Palme LUIG BW).

Partsch, Christoph, Die Freiheit des Zugangs zu Verwaltungsinformationen: Akteneinsichtsrechte in Deutschland, Europa und den USA, 2002 (zit. Partsch).

Pfeiffer, Thomas/Heinke, Theresa/Portugall, Phillip (in Kooperation mit Terryn, Evelyn/Møgelvang-Hansen, Peter/Rohlfing-Dijoux, Stephani/ Birkinshaw, Patrick/ Kelly, Cliona/Munukka, Jori/Allen, Anita), Rechtsvergleichende Untersuchung des Verbraucherinformationsrechts in Deutschland, Belgien, Dänemark, Frankreich, Großbritannien, Irland, Schweden und den Vereinigten Staaten von Amerika, Abschlussbericht vom 7.5.2010, Band I und II (zit. Pfeiffer/Heinke/Portugall VIG Bd.).

Plath, Kai-Uwe (Hrsg.), BDSG/DSGVO, Kommentar zum BDSG und zur DSGVO sowie den datenschutzrechtlichen Regelungen des TMG und des TKG, 2. Aufl. 2016 (zit. Plath/Bearbeiter BDSG/DSGVO).

Polley, Rainer (Hrsg.), Archivgesetzgebung in Deutschland, 2003 (zit. Polley).

Prinzhorn, Christina, Der Grundsatz des öffentlichen Zugangs zu amtlichen Dokumenten aus der Perspektive des internationalen Rechts, materiell-rechtliche Vorgaben durch das internationale Recht für Informationszugangsrechte in den nationalen Rechtsordnungen Europas, 2009 (zit. Prinzhorn).

Redeker, Konrad/Uechtritz, Michael (Hrsg.), Anwalts-Handbuch Verwaltungsverfahren, 2. Aufl. 2012 (zit. Redeker/Uechtritz)

Rehm, Clemens/Nicole Bickhoff (Hrsg.), Rechtsfragen der Nutzung von Archivgut, 2010 (zit. Rehm/Bickhoff).

Rodi, Michael, Gutachten zur Vorbereitung einer Evaluation des Informationsfreiheitsgesetzes Mecklenburg-Vorpommern – Ermittlung von Rechtstatsachen und erste Bewertungen (Gutachten II), 2009 (zit. Rodi Gutachten II).

Rodi, Michael, Vorschläge zur wissenschaftlichen Methodik der Vorbereitung und Durchführung einer Evaluation des Informationsfreiheitsgesetzes Mecklenburg-Vorpommern, Gutachten im Auftrag des Landtages Mecklenburg-Vorpommern (Gutachten I), 2008 (zit. Rodi Gutachten I).

Rossi, Matthias, Informationsfreiheitsgesetz, 2006 (zit. HK-IFG/Rossi).

Rossi, Matthias, Informationszugangsfreiheit und Verfassungsrecht, Habil., 2004 (zit. Rossi Habil.).

Roßnagel, Alexander (Hrsg.), Handbuch Datenschutzrecht, 2003 (zit. Roßnagel/Bearbeiter).

Schaffland, Hans-Jürgen/Wiltfang, Noeme, Bundesdatenschutzgesetz (BDSG), Loseblatt (zit. Schaffland/Wiltfang/Bearbeiter BDSG).

Schlacke, Sabine/Schrader, Christian/Bunge, Thomas, Informationsrechte, Öffentlichkeitsbeteiligung und Rechtsschutz im Umweltrecht: Aarhus-Handbuch, 2010 (zit. Schlacke/Schrader/Bunge/Bearbeiter).

Schoch, Friedrich/Kloepfer, Michael/Garstka, Hansjürgen, Archivgesetz (ArchG-ProfE), 2007 (zit. ArchG-ProfE).

Schoch, Friedrich/Kloepfer, Michael, Informationsfreiheitsgesetz (IFG-ProfE), 2002 (zit. IFG-ProfE).

Schoch, Friedrich, Informationsfreiheitsgesetz, 2. Aufl. 2016 (zit. Schoch IFG).

Schomerus, Thomas/Schrader, Christian/Wegener, Bernhard W., Umweltinformationsgesetz, Handkommentar, 2. Aufl. 2002 (zit. Schomerus/Schrader/Wegener/Bearbeiter UIG).

Schomerus, Thomas, Umfang des Informationsanspruchs gegenüber dem BMU nach dem Informationsfreiheitsgesetz und dem Umweltinformationsgesetz hinsichtlich Daten, die der Bundesaufsicht nach dem Atom- und Strahlenschutzrecht vorliegen, sowie sensibler und sicherheitsrelevanter Daten nach der Störfall-Verordnung, November 2010, http://nbn-resolving.de/urn:nbn:de:0221-201011233819 (zit. Schomerus 2010).

Schulz, Evelyn, Verbraucherinformationsgesetz, 2. Auf. 2013 (zit. Schulz VIG).

Schwab, Siegfried, Das Recht auf Akteneinsicht, 1989 (zit. Schwab).

Schwarze, Jürgen (Hrsg.), EU-Kommentar, 3. Aufl. 2012 (zit. Schwarze).

Simitis, Spiros (Hrsg.), Kommentar zum Bundesdatenschutzgesetz, 8. Aufl. 2014 (zit. Simitis/Bearbeiter BDSG).

Sitsen, Michael, Informationsfreiheitsgesetz des Bundes, 2009 (zit. Sitsen).

Stelkens, Paul/Bonk, Heinz Joachim/Sachs, Michael (Hrsg.), Verwaltungsverfahrensgesetz, 8. Aufl. 2014 (zit. Stelkens/Bonk/Sachs/Bearbeiter VwVfG).

Stern, Klaus, Das Staatsrecht der Bundesrepublik Deutschland, Band IV/1, 2006 (zit. Stern).

Taeger, Jürgen/Gabel, Detlev, Kommentar zum BDSG und zu den Datenschutzvorschriften des TKG und TMG, 2. Aufl. 2013 (zit. Taeger/Gabel BDSG).

Terwiesche, Michael (Hrsg.), Handbuch des Fachanwalts Verwaltungsrecht, 2. Aufl., 2012 (zit. Terwiesche, FA-VerwR).

Trantas, Georgios, Akteneinsicht und Geheimhaltung im Verwaltungsrecht, 1998 (zit. Trantas).

Troidl, Thomas, Akteneinsicht im Verwaltungsrecht, Informationszugang gemäß VwVfG VwGO UIG VIG IFG u.a., 2013 (zit. Troidl).

Turiaux, André, Umweltinformationsgesetz, Kommentar, 1995 (zit. Turiaux, UIG).

Wegener, Bernhard W., Der geheime Staat, Arkantradition und Informationsfreiheitsrecht, 2006 (zit. Wegener).

Wettengel, Michael (Hrsg.), Digitale Herausforderungen für Archive, 1999 (zit. Wettengel).

Wolff, Heinrich Amadeus/Brink, Stefan, Datenschutzrecht in Bund und Ländern, (zit. BeckOK Datenschutzrecht/Bearbeiter).

Ziekow, Jan/Debus, Alfred G./Musch, Elisabeth, Bewährung und Fortentwicklung des Informationsfreiheitsrechts, 2013 (zit. Ziekow/Debus/Musch).

Ziekow, Jan/Debus, Alfred G./Piesker, Axel, Die Planung und Durchführung von Gesetzesevaluationen: ein Leitfaden unter besonderer Berücksichtigung datenschutzrechtlicher Eingriffe, 2013 (zit. Ziekow/Debus/Piesker).

Ziekow, Jan/Sicko, Corinna/Piesker, Axel, Abschied vom Arkanprinzip?, 2013 (zit. Ziekow/Sicko/Piesker).

Ziekow, Jan, Verwaltungsverfahrensgesetz, 3. Aufl. 2013 (zit. Ziekow VwVfG).

Einleitung

I. Gesamtüberblick

Literatur: *Ehlers/Vorbeck*, Der Anspruch auf Erteilung von Verwaltungsinformationen – Teil 1, JURA 2013, 1124 ff.

1. Einführung. Informationszugangsansprüche können durch Gesetz oder untergesetzliche Vorschriften normiert sein oder als ungeschriebener Anspruch (s. Rn 34 ff) anerkannt sein. In der Praxis sind die wichtigsten Informationszugangsrechte im Landesrecht Baden-Württemberg die nachfolgend kommentierten Regelungen über: 1

- Verbraucherinformationen nach AGVIG iVm VIG,
- Auskunft bzw Nutzung des Archivgutes nach §§ 5 ff LArchG,
- Verfahrensverzeichnis, Auskunft bzw Anrufung der oder des Landesbeauftragten für den Datenschutz nach §§ 11 Abs. 4, 21, 27 LDSG,
- amtliche Informationen nach LIFG,
- Beratung, Auskunft, Akteneinsicht (für Verfahrensbeteiligte) und Informationspflichten nach §§ 25, 29 bzw 71 c LVwVfG sowie
- Umweltinformationen nach §§ 22 ff UVwG.

Daneben bestehen noch viele normierte Informationszugangsrechte sowohl im Landes- (zB Einsicht in die Niederschrift der Gemeinderatssitzung nach 2

§ 38 Abs. 2 S. 4 GemO) als auch im Bundesrecht (zB Einsicht in das Grundbuch nach § 12 GBO) auf die nur insoweit eingegangen werden soll, als sich die Frage stellt, ob diese Spezialregeln neben oder anstelle des Landesrechtes zur Anwendung kommen (s. dazu LIFG § 1 Rn 19 ff). Ergänzend können auch noch kommunale Informationsfreiheitssatzungen Rechte vermitteln (s. LIFG § 1 Rn 49).

3 Nachfolgend werden zur Orientierung die unterschiedlichen Informationszugangsrechte nach folgenden Kriterien gruppiert:

- Überblick nach Art des Informationszugangs (s. nächste Rn ff),
- Überblick nach Voraussetzungskategorien (s. Rn 11 ff),
- Überblick nach inhaltlichen Einschränkungen des Zugangsrechts (s. Rn 18 ff),
- Überblick nach Kosten (s. Rn 24 ff) sowie
- Unterscheidung von verfahrensrechtlichen und verfahrensunabhängigen Ansprüchen bzw un- und selbständigen Informationsrechten (s. Rn 32 ff).

4 **2. Überblick nach Art des Informationszugangs.** Bei der Art des Informationszugangs ist zunächst zwischen der Pflicht der öffentlichen Stellen zur Veröffentlichung im Internet o.ä. (s. nächste Rn) und dem Informationszugang auf Antrag (s. Rn 7 ff) zu unterscheiden.

5 **a) Proaktive Informationspflichten und Open Data.** Insb. das Umweltinformationsrecht war der Motor für die **proaktiven Informationspflichten** und das Informationszugangsrecht insgesamt. Die informationspflichtigen Stellen unterrichten die Öffentlichkeit in angemessenem Umfang aktiv und systematisch über die Umwelt (dazu §§ 30 f UVwG). Veröffentlichungspflichten gelten im allgemeinen Informationsfreiheitsrecht auch nach § 11 LIFG. Außerdem können auf Antrag gewährte Informationen nach § 1 Abs. 3 AGVIG iVm § 6 Abs. 1 S. 3 VIG auch über das Internet oder in sonstiger öffentlich zugänglicher Weise zugänglich gemacht werden.

6 Diese proaktiven Informationspflichten sind eine Säule von Open Data (s. LIFG § 11 Rn 5 f).

7 **b) Informationszugang auf Antrag.** Der **Informationszugang auf Antrag** kann durch Auskunftserteilung, Gewährung von Akteneinsicht oder in sonstiger Weise eröffnet werden (idS § 1 Abs. 3 AGVIG iVm § 6 Abs. 1 S. 1 VIG, § 7 Abs. 5 S. 1 LIFG, § 24 Abs. 2 S. 1 UVwG). Der Informationszugang als umfassendste Art moderner Informationsrechte reicht damit grds. weiter als die klassischen Akteneinsichts- oder Auskunftsrechte. Allerdings ist der Informationszugang nach § 3 Nr. 3 LIFG (s. LIFG § 3 Rn 10) und das Akteneinsichtsrecht[1] auf die vorhandenen Informationen bzw den vorhandenen Aktenbestand beschränkt, während Auskunfts- und Beratungsrechte auch auf noch nicht vorhandene Informationen wie eine noch nicht aktenkundige Rechtsauskunft (vgl LVwVfG § 25 Rn 26 ff) gerichtet sein können.

1 IdS Kopp/Ramsauer VwVfG § 29 Rn 6 a.

Bei der **Akteneinsicht** erhält die antragstellende Person – anders als bei der von der informationspflichtigen Stelle erbrachten Auskunft (s. nachfolgende Rn) – durch eigene Sinneswahrnehmung unmittelbaren Zugang zu den amtlichen Informationen.[2] Dieses Begriffsverständnis kommt insb. in § 7 Abs. 6 LIFG (s. dort Rn 36) und § 29 Abs. 3 LVwVfG (s. dort Rn 54) zum Ausdruck. Eine Einsichtnahme muss auch nicht zwingend – zumal wenn Schwärzungen erforderlich sind – unmittelbar in die Originalakte erfolgen, vielmehr ist die Einsichtnahme in Kopien (s. dazu LVwVfG § 29 Rn 56), die der antragstellenden Person überdies zugesendet werden können, möglich.[3] Bei elektronisch geführten Akten können die Behörden nach § 8 EGovG BW Akteneinsicht dadurch gewähren, „dass sie 1. einen Aktenausdruck zur Verfügung stellen, 2. elektronische Dokumente übermitteln oder 3. den elektronischen lesenden Zugriff auf den Inhalt der Akten gestatten." Hinsichtlich der Form der Einsichtnahme ist der verpflichteten Stelle idR Ermessen eingeräumt (vgl LIFG § 7 Rn 43 ff und LVwVfG § 29 Rn 53). Auch bezieht sich das Akteneinsichtsrecht auf den vollständigen Aktenbestand, geht darüber aber nicht hinaus,[4] demgegenüber kann eine Auskunft auch auf Informationsgenerierung gerichtet sein (s. vorherige Rn). 8

Ein Aliud gegenüber der Akteneinsicht ist die **Auskunft** nach dem engen Verständnis der Informationsfreiheitsgesetze (idS § 1 Abs. 3 AGVIG iVm § 6 Abs. 1 S. 1 VIG, § 7 Abs. 5 S. 1 LIFG, § 24 Abs. 2 S. 1 UVwG). Im LVwVfG ergibt sich diese Unterscheidung aus der Systematik, wonach in § 25 ein Auskunftsrecht und in § 29 ein Akteneinsichtsrecht geregelt ist. Demgegenüber kann nach § 21 Abs. 3 S. 2 LDSG (ggf iVm § 5 Abs. 1 S. 1 LArchG) Akteneinsicht eine Form der Auskunftserteilung sein. Nicht eindeutig ist das Verhältnis zur Akteneinsicht bei der Auskunft nach § 4 LPresseG, welche zwar grds. keine Akteneinsicht umfasst, aber für Ausnahmefälle auch die Möglichkeit einer Akteneinsicht erwogen wurde.[5] Prägendes Merkmal von Auskünften ist jedenfalls, dass sie auf die von der informationspflichtigen Stelle erfolgende Wiedergabe des Inhalts der amtlichen Informationen gerichtet sind,[6] wobei nach dem engen Verständnis eine unmittelbare eigene Sinneswahrnehmung der antragstellenden Person von der Information als Sonderfall der Akteneinsicht nicht umfasst ist. Dabei kann eine Auskunft – weitergehend als die Akteneinsicht (s. vorherige Rn) oder der Informationszugang nach LIFG (s. LIFG § 3 Rn 8) – auch auf die Informationsgenerierung gerichtet sein (s. oben Rn 7). 9

Während aus dem Begriff Auskunft folgt, dass die Behörde nur auf Verlangen tätig wird, kann eine Behörde zur **Beratung** etwa nach § 25 LVwVfG auf Verlangen oder sogar ohne Verlagen verpflichtet sein (s. LVwVfG § 25 Rn 26). 10

---

2 IdS BeckOK InfoMedienR/Debus IFG § 1 Rn 169; Schoch IFG § 1 Rn 258.
3 IdS BMI GMBl. 2005, 1346, 1347; BeckOK InfoMedienR/Debus IFG § 1 Rn 169; Schoch IFG § 1 Rn 263.
4 Zu § 29 VwVfG: Kopp/Ramsauer VwVfG § 29 Rn 6 a.
5 VG Dresden v. 7.5.2009, 5 L 42/09, juris Rn 74.
6 IdS BeckOK InfoMedienR/Debus IFG § 1 Rn 168; Schoch IFG § 1 Rn 255.

11 **3. Überblick nach Voraussetzungskategorien.** Die Voraussetzungen für den Informationszugang unterscheiden sich je nach thematischem Bereich sehr erheblich. Nichtsdestoweniger lassen sich unterschiedliche Gruppen von allg. Voraussetzungen bilden: Während einige Informationszugangsrechte jeder Person zustehen (s. Rn 17), fordern andere Informationsrechte eine bestimmte Beteiligten- (s. nächste Rn), Betroffenenstellung (s. Rn 13) oder sonstige Rechtsstellung (s. Rn 14) oder setzen den Nachweis eines Interesses (s. Rn 15 f) voraus.

12 a) **Beteiligtenrechte.** Das Akteneinsichtsrecht nach § 29 LVwVfG steht nur **Beteiligten** eines Verwaltungsverfahrens zu.[7] Entsprechendes gilt im Sozialrecht für das allg. Akteneinsichtsrecht nach § 25 SGB X.

13 b) **Betroffenenrechte.** Viele Überschneidungen bei den Informationsrechten bestehen zwischen Beteiligten und **Betroffenen.** Neben einem Akteneinsichtsrecht nach § 29 LVwVfG kommt stets auch ein Auskunftsanspruch des Betroffenen nach § 21 LDSG in Betracht.[8]

14 c) **Rechte aufgrund bestimmter Rechtsstellung.** Nicht nur die Beteiligten- oder Betroffeneneigenschaft kann für ein Informationszugangsrecht entscheidend sein, sondern es existieren auch Informationsrechte aufgrund einer bestimmten **Rechtsstellung.** So können „Vertretern der Presse" oder „Veranstalter" Auskunft nach § 4 LPresseG bzw § 6 Abs. 2 LMedienG verlangen. Dieser Kategorie kann auch das Fragerecht der Gemeinderäte nach § 24 Abs. 4 GemO zugeordnet werden.

15 d) **Rechte bei Darlegung eines rechtlichen oder berechtigten Interesses.** Häufig setzen Informationsrechte den Nachweis eines **rechtlichen Interesses** voraus. So besteht ein Akteneinsichtsrecht nach § 29 Abs. 1 S. 1 LVwVfG nur, „soweit deren Kenntnis zur Geltendmachung oder Verteidigung ihrer rechtlichen Interessen erforderlich ist" (zu dieser Voraussetzung s. LVwVfG § 29 Rn 24 ff).

16 Für andere Informationsrechte ist die Darlegung eines **berechtigten Interesses** erforderlich, was insb. für den ungeschriebenen Anspruch gilt (s. Rn 34 ff). Dies gilt häufig auch für die Einsicht in Register. Ein berechtigtes Interesse ist bspw. Voraussetzung für die Einsicht in das Grundbuch nach § 12 Abs. 1 S. 1 GBO und in das Denkmalbuch nach § 14 Abs. 2 DSchG.

17 e) **Rechte für jede Person.** Ohne ein Interesse darlegen zu müssen, bestehen schließlich für jede (private) Person Rechte auf Zugang zu Umwelt-, Verbraucher- oder allgemeinen amtlichen Informationen. Sie werden häufig als **Jedermannsrechte** bezeichnet.

18 **4. Überblick nach inhaltlichen Einschränkungen des Zugangsrechts.** Die inhaltlichen Einschränkungen der Informationszugangsrechte sind zu unterschiedlich, um eine Rangfolge aufstellen zu können. Nichtsdestoweniger können Faustregeln aufgestellt werden.

---

7 Zur entsprechenden Anwendung von § 29 LVwVfG und speziellen Einsichtsrechten s. LVwVfG § 29 Rn 63 ff.

8 Zu diesem Konkurrenzverhältnis s. LVwVfG § 29 Rn 72.

Der Zugang zu **Archiven** nach LArchG ist nach Ablauf der Sperrfristen zumeist am einfachsten zu erreichen. 19

Im Übrigen dürften die inhaltlichen Einschränkungen bei den **Beteiligten-/Betroffenenrechten** grds. am geringsten sein. So wird insb. der Anspruch der Beteiligten nach § 29 LVwVfG während eines laufenden Verwaltungsverfahrens gegenüber dem Anspruch nach LIFG als der weitreichendere bewertet.[9] Es finden sich sogar Hinweise darauf, dass eine Auslegung, bei der ein Anspruch nach LIFG, aber nicht nach § 29 LVwVfG gegeben wäre, ein Wertungswiderspruch sei.[10] 20

Tendenziell etwas weniger weit als Beteiligtenrechte reichen die Informationsrechte der **Presse** nach § 4 LPresseG und der **Veranstalter von Rundfunkprogrammen** nach § 6 LMedienG. Dass diese Berechtigten auch Informationsfreiheitsrechte nach AGVIG iVm VIG, LIFG[11] und UVwG einklagten, dürfte weniger darauf zurückzuführen sein, dass diese Informationsfreiheitsrechte inhaltlich weiter reichen, als dem Umstand geschuldet sein, dass die Rechte von Presse und Rundfunk üblicherweise nur auf Auskunft (vgl oben Rn 9) – und nicht wie die Informationsfreiheitsrechte – auch auf Akteneinsicht (vgl oben Rn 8) gerichtet sind. 21

Die inhaltlichen Einschränkungen im **Umweltinformationsrecht** nach UVwG und im **Verbraucherinformationsrecht** nach AGVIG iVm VIG sind zumeist weniger weit reichend, als nach LIFG. Zwar haben weder die antragstellenden Personen noch die Behörde die Wahl, welches Rechtsregimes sie im konkreten Fall anwenden wollen, aber nichtsdestoweniger hat selbst das BVerwG in einem Fall offen gelassen, ob ein Anspruch nach Umwelt- oder allgemeinen Informationsrecht zu gewähren war, weil nach beiden Regelungen keine Hinderungsgründe bestanden.[12] 22

Am wenigsten weit reicht der **ungeschriebene Anspruch** nach Ermessen (s. Rn 34 ff). 23

5. Überblick nach Kosten. Beim Informationszugang ist zwischen Ansprüchen zu unterscheiden, die nach Gesetz kostenlos sind oder bei denen im Gesetz ein Höchst- und/oder Mindestsatz festgelegt oder sonstige gesetzliche Sonderregelungen gegenüber dem LGebG (zu den Grundsätzen des LGebG s. LIFG § 10 Rn 13 ff) gelten. Im Übrigen gilt das Prinzip der dezentralen Kostenfestsetzung (s. LIFG § 10 Rn 20). 24

Nach dem Gesetz **kostenlos** ist die Gewährung einer datenschutzrechtlichen Auskunft nach § 21 Abs. 1 S. 1 LDSG. Kostenlos sind häufig auch einfache Anfragen (vgl § 9 Abs. 1 Nr. 5 und 6 LGebG), wie dies § 10 Abs. 3 S. 1 LIFG bei Stellen des Landes oder allgemein in § 33 Abs. 2 Nr. 1 UVwG normiert ist. Überdies sind nach § 33 Nr. 2 bis 5 UVwG kostenlos die Einsichtnahme in Umweltinformationen vor Ort, Maßnahmen und Vorkehrungen zur Unterstützung des Zugangs zu Umweltinformationen nach § 26 25

9 Zum Bundesrecht: Bauer/Heckmann/Ruge/Schallbruch/Heckmann/Albrecht VwVfG EGovG § 8 Rn 6.
10 Zum IFG NW VG Köln v. 16.6.2011, 6 K 4008/10, Rn 46.
11 Vgl Ziekow/Debus/Musch 78.
12 BVerwG v. 28.5.2009, 7 C 18.08, Rn 17.

UVwG, die Unterrichtung der Öffentlichkeit nach §§ 30 und 31 UVwG und die Ablehnung oder Rücknahme eines Antrags auf Übermittlung von Umweltinformationen sowie Entscheidungen, die die Rücknahme oder den Widerruf von Leistungen nach diesem Gesetz betreffen. Gebührenfreiheit wird auch bei Anfragen nach dem LPresseG angenommen.[13]

26 Einen **absoluten Gebührenhöchstsatz** von 500 Euro enthält das Gebührenverzeichnis in der Anlage 5 zum UVwG. Außerdem haben Stellen des Landes nach § 10 Abs. 3 S. 3 LIFG Gebührenhöchstsätze festzulegen.

27 Als eine **relative Gebührenhöchstgrenze** fungieren gegenüber Stellen des Landes § 10 Abs. 3 S. 1 LIFG und § 33 Abs. 4 S. 1 UVwG. Danach dürfen Gebühren nur insoweit erhoben werden, als dadurch der Informationszugangsanspruch noch wirksam in Anspruch genommen werden kann (s. LIFG § 10 Rn 67).

28 Spezielle Regelungen zu **Gebührenmindestsätzen** enthalten § 1 Abs. 3 AGVIG iVm § 7 Abs. 1 S. 2 und 3 VIG. Danach bleibt der Informationszugang bis zu einem Verwaltungsaufwand von 1 000 bzw 250 Euro gebühren- und auslagenfrei.

29 Minimale **Unterschiede in der Fallgestaltung** können teilweise darüber entscheiden, ob und in welcher Höhe Kosten zu erheben ist: Ob eine kostenlose Auskunft nach LDSG oder eine ggf kostenpflichtige Akteneinsicht nach LVwVfG vorliegt, grenzte die Rechtsprechung etwa formal danach ab, ob Akteneinsicht in der Behörde nach LDSG oder Akteneinsicht durch Übersendung in die Kanzlei nach LVwVfG begehrt wurde. Daneben war in diesem Fall der Zweck des Informationszugangsbegehrens relevant, der sich auch aus der Anwaltsvollmacht ergab (s. dazu LVwVfG § 29 Rn 72).

30 Bei Ansprüchen mit **Gebührenhöchstsätzen** ist es für die antragstellende Person sinnvoll, alle begehrten Informationen auf einmal anzufragen. Soweit die einzelnen Fragen einen Streitgegenstand bilden, kann nur einmal der Gebührenhöchstsatz erhoben werden (vgl dazu LIFG § 10 Rn 69), während bei einzelnen Anfragen der Gebührenhöchstsatz mehrfach anfallen könnte.

31 Umgekehrt ist dagegen die Situation bei **Mindestgebühren** (s. Rn 28): Liegt der Verwaltungsaufwand bei einzeln gestellten Anfragen darunter, können keine Gebühren erhoben werden. Während eine Zusammenfassung der Frage ggf zu einem Verwaltungsaufwand führt, der Gebühren oberhalb der Mindestgebühr rechtfertigt. Allerdings kommt bei einzelnen Anträgen einer Person ggf eine Verbindung von Anträgen nach § 93 S. 1 VwGO (analog) in Betracht.

32 **6. Unterscheidung von verfahrensrechtlichen und verfahrensunabhängigen Ansprüchen.** Manche Informationsrechte wie insb. das Akteneinsichtsrecht der Beteiligten nach § 29 LVwVfG stehen in einem so engen Verhältnis zu dem Verwaltungsverfahren, dass sie insoweit als **unselbständige** oder als **verfahrensrechtliche Ansprüche** bewertet werden. Dies hat zur Folge,

13 Partsch NJW 2013, 2858, 2862, der dies bei Anfragen nach Informationsfreiheitsrecht ebenso befürwortet.

dass gegen die Verweigerung wegen § 44 a VwGO keine selbständigen Rechtsbehelfe gegeben sind (s. LVwVfG § 29 Rn 79 f).

Demgegenüber sind die Informationsfreiheitsrechte etwa nach AGVIG, LIFG und UVwG unabhängig vom Verwaltungsverfahren (sog. **selbständige** oder **verfahrensunabhängige Ansprüche**) und damit sind auch selbständige Rechtsbehelfe gegeben (s. LIFG § 9 Rn 38). 33

II. Ungeschriebene Ansprüche auf Informationszugang

Literatur: *Assenbrunner*, Bürgerbeteiligung bei der Kontrolle der Ausübung von Regierungsgewalt, DÖV 2012, 547 ff; *Dißars*, Das Recht auf Akteneinsicht der Beteiligten im Steuerrecht, NJW 1997, 481 ff; *Dißars*, Akteneinsicht im steuerlichen Verwaltungsverfahren, DStR 2005, 137 ff; *Dißars*, Steuergeheimnis und Aufklärungspflichten des Finanzamts gegenüber Eheleuten – Auswirkungen der verschiedenen Veranlagungsarten, FPR 2003, 408 ff; *Korn*, Akteneinsicht und Informationsfreiheit im Steuerrecht, DÖV 2012, 232 ff; *Polenz*, Der Auskunftsanspruch des Steuerpflichtigen gegenüber Finanzbehörden, NJW 2009, 1921 ff; *Roth*, Regierungstätigkeiten im Lichte der Informationsfreiheit, DÖV 2012, 717 ff; *Schmidt-Liebig*, Zum Recht auf Akteneinsicht beim Finanzamt, DStR 1995, 558 ff; *Streck/Olbing*, Der beim Finanzamt angezeigte Steuerbürger: Auskunftsanspruch contra Steuergeheimnis, BB 1994, 1267 ff.

1. Allgemeines. Soweit kein spezieller Anspruch auf Informationszugang (vgl den Überblick bei Rn 1 ff) anwendbar ist, kommt ein **ungeschriebener Anspruch** auf Informationszugang in Betracht. Nachfolgend sollen diese Fallgruppen dargestellt und hinsichtlich ihrer Voraussetzungen und des möglichen Umfangs näher betrachtet werden. 34

Ein ungeschriebener Anspruch auf Informationszugang findet seinen Ursprung regelmäßig im **Verfassungsrecht**, selbst wenn der Grundsatz von **Treu und Glauben**[14] bemüht wird. Allgemein anerkannt[15] ist ein allgemeines Recht auf ermessensfehlerfreie Entscheidung über den begehrten Informationszugang – sofern hierfür ein **berechtigtes Interesse** vorliegt.[16] Der genaue Ursprung richtet sich nach dem Einzelfall. So entschied das BVerwG einst zum Fall einer begehrten Genehmigung zur Personenbeförderung im Linienverkehr, dass das Grundrecht aus Art. 12 Abs. 1 GG es einer Behörde gebieten kann, bereits im Vorfeld eines Verwaltungsverfahrens und damit unabhängig von einer verwaltungsverfahrensrechtlichen Beteiligtenstellung einem potentiellen Verfahrensbeteiligten Informationen zur Verfügung zu stellen, welche dieser bedarf, um sachgerecht die Frage prüfen und entscheiden zu können, ob und in welchem Umfang er sich um eine behördliche Genehmigung bewirbt.[17] Zu Recht stellte das BVerwG fest, dass jedenfalls dann, wenn eine begehrte und einer Behörde mögliche Auskunfts- bzw Informationsleistung zum Schutz des grundrechtlich gesicherten Freiheitsraumes des jeweiligen Grundrechtsträgers unerlässlich ist, an einem berechtigten Interesse an einer solchen behördlichen Leistung kein beacht- 35

14 So Troidl Rn 959 ff.
15 Weitergehend wird vereinzelt (Ehlers/K. Vorbeck JURA 2013, 1124, 1130) mittlerweile sogar von einer gewohnheitsrechtlichen Anerkennung ausgegangen.
16 Vgl hierzu NK-VwVfG/Engel, § 29 Rn 12 mwN.
17 BVerwG v. 2.7.2003, 3 C 46.02, BVerwGE 118, 270 mwN.

licher Zweifel bestehen kann.[18] Das BVerfG hat in einem Fall zu einer Datensammlung das Grundrecht auf informelle Selbstbestimmung aus Art 2 Abs. 1 iVm Art 1 Abs. 1 GG herangezogen. Dessen Grundrechtsschutz erschöpft sich nicht in einem Abwehrrecht gegen staatliche Datenerhebung und Datenverarbeitung. Es schützt auch das Interesse des Einzelnen, von staatlichen informationsbezogenen Maßnahmen zu erfahren, die ihn in seinen Grundrechten betreffen.[19]

36 **2. Akteneinsicht bei Finanzbehörden. a) Einführung.** Der Gesetzgeber entschied sich in Baden-Württemberg gegen eine Regelung auf Informationszugang in Steuerfragen und fügte in § 2 Abs. 3 Nr. 4 LIFG eine entsprechende Ausnahmeregelung ein. Im Bundesüberblick wird der Informationszugang bei den Finanzbehörden uneinheitlich durch die verschiedenen Informationsfreiheitsgesetze geregelt. So sehen beispielsweise die entsprechenden Gesetze in Schleswig-Holstein, Hamburg und Mecklenburg-Vorpommern keine **Bereichsausnahme** für die Finanzbehörden vor, das Transparenzgesetz Rheinland-Pfalz und das Informationszugangsgesetz Sachsen-Anhalt hingegen schon.[20] Das IFG des Bundes gilt lediglich für **Bundesbehörden**, sodass eine Anwendbarkeit auf die Finanzämter als **Landesbehörden** (vgl Rn 39) abzulehnen ist.[21]

37 Der ursprüngliche Gesetzentwurf der Landesregierung sah die Bereichsausnahme für die Finanzverwaltung nicht vor. Erst nach dem Anhörungsverfahren wurde sie auf Vorschlag von Beamtenbund Tarifunion und seiner Fachgewerkschaft Deutsche Steuer-Gewerkschaft (Landesverband Baden-Württemberg) aufgenommen. Seitens der Gewerkschaft sah man einen unverhältnismäßigen Verwaltungsaufwand auf die Finanzbehörden zukommen. Auskünfte in Steuerfragen hätten immer das **Steuergeheimnis** aus § 30 AO zu beachten. Viele Informationsanfragen, vor allem anderer Personen als den die Information Betreffenden, wären daher als unbegründet abzuweisen.[22] Die Argumentation war darauf aufbauend bestechend simpel: Es sei doch mit weniger Verwaltungsaufwand verbunden, Anträge aufgrund einer gesetzlichen Bereichsausnahme als unzulässig zurückzuweisen, als sie – mit sicherlich mehr Aufwand – als unbegründet abzulehnen. So einleuchtend diese Argumentation erscheint, verkennt sie jedoch, dass die Begründetheit zumeist gleichwohl zu prüfen sein wird – nämlich aufgrund des nachfolgend dargestellten ungeschriebenen Anspruchs auf Akteneinsicht bei den Finanzbehörden.

38 Die Erhebung von Steuern beruht überwiegend auf Bundesgesetzen, da der Bund insoweit von seiner Befugnis im Rahmen der sog. konkurrierenden Gesetzgebung Gebrauch gemacht hat.[23] Gleichwohl würde auch hier das LIFG Anwendung finden können, da die **Verwaltung** der sog. „Übrigen Steuern" gem. Art 108 Abs. 2 Satz 1 GG im Auftrag des Bundes durch die

18 BVerwG v. 2.7.2003, 3 C 46.02, aaO.
19 BVerfG v. 10.3.2008, 1 BvR 2388/03, BVerfGE 120, 351.
20 Vgl § 3 Abs. 8 LTranspG RP, § 3 Abs. 1 Nr. 11 IZG LSA.
21 Korn, Akteneinsicht und Informationsfreiheit im Steuerrecht, DÖV 2012, 232, 236.
22 LReg LT-Drs. 15/7720, 62, 107 ff.
23 Vgl Art. 105 Abs. 2 GG.

Länder mittels ihrer Finanzbehörden erfolgt.[24] Übrige Steuern sind die Steuern, die der Bund gem. Art. 108 Abs. 1 GG nicht selbst verwaltet. Der Bund verwaltet danach die Zölle, Finanzmonopole, die bundesgesetzlich geregelten Verbrauchsteuern einschließlich der Einfuhrumsatzsteuer, die Kraftfahrzeugsteuer und sonstige auf motorisierte Verkehrsmittel bezogene Verkehrssteuern ab dem 1. Juli 2009 sowie die Abgaben im Rahmen der Europäischen Gemeinschaften.[25] Alle „übrigen" Steuern – mithin die meisten und auch bedeutendsten Steuerarten wie Umsatzsteuer, Lohnsteuer und Einkommensteuer – werden von den Landesfinanzbehörden verwaltet.

Wer die Finanzbehörden sind, ergibt sich durch die Verweisung auf § 2 39
FVG. **Landesfinanzbehörden** in Baden-Württemberg sind aufgrund des dreigliedrigen Aufbaus dieses Verwaltungszweiges das Ministerium für Finanzen als oberste Behörde, die Oberfinanzdirektion Karlsruhe als Mittelbehörde und die (derzeit 65) Finanzämter als örtliche Behörden.

Verfahrensrechtlich findet auf die Festsetzung und Erhebung der Steuern 40
die **Abgabenordnung** (AO) Anwendung. Sie fungiert mit ihren verfahrensrechtlichen Regelungen als sog. Mantelgesetz für die spezielleren Steuergesetze. Hierbei handelt es sich um ein Bundesgesetz. Dies gilt jedoch auch für die meisten Landes- und sogar Kommunalsteuern, da in diesen Regelungen häufig die vollständige oder teilweise Anwendbarkeit der AO festgeschrieben ist.[26] Gem. Art 108 Abs. 5 S. 2 GG wurde mit der AO ein von den Landesfinanzbehörden anzuwendendes, abschließendes Verfahrensrecht geschaffen.

Die AO eröffnet allerdings kein festgeschriebenes Recht auf Akteneinsicht. 41
Teilweise wird vertreten, ein Anspruch auf Akteneinsicht lasse sich aus der Vorschrift über die Gewährung **rechtlichen Gehörs** nach § 91 Abs. 1 AO ableiten.[27] Der Bundesfinanzhof hat hierzu jedoch klargestellt, dass sich weder aus § 91 AO noch aus § 364 AO ein grundsätzlicher Anspruch auf Akteneinsicht ergibt.[28]

Bei Erlass der Abgabenordnung entschied sich der Gesetzgeber – ähnlich 42
wie beim LIFG – bewusst gegen die Aufnahme eines Rechts auf Akteneinsicht in Steuersachen. Er sah sich dem Schutz Dritter durch das in § 30 AO geregelte **Steuergeheimnis** verpflichtet. Der Gesetzgeber hatte aber auch die Praktikabilität einer solchen Regelung im Sinn. Er befürchte nämlich einen unverhältnismäßigen Verwaltungsaufwand für die Finanzbehörden, wenn diese vor jeder Akteneinsicht zu prüfen hätten, ob sich in Hinblick auf § 30 AO geheimhaltungsbedürftige Informationen über Dritte in den Akten befänden.[29] Ob die vom Gesetzgeber gesehene notwendige Entfernung von

24 Bundesauftragsverwaltung, zur möglichen Anwendbarkeit eines Landes-IFG ohne Bereichsausnahme s. Korn DÖV 2012, 232, 235.
25 Art. 108 Abs. 1 GG.
26 S. zB § 3 KAG BW.
27 Dißars, Das Recht auf Akteneinsicht der Beteiligten im Steuerrecht, NJW 1997, 481, 482 mwN.
28 BFH v. 4.6.2003, VII B 138/01, BFHE 202, 231, BStBl II 2003, 790; FG München v. 8.7.2015, 4 K 2738/14, EFG 2015, 1886.
29 BT-Drucks. 7/4292, 24.

Kontrollmaterial zum Schutz des Ermittlungsinteresses der Finanzbehörden tatsächlich immer durchgreift, kann hier noch dahingestellt sein. Es bleibt jedenfalls dabei, dass die Abgabenordnung ohne ein schriftlich fixiertes Recht auf Akteneinsicht erlassen wurde. Sie sieht einen Anspruch auf Gewährung von Einsicht in die Verwaltungs- und Ermittlungsakten schlicht nicht vor.[30]

43 Auch aus der Richtlinie 95/46/EG, die ihre Umsetzung in innerstaatliches Recht durch das BDSG und das LDSG erfahren hat, lässt sich kein Anspruch auf Akteneinsicht im steuerlichen Ermittlungsverfahren herleiten, weil sowohl die Richtlinie 95/46/EG als auch die nationalen **Datenschutzgesetze** den Vorrang einschränkender bereichsspezifischer Regelungen in Steuerangelegenheiten anerkennen.[31]

44 Dass die AO und das LIFG einen möglichen Informationszugang bei den Finanzbehörden nicht explizit regeln, bedeutet jedoch nicht, dass ein solcher Antrag bei den Finanzbehörden nicht gestellt werden kann. Schließlich ist auch kein **Verbot** des Informationszugangs bei den Finanzbehörden im Gesetz zu finden. Die Finanzbehörden sind in § 5 AO dazu ermächtigt, nach ihrem **Ermessen** zu handeln. Diese vermeintliche Berechtigung ist tatsächlich jedoch eine Pflicht der Behörde, ermessensgerecht zu handeln. Dies hat sie entsprechend dem Zweck der Ermächtigung auszuüben und die gesetzlichen Grenzen des Ermessens einzuhalten. Das bedeutet, sie darf einen begehrten Informationszugang nicht einfach mit der Begründung ablehnen, das Gesetz enthalte hierzu keine Regelung. Vielmehr ist die Behörde durch das Fehlen einer solchen Regelung gerade nicht daran gehindert, im Einzelfall Akteneinsicht zu gewähren.[32] Auf diese Ermessensausübung der Behörde hat die antragstellende Person einen Anspruch.[33] Daraus kann sich dann im Einzelfall der begehrte Informationszugang mittels Akteneinsicht ergeben.

45 In vielen Fällen dürfte das Ermessen der Behörde zugunsten der Akteneinsicht auf Null reduziert sein. Vom BVerfG wird die Ansicht vertreten, dass für die Ausübung behördlichen Ermessens bei der Entscheidung über die Auskunftserteilung verfassungsrechtlich kein Raum wäre.[34] Es sei Aufgabe des Gesetzgebers, bei Vorliegen gegenläufiger Interessen des Staates oder Dritter, geeignete Ausschlusstatbestände zu schaffen.[35] Dies ist mit dem Steuergeheimnis in § 30 AO auch der Fall. Die Abwägung, ob eine zu berücksichtigende Ausnahme vorliegt oder nicht, ist mE in der Ausübung doch eine Ermessensentscheidung. Zumindest muss die Behörde Gründe gegeneinander abwägen. Dass in vielen Fällen der Informationszugang zu gewähren sein wird, fußt letztlich aus seinem Grundrechtsschutz gewäh-

30 Klarstellend BFH v. 4.6.2003, aaO.
31 Vgl § 2 Abs. 5 LDSG, BFH v. 4.6.2003, aaO.
32 Ständige Rspr des BFH, vgl BFH v. 7.5. 1985, VII R 25/82, BFHE 143, 503, BStBl II 1985, 571, v. 8.6.1995, IX B 168/94, BFH/NV 1996, 64, v. 4.6.2003, VII B 138/01, BFHE 202, 231, BStBl II 2003, 790 mwN.
33 BFH v. 4.6.2003, VII B 138/01, BFHE 202, 231, BStBl II 2003, 790, mwN.
34 Vgl BVerfG v. 10.3.2008, 1 BvR 2388/03, BVerfGE 120, 351.
35 Vgl BVerfG v. 10.3.2008, 1 BvR 2388/03 aaO.

renden Wesen. Es ergibt sich aus dem Grundrecht auf informationelle Selbstbestimmung, das dem Bürger Schutz vor unbegrenzter staatlicher Datenerhebung und Datenverarbeitung gewährt.[36] Um dies überhaupt prüfen zu können, muss dem Bürger ein weitreichender Anspruch auf Informationszugang gewährt werden. Dies gilt insb. immer dann, wenn grds. kein gesetzlicher Ausschlusstatbestand gegeben ist. Bei der AO ist dies, wie bereits erläutert, der Fall.

b) **Umfang des Informationszugangs bei Finanzbehörden.** Bei der Frage des Informationszugangs bei den Finanzbehörden geht es in erster Linie um Einsichtnahme in die Verfahrens- oder Ermittlungsakten. Im Regelfall werden das die **Steuerakten** der steuerpflichtigen Person sein. Tatsächlich ist der Informationszugang bei den Finanzbehörden auf dieser Landesebene nicht viel mehr als ein bloßes **Akteneinsichtsrecht.**[37] 46

Ob diese nun noch in Papierform oder bereits ganz oder teilweise elektronisch geführt werden, spielt keine Rolle. Auch eine **elektronische Akte** kann am Bildschirm betrachtet oder durch Ausdrucken für eine antragstellende Person visualisiert werden.[38] 47

Die Erteilung einer Auskunft aus den Behördenakten in einem konkreten Besteuerungsverfahren sowie die Ausreichung einer Abschrift eines Steuerbescheides sind besondere Formen der Akteneinsicht.[39] 48

Welche Akten genau in Betracht kommen und woraus ein Anspruch auf Akteneinsicht herzuleiten sein kann, hängt auch vom Verfahrensstadium ab, in dem die Akteneinsicht begehrt wird. IdR liegen der Behörde die sog. **Steuerakten** vor. 49

Diese bestehen im **Festsetzungsverfahren** aus den Unterlagen, die der Besteuerung dienen. Die Erwartungshaltung an die Steuerakten sollte aber nicht zu hoch sein. Ihr Inhalt beschränkt sich idR auf die eingereichten Erklärungen und Kennzahlenauflistungen. Anmerkungen der Bearbeiter in den Steuerakten nehmen mit der elektronischen Bearbeitung der Erklärung ab. Auch Vermerke zu Einzelsachverhalten in den Steuerakten sind als Ausnahme anzusehen. 50

Interessant kann ggf enthaltenes **Kontrollmaterial** sein. Bei Kontrollmaterial handelt es sich um Informationen, die Finanzbehörden untereinander austauschen oder von anderen Stellen erhalten.[40] Das kann zB eine Rechnung sein, die man selbst gestellt hat oder eine Geschäftsbeziehung, die sich an anderer Stelle gezeigt hat; zB wenn bei einem anderen Steuerpflichtigen eine Betriebsprüfung vorgenommen wurde. Es ist nicht richtig, dass Kontrollmaterial immer vor der Akteneinsicht ausgeheftet werden muss. Hier ist in jedem Einzelfall eine eigene Ermessensentscheidung der Behörde notwendig, bei der sie die Interessen der Behörde und Dritter mit denen 51

36 Art 2 Abs. 1 GG iVm Art. 1 Abs. 1 GG, vgl BVerfG v. 10.3.2008, 1 BvR 2388/03 aaO.
37 Allgemein kritisch hierzu Korn DÖV 2012, 232, 239.
38 Zur Gewährung von Einsicht in elektronische Akten s. EGovG BW § 8 Rn 7 ff.
39 FG München v. 8.7.2015, 4 K 2738/14, EFG 2015, 1886.
40 Vgl § 9 BpO.

der antragstellenden Person abzuwägen hat. Das Interesse der Behörde am Entfernen einer Kontrollmitteilung kann zB dann gegeben sein, wenn die Kontrollmitteilung noch nicht ausgewertet, also bearbeitet, wurde und die Möglichkeit eines Steuerstrafverfahrens besteht. Die Interessen Dritter sind durch § 30 AO besonders geschützt. Darunter fallen insb. steuerlich erhebliche Tatsachen, die einen Dritten betreffen. Auf diese Informationen hat die Einsicht beantragende Person keinen Anspruch. Sind für sie relevante Informationen mit den vom Steuergeheimnis umfassten Daten eines Dritten untrennbar verknüpft, wird idR das Steuergeheimnis höher zu bewerten sein als das Recht auf Akteneinsicht. Betrifft das Kontrollmaterial aber nur den Steuerbürger selbst, so ist dieses nicht zwingend auszuheften.

52 Auch die Akten der **Betriebsprüfung** dienen der Festsetzung der richtigen Steuer. Die sog. **Arbeitsakte** des Prüfers wird zwar idR nicht bei den Steuerakten verwahrt, aber auch sie kann Gegenstand eines Ersuchens auf Akteneinsicht sein. Dabei handelt es sich um eine Zusammenstellung der Arbeitsunterlagen des Betriebsprüfers, denen zu entnehmen ist, mit welchen Prüfungsbereichen er sich beschäftigt hat und welche Schlüsse er bei der Prüfung gezogen hat. Der Betriebsprüfer ist zwar nach § 199 Abs. 2 AO gehalten, den Steuerpflichtigen während der Außenprüfung über die festgestellten Sachverhalte und die möglichen steuerlichen Auswirkungen zu unterrichten, wenn dadurch Zweck und Ablauf der Prüfung nicht beeinträchtigt werden. Allerdings handelt es sich dabei in der Praxis nur um eine Mitteilung der Feststellungen, die er in Betracht zieht. Teilweise werden auch Arbeitsblätter des Betriebsprüfers ausgehändigt, die dann auf Schlüssigkeit geprüft werden können. Das ist löblich, aber nicht die Regel. In der Praxis wird deutlich, dass eine große Hürde bei einer Betriebsprüfung in einer mangelhaften Kommunikation der Beteiligten liegt, die sich teilweise im Rechtsbehelfs- oder Klageverfahren fortsetzt. Insb. in derartigen Fällen kann eine Einsicht in die Prüfungsakte anzuraten sein. Vor Erhebung einer Klage sollte dies auch zur Abwägung eines Kostenrisikos immer in Betracht gezogen werden. Wird im Rahmen der Betriebsprüfung eine **Kalkulation** durchgeführt und eine Hinzuschätzung darauf gestützt, so ist das Finanzamt auch zur Offenlegung der Kalkulation verpflichtet. Es hat nicht nur die Kalkulationsergebnisse, sondern auch die Grundlagen der Kalkulation und die Ermittlungen, die zu den Ergebnissen geführt haben offenzulegen. Der Anspruch kann auch auf die Übermittlung der Kalkulationsgrundlagen in elektronischer Form bestehen, wenn die Kalkulation ebenso durchgeführt wurde.[41]

53 Es ist Betriebsprüfern daher dringend anzuraten, die Arbeitsakten hinsichtlich der betrachteten Prüfungspunkte vollständig und geordnet zu führen und den Inhalt auch für Dritte sachlich zu gestalten. Elektronische Ermittlungsdaten sollten bis zur Bestandskraft der geänderten Bescheide gesichert werden.

54 Die Möglichkeit einer Akteneinsicht bietet sich insb. im Verfahrensstadium des **Rechtsbehelfsverfahrens** an. Das ist die Phase nach Einlegung eines

41 BFH v. 25.7.2016, X B 213/15, X B 4/16, BFH/NV 2016, 1679.

Einspruchs, aber vor Ergehen einer Einspruchsentscheidung. Vor Einlegung eines Einspruchs dürfte die Akteneinsicht aufgrund der nur einmonatigen **Einspruchsfrist** selten sinnvoll durchzuführen sein. Der Einspruch gegen einen Steuerbescheid kann jedoch zunächst auch fristwahrend erfolgen und nach begehrter Akteneinsicht begründet werden. Im Rechtsbehelfsverfahren findet zudem § 364 AO Anwendung. Danach sind den Beteiligten, soweit dies noch nicht geschehen ist, die Unterlagen der Besteuerung auf Antrag oder wenn die Begründung des Einspruchs dazu Anlass gibt, auch von Amts wegen mitzuteilen. Dies ist für die Behörde verpflichtend. Die Norm ist dennoch nicht als generelles Akteneinsichtsrecht zu verstehen.[42] Für den Einspruchsführer kann im Einzelfall schwer nachzuvollziehen sein, ob die ihm nach § 364 AO von der Behörde zur Verfügung gestellten Unterlagen in seinem Sinne vollständig sind; insb., ob sie für seine Einspruchsführung von Bedeutung sind. Er weiß ja schließlich nicht, welche Unterlagen die Behörde noch vorliegen hat. Hier kann ein Antrag auf Akteneinsicht mit entsprechend fundierter Begründung hilfreich sein. Eine Begründung, die nur auf das Unwissen der Vollständigkeit verweist, ist nicht ausreichend. Es sollte dargelegt werden, welche Unterlagen sich durch die Einsicht noch versprochen werden und welche Bedeutung sie für das Einspruchsverfahren haben.

Sollte sich nach dem Einspruchsverfahren ein finanzgerichtliches **Klageverfahren** anschließen, so besteht in diesem nach § 78 Abs. 1 FGO grds. ein gesetzliches Akteneinsichtsrecht, welches auch die beigezogenen Steuerakten einschließt. Durch Erhebung einer Klage kann die Behörde daher faktisch zur Akteneinsicht gezwungen werden. Auch in diesem Fall gilt das **Steuergeheimnis** aus § 30 AO (s. Rn 45). Auch das sollte bei einer Ermessensentscheidung berücksichtigt werden. Es ist ratsam, die vernünftig begründete Akteneinsicht frühzeitig zu gewähren, sofern nicht besondere Hinderungsgründe bestehen. Es ist auch zu überlegen, ob die Hinderungsgründe nicht besser bei dem Umfang der Akteneinsicht berücksichtigt werden können. Die Erhebung der Klage vor dem Finanzgericht ist eine Maßnahme, welche Kosten auslöst. Mit Einreichen der Klage wird zumindest die **Verfahrensgebühr** nach § 6 Abs. 1 Nr. 5 GKG fällig. Es ist daher anzuraten, auf eine umfassende Durchführung des kostenfreien Rechtsbehelfsverfahrens besonderen Wert zu legen und bereits in diesem Stadium alle Erkenntnismöglichkeiten auszuschöpfen. 55

Eine Sonderstellung nimmt das **Steuerstrafverfahren** ein.[43] Hierbei handelt es sich grds. nicht um ein der Besteuerung dienendes Verfahren. Anwendbar sind die Regelungen der StPO. Dies gilt mE jedoch nicht uneingeschränkt. Sofern dem Strafverfahren eine Maßnahme der Steuerfahndung zugrunde liegt, dient diese gem. § 208 AO auch der Besteuerung durch Festsetzung der richtigen Steuer. Insofern besteht eine Doppelfunktion.[44] 56

42 Vgl BFH v. 6.10.1993, VIII B 121/92, BFH/NV 1994, 311.
43 Lesenswert hierzu Dißars, Akteneinsicht im steuerlichen Verwaltungsverfahren, DStR 2005, 137, 140 mwN.
44 Vgl auch Polenz, Der Auskunftsanspruch des Steuerpflichtigen gegenüber Finanzbehörden, NJW 2009, 1921, 1924.

Es besteht eine Parallele zu einer Betriebsprüfung. ME finden daher für die Akten der Steuerfahndung (auch) die Vorschriften der AO Anwendung.[45] In der Praxis wird es darauf jedoch zumeist nur in Sonderfällen ankommen. IdR ist das normierte Akteneinsichtsrecht eines **Verteidigers** aus § 147 StPO wohl einfacher durchzusetzen.

57 Die Finanzbehörden können Verwaltungsakte, mit denen eine Geldleistung, eine sonstige Handlung, eine Duldung oder Unterlassung gefordert wird, gem. § 249 Abs. 1 S. 1 AO im Verwaltungsweg idR selbst vollstrecken. Das **Vollstreckungsverfahren** ist ebenfalls in der AO geregelt und enthält ebenfalls keine gesonderte Regelung zu einer Akteneinsicht. Es gelten die hier gemachten allgemeinen Ausführungen auch dort. Bedeutsam ist dies insb. im Falle einer **Insolvenz** für einen **Insolvenzverwalter** (s. Rn 67 ff).

58 Generell gilt, dass jeder Antrag auf Akteneinsicht einzeln zu würdigen ist. Das Wesen einer Ermessensentscheidung ist es, sich mit allen vorgebrachten und relevanten Argumenten des Einzelfalls auseinander zu setzen. Deswegen ist vor der Verwendung vorgefertigter **Musterschreiben** zu warnen. Der zuständige Bearbeiter hat Für und Wider der Akteneinsicht jeweils abzuwägen. Dies sollte schriftlich und möglichst umfassend erfolgen. Erst recht, wenn die Entscheidung vor Gericht Bestand haben soll.

59 Die der Akteneinsicht im Rahmen der Ermessensentscheidung nach § 5 AO vorausgehende **Interessenabwägung** muss auch immer den Umfang der zu gewährenden Einsicht berücksichtigen. Es stellt sich nämlich nicht nur die Frage, ob die Akteneinsicht gewährt wird, sondern auch was dann eingesehen werden darf. Die Behörde hat § 30 AO als feste Grenze des auszuübenden Ermessens zu berücksichtigen. Die Akteneinsicht kommt insoweit nicht in Betracht, als durch sie vom **Steuergeheimnis** umfasste Daten Dritter bekannt würden. Der Regelfall ist daher, dass der Informationszugang sich nur auf die eigenen Angelegenheiten bezieht. Das Steuergeheimnis darf nur unter den Voraussetzungen des § 30 Abs. 4 AO durchbrochen werden. Für die Akteneinsicht des Steuerbürgers wichtigste Regelung dürfte hier § 30 Abs. 4 Nr. 3 AO sein. Sofern der Betroffene Dritte zustimmt, darf das Steuergeheimnis durchbrochen werden. Die Behörde kann die Akteneinsicht dann idR nicht mehr mit Verweis auf das Steuergeheimnis ablehnen.[46]

60 Bei **Gesamtschuldnern** ist im Einzelfall zu prüfen, ob eine Offenbarung zulässig ist. Im Zweifel ist jeder einzelne Betroffene um Zustimmung zur Auskunftserteilung zu ersuchen.

61 Diese Besonderheit besteht auch bei **Ehegatten** bzw eingetragenen **Lebenspartnern.**[47] Auch sie sind für den jeweils anderen Ehegatten grds. „Andere" iSd § 30 AO. Im (regelmäßigen) Falle der Zusammenveranlagung nach § 26 b EStG sind die Eheleute jedoch Gesamtschuldner. Nach § 155 Abs. 3 S. 1 AO können gegen sie auch zusammengefasste Steuerbescheide ergehen.

45 Umstritten, s. Dißars DStR 2005, 137, 141 mwN, zum Rechtsweg s. Rn 77.
46 Vgl BFH v. 6.8.1965, VI 349/63 U, BFHE 83, 490, BStBl III 1965, 675.
47 Zur Geltung der §§ 26, 26 b EStG für eingetragene Lebenspartner vgl BVerfG v. 6.6.2013, 2 BvR 1981/06, 2 BvR 288/07, 2 BvR 909/06, BVerfGE 133, 377, BGBl I 2013, 1647.

Damit werden die steuerlich relevanten Fakten eines Ehegatten bzw Lebenspartners für die Zeit der Zusammenveranlagung automatisch zu Verhältnissen des anderen, so dass das Steuergeheimnis der Offenbarung grds. nicht mehr entgegensteht.[48] Dies gilt aber nur für die steuerlich relevanten Fakten.[49]

Im Falle einer **Personengesellschaft** (zB GbR, OHG) sind die einzelnen Mitgesellschafter im Verhältnis zur Personengesellschaft nicht „Anderer“, sondern unmittelbar an dem Steuerfall Beteiligte. Untereinander können sie aber auch andere Dritte sein, deren individuelle Interessen durch die Akteneinsicht eines Mitgesellschafters berührt sein können.[50] Bevor die Behörde daher über den Antrag eines Mitgesellschafters entscheidet, hat es alle anderen Beteiligten zu hören und deren Interessen mit zu würdigen.[51] 62

c) **Voraussetzungen für den Anspruch auf Akteneinsicht.** Der Anspruch ist nicht zu gewähren, nur weil ein bloßer Blick in die Steuerakten interessant erscheint. Da es sich hier um eine Ermessensentscheidung der Behörde handelt, hat sie eine Interessenabwägung vorzunehmen und dabei die Belange des Antragstellers und die der Behörde gegeneinander abzuwägen.[52] Daraus wird deutlich, dass ein **berechtigtes Interesse** für die Gewährung der Akteneinsicht erforderlich ist. Verlangt wird hier, dass der Steuerpflichtige die Akteneinsicht zur Wahrung seiner **steuerlichen** Interessen benötigt.[53] Ein berechtigtes Interesse kann vielfältige Gründe haben und ist jeweils als Einzelfall zu betrachten. Das Bundesministerium der Finanzen hat in einem BMF-Schreiben hierzu Stellung bezogen und ein berechtigtes Interesse zB bei einem **Beraterwechsel** oder in einem **Erbfall** angenommen, wenn der Antragsteller durch die Auskunft in die Lage versetzt werden soll, zutreffende und vollständige Steuererklärungen abzugeben.[54] Diese Beispiele sind jedoch nicht abschließend. Denkbar sind auch Fälle, in denen der Antragsteller die Grundlage für eine abweichende Steuerfestsetzung durch die Finanzbehörde, zB aufgrund nachträglich ausgewerteten Kontrollmaterials, nachvollziehen möchte.[55] 63

Ein berechtigtes Interesse liegt nicht vor, soweit der Finanzbehörde nur Daten vorliegen, die Ihr von der antragstellenden Person selbst übermittelt wurden.[56] 64

Im Rahmen der **Interessenabwägung** soll nach richtiger Ansicht des BMF die Auskunftserteilung unterbleiben, wenn die Auskunft die ordnungsgemäße Erfüllung der in der Zuständigkeit der verantwortlichen Stelle liegenden Aufgaben gefährden würde oder wenn die Auskunft die öffentliche Si- 65

48 Dißars, Steuergeheimnis und Aufklärungspflichten des Finanzamts gegenüber Eheleuten – Auswirkungen der verschiedenen Veranlagungsarten, FPR 2003, 408, 410.
49 Vgl Dißars, aaO mwN.
50 Vgl BFH v. 6.8.1965, VI 349/63 U, aaO.
51 BFH v. 6.8.1965, VI 349/63 U, aaO.
52 BFH v. 4.6.2013, VII B 138/01, BFHE 202, 231, BStBl II 2003, 790 mwN.
53 FG Sachsen-Anhalt v. 30.6.2004, 2 K 2186/03.
54 BMF-Schreiben v. 17.12.2008, BStBl I 2009, 6.
55 Zum Problem der möglicherweise erfolgten Entfernung des Kontrollmaterials s. Rn 51.
56 BMF-Schreiben v. 17.12.2008, aaO.

cherheit und Ordnung gefährden oder sonst dem Wohle des Bundes oder eines Landes Nachteile bereiten würde oder wenn die Daten oder die Tatsache ihrer Speicherung nach einer Rechtsvorschrift oder ihrem Wesen nach, insb. wegen der überwiegenden berechtigten Interessen eines Dritten, geheim gehalten werden müssen.[57]

66 Verneint wurde ein berechtigtes Interesse bei dem verfolgten Ziel, zu erfahren, warum die **Steuerfahndung** tätig geworden ist oder eine Akteneinsicht aus rein wirtschaftlichen Interessen (zB zur Geltendmachung von **Schadenersatzansprüchen**).[58] Fraglich ist ein berechtigtes Interesse, wenn nur nach der Person eines **Anzeigenerstatters** geforscht werden soll. Letztlich sind auch hier die Argumente gegeneinander abzuwägen. ME unterfällt die Identität eines Anzeigenerstatters nicht dem Steuergeheimnis aus § 30 AO, da es dieser bloßen Information bereits an einer Verknüpfung mit einer steuerlich relevanten Information des Anzeigenerstatters oder eines Dritten (neben dem Angezeigten und Antragsteller) fehlt.[59] Der Bürger muss sich gegen unberechtigte Anzeigen zur Wehr setzen können. Andererseits kommt dem **Informantenschutz** regelmäßig ein höheres Gewicht gegenüber dem allgemeinen Persönlichkeitsrecht der Steuerpflichtigen zu, wenn sich die vertraulich mitgeteilten Informationen im Wesentlichen als zutreffend erweisen und zu Steuernachforderungen führen.[60] Falsche Verdächtigungen genießen diesen Schutz im Regelfall nicht. Bei anonymen Anzeigen entbehrt sich mE der Schutzgedanke ebenfalls.

67 Die Finanzverwaltung verneint ein berechtigtes Interesse auch, wenn die Auskunft dazu dienen kann, zivilrechtliche Ansprüche gegen den Bund oder ein Land durchzusetzen und Bund oder Land zivilrechtlich nicht verpflichtet sind, Auskunft zu erteilen (zB in **Amtshaftungssachen** oder bei einer **Insolvenzanfechtung**).[61] Sie beruft sich hierzu auf ein Urteil des BFH.[62] ME ist das „kann" an der Stelle falsch, es müsste „soll" heißen. Es ist nicht richtig, ein ansonsten berechtigtes Interesse nur deswegen als unberechtigt anzusehen, weil es für Bund oder Land negative Auswirkungen haben kann. Die Finanzverwaltung ist zwar grds. eine Einnahmenverwaltung, aber als solche auch zur objektiv richtigen Anwendung der Gesetze angehalten. Richtig ist auch an dieser Stelle eine Abwägung der widerstreitenden Interessen. Relevant dürfte dies vor allem im Fall einer **Insolvenz** sein.

68 Das Verhältnis zwischen Finanzbehörde und **Insolvenzverwalter** ist ein besonderes, da es zwei Rechtsverhältnissen entspringt, die jeweils einen eigenen Rechtsweg eröffnen. Zum einen handelt es sich um das Steuerrechtsverhältnis, da der Insolvenzverwalter hier steuerlichen Pflichten des Insolvenzschuldners zu erfüllen hat. Zum anderen ist das Rechtsverhältnis auf-

57 Vgl BMF-Schreiben v. 17.12.2008, aaO.
58 FG Hessen v. 16.3.1990, 1 K 4538/89, EFG 1990, 503.
59 Vgl hierzu ausführlich Streck/Olbing, Der beim Finanzamt angezeigte Steuerbürger: Auskunftsanspruch contra Steuergeheimnis, BB 1994, 1267.
60 BFH v. 7.12.2006, V B 163/05, BFHE 216,15, BStBl II 2007, 275.
61 BMF-Schreiben v. 17.12.2008, aaO.
62 BFH v. 19.3.2013, II R 17/11, BFHE 240, 497, BStBl II 2013, 639.

grund der Anwendung der InsO zivilrechtlich geprägt. Daraus hat der Insolvenzverwalter häufig ein Interesse, **Anfechtungsansprüche** geltend zu machen, während die Finanzbehörde als zivilrechtliche Partei sich eben derer nicht ausgesetzt sehen möchte. Der Insolvenzverwalter hat keinen weitergehenden Anspruch als die steuerpflichtige Person selbst, für die er handelt.[63] Ein solcher ergibt sich weder aus der AO noch aus der InsO. Er ergibt sich erst recht nicht aus dem Verdacht anfechtbarer Zahlungen.[64]

Die Beantragung eines sog. **Kontoauszuges** (Aufstellung von Schulden und Zahlungen der steuerpflichtigen Person) durch den Insolvenzverwalter muss nicht zwingend zur Erteilung des begehrten Kontoauszuges führen. Das Finanzamt hat lediglich nach pflichtgemäßem Ermessen darüber zu entscheiden.[65] Der Insolvenzverwalter muss substantiiert darlegen, aus welchen Gründen er die Auskunft begehrt und dass die Auskunft auf dem Steuerrechtsverhältnis beruht.[66] Der bloße Hinweis, die Auskunft sei im Hinblick auf die ordnungsgemäße Bearbeitung des Insolvenzfalles notwendig, reicht nicht aus.[67] Eine Ermessensreduzierung auf Null kommt in Betracht, wenn der Insolvenzverwalter die Informationen benötigt, um die steuerlichen Pflichten des Schuldners erfüllen zu können. 69

Gleiches gilt für die Einsicht des Insolvenzverwalters in die **Vollstreckungsakten** des Finanzamtes. Verfolgt der Insolvenzverwalter damit den einzigen Zweck, Insolvenzanfechtungsmöglichkeiten zu prüfen, so ist es nicht ermessensfehlerhaft, wenn die Finanzbehörde das Begehren unter Berücksichtigung des Abwehrinteresses des Staates zurückweist.[68] 70

Einen **Abrechnungsbescheid** nach § 218 AO kann der Insolvenzverwalter dagegen jederzeit beanspruchen. Er muss jedoch konkret mitteilen, welche Meinungsverschiedenheit über die Abrechnung der Steuerschuld besteht.[69] 71

d) **Verfahren.** Das Begehren auf Akteneinsicht ist der Behörde durch Stellung eines entsprechenden **Antrags** nahe zu bringen. Der Antrag bedarf grds. keiner **Form** und kann daher auch mündlich erfolgen. Aus Gründen der Klarheit und damit die Behörde sich mit allen Argumenten auseinandersetzen kann, sollte jedoch die Schriftform gewählt werden. Das gilt auch für die Behörde im Falle einer ablehnenden Entscheidung. 72

Die – auch teilweise – Ablehnung der Akteneinsicht stellt einen Verwaltungsakt dar und ist mit einer **Rechtsbehelfsbelehrung** gem. § 356 AO zu versehen. 73

Bei einer Akteneinsicht stellt sich auch immer die Frage, an welchem **Ort** diese erfolgen kann oder muss. Da die AO – wie ausgeführt – keine Regelung zur Akteneinsicht enthält, fehlt es natürlich auch zum Ort der Akten- 74

63 Vgl BFH v. 19.3.2013, II R 17/11, aaO und v. 15.9.2010, II B 4/10, BFH/NV 2011, 2.
64 BGH v. 13.8.2009, IX ZR 58/06, HFR 2010, 299.
65 Vgl BFH v. 15.9.2010, II B 4/10, BFH/NV 2011, 2 und v. 10.2.2011, VII B 183/10, BFH/NV 2011, 992.
66 Vgl BFH v. 14.4.2011, VII B 201/10, BFH/NV 2011, 1296 und v. 19.3.2013, II R 17/11, aaO.
67 BFH v. 19.3.2013, II R 17/11, aaO.
68 FG Saarland v. 17.12.2009, 1 K 1598/08, EFG 2010, 616.
69 Vgl Klein/Rüsken, Abgabenordnung, § 218, Rn 34 ff.

einsicht an einer Regelung. Diese Frage ist eine weitere von der Behörde zu treffende Ermessensentscheidung. Auch hier hat sie die Interessen der Beteiligten gegeneinander abzuwägen. Es ist jedoch höchstrichterlich entschieden, dass kein Anspruch auf Übersendung der Steuerakten besteht.[70] Es ist nicht ermessensfehlerhaft, wenn das Finanzamt die Steuerakten nicht in die **Kanzleiräume** eines Rechtsanwalts (und auch erst recht nicht dem Steuerbürger selbst) übersendet, sondern eine Akteneinsicht in den Räumen des Finanzamtes anbietet.[71] Das dienstliche Interesse an einem geordneten Geschäftsgang (Vermeidung von Aktenverlusten, jederzeitige Verfügbarkeit der Akten und Wahrung des Steuergeheimnisses gegenüber Dritten) überwiegt hier idR das Interesse des Beteiligten oder seines Bevollmächtigten an der Ersparnis von Zeit und Kosten.[72]

75 e) **Kosten.** Auch zur Frage der **Kosten** einer Akteneinsicht bei den Finanzbehörden fehlt natürlich eine Regelung in der AO. Mit der AO erließ der Bund in Anwendung von Art. 108 Abs. 5 S. 2 GG jedoch auch für die Landesfinanzbehörden bindende verfahrensrechtliche Regelungen.[73] Grds. ist der AO eine Kostenfreiheit des steuerlichen Verwaltungsverfahrens zu entnehmen. Dies lässt der Umkehrschluss aus § 178 AO zu sowie die Tatsache, dass der Gesetzgeber in § 89 Abs. 3 AO für die verbindliche Auskunft eine Kostenpflicht vorgesehen hat.[74] Das gilt auch für die nicht ausdrücklich in der AO geregelte Akteneinsicht, die der Gesetzgeber bewusst nicht in das Gesetz aufnahm.[75] Eine analoge Anwendung der Kostenvorschrift über die verbindliche Auskunft nach § 89 Abs. 3 AO hinaus scheidet zu Recht aus.[76]

76 § 4 Abs. 2 LGebG dürfte auf eine Akteneinsicht bei den Finanzbehörden nicht anwendbar sein, da die in der AO verankerte Kostenfreiheit nach § 1 S. 1 Hs 2 LGebG vorgeht.

77 f) **Rechtsschutz.** Bei Streitigkeiten über die Gewährung der Akteneinsicht im Besteuerungsverfahren – wenn diese also nicht oder nur teilweise gewährt wurde – ist der **Finanzrechtsweg** nach § 33 Abs. 1 Nr. 1 iVm Abs. 2 S. 1 FGO eröffnet.[77] Richtige Klageart ist die **Verpflichtungsklage** nach § 40 Abs. 1 Alt. 2 FGO, da die Akteneinsicht eines entsprechenden Antrages bedarf, dem durch die Behörde stattzugeben ist.[78]

78 Zu beachten ist die Durchführung eines behördlichen Vorverfahrens – des **Einspruchsverfahrens** nach § 44 FGO iVm § 347 AO – gegen die ablehnen-

---

70 BFH v. 26.5.1995, VI B 91/94, BFH/NV 1995, 1004.
71 FG Hessen v. 14.9.2005, 13 K 1329/04.
72 Vgl BFH v. 24.3.1981, VII B 64/80, BFHE 133, 8 BStBl II 1981, 475, v. 21.11.1991, VII B 55/91, BFH/NV 1992, 403, v. 30.11.1992, X B 18/92, BFH/NV 1993, 732, vgl auch BMF-Schreiben v. 17.12.2008 aaO.
73 Vgl Korn DÖV 2012, 232, 235 mwN.
74 Hierzu ausführlich Thüringer FG v. 14.11.2012, 3 V 714/11, EFG 2013, 486 = DStRE 2014, 51, 53 mwN.
75 BT-Drucks. 7/4292, 24, zur Historie s. Rn 37.
76 Vgl Thüringer FG v. 14.11.2012, aaO.
77 Vgl BFH v. 2.12.1976, IV R 2/76, BFHE 120, 517, BStBl II 1977, 318 und v. 24.11.1971, VII R 110/68, BFHE 104, 181, BStBl II 1972, 284.
78 So zB auch FG München v. 8.7.205, 4 K 2738/14, EFG 2015, 1886 aM Ehlers/K. Vorbeck JURA 2013, 34, 39: keine Verwaltungsakt-Befugnis.

de Entscheidung der Behörde. Die Behörde hat ihre ablehnende Entscheidung mit einer entsprechenden **Rechtsbehelfsbelehrung** zu versehen.

Es wird auch vertreten, dass die sonstige **Leistungsklage** einschlägig sei, da auf den Realakt der Verweigerung der Akteneinsicht abzustellen sei.[79] Richtig ist mE jedoch, dass die Behörde einen Antrag auf Akteneinsicht durch einen entsprechenden Bescheid ablehnt, diesen mit einer Rechtsbehelfsbelehrung versieht und hiergegen – sofern ein Einspruch ohne Erfolg blieb – die angesprochene Verpflichtungsklage erhoben wird. Letztlich sollte hier aber immer eine Orientierung an praktischen Erwägungen erfolgen und zunächst der Rechtsbehelfsbelehrung sowie später ggf. möglichen Anregungen des Gerichtes zur Formulierung des Klageantrags gefolgt werden. 79

Weniger deutlich ist die Eröffnung des Finanzrechtsweges bei begehrter Einsicht in Akten der **Steuerfahndung.** Da die von der Steuerfahndung durchgeführten Ermittlungen eine gewisse Funktionsgleichheit mit den Aufgaben der normalen Betriebsprüfungsstellen aufweisen, ist deren Tätigkeit grds. auch als Abgabenangelegenheit iSd § 33 Abs. 2 S. 1 FGO anzusehen und der Finanzrechtsweg auch hier eröffnet.[80] Für die Straf- und Bußgeldakten gilt dies jedoch nicht. Sie dienen nicht mehr der Besteuerung, sondern unterfallen dem Strafrecht. Hier ist die (an dieser Stelle nicht betrachtete) StPO einschlägig. 80

Gegen die Ablehnung der Einsichtnahme in einen gelegentlich bei einer Betriebsprüfung erstellten Ermittlungsbericht über **nichtsteuerliche Straftaten** ist ebenfalls der Finanzrechtsweg eröffnet.[81] 81

3. Akteneinsicht in Petitionsverfahren. a) Einführung. Nach § 2 Abs. 2 Nr. 1 LIFG gilt das Gesetz für den Landtag nur, soweit er öffentlich-rechtliche Verwaltungsaufgaben wahrnimmt. Daher kommt auch hier ein Anspruch aus ungeschriebenem Recht in Betracht. 82

Petitionen werden gem. §§ 65 ff der Geschäftsordnung des Landtages (GOLT) in einem **Petitionsausschuss** behandelt. Die Einrichtung eines solchen Ausschusses ergibt sich aus Art. 35 a der Verfassung des Landes BW. Es handelt sich dabei nicht um ein Verwaltungsverfahren, sondern um eine **parlamentarische Aufgabe.** Das Akteneinsichtsrecht aus § 29 LVwVfG findet daher keine Anwendung. 83

Die Geschäftsordnung des Landtages sieht in § 40 Abs. 1 GOLT ein festgeschriebenes Akteneinsichtsrecht grds. nur für **Abgeordnete** vor. Dritte können nach § 40 Abs. 4 GOLT Akteneinsicht nur mit Genehmigung des Präsidenten des Landtags erlangen. Fraglich ist, ob diese Regelung bereits ein Recht auf Akteneinsicht festschreibt. ME handelt es sich bei § 40 Abs. 4 GOLT nur um eine die Zuständigkeit regelnde Verfahrensvorschrift. Ihr ist aber denklogisch zu entnehmen, dass ein Akteneinsichtsrecht in Unterlagen des Petitionsausschusses auch für Dritte nicht ausgeschlossen und damit 84

79 Vgl Dißars, Akteneinsicht im steuerlichen Verwaltungsverfahren, DStR 2005, 137, 138 mwN, lesenswert dazu auch Schmidt-Liebig, Zum Recht auf Akteneinsicht beim Finanzamt, DStZ 1995, 558.
80 BFH v 2.12.1976, II R 2/76, aaO.
81 BFH v. 24.11.1971, VII R 110/68, BFHE 104, 181, BStBl II 1972, 284.

dem Grunde nach möglich ist. Der Anspruch selbst ist nicht festgeschrieben.

85 b) **Umfang.** Der Umfang des Informationszugangs kann sich nur auf **Einsicht** in Akten des Petitionsausschusses beziehen. Grds. kommt eine Akteneinsicht in ein eigenes Petitionsverfahren ebenso in Betracht, wie in das dritter Personen.

86 c) **Voraussetzungen.** Der Petitionsausschuss nimmt als parlamentarisches Gremium keine Verwaltungsaufgaben der Exekutive wahr, sondern erfüllt eine parlamentarische Aufgabe der Legislative. Bei der GOLT handelt es sich um **parlamentarisches Innenrecht.**[82] Für Verwaltungsverfahren geltende Vorschriften finden keine Anwendung.[83]

87 Ein Recht auf Akteneinsicht besteht insb., wenn diese zur sachgerechten Wahrnehmung von Rechten – insb. von Grundrechten – erforderlich ist. Das **berechtigte Interesse** muss substantiiert vorgetragen werden (vgl Rn 63 ff). Zu unterscheiden ist der Antrag auf Akteneinsicht beim Petitionsausschuss von dem bei (Regierungs-) **Behörden** hinsichtlich derer **Stellungnahmen** an den Petitionsausschuss. Hierfür sei auf den Ablehnungsgrund des § 4 Abs. 1 Nr. 8 LIFG (s. LIFG § 4 Rn 91 ff) verwiesen.[84]

88 d) **Verfahren.** Erforderlich ist ein **Antrag**, der an den Präsidenten des Landtages zu richten ist.[85] Dieser hat über den Antrag unter Berücksichtigung des rechtsstaatlichen Grundsatzes der Verhältnismäßigkeit zu entscheiden. Er hat eine **Abwägung** widerstreitender Interessen vorzunehmen.

89 Die Entscheidung über diesen Antrag stellt kein Verwaltungshandeln dar (vgl Rn 82 f). Eine Ablehnung ist daher nicht mit einer **Rechtsbehelfsbelehrung** zu versehen.

90 e) **Kosten.** Das LGebG dürfte keine Anwendung finden, da der Petitionsausschuss keine Behörde iSv § 1 LGebG ist (vgl Rn 82 f). Damit dürfte es an einer Grundlage zur Kostenerhebung fehlen.

91 f) **Rechtsschutz.** Gegen die Ablehnung der begehrten Einsichtnahme ist der **Verwaltungsrechtsweg** gem. § 40 Abs. 1 VwGO eröffnet, denn eine ausdrückliche Zuweisung zu einem anderen Gericht ist nicht gegeben.

92 Rechtsschutz besteht nur hinsichtlich der Versagung des begehrten Informationszugangs.

93 Art und Umfang der sachlichen Behandlung des Petitionsantrages selbst sind nicht gerichtlich überprüfbar.[86]

94 **4. Akteneinsicht in Unterlagen der Wahlvorstände. a) Einführung.** § 2 Abs. 1 LIFG regelt den Anwendungsbereich der dort aufgezählten Stellen nur, soweit sie öffentlich-rechtliche Verwaltungsaufgaben wahrnehmen.

82 Vgl BayVGH v. 14.2.2014, 5 ZB 13.1559.
83 Vgl VG München v. 13.6.2013, M 17 K 12.3408.
84 Vgl auch Urteile des BVerwG v. 3.11.2011, 7 C 3/11, BVerwGE 141, 122 und 7 C 4/11, DVBl 2012, 180 sowie die lesenswerten Aufsätze von Assenbrunner, Bürgerbeteiligung bei der Kontrolle der Ausübung von Regierungsgewalt, DÖV 2012, 547 und Roth, Regierungstätigkeiten im Lichte der Informationsfreiheit, DÖV 2012, 717.
85 § 40 Abs. 4 GOLT.
86 Vgl VG München v. 13.6.2013, M 17 K 12.3408 mwN.

Der Anwendungsbereich des LIFG ist für Wahlunterlagen nach der Gesetzesbegründung nicht eröffnet.[87] Ob die Tätigkeit von **Wahlvorständen** als Verwaltungstätigkeit anzusehen ist, wird zumindest vom OVG Bremen zu Recht als fraglich gesehen.[88] Auch § 1 LVwVfG geht ebenso wie die wortgleiche Bremer Regelung von einem funktionalen Behördenbegriff aus. Die Tätigkeit der Wahlvorstände stellt mE jedoch keine Verwaltungstätigkeit dar, sondern eine Tätigkeit der bürgerlichen Selbstverwaltung, die keine funktionale Verwaltungsqualität besitzt.[89] Danach unterfällt die Tätigkeit der Wahlvorstände nicht dem LIFG.

Auch das **Landtagswahlgesetz** (LWG) enthält ebenso wie das **Kommunalwahlgesetz** (KomWG) keine Regelung über eine Akteneinsicht in Wahlunterlagen. 95

In der auf Grund von § 57 LWG erlassenen **Landeswahlordnung** (LWO) sind in § 69 Abs. 2 LWO lediglich Regelungen über die Einsicht in Wählerverzeichnisse, der Wahlscheinverzeichnisse und der Unterstützungsunterschriften niedergelegt. Eine Regelung zur Einsicht in die Niederschriften der Wahlvorstände findet sich nicht. 96

Eine inhaltlich identische Regelung findet sich in der nach § 42 KomWG erlassenen **Kommunalwahlordnung** (KomWO).[90] 97

Die angesprochenen gesetzlichen Grundlagen der Wahlen auf Landes- und Kommunalebene sehen somit kein Akteneinsichtsrecht in die **Wahlunterlagen** in Form der Niederschriften und Protokolle der Wahlvorstände vor. 98

In Betracht zu ziehen ist daher auch hier ein ungeschriebener Anspruch auf entsprechenden Informationszugang. Dieser kann auch hier darauf gestützt werden, dass ein entsprechender Informationszugang zwar nicht ausdrücklich gesetzlich verankert, allerdings auch nicht gesetzlich ausgeschlossen ist. 99

b) **Umfang.** Der Informationszugang bietet sich auch hier wirksam nur durch **Einsichtnahme** der entsprechenden Unterlagen an. 100

Die **Wahlniederschriften** enthalten nach § 43 LWO sowie § 38 KomWO Informationen über die Wahlhandlung sowie die Ermittlung und Feststellung der Wahlergebnisse. Denkbar ist darüber hinaus auch eine Einsicht in sämtliche abgegebenen **Wahlscheine** als absolute Grundlage des Wahlergebnisses. 101

c) **Voraussetzungen.** Der zuständige Wahlleiter hat – zumindest wenn man der Ansicht des OVG Bremen folgt – über den Antrag nach pflichtgemäßem **Ermessen** zu entscheiden.[91] Auch die Begrifflichkeit **„pflichtgemäße Entscheidung“** wird benutzt.[92] Die Pflicht zur Ermessensausübung kann aus den Wahlgesetzen jedoch nicht hergeleitet werden und auch das LVwVfG findet mangels Vorliegen von Verwaltungshandeln keine Anwen- 102

87 So LReg, LT-Drs. 15/1722, 60 mwN.
88 OVG Bremen v. 24.8.2011, 1 B 198/11, NordÖR 2011, 509.
89 Vgl OVG Bremen v. 24.8.2011, 1 B 198/11, aaO.
90 § 56 KomWO.
91 Vgl OVG HB v. 24.8.2011, 1 B 198/11, aaO.
92 OVG HB v. 16.7.2015, 1 B 135/15.

dung (s. Rn 94). Vielmehr besteht mE nur ein Anspruch auf Entscheidung über den Antrag unter Beachtung des rechtsstaatlichen Grundsatzes der Verhältnismäßigkeit. In jedem Fall ist eine Abwägung der widerstreitenden Güter und Interessen vorzunehmen.

103 Voraussetzung eines erfolgreichen Antrags ist daher, dass ein **berechtigtes Interesse** an der Einsicht der Unterlagen gegeben sein muss.[93] Daher ist der Antrag so umfangreich wie möglich zu **begründen**.

104 Das **Wahlgeheimnis** steht der Einsichtnahme in die Wahlniederschriften nicht entgegen, da es nur das Abstimmungsverhalten der Wähler betrifft, aber nicht das Wahlverfahren insgesamt. Die Einsichtnahme in die Niederschriften der Wahlvorstände berührt nicht das Wahlgeheimnis, da sich aus diesen Unterlagen nicht ergibt, wie der einzelnen Wähler abgestimmt hat.[94] Dies gilt ebenso für die Wahlscheine, da diese keinen Rückschluss auf den einzelnen Wähler zulassen.

105 ME gebietet die Herrschaft des **Publizitätsprinzips** in Wahlverfahren grds. eine weitgehende Gewährung von Akteneinsicht.[95] Bei Vorliegen eines berechtigten Interesses dürfte das Ermessen daher auf Null zugunsten der Einsichtnahme reduziert sein.[96]

106 Problematisch dürfte sein, wann überhaupt ein berechtigtes Interesse vorliegt. Der einzelne Wähler dürfte es schwer haben, ein solches darzulegen. Kandidaten oder zur Wahl stehende Gruppierungen dürften jedoch bei einem knappen Wahlausgang oder dem unwahrscheinlichen aber denkbaren Fall möglicher Unregelmäßigkeiten ein berechtigtes Interesse darlegen können.

107 **d) Verfahren.** Erforderlich ist die Stellung eines entsprechenden **Antrags** beim Wahlleiter.

108 Die Entscheidung über diesen Antrag stellt kein Verwaltungshandeln dar (vgl Rn 94). Eine Ablehnung ist daher nicht mit einer **Rechtsbehelfsbelehrung** zu versehen.

109 **e) Kosten.** Das LGebG dürfte keine Anwendung finden, da die Wahlvorstände keine Behörden iSv § 1 LGebG sind (vgl Rn 94). Damit dürfte es an einer Grundlage zur Kostenerhebung fehlen.

110 **f) Rechtsschutz.** Gegen die Ablehnung der begehrten Einsichtnahme ist der **Verwaltungsrechtsweg** gem. § 40 Abs. 1 VwGO eröffnet, denn eine ausdrückliche Zuweisung zu einem anderen Gericht ist nicht gegeben.

---

93 Vgl OVG HB v. 24.8.2011, 1 B 198/11, aaO und v. 16.7.2015, 1 B 135/15.
94 Vgl OVG HB v. 24.8.2011, 1 B 198/11, aaO.
95 Zum Publizitätsprinzip vgl BVerfG v. 16.7.1998, 2 BvR 1953/95, BVerfGE 99, 1.
96 Vgl auch nochmals OVG HB v. 24.8.2011, 1 B 198/11, aaO, mwN.

§ 1 AGVIG Zweck, Umfang und Anwendungsbereich des Gesetzes

(1) Zweck dieses Gesetzes ist es, Aufgaben nach dem Verbraucherinformationsgesetz (VIG) vom 5. November 2007 (BGBl. I S. 2558) zu übertragen, einen einheitlichen Vollzug der Verbraucherinformationen sicherzustellen sowie den Ablauf des Verwaltungsverfahrens zu verbessern.

(2) Dieses Gesetz gilt im Land für alle informationspflichtigen Stellen im Sinne von § 1 Abs. 2 VIG im Rahmen ihrer Wahrnehmung öffentlich-rechtlicher Aufgaben oder Tätigkeiten in der Lebensmittelüberwachung nach dem Gesetz zur Ausführung des Lebensmittel- und Bedarfsgegenständegesetzes oder in der Futtermittelüberwachung.

(3) Die Vorschriften des Verbraucherinformationsgesetzes finden Anwendung, soweit nicht die Vorschriften dieses Gesetzes etwas anderes bestimmen.

Literatur: *Albers/Ortler*, Verbraucherschutz und Markttransparenz im Recht der Verbraucherinformation, GewArch 2009, 225 ff; *Böhm*, Der Auskunftsanspruch nach dem VIG – Besonderheiten und Gemeinsamkeiten im Kontext mit nationalen Auskunftsansprüchen und gemeinschaftsrechtlichen Regelungen, in: Böhm/Freund/Voit (Hrsg.), Verbraucherinformationsgesetz, 2009, 11 ff; *Hüttner*, Rechtslage zur Verbraucherinformation in Deutschland, in: Micklitz, Informationszugang für Verbraucher in Europa und den USA, 2009, 44 ff; *Kube*, Die Macht der Information: Konsultation, Information, Rechte der Betroffenen, ZLR 2007, 165 ff.

I. Allgemeines

1. Europarechtliche Vorgaben. Europarechtliche Vorgaben, die zum Erlass des VIG oder AGVIG gezwungen hätten, bestanden bei Erlass und bestehen auch derzeit nicht. 1

2. Verfassungsrechtliche Vorgaben. Umstritten war, in wessen **Kompetenz** der Erlass eines Verbraucherinformationsgesetzes fällt.[1] Diese Frage drängt sich angesichts unterschiedlicher Regelungstechniken bei VIG, (L)UIG/UVwG und (L)IFG geradezu auf. Bezüglich UIG/UVwG und IFG wurde 2

1 Die Weigerung des damaligen Bundespräsidenten das zunächst verabschiedete VIG auszufertigen, beruht allerdings nicht auf grundsätzlichen kompetenzrechtlichen Zweifeln, sondern war auf die Frage zurückzuführen, ob unter Verstoß gegen Art. 84 Abs. 1 S. 7 GG Gemeinden Aufgaben durch Bundesgesetz übertragen worden wären, vgl. hierzu BPräs. BT-Drucks. 16/3866; Albers/Ortler, GewArch 2009, 225, 225; Böhm, in: Böhm/Freund/Voit, 11, 15; Beyerlein/Borchert, VIG, Einf. Rn 7 mwN; ausf. Hüttner, in: Micklitz, 57 f.

davon ausgegangen, dass Informationsansprüche Teil des Verwaltungsverfahrens seien, für dessen Regelung gemäß Art. 84 Abs. 1 S. 1 GG die Bundesländer zuständig sind[2] oder es wird schlicht auf die Auffangkompetenz des Art. 70 GG (iVm Art. 83 GG) verwiesen.[3] Die Kompetenz zum Erlass des VIG wurde hingegen auf Art. 74 Abs. 1 Nr. 20 GG, der die Regelung des Lebensmittelrechts der konkurrierenden Gesetzgebung überantwortet, gestützt.[4] Selbst wenn beide Ansätze für nachvollziehbar gehalten werden,[5] wäre eine einheitliche Handhabung im Interesse der Rechtsklarheit wünschenswert.

3 Geht man von einer Kompetenz des Bundesgesetzgebers zum Erlass des VIG gemäß Art. 74 Abs. 1 Nr. 20 (sowie Nr. 11) GG aus, wird bezüglich §§ 3 S. 1 und 2, 4 AGVIG – ohne nähere Begründung – vertreten, dass diese Bestimmungen verfassungswidrig seien, weil sie gegen Art. 72 Abs. 1 GG verstießen bzw. das Landesgesetz im Ganzen verfassungswidrig sei.[6] Dieser Ansicht ist entgegen zu halten, dass die Regelungen über das Absehen einer Beteiligung Dritter in bestimmten Fällen (§ 3 AGVIG) als Regelungen über das Verwaltungsverfahren bei der Erfüllung von Ansprüchen auf Information verstanden werden können. Die Kompetenz zum Erlass derartiger Regelungen liegt gemäß **Art. 84 Abs. 1 S. 1 GG** bei den Ländern. Bestimmen Bundesgesetze etwas Anderes, besteht für den Landesgesetzgeber gemäß **Art. 84 Abs. 1 S. 2 GG** eine Abweichungsbefugnis.[7] Ob auch die vom Bundesrecht abweichende Regelung zum Zeitpunkt des Informationszugangs (§ 4 VIG) als Regelung des Verwaltungsverfahrens begriffen werden kann, erscheint demgegenüber zumindest fraglich. Ohne weiteres zulässig sein dürften hingegen die Regelungen zur Zuständigkeitsbestimmung (§ 2 Abs. 1 AGVIG), zur Zuständigkeitsübertragung auf Gemeinden (§ 2 Abs. 2 AGVIG), zur Verfahrenskonzentration und -delegation (§ 2 Abs. 3 und 4 AGVIG)[8] sowie zu den Gebühren (§ 5 AGVIG).[9]

4 Als verfassungsrechtlich problematisch erweist sich das AGVIG aber unter einem anderen Aspekt: Unabhängig von der Frage, ob es sich bei der pauschalen Bezugnahme in § 1 Abs. 1 AGVIG auf das „Verbraucherinformationsgesetz (VIG) vom 5. November 2007 (BGBl. I S. 2558)" um eine dyna-

---

2 Böhm, in: Böhm/Freund/Voit, 11, 15.

3 S. hierzu § 1 LIFG Rn. 2.

4 CDU/CSU und SPD BT-Drucks. 16/5404, 8. Bei der Novellierung des VIG wurde die Kompetenz zusätzlich auf Art. 74 Abs. 1 Nr. 11 GG gestützt, BReg BT-Drucks. 17/7374, 13.

5 So ausdrücklich Böhm, in: Böhm/Freund/Voit, 11, 16.

6 Beyerlein/Borchert VIG Einf. Rn 10 und 14, wobei insb. der pauschale Vorwurf der Verfassungswidrigkeit in Rn 10 nicht näher begründet wird, sondern nur auf die Inanspruchnahme der konkurrierenden Gesetzgebungskompetenz des Bundes verwiesen wird.

7 So auch explizit LReg LT-Drucks. 14/2596, 7.

8 Beyerlein/Borchert VIG Einf. Rn 14 hält diese Regelung wegen § 4 Abs. 1 S. 4 Nr. 2 VIG zulässig; richtigerweise dürfte sich aber auch hier die Zulässigkeit aus Art. 84 Abs. 1 S. 1 GG ergeben.

9 Zur Zulässigkeit der Abweichungsbefugnis des Landesgesetzgebers bei Regelungen von Verwaltungsgebühren vgl BVerwG v. 26.6.2014, 3 CN 1/13, NVwZ 2014, 1516, 1518.

mische oder statische Verweisung handelt[10] – richtigerweise ist nach Sinn und Zweck der Norm von einer **dynamischen Verweisung** auszugehen[11] –, ist fraglich, ob das AGVIG bezüglich zentraler Aspekte seiner Zwecksetzung wegen Art. 84 Abs. 1 S. 4 GG[12], der die entsprechende Geltung des Art. 72 Abs. 3 S. 3 GG anordnet, durch die Novellierung des VIG im Jahre 2012[13] noch dem Willen des Gesetzgebers entspricht.

Zu berücksichtigen ist dabei, dass das VIG vom 5.11.2007, auf welches das AGVIG explizit Bezug nimmt, in dieser Form nicht mehr existiert. Das VIG wurde im Jahre **2012 umfassend novelliert**; dabei kam es nicht nur zur Einfügung einer Zweckbestimmung in § 1 VIG und damit zu einer veränderten Paragrafenzählung, auch der materielle Gehalt der Normen wurde teilweise substantiell verändert. Betroffen von den inhaltlichen Änderungen sind in erster Linie die §§ 3, 4 und 5 AGVIG, die für einen **Anwendungsvorrang der bundesrechtlichen Regelung** nach Art. 84 Abs. 1 S. 4 GG iVm Art. 72 Abs. 3 S. 3 GG sprechen (vgl hierzu im Einzelnen die Kommentierungen zu § 3 VIG Rn 3; § 4 VIG Rn 1 und § 5 VIG Rn 1). Dagegen dürften die lediglich fehlerhaften, weil von der ursprünglichen Zählung der Paragrafen ausgehenden Verweisungen in §§ 1 Abs. 2, 2 Abs. 1 AGVIG **weiterhin Bestand** haben, da die in Bezug genommenen Normen des VIG zwar teilweise eine Erweiterung, aber keine substantielle Änderung erfahren haben (vgl hierzu die Kommentierungen unter Rn 12 ff und § 2 AGVIG Rn 3 ff). 5

3. Entstehungsgeschichte. Baden-Württemberg wurde im Bereich der Verbraucherinformation bereits sehr früh gesetzgeberisch tätig: Schon **1991** schuf der Gesetzgeber mit den **§§ 13 ff AGLMBG**[14] eine Ermächtigungsgrundlage für staatliche Warnungen vor Produkten. Auslöser der gesetzgeberischen Aktivität war der sog. Flüssigei-Skandal; dennoch wurde damals nur die Rechtsgrundlage dafür geschaffen, dass Behörden unter bestimmten Voraussetzungen die Öffentlichkeit **informieren und warnen** dürfen; ein **subjektiv-öffentliches Recht** auf Informationsgewährung war noch **nicht vorgesehen.**[15] 6

---

10 Zweifel an dem Vorliegen einer dynamischen Verweisung ergeben sich vor allem aus dem Fehlen der für dynamische Verweisungen typischen Formulierung „in der jeweils geltenden Fassung".

11 Zu den mit einer dynamischen Verweisung verbundenen verfassungsrechtlichen Problematiken vgl nur Debus, Verweisungen in deutschen Rechtsnormen, 2008, S. 318 ff.

12 Nach dieser Bestimmung geht im Verhältnis von Bundes- und Landesrecht das jeweils spätere Gesetz vor. Da das Abweichungsrecht nach Art. 84 Abs. 1 S. 2 GG voraussetzungslos gewährt wird, BVerwG v. 26.6.2014, 3 CN 1/13, Rn 19; BeckOK GG/Suerbaum Art. 84 Rn 36, folgt aus dem Verweis in Art. 84 Abs. 1 S. 4 GG auf Art. 72 Abs. 3 S. 3 GG auch, dass die lex posterior-Regelung generell für die speziellen Gesetzgebungsbefugnisse des Art. 84 Abs. 1 GG gelten und nicht zusätzlich die Voraussetzungen des Art. 72 GG vorliegen müssen, BeckOK GG/Suerbaum Art. 84 Rn 36.

13 BGBl. I, 2166, 2725, zuletzt geändert durch Art. 2 Abs. 34 Gesetz v. 7.8.2013 (BGBl. I 3154).

14 Gesetz zur Ausführung des Lebensmittel- und Bedarfsgegenständegesetzes (AGLMBG) v. 9.7.1991 (GBl. 473), zuletzt geändert durch Art. 11 des Gesetzes v. 17.12.2009 (GBl. 809, 815).

15 Kritisch zu §§ 13 ff AGLMBG äußert sich in diesem Zusammenhang Kube ZLR 2007, 165, 181 f.

7 Das Ausführungsgesetz zum Verbraucherinformationsgesetz (AGVIG) trat am Tag nach seiner Verkündung am 17.6.2008[16] in Kraft. **Änderungen** des Gesetzes sind – im Gegensatz zur bundesrechtlichen Regelung (s. Rn 5) – **nicht erfolgt.** Das Gesetz wurde in der Fassung des Entwurfs der Landesregierung[17] verabschiedet. Änderungsanträge der Fraktion GRÜNE,[18] die eine inhaltliche Ausweitung der Informationspflicht, eine Verschärfung von Unternehmerpflichten, eine Verpflichtung zur Weiterleitung des Informationsbegehrens, wenn der Antrag bei einer unzuständigen Stelle gestellt wird sowie eine weitgehende Gebührenfreiheit vorsahen, wurden abgelehnt.[19]

8 **4. Zwecksetzung des AGVIG insgesamt.** Das AGVIG wurde nach Auffassung des Gesetzgebers notwendig, „um ein **Auseinanderfallen der Aufgaben und Zuständigkeiten** im Rahmen der Lebensmittelüberwachung zu **vermeiden** und um einen **einheitlichen Vollzug** des VIG **sicherzustellen** […]. Im Hinblick auf das komplexe Verwaltungsverfahren nach dem VIG und die mit dem VIG verbundenen hohen Verbrauchererwartungen“[20] vertrat der Gesetzgeber die Ansicht, dass zudem gewisse Verbesserungen des Verwaltungsverfahrens notwendig seien.

9 Als wesentlicher Inhalt des Gesetzes sind folgende Punkte zu bezeichnen:

- Übertragung der Aufgaben des VIG im Zuständigkeitsbereich der Stadtkreise auf die Gemeinden als untere Lebensmittelüberwachungsbehörden,
- Eröffnung der Option, gleichartige Anfragen, die an verschiedene Behörden gerichtet sind, einer Vorortbehörde zuzuweisen und die Anfragen an diese zu delegieren,
- Ausschluss einer erneuten Beteiligung oder Anhörung Dritter bei gleichartigen wiederholten Anfragen,
- Wegfall der zweiwöchigen Wartefrist bei Anordnung der sofortigen Vollziehung.[21]

10 **5. Vergleichbare Regelungen anderer Bundesländer.** Eine nach Regelungsumfang und -inhalt vergleichbare Regelung existiert nur in Sachsen-Anhalt.[22] In Mecklenburg-Vorpommern,[23] Nordrhein-Westfalen[24] und Rheinland-Pfalz[25] wurden neben Vorgaben zur Zuständigkeit bzw. Zuständig-

16 GBl. 2008, 181.
17 LReg LT-Drucks. 14/2596.
18 LReg Anlage v. 28.5.2008 zu LT-Drucks. 14/2754, 8 ff sowie LReg LT-Drucks. 14/2784 v. 3.6.2008.
19 Ausführlich LReg LT-Drucks. 14/2754, 2 ff.
20 LReg LT-Drucks. 14/2596, 1.
21 LReg LT-Drucks. 14/2596, 1 f.
22 Ausführungsgesetz des Landes Sachsen-Anhalt zum Verbraucherinformationsgesetz (VIG AG LSA) v. 28.1.2011 (GVBl. 26). Hier findet sich zusätzlich eine Regelung zum Ausgleich von Mehrkosten bei Kommunen.
23 Landesverordnung zur Bestimmung der zuständigen Behörden nach dem Verbraucherinformationsgesetz (VIGZustLVO M-V) v. 9.2.2009 (GVOBl. 219), zuletzt geändert durch Art. 1 der Verordnung v. 26.3.2013 (GVOBl. 266).
24 § 12 Gesetz über den Vollzug des Lebensmittel-, Futtermittel- und Bedarfsgegenständerechts (LFBRVG) v. 19.3.1985 (GV. NRW 259), zuletzt geändert durch Art. 1 des Gesetzes v. 13.3.2008 (GV. NRW 220).
25 Landesgesetz zur Ausführung des Verbraucherinformationsgesetzes (AGVIG) v. 22.12.2008, (GVBl. 316).

keitsübertragung auch weitere Regelungen[26] getroffen. Die Gesetze in Bayern,[27] Brandenburg,[28] Hessen,[29] Niedersachsen,[30] Sachsen,[31] Schleswig-Holstein[32] und Thüringen[33] treffen hingegen ausschließlich Aussagen bezüglich der Zuständigkeit bzw. übertragen diese auf Gemeinden oder Gemeindeverbände. In den Ländern Berlin,[34] Bremen, Hamburg und Saarland existieren soweit ersichtlich keine landesrechtlichen Regelungen zum VIG.

II. Zweck des Gesetzes (Abs. 1)

Regelungsgehalt des § 1 Abs. 1 AGVIG ist die **prägnante Zusammenfassung der Zwecksetzung** des gesamten AGVIG durch die Benennung der Themenkomplexe **Aufgabenübertragung, Sicherstellung eines einheitlichen Gesetzesvollzugs** sowie **Verbesserung des Verwaltungsverfahrens.** Dies ent- 11

26 In NW und RP findet sich eine Regelung zur Erhebung von Gebühren und Auslagen, die Regelung in MV trifft Bestimmungen zur Tragung von Kosten, die kommunalen Gebietskörperschaften evtl. zusätzlich entstehen. Mecklenburg-Vorpommern und Rheinland-Pfalz sehen zusätzlich eine Evaluierung des Gesetzes vor.

27 Art. 21 a Gesetz über den öffentlichen Gesundheits- und Veterinärdienst, die Ernährung und den Verbraucherschutz sowie die Lebensmittelüberwachung (GDVG) v. 24.7.2003 (GVBl. 452), zuletzt geändert durch § 1 des Gesetzes v. 28.10.2015 (GVBl. 382).

28 § 3 Verordnung über die Zuständigkeiten nach dem Lebensmittel- und Futtermittelgesetzbuch, dem Verbraucherinformationsgesetz und weiteren Vorschriften (LFGBZV) v. 12.7.2006 (GVBl. II 286), zuletzt geändert durch Art. 36 des Gesetzes v. 25.1.2016 (GVBl. I Nr. 5).

29 § 11 Nr. 6 d) Verordnung zur Bestimmung von Zuständigkeiten von Behörden der Landesverwaltung im Veterinärwesen und bei der Lebensmittel- und Futtermittelüberwachung (ZustVVLF) v. 8.11.2010 (GVBl. I 354), zuletzt geändert durch Verordnung v. 17.11.2015 (GVBl. I 398) und § 5 Gesetz zum Vollzug von Aufgaben auf den Gebieten des Veterinärwesens und der Lebensmittelüberwachung v. 21.3.2005 (GVBl. I 229, 232), zuletzt geändert durch Art. 1 des Gesetzes v. 17.10.2014 (GVBl. I 237).

30 Allgemeine Zuständigkeitsverordnung für die Gemeinden und Landkreise zur Ausführung von Bundesrecht (AllgZustVO-Kom) v. 14.12.2004 (GVBl. 589), zuletzt geändert durch Art. 2 der Verordnung v. 29.10.2014 (GVBl. 307).

31 § 11 a Gesetz zur Ausführung des Lebensmittel- und Futtermittelgesetzbuches, des Vorläufigen Tabakgesetzes und des Verbraucherinformationsgesetzes im Freistaat Sachsen (SächsAGLFGB-VIG) v. 25.1.2008 (GVBl. 62), zuletzt geändert durch Art. 41 des Gesetzes v. 27.1.2012 (GVBl. 130, 146).

32 §§ 2 Nr. 4, 3 Nr. 14 Landesverordnung über zuständige Behörden auf dem Gebiet des Lebensmittel-, Wein- und Futtermittelrechts (LWFZVO) v. 20.6.2006 (GVOBl. 152), zuletzt geändert durch Art. 67 LVO v. 4.4.2013 (GVOBl. 143).

33 § 5 Thüringer Verordnung über Zuständigkeiten und zur Übertragung von Ermächtigungen auf dem Gebiet der Lebensmittelüberwachung einschließlich der Überwachung von Tabakerzeugnissen (ThürLÜZVO) v. 20.7.2008 (GVBl. 301), zuletzt geändert durch Art. 3 der Verordnung vom 7.8.2014 (GVBl. 584, 587); § 2 Abs. 3 Nr. 6 Thüringer Verordnung über Zuständigkeiten auf dem Gebiet der Land-, Ernährungs- und Forstwirtschaft v. 24.6.2004 (GVBl. 697), zuletzt geändert durch Art. 2 der Verordnung v. 14.6.2013 (GVBl. 164); Nr. 2.7 der Anlage zu § 2 Thüringer Verordnung zur Regelung von Zuständigkeiten auf dem Gebiet des Arbeitsschutzes (ThürASZustVO) v. 8.8.2013 (GVBl. 208).

34 In Berlin existiert nur eine den §§ 13 ff AGLMBG vergleichbare Rechtsgrundlage für behördliches Informationshandeln bei Verstößen gegen das Lebensmittel- und Bedarfsgegenständerecht, die dem Einzelnen aber keinen Anspruch auf Informationszugang gewährt, Gesetz zur Information der Verbraucherinnen und Verbraucher im Lebensmittelverkehr im Land Berlin, Gesetz v. 15.5.2003 (GVBl. 174).

spricht modernen Gesetzeswerken. Eine dieser Regelung vergleichbare Vorschrift ließ das VIG in seiner Ursprungsfassung zunächst vermissen; erst mit der Novellierung dieses Gesetzes im Jahre 2012 wurde eine dem § 1 AGVIG entsprechende Regelung als § 1 VIG eingefügt.

III. Anwendungsbereich des Gesetzes (Abs. 2)

12 § 1 Abs. 2 AGVIG definiert den **Anwendungsbereich** des AGVIG. Dabei nimmt die Regelung Bezug auf § 1 Abs. 2 VIG und bestimmt, dass das AGVIG für alle in diesem Sinne informationspflichtigen Stellen im Land „im Rahmen ihrer Wahrnehmung öffentlich-rechtlicher Aufgaben oder Tätigkeiten in der Lebensmittelüberwachung nach dem Gesetz zur Ausführung des Lebensmittel- und Bedarfsgegenständegesetzes oder in der Futtermittelüberwachung" gilt. Dabei ist zunächst zu berücksichtigen, dass die Bezugnahme auf § 1 Abs. 2 VIG (aF) wegen der mittlerweile erfolgten Novellierung des VIG nicht mehr korrekt ist; tatsächlich wird hier **§ 2 Abs. 2 VIG** in Bezug genommen. Selbst wenn man diese fehlerhafte Bezugnahme an sich als unschädlich zu betrachten haben wird (s. zu dieser Problematik Rn 5 f), bleibt doch problematisch, dass sich die in Bezug genommene Norm des VIG durch die Novellierung auch **inhaltlich verändert** hat. Die mit der Einfügung des § 1 Nr. 2 VIG bewirkte **Erweiterung des Anwendungsbereichs des VIG** führte auch zu einer Ausweitung der anspruchsverpflichteten Stellen. Im Gegensatz zu § 1 Abs. 2 VIG aF sind nunmehr nicht nur Behörden zur Information verpflichtet, die Aufgaben oder Tätigkeiten wahrnehmen, „die der Erfüllung der in § 1 des Lebensmittel- und Futtermittelgesetzbuches genannten Zwecke" dienen, sondern auch Behörden, die Aufgaben oder Tätigkeiten wahrnehmen, die bei „Verbraucherprodukten der Gewährleistung von Sicherheit und Gesundheit nach den Vorschriften des Produktsicherheitsgesetzes sowie der auf Grund des Produktsicherheitsgesetzes erlassenen Rechtsverordnungen dienen". Eine explizite Erstreckung des Anwendungsbereichs des AGVIG auf Behörden, die im Rahmen der Gewährleistung der Produktsicherheit tätig werden, **fehlt** insoweit.

13 Da § 1 Abs. 2 AGVIG aber nur generell den Anwendungsbereich des AGVIG definiert und dabei keine von den allgemeinen Grundsätzen abweichenden Regelungen trifft, ist wohl davon auszugehen, dass das AGVIG auch auf die Behörden **Anwendung** findet, die im Rahmen der Gewährleistung der **Produktsicherheit** tätig werden und nunmehr nach § 2 Abs. 2 VIG ebenfalls zur Information verpflichtet sind. Wollte man rein am Wortlaut orientiert hingegen davon ausgehen, dass das AGVIG nur auf Lebensmittel- und Futtermittelüberwachungsbehörden Anwendung findet, würde dies entweder dazu führen, dass diese auch zur Erteilung von Informationen über Verbraucherprodukte verpflichtet wären. Dies würde im Ergebnis ein Auseinanderfallen von Aufgaben und Zuständigkeiten bedeuten, was das AGVIG ausweislich der Begründung zu § 2 Abs. 2 explizit verhindern will.[35] Die andere Möglichkeit wäre, dass die für die Gewährleistung der Produktsicherheit zuständigen Behörden zwar auch zur diesbezüglichen In-

35 LReg LT-Drucks. 14/2596, 11.

formationserteilung verpflichtet sind,[36] aber nicht die Regelungen des AGVIG, sondern nur die des VIG zu beachten haben. Dies würde angesichts der ursprünglich im AGVIG angelegten Abweichungen vom VIG ebenfalls zu einem uneinheitlichen Umgang mit Informationsansprüchen nach VIG führen, je nachdem, ob sich das Informationsbegehren auf Erzeugnisse oder auf Verbraucherprodukte bezieht. Auch dies dürfte dem gesetzgeberischen Willen, der in Abs. 1 explizit Ausdruck gefunden hat (Sicherstellung eines einheitlichen Vollzugs des VIG), zuwiderlaufen.[37]

Nach Auffassung des Gesetzgebers bezieht sich das AGVIG „vorrangig" im Bereich der **Lebensmittelüberwachung** auf die in § 18 AGLMBG genannten Behörden (dies sind das **Ministerium [für Ländlichen Raum und Verbraucherschutz]**, Abs. 1, die **Regierungspräsidien**, Abs. 2 und die **unteren Verwaltungsbehörden**, Abs. 3) sowie die in § 21 AGLMBG erwähnten **Chemischen- und Veterinäruntersuchungsämter (CVUÄ)**,[38] da letztere bei der Durchführung der Überwachung mitwirken.[39] Dabei ist zu berücksichtigen, dass als untere Verwaltungsbehörden wegen § 15 Abs. 1 iVm § 19 Abs. 1 Nr. 3 lit. d) des Landesverwaltungsgesetzes (LVG)[40] nur die **Landratsämter und Stadtkreise** zuständig sind. Nach der Gesetzesbegründung gilt das AGVIG im Bereich der **Futtermittelüberwachung** "gemäß der Verordnung des Ministeriums Ländlicher Raum über Zuständigkeiten nach dem Futtermittelrecht vom 21. Dezember 2000 (GBl. S. 11) [für] die **Regierungspräsidien** sowie die **Landesanstalt für landwirtschaftliche Chemie** der Universität Hohenheim und das **Landwirtschaftliche Technologiezentrum Augustenberg** soweit sie als Untersuchungseinrichtung für die amtliche Futtermittelüberwachung tätig sind."[41] Auffällig ist dabei, dass die zitierte Futtermittel-ZuV[42] weder die Landesanstalt für landwirtschaftliche Chemie der Universität Hohenheim noch das Landwirtschaftliche Technologiezentrum Augustenberg erwähnt; in § 1 S. 1 Futtermittel-ZuV wird explizit nur die (alleinige) Zuständigkeit der Regierungspräsidien begründet. 14

36 So geht Grube/Immel/Wallau VIG § 4 Rn 8 davon aus, dass im Falle des Fehlens einer landesrechtlichen Zuständigkeitsregelung § 4 Abs. 1 S. 4 Nr. 2 VIG "als Verweis auf die Vorschriften der allgemeinen Lebensmittelüberwachung zu verstehen" ist. Richtigerweise muss dies nach der Erweiterung des VIG auf Informationserteilung über Verbraucherprodukte auch für die insoweit zuständigen Behörden gelten.

37 Diese im AGVIG ursprünglich angelegten Abweichungen kommen wegen der Novellierung des VIG zwar zum größten Teil nicht mehr zum Tragen, vgl insoweit die Kommentierungen zu § 3 AGVIG Rn 5 ff, § 4 AGVIG Rn 4 f und § 5 AGVIG Rn 5 f, dies ändert aber nichts daran, dass die Zwecksetzung des AGVIG in der einheitlichen Vollziehung des VIG liegt und somit auch von einer Erfassung der Behörden, die für die Gewährleistung der Produktsicherheit zuständig sind, auszugehen ist.

38 Die Anwendbarkeit des AGVIG auf die CVUÄ bejaht auch der VGH BW v. 13.9.2010, 10 S 2/10, Rn 18 ausdrücklich.

39 LReg LT-Drucks. 14/2596, 11.

40 Gesetz v. 14.10.2008 (GBl. 313), zuletzt geändert durch Art. 10 des Gesetzes v. 23.6.2015 (GBl. 585, 614).

41 LReg LT-Drucks. 14/2596, 11.

42 Verordnung des Ministeriums Ländlicher Raum über Zuständigkeiten nach dem Futtermittelrecht (Futtermittel-ZuV) v. 21.12.2000 (GBl. 11).

15 Im Bereich des Produktsicherheitsgesetzes (ProdSG)[43] ist davon auszugehen, dass sich das AGVIG auf die in § 1 der Verordnung des Umweltministeriums über Zuständigkeiten auf dem Gebiet der Produktsicherheit (Produktsicherheits- Zuständigkeitsverordnung - ProdSZuVO)[44] genannten Behörden erstreckt. § 1 ProdSZuVO legt die Zuständigkeiten für den Vollzug der Abschnitte 2 bis 8 des ProdSG fest. Diese beziehen sich auf die Produktsicherheit. Demgegenüber ist der 9. Abschnitt des ProdSG, auf den sich § 2 ProdSZuVO bezieht, anlagenbezogen und somit für die Auskunftserteilung nach VIG wohl nicht relevant. Konkret zuständig sind unter den jeweils genannten Voraussetzungen die **Regierungspräsidien Tübingen** (§ 1 Abs. 1 ProdSZuVO) und **Freiburg** (§ 1 Abs. 2 Nr. 3 ProdSZuVO), die **nach § 24 Abs. 1 S. 3 ProdSG zuständigen Behörden** (§ 1 Abs. 2 Nr. 1 ProdSZuVO),[45] die **Zentralstelle der Länder für Sicherheitstechnik** (§ 1 Abs. 2 Nr. 2 ProdSZuVO) und das **Umweltministerium** (§ 1 Abs. 2 Nr. 4 ProdSZuVO).

IV. Umfang des Anwendungsbereiches des Landesgesetzes im Verhältnis zum Bundesgesetz (Abs. 3)

16 Nach Abs. 3 findet das VIG Anwendung, soweit nicht die Vorschriften des AGVIG etwas Anderes bestimmen. Nach der Gesetzesbegründung wird damit der Umfang des Anwendungsbereichs des Landesgesetzes im Verhältnis zum VIG im Hinblick auf Art. 84 GG geregelt.[46] Da der Regelungsgehalt der Norm – zumindest bei ihrem Erlass – inhaltlich den Vorgaben des Art. 84 GG und des Art. 72 Abs. 3 S. 3 GG entsprach, dürfte es sich hierbei nur um eine ***rein deklaratorische Vorschrift*** handeln. Dies bedeutet aber auch, dass § 1 Abs. 3 AGVIG nach der Novellierung des VIG nicht bewirkt, dass das nun ältere AGVIG Vorrang vor dem novellierten und damit jüngeren VIG hätte. Vielmehr verbleibt es bei den in Art. 84 GG iVm Art. 72 Abs. 3 S. 3 GG niedergelegten Grundsätzen, wonach das jeweils **spätere Gesetz vorrangig** ist. Da das VIG nicht inhaltsgleich mit dem AGVIG ist und nicht sämtliche Regelungen des AGVIG denselben Regelungsgegenstand wie die Regelungen des VIG betreffen,[47] ist im jeweiligen Einzelfall – insb. bezüglich der §§ 3 bis 5 AGVIG – zu prüfen, inwieweit die Novellierung des VIG einzelne abschließende Regelungen enthält, die trotz § 1 Abs. 3 AGVIG zu einer Verdrängung der genannten Vorschriften führt,[48] vgl insoweit die einschlägigen Kommentierungen.

---

43 Gesetz v. 8.11.2011, (BGBl. I 2178, 2179; I 2012, 131), zuletzt geändert durch Art. 435 der Verordnung v. 31.8.2015 (BGBl. I 1474).
44 Verordnung v. 13.2.2012 (GBl. 62), zuletzt geändert durch Art. 1 der Verordnung v. 17.12.2013 (GBl. 498, 499).
45 Dabei handelt es sich um Behörden, die nach anderen Rechtsvorschriften tätig werden.
46 LReg LT-Drucks. 14/2596, 11.
47 Vgl hierzu BeckOK GG/Seiler Art. 72 Rn 27.
48 Vgl hierzu BeckOK GG/Seiler Art. 72 Rn 29.

Anhang: Kommentierung zum VIG

§ 1 VIG Anwendungsbereich

Durch dieses Gesetz erhalten Verbraucherinnen und Verbraucher freien Zugang zu den bei informationspflichtigen Stellen vorliegenden Informationen über

1. Erzeugnisse im Sinne des Lebensmittel- und Futtermittelgesetzbuches (Erzeugnisse) sowie

2. Verbraucherprodukte, die dem § 2 Nummer 26 des Produktsicherheitsgesetzes unterfallen (Verbraucherprodukte),

damit der Markt transparenter gestaltet und hierdurch der Schutz der Verbraucherinnen und Verbraucher vor gesundheitsschädlichen oder sonst unsicheren Erzeugnissen und Verbraucherprodukten sowie vor Täuschung beim Verkehr mit Erzeugnissen und Verbraucherprodukten verbessert wird.

Literatur: *Albers/Ortler*, Verbraucherschutz und Markttransparenz im Recht der Verbraucherinformation, GewArch 2009, 225 ff; *Beck*, Kontrolle durch Information: Transparenz und Geheimnisschutz, ZLR 2009, 123 ff; *Becker*, Verfassungs- und unionsrechtliche Aspekte der Novelle von VIG und § 40 LFGB, ZLR 2011, 391 ff; *Gurlit*, Das Informationsverwaltungsrecht im Spiegel der Rechtsprechung, Verw 44 (2011), 75 ff; *Gurlit*, Europäisches Plazet für behördliche Verbraucherinformation, NVwZ 2013, 1267 ff; *Hüttner*, Rechtslage zur Verbraucherinformation in Deutschland, in: Micklitz, Informationszugang für Verbraucher in Europa und den USA, 2009, 44 ff; *Joh/Krämer/Teufer/Unland*, Das Ende der Verhältnismäßigkeit?, ZLR 2012, 420 ff; *Kube*, Die Macht der Information: Konsultation, Information, Rechte der Betroffenen, ZLR 2007, 165 ff; *Walter Leisner*, Notwendigkeit eines Moratoriums? – Verfassungsrechtliche Bedenken gegen Informationsrechte nach dem Verbraucherinformationsgesetz (VIG) – insbesondere § 3 S. 5, 6, § 5 Abs. 1 S. 2 und § 6 Abs. 3 VIG, GewArch 2014, 57 ff; *Ossenbühl*, Verbraucherschutz durch Information, NVwZ 2011, 1357 ff; *Prommer/Rossi*, Das neue Verbraucherinformationsgesetz, GewArch 2013, 97 ff; *Schoch*, Das Gesetz zur Änderung des Rechts der Verbraucherinformation, NVwZ 2012, 1497 ff; *Theis*, Transparenzgesetzgebung bei Lebensmitteln und Verbraucherprodukten, DVBl. 2013, 627 ff; *Wohlfarth*, Informationsfreiheitsgesetzgebung und Informationsnutzung, LKRZ 2013, 494 ff; *Wustmann*, Gesetz zur Verbesserung der gesundheitsbezogenen Verbraucherinformation – Verbraucherinformationsgesetz (VIG) – Rechtsprechungsübersicht, BayVBl. 2015, 181 ff; *Zilkens*, Bereichsspezifisches Informationszugangsrecht im Verbraucherschutz: Das neue Verbraucherinformationsgesetz, NVwZ 2009, 1465 ff.

I. Allgemeines

1. Europarechtliche Vorgaben. Eine dem Bereich des Umweltinformationsrechts vergleichbare europarechtliche Vorgabe besteht im Bereich der Ver- 1 braucherinformation nicht. Unionsrechtlich verpflichtend[1] vorgegeben ist nur eine **Warnung der Bevölkerung vor Gesundheitsgefährdungen durch Lebensmittel, Art. 10 der Verordnung (EG) Nr. 178/2002.** Da diese Vorschrift abschließenden Charakter habe, wird vertreten, dass die darüber hinausgehenden Normen des VIG europarechtswidrig seien.[2] Hiergegen wird vorgebracht, dass die genannte Verordnung sich alleine auf den Gesundheitsschutz beziehe, zum Verbraucherschutz aber keine Aussagen treffe, weshalb das VIG dieser Norm nicht widerspreche.[3] Zudem wird teilweise angenommen, dass das VIG gegen europarechtliche Vorgaben, namentlich gegen **Art. 7 Abs. 2 und Abs. 3 der Verordnung (EG) Nr. 882/2004,** verstoße.[4] Diese Einwände werden allerdings sowohl von der Gesetzesbegründung[5] als auch von der Rechtsprechung[6] anders beurteilt.

2 **2. Verfassungsrechtliche Vorgaben.** Neben der Diskussion über die **Verbandskompetenz des Bundesgesetzgebers** zum Erlass des VIG (s. hierzu § 1 AGVIG Rn 2 ff) wurden in der Literatur auch Stimmen laut, die an der Verfassungskonformität des VIG insgesamt zweifelten.[7] Selbst wenn die Verfassungsmäßigkeit einzelner Vorgaben des VIG durchaus diskussionswürdig sein mag (s. hierzu § 3 VIG Rn 8 ff, 20 f, 27, 30; § 5 VIG Rn 4 f), ist einer pauschalen Beurteilung des VIG als verfassungswidrig nicht zuzustimmen.[8]

3 **3. Entstehungsgeschichte.** Das nach langem Ringen[9] am 1.5.2008 in Kraft getretene VIG[10] wurde auf Drängen von Bundestag[11] und Bundesrat[12] zwei

1 Becker ZLR 2011, 391, 398. Zu Entwicklungen auf europäischer Ebene vgl insgesamt Kube ZLR 2007, 165, 171 f.
2 Becker ZLR 2011, 391, 400 ff; OVG NW v. 1.4.2014, 8 A 654/12, ZLR 2009, 649, 653 f m.Anm. Grube/Immel.
3 Schoch NVwZ 2012, 1497, 1503 f; ähnlich Joh/Krämer/Teufer/Unland ZLR 2012, 420, 431 ff. Auch der EuGH hat mittlerweile festgehalten, dass Art. 10 VO (EG) Nr. 178/2002 grds. keinen abschließenden Charakter hat. Insb. sei eine Behördeninformation bei zwar zum Verzehr ungeeigneten aber nicht gesundheitsschädlichen Lebensmitteln nicht zu beanstanden, EuGH v. 11.4.2013, Rs C-636/11, NVwZ 2013, 1002, Rn 30; hierzu ausführlich Gurlit NVwZ 2013, 1267 ff; kritisch Leisner GewArch 2014, 57, 60.
4 Grube/Immel/Wallau VIG § 1 Rn 4 f.
5 BReg BT-Drucks. 17/7374, 13.
6 OVG NW v. 1.4.2014, 8 A 654/12, Rn 135 und 137; 8 A 655/12, Rn 165 und 167; BayVGH v. 22.12.2009, G 09.1 – 09.3, Rn 25 f; VG Oldenburg v. 26.6.2012, 7 A 1405/11, Rn 32 f.
7 Becker ZLR 2011, 391, 415 ff; Grube/Immel/Wallau VIG § 1 Rn 6 ff; Leisner GewArch 2014, 57, 60 ff.
8 Vgl hierzu Hüttner, in: Micklitz, 60 ff. So ist wohl auch Ossenbühl NVwZ 2011, 1357, 1357 f zu verstehen.
9 Vgl hierzu insgesamt Grube/Immel/Wallau VIG § 1 Rn 7, Kube ZLR 2007, 165, 172 ff und Zilkens NVwZ 2009, 1465, 1465 f. Sehr ausführlich Hüttner, in: Micklitz, 48 ff.
10 BGBl. I 2007, 2558.
11 BTag Plenarprotokoll 16/43, 4053, stimmt dem Entschließungsantrag BT-Drucks. 16/2035 zu.
12 BRat BR-Drucks. 584/06.

Jahre nach dessen In-Kraft-Treten **evaluiert.** Auch[13] als Reaktion auf den im Jahre 2010 vorgelegten Evaluationsbericht[14] sowie auf den sog. Dioxin-Skandal im Jahre 2010/2011 wurde das VIG **novelliert.**[15] Der Evaluationsbericht skizzierte im Hinblick auf die vorhandenen unterschiedlichen Informationszugangsansprüche mehrere Optionen der Systematisierung des Informationszugangsrechts.[16] Der Gesetzgeber verfolgt mit dem novellierten VIG einen sog. "**kombinierten Ansatz**", der darauf abzielt, zunächst kurzfristig das VIG zu optimieren, während mittel- bis langfristig die Option eines Modellgesetzes zu prüfen ist.[17] Das novellierte VIG trat am 1.9.2012 in Kraft.[18]

§ 1 VIG wurde im Rahmen der Novellierung **neu eingefügt.** Die Vorschrift 4
bestimmt nun ausdrücklich Anwendungsbereich und Zielsetzungen des Gesetzes und entspricht damit moderner Gesetzessystematik, was zu einer Erleichterung der historischen und teleologischen Gesetzesauslegung führt. Gleichzeitig wurde der Anwendungsbereich des VIG auf Verbraucherprodukte erweitert.[19] Im Übrigen wurde die Struktur des VIG durch die Novellierung nicht verändert.

4. Normzweck. Die VIG-Novelle soll insgesamt die **Bürgerfreundlichkeit** 5
erhöhen, Verwaltungsverfahren straffen, die **Rechtsauslegung erleichtern** und die **Rechtssicherheit erhöhen** sowie die **aktive Information der Öffentlichkeit verbessern.**[20]

II. Anwendungsbereich des Gesetzes

Der Anwendungsbereich des VIG wird als "**produktbezogen**" charakteri- 6
siert.[21] Es wird der Zugang zu Informationen über Erzeugnisse sowie über Verbraucherprodukte eröffnet. Dadurch wird gleichzeitig bewirkt, dass Informationen nur gewährt werden, wenn ein **unmittelbarerer Zusammenhang** zu den in den Nr. 1 und 2 des § 1 VIG genannten Erzeugnissen/Produkten besteht; **allgemeine Informationen**, zB über hygienische Zustände, Betriebskontrollen oder Risikobewertungen sind **nicht** vom Anwendungsbereich des VIG umfasst.[22] Die Anspruchsberechtigten werden in Be-

---

13 Prommer/Rossi GewArch 2013, 97, 98 betonen, dass die VIG-Novelle auch im Zusammenhang mit einem Trend zu mehr Transparenz zu sehen ist.
14 BReg BT-Drucks. 17/1800.
15 BReg BT-Drucks. 17/7374, 1; Prommer/Rossi GewArch 2013, 97, 97. Schon das VIG 2007 wurde als "Frucht von Skandalen" bezeichnet, Schoch NJW 2010, 2241, 2241.
16 Prägnant zusammengefasst in BReg BT-Drucks. 17/1800, 9 f.
17 BReg BT-Drucks. 17/7374, 11 f; Grube/Immel/Wallau VIG § 1 Rn 2 f; BeckOK InfoMedien/Rossi VIG § 1 Rn 4; Prommer/Rossi GewArch 2013, 97, 98.
18 BGBl. I 2166, 2725; zum Gesetzgebungsverfahren vgl auch Prommer/Rossi GewArch 2013, 97, 97 f.
19 Prommer/Rossi GewArch 2013, 97, 99.
20 BReg BT-Drucks. 17/7374, 12 f.
21 BeckOK InfoMedien/Rossi VIG § 1 Rn 5; Theis DVBl. 2013, 627, 628. Ob dies tatsächlich aus § 1 Abs. 1 Nr. 1 VIG folgt, lassen VG Berlin v. 28.11.2012, 14 K 79.12, Rn. 61 f; v. 17.3.2014, 14 L 410.13, Rn 44 und 19.3.2014, 14 L 35.14, Rn 41 f ausdrücklich offen. Explizit aA VG Ansbach v. 18.3.2014, AN 1 K 13.01466, Rn 170 ff und Wustmann BayVBl. 2015, 181, 185.
22 Grube/Immel/Wallau VIG § 1 Rn 17; BeckOK InfoMedien/Rossi VIG § 1 Rn 17; Theis DVBl. 2013, 627, 628.

zug genommen und durch die Definition des Anwendungsbereiches erfolgt eine Klärung des Verhältnisses zu anderen Informationszugangsrechten.[23]

7 **1. Verbraucherinnen und Verbraucher.** Fraglich ist, ob die Bezugnahme in § 1 VIG auf Verbraucherinnen und Verbraucher als Einschränkung des nach § 2 Abs. 1 VIG grds. "**jedem**" eröffneten Informationszugangs zu interpretieren ist. Dies dürfte zu verneinen sein; mit dieser Formulierung soll nur noch einmal der **sachliche Anwendungsbereich** des VIG, der ausschließlich Informationen über Lebensmittel und Verbraucherprodukte umfasst, umrissen werden. Insb. bedarf es im Rahmen der Antragstellung nach VIG ***nicht des Nachweises der*** **Verbrauchereigenschaft**.[24]

8 **2. Erzeugnisse iSd LFGB (Nr. 1).** Für die Definition des Begriffs der **Erzeugnisse** ist auf **§ 2 LFGB** sowie die einschlägigen Kommentierungen[25] hierzu zurückzugreifen. Bei Erzeugnissen handelt es sich ausweislich § 2 Abs. 1 LFGB um **Lebensmittel, Lebensmittelzusatzstoffe, Futtermittel, kosmetische Mittel und Bedarfsgegenstände.** Sämtliche Begriffe werden in den Abs. 2–6 des § 2 LFGB legaldefiniert bzw wird auf die für die Definition maßgeblichen europarechtlichen Vorgaben Bezug genommen.[26]

9 **3. Verbraucherprodukte iSd § 2 Nr. 26 ProdSG (Nr. 2).** Bezüglich der **Verbraucherprodukte** greift das VIG auf die Legaldefinition des **§ 2 Nr. 26 ProdSG** zurück. Dabei handelt es sich um neue, gebrauchte oder wiederaufgearbeitete **Produkte, die für Verbraucher bestimmt sind** oder unter Bedingungen, die nach vernünftigem Ermessen vorhersehbar sind, **von Verbrauchern benutzt werden könnten**, selbst wenn sie nicht für diese bestimmt sind; als Verbraucherprodukte gelten auch Produkte, die dem Verbraucher im Rahmen einer **Dienstleistung** zur Verfügung gestellt werden.[27]

10 Mit der Aufnahme der Verbraucherprodukte in den Anwendungsbereich des VIG sollte **Abgrenzungsschwierigkeiten** bei der Anwendung des VIG **begegnet** werden.[28] Da sich der Informationszugangsanspruch sowohl auf Erzeugnisse nach dem LFGB als auch auf Verbraucherprodukte nach dem ProdSG bezieht, dürfte das genaue Verhältnis zwischen LFGB und ProdSG im Bereich des VIG zumeist irrelevant bleiben, wobei wegen der in § 1 Abs. 4 ProdSG angeordneten Subsidiarität des ProdSG im Regelfall das **LFGB vorrangig** ist.[29]

11 **4. Erhöhung der Markttransparenz.** Die in § 1 VIG genannte transparentere Gestaltung des Marktes muss als **bloßes Zwischenziel** des VIG begriffen werden. Dies bringt bereits die grammatikalische Struktur der Vorschrift

23 BeckOK InfoMedien/Rossi VIG § 1 Rn 20.
24 § 2 VIG Rn 3 f; VG Ansbach v. 18.3.2014, AN 1 K 13.01466, Rn. 162; Grube/Immel/Wallau VIG § 1 Rn 10 ff.
25 Boch, Lebensmittel- und Futtermittelgesetzbuch, 4. Aufl. 2015, § 2; Zipfel/Rathke/Rathke, Lebensmittelrecht, Loseblatt, Stand Juli 2015, LFGB § 2.
26 Grube/Immel/Wallau VIG § 1 Rn 18 ff; BeckOK InfoMedien/Rossi VIG § 1 Rn 6 ff.
27 Klindt/Klindt/Schucht, ProdSG, 2. Aufl. 2015, § 2 Rn 183 ff.
28 Grube/Immel/Wallau VIG § 1 Rn 25; BeckOK InfoMedien/Rossi VIG § 1 Rn 12.
29 BeckOK InfoMedien/Rossi VIG § 1 Rn 18.

zum Ausdruck, wonach "hierdurch" – durch die transparentere Marktgestaltung – die weiteren Schutzziele verbessert werden sollen.[30]

5. Verbraucherschutz. Der **gesundheits- und täuschungsbezogene Verbraucherschutz** ist als **Hauptziel der Regelung** zu qualifizieren.[31] In Bezug auf das gesundheitsbezogene Schutzziel wird angemerkt, dass der Gesetzeszweck des VIG insoweit um Aspekte der **Gefahrenabwehr** erweitert werde, was wegen des abschließenden Charakters des § 40 LFGB als **verfassungsrechtlich problematisch** zu bewerten sei.[32] Da sich die Zielsetzung des VIG auf die "**Verbesserung**" der eigentlichen Schutzziele beschränkt, wurde sie in der Literatur bereits als "**bescheiden**" bezeichnet.[33] 12

III. Konkurrenzen

Im Verhältnis zu den Informationsfreiheitsgesetzen des Bundes und der Länder wird das **VIG** als **vorrangig** betrachtet.[34] Wegen der für die bundes- und teilweise auch landesrechtlichen Informationsfreiheitsgesetze angeordneten Subsidiarität seien diese verdrängt, sobald der Anwendungsbereich des VIG eröffnet sei.[35] Dagegen sollen bundes- und landesrechtliche **Umweltinformationszugangsrechte** dem VIG **vorgehen.**[36] 13

§ 2 VIG Anspruch auf Zugang zu Informationen

(1) [1]Jeder hat nach Maßgabe dieses Gesetzes Anspruch auf freien Zugang zu allen Daten über

1. von den nach Bundes- oder Landesrecht zuständigen Stellen festgestellte nicht zulässige Abweichungen von Anforderungen
   a) des Lebensmittel- und Futtermittelgesetzbuches und des Produktsicherheitsgesetzes,
   b) der auf Grund dieser Gesetze erlassenen Rechtsverordnungen,
   c) unmittelbar geltender Rechtsakte der Europäischen Gemeinschaft oder der Europäischen Union im Anwendungsbereich der genannten Gesetze

   sowie Maßnahmen und Entscheidungen, die im Zusammenhang mit den in den Buchstaben a bis c genannten Abweichungen getroffen worden sind,

---

30 BeckOK InfoMedien/Rossi VIG § 1 Rn 21; Prommer/Rossi GewArch 2013, 97, 99. Allgemein zur Zielsetzung der Transparenzsteigerung im VIG 2007 Albers/Ortler GewArch 2009, 225, 225 f.

31 BeckOK InfoMedien/Rossi VIG § 1 Rn 21.

32 Grube/Immel/Wallau VIG § 1 Rn 34 f.

33 BeckOK InfoMedien/Rossi VIG § 1 Rn 23.

34 BeckOK InfoMedien/Rossi VIG § 1 Rn 20; Albers/Ortler GewArch 2009, 225, 230; Kube ZLR 2007, 165, 177; Wohlfarth LKRZ 2013, 494, 499; Zilkens NVwZ 2009, 1465, 1467; so ist wohl auch Beck ZLR 2009, 123, 124 zu verstehen.

35 BeckOK InfoMedien/Rossi VIG § 1 Rn 20; Schoch § 1 Rn 309. Ausführlich hierzu Gurlit Verw 44 (2011), 75, 81 f.

36 So ausdrücklich BeckOK InfoMedien/Rossi VIG § 1 Rn 20 sowie § 2 Rn 50. Dagegen geht VG München. v. 28.7.2010, M 18 K 08.5934, Rn 26 von einer grds. möglichen Anspruchskonkurrenz aus, wobei das VIG im Bereich der Lebensmittelinformationen lex specialis sein soll. AA auch Gurlit Verw 44 (2011), 75, 81; Kube ZLR 2007, 165, 177 f; Wohlfarth LKRZ 2013, 494, 499 und wohl auch Beck ZLR 2009, 123, 124. Dabei ist jedoch zu beachten, dass § 2 Abs. 4 VIG, der sich ausdrücklich mit dem Verhältnis zu anderen Gesetzen befasst, im Rahmen der Novellierung substanziell verändert wurde.

2. von einem Erzeugnis oder einem Verbraucherprodukt ausgehende Gefahren oder Risiken für Gesundheit und Sicherheit von Verbraucherinnen und Verbrauchern,
3. die Zusammensetzung von Erzeugnissen und Verbraucherprodukten, ihre Beschaffenheit, die physikalischen, chemischen und biologischen Eigenschaften einschließlich ihres Zusammenwirkens und ihrer Einwirkung auf den Körper, auch unter Berücksichtigung der bestimmungsgemäßen Verwendung oder vorhersehbaren Fehlanwendung,
4. die Kennzeichnung, die Herkunft, die Verwendung, das Herstellen und das Behandeln von Erzeugnissen und Verbraucherprodukten,
5. zugelassene Abweichungen von den in Nummer 1 genannten Rechtsvorschriften über die in den Nummern 3 und 4 genannten Merkmale oder Tätigkeiten,
6. die Ausgangsstoffe und die bei der Gewinnung der Ausgangsstoffe angewendeten Verfahren,
7. Überwachungsmaßnahmen oder andere behördliche Tätigkeiten oder Maßnahmen zum Schutz von Verbraucherinnen und Verbrauchern, einschließlich der Auswertung dieser Tätigkeiten und Maßnahmen, sowie Statistiken über Verstöße gegen in § 39 Absatz 1 Satz 1 des Lebensmittel- und Futtermittelgesetzbuches und § 26 Absatz 1 Satz 1 des Produktsicherheitsgesetzes genannte Rechtsvorschriften, soweit sich die Verstöße auf Erzeugnisse oder Verbraucherprodukte beziehen,

(Informationen), die bei einer Stelle im Sinne des Absatzes 2 unabhängig von der Art ihrer Speicherung vorhanden sind. [2]Der Anspruch nach Satz 1 besteht insoweit, als kein Ausschluss- oder Beschränkungsgrund nach § 3 vorliegt.

(2) 1Stelle im Sinne des Absatzes 1 Satz 1 ist

1. jede Behörde im Sinne des § 1 Abs. 4 des Verwaltungsverfahrensgesetzes, die auf Grund
   a) anderer bundesrechtlicher oder
   b) landesrechtlicher

   Vorschriften öffentlich-rechtliche Aufgaben oder Tätigkeiten wahrnimmt, die der Erfüllung der in § 1 des Lebensmittel- und Futtermittelgesetzbuches genannten Zwecke oder bei Verbraucherprodukten der Gewährleistung von Sicherheit und Gesundheit nach den Vorschriften des Produktsicherheitsgesetzes sowie der auf Grund des Produktsicherheitsgesetzes erlassenen Rechtsverordnungen dienen,
2. jede natürliche oder juristische Person des Privatrechts, die auf Grund
   a) anderer bundesrechtlicher oder
   b) landesrechtlicher

   Vorschriften öffentlich-rechtliche Aufgaben oder Tätigkeiten wahrnimmt, die der Erfüllung der in § 1 des Lebensmittel- und Futtermittelgesetzbuches genannten Zwecke oder bei Verbraucherprodukten der Gewährleistung von Sicherheit und Gesundheit nach den Vorschriften des Produktsicherheitsgesetzes sowie der auf Grund des Produktsicherheitsgesetzes erlassenen Rechtsverordnungen dienen und der Aufsicht einer Behörde unterstellt ist.

[2]Satz 1 gilt im Fall einer Gemeinde oder eines Gemeindeverbandes nur, wenn der Gemeinde oder dem Gemeindeverband die Aufgaben nach diesem Gesetz durch Landesrecht übertragen worden sind.

(3) Zu den Stellen im Sinne des Absatzes 2 Satz 1 gehören nicht die obersten Bundes- und Landesbehörden, soweit sie im Rahmen der Gesetzgebung oder beim Erlass von Rechtsverordnungen tätig werden, unabhängige Organe der Finanzkontrolle sowie Gerichte, Justizvollzugsbehörden, Strafverfolgungs- und Disziplinarbehörden und diesen vorgesetzte Dienststellen.

(4) Die Vorschriften dieses Gesetzes gelten nicht, soweit in anderen Rechtsvorschriften entsprechende oder weitergehende Vorschriften vorgesehen sind.

Literatur: *Flaig*, Das Verbraucherinformationsgesetz und die Umsetzung durch die Landesuntersuchungsämter – hilft die aktuelle Rechtsprechung der Praxis weiter?, ZLR 2010,

179 ff; *Krüger*, Auskunftsberechtigte – Auskunftsverpflichtete – Auskunftsanspruch, in: Böhm/Freund/Voit (Hrsg.), Verbraucherinformationsgesetz, 2009, 41 ff.

I. Allgemeines, Entstehungsgeschichte

§ 2 VIG muss als **zentrale Norm** des VIG bezeichnet werden.[1] Sie erfuhr im Vergleich zu § 1 VIG aF **zahlreiche Änderungen**. Die größten Auswirkungen[2] dürfte dabei die Änderung des **Abs. 1 S. 1 Nr. 1** haben: Informationen, zu denen Zugang zu gewähren ist, sind nun nicht mehr nur „Verstöße“ gegen das LFGB etc., sondern vielmehr alle von den nach Bundes- oder Landesrecht zuständigen Stellen festgestellten **nicht zulässigen Abweichungen**. Diese Änderung hat wohl auch der Gesetzgeber als **materielle Änderung** begriffen, führt er sie doch auf die uneinheitliche Interpretation des Begriffs „Verstöße“ durch die Rechtsprechung zurück; dieser Problematik sollte mit der Formulierung „Abweichungen“ begegnet werden.[3] Die Präzisierung, dass es sich um „nicht zulässige“ Abweichungen handeln muss, wurde erst aufgrund der Beschlussempfehlung des Ausschusses für Ernährung, Landwirtschaft und Verbraucherschutz in den Gesetzestext übernommen.[4] 1

Die übrigen Veränderungen, die § 2 Abs. 1 und 2 VIG im Vergleich zu § 1 Abs. 1 und 2 VIG aF erfahren hat, werden ausdrücklich als **Folgeänderungen** aufgrund der Ausweitung des Anwendungsbereichs des VIG auf Verbraucherprodukte klassifiziert.[5] Die Abänderung des Abs. 4 geht wiederum auf die Beschlussempfehlung des Ausschusses für Ernährung, Landwirtschaft und Verbraucherschutz zurück.[6] 2

1 So auch Grube/Immel/Wallau VIG § 2 Rn 1; BeckOK InfoMedien/Rossi VIG § 2 Rn 1. Zu § 1 VIG aF auch Fraktionen der CDU/CSU und SPD, BT-Drucks. 16/5404, 9.
2 Prommer/Rossi GewArch 2013, 97, 99; BeckOK InfoMedien/Rossi VIG § 2 Rn 14 f.
3 BReg BT-Drucks. 17/7374, 14 f.
4 BT BT-Drucks. 17/7993, 4.
5 BReg BT-Drucks. 17/7374, 15.
6 BT BT-Drucks. 17/7993, 4 und 17 f.

II. Anspruch auf Informationszugang (Abs. 1)

3 **1. Anspruchsberechtigte.** Anspruchsberechtigt ist nach der Begründung zu § 1 VIG aF jede natürliche oder juristische Person.[7] Weitgehende Einigkeit besteht insoweit, dass nur natürliche und juristische Personen des **Privatrechts** als anspruchsberechtigt zu betrachten sind, während sich juristische Personen des **öffentlichen Rechts** insb. aus datenschutzrechtlichen Erwägungen auf die Vorschriften der **Amtshilfe** verweisen lassen müssen; Ausnahmen können jedoch in Betracht kommen, wenn die betreffende juristische Person **selbst grundrechtsberechtigt** ist.[8]

4 Bezüglich der zugangsberechtigten natürlichen und juristischen Personen des **Privatrechts** bestehen allerdings **kaum Einschränkungen**, insb. muss nicht die Verbrauchereigenschaft nachgewiesen werden.[9] Als zweckmäßig wird eine Beschränkung des Zugangsrechts auf zumindest **beschränkt Geschäftsfähige** betrachtet.[10] Mit Blick auf Personenmehrheiten wird wohl davon auszugehen sein, dass auch **nicht rechtsfähige Personenmehrheiten**, die zumindest eine gewisse Verfestigung aufweisen, zugangsberechtigt sind.[11]

5 **2. Voraussetzungslosigkeit des Anspruchs.** Da subjektive Anspruchsvoraussetzungen wie das Vorliegen eines berechtigten Interesses oder persönlicher Betroffenheit nicht erforderlich sind, wird allgemein von der **Voraussetzungslosigkeit** des Anspruchs auf Informationszugang nach dem VIG gesprochen.[12] Dabei ist aber zu berücksichtigen, dass Voraussetzungslosigkeit nicht bedeutet, dass der Informationszugang immer gewährt werden muss. Vielmehr erweisen sich die **anspruchsbeschränkenden und -ausschließenden Tatbestände als negative Anspruchsvoraussetzungen**, die den Informationszugang durchaus verhindern können.[13] Allerdings bewirkt das Fehlen positiver (subjektiver) Tatbestandsvoraussetzungen insofern eine **Beweislastumkehr**, als nun nicht mehr der Antragsteller das Vorliegen der anspruchsbegründenden Umstände nachweisen muss, sondern die Behörde das Vorliegen von anspruchsausschließenden Tatbeständen.[14]

---

7 Fraktionen der CDU/CSU und SPD BT-Drucks. 16/5404, 10.

8 Beck VIG § 1 S. 14; Grube/Immel/Wallau VIG § 2 Rn 2; Hüttner in: Micklitz, 2009, 44, 80; Krüger, in: Böhm/Freund/Voit, 2009, 41, 42 ff; BeckOK InfoMedien/Rossi VIG § 2 Rn 5 ff; ähnlich Albers/Ortler GewArch 2009, 225, 227. AA Beyerlein/Borchert VIG § 1 Rn 63.

9 § 1 VIG Rn 8; VG Ansbach v. 18.3.2014, AN 1 K 13.01466, Rn. 162; Beyerlein/Borchert VIG § 1 Rn 61; BeckOK InfoMedien/Rossi VIG § 2 Rn 5; kritisch: Grube/Immel/Wallau VIG § 2 Rn 3. Becker ZLR 2011, 391, 412 f erblickt in der Voraussetzungslosigkeit des Zugangsanspruchs gar einen Verstoß gegen Art. 12 GG.

10 BeckOK InfoMedien/Rossi VIG § 2 Rn 5; teilweise wird auch nur Handlungsfähigkeit verlangt, Beyerlein/Borchert VIG § 1 Rn 60, wobei es wegen der möglichen Kostenfolge sinnvoller erscheint auf die beschränkte Geschäftsfähigkeit abzustellen.

11 Krüger, in: Böhm/Freund/Voit, 41, 44; BeckOK InfoMedien/Rossi VIG § 2 Rn 6; Schoch NJW 2010, 2241, 2243; ähnlich Beck VIG § 1 S. 13, die diese Frage wegen der Möglichkeit, einen "Strohmann" handeln zu lassen, offen lassen will.

12 Vgl hierzu Albers/Ortler, GewArch 2009, 225, 226; Grube/Immel/Wallau VIG § 2 Rn 4; Gurlit Verw 44 (2011), 75, 83; Krüger, in: Böhm/Freund/Voit, S. 41, 48 und BeckOK InfoMedien/Rossi VIG § 2 Rn 8 ff.

13 BeckOK InfoMedien/Rossi VIG § 2 Rn 9.

14 Grube/Immel/Wallau § 2 Rn 4; BeckOK InfoMedien/Rossi VIG § 2 Rn 2.

3. Anspruchsgegenstand „Informationen“. Abs. 1 S. 1 enthält in den Nummern 1–7 eine **Legaldefinition** des Begriffs der Informationen iSd VIG. Diese Aufzählung hat **abschließenden Charakter.**[15] Die einzelnen Tatbestände sind mit Blick auf die daran geknüpften unterschiedlichen Rechtsfolgen **streng voneinander abzugrenzen.**[16] Gemein ist allen Tatbeständen allerdings, dass sie wegen § 1 VIG **produktbezogen** auszulegen sind.[17] 6

a) **Nicht zulässige Abweichungen (Nr. 1).** Der Begriff der (nicht zulässigen) Abweichung ist eine Reaktion auf die uneinheitliche Interpretation des Begriffs des Verstoßes durch die Rechtsprechung.[18] Es sollte klargestellt werden, dass ein **vorwerfbares Tun nicht erforderlich** ist, sondern die **objektive Abweichung** von den in lit. a) bis c) genannten Anforderungen[19] **ausreicht.** Die Frage, welche Stelle für die Feststellung der Abweichung zuständig ist, bestimmt sich nach Auffassung des Bundesgesetzgebers nach dem jeweils einschlägigen Landesorganisationsrecht.[20] 7

Als „nicht zulässige Abweichung“ wird eine **objektive Diskrepanz zwischen gesetzlichen Anforderungen und der tatsächlichen Situation**, und zwar **unabhängig von einem etwaigen Verschulden**, betrachtet.[21] Mit der Präzisierung „nicht zulässig“ werden zugelassene Abweichungen, zB durch Verwaltungsakt, vom Anwendungsbereich ausgenommen.[22] Ob die Novellierung das Ziel der Erhöhung der Rechtsklarheit wirklich erreichen kann, erscheint indes fraglich:[23] So bleibt es zB weiter unklar, welche Behörde be- 8

15 Beyerlein/Borchert VIG § 1 Rn 27; Grube/Immel/Wallau § 2 Rn 5.
16 VG Wiesbaden v. 12.7.2012, 1 K 910/11.WI, Rn. 16; Grube/Immel/Wallau VIG § 2 Rn 5; BeckOK InfoMedien/Rossi VIG § 2 Rn 11.
17 Grube/Immel/Wallau VIG § 2 Rn 6; BeckOK InfoMedien/Rossi VIG § 2 Rn 12. AA VG Ansbach v. 18.3.2014, AN 1 K 13.01466, Rn. 170 ff.
18 Für das Vorliegen eines Verstoßes bei einer bloßen Abweichung von Rechtsvorschriften VG Düsseldorf v. 8.7.2010, 26 L 683/10, Rn 37; andere Gerichte verlangten zudem eine entsprechende Wertung durch eine Überwachungsbehörde, vgl VG Stuttgart v. 26.11.2009, 4 K 2331/09, Rn 16, bestätigt durch VGH BW v. 13.9.2010, 10 S 2/10 Rn. 23. Dagegen wurde die Verwirklichung eines Straftat- oder Ordnungswidrigkeitentatbestandes übereinstimmend nicht für notwendig für die Bejahung des Vorliegens eines Verstoßes gehalten. Zur Diskussion um den Begriff des Verstoßes vgl aus der Literatur nur: Domeier in: Böhm/Freund/Voit, 2009, S. 84 ff; Preuß ZLR 2011, 47, 54 ff und Wiemers ZLR 2009, 413, 419 f.
19 Vgl hierzu die Ausführungen bei Grube/Immel/Wallau VIG § 2 Rn 11 ff und BeckOK InfoMedien/Rossi VIG § 2 Rn 18 ff.
20 Fraktionen der CDU/CSU und SPD, BT-Drucks. 16/5404, 14 f.
21 VG Ansbach v. 18.3.2014, AN 1 K 13.01466, Rn 180 ff; Grube/Immel ZLR 2012, 109, 110; dies. ZLR 2011, 644, 646; dies. ZLR 2011, 175, 178; BeckOK InfoMedien/Rossi VIG § 2 Rn 17; Prommer/Rossi, GewArch 2013, 97, 99; Theis DVBl. 2013, 627, 628; Wustmann BayVBl. 2015, 715,717. Zu eng wohl Grube/Immel/Wallau VIG § 2 Rn 19 f. AA VG Regensburg v. 20.2.2014, RN 5 K 12.1115, Rn 64 und 22.2.2014, RN 5 K 12.1758, Rn 55, wonach zusätzlich "eine Subsumtion der mit naturwissenschaftlichen Untersuchungsmethoden gefundenen Erkenntnisse unter geltende Rechtsvorschriften" erforderlich ist, "wobei diese Subsumtion von der zuständigen Lebensmittelüberwachungsbehörde vorgenommen worden sein muss".
22 BeckOK InfoMedien/Rossi VIG § 2 Rn 17.
23 Grube/Immel ZLR 2012, 109, 110; Prommer/Rossi GewArch 2013, 97, 99; Schoch NVwZ 2012, 1497, 1498.

rechtigt ist, eine „nicht zulässige Abweichung" konkret festzustellen.[24] Da auch die Frage, ob die Abweichung „nicht zulässig" ist, eine **juristische Bewertung** darstellt, spricht viel dafür, dass diese Wertung nach wie vor den **Vollzugsbehörden** und nicht den Untersuchungsämtern obliegt (vgl hierzu § 2 AGVIG Rn 5 ff).

9 b) **Gefahren oder Risiken für Gesundheit und Sicherheit** (Nr. 2). Zur Auslegung der Tatbestandsmerkmale des Abs. 1 S. 1 Nr. 2 kann auf die entsprechenden europarechtlichen Definitionen zurückgegriffen werden: Der **Gefahrenbegriff** findet sich in **Art. 3 Nr. 14 der VO (EG) Nr. 178/2002**, der Begriff des **Risikos** wird in **Nr. 9** dieser Norm legaldefiniert.[25] Zur Definition der Begriffe Erzeugnisse und Verbraucherprodukte s. § 1 VIG Rn 8 ff.

10 c) **Zusammensetzung, Beschaffenheit und Eigenschaften** (Nr. 3). Auskünfte über die Beschaffenheit von Erzeugnissen waren vor der Novelle Bestandteil der jetzigen Nr. 4 der Vorschrift. Die vorgenommene Änderung wurde wegen der Ausweitung des Anwendungsbereichs des VIG auf Verbraucherprodukte notwendig. Durch das Begriffspaar „Zusammensetzung und Beschaffenheit" sollte zudem gewährleistet werden, „dass die **stofflichen und mechanischen Komponenten von Erzeugnissen und Verbraucherprodukten erfasst** werden."[26] Gleichzeitig soll mit der Anknüpfung an Beschaffenheit bzw. Zusammensetzung sichergestellt werden, dass Rezepturen und sonstiges exklusives wettbewerbserhebliches Wissen nicht vom Informationszugangsanspruch erfasst werden.[27]

11 d) **Kennzeichnung, Herkunft, Verwendung, Herstellen und Behandeln** (Nr. 4). Die Bedeutung des Begriffs der **Kennzeichnung** ist mit Blick auf die **LMKV**[28] zu ermitteln.[29] Mit **Herkunftsdaten** sind in erster Linie **geographische Informationen** über das Lebensmittel selbst, aber auch über den Erzeuger gemeint;[30] zudem können unter diesen Begriff nach Sinn und Zweck das VIG auch sonstige Produktionsdetails gefasst werden.[31] Unter **Daten über die Verwendung** dürften Informationen darüber zu verstehen sein, wie der Verbraucher mit Erzeugnissen und Verbraucherprodukten

---

24 Grube/Immel ZLR 2011, 175, 178 f gehen davon aus, dass das Vorliegen eines Verstoßes in einem förmlichen Rechtsmittelverfahren festgestellt werden muss; Grube/Immel/Wallau VIG § 2 Rn 17.

25 Vgl hierzu insgesamt Grube/Immel/Wallau VIG § 2 Rn 21 ff; BeckOK InfoMedien/Rossi VIG § 2 Rn 21.

26 Ausführlich zu diesen Begriffen OVG NW v. 1.4.2014, 8 A 654/12, Rn 123 und 220 f sowie 8 A 655/12, Rn 153 und 252 ff; Fraktionen der CDU/CSU und SPD, BT-Drucks. 16/5404, 15.

27 Fraktionen der CDU/CSU und SPD, BT-Drucks. 16/5404, 15.

28 Lebensmittel-Kennzeichnungsverordnung in der Fassung der Bekanntmachung v. 15.12.1999 (BGBl. I 2464), zuletzt geändert durch Art. 2 der Verordnung v. 25.2.2014 (BGBl. I 218).

29 Beyerlein/Borchert VIG § 1 Rn 46 ff; Grube/Immel/Wallau VIG § 2 Rn 31; BeckOK InfoMedien/Rossi VIG § 2 Rn 25; Fraktionen der CDU/CSU und SPD, BT-Drucks. 16/5404, 10.

30 Beck VIG § 1 S. 24; Beyerlein/Borchert VIG § 1 Rn 49; Grube/Immel/Wallau VIG § 2 Rn 32; BeckOK InfoMedien/Rossi VIG § 2 Rn 26.

31 Beyerlein/Borchert VIG § 1 Rn 49; BeckOK InfoMedien/Rossi VIG § 2 Rn 26.

umzugehen hat.[32] Die Begriffe des **Herstellens und Behandelns** sind ausweislich der Begründung zu § 1 Abs. 1 S. 1 Nr. 3 VIG aF im Interesse einer einheitlichen Rechtsauslegung unter Rückgriff auf die **Legaldefinitionen in § 3 LFGB** auszulegen.[33]

e) **Zugelassene Abweichungen (Nr. 5).** Vom Zugangsanspruch erfasst sind 12 auch Informationen über zugelassene Abweichungen von Rechtsvorschriften iSd Abs. 1 S. 1 Nr. 1 (LFGB, ProdSG, darauf basierende Rechtsverordnungen sowie unionale Rechtsakte) über die in Abs. 1 S. 1 Nr. 3 und 4 genannten Merkmale oder Tätigkeiten. Gemeint sind damit Abweichungen, die wegen **erteilter Ausnahmegenehmigungen** zulässig sind.[34] Die Norm ist in Zusammenhang mit Abs. 1 S. 1 Nr. 1 zu lesen; sie **erweitert den Anwendungsbereich** des VIG im Bereich der Abweichungen.[35]

f) **Ausgangsstoffe und Verfahren (Nr. 6).** Abs. 1 S. 1 Nr. 6 wird als **Auffangtatbestand** begriffen, der vorhandene Lücken schließen soll. Lücken 13 werden insb. im Hinblick auf Stoffe und Teile, die **im Endprodukt nicht mehr vorhanden** sind, sowie auf **Inhalts- und Zusatzstoffe** angenommen.[36] Die genannten Stoffe dürften wohl den sog. **Verarbeitungshilfsstoffen nach § 2 Abs. 3 S. 2 Nr. 1 LFGB** entsprechen.[37] Die verwendeten Begrifflichkeiten sind **weit** auszulegen.[38] Der Auskunftsanspruch erstreckt sich auch auf die **Gewinnung der Ausgangsstoffe.**[39]

g) **Überwachungsmaßnahmen und andere behördliche Tätigkeiten oder Maßnahmen, (Nr. 7).** 14 Von diesem Tatbestand sollen alle Daten erfasst werden, die als **Tätigkeiten oder Maßnahmen zum Verbraucherschutz** zu qualifizieren sind.[40] Strittig ist dabei, ob Nr. 7 ausschließlich **allgemeine Informationen über Überwachungsmaßnahmen** uÄ erfasst,[41] oder ob auch **konkrete Daten** über bestimmte Betriebe auf dieser Grundlage verlangt werden dürfen.[42] Zudem soll der Anspruch nach Nr. 7 auf rechtmäßig erlangte be-

---

32 Beyerlein/Borchert VIG § 1 Rn 51; Grube/Immel/Wallau VIG § 2 Rn 34; BeckOK InfoMedien/Rossi VIG § 2 Rn 27.

33 Fraktionen der CDU/CSU und SPD, BT-Drucks. 16/5404, 10; so auch Beyerlein/Borchert VIG § 1 Rn 52 f; Grube/Immel/Wallau VIG § 2 Rn 35 f; BeckOK InfoMedien/Rossi VIG § 2 Rn 28 f.

34 Fraktionen der CDU/CSU und SPD, BT-Drucks. 16/5404, 10; Grube/Immel/Wallau VIG § 2 Rn 37; BeckOK InfoMedien/Rossi VIG § 2 Rn 30.

35 BeckOK InfoMedien/Rossi VIG § 2 Rn 17 und 30.

36 Beyerlein/Borchert VIG § 1 Rn 55; BeckOK InfoMedien/Rossi VIG § 2 Rn 31.

37 Grube/Immel/Wallau VIG § 2 Rn 38; BeckOK InfoMedien/Rossi VIG § 2 Rn 31.

38 So zu § 1 Abs. 1 S. 1 Nr. 5 VIG aF Fraktionen der CDU/CSU und SPD, BT-Drucks. 16/5404, 10.

39 Grube/Immel/Wallau VIG § 2 Rn 38; BeckOK InfoMedien/Rossi VIG § 2 Rn 31.

40 Fraktionen der CDU/CSU und SPD, BT-Drucks. 16/5404, 10.

41 So VG Frankfurt v. 25.1.2012, 7 K 2119/11.F, Rn 20; VG Berlin v. 28.11.2012, 14 K 79.12, Rn 72; v. 17.3.2014, 14 L 410.13, Rn 36; v. 19.3.2014, 14 L 35.14, Rn 35; ebenso wohl OVG NW v. 1.4.2014, 8 A 654/12, Rn 127 und 220 sowie 8 A 655/12, Rn 157; Grube/Immel/Wallau VIG § 2 Rn 39; BeckOK InfoMedien/Rossi VIG § 2 Rn 32, da jedes andere Verständnis zu einer Kollision mit Abs. 1 S. 1 Nr. 1 führen würde.

42 So ist wohl OVG Berlin-Brandenburg v. 28.5.2014, OVG 5 S 21.14, Rn 24 zu verstehen, wenn davon gesprochen wird, "dass der Anwendungsbereich von § 2 Abs. 1 Satz 1 Nr. 7 VIG *auch* die Ergebnisse der amtlichen Lebensmittelüberwachung umfasst" (Hervorhebung nicht im Original).

hördliche Daten beschränkt sein.[43] Unter anderen behördlichen Tätigkeiten oder Maßnahmen sind auch **behördliche Informationskampagnen und die Förderung von Verbraucherorganisationen** zu verstehen.[44]

15 **4. Vorhandensein der Information (Abs. 1 S. 1 aE).** Weitere Voraussetzung des Zugangsanspruchs ist das Vorhandensein der begehrten Information bei einer Stelle iSd Abs. 2. In diesem Zusammenhang ist das Tatbestandsmerkmal des „Vorhandenseins" als **anspruchsbegründende Voraussetzung** zu verstehen; die Frage, ob die begehrten Daten bei der konkret um Informationszugang ersuchten Stelle, die zunächst die Voraussetzungen des § 2 Abs. 2 VIG erfüllen muss, tatsächlich vorhanden sind und von ihr zugänglich gemacht werden müssen, ist hingegen eine **Frage der Zuständigkeit**, § 4 Abs. 2 S. 1 iVm Abs. 1 S. 4 und 5 VIG.

16 Das VIG spricht ausschließlich davon, dass die begehrte Information vorhanden sein muss. Eine darüber hinausgehende, dem § 7 Abs. 1 S. 1 IFG vergleichbare Verfügungsberechtigung[45] wird vom VIG nicht verlangt. Richtigerweise ist daher davon auszugehen, dass es für einen Informationszugangsanspruch nach dem VIG ausreicht, dass die begehrten Informationen bei einer Stelle iSd Abs. 2 **tatsächlich vorhanden** sind.[46] Konsequenterweise ist auch anzunehmen, dass Daten aus der Stelle zugänglichen **Datenbanken** bei der Stelle **vorhanden** sind, unabhängig davon, wer die Daten erhoben/eingepflegt hat.[47] Dagegen besteht keine Verpflichtung, nicht vorhandene Informationen zu beschaffen,[48] s.a. § 4 Abs. 2 S. 2 VIG.[49] Die in diesem Zusammenhang diskutierte Frage der ***Haftung*** einer Behörde für nicht auffindbare oder verschwundene Akten ist angesichts der abstrakten Zielsetzung des VIG, die insoweit keinen Individualrechtsschutz vermitteln dürfte, wohl zu ***verneinen***.[50]

17 **5. Anspruchsumfang (Abs. 1 S. 2).** In Abs. 1 S. 2 wird mit der Bezugnahme auf das **Nichtvorhandensein von Ausschluss- und Beschränkungsgründen** nach **§ 3 VIG** explizit eine **negative Tatbestandsvoraussetzung** normiert, die den Informationszugangsanspruch in diesem Umfang ausschließt.[51] Durch die ausdrückliche Bezugnahme auf § 3 VIG wird deutlich, dass das Vorliegen derartiger Gründe dazu führt, dass der **Zugangsanspruch gar nicht erst entsteht**; liegen hingegen Ablehnungsgründe nach § 4 VIG vor, wird der Tatbestand des Informationszugangs grds. erfüllt, es kann (Abs. 5) / soll (Abs. 3) / muss (Abs. 4) jedoch ausnahmsweise von der Rechtsfolge der Ge-

---

43 Grube/Immel/Wallau VIG § 2 Rn 39; so wohl auch Beyerlein/Borchert VIG § 1 Rn 56.
44 Fraktionen der CDU/CSU und SPD, BT-Drucks. 16/5404, 10; Grube/Immel/Wallau VIG § 2 Rn 40; BeckOK InfoMedien/Rossi VIG § 2 Rn 32.
45 Vgl hierzu BeckOK InfoMedien/Sicko IFG § 7 Rn 23 ff. AA allerdings Zilkens NVwZ 2009, 1465, 1466.
46 So auch Beck VIG § 1 S. 16; wohl auch Beyerlein/Borchert VIG § 1 Rn 23; Krüger, in: Böhm/Freund/Voit, 41, 46. AA. Grube/Immel/Wallau VIG § 2 Rn 41; diese Sichtweise entspricht auch der Judikatur des VGH Mannheim v. 13.9.2010, 10 S 2/10, Rn 30.
47 Beck VIG § 1 S. 17; aA Grube/Immel/Wallau VIG § 2 Rn 42.
48 Beck VIG § 1 S. 16; Beyerlein/Borchert VIG § 1 Rn 26; Grube/Immel/Wallau VIG § 2 Rn 43; BeckOK InfoMedien/Rossi VIG § 2 Rn 13.
49 § 4 VIG Rn 8.
50 Beyerlein/Borchert VIG § 1 Rn 26; Grube/Immel/Wallau VIG § 2 Rn 43.
51 S. Rn 5.

währung des Informationszugangs abgesehen werden. Die fehlende Bezugnahme auf § 4 in Abs. 1 S. 2 VIG ist als Ausdruck einer **Trennung der Verantwortungsbereiche** des Gesetzgebers und der Verwaltung zu werten.[52]

III. Anspruchsverpflichtete (Abs. 2)

Abs. 2 regelt, welche Stellen grds. als Anspruchsverpflichtete in Betracht kommen können. Dies sind die **genannten Behörden, natürlichen und juristischen Personen des Privatrechts.** IdS definiert die Vorschrift den **Anspruchsgegenstand** näher.[53] Dagegen trifft Abs. 2 keine Aussage dazu, welche Stelle konkret zuständig für die Informationsgewährung ist.[54] Zu Abs. 2 S. 2 vgl die Kommentierung zu § 2 AGVIG Rn 11 ff. 18

Abs. 2 S. 1 Nr. 1 nimmt Bezug auf den **Behördenbegriff des § 1 Abs. 4 VwVfG.**[55] Damit wird ein **funktionaler Behördenbegriff** übernommen.[56] Eine funktionale Behördeneigenschaft ist auch bei **Beliehenen**[57] und **staatlichen Untersuchungsämtern** grds. zu bejahen.[58] Die Informationspflichtigkeit nach dem VIG wird allerdings **sachlich** auf eine öffentlich-rechtliche Tätigkeit[59] zur Erfüllung der in § 1 LFGB genannten Zwecke oder zur Gewährleistung von Sicherheit und Gesundheit nach dem ProdSG oder aufgrund des ProdSG erlassener Rechtsverordnungen **eingeschränkt.** 19

Unter Berücksichtigung der gerade genannten sachlichen Beschränkung des Tätigkeitsbereichs können auch natürliche oder juristische Personen des Privatrechts grds. informationspflichtige Stellen nach Abs. 2 S. 1 Nr. 2 sein. Angesichts des Zwecks der Norm – Verhinderung der Flucht ins Privatrecht[60] – ist eine Erstreckung der Norm auf **Verwaltungshelfer** zu bejahen.[61] Nicht anwendbar ist sie hingegen mangels Wahrnehmung öffentlich-rechtlicher Aufgaben auf **Sachverständige** und **beauftragte Labors.**[62] Ebenso wenig besteht ein Auskunftsanspruch gegenüber **Unternehmen.**[63] 20

52 BeckOK InfoMedien/Rossi VIG § 2 Rn 10.
53 BeckOK InfoMedien/Rossi VIG § 2 Rn 33.
54 So auch Beyerlein/Borchert VIG § 1 Rn 64.
55 Zum Behördenbegriff vgl die Kommentierungen zu § 1 Abs. 4 VwVfG, zB Stelkens/Bonk/Sachs/Schmitz, VwVfG, § 1 Rn 226 ff.
56 Krüger, in: Böhm/Freund/Voit, 41, 44 f; BeckOK InfoMedien/Rossi VIG § 2 Rn 35.
57 Beyerlein/Borchert VIG § 1 Rn 65; Grube/Immel/Wallau VIG § 2 Rn 48; BeckOK InfoMedien/Rossi VIG § 2 Rn 38.
58 S. hierzu § 2 AGVIG Rn 5 ff. So auch Flaig ZLR 2010, 179, 181 ff; Gurlit Verw 44 (2011), 75, 85; Schoch NJW 2010, 2241, 2244. AA Hartwig/Memmler ZLR 2009, 51, 58 ff.
59 Grube/Immel/Wallau VIG § 2 Rn 49.
60 Hierzu ausführlich Beck VIG § 1 S. 27.
61 Beyerlein/Borchert VIG § 1 Rn 71; BeckOK InfoMedien/Rossi VIG § 2 Rn 40. AA Krüger, in: Böhm/Freund/Voit, 41, 47 f, der im Falle eines Verwaltungshelfers ausschließlich die Behörde, in deren Auftrag der Verwaltungshelfer tätig wird, als informationspflichtig betrachtet.
62 Beyerlein/Borchert VIG § 1 Rn 72; Krüger, in: Böhm/Freund/Voit, 41, 48.
63 BeckOK InfoMedien/Rossi VIG § 2 Rn 41; Schoch NJW 2010, 2241, 2244; Wustmann BayVBl. 2009, 5, 6; Zilkens NVwZ 2009, 1465, 1466.

IV. Nicht Anspruchsverpflichtete (Abs. 3)

21 Abs. 3 will eine **Beschränkung** der Informationspflicht **auf die vollziehende Gewalt** erreichen.[64] Nicht informationspflichtig iSd VIG sind daher **oberste Bundes- und Landesbehörden**, soweit sie formelle oder materielle Gesetzgebungsbefugnisse ausüben; damit wird gleichzeitig klargestellt, dass eine Informationspflichtigkeit dieser Stellen besteht, sofern sie im Rahmen der vollziehenden Gewalt, zB als Aufsichtsbehörde, tätig werden.[65] Demgegenüber ist eine Informationspflichtigkeit der **unabhängigen Organe der Finanzkontrolle** sowie der **Gerichte, Justizvollzugs-, Strafverfolgungs- und Disziplinarbehörden** generell ausgeschlossen.[66] Zu berücksichtigen bleibt, dass Abs. 3 als Ausnahmevorschrift **eng auszulegen** ist.[67]

V. Konkurrenzen (Abs. 4)

22 Das Verhältnis zu anderen Informationszugangsansprüchen bleibt nach der Novellierung des VIG **unklar.**[68] Nicht nachvollziehbar ist es, wenn vertreten wird, aus der Begründung zum novellierten VIG ergäbe sich, dass der Gesetzgeber einen Anwendungsvorrang des weitestgehenden Informationszugangsanspruchs normieren wollte und neben VIG sowohl UIG als auch IFG des Bundes und der Länder anwendbar bleiben sollen.[69] Richtigerweise ist nach Sinn und Zweck VIG einerseits von dessen **Vorrang vor den Informationsfreiheitsgesetzen** des Bundes und der Länder auszugehen.[70] Dies gilt jedoch nicht bezüglich der Umweltinformationsgesetze des Bundes und der Länder; bei Eröffnung der Anwendungsbereiche sowohl eines Umweltinformationsgesetzes als auch des Verbraucherinformationsgesetzes genießt das betreffende ***UIG*** wegen der durch Abs. 4 angeordneten Subsidiarität **Vorrang.**[71]

§ 3 VIG Ausschluss- und Beschränkungsgründe

[1]Der Anspruch nach § 2 besteht wegen

1. entgegenstehender öffentlicher Belange nicht,

---

64 BeckOK InfoMedien/Rossi VIG § 2 Rn 42.

65 Beyerlein/Borchert VIG § 1 Rn 73; Grube/Immel/Wallau VIG § 2 Rn 58; BeckOK InfoMedien/Rossi VIG § 2 Rn 43.

66 Beyerlein/Borchert VIG § 1 Rn 73; BeckOK InfoMedien/Rossi VIG § 2 Rn 44; aA dagegen Beck VIG § 1 S. 28 f, die einen Ausschluss nur bei Wahrnehmung der Rechtspflegezuständigkeit bejaht.

67 Beck VIG § 1 S. 29; Beyerlein/Borchert VIG § 1 Rn 73.

68 Vgl zu der kritischen Auseinandersetzung mit der Formulierung des Abs. 4 BeckOK InfoMedien/Rossi VIG § 2 Rn 45 ff.

69 So Grube/Immel/Wallau VIG § 2 Rn 63 mit Verweis auf die Gesetzesbegründung, der sich an der angegebenen Stelle diese Sichtweise aber nicht entnehmen lässt. Vielmehr sollte mit der Änderung des Abs. 4 ausweislich der Beschlussempfehlung des Ausschusses für Ernährung, Landwirtschaft und Verbraucherschutz, BT-Drucks. 17/7993, 17 f ohne nähere Begründung einem Anliegen des Bundesrates Rechnung getragen werden.

70 Prommer/Rossi GewArch 2013, 97, 104; BeckOK InfoMedien/Rossi VIG § 2 Rn 49; Schoch § 1 Rn 309.

71 Prommer/Rossi GewArch 2013, 97, 104; BeckOK InfoMedien/Rossi VIG § 2 Rn 50; vgl hierzu auch § 1 VIG Rn 14.

a) soweit das Bekanntwerden der Informationen
   aa) nachteilige Auswirkungen haben kann auf internationale Beziehungen oder militärische und sonstige sicherheitsempfindliche Belange der Bundeswehr oder
   bb) die Vertraulichkeit der Beratung von Behörden berührt oder eine erhebliche Gefahr für die öffentliche Sicherheit verursachen kann;
b) während der Dauer eines Verwaltungsverfahrens, eines Gerichtsverfahrens, eines strafrechtlichen Ermittlungsverfahrens, eines Disziplinarverfahrens, eines Gnadenverfahrens oder eines ordnungswidrigkeitsrechtlichen Verfahrens hinsichtlich der Informationen, die Gegenstand des Verfahrens sind, es sei denn, es handelt sich um Informationen nach § 2 Absatz 1 Satz 1 Nummer 1 oder 2 oder das öffentliche Interesse an der Bekanntgabe überwiegt;
c) soweit das Bekanntwerden der Information geeignet ist, fiskalische Interessen der um Auskunft ersuchten Stelle im Wirtschaftsverkehr zu beeinträchtigen, oder Dienstgeheimnisse verletzt werden könnten;
d) soweit Informationen betroffen sind, die im Rahmen einer Dienstleistung entstanden sind, die die Stelle auf Grund einer privatrechtlichen Vereinbarung außerhalb des ihr gesetzlich zugewiesenen Aufgabenbereichs des Verbraucherschutzes erbracht hat;
e) in der Regel bei Informationen nach § 2 Absatz 1 Satz 1 Nummer 1, die vor mehr als fünf Jahren seit der Antragstellung entstanden sind;

2. entgegenstehender privater Belange nicht, soweit
   a) Zugang zu personenbezogenen Daten beantragt wird,
   b) der Schutz des geistigen Eigentums, insbesondere Urheberrechte, dem Informationsanspruch entgegensteht,
   c) durch die begehrten Informationen Betriebs- oder Geschäftsgeheimnisse, insbesondere Rezepturen, Konstruktions- oder Produktionsunterlagen, Informationen über Fertigungsverfahren, Forschungs- und Entwicklungsvorhaben sowie sonstiges geheimnisgeschütztes technisches oder kaufmännisches Wissen, offenbart würden oder
   d) Zugang zu Informationen beantragt wird, die einer Stelle auf Grund einer durch Rechtsvorschrift angeordneten Pflicht zur Meldung oder Unterrichtung mitgeteilt worden sind; dies gilt auch, wenn das meldende oder unterrichtende Unternehmen irrig angenommen hat, zur Meldung oder Unterrichtung verpflichtet zu sein.

[2]Satz 1 Nummer 2 Buchstabe a bis c gilt nicht, wenn die Betroffenen dem Informationszugang zugestimmt haben oder das öffentliche Interesse an der Bekanntgabe überwiegt. [3]Im Fall des Satzes 1 Nummer 1 Buchstabe b zweiter Halbsatz dürfen Informationen nach § 2 Absatz 1 Satz 1 Nummer 1 während eines laufenden strafrechtlichen Ermittlungsverfahrens oder eines Verfahrens vor einem Strafgericht nur

1. soweit und solange hierdurch der mit dem Verfahren verfolgte Untersuchungszweck nicht gefährdet wird und
2. im Benehmen mit der zuständigen Staatsanwaltschaft oder dem zuständigen Gericht

herausgegeben werden. [4]Im Fall des Satzes 1 Nummer 2 Buchstabe a gilt § 5 Absatz 1 Satz 2 und Absatz 3 und 4 des Informationsfreiheitsgesetzes entsprechend. [5]Der Zugang zu folgenden Informationen kann nicht unter Berufung auf das Betriebs- und Geschäftsgeheimnis abgelehnt werden:

1. Informationen nach § 2 Absatz 1 Satz 1 Nummer 1 und 2,
2. Informationen nach § 2 Absatz 1 Satz 1 Nummer 3 und 4, soweit im Einzelfall hinreichende Anhaltspunkte dafür vorliegen, dass von dem jeweiligen Erzeugnis oder Verbraucherprodukt eine Gefährdung oder ein Risiko für Sicherheit und Gesundheit ausgeht und auf Grund unzureichender wissenschaftlicher Erkenntnis oder aus sonstigen Gründen die Ungewissheit nicht innerhalb der gebotenen Zeit behoben werden kann, und

3. Informationen nach § 2 Absatz 1 Satz 1 Nummer 3 bis 6, soweit sie im Rahmen der amtlichen Überwachungstätigkeit nach den in § 2 Absatz 1 Satz 1 Nummer 1 genannten Vorschriften gewonnen wurden und die Einhaltung der Grenzwerte, Höchstgehalte oder Höchstmengen betreffen, die in den in § 2 Absatz 1 Satz 1 Nummer 1 genannten Vorschriften enthalten sind.

[6]Gleiches gilt für den Namen des Händlers, der das Erzeugnis oder Verbraucherprodukt an Verbraucher abgibt, sowie für die Handelsbezeichnung, eine aussagekräftige Beschreibung und bildliche Darstellung des Erzeugnisses oder Verbraucherproduktes und in den Fällen des § 2 Absatz 1 Satz 1 Nummer 1 zusätzlich für den Namen und die Anschrift des Herstellers, Bevollmächtigten, Einführers, Händlers sowie jedes Gliedes der Liefer- und Vertriebskette; Satz 1 Nummer 2 Buchstabe a ist nicht anzuwenden.

Literatur: *Beyerlein*, Verbraucherinformationsgesetz (VIG) und Geistiges Eigentum, WRP 2009, 714 ff; *ders.*, Beschränkte Schranken – Verhinderung der Aushöhlung von Urheberrechten bei Verbraucherinformation nach dem VIG, ZLR 2009, 383 ff.

I. Allgemeines, Entstehungsgeschichte

1 § 3 VIG regelt **abschließend**[1] die Ausschlussgründe, bei deren Vorliegen ein Anspruch auf Informationszugang nicht besteht. Solche Ausnahmen sind zum Schutz der dort genannten Belange unumgänglich.[2] Von diesen Ausschlussgründen werden im weiteren Verlauf der Vorschrift aber wiederum **zahlreiche Ausnahmen** gemacht, so dass die Erfassung des Regelungsgehaltes der Norm mit gewissen Schwierigkeiten verbunden ist.[3]

2 Die Bedeutung des § 3 VIG ergibt sich nicht zuletzt aus der Voraussetzungslosigkeit des Informationszugangsanspruchs, da mit der Bestimmung von Ausschlusstatbeständen gewissermaßen negative Tatbestandsmerkmale definiert werden. Sind sie erfüllt, ist der Informationszugang ausgeschlossen oder zumindest inhaltlich oder zeitlich beschränkt.[4] Der Unterschied zu den in § 4 Abs. 3–5 VIG normierten Ausschlussgründen besteht darin, dass die Erfüllung eines Tatbestandes des § 3 VIG dazu führt, dass der **Zugangsanspruch von vornherein gar nicht entsteht.** Wird dagegen ein Tatbestand des § 4 Abs. 3 bis 5 VIG erfüllt, besteht der Zugangsanspruch zwar grds, die informationspflichtige Stelle hat aber – zumindest in den Fällen des § 4 Abs. 3 und 5 VIG – nach pflichtgemäßem Ermessen darüber zu entscheiden, ob der Informationszugang dennoch ausnahmsweise verwehrt wird.[5]

3 Auch wenn § 3 VIG grds § 2 VIG aF entspricht, kam es doch zu **zahlreichen Veränderungen** im Rahmen der Novellierung. Als wesentliche Neuerung sind die Streichung des Ausschlusstatbestandes der "sonstigen wettbewerbsrelevanten Informationen (neuer § 3 Satz 1 Nummer 2 Buchstabe c VIG), die Einfügung einer allgemeinen Abwägungsklausel bei einer Reihe von privaten Belangen (neuer § 3 Satz 2 VIG) sowie die Definition von nicht schützenswerten Betriebs- und Geschäftsgeheimnissen (neuer § 3 Satz 4 VIG)" zu bezeichnen.[6] Tatsächlich wurde die Rückausnahme in S. 1 Nr. 1 lit. b) auf sämtliche Verfahren und um das überwiegende öffentliche Interesse erweitert. Für den Anspruchsausschluss nach Nr. 1 lit. c) genügt nunmehr hinsichtlich der fiskalischen Interessen eine Eignung zur Beeinträchtigung, eine tatsächliche Beeinträchtigung wird nicht mehr verlangt. Die Einschränkung des Anspruchsausschlusses bei der Betroffenheit personenbezogener Daten (Zustimmung, überwiegendes öffentliches Interesse an der Bekanntgabe) wurde auf das geistige Eigentum sowie Betriebs- und Geschäftsgeheimnisse erweitert und daher von Nr. 2 lit. a in einen eigenständigen S. 2 verschoben. Bei dem Ausschlussgrund in Nr. 2 lit. c wurde der Begriff der sonstigen wettbewerbsrelevanten Informationen durch die Nennung von Beispielen ersetzt. Nr. 2 lit. d wurde im Hinblick auf Änderungen im LFGB ebenfalls

1 Beck VIG § 2 S. 35.
2 Beyerlein/Borchert VIG § 2 Rn 1.
3 Zur grundsätzlichen Kritik an der Systematik des § 3 VIG vgl BeckOK InfoMedien/Rossi VIG § 3 Rn 3.
4 Zur Unterscheidung zwischen Ausschluss- und Beschränkungsgründen Beck VIG § 2 S. 34 f; Grube/Immel/Wallau VIG § 3 Rn 1; BeckOK InfoMedien/Rossi VIG § 3 Rn 1.
5 Zu den praktischen Konsequenzen dieser Differenzierung s. Beck VIG § 2 S. 35.
6 BReg BT-Drucks. 17/7374, 15.

angepasst.[7] Neu eingefügt wurde die auf strafrechtliche Ermittlungsverfahren und Strafgerichtsverfahren bezogene Schutzklausel in S. 3. Die Bestimmung der nicht schutzwürdigen Betriebs- und Geschäftsgeheimnisse hat in S. 5 eine erhebliche Ausweitung im Vergleich zu S. 3 aF gefunden. Neu eingefügt wurde S. 6.

II. Anspruchsausschluss wegen entgegenstehender öffentlicher Belange (S. 1 Nr. 1)

4 **1. Nachteilige Auswirkungen auf internationale Beziehungen, militärische oder sonstige sicherheitsempfindliche Belange der Bundeswehr (lit. a aa)).** Der Ausschlussgrund des lit. a aa) entspricht hinsichtlich der **internationalen Beziehungen** der Regelung in **§ 4 Abs. 1 Nr. 1 LIFG** (s. dort Rn 27 ff). Hinsichtlich der **Bundeswehr** – was auf Landesebene keine Rolle spielen sollte – kann auf die hierzu einschlägigen Kommentierungen verwiesen werden.[8] Nur wenn der Anspruchsausschluss **zur Sicherung des verfolgten Zwecks notwendig** ist, scheitert der Zugangsanspruch an lit. a aa).[9] Bezüglich der Frage, ob die Tatbestandsvoraussetzungen erfüllt sind, ist der Behörde ein **Beurteilungsspielraum** zuzugestehen; maßgeblich ist die Sachlage im **Zeitpunkt der Entscheidung.**[10]

5 **2. Berührung der Vertraulichkeit der Beratung von Behörden oder Verursachung einer erheblichen Gefahr für die öffentliche Sicherheit (lit. a bb)).** Der Ausschlussgrund des lit. a bb) entspricht **teilweise** den in **§ 3 Nr. 2 und Nr. 3 lit. b IFG** normierten Ausschlussgründen. Im Vergleich zum IFG ist der diesbezügliche Anspruchsausschluss nach VIG aber gleichzeitig weiter und enger: Einerseits fordert das VIG im Hinblick auf die öffentliche Sicherheit die **Verursachung einer erheblichen Gefahr,** während nach dem IFG eine Gefährdung der öffentlichen Sicherheit ausreicht. Andererseits ist der Anspruch nach dem VIG bereits dann ausgeschlossen, wenn die **Vertraulichkeit der behördlichen Beratungen berührt** wird, wohingegen das IFG eine Beeinträchtigung fordert. Demgegenüber dürfte die ausdrückliche Erwähnung der Vertraulichkeit der Beratungen im VIG nicht zu materiellen Unterschieden im Hinblick auf die entsprechende IFG-Regelung führen.[11]

6 Der **Behördenbegriff** entspricht **§ 1 Abs. 4 VwVfG.**[12] Bezüglich des Begriffes der **Beratung** kann auf die einschlägigen Kommentierungen zum LIFG zurückgegriffen werden (s. LIFG § 4 Rn 72 ff). Eine Berührung der Vertraulichkeit erfordert gerade **keine negativen Auswirkungen,**[13] vielmehr genügt es bereits, wenn nur **irgendeine Verbindung** zwischen den Beratungen und

7 BReg BT-Drucks. 17/7374, 16.
8 Vgl zB BeckOK InfoMedien/Schirmer IFG § 3 Rn 54 ff.
9 Beyerlein/Borchert VIG § 2 Rn 8; Grube/Immel/Wallau VIG § 3 Rn 7; BeckOK InfoMedien/Rossi VIG § 3 Rn 5.
10 Beyerlein/Borchert VIG § 2 Rn 8, die allerdings von Ermessen und nicht von einem Beurteilungsspielraum ausgehen.
11 Beyerlein/Borchert VIG § 2 Rn 21.
12 Beyerlein/Borchert VIG § 2 Rn 22; Grube/Immel/Wallau VIG § 3 Rn 8; BeckOK InfoMedien/Rossi VIG § 3 Rn 6.
13 Beck VIG § 2 S. 37; Beyerlein/Borchert VIG § 2 Rn 26; BeckOK InfoMedien/Rossi VIG § 3 Rn 6.

der begehrten Information besteht.[14] Trotz der generellen Maxime, dass Ausnahmetatbestände eng auszulegen sind, darf hiervon angesichts der dem Tatbestandsmerkmal "berühren" immanenten Weite nur sehr zurückhaltend Gebrauch gemacht werden.[15]

Der Begriff der **öffentlichen Sicherheit** entspricht **§ 3 Nr. 2 LIFG** (s. LIFG § 4 Rn 32). Dabei handelt es sich um einen **polizeirechtlichen Begriff**, der nach den hierzu entwickelten Grundsätzen auszulegen sind. Gleiches gilt für den Begriff der **erheblichen Gefahr**. Insoweit ist nur noch einmal darauf hinzuweisen, dass sich das Merkmal der Erheblichkeit auf die Schwere der Folgen der Gefahrenverwirklichung und nicht auf die Konkretheit der Gefahr bezieht.[16] 7

3. Laufende Verfahren (lit. b). Dieser Ausschlussgrund ist grds mit **§ 3 Nr. 1 lit. g IFG vergleichbar**, weist im Detail aber doch nicht nur geringfügige Abweichungen auf. Da der Anspruchsausschluss **nur während der Dauer der genannten Verfahren** besteht, ist insoweit richtigerweise von einem Beschränkungsgrund zu sprechen, der eine **Informationspflicht nach § 5 Abs. 3 S. 2 VIG auslöst.**[17] Der Informationszugang ist auch nur dann **zeitlich befristet ausgeschlossen**, wenn sich das Begehren auf eine Information bezieht, die Gegenstand eines der genannten Verfahren ist. Konkret bedeutet dies, dass sich dieser Ausschlussgrund nicht vorrangig auf die Akten bezieht, die bei der verfahrensführenden Behörde vorliegen, sondern dass hier in erster Linie die bei der **Ausgangsbehörde** vorliegenden Akten in den Blick genommen werden.[18] Ausreichend ist zudem die **reine Einleitung bzw. das Führen eines der genannten Verfahren**, der Informationszugang muss darüber hinaus nicht geeignet sein, nachteilige Auswirkungen auf sie zu haben.[19] Wann die genannten Verfahren beginnen bzw. enden, ist anhand der jeweils einschlägigen Normen zu ermitteln.[20] 8

---

14 Beyerlein/Borchert VIG § 2 Rn 26; BeckOK InfoMedien/Rossi VIG § 3 Rn 6.

15 Beyerlein/Borchert VIG § 2 Rn 26.

16 Beck VIG § 2 S. 37; Beyerlein/Borchert VIG § 2 Rn 32; Grube/Immel/Wallau VIG § 3 Rn 9.

17 So ausdrücklich Beyerlein/Borchert VIG § 2 Rn 34. Auch Beck VIG § 2 S. 39, Grube/Immel/Wallau VIG § 2 Rn 17 und BeckOK InfoMedien/Rossi VIG § 3 Rn 7, gehen davon aus, dass die begehrte Information nach Abschluss des Verfahrens wieder auskunftspflichtig werden kann.

18 Beck VIG § 2 S. 38.

19 Beck VIG § 2 S. 39.

20 Verwaltungsverfahren: Beginn, § 9 VwVfG; Abschluss nicht ausdrücklich geregelt; Zivilprozess: Beginn, § 253 ZPO; Arbeitsgerichtsverfahren: Beginn, §§ 46 Abs. 2 S. 1, 80 ArbGG iVm § 253 ZPO; Sozialgerichtsverfahren: Beginn, § 87 Abs. 1 SGG; Verwaltungsgerichtsverfahren: § 81 VwGO; vorläufiger zivilprozessualer Rechtsschutz: Beginn, §§ 920 Abs. 1, 936 ZPO; vorläufiger verwaltungsgerichtlicher Rechtsschutz: Beginn, §§ 80 Abs. 5, 123 VwGO; Strafgerichtsverfahren: Beginn, § 170 Abs. 1 StPO; beendet werden die gerichtlichen Verfahren durch Prozesshandlung der Parteien (Klage- oder Antragsrücknahme, Anerkenntnis oder Vergleich) sowie durch rechtskräftige Entscheidung; strafrechtliches Ermittlungsverfahren: Beginn, § 160 StPO; Ende, § 170 StPO; Disziplinarverfahren: Beginn, §§ 17, 18 BDG und entsprechende landesrechtliche Normen; Ende, §§ 32, 41 Abs. 2, 52 Abs. 1 BDG und entsprechende landesrechtliche Normen; Gnadenverfahren: Gnadenordnungen der Länder; Ordnungswidrigkeitenverfahren: Beginn, § 53 OWiG; Ende, §§ 47, 65, 67, 69 Abs. 4 OWiG. Vgl hierzu die jeweils einschlägigen Fachkommentierungen sowie Beyerlein/Borchert VIG § 2 Rn 35 ff und Grube/Immel/Wallau VIG § 3 Rn 11 ff.

9 Der Ausschlussgrund des lit. b enthält am Ende eine **Rückausnahme.** Diese bewirkt, dass trotz Vorliegens eines der genannten laufenden Verfahren der Zugangsanspruch besteht. Dies gilt zum einen in den Fällen des **§ 2 Abs. 1 S. 1 Nr. 1 und 2 VIG**, alternativ zum anderen dann, wenn das **öffentliche Interesse an der Bekanntgabe überwiegt.** Diese Rückausnahme war in der ursprünglichen Fassung des VIG einerseits auf Informationen nach § 2 Abs. 1 S. 1 Nr. 1 und 2 VIG beschränkt, andererseits bezog sie sich ausschließlich auf Verwaltungsverfahren. Durch die Verschiebung des Satzteils an das Ende des Tatbestandes wurde zunächst eine Ausdehnung auf sämtliche genannte Verfahren erreicht. Damit soll dem besonderen Informationsinteresse der Verbraucher gerade bei schwerwiegenden Rechtsverstößen Rechnung getragen werden.[21] Neu eingefügt wurde zudem die **Abwägungsklausel**, wonach grds ein Informationszugang bei überwiegendem öffentlichen Interesse an der Bekanntgabe ermöglicht wird.

10 Allerdings begegnete diese Rückausnahme bereits in der auf Verwaltungsverfahren beschränkten Ursprungsfassung zahlreichen **Bedenken.**[22] Gerade im Hinblick auf strafrechtliche Ermittlungsverfahren und Verfahren vor Strafgerichten müssen nicht nur die **Unschuldsvermutung**, sondern auch die **sonstigen Schutzrechte der Betroffenen** bedacht werden.[23] Dies kann generell mit Blick auf die faktischen Wirkungen, die mit einer vorzeitigen Publikation einhergehen können, insb. auch weil die Richtigkeit der vorliegenden Informationen während laufender Verfahren noch nicht sichergestellt ist, problematisch sein.[24] Selbst wenn man die Ausnahme nach § 2 Abs. 1 S. 1 Nr. 1 und 2 VIG noch für zulässig halten will, wird man in Bezug auf die allgemeine Abwägungsklausel doch der Auffassung zustimmen müssen, wonach eine verfassungskonforme Auslegung dahingehend, dass das Grundrecht auf **effektiven Rechtsschutz in die Abwägung einzubeziehen** ist, vorgenommen werden muss.[25]

11 **4. Eignung zur Beeinträchtigung fiskalischer Interessen, mögliche Verletzung von Dienstgeheimnissen (lit. c).** Die Änderung des lit. c im Rahmen der Novellierung sollte die systematische Kongruenz zu **§ 3 Nr. 6 IFG** erhöhen. Da das VIG für Bund und Länder gleichermaßen gilt, wird aber hier – anders als beim nur für den Bund geltenden IFG – nicht auf **finanzielle Interessen** des Bundes, sondern allgemein auf die **der informationspflichtigen Stelle** abgestellt.[26] Trotz der Kritik, die § 3 Nr. 6 IFG im Hinblick auf den Schutz fiskalischer Interessen erfahren hat,[27] kann insoweit auf die einschlägigen Kommentierungen zu § 3 Nr. 6 IFG verwiesen werden.[28] Im Unterschied zu § 3 Nr. 6 IFG wird in lit. b aber die Konjunktion "soweit" an-

21 BReg BT-Drucks. 17/7374, 15.
22 Vgl hierzu Beyerlein/Borchert VIG § 2 Rn 39.
23 Becker ZLR 2011, 391, 421 f; Grube/Immel ZLR 2011, 175, 180; Grube/Immel/Wallau VIG § 3 Rn 19 ff; Prommer/Rossi GewArch 2013, 97, 100.
24 Grube/Immel/Wallau VIG § 3 Rn 24; zu § 2 VIG: Beyerlein/Borchert VIG § 2 Rn 39; dagegen sieht Beck VIG § 2 S. 38 hierin kein Problem.
25 Prommer/Rossi GewArch 2013, 97, 100; BeckOK InfoMedien/Rossi VIG § 3 Rn 7.
26 BReg BT-Drucks. 17/7374, 16.
27 Vgl hierzu Prommer/Rossi GewArch 2013, 97, 100.
28 BeckOK InfoMedien/Schirmer IFG § 3 Rn 171 ff.

statt "wenn" verwendet. Wegen der gebotenen restriktiven Auslegung des Ausnahmetatbestandes muss daher die **konkrete Möglichkeit einer bevorstehenden Verletzung des Schutzgutes** gegeben sein.[29]

Der Begriff des **Dienstgeheimnisses** entspricht dem strafrechtlichen Begriff in **§ 353 b StGB**; auf die entsprechenden Kommentierungen und die hierzu ergangene Rechtsprechung kann daher zurückgegriffen werden.[30] Im Hinblick auf die erforderliche Möglichkeit einer Schutzgutsverletzung wird auf Rn 11 verwiesen. 12

5. Dienstleistung aufgrund privatrechtlicher Vereinbarung (lit. d). Dieser Anspruchsausschluss ist darauf zurückzuführen, dass hier die grds informationspflichtige Stelle nicht hoheitlich im Rahmen der ihr übertragenen Aufgaben tätig wird, sondern **privatrechtlich handelt.**[31] Hinzu kommt, dass eine Weitergabe der im Rahmen solcher Vereinbarungen erlangten Daten regelmäßig **zumindest stillschweigend ausgeschlossen** worden sein dürfte.[32] Bedeutsam ist dieser Ausschlussgrund insb. für **rechtlich selbstständige Labore**, die sowohl im Auftrag der zuständigen Behörden als auch für Private tätig werden.[33] 13

6. Abweichungen, die länger als fünf Jahre zurückliegen (lit. e). Der Ausschlussgrund des lit. e orientiert sich an **Löschungsfristen in anderen Rechtsbereichen.** Durch die Formulierung "in der Regel" soll aber sichergestellt werden, dass in Ausnahmefällen (Zeitreihenanalysen oder überlange Gerichtsverfahren)[34] trotz Zeitablaufs der Informationszugang gewährt werden kann.[35] Insoweit muss die Behörde im Rahmen einer **Verhältnismäßigkeitsprüfung** abwägen, ob in atypischen Ausnahmefällen der Anspruchsausschluss zu einer übermäßigen Einschränkung des umfassenden Informationszugangs führen würde.[36] 14

III. Anspruchsausschluss wegen entgegenstehender privater Belange (S. 1 Nr. 2)

Die durch Nr. 2 geschützten privaten Belange sind jeweils Gegenstand **grundrechtlicher Gewährleistungen:** Personenbezogene Daten sind Teil der Gewährleistung der informationellen Selbstbestimmung, Art. 2 Abs. 1 iVm 15

29 Beyerlein/Borchert VIG § 2 Rn 56.
30 So auch Beyerlein/Borchert VIG § 2 Rn 57 ff.
31 Beyerlein/Borchert VIG § 2 Rn 62.
32 Grube/Immel/Wallau VIG § 3 Rn 35.
33 Beck VIG § 2 S. 41; BeckOK InfoMedien/Rossi VIG § 3 Rn 9. Dagegen gehen beide, ebenso wie Beyerlein/Borchert VIG § 2 Rn 63 davon aus, dass der in der Gesetzesbegründung (Fraktionen der CDU/CSU und SPD BT-Drucks. 16/5404, 11) genannte Fall der Gutachtenerstellung durch Universitäten nicht erfasst wird, da Universitäten von vornherein nicht nach dem VIG auskunftspflichtig sind.
34 Kritisch zu dieser Anwendungsvariante Grube/Immel/Wallau VIG § 2 Rn 37.
35 Fraktionen der CDU/CSU und SPD BT-Drucks. 16/5404, 11 f.
36 Beck VIG § 2 S. 41 f; BeckOK InfoMedien/Rossi VIG § 3 Rn 10. Grube/Immel/Wallau VIG § 3 Rn 38 geht davon aus, dass diese Verhältnismäßigkeitsprüfung aber auch dazu führen müsse, dass der Informationszugang vor Ablauf der Fünf-Jahres-Frist analog § 3 S. 1 Nr. 1 e) VIG verweigert wird. Dies erscheint angesichts der Zwecksetzung des VIG aber zumindest fraglich; ablehnend wohl auch Beyerlein/Borchert VIG § 2 Rn 70.

Art. 1 Abs. 1 GG. Das geistige Eigentum genießt den Schutz des Art. 14 GG, während Betriebs- und Geschäftsgeheimnisse von Art. 12 GG und Art. 14 GG geschützt werden.[37] Diese Tatsache führt dazu, dass in Bezug auf Nr. 2 auch der Grundsatz, dass Ausnahmetatbestände eng auszulegen sind, nicht ohne weiteres angewendet werden darf. Denn dies würde zu einer Umkehrung der Darlegungslast führen.[38]

16 **1. Personenbezogene Daten (lit. a).** Der Begriff der **personenbezogenen Daten** wird vom VIG nicht definiert. Insoweit sind auf **§ 3 Abs. 1 BDSG** sowie die einschlägigen Kommentierungen zurückzugreifen.[39] Da § 3 Abs. 1 BDSG auf natürliche Personen Bezug nimmt, werden hier **nicht Unternehmen als solche**, sondern der einzelne Mitarbeiter[40] oder aber von durch Erzeugnisse oder Verbraucherprodukte ausgelösten Krankheiten und Gesundheitsbeeinträchtigungen betroffene Dritte geschützt.[41] In welchen Fällen dennoch ein Informationszugang in Betracht kommt, ist nunmehr in S. 2 geregelt.

17 **2. Schutz geistigen Eigentums (lit. b).** Der Ausschlussgrund nach lit. b entspricht grds **§ 6 S. 1 IFG**; auch **§ 9 Abs. 1 S. 1 Nr. 2 UIG** enthält eine vergleichbare Regelung.[42] Nur die beispielhafte Nennung der Urheberrechte fehlt in § 6 S. 1 IFG, ist aber in § 9 Abs. 1 S. 1 Nr. 2 UIG zu finden; insoweit kann daher auf die Kommentierungen zu § 9 UIG, zu § 6 IFG sowie auf das Urhebergesetz, insb. auf **§ 2 Abs. 2 UrhG** zurückgegriffen werden.[43] Entsprechendes gilt für die landesrechtlichen Regelungen in **§ 29 Abs. 1 S. 1 Nr. 1 UVwG** (s. UVwG § 29 Rn 20 ff) **und § 6 S. 1 LIFG** (s. LIFG § 6 Rn 13 ff). In welchen Fällen trotz des entgegenstehenden Schutzes geistigen Eigentums ein Informationszugang in Betracht kommt, ist in S. 2 geregelt.

18 **3. Betriebs- oder Geschäftsgeheimnisse (lit. c).** Im Rahmen der Novellierung des VIG wurde der Ausschlussgrund der sonstigen wettbewerbsrelevanten Informationen mangels Praxisrelevanz gestrichen.[44] Stattdessen wurde der Begriff des Betriebs- und Geschäftsgeheimnisses durch die beispielhafte Nennung bestimmter Informationen ergänzt, die zu den Betriebs- und Geschäftsgeheimnissen zu rechnen sind.[45] Der Ausschlusstatbe-

---

37 BeckOK InfoMedien/Rossi VIG § 3 Rn 11.

38 BeckOK InfoMedien/Rossi VIG § 3 Rn 3.

39 So auch Beyerlein/Borchert VIG § 2 Rn 72 ff; Grube/Immel/Wallau VIG § 3 Rn 40; BeckOK InfoMedien/Rossi VIG § 3 Rn 12.

40 Grube/Immel/Wallau VIG § 3 Rn 40; Zilkens NVwZ 2009, 11465, 1468.

41 Beyerlein/Borchert VIG § 2 Rn 76 und 110.

42 Allerdings ist hier Voraussetzung des Anspruchsausschlusses, dass die Rechte am geistigen Eigentum verletzt werden; ein bloßes Entgegenstehen wie bei Satz 1 Nr. 2 lit. b genügt nicht.

43 Grube/Immel/Wallau VIG § 3 Rn 45; BeckOK InfoMedien/Rossi VIG § 3 Rn 16. Ausführlich zum durch das VIG vermittelten Urheberrechtsschutz Beyerlein ZLR 2009, 383 ff.

44 BReg BT-Drucks. 17/7374, 16.

45 Dabei erfolgte die Aufnahme der beispielhaften Nennungen erst auf Empfehlung des Ausschusses für Ernährung, Landwirtschaft und Verbraucherschutz, BT-Drucks. 17/7993, 18, um auch im Gesetzestext selbst klarzustellen, dass die genannten Informationen Bestandteil der Betriebs- und Geschäftsgeheimnisse sind.

stand entspricht grds. dem des **§ 6 S. 2 IFG bzw § 6 S. 2 LIFG** (s. LIFG § 6 Rn 33 ff) und des **§ 9 Abs. 1 S. 1 Nr. 3 UIG bzw § 29 Abs. 1 S. 1 Nr. 3 UVwG** (s. UVwG § 29 Rn 24 ff). **Nicht geschützt** sind allerdings **Informationen über Rechtsverstöße**[46] und **strafrechtlich relevante Sachverhalte.**[47] Dies ergibt sich auch nicht zuletzt aus S. 5 Nr. 1, der gemeinsam mit seinen Nummern 2 und 3 sowie den Sätzen 2 und 6 den Schutz der Betriebs- und Geschäftsgeheimnisse nicht unerheblich relativiert.[48] Ob Untersuchungsergebnisse über die Zusammensetzung und Beschaffenheit eines Produkts als Betriebs- und Geschäftsgeheimnis zu betrachten sind, wird unterschiedlich beurteilt.[49] Die Entscheidung über die Frage, ob ein Betriebs- und Geschäftsgeheimnis vorliegt, obliegt der zuständigen Behörde. Sie ist **gerichtlich überprüfbar**; eine fehlerhafte Entscheidung kann **Amtshaftungsansprüche** auslösen.[50]

4. Pflicht zur Meldung oder Unterrichtung (lit. d). Dieser Ausschlusstatbe- 19
stand soll verhindern, dass die durch die Meldepflichten[51] beabsichtigte Mitwirkung der Unternehmen an der Aufklärung eines Gefahrensachverhalts dadurch gefährdet wird, dass die Unternehmen befürchten müssen, aufgrund dieser Mitwirkung **Nachteile** zu erleiden.[52] Die Änderungen, die die Vorschrift im Rahmen der Novellierung erfahren hat (Streichung der einschränkenden Bezugnahme auf die Art der mitzuteilenden Information) trägt der Ausweitung der Meldepflichten nach dem LFGB Rechnung; der Gesetzgeber schreibt dieser Änderung eine **klarstellende Wirkung** zu.[53] Der **Ausschlussgrund besteht fort**, wenn die mitgeteilte Information von der zuständigen Behörde an eine andere Stelle, zB zum Zwecke der weiteren Sachverhaltsaufklärung, weitergeleitet wird.[54] Keine Anwendung soll er jedoch auf Untersuchungsergebnisse finden, die die Behörde anlässlich einer

---

46 VG Düsseldorf v. 8.7.2010, 26 L 683/10, Rn 37; OVG NW v. 27.5.2009, 13 a F 13/09, Rn 27; VG Ansbach v. 26.11.2009, AN 16 K 08.01750 und AN 16 K 09.00087, Rn 39; v. 9.6.2011, AN 16 K 10.02612 bis 10.02614, jeweils Rn 37; Fraktionen der CDU/CSU und SPD BT-Drucks. 16/5404, 12; Beyerlein/Borchert VIG § 2 Rn 138. Dagegen hat das OVG SH v. 22.6.2005, 4 LB 30/04, Rn 54 ff unter Bezugnahme auf § 11 IFG-SH entschieden, dass ein Verstoß gegen die FertigPackV (im konkreten Fall eine Füllmengenunterschreitung) grds. als schutzwürdiges Betriebs- und Geschäftsgeheimnis zu behandeln ist.

47 OVG NW v. 27.5.2009, 13 a F 13/09, Rn 25; VG Stuttgart v. 21.1.2009, 4 K 4605/08, Rn 12.

48 BeckOK InfoMedien/Rossi VIG § 3 Rn 24.

49 Gegen das Vorliegen eines Betriebs- und Geschäftsgeheimnisses, wenn es um Informationen geht, die bei ausreichendem Fachwissen und dem Vorhandensein entsprechender Vorrichtungen auch von jedermann selbst ermittelt werden könnten, sprechen sich VG Magdeburg v. 18.7.2006, 5 A 383/05, Rn 18 (zum UIG) und VG Ansbach v. 26.11.2009, AN 16 K 08.01750 und 09.00087, Rn 39 (zum VIG) aus; OVG NW v. 1.4.2014, 8 A 654/12, Rn 146 und 8 A 655/12, Rn 176 geht von einer Offenkundigkeit einschränkend jedoch nur dann aus, "wenn jeder Fachmann [...] ohne größeren Zeit-, Arbeits- und Kostenaufwand" die gewünschten Informationen durch eine Untersuchung ermitteln könnte; aA aber Grube/Immel/Wallau VIG § 3 Rn 51.

50 Grube/Immel/Wallau VIG § 3 Rn 52.

51 Sehr ausführlich zu den unterschiedlichen Meldepflichten Grube/Immel/Wallau VIG § 3 Rn 68 ff.

52 Fraktionen der CDU/CSU und SPD, BT-Drucks. 16/5404, 12.

53 BReg BT-Drucks. 17/7374, 16.

54 Grube/Immel/Wallau VIG § 3 Rn 77.

erfolgten freiwilligen Mitteilung im Wege eigenständiger Untersuchungen gewonnen hat.[55] Hinzuweisen ist abschließend noch darauf, dass es sich bei dem Ausschlussgrund nach lit. d nach der Novellierung des VIG um den **einzigen privaten Belang** handelt, der **absolut**, also ohne die Möglichkeit einer Zugangsgewährung nach S. 2, wirkt. Dies verdeutlicht noch einmal den Stellenwert, den der Gesetzgeber diesem Ausschlussgrund beimisst. Wobei auch in diesem Fall davon auszugehen ist, dass der zur Meldung Verpflichtete auf den gewährten Schutz verzichten kann.[56]

IV. Rückausnahme zu Nr. 2 lit. a bis c (S. 2)

20 Mit der Einfügung des Satzes 2 wurde eine rechtssystematische Angleichung an **§ 9 Abs. 1 S. 1 UIG** bewirkt. Der Änderung liegt die Erkenntnis zu Grunde, dass im Bereich des VIG – ähnlich wie im Bereich des UIG aber anders als im Bereich des IFG – häufig **tripolare Interessenverhältnisse** – Informationsbegehrender – Behörde – drittbetroffenes Wirtschaftsunternehmen – vorliegen. Konkret trifft mithin das Informationszugangsinteresse auf andere grundrechtlich geschützte Belange. In solchen Fällen ist nach der Rechtsprechung des BVerfG im Abwägungswege **praktische Konkordanz** herzustellen. Dies soll nun die im Rahmen der Novellierung eingefügte **Abwägungsklausel** im Bereich des VIG gewährleisten.[57]

21 Wegen der nunmehr bewirkten weitgehenden Übereinstimmung mit § 9 Abs. 1 S. 1 Hs 2 UIG kann an dieser Stelle in großem Umfang auf die Kommentierungen zu dieser Norm verwiesen werden.[58] Unproblematisch ist insb. die Rückausnahme für den Fall der **Zustimmung durch den Betroffenen**. Dagegen wird die Rückausnahme wegen eines **Überwiegens des öffentlichen Interesses an der Bekanntgabe** teilweise kritisch gesehen: Als problematisch wird bewertet, dass das Gesetz **keine Anhaltspunkte für die vorzunehmende Abwägung** benennt.[59] Eine verfassungskonforme Auslegung wird jedoch grds. für möglich gehalten.[60] Dabei wird betont, dass im Regelfall von einem Überwiegen der betroffenen privaten Geheimhaltungsinteressen auszugehen sein wird.[61] Bezüglich der personenbezogenen Daten

---

55 Beck VIG § 2 S. 48 f.

56 Da lit. d in Satz 2 nicht genannt wird, ist aber die Durchführung eines Drittbeteiligungsverfahrens mit dem Ziel, die Einwilligung des Betroffenen zu erhalten, nicht obligatorisch. Sind die Voraussetzungen des lit. d erfüllt, darf die Behörde ohne weiteres davon ausgehen, dass der Zugangsanspruch nicht besteht.

57 BReg BT-Drucks. 17/7374, 16.

58 BeckOK InfoMedien/Karg UIG § 9 Rn 1 ff.

59 Grube/Immel/Wallau VIG § 3 Rn 4; BeckOK InfoMedien/Rossi VIG § 3 Rn 27; Wustmann BayVBl. 2012, 715, 719.

60 Grube/Immel/Wallau VIG § 3 Rn 4; BeckOK InfoMedien/Rossi VIG § 3 Rn 27; Schoch NVwZ 2012, 1497, 1499.

61 Nach der Gesetzesbegründung ist in dem Fall, dass besonders sensible personenbezogene Daten iSd § 3 Abs. 9 BDSG betroffen sind, davon auszugehen, dass das Informationsinteresse der Verbraucher grds. nicht überwiegt, Fraktionen der CDU/CSU und SPD BT-Drucks. 16/5404, 12; so auch Beyerlein/Borchert VIG § 2 Rn 78 f; Grube/Immel ZLR 2011, 175, 182 f; Grube/Immel/Wallau VIG § 3 Rn 40; Schoch NVwZ 2012, 1497, 1499; dies dürfte sich insb. auch aus § 3 S. 4 VIG iVm § 5 S. 2 IFG ergeben; Grube/Immel/Wallau VIG § 3 Rn 4 geht davon aus, dass das Geheimhaltungsinteresse bezüglich Betriebs- und Geschäftsgeheimnissen idR überwiegen wird, es sei

ist in diesem Zusammenhang vor allem die Anordnung der entsprechenden Anwendung von Teilen des § 5 IFG durch § 3 S. 4 VIG zu beachten (s. Rn 25).

V. Voraussetzungen für die Herausgabe nach S. 1 Nr. 1 lit. b HS 2 1. Alt. (S. 3)

Diese Vorschrift wurde auf Betreiben des Bundesrats[62] – mit Unterstützung der Bundesregierung[63] – im Laufe des Gesetzgebungsverfahrens nachträglich aufgenommen, um "Beeinträchtigungen des Ermittlungszwecks laufender Strafverfahren durch die vorzeitige Erteilung von Auskünften nach dem VIG zu vermeiden."[64] Zu berücksichtigen ist zunächst, dass sich die **verschärften Voraussetzungen** für die Herausgabe von Informationen während laufender Verfahren explizit nur auf **strafrechtliche Ermittlungsverfahren und Verfahren vor Strafgerichten** beziehen.[65] 22

1. Keine Gefährdung des Untersuchungszwecks (Nr. 1). Vor Herausgabe von Informationen über die genannten laufenden strafrechtlichen Verfahren ist zu prüfen, ob der Untersuchungszweck durch die Zugangsgewährung gefährdet werden könnte. Insb. gilt es zu vermeiden, dass **verdeckte Ermittlungen gefährdet** werden, die **Vernichtung von Spuren** möglich oder die **Ermittlung von Hintermännern vereitelt** wird. In diesen Fällen soll das staatliche Interesse an der Strafverfolgung überwiegen; nur in Fällen, in denen Gesundheitsgefahren bestehen, soll die Annahme des Vorrangs des Informationszugangsrechts möglich sein.[66] 23

2. Benehmen der Staatsanwaltschaft oder des Gerichts (Nr. 2). Durch den Begriff des Benehmens in Nr. 2 wird der Informationszugangsbehörde ein **gesteigertes Maß an Rücksichtnahme** gegenüber den zuständigen Strafverfolgungsbehörden auferlegt; eine **Bindung** an deren Äußerungen besteht gleichwohl **nicht.** Es bleibt zulässig, dass die Informationszugangsbehörde von der Stellungnahme der zuständigen Strafverfolgungsbehörden aus 24

---

denn, Leben und Gesundheit der Verbraucher sind betroffen. BeckOK InfoMedien/Rossi VIG § 3 Rn 27 betont, dass in die Abwägung insb. das Grundrecht auf effektiven Rechtsschutz einzubeziehen ist; aA Wustmann BayVBl 2012, 715, 719: Im Zweifel wird vom Überwiegen des Informationsinteresses auszugehen sein; grds. zur Frage, welche Belange in die Abwägung einzufließen haben und zur Problematik ihrer sachgerechten Ermittlung und Gewichtung BeckOK InfoMedien/Rossi VIG § 3 Rn 28 ff.

62 BReg BT-Drucks. 17/7374, 22 f.

63 BReg BT-Drucks. 17/7374, 26.

64 Ausschuss für Ernährung, Landwirtschaft und Verbraucherschutz BT-Drucks. 17/7993, 18.

65 Kritisch hierzu Grube/Immel/Wallau VIG § 3 Rn 28 ff, der wegen der im ordnungswidrigkeitenrechtlichen Verfahren ebenfalls geltenden Unschuldsvermutung eine analoge Anwendung des Satzes 3 auf diese Verfahren verlangt. Zudem sollen die erhöhten Voraussetzungen für die Herausgabe von Informationen entgegen des eindeutigen Wortlauts der Vorschrift auch bei laufenden Verwaltungsverfahren Anwendung finden – wobei dies über eine erweiternde Auslegung des § 3 S. 1 Nr. 1 lit. b VIG erreicht werden soll. In Bezug auf das Ordnungswidrigkeitenverfahren ebenso BeckOK InfoMedien/Rossi VIG § 3 Rn 31; ähnlich auch Grube/Immel ZLR 2012, 109, 111.

66 BReg BT-Drucks. 17/7374, 23; Grube/Immel/Wallau VIG § 3 Rn 25 f; Schoch NVwZ 2012, 1497, 1499.

sachlichen Gründen abweicht, nachdem sie diese zur Kenntnis genommen und in ihre Überlegungen einbezogen hat.[67]

VI. Entsprechende Anwendung des § 5 IFG bei personenbezogenen Daten (S. 4)

25 Sind personenbezogene Daten betroffen, ordnet S. 4 die **entsprechende Geltung des § 5 Abs. 1 S. 2, Abs. 3 und 4 IFG** an. Damit werden die Vorschriften zum Schutz besonders sensibler Daten nach § 3 Abs. 9 BDSG sowie bestimmte Vorgaben für als nicht unbedingt schutzwürdig zu betrachtende personenbezogene Daten von am Verfahren in amtlicher oder gutachterlicher oder ähnlicher Eigenschaft beteiligten Personen für entsprechend anwendbar erklärt. Auf die entsprechenden Kommentierungen zu § 5 IFG kann verwiesen werden.[68] Auch zur landesrechtlichen Regelung in **§ 5 LIFG** (s. LIFG § 5 Rn 20 ff) bestehen keine größeren Unterschiede.

VII. Ausnahmen zum Anspruchsausschluss wegen des Vorliegens von Betriebs- oder Geschäftsgeheimnissen (S. 5)

26 Der Gesetzgeber selbst bezeichnet die Ausnahmen in S. 5 und 6 als "**wesentliches Kernstück**" des VIG. Diese sollen im Zusammenhang mit den unter dem Gesichtspunkt der Interessenabwägung definierten Ausnahmen vom Geheimnisschutz, mit der Ausnahme vom Anhörungserfordernis für besonders bedeutsame Informationen nach § 5 Abs. 1 S. 1 Nr. 2 VIG und der gesetzlichen Anordnung der sofortigen Vollziehbarkeit, § 5 Abs. 4 VIG, zu sehen sein.[69] Da weder das geistige Eigentum noch Betriebs- und Geschäftsgeheimnisse von der Verfassung absolut geschützt sind, wird es in der Literatur als zulässig erachtet, dass der Gesetzgeber bereits selbst Abwägungen für bestimmte typische Konfliktlagen vornimmt und nicht nur einen allgemeinen Abwägungsvorbehalt normiert.[70] Dieses Vorgehen entspricht nicht nur der Rechtsprechung des BVerfG, sondern auch anderen spezialgesetzlich normierten Tatbeständen.[71]

27 **1. Informationen nach § 2 Abs. 1 S. 1 Nr. 1 VIG (Nr. 1). Verfassungsrechtlicher Kritik** begegnet insb. der uneingeschränkte Anspruch auf Daten nach § 2 Abs. 1 S. 1 Nr. 1 VIG.[72] Zwar war auch schon zum VIG aF anerkannt, dass Informationen über Verstöße gegen die einschlägigen Vorschriften generell auskunftspflichtig sind, § 1 Abs. 1 S. 1 Nr. 1 VIG aF. Dennoch wird

67 BeckOK InfoMedien/Rossi VIG § 3 Rn 31; Wustmann BayVBl. 2012, 715, 717. AA dagegen Grube/Immel/Wallau VIG § 3 Rn 27: die zuständige Strafverfolgungsbehörde muss eine ausdrückliche Zustimmung erklären und dokumentieren.
68 Vgl nur BeckOK InfoMedien/Guckelberger IFG § 5.
69 BReg BT-Drucks. 17/7374, 17.
70 Kube ZLR 165, 183 und 185 f; BeckOK InfoMedien/Rossi VIG § 3 Rn 33; Prommer/Rossi GewArch 2013, 97, 101; Schoch NVwZ 2012, 1497, 1499. AA Becker ZLR 2011, 391, 413; Grube/Immel/Wallau VIG § 3 Rn 57.
71 BReg BT-Drucks. 17/7374, 17.
72 Vgl hierzu ausführlich Grube/Immel/Wallau VIG § 3 Rn 58 ff.

vor allem die Annahme des Gesetzgebers, dass Rechtsverstöße keine schützenswerten Geheimnisse darstellen,[73] bestritten.[74]

2. Informationen nach § 2 Abs. 1 S. 1 Nr. 2 VIG (Nr. 1) und Informationen nach § 2 Abs. 1 S. 1 Nr. 3 und 4 – Gefährdung oder Risiko für Sicherheit oder Gesundheit (Nr. 2). Die Aufnahme der Ausnahmetatbestände, in denen Gefahren oder Risiken für die Gesundheit oder Sicherheit von Verbrauchern eine Rolle spielen, erfolgte "[z]ur Verbesserung der systematischen Kohärenz mit den bereits vorhandenen Verpflichtungen zur aktiven Information der Öffentlichkeit nach den §§ 26 ProdSG, 40 LFGB". Damit soll "auch dem **überragenden Schutzauftrag** des Artikel 2 Absatz 2 Satz 2 des Grundgesetzes Rechnung getragen" werden.[75] Dies scheint von der Literatur gebilligt zu werden; allerdings wird insoweit darauf hingewiesen, dass in den meisten Fällen wegen der Verpflichtung zur öffentlichen Warnung ein Informationszugang unter Berufung auf **§ 4 Abs. 5 VIG** abzulehnen sein wird.[76] 28

3. Informationen nach § 2 Abs. 1 S. 1 Nr. 3 bis 6 – im Rahmen amtlicher Überwachungstätigkeit gewonnen (Nr. 3). Bezüglich dieses Tatbestandes hält die Gesetzesbegründung fest, dass die genannten Informationen grds **von jedermann ohne Zugang zu Unternehmensinterna** erhoben werden können.[77] Die Begriffe Grenzwerte, Höchstgehalte und Höchstmenge sind unter Rückgriff auf die jeweils einschlägigen europäischen und nationalen Normen zu bestimmen.[78] Im Umkehrschluss ist davon auszugehen, dass rechtlich nicht verbindliche Richt-, Höchst- und Warnwerte nicht vom Tatbestand des § 3 S. 5 VIG erfasst werden.[79] 29

VIII. Ausweitung des Ausnahmetatbestandes nach S. 5 auf bestimmte personenbezogene Daten (S. 6)

Noch schwerwiegenderen verfassungsrechtlichen Bedenken begegnet S. 6, der einen vollständigen Ausschluss des Schutzes bestimmter personenbezogener Daten bewirkt, jedenfalls solange nicht neben die Belange des Datenschutzes und des Schutzes von Betriebs- und Geschäftsgeheimnissen weitere schutzwürdige Belange hinzutreten. Insoweit wird zu Recht **bezweifelt**, dass die mit der Preisgabe der personenbezogenen Daten verbundene **"Prangerwirkung"** zur Erreichung der Ziele des VIG erforderlich und mithin **vom Übermaßverbot gedeckt** ist.[80] 30

---

73 BReg BT-Drucks. 17/7374, 17; Fraktionen der CDU/CSU und SPD BT-Drucks. 16/5404, 12; ebenso BeckOK InfoMedien/Rossi VIG § 3 Rn 35; Schoch NVwZ 2012, 1497, 1499; ders. ZLR 2010, 121, 142 f.

74 Grube/Immel/Wallau VIG § 3 Rn 58; so auch zu § 11 IFG-SH OVG SH v. 22.6.2005, 4 LB 30/04, Rn. 54 ff.

75 BReg BT-Drucks. 17/7374, 17.

76 Grube/Immel/Wallau VIG § 3 Rn 61.

77 BReg BT-Drucks. 17/7374, 17; aA Grube/Immel/Wallau VIG § 3 Rn 62.

78 BReg BT-Drucks. 17/7374, 17.

79 Grube/Immel/Wallau VIG § 3 Rn 62.

80 Grube/Immel ZLR 2011, 175, 181 f; Grube/Immel/Wallau VIG § 3 Rn 63; BeckOK InfoMedien/Rossi VIG § 3 Rn 39; Schoch NVwZ 2012, 1497, 1499.

IX. Konkurrenzen

31 Die einzelnen Ausschluss- und Beschränkungsgründe des § 3 VIG sind **nebeneinander anwendbar.**[81] Selbst wenn mehrere Belange berührt werden, kann die Antragsablehnung auch nur auf einen Ausschlussgrund gestützt werden; **kumulativ** können zudem die Tatbestände des § 4 Abs. 3 bis 5 VIG erfüllt sein, die einem Informationszugang ebenfalls entgegenstehen.[82]

§ 4 VIG Antrag

(1) [1]Die Information wird auf Antrag erteilt. [2]Der Antrag muss hinreichend bestimmt sein und insbesondere erkennen lassen, auf welche Informationen er gerichtet ist. [3]Ferner soll der Antrag den Namen und die Anschrift des Antragstellers enthalten. [4]Zuständig ist

1. soweit Zugang zu Informationen bei einer Stelle des Bundes beantragt wird, diese Stelle,
2. im Übrigen die nach Landesrecht zuständige Stelle.

[5]Abweichend von Satz 4 Nummer 1 ist im Fall einer natürlichen oder juristischen Person des Privatrechts für die Bescheidung des Antrags die Aufsicht führende Behörde zuständig.

(2) [1]Informationspflichtig ist jeweils die nach Maßgabe des Absatzes 1 Satz 4 auch in Verbindung mit Satz 5 zuständige Stelle. [2]Diese ist nicht dazu verpflichtet, Informationen, die bei ihr nicht vorhanden sind oder auf Grund von Rechtsvorschriften nicht verfügbar gehalten werden müssen, zu beschaffen.

(3) Der Antrag soll abgelehnt werden,

1. soweit er sich auf Entwürfe zu Entscheidungen sowie Arbeiten und Beschlüsse zu ihrer unmittelbaren Vorbereitung bezieht, es sei denn, es handelt sich um die Ergebnisse einer Beweiserhebung, ein Gutachten oder eine Stellungnahme von Dritten,
2. bei vertraulich übermittelten oder erhobenen Informationen oder
3. wenn durch das vorzeitige Bekanntwerden der Erfolg bevorstehender behördlicher Maßnahmen gefährdet würde,
4. soweit durch die Bearbeitung des Antrags die ordnungsgemäße Erfüllung der Aufgaben der Behörde beeinträchtigt würde,
5. bei wissenschaftlichen Forschungsvorhaben einschließlich der im Rahmen eines Forschungsvorhabens erhobenen und noch nicht abschließend ausgewerteten Daten, bis diese Vorhaben wissenschaftlich publiziert werden.

(4) [1]Ein missbräuchlich gestellter Antrag ist abzulehnen. [2]Dies ist insbesondere der Fall, wenn der Antragsteller über die begehrten Informationen bereits verfügt.

(5) [1]Wenn der Antragsteller sich die begehrten Informationen in zumutbarer Weise aus allgemein zugänglichen Quellen beschaffen kann, kann der Antrag abgelehnt und der Antragsteller auf diese Quellen hingewiesen werden. [2]Die Voraussetzungen nach Satz 1 sind insbesondere dann erfüllt, wenn die Stelle den Informationszugang bereits nach § 6 Absatz 1 Satz 3 gewährt. [3]Satz 1 gilt entsprechend, soweit sich in den Fällen des § 2 Absatz 1 Satz 1 Nummer 2 bis 6 eine der in § 3 Satz 6 genannten Personen im Rahmen einer nach den Vorschriften des Verwaltungsverfahrensgesetzes oder den entsprechenden Vorschriften der Verwaltungsverfahrensgesetze der Länder durchgeführten Anhörung verpflichtet, die begehrte Information selbst zu erteilen, es sei denn, der Antragsteller hat nach § 6 Absatz 1 Satz 2 ausdrücklich um eine behördliche Auskunftserteilung gebeten oder es bestehen Anhaltspunkte dafür, dass die Information durch die Person nicht, nicht rechtzeitig oder nicht vollständig erfolgen wird.

81 Beyerlein/Borchert VIG § 2 Rn 4; Grube/Immel/Wallau VIG § 3 Rn 1.
82 Beck VIG § 2 S. 36.

I. Allgemeines

Die Änderungen, die § 4 VIG im Rahmen der Novellierung des VIG erfuhr, haben die Struktur der Vorschrift unberührt gelassen; eine Reaktion des Gesetzgebers auf die Vorwürfe einer systemwidrigen Verortung weiterer Ablehnungsgründe in den Abs. 3–5[1] ist insoweit unterblieben. Gestrichen wurde das Erfordernis einer schriftlichen Antragstellung; diese ist nunmehr auch formlos möglich. Im Gegenzug wurde Abs. 1 S. 3 neu aufgenommen, wonach der Antrag Namen und Anschrift des Antragstellers enthalten soll (Rn 4). Ebenfalls neu eingefügt wurden die Ablehnungsgründe nach Abs. 3 Nr. 4 (Beeinträchtigung der ordnungsgemäßen Aufgabenerfüllung, Rn 13) und 5 (wissenschaftliche Forschungsvorhaben, Rn 14) sowie Abs. 5 S. 3 (Selbsteintrittsrecht eines Dritten, Rn 18).[2] 1

II. Antragsvoraussetzungen (Abs. 1)

1. Form und Inhalt (S. 1 bis 3). S. 1 stellt klar, dass der Informationszugang nach dem VIG **antragsgebunden** ist;[3] dies setzt voraus, dass der Antragsteller **handlungsfähig** iSd § 12 (L)VwVfG ist.[4] Dabei erfolgt der mit der Novellierung kodifizierte **Verzicht auf das Formerfordernis einer schriftlichen Antragstellung** nach Auffassung des Gesetzgebers im Dienste der Weiterentwicklung des VIG als echtes Bürgergesetz. Es sollen noch niedrigschwelligere Informationsangebote geschaffen werden. Die Möglichkeit der formlosen Antragstellung wird als wesentliche Erleichterung für die Verbraucher gewertet.[5] Die Möglichkeit der formlosen Antragstellung entspricht zudem **§ 7 Abs. 1 IFG.** Konkret bedeutet dies, dass Anträge auf Informationszugang nach dem VIG nun auch **mündlich, telefonisch** 2

1 Beyerlein/Borchert VIG § 3 Rn 2; BeckOK InfoMedien/Rossi VIG § 4 vor Rn 1.
2 S. hierzu BReg. BT-Drucks. 17/7374, 17 f.
3 Eine Ausnahme enthält insoweit allerdings § 6 Abs. 1 S. 3 VIG.
4 Hierzu ausführlich Beck VIG § 3 S. 51.
5 BReg BT-Drucks. 17/7374, 17. Kritisch insoweit Schoch NVwZ 2012, 1497, 1500.

und per Email gestellt werden können.[6] Auch eine Antragstellung durch **schlüssiges Verhalten** erscheint denkbar.[7] Insb. mit Blick auf Fristen, die mit der Antragstellung ausgelöst werden, wird der Behörde aber empfohlen, den **Zeitpunkt der Antragstellung zu dokumentieren.**[8]

3 Nach der Gesetzesbegründung ist zu verlangen, dass aus dem Antrag **klar erkennbar** ist, **welche Informationen begehrt** werden.[9] Gefordert wird, dass der Antragsteller die begehrte Information **so genau wie möglich umschreibt.**[10] Das bedeutet auf der einen Seite, dass der Antrag zumindest einen **vollstreckungsfähigen Inhalt** haben muss, auf der anderen Seite dürfen die Anforderungen an die Bestimmtheit im Interesse der Informationsfreiheit nicht überspannt werden.[11] Trotz der fehlenden ausdrücklichen Normierung einer gesetzlichen Vorgabe im VIG, dass die Behörde im Falle des Vorliegens eines unbestimmten Antrag **auf die Präzisierung hinwirken** muss oder wenigstens soll oder kann, wird doch überwiegend unter Hinweis auf § 25 S. 1 VwVfG davon ausgegangen, dass dies der Behörde zumindest nicht verwehrt ist.[12]

4 Nach Auffassung des Gesetzgebers korrespondiert diese Vorschrift mit dem Verzicht auf die Schriftlichkeit der Antragstellung. Die Soll-Vorschrift sei erforderlich, um eine **ordnungsgemäße Antragsbearbeitung zu ermöglichen.**[13] Diese Auffassung wird von der Literatur vor allem unter Verweis auf § 5 Abs. 2 S. 4 VIG, generell aber auch mit Hinweis auf Bekanntgabeerfordernisse[14] und die grundsätzliche Kostenpflichtigkeit des Informationszugangs sowie das Erfordernis der Missbrauchskontrolle[15] geteilt. Zumindest **anonym gestellte Anträge** sollen nicht beschieden werden müssen.[16] Dem ist allerdings entgegen zu halten, dass insb. bei persönlicher Antragstellung sowohl eine Bekanntgabe der Entscheidung als auch eine Kostentragung in Form von Barzahlung ohne Offenlegung der Identität des Antragstellers möglich ist. Wird zudem eine Information begehrt, die keine Drittbetroffenheit auslöst, verfängt auch der Verweis auf § 5 Abs. 2 S. 4 VIG nicht – wobei grds in Rechnung zu stellen ist, dass auch bei einer

---

6 Grube/Immel/Wallau VIG § 4 Rn 3.
7 BeckOK InfoMedien/Sicko IFG § 7 Rn 8.
8 Grube/Immel/Wallau VIG § 4 Rn 3; BeckOK InfoMedien/Rossi VIG § 4 Rn 2.
9 Fraktionen der CDU/CSU und SPD, BT-Drucks. 16/5404, 12.
10 Beyerlein/Borchert VIG § 3 Rn 8; Grube/Immel/Wallau VIG § 4 Rn 5; BeckOK InfoMedien/Rossi VIG § 4 Rn 3.
11 Beyerlein/Borchert VIG § 3 Rn 8; Grube/Immel/Wallau VIG § 4 Rn 5. Insofern ermöglicht diese Bestimmung auch nicht die – wohl damit bezweckte – Ablehnung sog. Ausforschungsanträge, vgl hierzu Beyerlein/Borchert VIG § 3 Rn 10.
12 Beck VIG § 3 S. 52; Beyerlein/Borchert VIG § 3 Rn 9; BeckOK InfoMedien/Rossi VIG § 4 Rn 3.
13 BReg BT-Drucks. 17/7374, 17.
14 Grube/Immel/Wallau VIG § 4 Rn 6.
15 BeckOK InfoMedien/Rossi VIG § 4 Rn 4. Ähnlich Beyerlein/Borchert VIG § 3 Rn 11 f, allerdings insb. unter Verweis auf das damals noch gültige Schriftformerfordernis.
16 BeckOK InfoMedien/Rossi VIG § 4 Rn 4; Prommer/Rossi GewArch 2013, 97, 101.

Drittbetroffenheit die Identität des Antragstellers nur "auf Nachfrage" offen zu legen ist.[17]

2. Zuständigkeit (S. 4 und 5). S. 4 und 5 regeln die Zuständigkeit. S. 4 Nr. 1 legt fest, dass im Bereich des Bundes grds die **Stelle zuständig** ist, bei der **um die Information nachgesucht** wird. Eine Ausnahme hierzu besteht nach S. 5 nur dann, wenn es sich bei der Stelle um eine natürliche oder juristische Person des **Privatrechts** handelt. In diesen Fällen ist die **Aufsicht führende Behörde** zuständig. Das bedeutet aber auch, dass der **Antragsteller** in den Fällen des S. 4 Nr. 1 durch die Auswahl der Behörde, bei der er um Information nachsucht, deren **Zuständigkeit begründet.** Sollte die Information dort nicht vorhanden sein, verbleibt es dennoch bei der grundsätzlichen Zuständigkeit der ausgewählten Stelle. Diese müsste dem Antragsteller dann entweder mitteilen, dass die gewünschte Information nicht vorhanden ist oder sie müsste den Antrag gemäß § 6 Abs. 2 VIG an die Stelle weiterleiten, bei der die Information vorhanden ist. Dadurch wird diese Stelle selbst zuständig, was aber insb. dazu führt, dass etwaige Fristen erneut zu laufen beginnen.[18] 5

Nach S. 4 Nr. 2 bestimmt sich hingegen die Zuständigkeit von Landesbehörden nach dem jeweiligen Landesrecht. Insoweit ist auf die Kommentierung zu **§ 2 Abs. 1 AGVIG** zu verweisen.[19] 6

III. Informationspflichtigkeit (Abs. 2)

1. Informationspflicht (S. 1). Der Bestimmung des S. 1 misst der Gesetzgeber **klarstellenden Charakter** zu: Es werde verdeutlicht, dass die nach Abs. 1 S. 4 und 5 zuständigen Stellen auch informationspflichtig sind.[20] Damit regelt die Vorschrift, wer **Anspruchsgegner** ist.[21] Da die **Informationspflichtigkeit an die Zuständigkeit geknüpft** wird und Abs. 1 S. 4 Nr. 2 sämtliche Stellen des Bundes iSd § 2 Abs. 2 S. 1 Nr. 1 VIG zu zuständigen Stellen erklärt, sind auf Bundesebene sämtliche Behörden, die die Voraussetzungen des § 2 Abs. 2 S. 1 Nr. 1 VIG erfüllen, zuständig und informationspflichtig. Auf Landesebene könnte es dagegen dazu kommen, dass mangels landesrechtlich bestimmter Zuständigkeit nicht sämtliche Behörden, die die Voraussetzungen des § 2 Abs. 2 S. 1 Nr. 2 VIG erfüllen, auch informationspflichtig sind. In diesen Fällen müssten die Informationen, die dort vorliegen und die Gegenstand des VIG sind, über andere – zuständige – Stellen herausverlangt werden.[22] Da **§ 2 Abs. 1 AGVIG** aber grds sämtliche Lebensmittel- und Futtermittelüberwachungsbehörden sowie die Untersuchungseinrichtungen zu zuständigen Stellen bestimmt, sind in **Baden-** 7

17 AA Theis DVBl. 2013, 627, 629; vgl zur Möglichkeit der anonymen Antragstellung im Bereich des IFG BeckOK InfoMedien/Sicko IFG § 7 Rn 10 ff.
18 Beyerlein/Borchert VIG § 3 Rn 16 f.
19 § 2 AGVIG Rn 3 ff.
20 Fraktionen der CDU/CSU und SPD, BT-Drucks. 16/5404, 12.
21 Beck VIG § 1 S. 16; BeckOK InfoMedien/Rossi VIG § 4 Rn 6.
22 Beck VIG § 1 S. 16.

Württemberg ebenso wie im Bund **sämtliche Stellen, die Aufgaben nach LFGB und ProdSG wahrnehmen, zuständig und informationspflichtig.**[23]

8 **2. Keine Informationsbeschaffungspflicht (S. 2).** Eine **Pflicht zur Beschaffung von Informationen**, die bei ihr nicht vorhanden sind, trifft die informationspflichtige Stelle ausdrücklich **nicht.** Dies entbindet die Mitarbeiter zwar nicht von einer **Nachforschungspflicht**, ob die gewünschte Information bei der Stelle vorhanden ist; auch weitergehende Informationsbeschaffungspflichten[24] werden durch die Vorschrift nicht berührt. Demgegenüber ist aber eine **Pflicht zur Wiederbeschaffung rechtmäßig vernichteter Daten zu verneinen.**[25] Dabei soll die Mitteilung an den Antragsteller, dass die gewünschte Information nicht vorhanden ist, formlos möglich sein, da der Mitteilung eine Regelungswirkung fehle, weshalb kein Verwaltungsakt vorliege. Mit der Mitteilung über das Nicht-Vorhandensein der begehrten Informationen werde nicht über den Zugangsantrag entschieden.[26]

IV. Regelablehnungsgründe (Abs. 3)

9 Dass die Normierung der Antragsablehnungsgründe nicht im Rahmen des § 3 VIG, der Ausschluss- und Beschränkungsgründe benennt, erfolgt ist, ist auf systematische Unterschiede zurückzuführen: Während die Ausschluss- und Beschränkungsgründe den Anspruch schon gar nicht entstehen lassen, bewirken die Ablehnungsgründe "nur", dass der **grds bestehende Anspruch abgelehnt** wird. Dabei beruht die Entscheidung, einen Anspruch schon gar nicht entstehen zu lassen auf einer Entscheidung des Gesetzgebers, während die **Entscheidung über eine Antragsablehnung trotz Bestehens des Anspruchs der Exekutive überantwortet** wird.[27] Durch die Formulierung als Soll-Vorschrift wird der Behörde nur ein **intendiertes Ermessen** eingeräumt, so dass bei Vorliegen der jeweiligen Tatbestandsvoraussetzungen im Regelfall der Antrag abzulehnen ist.

10 **1. Entwürfe und Vorarbeiten zu Entscheidungen (Nr. 1).** Dieser Ablehnungsgrund überschneidet sich mit dem Ausschlussgrund nach § 3 S. 1 Nr. 1 lit. a bb) und lit. b.[28] Die Formulierung stimmt teilweise mit **§ 4 Abs. 1 IFG** überein, wobei bei dieser Norm als zusätzliche Tatbestandsvoraussetzung hinzukommt, dass die Bekanntgabe der Informationen den bezweckten Erfolg der Entscheidung oder Maßnahme vereitelt.[29] Insb. bezüglich der Begriffsdefinitionen "**Entwürfe zu Entscheidungen**" sowie "**Arbeiten und Beschlüsse zu ihrer unmittelbaren Vorbereitung**" kann aber auf die

23 § 2 AGVIG Rn 3 ff, insb. auch zur Frage der Zuständigkeit und Informationspflichtigkeit der Untersuchungsämter.

24 Genannt werden hier einerseits § 24 (L)VwVfG, so Beck VIG § 3 S. 54; BeckOK InfoMedien/Rossi VIG § 4 Rn 10, andererseits auch §§ 50 ff LFGB, so Beyerlein/Borchert VIG § 3 Rn 22 f, der sogar davon ausgeht, § 4 Abs. 2 S. 2 VIG begründe insoweit einen Informationsbeschaffungsanspruch; Grube/Immel/Wallau VIG § 4 Rn 11.

25 Beck VIG § 3 S. 54; BeckOK InfoMedien/Rossi VIG § 4 Rn 10.

26 Beck VIG § 3 S. 55; BeckOK InfoMedien/Rossi VIG § 4 Rn 10.

27 BeckOK InfoMedien/Rossi VIG § 4 Rn 11. Ähnlich Beck VIG § 3 S. 55 f und Grube/Immel/Wallau VIG § 4 Rn 12.

28 Beyerlein/Borchert VIG § 3 Rn 25; Grube/Immel/Wallau VIG § 4 Rn 12.

29 Beyerlein/Borchert VIG § 3 Rn 28; BeckOK InfoMedien/Rossi VIG § 4 Rn 12.

einschlägigen Kommentierungen zu § 4 Abs. 1 S. 1 IFG[30] und zu § 29 Abs. 1 S. 2 LVwVfG (s. dort Rn 16 ff) verwiesen werden. Da der Ausschlussgrund nur **vorbereitendes Verwaltungshandeln** schützt,[31] kann er **nur bis zum Erlass der Entscheidung** geltend gemacht werden.[32] Auch im Bereich des vorbereitenden Verwaltungshandelns kann eine Antragsablehnung nach der gesetzgeberischen Wertung nicht erfolgen, wenn Ergebnisse von Beweiserhebung, Gutachten oder Stellungnahmen von Dritten begehrt werden. Nach Ansicht des Gesetzgebers handelt es sich "dabei um abgrenzbare und "neutrale" Erkenntnisse",[33] mithin um rein tatsächlich Feststellungen und Fakten, die das Verwaltungshandeln nicht beeinträchtigen. Denkbar ist aber, dass insb. der Herausgabe von Gutachten oder Stellungnahmen Dritter andere Anspruchsausschlussgründe entgegenstehen.[34]

2. Vertrauliche Informationen (Nr. 2). Der Schutz vertraulich übermittelter oder erhobener Informationen basiert auf der Überlegung, dass die Behörden in hohem Maße **auf die Kooperation(sbereitschaft) der Bürger angewiesen** sind;[35] diese soll nicht gefährdet werden. Die Ablehnungsvoraussetzungen sind weitgehend deckungsgleich mit **§ 4 Abs. 1 Nr. 10 LIFG** (vgl dort Rn 103 ff). Um zu verhindern, dass der Ablehnungsgrund als allgemeiner Auffangtatbestand "missbraucht" wird, stellt die Literatur an das Merkmal der **Vertraulichkeit** bestimmte Anforderungen. So muss die Information der Behörde **"unter dem Mantel der Verschwiegenheit" anvertraut** worden sein und der Informant muss **auf die Verschwiegenheit der Behörde vertrauen.** Als Anhaltspunkte für das Vorliegen einer vertraulichen Information werden beispielhaft eine entsprechende **behördliche Zusicherung** – nicht notwendig ist dabei eine förmliche Zusicherung nach § 38 (L)VwVfG –, **einschlägige Absprachen** oder die **Kennzeichnung** der Information durch den Informanten als **"vertraulich"** genannt.[36] Neben diesen subjektiven Anforderungen wird verlangt, dass **weitere objektive Umstände** hinzutreten, um Vertraulichkeit bejahen zu können. Insoweit wird es für erforderlich gehalten, dass bei der Verneinung der Vertraulichkeit der Information die **ordnungsgemäße Erfüllung der jeweiligen Verwaltungsaufgabe gefährdet** wird. Die **Darlegungslast** für das Vorliegen dieser Voraussetzung trägt die **informationspflichtige Stelle.**[37] 11

3. Gefährdung des Erfolgs behördlicher Maßnahmen (Nr. 3). Die Vorschrift soll dem **Schutz von Verwaltungsabläufen** dienen. Als konkretes Beispiel für eine auf § 4 Abs. 3 Nr. 3 VIG gestützte Antragsablehnung wird ein 12

30 BeckOK InfoMedien/Debus IFG § 4 Rn 8 ff.
31 Beck VIG § 3 S. 57; Beyerlein/Borchert VIG § 3 Rn 26; Grube/Immel/Wallau VIG § 4 Rn 13.
32 Beck VIG § 3 S. 57.
33 Fraktionen der CDU/CSU und SPD, BT-Drucks. 16/5404, 12.
34 Beck VIG § 3 S. 57; Beyerlein/Borchert VIG § 3 Rn 27; Grube/Immel/Wallau VIG § 4 Rn 13.
35 Fraktionen der CDU/CSU und SPD, BT-Drucks. 16/5404, 12.
36 Beyerlein/Borchert VIG § 3 Rn 32; Grube/Immel/Wallau VIG § 4 Rn 14; BeckOK InfoMedien/Rossi VIG § 4 Rn 13.
37 Beyerlein/Borchert VIG § 3 Rn 33; Grube/Immel/Wallau VIG § 4 Rn 15; BeckOK InfoMedien/Rossi VIG § 4 Rn 13.

auf die Einsichtnahme in Pläne für Probennahmen gerichteter Zugangsantrag benannt.[38] Ob die Eröffnung des Informationszugangs den Erfolg einer behördlichen Maßnahme gefährdet, ist im Wege einer **ex-ante-Prognose** zu ermitteln. In diese Prognose ist einzustellen, dass der Antragsteller frei in seiner Entscheidung über die Verwendung der Information ist, sie insb. auch ungehindert öffentlich verbreiten kann.[39]

13 **4. Beeinträchtigung der ordnungsgemäßen Aufgabenerfüllung (Nr. 4).** Dieser im Rahmen der Novellierung des VIG neu eingefügte Ablehnungsgrund soll eine **"Lahmlegung"** der informationspflichtigen Stelle verhindern. Die Vorschrift ist an § 29 Abs. 2 (L)VwVfG angelehnt und soll klarstellen, dass eine Antragsablehnung möglich ist, "soweit dies **zur ordnungsgemäßen Erfüllung der sonstigen Aufgaben der Behörde notwendig** ist." Durch die Verwendung der Konjunktion "soweit" wird zum Ausdruck gebracht, "dass dem Informationsbegehren im Einzelfall soweit wie möglich entsprochen werden soll." Kommt eine vollständige oder fristgereichte Zugangseröffnung nicht in Betracht, ist an "eine zumindest **teilweise Auskunftserteilung** oder eine **zeitliche Streckung der Bearbeitung**" zu denken.[40] Dieser Ablehnungstatbestand wird als sehr weit gefasst kritisiert, der den Behörden die Antragsablehnung deutlich erleichtert.[41] Insoweit wird verlangt, dass bei der ex-ante-Prognose über den behördlichen Aufwand zur Antragsbearbeitung nicht der tatsächliche Bearbeitungsaufwand, sondern der **fiktive, tatsächlich unvermeidbare Aufwand** in Ansatz gebracht wird. Zudem sollen die Behörde bestimmte Organisations- und Verfahrensobliegenheiten zur Minimierung des Bearbeitungsaufwands treffen.[42] Bezüglich des Tatbestandsmerkmals der Beeinträchtigung der ordnungsgemäßen Aufgabenerfüllung ist im Übrigen auf die einschlägigen Kommentierungen zu § 29 Abs. 2 LVwVfG (s. dort Rn 36 ff) zu verweisen.

14 **5. Wissenschaftliche Forschungsvorhaben (Nr. 5).** Dieser ebenfalls im Rahmen der Novellierung des VIG neu eingefügte Ablehnungsgrund ermöglicht eine Antragsablehnung bei wissenschaftlichen Forschungsvorhaben und den in diesem Rahmen erhobenen Daten, die **noch nicht abschließend ausgewertet** wurden, **bis zur Publikation der Ergebnisse**. Geschützt wird das "Interesse der Allgemeinheit an der Zurverfügungstellung gesicherter Informationen über naturwissenschaftliche Zusammenhänge, die erst nach erfolgter Auswertung" möglich ist.[43] Zumindest ein **reflexartiger Schutz** soll daneben dem **urheberrechtlichen Erstveröffentlichungsrecht sowie der Wissenschaftsfreiheit** zukommen.[44]

---

38 Fraktionen der CDU/CSU und SPD, BT-Drucks. 16/5404, 12.
39 Beyerlein/Borchert VIG § 3 Rn 37; BeckOK InfoMedien/Rossi VIG § 4 Rn 14.
40 BReg BT-Drucks. 17/7374, 17 f.
41 BfDI BT-Drucks. 17/9100, 19; kritisch auch Sydow NVwZ 2012, 467, 469 und 471.
42 BeckOK InfoMedien/Rossi VIG § 4 Rn 15.
43 BReg BT-Drucks. 17/7374, 18.
44 BeckOK InfoMedien/Rossi VIG § 4 Rn 16.

V. Missbräuchlich gestellte Anträge – zwingende Ablehnung (Abs. 4)

Die Regelung soll eine angemessene Reaktion auf **überflüssige und querulatorische Anfragen** ermöglichen[45] und schreibt in diesen Fällen eine **zwingende Antragsablehnung** vor.[46] Im Unterschied zu § 8 Abs. 2 Nr. 1 UIG und § 9 Abs. 3 Nr. 1 LIFG wird allerdings auf die zusätzliche Voraussetzung der Offensichtlichkeit verzichtet.[47] Aus der Formulierung als Ablehnungsgrund wird gleichzeitig deutlich, dass auch (evtl. offensichtlich) missbräuchlich gestellte Anträge nicht einfach unberücksichtigt bleiben dürfen, sondern **negativ zu bescheiden** sind.[48] Im Falle offensichtlicher Missbräuchlichkeit ist aber wegen des fehlenden Rechtsschutzinteresses zumindest **keine weitere Sachprüfung** erforderlich.[49] Mit dem Ablehnungsgrund wird nur ein **allgemeiner Rechtsgrundsatz** normiert, wonach der Antragsteller die begehrte Amtshandlung zur Verwirklichung oder Wahrung eines Rechts benötigt; die Verwaltung darf nicht für unnütze oder unlautere Zwecke oder sonst missbräuchlich in Anspruch genommen werden.[50] Der Antragsteller darf mit seinem Antrag nicht gegen Treu und Glauben verstoßen.[51] 15

Bezüglich des Regelbeispiels in Abs. 4 S. 2 wird betont, dass eine **wiederholte Antragstellung** in kurzen Abständen **nicht zwangsläufig** die Annahme der **Missbräuchlichkeit** begründet; gerade bei sich ändernden Informationen kommt eine "Aktualisierung" bereits vorliegender Informationen in Betracht.[52] Generell wird befürchtet, dass das Regelbeispiel mangels Kenntnis der Behörde vom Vorliegen der Information häufig ins Leere laufen wird.[53] Gleichzeitig wird betont, dass wegen des Regelbeispielscharakters des Abs. 4 S. 2 auch andere Fälle einer missbräuchlichen Antragstel- 16

45 Fraktionen der CDU/CSU und SPD, BT-Drucks. 16/5404, 12.

46 Dies entspricht § 8 Abs. 2 Nr. 1 UIG, weicht aber von § 9 Abs. 3 Nr. 1 LIFG, der eine Antragsablehnung in diesen Fällen ins Ermessen der betroffenen Behörde stellt, ab.

47 Ebenso: Beyerlein/Borchert VIG § 3 Rn 40; Grube/Immel/Wallau VIG § 4 Rn 21; BeckOK InfoMedien/Rossi VIG § 4 Rn 17. AA Beck VIG § 3 S. 56.

48 BVerfG v. 25.2.1981, 1 BvR 413, 768, 820/80; Beyerlein/Borchert VIG § 3 Rn 41; BeckOK InfoMedien/Rossi VIG § 4 Rn 17.

49 Beyerlein/Borchert VIG § 3 Rn 41; ähnlich Stelkens/Bonk/Sachs/Schmitz, VwVfG, § 9 Rn. 153 und 160: bei missbräuchlicher Inanspruchnahme des Verwaltungsverfahrens wird eine Entscheidung unzulässig.

50 BVerwG v. 23.3.1973, IV C 49.71, Rn 16; Beyerlein/Borchert VIG § 3 Rn 39; Grube/Immel/Wallau VIG § 4 Rn 20; BeckOK InfoMedien/Rossi VIG § 4 Rn 17.

51 Beyerlein/Borchert VIG § 3 Rn 39; Grube/Immel/Wallau VIG § 4 Rn 20; Hartwig/Memmler ZLR 2009, 51, 56; BeckOK InfoMedien/Rossi VIG § 4 Rn 17. Eine missbräuchliche Antragsstellung verneint hat die Rspr. für den Fall, dass befürchtet wird, der Antragsteller wolle die Informationen in der Absicht der Rufschädigung weiterverbreiten, VG Regensburg v. 20.2.2014, RN 5 K 12.1758, Rn. 62 f und RN 5 K 12.1115, Rn 75 f. Dagegen lies es das VG München v. 21.11.2012, M 18 K 11.4507, Rn 21 offen, ob ein Informationszugangsantrag zur Auslotung eines Standortvorteils als missbräuchlich zu qualifizieren ist; Wustmann BayVBl. 2015, 181, 189, bezeichnet diese Konstellation als klassischen Fall eines Missbrauchs des Auskunftsrechts.

52 Beyerlein/Borchert VIG§ 3 Rn 42 und 44.

53 So Grube/Immel/Wallau VIG § 4 Rn 22.

lung denkbar sind.[54] Genannt wird zB eine **ausschließliche und gezielte Antragstellung zur Verzögerung eines Verwaltungsverfahrens.**[55]

VI. Ablehnungsgründe im pflichtgemäßen Ermessen der Behörde (Abs. 5)

17 **1. Allgemeinzugänglichkeit der Information (S. 1 und 2).** Nach der Gesetzesbegründung enthält Abs. 5 eine dahingehende Klarstellung, dass die Entscheidung über die Art und Weise der Informationsgewährung im **Ermessen der informationspflichtigen Stelle** liegt.[56] Eine (Teil-)Ablehnung des Antrags ist nach S. 1 bei Allgemeinzugänglichkeit entsprechend wie bei **§ 9 Abs. 3 Nr. 5 LIFG** (s. dort Rn 25 ff) möglich, jedoch fordert S. 1 – anders als das LIFG – ausdrücklich einen Hinweis auf die **Quelle.** Die Möglichkeit der Verweisung auf allgemein zugängliche Quellen wird von der Literatur auch als **Anreiz für eine stärkere proaktive Informationspolitik der Behörden** zur Aufwandsminimierung begriffen;[57] mit dem als Regelbeispiel ausgestalteten expliziten Verweis in S. 2 auf § 6 Abs. 1 S. 3 VIG hat der Gesetzgeber diesen Anreiz nun weiter verstärkt.

18 **2. Selbsteintrittsrecht eines Dritten (S. 3).** Weiterhin steht die Antragsablehnung nach dem durch die VIG-Novellierung neu eingefügten S. 3 im Ermessen der Behörde, wenn sich bei einem Informationszugangsantrag, der sich auf Informationen nach § 2 Abs. 1 S. 1 Nr. 2 bis 6 VIG bezieht, eine der in § 3 S. 6 VIG genannten Personen im Rahmen einer Anhörung nach § 28 (L)VwVfG freiwillig bereit erklärt, die gewünschte Information selbst zu erteilen. Damit enthält die Vorschrift einerseits eine weitere Ablehnungsmöglichkeit für die informationspflichtige Stelle, andererseits begründet sie ein **(freiwilliges) Selbsteintrittsrecht des betroffenen Dritten.**[58] Voraussetzung der Antragsablehnung ist eine entsprechende **verbindliche Erklärung des Dritten.**[59] Ungeachtet der Vorteile, die dieser Regelung zugeschrieben werden,[60] wird auch auf nicht zu vernachlässigende praktische Probleme hingewiesen: Zum einen steht zu befürchten, dass die **Richtigkeit und Vollständigkeit der Informationen angezweifelt** werden wird,[61] zum anderen darf die Behörde den Antrag mit Blick auf das freiwillige Selbsteintrittsrecht wohl nur ablehnen, wenn **ausschließlich Informationen des zur Auskunft bereiten Dritten** im Raum stehen. Sind Belange weiterer Dritter betroffen, würde diesen wegen der Ablehnung des Antrags nach § 4 Abs. 5 S. 3 VIG nicht der Verwaltungsrechtsweg offen stehen; Rechtschutz gegen den Auskunft erteilenden Dritten könnte nur auf dem **Zivilrechtsweg** erlangt werden. Auch wenn die informationspflichtige Stelle den zur Aus-

54 Beyerlein/Borchert VIG § 3 Rn 43.
55 Beck VIG § 3 S. 56; Beyerlein/Borchert VIG § 3 Rn 43; Grube/Immel/Wallau VIG § 4 Rn 23.
56 Fraktionen der CDU/CSU und SPD, BT-Drucks. 16/5404, 12.
57 Grube/Immel/Wallau VIG § 4 Rn 25; BeckOK InfoMedien/Rossi VIG § 4 Rn 18.
58 Grube/Immel/Wallau VIG § 4 Rn 29; BeckOK InfoMedien/Rossi VIG § 4 Rn 19.
59 BReg BT-Drucks. 17/7374, 18.
60 Vgl hierzu Grube/Immel/Wallau VIG § 4 Rn 29; BeckOK InfoMedien/Rossi VIG § 4 Rn 19.
61 Grube/Immel/Wallau VIG § 4 Rn 30; BeckOK InfoMedien/Rossi VIG § 4 Rn 19.

kunft bereiten Dritten nicht hindern kann, nach den Vorgaben des VIG schutzwürdige Daten weiterer Drittbetroffener herauszugeben, so darf sie dennoch den Informationszugangsantrag nicht mit Verweis auf die Auskunftsbereitschaft des anderen Dritten ablehnen; vielmehr wird sie gehalten sein, bereits eine Verpflichtungserklärung des auskunftsbereiten Dritten nur insoweit zu akzeptieren, als damit ausschließlich die Zugänglichmachung von Informationen, die keine schutzwürdigen Belange weiterer Dritter berühren, versprochen wird.[62] Eine Antragsablehnung mit Verweis auf das freiwillige Selbsteintrittsrecht kommt zudem nicht in Betracht, wenn der Antragsteller **ausdrücklich eine behördliche Auskunftserteilung wünscht,** oder von vornherein Anhaltspunkte vorliegen, dass die Auskunftserteilung durch den Dritten nicht, nicht rechtzeitig oder nicht vollständig erfolgen wird, Abs. 5 S. 3 Hs 2.

§ 5 VIG Entscheidung über den Antrag

(1) [1]Das Verfahren einschließlich der Beteiligung Dritter, deren rechtliche Interessen durch den Ausgang des Verfahrens berührt werden können, richtet sich nach dem Verwaltungsverfahrensgesetz oder den Verwaltungsverfahrensgesetzen der Länder. [2]Für die Anhörung gelten § 28 des Verwaltungsverfahrensgesetzes oder die entsprechenden Vorschriften der Verwaltungsverfahrensgesetze der Länder mit der Maßgabe, dass von einer Anhörung auch abgesehen werden kann

1. bei der Weitergabe von Informationen im Sinne des § 2 Absatz 1 Satz 1 Nummer 1,
2. in Fällen, in denen dem oder der Dritten die Erhebung der Information durch die Stelle bekannt ist und er oder sie in der Vergangenheit bereits Gelegenheit hatte, zur Weitergabe derselben Information Stellung zu nehmen, insbesondere wenn bei gleichartigen Anträgen auf Informationszugang eine Anhörung zu derselben Information bereits durchgeführt worden ist.

[3]Bei gleichförmigen Anträgen von mehr als 20 Personen gelten die §§ 17 und 19 des Verwaltungsverfahrensgesetzes entsprechend.

(2) [1]Der Antrag ist in der Regel innerhalb von einem Monat zu bescheiden. [2]Im Fall einer Beteiligung Dritter verlängert sich die Frist auf zwei Monate; der Antragsteller ist hierüber zu unterrichten. [3]Die Entscheidung über den Antrag ist auch der oder dem Dritten bekannt zu geben. [4]Auf Nachfrage des Dritten legt die Stelle diesem Namen und Anschrift des Antragstellers offen.

(3) [1]Wird dem Antrag stattgegeben, sind Ort, Zeit und Art des Informationszugangs mitzuteilen. [2]Wird der Antrag vollständig oder teilweise abgelehnt, ist mitzuteilen, ob und gegebenenfalls wann die Informationen ganz oder teilweise zu einem späteren Zeitpunkt zugänglich sind.

(4) [1]Widerspruch und Anfechtungsklage haben in den in § 2 Absatz 1 Satz 1 Nummer 1 genannten Fällen keine aufschiebende Wirkung. [2]Auch wenn von der Anhörung Dritter nach Absatz 1 abgesehen wird, darf der Informationszugang erst erfolgen, wenn die Entscheidung dem oder der Dritten bekannt gegeben worden ist und diesem ein ausreichender Zeitraum zur Einlegung von Rechtsbehelfen eingeräumt worden ist. [3]Der Zeitraum nach Satz 2 soll 14 Tage nicht überschreiten.

(5) [1]Ein Vorverfahren findet abweichend von § 68 der Verwaltungsgerichtsordnung auch dann statt, wenn die Entscheidung von einer obersten Bundesbehörde erlassen worden ist. [2]Widerspruchsbehörde ist die oberste Bundesbehörde.

62 S. hierzu auch Grube/Immel/Wallau VIG § 4 Rn 30; BeckOK InfoMedien/Rossi VIG § 4 Rn 19.

Literatur: *Kugele*, Schutz privater und geschäftlicher Interessen im Verwaltungsprozess, in: Böhm/Freund/Voit (Hrsg.), Verbraucherinformationsgesetz, 2009, 102 ff; *Mühlbauer*, Rechtsschutz gegen behördliche Entscheidungen nach dem Verbraucherinformationsgesetz, DVBl. 2009, 354 ff; *Wustmann*, Der Geheimhaltungsgrundsatz des § 4 Abs. 3 S. 2 VIG und das Akteneinsichtnahmerecht der an einem Klageverfahren Beteiligten, §§ 99, 100 VwGO, ZLR 2009, 161 ff.

I. Allgemeines

1 § 5 VIG stellt gewissermaßen die **Verfahrensgrundnorm** des VIG dar. Die Vorschrift hat im Rahmen der Novellierung des VIG zahlreiche Änderungen im Vergleich zu § 4 VIG aF erfahren. Nicht zuletzt spiegelt dies auch die Änderung der amtlichen Überschrift der Norm von "Antragsverfahren" hin zu "Entscheidung über den Antrag" wider. Konkret ordnet Abs. 1 nunmehr allgemein die Anwendbarkeit des (L)VwVfG an. Dabei wurde insb. das Verfahren zur Drittbeteiligung umfangreich neu gestaltet. Vollständig neu eingefügt wurde zudem Abs. 2 S. 4, der es ermöglicht, dem Dritten die Personalien des Antragstellers auf Nachfrage mitzuteilen. Ebenso neu ist die gesetzliche Anordnung der sofortigen Vollziehbarkeit der Entscheidung in bestimmten Fällen. Zudem beschränken sich die Vorgaben zum Vorverfahren in der aktuellen Fassung des VIG auf Entscheidungen von obersten Bundesbehörden. Neben diesen materiellen Änderungen kam es zudem zu umfangreichen formalen Änderungen, die dazu führten, dass die Bestimmungen teilweise an eine andere Stelle der Norm "verschoben" wurden.

II. Verfahren, Beteiligung betroffener Dritter (Abs. 1)

1. Anwendbarkeit des (L)VwVfG (S. 1). S. 1 enthält die **Klarstellung,**[1] dass die Antragsbearbeitung nach den Vorschriften des allgemeinen Verwaltungsverfahrensrechts zu erfolgen hat. Dies soll die Rechtsanwendung erleichtern und die systematische Kohärenz erhöhen.[2] Dritter iSd VIG ist der **originäre Inhaber der Information**, mithin Unternehmer und Personen, über die oder über deren Erzeugnisse bzw. Produkte Daten bei der Behörde vorhanden sind.[3] Die Formulierung der Bestimmung, wann eine Beteiligung dieser Personen zu erfolgen hat, entspricht nach der Novellierung derjenigen des **§ 13 Abs. 2 S. 1** (L)VwVfG, der die Möglichkeit der Hinzuziehung von Beteiligten auf Antrag regelt. Insoweit ist auf die einschlägigen Kommentierungen zu verweisen.[4] In jedem Fall ist eine relevante Berührung rechtlicher Interessen zu bejahen, wenn die begehrten Informationen **Rückschlüsse auf ein bestimmtes Unternehmen zulassen.**[5] Da der Dritte nur dann Rechtsmittel ergreifen kann, wenn er von dem Zugangsbegehren Kenntnis erlangt, sollte – auch vor dem Hintergrund möglicher **Amtshaftungsansprüche** – im **Zweifel von einer Drittbetroffenheit ausgegangen** werden.[6] 2

Die Anhörung des Dritten kann wegen des allgemeinen Verweises auf das (L)VwVfG und der gleichzeitigen Streichung des § 4 Abs. 1 S. 1 VIG aF **form- und fristlos** erfolgen. Gleichwohl wird sich eine **schriftliche Dokumentation** der Durchführung und des Ergebnisses der Anhörung empfehlen.[7] 3

2. Zusätzliche Möglichkeiten des Absehens von der Anhörung betroffener Dritter (S. 2). Die in Abs. 1 S. 2 vorgesehenen Möglichkeiten des Absehens von einer Anhörung betroffener Dritter, die neben die bereits in § 28 Abs. 2 und 3 (L)VwVfG normierten Möglichkeiten treten, werden als verfassungsrechtlich bedenklich bewertet, da sich das Recht auf administratives Gehör aus Verfassungsgarantien ableiten lässt.[8] Dies erkennt auch die Gesetzesbegründung an, die festhält, dass das Absehen von der Anhörung wegen des grundgesetzlichen Schutzes der Verfahrensrecht der betroffenen Dritten in jedem **Einzelfall** im Rahmen der erforderlichen **Ermessensausübung** einer **sorgfältigen Interessensabwägung** sowie der positiven Feststellung bedarf, dass **schützenswerte Rechtspositionen Dritter mit hoher Wahr-** 4

1 Vgl insoweit zum VIG aF Beyerlein/Borchert VIG § 4 Rn 4.
2 BReg BT-Drucks. 16/5404, 18.
3 Grube/Immel/Wallau VIG § 5 Rn 3; BeckOK InfoMedien/Rossi VIG § 5 Rn 3.
4 S. nur Stelkens/Bonk/Sachs/Schmitz VwVfG § 13.
5 Grube/Immel/Wallau VIG § 5 Rn 3; BeckOK InfoMedien/Rossi VIG § 5 Rn 3.
6 Kube ZLR 2007, 165, 188, der allerdings für die weite Auslegung des Begriffs des Dritten plädiert; Grube/Immel/Wallau VIG § 5 Rn 3.
7 Grube/Immel/Wallau VIG § 5 Rn 14 f. Allerdings dürfte wegen der Verlängerung der Bescheidungsfrist um einen Monat im Falle einer Drittbeteiligung davon auszugehen sein, dass der Gesetzgeber daran festgehalten hat, für die Drittbeteiligung im Regelfall einen Monat als angemessen zu betrachten. Ausdrücklich für die Schriftlichkeit der Anhörung im Hinblick auf spätere Rechtsbehelfsverfahren plädiert Wustmann in: Möstl, Verbraucherinformation im Wandel, 2014, 96, 99.
8 Grube/Immel/Wallau VIG § 5 Rn 9; Leisner, GewArch 2014, 57, 63; BeckOK InfoMedien/Rossi VIG § 5 Rn 4; Wustmann, in: Möstl, 96, 100.

scheinlichkeit nicht betroffen sind.[9] Kritisiert wird in diesem Zusammenhang aber, dass der Gesetzestext keine Vorgaben dazu enthält, wie die Behörde konkret vorzugehen hat.[10] Trotz bestehender verfassungsrechtlicher Bedenken[11] kann wegen des eingeräumten Ermessens aber die Möglichkeit einer verfassungskonformen Auslegung wohl nicht verneint werden.[12]

5 a) **Weitergabe von Informationen iSd § 2 Abs. 1 S. 1 Nr. 1 VIG** (**Nr. 1**). Diese Regelung orientiert sich nach Auffassung des Gesetzgebers am **Rechtsgedanken des § 28 Abs. 2 Nr. 1 VwVfG**. In diesen Fällen soll das öffentliche Interesse der Verbraucher an der Informationserteilung wegen des Vorliegens von Rechtsverstößen die schützenswerten Rechtspositionen der betroffenen Unternehmer überwiegen.[13] Diese Regelung wird – insb. wegen ihres Zusammenspiels mit Abs. 4 S. 1, der die sofortige Vollziehbarkeit von Entscheidungen, die sich auf Informationen nach § 2 Abs. 1 S. 1 Nr. 1 VIG beziehen, anordnet – als **problematisch** gewertet: Einerseits sei mit dem Vorwurf eines Verstoßes gegen Vorschriften des LFGB bzw. ProdSG eine **Prangerwirkung** verbunden, andererseits sei der Informationszugang **irreversibel**. Wenn der betroffene Dritte nun gleichzeitig nicht einmal zu dem beantragten Informationszugang gehört wird, begegnet dies **nicht unerheblichen verfassungsrechtlichen Bedenken**.[14]

6 b) **Kenntnis von der Informationserhebung und Einräumung einer Anhörungsmöglichkeit in der Vergangenheit (Nr. 2)**. Die Einfügung der Nr. 2 schreibt nach Ansicht des Gesetzgebers nur eine bereits zum VIG aF **etablierte Rechtspraxis**[15] fest und sorgt durch die **ausdrückliche Klarstellung** der Zulässigkeit dieses Vorgehens für mehr Rechtsklarheit und Rechtssicherheit.[16] Obwohl beide genannten Voraussetzungen **kumulativ** vorliegen müssen,[17] wird davon ausgegangen, dass diese Bestimmung die Rechte der Betroffenen stark verkürzt, so dass **nur in Ausnahmefällen** hiervon Gebrauch gemacht werden sollte.[18]

---

9 BReg BT-Drucks. 17/7374, 18.

10 Grube/Immel/Wallau VIG § 5 Rn 8.

11 Vgl hierzu Grube/Immel/Wallau VIG § 5 Rn 7 ff; ähnlich BeckOK InfoMedien/Rossi VIG § 5 Rn 5 f.

12 BeckOK InfoMedien/Rossi VIG § 5 Rn 6; Schoch NVwZ 2012, 1497, 1500. AA Theis DVBl. 2013, 627, 629; Grube/Immel ZLR 2012, 109, 110 f; Grube/Immel ZLR 2011, 175, 184 f und Becker ZLR 2011, 391, 418 f, jeweils zum Referentenentwurf.

13 BReg BT-Drucks. 17/7374, 18.

14 Grube/Immel/Wallau VIG § 5 Rn 7 ff; ähnlich BeckOK InfoMedien/Rossi VIG § 5 Rn 5, der zumindest nur zu einer vorsichtigen Anwendung des § 5 Abs. 1 S. 2 Nr. 1 VIG rät.

15 VG München v. 28.7.2010, M 18 K 08.5934, Rn. 33.

16 BReg BT-Drucks. 17/7374, 18. Ausführlich hierzu Wustmann BayVBl. 2012, 715, 720.

17 Theis DVBl. 2013, 627, 629.

18 Becker ZLR 2011, 391, 418 f und Grube/Immel/Wallau VIG § 5 Rn 10 führen aus, dass alleine die Gelegenheit zur Stellungnahme noch kein Einverständnis mit der Weitergabe der Daten bedeutet. Zumindest Grube/Immel/Wallau geht dabei wohl von einer alternativen Geltung der beiden Tatbestandsmerkmale aus; BeckOK InfoMedien/Rossi VIG § 5 Rn 6 spricht ausdrücklich davon, dass beide Tatbestandsmerkmale kumulativ vorliegen müssen, will aber – insoweit nicht nachvollziehbar – gerade aus dieser Tatsache eine Verkürzung der Beteiligungsrechte ableiten.

3. Entsprechende Anwendbarkeit der §§ 17 und 19 VwVfG (S. 3). Die Vorschriften der §§ 17 und 19 VwVfG werden mit der Maßgabe für entsprechend anwendbar erklärt, dass die Kommunikation über einen Vertreter bereits bei Vorliegen gleichförmiger Anträge von **20 Personen** – und nicht erst, wie in § 17 VwVfG bestimmt, von 50 Personen – möglich ist. Die Vorschrift entspricht inhaltlich § 4 Abs. 5 VIG aF.[19] 7

III. Bescheidungsfrist, Bekanntgabeanforderungen, Offenlegungspflichten (Abs. 2)

1. Regelbescheidungsfrist (S. 1). Aus S. 1 ergibt sich, dass sowohl die **positive** als auch die **negative Entscheidung** über den Antrag einen **Verwaltungsakt iSd § 35 (L)VwVfG** darstellen. Soweit eine Drittbetroffenheit zu bejahen ist, handelt es sich um Verwaltungsakte mit Drittwirkung.[20] Dass auch die Antragsstattgabe in Form eines Verwaltungsakts erfolgt, soll der Rechtssicherheit und -klarheit dienen. Die **Fristvorgabe** bewirkt eine **zügige Entscheidung** über den Antrag.[21] Die Berechnung der Frist erfolgt nach **§ 31 (L)VwVfG iVm §§ 187 ff BGB.**[22] Da es sich um eine **Regelfrist** handelt, ist eine Verlängerung (oder Verkürzung) im Einzelfall zulässig.[23] Im Falle einer Überschreitung der Frist ohne zureichenden Grund steht dem Antragsteller die Erhebung einer Untätigkeitsklage (§ 75 VwGO) offen.[24] Wird der Antrag zunächst bei einer unzuständigen Stelle gestellt und dann im Wege des § 6 Abs. 2 VIG an die zuständige Stelle weitergeleitet, beginnt die Frist erst bei **Eingang des Zugangsantrags bei der zuständigen Stelle.**[25] Da das Abwägungsgebot des § 4 Abs. 1 S. 3 VIG aF bei der Novellierung des VIG nicht übernommen wurde, ist nunmehr davon auszugehen, dass es als **Ablehnung des Zugangsantrags** zu behandeln ist, wenn sich der **Dritte innerhalb der Stellungnahme nicht äußert;**[26] über eine solche Ablehnung **kann sich** die **zuständige Stelle** allerdings nach den Vorgaben des § 3 S. 2 VIG (Rn 20 f) **hinwegsetzen.** 8

2. Bescheidungsfrist und Bekanntgabeanforderungen bei Drittbeteiligung (S. 2 und 3). Die Fristverlängerung bei Drittbeteiligung bezeichnet der Gesetzgeber als "sachgerecht, um den widerstreitenden Interessen [...] gerecht zu werden."[27] Auch diese Frist stellt eine **Regelfrist** dar, von der im Einzel- 9

---

19 S. hierzu ausführlich Beyerlein/Borchert VIG § 4 Rn 57 ff.

20 Grube/Immel/Wallau VIG § 5 Rn 2; BeckOK InfoMedien/Rossi VIG § 5 Rn 4 und 9. Die Verwaltungsaktsqualität sowohl der Stattgabe als auch der Ablehnung betonen bereits Fraktionen der CDU/CSU und SPD, BT-Drucks. 16/5404, 13; ebenso Beck VIG § 4 S. 65 und S. 67.

21 Fraktionen der CDU/CSU und SPD, BT-Drucks. 16/5404, 13.

22 Grube/Immel/Wallau VIG § 5 Rn 18; BeckOK InfoMedien/Rossi VIG § 5 Rn 9.

23 Beck VIG § 4 S. 65; Beyerlein/Borchert VIG § 4 Rn 38; Grube/Immel/Wallau VIG § 5 Rn 19; BeckOK InfoMedien/Rossi VIG § 5 Rn 9.

24 Beyerlein/Borchert VIG § 4 Rn 39 ff; Grube/Immel/Wallau VIG § 5 Rn 22.

25 Beyerlein/Borchert VIG § 4 Rn 36; Grube/Immel/Wallau VIG § 5 Rn 20; BeckOK InfoMedien/Rossi VIG § 5 Rn 9.

26 So zu § 8 Abs. 1 IFG BeckOK InfoMedien/Sicko IFG § 8 Rn 26; AA hingegen Grube/Immel/Wallau VIG § 5 Rn 21, allerdings unter Berufung auf Beyerlein/Borchert VIG § 4 Rn 31, dessen Ausführungen sich auf § 4 Abs. 1 S. 3 VIG aF beziehen.

27 Fraktionen der CDU/CSU und SPD, BT-Drucks. 16/5404, 13.

fall abgewichen werden kann; der Antragsteller ist über die Fristverlängerung **formlos zu unterrichten.**[28] Durch das Erfordernis, die Entscheidung auch dem Dritten bekannt zu geben und die Bestimmung des Abs. 4 S. 2, wonach der Informationszugang erst nach Bekanntgabe der Entscheidung an den Dritten und dem Verstreichen einer angemessenen Frist, innerhalb derer dem Dritten die Möglichkeit zur Einlegung von Rechtsmitteln eingeräumt wurde (s. Rn 14), soll der **prozedurale Rechtsschutz des Dritten gewährleistet** werden.[29]

10 **3. Offenlegungspflichten bei Drittbeteiligung (S. 4).** Eine Begründung des Gesetzgebers zu dieser neu eingefügten Bestimmung findet sich nicht. Die Literatur geht davon aus, dass damit "**Waffengleichheit**" hergestellt werden soll, indem dem Dritten offenbar wird, von welchen Interessen die Antragstellung geleitet ist.[30] Die genannten Daten müssen dem Dritten zwar zwingend offengelegt werden, allerdings nur auf explizite Nachfrage des Dritten. Sofern keine entsprechenden Daten vorliegen (zur Möglichkeit einer anonymen Antragstellung s. § 4 Rn 4), ist eine Offenlegung denklogisch nicht möglich. Diese Tatsache allein darf aber nicht zur Antragsablehnung führen; nur der Dritte kann sie in seiner Entscheidung über eine mögliche Einwilligung entsprechend berücksichtigen.

IV. Mitteilungspflichten (Abs. 3)

11 **1. Mitteilung der Zugangsmodalitäten bei Antragsstattgabe (S. 1).** Die explizite Mitteilung der Zugangsmodalitäten bei Antragsstattgabe soll die spätere Durchführung des Informationszugangs erleichtern.[31] Dabei handelt es sich nur bei der positiven Entscheidung über die Gewährung des Informationszugangs um einen Verwaltungsakt, die tatsächliche **Durchführung des Informationszugangs** stellt hingegen **rein tatsächliches Verwaltungshandeln** dar.[32] Bezüglich der Festlegung der Modalitäten der Durchführung des Informationszugangs steht der zuständigen Stelle **Ermessen** zu, das sie unter Berücksichtigung der Belange des Antragstellers auszuüben hat.[33]

12 **2. Mitteilungspflichten bei Antragsablehnung (S. 2).** Die Bestimmung verpflichtet die Behörde zur Prüfung der Dauerhaftigkeit der Ausschluss- und Beschränkungsgründe; das Ergebnis ist dem Antragsteller mitzuteilen.[34] Bedeutung entfaltet diese Vorschrift in erster Linie bei Vorliegen **temporärer Beschränkungs- und Ausschlussgründe.**[35] Die Vorschrift trägt somit dem Zweck des VIG, den Informationszugang möglichst umfassend zu gewährleisten, Rechnung. Bei einer **Teilablehnung** muss eine **Teilmitteilung**

28 Beck VIG § 4 S. 66.
29 BeckOK InfoMedien/Rossi VIG § 5 Rn 10.
30 Grube/Immel/Wallau VIG § 5 Rn 23; BeckOK InfoMedien/Rossi VIG § 5 Rn 11, der diese Vorschrift im Hinblick auf das Gesamtkonzept des VIG richtigerweise kritisch betrachtet.
31 Fraktionen der CDU/CSU und SPD, BT-Drucks. 16/5404, 13.
32 Beck VIG § 4 S. 65; BeckOK InfoMedien/Rossi VIG § 5 Rn 12.
33 Beyerlein/Borchert VIG § 4 Rn 28; Grube/Immel/Wallau VIG § 5 Rn 24.
34 Fraktionen der CDU/CSU und SPD, BT-Drucks. 16/5404, 13.
35 BeckOK InfoMedien/Rossi VIG § 5 Rn 13.

erfolgen.[36] Zu beachten ist, dass die Mitteilung nicht dazu führt, dass nach Wegfall des Beschränkungs- oder Ausschlussgrundes der Antrag wiederauflebt, vielmehr wurde **rechtskräftig über den Antrag entschieden.** Die Mitteilung soll den Antragsteller jedoch in die Lage versetzen, zu entscheiden, ob er nach Wegfall des Hindernisses **erneut einen Antrag stellt.**[37]

V. Sofortige Vollziehbarkeit, Zeitpunkt der Durchführung des Informationszugangs (Abs. 4)

1. Gesetzliche Anordnung des Sofortvollzugs in den Fällen des § 2 Abs. 1 S. 1 Nr. 1 VIG (S. 1). Die gesetzliche Anordnung des Sofortvollzugs in den Fällen des § 2 Abs. 1 S. 1 Nr. 1 VIG stellt einen **Paradigmenwechsel** dar.[38] Sie beruht auf der Überlegung, dass die Auskunftserteilung nach VIG in der Vergangenheit oft wertlos war, weil die Durchführung des Informationszugangs wegen der nur selten erfolgten Anordnung der sofortigen Vollziehbarkeit durch die informationspflichtigen Stellen und die Einlegung von Rechtsbehelfen oftmals sehr verzögert erfolgt ist. Da der Gesetzgeber aber gleichzeitig die Bedeutung der Rechtsweggarantie für die betroffenen Dritten angesichts der Irreversibilität der Informationsgewährung anerkennt, hielt er es für sachgerecht, die gesetzliche Anordnung des Sofortvollzugs auf die Fälle des § 2 Abs. 1 S. 1 Nr. 1 VIG zu beschränken. In diesen Fällen besteht nach seiner Einschätzung ein **überragendes Interesse der Öffentlichkeit an einer schnellen Information.**[39] Diese Erwägung wird allerdings mit Hinweis darauf, dass sich die entsprechenden Informationsbegehren häufig auf Altfälle beziehen werden und/oder das betreffende Produkt zumeist schon nicht mehr im Verkehr sein wird, womit das Vorliegen einer konkreten Gefahr zu verneinen ist, angegriffen; es fehlt insoweit ein sachlicher Grund für die Anordnung des Sofortvollzugs.[40] Auch wenn die Regelung unter diesem Aspekt als bedenklich zu bezeichnen ist,[41] muss doch der Vorwurf, die gesetzliche Anordnung des Sofortvollzugs verstoße gegen Art. 19 Abs. 4 GG,[42] zurückgewiesen werden, da die Vorschrift eine gesetzliche Suspensionsautomatik nicht garantiert.[43] 13

2. Vorgaben zum Zeitpunkt des Informationszugangs (S. 2, 3). Diese Vorschrift ist als einfachgesetzliche **Klarstellung** gedacht, die mit der ausdrücklichen Einräumung einer Zeitspanne zur Einlegung von Rechtsbehelfen noch einmal die **Bedeutung des effektiven gerichtlichen Rechtsschutzes des** 14

36 Beck VIG § 4 S. 66; BeckOK InfoMedien/Rossi VIG § 5 Rn 13.
37 Beck VIG § 4 S. 66.
38 BeckOK InfoMedien/Rossi VIG § 5 Rn 14; Prommer/Rossi, Das neue Verbraucherinformationsgesetz, GewArch 2013, 97, 102.
39 BReg BT-Drucks. 17/7374, 18. Zustimmend wohl Prommer/Rossi GewArch 2013, 97, 102.
40 Grube/Immel ZLR 2011, 175, 186; Grube/Immel/Wallau VIG § 5 Rn 29; ähnlich BeckOK InfoMedien/Rossi VIG § 5 Rn 14.
41 Grube/Immel/Wallau VIG § 5 Rn 27; BeckOK InfoMedien/Rossi VIG § 5 Rn 14.
42 So Becker ZLR 2011, 391, 419 f; Grube/Immel ZLR 2011, 175, 185; Grube/Immel/Wallau VIG § 5 Rn 27.
43 BeckOK InfoMedien/Rossi VIG § 5 Rn 14; Schoch NVwZ 2012, 1497, 1500 f. Auch Wustmann, BayVBl. 2015, 715, 720 geht von der Verfassungskonformität des § 5 Abs. 4 S. 1 VIG aus, ohne jedoch explizit auf Art. 19 Abs. 4 GG Bezug zu nehmen.

betroffenen Dritten betont.[44] Dass diese Frist **unabhängig davon, ob der Dritte angehört wurde oder nicht**, einzuräumen ist, entspricht der Zielsetzung der Regelung und wird im Text der Vorschrift durch die Verwendung des Adverbs "auch" deutlich.[45] Um dem Zweck der Vorschrift ausreichend Rechnung zu tragen, sollte die in S. 3 genannte Frist nicht als Höchstfrist, sondern als **Regelfrist**, die in begründeten Ausnahmefällen überschritten werden darf, betrachtet werden.[46]

VI. Regelungen zum Vorverfahren (Abs. 5)

15 Abs. 5 S. 1 stellt mit der **konstitutiven Anordnung** der Durchführung eines Widerspruchsverfahrens auch in den Fällen, in denen eine oberste Bundesbehörde entschieden hat, eine **Ausnahme iSd § 68 Abs. 1 S. 2 Nr. 1 Hs 2 VwGO** dar. Abs. 5 entspricht insoweit **§ 9 Abs. 4 S. 2 IFG und § 6 Abs. 2 UIG.** Eine Entscheidung einer obersten Bundesbehörde liegt auch vor, wenn die Entscheidung von einer anderen Behörde namens und im Auftrag der obersten Bundesbehörde getroffen wurde.[47] Geboten ist der Widerspruch gegen alle Entscheidungen nach dem VIG.[48] Zuständige **Widerspruchsbehörde** ist in diesen Fällen nach Abs. 5 S. 2 die **oberste Bundesbehörde selbst.** Warum das novellierte VIG ausschließlich noch Aussagen zum Widerspruchsverfahren bei der Entscheidung durch eine oberste Bundesbehörde trifft und nicht mehr auch das Verfahren für Fälle von Entscheidungen durch oberste Landesbehörden regelt, wird bedauerlicherweise nicht erläutert. Es ist aber zu vermuten, dass dies eine Reaktion auf die Rechtsprechung zu § 4 Abs. 4 VIG aF ist: Demnach sollte diese Vorschrift nicht dazu führen, dass bei landesrechtlicher Abschaffung des Widerspruchsverfahrens dennoch ein solches durchzuführen ist.[49]

VII. Besonderheiten im Rahmen des verwaltungsgerichtlichen Rechtsschutzes

16 Da das VIG keine Regelungen zum gerichtlichen Rechtsschutz enthält, finden grds – wie beim LIFG (s. dort bei § 1 Rn 53 f) – die **allgemeinen Vorschriften der VwGO** Anwendung.

---

44 BReg BT-Drucks. 17/7374, 18 f. Das VG Leipzig v. 11.2.2014, 5 L 555/13, Rn 37 ff leitet aus dieser Bestimmung iVm § 2 Abs. 1 VIG allerdings nicht überzeugend ab, dass eine Beiladung des Antragstellers im vorläufigen Rechtsschutzverfahren unterbleiben müsse, da der Informationszugang erst nach Abschluss des Überprüfungsverfahrens zulässig sei.

45 Grube/Immel/Wallau VIG § 5 Rn 30; BeckOK InfoMedien/Rossi VIG § 5 Rn 15. AA wohl Schoch NVwZ 2012, 1497, 1501.

46 Grube/Immel/Wallau VIG § 5 Rn 30; BeckOK InfoMedien/Rossi VIG § 5 Rn 15. Auch Wollenschläger DÖV 2013, 7, 15 f spricht sich für eine Einzelfallbetrachtung aus.

47 Grube/Immel/Wallau VIG § 5 Rn 31; BeckOK InfoMedien/Rossi VIG § 5 Rn 16.

48 Beck VIG § 4 S. 69; BeckOK InfoMedien/Rossi VIG § 5 Rn 16. Vgl zum IFG BeckOK InfoMedien/Sicko IFG § 9 Rn 59.

49 VG Oldenburg v. 26.6.2012, 7 A 1405/11, Rn 22. So auch Beck VIG § 4 S. 69 und Mühlbauer DVBl. 2009, 354, 356. IdS interpretiert auch VG Ansbach v. 18.3.2014, AN 1 K 13.01466, Rn 133 ff § 5 Abs. 5 VIG. AA mit nicht überzeugender Begründung aber VG Regensburg v. 20.2.2014, RN 5 K 1758, Rn 72.

§ 6 VIG Informationsgewährung

(1) [1]Die informationspflichtige Stelle kann den Informationszugang durch Auskunftserteilung, Gewährung von Akteneinsicht oder in sonstiger Weise eröffnen. [2]Wird eine bestimmte Art des Informationszugangs begehrt, so darf dieser nur aus wichtigem Grund auf andere Art gewährt werden. [3]Die informationspflichtige Stelle kann Informationen, zu denen Zugang zu gewähren ist, auch unabhängig von einem Antrag nach § 4 Absatz 1 über das Internet oder in sonstiger öffentlich zugänglicher Weise zugänglich machen; § 5 Absatz 1 gilt entsprechend. [4]Die Informationen sollen für die Verbraucherinnen und Verbraucher verständlich dargestellt werden.

(2) [1]Soweit der informationspflichtigen Stelle keine Erkenntnisse über im Antrag nach § 4 Absatz 1 begehrte Informationen vorliegen, leitet sie den Antrag, soweit ihr dies bekannt und möglich ist, von Amts wegen an die Stelle weiter, der die Informationen vorliegen, und unterrichtet den Antragsteller über die Weiterleitung.

(3) [1]Die informationspflichtige Stelle ist nicht verpflichtet, die inhaltliche Richtigkeit der Informationen zu überprüfen, soweit es sich nicht um personenbezogene Daten handelt. [2]Der informationspflichtigen Stelle bekannte Hinweise auf Zweifel an der Richtigkeit sind mitzuteilen.

(4) [1]Stellen sich die von der informationspflichtigen Stelle zugänglich gemachten Informationen im Nachhinein als falsch oder die zugrunde liegenden Umstände als unrichtig wiedergegeben heraus, so ist dies unverzüglich richtig zu stellen, sofern der oder die Dritte dies beantragt oder dies zur Wahrung erheblicher Belange des Gemeinwohls erforderlich ist. [2]Die Richtigstellung soll in derselben Weise erfolgen, in der die Information zugänglich gemacht wurde.

Literatur: *Becker/Blackstein*, Der transparente Staat – Staatliche Verbraucherinformation über das Internet, NJW 2001, 490 ff; *Gurlit*, Zeitwert von Verbraucherinformation und Rechtsschutzanforderungen, NVwZ 2011, 1052 ff; *Holzner*, Die „Pankower Ekelliste" Zukunftsweisendes Modell des Verbraucherschutzes oder rechtswidriger Pranger?, NVwZ 2010, 489 ff; *ders.*, Verbraucherschutz um den Preis des Rechtsstaates?, DVBl. 2012, 17 ff; *Jesse-Allgöwer*, Informationsaufbereitung und Richtigkeit der Information nach § 5 VIG, in: Böhm/Freund/Voit (Hrsg.), Verbraucherinformationsgesetz, 2009, 55 ff; *Schoch*, Amtliche Publikumsinformation zwischen staatlichem Schutzauftrag und Staatshaftung, NJW 2012, 2844; *Werner*, Verbraucherinformation ohne Prüfung der inhaltlichen Richtigkeit?, ZLR 2008, 115 ff; *Wollenschläger*, Staatliche Verbraucherinformation als neues Instrument des Verbraucherschutzes, VerwArch 2011, 20 ff.

I. Allgemeines

1 Unter der amtlichen Überschrift „Informationsgewährung“ fasst § 6 VIG zahlreiche unterschiedliche Regelungen zusammen.[1] Im Rahmen der Novellierung erfuhr die Vorschrift **mehrere Veränderungen**. So wurde Abs. 1 S. 2 neu eingefügt, der die Behörde grds. verpflichtet, einer ausdrücklich vom Antragsteller begehrten Art und Weise des Informationszugangs zu entsprechen. In Abs. 2 ist nunmehr im Unterschied zu § 5 Abs. 2 VIG aF eine Pflicht zur Weiterleitung eines Zugangsantrags von Amts wegen vorgesehen, wenn die informationspflichtige Stelle über die begehrten Informationen nicht verfügt. Ebenfalls neu eingefügt wurde Abs. 4, der unter bestimmten Voraussetzungen zu einer nachträglichen Richtigstellung von sich als falsch erwiesenen Informationen verpflichtet.

II. Modalitäten des Informationszugangs (Abs. 1)

2 **1. Informationszugang nach Ermessen der informationspflichtigen Stelle (Abs. 1 S. 1).** Die möglichen **Arten des Informationszugangs** sind in Abs. 1 S. 1 wie in § 7 Abs. 5 S. 1 LIFG (s. dort bei Rn 34 ff) umschrieben.

3 **2. Bindung an einen ausdrücklichen Antrag (Abs. 1 S. 2).** Die nunmehr in S. 2 festgelegte **Bindung an eine ausdrücklich beantragte Art des Informationszugangs** ist laut Gesetzgeber im Interesse der Bürgerfreundlichkeit und zur Erhöhung der systematischen Kongruenz mit **§ 3 Abs. 2 S. 2 UIG** erfolgt.[2] Dies entspricht **§ 7 Abs. 5 S. 2 LIFG** (s. dort Rn 38 ff), wenngleich im LIFG S. 3 noch ein Beispiel für einen wichtigen Grund angegeben ist.

4 **3. Antragsunabhängige Informationsgewährung (Abs. 1 S. 3).** Bei S. 3 handelt es sich um eine Rechtsgrundlage, die der informationspflichtigen Stelle eine **Befugnis zur aktiven, antragsunabhängigen Informationserteilung** verleiht. Der Gesetzgeber begründet diese im Ermessen der Exekutive stehende Möglichkeit damit, dass so Kosten und Aufwand für alle Beteiligten gering gehalten werden können.[3] Streitig ist allerdings, ob die Vorschrift dennoch nur in Einzelfällen als Rechtsgrundlage für die Veröffentlichung herangezogen werden kann,[4] oder ob auch eine umfassende, systematische, aktive Informationstätigkeit staatlicher Stellen gedeckt ist.[5] Grds sieht das VIG – anders als (L)IFG und UIG/UVwG – **keine Pflicht zur proaktiven Veröffentlichung von Informationen** vor, weshalb S. 3 auch als **systemwid-**

1 Zur grundsätzlichen Kritik an dieser Regelungstechnik vgl BeckOK InfoMedien/Rossi VIG § 6 Rn 1.
2 BReg. BT-Drucks. 17/7374, 19.
3 Fraktionen der CDU/CSU und SPD BT-Drucks. 16/5404, 13.
4 So Becker/Blackstein NJW 2011, 490, 492; Holzner NVwZ 2010, 489, 491; ders. DVBl. 2012, 17, 18 ff; Martini/Kühl DÖV 2013, 573, 578; Möstl GewArch 2015, 1, 3; Werner ZLR 2008, 115, 124.
5 So Gurlit NVwZ 2011, 1052, 1053; Schink DVBl. 2011, 253, 258 f; Schoch NJW 2012, 2844, 2847; Wollenschläger VerwArch 2011, 20, 30 f, der aber wegen der angenommenen mangelnden Bestimmtheit der Vorschrift von deren Verfassungswidrigkeit ausgeht, 39 f; Becker ZLR 2011, 391, 403, geht von einem Verstoß gegen höherrangiges Unionsrecht aus.

rig bezeichnet wurde.[6] Parallelen bestehen zu dem auf den Bereich der Gefahrenabwehr zugeschnittenen **§ 40 Abs. 1 S. 1 und 2 LFGB.**[7] Umstritten ist insoweit, ob § 40 LFGB eine **Sperrwirkung** gegenüber § 6 Abs. 1 S. 3 VIG zukommt.[8]

Voraussetzung der antragsunabhängigen Informationsgewährung ist, dass ein **Anspruch auf Informationszugang nach dem VIG** besteht, mithin, dass es sich um Informationen iSd § 2 Abs. 1 VIG handelt und keine Ausschluss- oder Beschränkungsgründe iSd § 3 VIG entgegenstehen.[9] Hs 2 des S. 3 stellt klar, dass insb. die **Bestimmungen zur Anhörung betroffener Dritter** auch in diesen Fällen anzuwenden sind. Fraglich ist, wie ein Zugangsantrag zu behandeln ist, der sich auf Informationen richtet, bezüglich derer die informationspflichtige Stelle ein Vorgehen nach S. 3 für sinnvoll hält. Sofern der Antragsteller eine bestimmte Art des Informationszugangs ausdrücklich begehrt und diese von den nach S. 3 vorgesehenen Arten des Informationszugangs abweicht, ist anzunehmen, dass **eine Teilablehnung des Antrags im Hinblick auf die Art des Informationszugangs** erfolgen muss. Ist die begehrte Information **bereits veröffentlicht**, kann der Antrag nach **§ 4 Abs. 5 S. 1 VIG** abgelehnt werden.[10] 5

4. Verständliche Darstellung der Informationen (Abs. 1 S. 4). Mit dieser Norm werden die informationspflichtigen Stellen angehalten, die inhaltliche Verständlichkeit der Information zu gewährleisten. Dabei wird ausdrücklich **keine Pflicht zur Aufbereitung** begründet. Allerdings sind die Behörden insb. im Falle bestehender wissenschaftlicher Unsicherheiten bei der Risikobewertung aufgefordert, die Information **nur zusammen mit einer Darstellung des wissenschaftlichen Kontexts** herauszugeben. Dennoch steht die Erläuterung der Information nach Auffassung des Gesetzgebers „im **Ermessen** der jeweils informationspflichtigen Stelle und hängt sowohl vom notwendigen Aufwand als auch von der Erforderlichkeit ab."[11] Allerdings wird in der Literatur überwiegend davon ausgegangen, dass in Fällen, in denen eine Information für den Antragsteller inhaltlich nicht ver- 6

6 IdS: Grube/Immel/Wallau VIG § 6 Rn 5; Möstl GewArch 2015, 1, 3; Schoch ZLR 2010, 121, 135; Werner ZLR 2008, 115, 123. AA wohl Beyerlein/Borchert VIG § 5 Rn 6.

7 Beck VIG § 5 S. 74; Grube/Immel/Wallau VIG § 6 Rn 5; BeckOK InfoMedien/Rossi VIG § 6 Rn 6. Sehr ausführlich auch Beyerlein/Borchert VIG § 5 Rn 6 ff.

8 Eine Sperrwirkung des § 40 LFGB verneinen OVG Saarlouis v. 3.2.2011, 3 A 270/10, Rn 19 ff; Gurlit NVwZ 2011, 1052, 1053; dagegen gehen Theis DVBl 2013, 627, 633 und Schoch NVwZ 2012, 1497, 1503; ders. ZLR 2010, 121, 136 von einer Sperrwirkung des § 40 LFGB aus.

9 Beck VIG § 5 S. 73; Grube/Immel/Wallau VIG § 6 Rn 5; BeckOK InfoMedien/Rossi VIG § 6 Rn 6. Im Zusammenhang mit der bekannt gewordenen sog. "Pankower Ekelliste" ging die Rechtsprechung davon aus, dass § 6 Abs. 1 S. 3 VIG nicht als Rechtsgrundlage herangezogen werden kann, weil gerade keine reinen Informationen iSd § 2 Abs. 1 S. 1 Nr. 1 VIG veröffentlicht worden seien, sondern darauf beruhende Werturteile, OVG Berlin-Brandenburg v. 28.5.2014, OVG 5 S 21.14, Rn 26 und v. 3.6.2014, OVG 5 N 2.13, Rn 12 sowie VG Berlin v. 17.3.2014, 14 L 410.13, Rn 38 ff und v. 19.3.2014, 14 L 35.14, Rn 38 ff.

10 Anders wohl Beyerlein/Borchert VIG § 5 Rn 7, wobei zu beachten ist, dass im VIG aF eine § 6 Abs. 1 S. 2 VIG entsprechende Vorschrift fehlte.

11 Fraktionen der CDU/CSU und SPD BT-Drucks. 16/5404, 13.

ständlich ist, das Ermessen der informationspflichtigen Stelle **auf Null reduziert** ist und eine **Rechtspflicht zur verständlichen Darstellung** der Information besteht.[12]

III. Weiterleitungspflicht bei Nicht-Vorliegen der begehrten Information (Abs. 2)

7 Die im Rahmen der Novellierung neu eingefügte **Pflicht zur Antragsweiterleitung bei Nicht-Vorliegen der begehrten Informationen** soll ebenfalls eine Erhöhung der Bürgerfreundlichkeit sowie eine Steigerung der Kongruenz zu **§ 4 Abs. 3 S. 1 UIG** bewirken.[13] Die Fristen nach § 5 Abs. 2 S. 1 und 2 VIG beginnen in diesem Fall erst mit Eingang des Antrags bei der informationsbesitzenden Behörde (s. VIG § 5 Rn 8 f).

IV. Richtigkeit der Informationen (Abs. 3)

8 Die Vorschrift wird überwiegend kritisch betrachtet. Während es sich nach der Gesetzesbegründung um eine reine **Klarstellung** handelt,[14] erblickt ein Großteil der Literatur in der Norm eine **Haftungsprivilegierung** der Behörde.[15] Dabei werden an der Verfassungsmäßigkeit dieser Haftungsprivilegierung teilweise deutliche Zweifel geäußert. Insb. wird die Verhältnismäßigkeit des durch die Verbreitung einer unrichtigen Information bewirkten Eingriffs in die Grundrechte des betroffenen Unternehmers verneint.[16] Auch unter Berücksichtigung des mit dem VIG verfolgten Zwecks lasse sich die Verbreitung unrichtiger Informationen nicht rechtfertigen: Solche Informationen verunsicherten den Verbraucher nur und trügen nicht zu einer besseren Fundierung von Kaufentscheidungen bei.[17] Gleichzeitig bestehe die Gefahr, dass der betroffene Unternehmer aufgrund der verbreiteten Information erhebliche Nachteile erleide.[18] Vereinzelt wurde in diesem Zusammenhang auch davon gesprochen, dass sich die Verpflichtungen der Behörde insoweit in einer Amtspflicht zur Erteilung richtiger Auskünfte konkretisieren.[19] Daneben werden grundsätzliche Zweifel an der Eignung

12 Beck VIG § 5 S. 74; Beyerlein/Borchert VIG § 5 Rn 21 ff; Grube/Immel/Wallau VIG § 6 Rn 6; so wohl auch Krüger, in: Böhm/Freund/Voit, 41, 51 f. Auf mögliche amtshaftungsrechtlichen Konsequenzen bei der Aufbereitung der Informationen weist Jesse-Allgöwer in: Böhm/Freund/Voit, 55, 59 hin.

13 BReg. BT-Drucks. 17/7374, 19.

14 Fraktionen der CDU/CSU und SPD BT-Drucks. 16/5404, 13 f.

15 Becker ZLR 2011, 391, 413; Grube/Immel/Wallau VIG § 6 Rn 8; Hüttner in: Micklitz, 44, 87; Jesse-Allgöwer, in: Böhm/Freund/Voit, 55, 60 f; Kube ZLR 2007 165, 191; Prommer/Rossi GewArch 2013, 97, 102; BeckOK InfoMedien/Rossi VIG § 6 Rn 9; Werner ZLR 2008, 115, 117; Zilkens NVwZ 2009, 1465, 1470. AA Beck VIG § 5 S. 76 und Beyerlein/Borchert VIG § 5 Rn 38: Wenn eine haftungsrechtliche Freizeichnung beabsichtigt gewesen sein sollte, wäre sie fehlgeschlagen. Zweifelnd auch Flaig ZLR 2010, 179, 186 f.

16 Becker ZLR 2011, 391, 413 f; Grube/Immel/Wallau VIG § 6 Rn 10; Werner ZLR 2008, 115, 117 und 122. AA allerdings Jesse-Allgöwer, in: Böhm/Freund/Voit, 55, 61 ff.

17 Grube/Immel/Wallau VIG § 6 Rn 11.

18 Grube/Immel/Wallau VIG § 6 Rn 11; Hartwig/Memmler ZLR 2009, 51, 63; Prommer/Rossi GewArch 2013, 97, 103; Werner ZLR 2008, 115, 118.

19 Wiemers ZLR 2009, 413, 422.

des Abs. 3, die verfassungsrechtlich abgesicherten Grundsätze der Amtshaftung einzuschränken, geäußert.[20]

Teilweise wird aber selbst dann, wenn die Prämisse geteilt wird, bei Abs. 3 handele es sich um eine Haftungsprivilegierung, mit Verweis auf den bereits erwähnten Glykol-Beschluss[21] eine Grundrechtsverletzung der betroffenen Unternehmer verneint. Voraussetzung dafür sei die Beachtung der in dem erwähnten BVerfG-Beschluss herausgearbeiteten Grundsätze der **Sachlichkeit und Zurückhaltung.** Denn die Berufsfreiheit des Unternehmers, Art. 12 Abs. 1 GG, schütze nicht vor staatlichen Informationen, die entweder inhaltlich richtig seien oder den soeben skizzierten Grundsätzen entsprechen.[22] Zudem sei zu beachten, dass auch der Gesetzgeber selbst auf die Einhaltung der Grundsätze der Richtigkeit und Sachlichkeit sowie der in Abs. 3 S. 2 niedergelegten Pflicht zur Mitteilung bekannter Zweifel drängt.[23] 9

Für die Sichtweise, Abs. 3 enthalte ausschließlich eine Klarstellung und lasse amtshaftungsrechtliche Grundsätze unberührt, wird ebenfalls der Glykol-Beschluss des BVerfG angeführt: Dieser mache deutlich, dass zwar eine Pflicht der Behörden bestehe, einen Sachverhalt sorgfältig und so verlässlich wie möglich aufzuklären, dass eine Weitergabe der Information in Einzelfällen aber auch dann möglich ist, wenn trotz aller Bemühungen die Richtigkeit der Information **nicht abschließend geklärt** werden konnte.[24] Diesen Grundsatz stelle Abs. 3 klar und mache deutlich, dass zwar ein **Anspruch auf Informationen, nicht aber ein subjektives Recht auf die Richtigkeit der Informationen** durch das VIG verbürgt werde. Das VIG entbinde daher nicht von der nach allgemeinen Grundsätzen, zB dem Amtsermittlungsgrundsatz, anzuwendenden Sorgfalt bei der Sachverhaltsaufklärung, es werde nur klargestellt, dass auf Grundlage sorgfältig ermittelter Informationen keine weitere Pflicht zur Überprüfung der Richtigkeit vor Erteilung der Information nach VIG bestehe. Die allgemeinen amtshaftungsrechtlichen Grundsätze fänden weiter Anwendung.[25] Außer Acht lässt diese Argumentation allerdings, dass durch die Verbreitung unrichtiger Infor- 10

20 Vgl hierzu ausführlich Grube/Immel/Wallau VIG § 6 Rn 12 ff; Hartwig/Memmler ZLR 2009, 51, 63; Werner ZLR 2008, 115, 117; Wiemers ZLR 2009, 413, 422.

21 BVerfG v. 26.6.2002, 1 BvR 558/91 und 1 BvR 1428/91.

22 BVerfG v. 26.6.2002, 1 BvR 558/91 und 1 BvR 1428/91, Rn 59; VG Ansbach v. 9.6.2011, AN 16 K 10.02612 bis AN 16 K 10.02614, jeweils Rn 38; v. 26.11.2009, AN 16 K 08.01750 und AN 16 K 09.00087, Rn 40; BeckOK InfoMedien/Rossi VIG § 6 Rn 10.

23 Fraktionen der CDU/CSU und SPD BT-Drucks. 16/5404, 11 (zu § 2 S. 1 Nr. 1 VIG).

24 BVerfG v. 26.6.2002, 1 BvR 558/91 und 1 BvR 1428/91, Rn 60. Zustimmend Schoch NJW 2012, 2844, 2848. Ähnlich ders. ZLR 2010, 121, 137, wobei er jeweils betont, dass § 5 Abs. 3 VIG einschränkend dahingehend auszulegen ist, dass die Vorschrift ausschließlich auf die Informationsgewährung auf Antrag, nicht jedoch auf die antragslos erfolgende Publikumsinformation anzuwenden ist. Auch OVG NW v. 1.4.2014, 8 A 654/12, Rn 204 ff und 8 A 655/12, Rn 234 ff weist darauf hin, dass wegen der unterschiedlichen Auswirkungen von Publikumsinformationen und auf Antrag gewährtem Informationszugang bezüglich der an die Richtigkeit der Information gestellten Anforderungen zu differenzieren ist.

25 Beck VIG § 5 S. 76.

mationen ein evtl. zu Unrecht bezichtigter Dritter – der betroffene Unternehmer – geschädigt werden kann.

11 Insb. vor dem Hintergrund, dass es wohl als unbestritten bezeichnet werden kann, dass das VIG **keinen Anspruch auf die Erteilung falscher Informationen** vermittelt,[26] dürfte die Interpretation des Abs. 3 als **bloße Klarstellung** bzw Hinweis auf die im Glykol-Beschluss aufgestellten Grundsätze durchaus haltbar sein: Die Vorschrift kann als Hinweis darauf verstanden werden, dass es **bei Einhaltung der gebotenen Sorgfalt im Einzelfall zulässig** sein kann, auch **nicht abschließend als „richtig" verifizierte Informationen herauszugeben**. Dies entbindet die Behörde aber weder von den allgemeinen verwaltungsverfahrensrechtlichen Grundsätzen, namentlich der Amtsermittlungspflicht, noch von den im Glykol-Beschluss aufgestellten weitergehenden Sorgfaltspflichten. Ebenso wenig ist mit dieser Klarstellung eine **Haftungsprivilegierung** verbunden; diese Grundsätze entfalten weiter Geltung.[27] Soweit der **Behörde Zweifel an der Richtigkeit** der Information **bekannt** sind, hat sie diese zudem nach S. 2 **mitzuteilen**.

V. Pflicht zur nachträglichen Richtigstellung (Abs. 4)

12 Abs. 4 ist ausdrücklich an die Vorschrift des **§ 40 Abs. 4 LFGB** angelehnt.[28] Die Richtigstellungspflicht wird als **gesetzliche Konkretisierung des allgemeinen öffentlich-rechtlichen Folgenbeseitigungsanspruchs** interpretiert. Auch wenn damit nur ein rechtsstaatliches Minimum[29] normiert werde, trage die Vorschrift dennoch dazu bei, die Ausnahmen vom Anhörungserfordernis sowie die Anordnung der sofortigen Vollziehbarkeit als gerade noch verfassungsrechtlich zulässig zu werten.[30]

13 Eine Verpflichtung zur Richtigstellung aus Gründen der **Wahrung erheblicher Gemeinwohlbelange** wird angenommen, wenn die **Betroffenheit der Grundlagen des nationalen staatlichen oder wirtschaftlichen Lebens zu bejahen** ist; dies soll insb. dann der Fall sein, wenn die **Beeinträchtigung wesentlicher Grundrechte** im Raum steht.[31] Unverzüglich ist die Richtigstellung, wenn sie **ohne schuldhaftes Zögern** erfolgt.[32] Die Richtigstellung soll nach Prüfung eines entsprechenden Antrags oder nach Kenntniserlangung von der Unrichtigkeit der Information in derselben Form erfolgen, in der diese zuvor zugänglich gemacht wurde.[33] Ob dies gerade im Fall der Informationserteilung durch Akteneinsicht bedeutet, dass erneut Akteneinsicht

---

26 Beyerlein/Borchert VIG § 1 Rn 20 und § 5 Rn 30; Grube/Immel/Wallau VIG § 6 Rn 11; BeckOK InfoMedien/Rossi VIG § 6 Rn 12.
27 Beck VIG § 5 S. 77; ähnlich Beyerlein/Borchert VIG § 5 Rn 38, auch wenn der Schlussfolgerung, ein drohender Amtshaftungsanspruch stelle einen Ausschlussgrund iSd § 2 S. 1 Nr. 1 lit. c Alt. 1 VIG dar, wohl nicht zu folgen ist; hierzu ebenfalls kritisch Grube/Immel/Wallau VIG § 6 Rn 14.
28 BReg. BT-Drucks. 17/7374, 19.
29 Kritisch zur Wirkmacht des Abs. 4 auch Grube/Immel/Wallau VIG § 6 Rn 15 f.
30 Prommer/Rossi GewArch 2013, 97, 103; BeckOK InfoMedien/Rossi VIG § 6 Rn 13.
31 BeckOK InfoMedien/Rossi VIG § 6 Rn 13.
32 Vgl § 121 Abs. 1 S. 1 BGB.
33 Schoch NVwZ 2012, 1497, 1501.

zu gewähren ist, oder ob nicht eine einfache (schriftliche) Mitteilung durch die Behörde genügt, ist im **Einzelfall** zu entscheiden.[34]

§ 7 VIG Gebühren und Auslagen

(1) [1]Für individuell zurechenbare öffentliche Leistungen der Behörden nach diesem Gesetz werden vorbehaltlich des Satzes 2 kostendeckende Gebühren und Auslagen erhoben. [2]Der Zugang zu Informationen nach § 2 Absatz 1 Satz 1 Nummer 1 ist bis zu einem Verwaltungsaufwand von 1 000 Euro gebühren- und auslagenfrei, der Zugang zu sonstigen Informationen bis zu einem Verwaltungsaufwand von 250 Euro. [3]Sofern der Antrag nicht gebühren- und auslagenfrei bearbeitet wird, ist der Antragsteller über die voraussichtliche Höhe der Gebühren und Auslagen vorab zu informieren. [4]Er ist auf die Möglichkeit hinzuweisen, seinen Antrag zurücknehmen oder einschränken zu können.

(2) [1]Die Bundesregierung wird ermächtigt, durch Rechtsverordnung ohne Zustimmung des Bundesrates die gebührenpflichtigen Tatbestände und die Gebührenhöhe zu bestimmen, soweit dieses Gesetz durch Stellen des Bundes ausgeführt wird. [2]§ 15 Absatz 2 des Verwaltungskostengesetzes vom 23. Juni 1970 (BGBl. I S. 821) in der am 14. August 2013 geltenden Fassung findet keine Anwendung.

I. Allgemeines

1 § 7 VIG hat bereits mehrere Veränderungen erfahren. Zunächst war Abs. 1 im Rahmen der Novellierung des VIG Gegenstand verschiedener Änderungen. Festgehalten wurde nur am Grundsatz der **Kostendeckung** in S. 1. Dagegen wurde die Kostenfreiheit von Informationen über Verstöße iSd § 1 Abs. 1 S. 1 Nr. 1 VIG aF zugunsten **unterschiedlicher Gebührenfreigrenzen** aufgegeben: Auskünfte über nicht zulässige Abweichungen iSd § 2 Abs. 1 S. 1 Nr. 1 VIG sind nunmehr bis zu einer Höhe von **1.000 EUR** gebühren- und auslagenfrei, bezüglich sonstiger Informationen wurde eine Freigrenze von **250 EUR** festgelegt. Neu eingefügt wurden die Sätze 3 und 4, wobei die konkrete Formulierung des Satzes 4 auf eine Anregung des Bundesrates zurückgeht.[1] Die Absätze 2 und 3 blieben unverändert.

2 Daneben erfuhr § 7 VIG durch **Art. 2 Abs. 33 des Gesetzes zur Strukturreform des Gebührenrechts des Bundes**[2] weitere Änderungen. Diese beschränkten sich im Abs. 1 auf die Ersetzung der Begriffe der Amtshandlung und der Kosten durch die neuen Begrifflichkeiten "individuell zurechenbare öffentliche Leistung" sowie Gebühren und Auslagen. Abs. 2 der Vorschrift wurde aufgehoben und S. 2 des bisherigen Abs. 3 erfuhr ebenfalls Änderungen.

---

34 Wustmann Informationsfreiheit und Informationsrecht Jahrbuch 2012, 197, 215.
1 BReg BT-Drucks. 17/7374, 27 zustimmend zu BRat BT-Drucks. 17/7374, 25.
2 Gesetz v. 7.8.2013 (BGBl. I 3154).

II. Gebühren- und auslagenrechtliche Grundsätze (Abs. 1)

3 **1. Reichweite der Bestimmung.** Nicht ganz eindeutig erscheint zunächst, wie weit die **Bindungswirkung** des Abs. 1, insb. im Falle des Gesetzesvollzugs durch Landesbehörden, reicht (vgl hierzu auch § 5 AGVIG Rn 2 f). Die Gesetzesbegründung hält fest, dass eine bundesweit einheitliche Gebührenreglung erforderlich sei.[3] Angesichts der Tatsache, dass Regelungen über Gebühren als Bestandteil des Verwaltungsverfahrens zu betrachten sind und mithin gemäß Art. 84 Abs. 1 S. 1 GG grds. durch die Länder erlassen werden,[4] ist dieser Aussage nicht ohne weiteres zuzustimmen. Hierauf weist auch der Bundesrat in seiner Stellungnahme hin und führt aus, dass die Regelung mangels Ausgestaltung als Zustimmungsgesetz nicht abweichungsfest iSd Art. 84 Abs. 1 S. 5 GG ist.[5] Diese Auffassung teilt wohl die Bundesregierung, wenn sie in ihrer Gegenäußerung zwar die Notwendigkeit einer bundeseinheitlichen Regelung betont, gleichzeitig aber die **Abweichungsmöglichkeit der Bundesländer nach Art. 84 Abs. 1 S. 1 GG** anerkennt.[6]

4 Auch die Änderung des § 7 VIG durch das Gesetz zur Strukturreform des Gebührenrechts des Bundes, das als Zustimmungsgesetz grds. dazu führen kann, dass Regelungen abweichungsfest iSd Art. 84 Abs. 1 S. 5 GG werden, führt nicht zu einer anderen als der in Rn 3 dargestellten Einschätzung. Denn es ist nicht ersichtlich, dass der Gebührengesetzgeber sich die materiellen Regelungen des Abs. 1 derart zu eigen machen wollte, dass damit eine Abweichungsmöglichkeit der Länder ausgeschlossen werden sollte. Vielmehr wird in der Begründung zu den Änderungen des Abs. 1 ausschließlich darauf Bezug genommen, dass es sich um Folgeänderungen handelt, die wegen der Veränderung der Begrifflichkeiten im Bundesgebührengesetz notwendig werden. Die Aufhebung des Abs. 2 aF wurde zudem mit der aus Art. 84 Abs. 1 S. 1 GG folgenden grundsätzlichen Gebührenhoheit der Länder begründet.[7] Dass gerade in Abweichung von diesem Grundsatz die Abweichungsmöglichkeiten der Länder von Abs. 1 nach Art. 84 Abs. 1 S. 5 GG ausgeschlossen werden sollten, ist nicht ersichtlich. Fraglich erscheint zudem, ob die Voraussetzungen des Art. 84 Abs. 1 S. 5 GG überhaupt erfüllt wären.

5 **2. Grundsatz der Kostendeckung (S. 1).** Die Entscheidung für das **Kostendeckungsprinzip** beruht nach Aussage des Gesetzgebers auf der Überlegung, dass dies für den Antragsteller günstiger sei als das Äquivalenzprinzip, das über die Obergrenze der Kostendeckung hinaus zu einer Abschöpfung des wirtschaftlichen Werts, der mit der Auskunft verbunden ist, zwin-

3 BReg BT-Drucks. 17/7374, 19.
4 BVerwG v. 2.6.2006, 10 C 9.05, Rn 23. Ausdrücklich auch BReg BT-Drucks. 17/10422, 129.
5 BReg BT-Drucks. 17/7374, 24.
6 BReg BT-Drucks. 17/7374, 27. So auch Grube/Immel/Wallau VIG § 7 Rn 8 zum mittlerweile gestrichenen Abs. 2 aF. AA BeckOK InfoMedien/Rossi VIG § 7 Rn 2, der festhält, der Grundsatz der Kostendeckung stehe nicht mehr zur Disposition der Länder. Ähnlich Prommer/Rossi GewArch 2013, 97, 103.
7 BReg BT-Drucks. 17/10422, 129.

gen würde.[8] Die Festlegung dieses Prinzips im bundesweit geltenden VIG selbst ist nach der Gesetzesbegründung erforderlich, um zu verhindern, dass Verbraucher angesichts eines unkalkulierbaren Kostenrisikos von einer Antragstellung Abstand nehmen.[9] Bei der Berechnung der konkreten Gebühr sind dennoch sowohl Verwaltungsaufwand als auch Bedeutung der Angelegenheit zu berücksichtigen. Denn trotz der Festlegung auf das Kostendeckungsprinzip darf das **Äquivalenzprinzip nicht verletzt werden**, da es als Ausprägung des Verhältnismäßigkeitsgrundsatzes für jede Gebührenerhebung maßgebend ist.[10] Dies bedeutet einerseits, dass das Verhältnis zwischen Gebührenhöhe und behördlicher Leistung **angemessen** sein muss, andererseits darf die Gebühr **keine abschreckende Wirkung** entfalten.[11] Zudem dürfen Gebühren, die durch eine **unrichtige Sachbehandlung** entstehen, nicht in Ansatz gebracht werden.[12]

3. Gebühren- und Auslagenfreigrenzen (S. 2). Die Festlegung der **Freigrenzen** – und die Abkehr von einer teilweise vollständigen Kostenfreiheit – 6
folgt der Erwägung, dass zwar grds. die **Subventionierung der Informationsgewährung hinzunehmen** ist, um Transparenz und Bürgerfreundlichkeit der Verwaltung zu steigern. So stellte die Evaluation des VIG aF auch fest, dass annähernd 80% der Bürgeranfragen kostenfrei bearbeitet wurden. Gleichzeitig sei aber festgestellt worden, dass einzelne Anfragen zumeist institutioneller Antragsteller ganz erhebliche Kosten verursacht hätten, die wegen der damals vorgesehenen Gebührenobergrenzen nicht ansatzweise kostendeckend in Rechnung gestellt werden konnten. Es sei nicht hinnehmbar, dass dieses Kostenrisiko der öffentlichen Haushalte letztlich dem Steuerzahler aufgebürdet werde.[13] Wird die **Freigrenze überschritten**, sind die **Anfragen voll kostenpflichtig**. Allerdings bleibt es den Ländern unbenommen, Ausnahmen im Einzelfall vorzusehen.[14]

4. Informations- und Hinweispflicht (S. 3 und 4). Sollte ein Antrag auf In- 7
formationszugang Kosten verursachen, ist der Antragsteller hierauf **vorab hinzuweisen**. Dies soll eine verbraucherfreundliche und transparente Kostengestaltung sicherstellen.[15] Auch die Verpflichtung, im Falle der Kostenpflichtigkeit auf die Gestaltungsmöglichkeiten der **Antragsrücknahme oder -beschränkung** hinzuweisen, ist in diesem Kontext zu lesen.

III. Verordnungsermächtigung (Abs. 2)

Abs. 2 enthält Vorgaben für die Festlegung von Gebühren, die bei Anwen- 8
dung des VIG durch Bundesbehörden entstehen. Auf Grundlage dieser Vorschrift wurde am 22.11.2012 die **Verbraucherinformationsgebührenverord-**

8 BReg BT-Drucks. 17/7374, 19.
9 BReg BT-Drucks. 17/7374, 19.
10 BVerwG v. 19.1.2000, 11 C 5/99, Rn 40; Grube/Immel/Wallau VIG § 7 Rn 6; BeckOK InfoMedien/Rossi VIG § 7 Rn 3.
11 Grube/Immel/Wallau VIG § 7 Rn 6; BeckOK InfoMedien/Rossi VIG § 7 Rn 3.
12 VGH BW v. 13.9.2010, 10 S 2/10, Rn 29; Grube/Immel/Wallau VIG § 7 Rn 5 f; BeckOK InfoMedien/Rossi VIG § 7 Rn 5.
13 BReg BT-Drucks. 17/7374, 19.
14 BReg BT-Drucks. 17/7374, 19.
15 BReg BT-Drucks. 17/7374, 19.

nung (VIGGebV) beschlossen.[16] Als problematisch bis **misslungen** ist der Ausschluss der Anwendbarkeit des seit dem 15.8.2013 außer Kraft getretenen § 15 Abs. 2 VwKostG zu bezeichnen.[17] Da die Vorschrift in bestimmten Fällen der Zurücknahme oder Ablehnung eines Antrags Gebührenfreiheit gewährt, kann der in Abs. 2 vorgesehene Ausschluss bei einer die Grenze des Wortlauts beachtenden Interpretation der Vorschrift nur die Gebührenermäßigung in diesen Fällen ausschließen. Da eine der Begründung zu § 10 Abs. 3 IFG entsprechende Äußerung (Annahme der vollständigen Kostenfreiheit in diesen Fällen)[18] des VIG-Gesetzgebers fehlt, kann zwar für die Annahme der vollständigen Kostenfreiheit bei Antragsrücknahme oder -ablehnung nicht der explizit geäußerte Wille des Gesetzgebers herangezogen werden. Allerdings dürfte jede andere Interpretation der Vorschrift deren Sinn und Zweck widersprechen. Da auch die Wortlautgrenze nicht überschritten wird, dürfte die Annahme einer **vollständigen Kostenfreiheit bei Antragsrücknahme oder -ablehnung** gerade noch möglich sein. Nichtsdestoweniger wäre eine **ausdrückliche Klarstellung des Gesetzgebers** eindeutig zu bevorzugen.

§ 2 AGVIG Informationspflichtige Stellen

(1) [1]Die Lebensmittel- und Futtermittelüberwachungsbehörden sind für ihren Zuständigkeitsbereich zuständige Stelle nach § 3 Abs. 1 Satz 3 Nr. 2 VIG, soweit nicht nach diesem Gesetz eine andere Regelung getroffen ist. [2]Dies gilt auch für die Untersuchungseinrichtungen, soweit sie für die amtliche Lebensmittel- oder Futtermittelüberwachung tätig sind. [3]§ 3 Abs. 1 Satz 4 VIG findet entsprechende Anwendung.

(2) Soweit die Stadtkreise als untere Lebensmittelüberwachungsbehörden nach Absatz 1 zuständige Stelle sind, werden die Aufgaben nach dem Verbraucherinformationsgesetz auf diese für ihren Zuständigkeitsbereich übertragen.

(3) Die übergeordneten Lebensmittel- oder Futtermittelüberwachungsbehörden können die Zuständigkeit an sich ziehen, soweit mehrere gleichartige Anträge auf Informationszugang eines einheitlichen Lebenssachverhaltes in den Dienstbezirken mehrerer nachgeordneter Lebensmittel- oder Futtermittelüberwachungsbehörden sachgerecht nur einheitlich bearbeitet werden können.

(4) [1]In den Fällen des Absatzes 3 kann die oberste Lebensmittel- oder Futtermittelüberwachungsbehörde durch Verwaltungsentscheidung die Zuständigkeit auf eine oder mehrere nachgeordnete Behörden übertragen, um

---

16 BGBl. I 2346.

17 Debus DVBl. 2013, 9, 12; BeckOK InfoMedien/Rossi VIG § 7 Rn 10, wohl aber mit der unzutreffenden Schlussfolgerung, dass in den genannten Fällen eine Gebührenreduzierung nicht eintritt; vgl zur gleichgelagerten Problematik bei § 10 Abs. 3 S. 1 IFG auch BeckOK InfoMedien/Sicko IFG § 10 Rn 29 ff und 56.

18 Vgl. hierzu ausführlich Debus DVBl. 2013, 9, 12.

die anstehenden Verwaltungsverfahren zu bündeln. [2]Anordnungen und Maßnahmen im Rahmen des Verwaltungsverfahrens nach dem Verbraucherinformationsgesetz durch die beauftragte Behörde gelten als deren eigene Maßnahmen.

Literatur: *Becker*, Verfassungs- und unionsrechtliche Aspekte der Novelle von VIG und § 40 LFGB, ZLR 2011, 391 ff; *Hartwig/Memmler*, Das Verbraucherinformationsgesetz in der Praxis – Handhabung, Auslegung, Streitfragen, ZLR 2009, 51 ff; *Flaig*, Das Verbraucherinformationsgesetz und die Umsetzung durch die Landesuntersuchungsämter – hilft die aktuelle Rechtsprechung der Praxis weiter?, ZLR 2010, 179 ff; *Werner*, Anmerkung zu VGH Baden-Württemberg – "Räucherlachs", ZLR 2010, 762 ff; *Wustmann*, Gesetz zur Verbesserung der gesundheitsbezogenen Verbraucherinformation – Verbraucherinformationsgesetz (VIG) – Rechtsprechungsübersicht, BayVBl. 2015, 181 ff.

I. Allgemeines

1. Normzweck. Die Vorschrift ist geprägt von dem Ziel, einen möglichst **einheitlichen Gesetzesvollzug** zu gewährleisten. Dies hält der Gesetzgeber in der Begründung zur Übertragung der Aufgaben nach dem VIG auf die Stadtkreise explizit fest.[1] Ebenso wird im Rahmen der Begründung für die Verfahrenskonzentration bei der übergeordneten Behörde bzw bei einer Verfahrensbündelung nach Abs. 4 darauf abgestellt, dass – neben anderen Zwecksetzungen – vor allem im Hinblick auf die Abwägungsentscheidung über mögliche Ausschluss- und Beschränkungsgründe eine einheitliche und zügige Bearbeitung der Anträge sichergestellt werden soll.[2] Dies deckt sich mit der allgemeinen Zweckbestimmung des § 1 Abs. 1 AGVIG. 1

2. Vergleichbare Regelungen anderer Bundesländer. Eine § 2 Abs. 1 AGVIG vergleichbare Zuständigkeitsbestimmung findet sich in Bayern (Art. 21 a Abs. 2 GDVG), Brandenburg (§ 3 LFGBZV), Hessen (§ 11 Nr. 6 lit. d ZustVVLF), Mecklenburg-Vorpommern (§ 1 Abs. 1 VIGZustLVO), Rheinland-Pfalz (§ 1 Abs. 2 AGVIG), Sachsen (§ 11 a SächsAGLFGB-VIG), Sachsen-Anhalt (§ 2 Abs. 1 VIG AG LSA), Schleswig-Holstein (§ 2 Nr. 4 und § 3 Nr. 14 LWFZVO) und Thüringen (§ 5 S. 1 LÜZVO, § 2 iVm Nr. 2.7 ASZustVO, § 2 Abs. 3 Nr. 6 LandEForstWZustV). Eine § 2 Abs. 2 AGVIG vergleichbare Aufgabenübertragung findet in Bayern (Art. 21 a Abs. 1 GDVG), Niedersachsen (§ 1 Abs. 1 Nr. 23 AllgZustVO-Kom), 2

1 LReg LT-Drucks. 14/2596, 11.
2 LReg LT-Drucks. 14/2596, 12.

Nordrhein-Westfalen (§ 12 Abs. 1 LFBRVG), Rheinland-Pfalz (§ 1 Abs. 1 AGVIG), Sachsen-Anhalt (§ 2 Abs. 2 VIG AG LSA), Thüringen (§ 5 S. 2 LÜZVO) und wohl auch in Mecklenburg-Vorpommern (§ 1 Abs. 2 VIG-ZustLVO) statt. Den Abs. 3 und 4 des § 2 AGVIG entspricht zudem § 3 VIG AG LSA.

II. Grundsätzliche Zuständigkeitsbestimmung (Abs. 1)

3 **1. Zuständigkeit von Lebensmittel- und Futtermittelüberwachungsbehörden (S. 1).** § 2 Abs. 1 AGVIG überträgt die Zuständigkeit nach § 3 Abs. 1 S. 3 Nr. 2 VIG aF vorbehaltlich der Bestimmungen in § 2 Abs. 3 und 4 AGVIG den **Lebensmittel- und Futtermittelüberwachungsbehörden** für ihren jeweiligen Zuständigkeitsbereich. Dabei ist zunächst anzumerken, dass sich die Verweisung nach der Novellierung des VIG auf § 4 Abs. 1 S. 4 Nr. 2 VIG bezieht, der wörtlich mit der in Bezug genommenen Vorschrift übereinstimmt. Bezüglich dieser Zuständigkeitsbestimmung wurde kritisch eingewandt, dass nicht klar sei, ob sie sich auch auf Behörden beziehe, die **Überwachungsaufgaben nach dem WeinG** wahrnehmen.[3] Da nach der gesetzlichen Aufgabenbeschreibung der Lebensmittelüberwachungsbehörden in § 1 Abs. 1 S. 1 AGLMBG diesen aber ausdrücklich auch die Überwachung der Einhaltung der Vorschriften des Weinrechts übertragen wird, ist diese Kritik unberechtigt.

4 Lebensmittelüberwachungsbehörden sind nach § 18 AGLMBG das **Ministerium (für Ländlichen Raum und Verbraucherschutz)**, Abs. 1, die **Regierungspräsidien**, Abs. 2 und die **unteren Verwaltungsbehörden**, Abs. 3, wobei als untere Verwaltungsbehörden wegen § 15 Abs. 1 iVm § 19 Abs. 1 Nr. 3 lit. d des Landesverwaltungsgesetzes (LVG)[4] nur die **Landratsämter und Stadtkreise** zuständig sind. Für die Futtermittelüberwachung sind nach § 1 S. 1 Futtermittel-ZuV die **Regierungspräsidien** zuständig.

5 **2. Zuständigkeit von Untersuchungseinrichtungen (S. 2).** § 2 Abs. 1 S. 2 AGVIG bestimmt ausdrücklich, dass auch **Untersuchungseinrichtungen für ihren Zuständigkeitsbereich** zuständige Stelle iSd § 4 Abs. 1 S. 4 Nr. 2 VIG sind, soweit sie für die amtliche Lebensmittel- oder Futtermittelüberwachung tätig sind. Nach der Gesetzesbegründung, die insoweit auf die Ausführungen zu § 1 Abs. 2 AGVIG verweist, sind mit Untersuchungseinrichtungen in erster Linie die **Chemischen- und Veterinäruntersuchungsämter (CVUÄ)**, das **Landwirtschaftliche Technologiezentrum Augustenberg (LTZ)**, das eine rechtsfähige Anstalt im Geschäftsbereich des Ministeriums für Ländlichen Raum und Verbraucherschutz Baden-Württemberg darstellt, sowie die **Landesanstalt für landwirtschaftliche Chemie** der Universität Hohenheim (LaChem) gemeint.[5] Während in Bezug auf die CVUÄ mit § 21 AGLMBG eine ausdrückliche Vorschrift existiert, die eine Mitwirkung dieser Einrichtungen bei der Durchführung der Lebensmittelüberwa-

3 Beyerlein/Borchert VIG Einf. Rn 14.
4 Die Gesetzesbegründung (LReg LT-Drucks. 14/2596, 11) nimmt zwar Bezug auf § 13 Nr. 2 LVG, dabei dürfte es sich aber um ein Redaktionsversehen handeln.
5 LReg LT-Drucks. 15/2596, 11.

chung anordnet, ist eine solche Rechtsgrundlage bezüglich des LTZ und der LaChem nicht ersichtlich. Da es sich hier jedoch um Teile der mittelbaren Landesverwaltung handelt, dürfte ihre Einbeziehung in die Durchführung von Überprüfungen im Lebens- und Futtermittelbereich unproblematisch sein.

Selbst wenn die grundsätzliche Informationspflichtigkeit der genannten Untersuchungsstellen iSv § 4 Abs. 1 S. 4 Nr. 2 VIG bejaht wird,[6] bestehen wegen der Eingrenzung "soweit sie für die amtliche Lebensmittel- oder Futtermittelüberwachung tätig sind" im Einzelfall doch **Abgrenzungsschwierigkeiten.** So wurde mit Blick auf das VIG bereits grds. bestritten, dass derartige Untersuchungseinrichtungen mangels selbstständiger Aufgabenwahrnehmung informationspflichtig sein könnten.[7] Aber auch wenn von einer grundsätzlichen Informationspflichtigkeit der CVUÄ ausgegangen wird, wird deren Zuständigkeit doch nur in begrenztem Umfang zu bejahen sein: Der VGH BW[8] hat insoweit bezüglich der CVUÄ festgestellt, dass der gesetzlich normierte Zuständigkeitsbereich zu beachten ist. Konkret bedeutet dies, dass die CVUÄ nach § 21 Abs. 1 AGLMBG nur eine **mitwirkende Funktion** ausübten. Sie seien alleine für die **eigenverantwortliche Untersuchung** von Proben, die von den zuständigen Behörden entnommen wurden, sowie für deren **unabhängige Begutachtung** zuständig. Dagegen komme den CVUÄ **keine Kompetenz** für die **juristische Bewertung** der Untersuchungsergebnisse zu, diese liege nur bei den Vollzugsbehörden. Werde mithin eine Information darüber verlangt, ob ein **Verstoß gegen das Lebensmittelrecht** vorliege, seien die **CVUÄ nicht zuständig.**[9] Diese Bewertung wird von der Literatur[10] grds. geteilt.[11] Darüber hinaus wird man sie dahingehend verallgemeinern können, dass die CVUÄ generell dann **nicht zuständige Stelle** sind, wenn das an sie herangetragene Informationsbegehren eine **juristische Wertung** voraussetzt, mithin über die rein wissenschaftlichen Messergebnisse hinausgeht.[12] Bei dieser Betrachtungsweise ist davon auszugehen, dass die CVUÄ auch nach der Novellierung des VIG, in deren Rahmen der Begriff des "Verstoßes" (§ 1 Abs. 1 S. 1 Nr. 1 VIG aF) gegen den Begriff der "nicht zulässigen Abweichung" (§ 2 Abs. 1 S. 1 Nr. 1 VIG) ausgetauscht wurde, nicht zuständig sind, wenn Informationen über "nicht 6

6 VGH BW v. 13.9.2010, 10 S 2/10, Rn 18; Flaig ZLR 2010, 179, 181 f; Werner ZLR 2010, 762, 765 f.

7 Hartwig/Memmler ZLR 2009, 51, 59. Ähnlich Grube/Immel/Wallau VIG § 2 Rn 52.

8 V. 13.9.2010, 10 S 2/10.

9 VGH BW v. 13.9.2010, 10 S 2/10, Rn 23.

10 Beyerlein/Borchert VIG § 1, Rn 17, 36; Grube/Immel/Wallau VIG § 2, Rn 52 ff; Gurlit Verw 44 (2011), 75, 89 f; Becker ZLR 2011, 391, 411 weist darauf hin, dass bei einer anderen Sichtweise ein Verstoß gegen Art. 84 Abs. 1 S. 1 GG vorläge. AA hingegen Flaig ZLR 2010, 179, 186.

11 Eine andere Sichtweise vertritt hingegen das VG Ansbach v. 18.3.2014, AN 1 K 13.01466, Rn 150 ff, allerdings mit ausdrücklichem Hinweis auf die insoweit von Baden-Württemberg abweichende Rechtslage in Bayern. Maßgeblich soll in dieser Hinsicht sein, dass die Zuständigkeiten für die Lebensmittelüberwachung und für den Vollzug des VIG in Bayern unterschiedlich geregelt seien (Rn 156 f).

12 Grube/Immel/Wallau VIG § 2 Rn 55; Hartwig/Memmler ZLR 2009, 51, 60 ff, gehen davon aus, dass derartige Daten bei den CVUÄ nicht vorhanden iSd § 2 Abs. 1 S. 1 aE VIG sind; ähnlich Werner ZLR 2010, 762, 766 ff.

zulässige Abweichungen" verlangt werden. Denn diese müssen von den nach Bundes- oder Landesrecht zuständigen Behörden festgestellt worden sein. Eine Zuständigkeit wäre nur dann gegeben, wenn Informationen über reine Messergebenisse begehrt werden; die juristische Einordnung als "nicht zulässige Abweichung" muss den Vollzugsbehörden überlassen bleiben.

7 Ergänzend hält der VGH BW fest, dass ein CVUA dann für die Herausgabe von Informationen zu Verstößen (bzw nunmehr zu "nicht zulässigen Abweichungen") **zuständig** ist, "wenn derartige Verstöße **zuvor von den zuständigen Vollzugsbehörden festgestellt** worden sind und dies dem **Untersuchungsamt übermittelt** worden ist", da diese Informationen dann bei dem CVUA vorhanden seien und es somit als zuständige Stelle Auskunft geben könne.[13]

8 **3. Entsprechende Geltung des § 3 Abs. 1 S. 4 VIG (S. 3).** Abs. 1 S. 3 ordnet die entsprechende Anwendung des § 3 Abs. 1 S. 4 VIG aF an; nach der Novellierung des VIG ist insoweit korrekterweise auf § 4 Abs. 1 *S. 5* VIG abzustellen, der der zitierten Vorschrift wörtlich entspricht. Durch die Anordnung der entsprechenden Geltung des § 4 Abs. 1 S. 5 VIG wird bewirkt, dass in dem Fall, dass ein Antrag auf Informationszugang bei einer **natürlichen oder juristischen Person des Privatrechts** gestellt wird, auch auf Landesebene die **Aufsicht führende Behörde** für die Bescheidung des Antrags zuständig ist. Nach § 4 Abs. 1 S. 5 VIG gilt dies ausdrücklich nur auf Bundesebene.[14]

9 **4. Zuständigkeiten im Bereich der Produktsicherheit.** Wie bereits bei der Frage zum Anwendungsbereich des AGVIG (vgl § 1 AGVIG Rn 12 ff) ausführlich dargelegt, ist nach der Novellierung des VIG trotz der fehlenden Bezugnahme im AGVIG auf die für den Vollzug des ProdSG zuständige Behörden davon auszugehen, dass sich das AGVIG auch auf diese Behörden erstreckt. In der Konsequenz bedeutet dies aber auch, dass § 2 Abs. 1 AGVIG insoweit **erweiternd** dahingehend **auszulegen** ist, dass die für die Gewährleistung der Produktsicherheit zuständigen Behörden für den Informationszugang nach VIG zuständig sind. Dies entspricht dem in § 1 Abs. 1 AGVIG ausdrücklich niedergelegten Willen des Gesetzgebers, im Bereich des VIG einen einheitlichen Gesetzesvollzug zu gewährleisten.

10 Die ProdSZuVO überträgt in § 1 ProdSZuVO die Zuständigkeiten für den Vollzug der Abschnitte 2 – 8 des ProdSG und der nach § 8 ProdSG erlassenen Rechtsverordnungen.[15] Dabei erfolgt grds.[16] keine Übertragung auf die unteren Verwaltungsbehörden, so dass es zu einem Auseinanderfallen von Zuständigkeiten im Vollzug der Überwachung und der Gewährung des In-

13 VGH BW v. 13.9.2010, 10 S 2/10, Rn 30; ebenso: Beyerlein/Borchert VIG § 1 Rn 36 und Werner ZLR 2010, 762, 768 f; aA Grube/Immel/Wallau VIG § 2 Rn 56: Eine solche Sichtweise widerspreche den grundsätzlichen Zuständigkeitsregelungen.

14 So auch explizit Fraktionen der CDU/CSU und SPD, BT-Drucks. 16/5404, 12.

15 Die Zuständigkeiten nach § 2 ProdSZuVO dürften im Bereich des VIG keine Rolle spielen, vgl § 1 AGVIG Rn 17.

16 Eine Ausnahme wäre nur bei einer Zuständigkeit nach § 1 Abs. 2 Nr. 1 ProdSZuVO iVm § 24 Abs. 1 S. 3 ProdSG denkbar.

formationszugangs nach VIG im Bereich der Produktsicherheit, anders als im Bereich der Lebensmittelüberwachung, nicht kommen dürfte. Zur Frage, welche Stellen für den Vollzug des ProdSG konkret zuständig sind, s. § 1 AGVIG Rn 17.

III. Aufgabenübertragung auf Stadtkreise (Abs. 2)

Mit § 2 Abs. 2 AGVIG wird eine **Aufgabenübertragung auf die Stadtkreise** 11
vorgenommen, soweit sie nach § 18 Abs. 4 AGLMBG iVm § 15 Abs. 1 Nr. 2 LVG zuständige Lebensmittelüberwachungsbehörde sind. Bei der "Pflicht, Anträge auf Erteilung von Informationen nach dem Verbraucherinformationsgesetz zu prüfen und zu bescheiden" handelt es sich um eine **"neue kommunale bereichsspezifische Aufgabe"**.[17] Eine explizite Aufgabenübertragung durch den Landesgesetzgeber ist im Falle der als untere Verwaltungsbehörde handelnden Stadtkreise aus verfassungsrechtlichen Gründen notwendig: Die in Art. 28 Abs. 2 S. 1 GG verbürgte Garantie kommunaler Selbstverwaltung bewirkt unter anderem, dass Beschränkungen des Selbstverwaltungsrechts, zu denen grds. auch Aufgabenübertragungen zu rechnen sind, nur durch Gesetz vorgenommen werden dürfen. Adressat dieses Gesetzesvorbehalts war schon immer vorrangig der Landesgesetzgeber.[18] Mit Einfügung des Art. 84 Abs. 1 S. 7 GG wurde insoweit auch explizit ein grundsätzliches Durchgriffsverbot des Bundesgesetzgebers auf Gemeinden und Gemeindeverbände normiert.[19]

Zwar erstreckt sich die Selbstverwaltungsgarantie des Art. 28 Abs. 2 S. 2 12
GG grds. auch auf Gemeindeverbände – und damit Landkreise[20] –, dennoch ist eine ausdrückliche gesetzliche Aufgabenübertragung auf diese nicht notwendig, wenn die **Landkreise als untere Verwaltungsbehörde** handeln: In diesen Fällen kommt die sog. Janusköpfigkeit des Landratsamts, das nach § 1 Abs. 3 Hs 1 LKrO Behörde des Landkreises ist, zum Tragen. Demnach ist das Landratsamt **staatliche Behörde**, wenn es als untere Verwaltungsbehörde handelt, § 1 Abs. 3 S. 2 LKrO. In diesen Fällen ist das Selbstverwaltungsrecht aus Art. 28 Abs. 2 S. 2 GG nicht tangiert, das Landratsamt ist vielmehr in den staatlichen Behördenaufbau eingegliedert und als Teil der Landesverwaltung grds. zum Vollzug der Bundesgesetze verpflichtet.[21] In der Konsequenz hätte die bundesrechtliche Zuständigkeitsbestimmung dazu geführt, dass bei Zuständigkeit der Stadt- und Landkreise als untere Lebensmittelüberwachungsbehörden zwar die Landkreise direkt zur Informationserteilung verpflichtet gewesen wären, die Stadtkreise hingegen nicht. Um ein solches, für den Bürger nicht nachvollziehbares Auseinanderfallen von Aufgaben und Zuständigkeiten im Bereich der Lebensmittelüberwachung im Interesse eines einheitlichen Gesetzesvollzugs zu verhindern, hat sich der Landesgesetzgeber für eine **explizite Übertra-**

17 LReg LT-Drucks. 14/2596, 11.
18 BeckOK GG/Hellermann Art. 28 Rn 43 ff.
19 BeckOK GG/Suerbaum Art. 84 Rn 26 ff.
20 S. hierzu auch § 2 LIFG Rn 31.
21 Zur Vollzugsverpflichtung der Länder insgesamt vgl BeckOK GG/Suerbaum Art. 83 Rn 24 f.

gung der Aufgaben nach dem VIG auf die Stadtkreise entschlossen.[22] Damit sind auch die Stadtkreise zur Informationserteilung nach VIG verpflichtet.

13 Im Bereich der Futtermittelüberwachung war eine vergleichbare Regelung wegen der ausschließlichen Zuständigkeit der Regierungspräsidien, § 1 Futtermittel-ZuV, nicht erforderlich. Auch im Bereich der Produktsicherheit ist eine Aufgabenübertragung mangels Zuständigkeit von Stadtkreisen im VIG-relevanten Bereich nicht erforderlich.[23] Etwas anderes könnte allenfalls im Bereich der Zuständigkeit nach § 1 Abs. 2 Nr. 1 ProdSZuVO (Zuständigkeit nach § 24 Abs. 1 S. 3 ProdSG) gelten. Sofern nach dieser Vorschrift tatsächlich Stadtkreise zuständig wären, müsste wohl **mangels expliziter landesrechtlicher Übertragung** der Aufgaben nach dem VIG von einer **Unzuständigkeit der Stadtkreise** in diesem Bereich ausgegangen werden. Zuständig dürfte dann nach allgemeinen Grundsätzen wohl die übergeordnete Behörde sein.

IV. Zuständigkeitskonzentration bei übergeordneten Behörden (Abs. 3)

14 § 2 Abs. 3 AGVIG sieht die Möglichkeit vor, dass die übergeordneten Lebensmittel- und Futtermittelüberwachungsbehörden die Zuständigkeit an sich ziehen, wenn mehrere Anträge, die denselben Lebenssachverhalt betreffen, bei verschiedenen nachgeordneten Behörden vorliegen, diese jedoch sachgerecht nur einheitlich bearbeitet werden können. Mit dieser Vorschrift wird der Tatsache Rechnung getragen, dass lebensmittelrechtliche Sachverhalte häufig **großräumige (regionale oder landesweite) Auswirkungen** haben können. Dabei wird ausdrücklich auf § 19 Abs. 2 AGLMBG Bezug genommen, der es den übergeordneten Behörden im Bereich der Lebensmittelüberwachung ermöglicht, die Zuständigkeit an sich zu ziehen.[24] Diese Möglichkeit entspricht auch den allgemeinen Grundsätzen des Verwaltungsaufbaus. Alleine die Tatsache, dass sämtliche staatlichen Verwaltungsbehörden der Dienst- und Fachaufsicht unterliegen, § 2 LVG, spricht für diese Möglichkeit.

15 Während die Ermittlung der übergeordneten Behörde im Bereich der Lebensmittelüberwachung wegen § 18 AGLMBG verhältnismäßig einfach möglich ist, begegnet die Frage nach der übergeordneten Behörde im Bereich der Futtermittelüberwachung und der Produktsicherheit größeren Problemen. Auffällig ist insoweit, dass der Gesetzestext zwar ausdrücklich von Lebensmittel- und Futtermittelüberwachungsbehörden spricht, die Gesetzesbegründung jedoch ausschließlich auf die Lebensmittelüberwachung Bezug nimmt.

22 LReg LT-Drucks. 14/2596, 11.
23 Eine Zuständigkeit nach § 2 ProdSZuVO der Stadtkreise als untere Verwaltungsbehörde ist zwar möglich. Diese Vorschrift bezieht sich aber nur auf den anlagenbezogenen 9. Abschnitt des ProdSG, der für das VIG keine Relevanz haben dürfte.
24 LReg LT-Drucks. 14/2596, 11.

Für die **Futtermittelüberwachung** zuständig sind nach § 1 Futtermittel-ZuV nur die Regierungspräsidien; ein der Lebensmittelüberwachung vergleichbarer gestufter Aufbau ist in diesem Bereich nicht vorgesehen. Da aber dennoch an der Intention des AGVIG-Gesetzgebers, nämlich der Gewährleistung eines einheitlichen Gesetzesvollzugs, festzuhalten ist, ist auch bezüglich der Futtermittelüberwachung davon auszugehen, dass die Möglichkeit einer Zuständigkeitskonzentration bei der übergeordneten Behörde bestehen soll. Zur Ermittlung der übergeordneten Behörde ist mangels ausdrücklicher spezieller Vorgaben auf die allgemeinen Regelungen zurückzugreifen, wonach die Ministerien im Rahmen ihres Geschäftsbereichs die Fachaufsicht über die Regierungspräsidien führen, § 14 Abs. 2 LVG. Den Regierungspräsidien im Bereich der Futtermittelüberwachung übergeordnete Behörde ist damit gemäß Art. 1 VIII Nr. 7 MinGeschAbgrBek BW[25] das **Ministerium für Ländlichen Raum und Verbraucherschutz.** 16

Im Hinblick auf den Gesetzeszweck ist davon auszugehen, dass die Möglichkeit der übergeordneten Behörde das Verfahren an sich zu ziehen auch im Bereich der **Informationen über Verbraucherprodukte** bestehen soll. Insb. die Erwägung, dass solche Sachverhalte häufig nicht örtlich begrenzt seien, trifft auch in diesen Fällen zu. Insofern ist davon auszugehen, dass § 2 Abs. 3 AGVIG auch auf Informationsbegehren im Bereich der Produktsicherheit anzuwenden ist. Ähnlich wie bei der Futtermittelüberwachung stellt sich aber hier das Problem, dass eine oder mehrere übergeordnete Behörden mangels gestufter Zuständigkeiten nicht ohne weiteres ermittelt werden können. Zuständig für Informationserteilungen im Bereich der Produktsicherheit sind – abgesehen von Zuständigkeiten nach § 1 Abs. 2 Nr. 1 ProdSZuVO – die **Regierungspräsidien Tübingen** und **Freiburg**, die **Zentralstelle der Länder für Sicherheitstechnik** und das **Umweltministerium.** Im Bereich der **Produktsicherheit** ist das gemäß Art. 1 VI Nr. 9 MinGeschAbgrBek BW[26] das **Umweltministerium** den Regierungspräsidien iSd § 14 Abs. 2 LVG übergeordnet;[27] auch in Bezug auf die Zentralstelle der Länder für Sicherheitstechnik ist von einer Überordnung des Umweltministeriums auszugehen. Im Bereich der Produktsicherheit ist daher das Umweltministerium als die Stelle zu betrachten, die Verfahren nach Maßgabe des § 2 Abs. 3 AGVIG an sich ziehen kann. Welche Behörde in Fällen des § 1 Abs. 2 Nr. 1 ProdSZuVO diese Kompetenz ausüben kann, hängt hingegen vom jeweiligen Einzelfall ab. 17

25 Bekanntmachung der Landesregierung über die Abgrenzung der Geschäftsbereiche der Ministerien v. 24.7.2001 (GBl. 590), zuletzt geändert durch Bekanntmachung v. 8.12.2015 (GBl. 1071).

26 S. vorherige Fn.

27 Zwar ist zu berücksichtigen, dass der Bereich der Verbraucherinformation in Art. 1 VIII Nr. 1 MinGeschAbgrBek BW (s. vorherige Fn) umfassend dem Ministerium für Ländlichen Raum und Verbraucherschutz zugewiesen wird. Nimmt man jedoch die bezüglich § 2 Abs. 2 AGVIG explizit geäußerte Zwecksetzung des Gesetzgebers, ein Auseinanderfallen von Aufgaben und Zuständigkeiten grundsätzlich zu verhindern, vgl Rn 13, ernst, so wird man auch im Bereich der Produktsicherheit davon auszugehen haben, dass die Zuständigkeit für Verfahren nach dem VIG der Zuständigkeit in der Sache (ProdSG) folgt.

V. Zuständigkeitsbündelung bei einer oder mehreren nachgeordneten Behörden (Abs. 4)

18 Abs. 4 räumt der obersten Lebensmittel- oder Futtermittelüberwachungsbehörde in den Fällen des Abs. 3 zudem die Möglichkeit ein, die Verfahren bei einer oder mehreren nachgeordneten Behörden zu bündeln. Begründet wird dies folgendermaßen: Es sei davon auszugehen, dass zahlreiche Informationen bei verschiedenen Lebensmittelüberwachungsbehörden vorhanden seien; wegen des umfassend eingeräumten Informationszugangsanspruchs seien alle Behörden gleichermaßen zur Auskunft verpflichtet. Insofern bestehe die Gefahr, dass gleichartige Verwaltungsverfahren von unterschiedlichen Behörden durchgeführt würden; wegen der erforderlichen Abwägung der komplexen Ausschluss- und Beschränkungsgründe nach § 3 VIG bestehe zudem die Gefahr, dass es zu **unterschiedlichen Verwaltungsentscheidungen** komme. Dieser Gefahr soll durch **kurzfristige Verwaltungsentscheidung** begegnet werden können. Dies sei auch iS der Antragsteller und der anzuhörenden Dritten, da durch die Bündelung eine zügige und einheitliche Bearbeitung gewährleistet werde. Zudem sähen sich Dritte nicht mit einer Vielzahl von Anhörungen belastet. Ebenso bringe die Bündelung unter dem Aspekt des Rechtsschutzes gegen die getroffene Verwaltungsentscheidung Entlastung.[28]

19 Zwar werden vom Wortlaut des Gesetzestextes nur Lebensmittel- und Futtermittelüberwachungsbehörden erfasst und die Gesetzesbegründung stellt wiederum ausschließlich auf Lebensmittelüberwachungsbehörden ab; dennoch ist mit den Erwägungen in Rn 17 auch in diesem Fall davon auszugehen, dass im **Bereich der Produktsicherheit ebenfalls** eine **Verfahrensbündelung möglich** sein sollte, auch wenn hier angesichts der Zuständigkeitsverteilung – noch deutlicher als bei der Futtermittelüberwachung – die Notwendigkeit der Bündelung wohl nur sehr **selten** eintreten wird. Zu berücksichtigen ist dabei, dass die Möglichkeit einer grundsätzlichen Zuständigkeitsbündelung durch Rechtsverordnung bei einer nachgeordneten Behörde schon in § 4 Abs. 2 LVG angelegt ist. § 2 Abs. 4 AGVIG eröffnet diese Möglichkeit nun im Einzelfall, dafür wird keine Rechtsverordnung benötigt, sondern es reicht die **Verwaltungsentscheidung der obersten Behörde** aus. Dies ist im Bereich der **Lebensmittel- und Futtermittelüberwachung** das **Ministerium für Ländlichen Raum**, im Bereich der **Produktsicherheit** das **Ministerium für Umweltschutz**[29] (vgl Rn 17). Soweit die Behörden, auf die das Verfahren übertragen wurde, Anordnungen und Maßnahmen treffen, sind sie auch als Anordnungen und Maßnahmen dieser Behörden zu behandeln und nicht als Anordnungen und Maßnahmen der ursprünglich zuständigen Behörden.

28 LReg LT-Drucks. 14/2596, 12.

29 Ausgenommen sind wiederum die Fälle nach § 1 Abs. 2 Nr. 1 ProdSZuVO; in diesen Fällen ist im jeweiligen Einzelfall zu entscheiden, welches die übergeordnete Behörde ist.

§ 3 AGVIG Anhörung

[1]Eine Beteiligung Dritter nach § 4 VIG kann unterbleiben, wenn eine solche bereits im Rahmen eines gleichartigen Antrags auf Informationszugang innerhalb des letzten Jahres durchgeführt wurde. [2]Auf die bestandskräftige Entscheidung kann die informationspflichtige Stelle insoweit zurückgreifen. [3]Die informationspflichtige Stelle kann hierbei auch auf die bestandskräftige Entscheidung nach dem Verbraucherinformationsgesetz einer anderen informationspflichtigen Stelle zurückgreifen, wenn ihr diese vorliegt und einen gleichartigen Lebenssachverhalt regelt. [4]Der anzuhörende Dritte ist hierüber zu unterrichten.

I. Allgemeines

§ 3 AGVIG ermöglicht es explizit, in **größerem Umfang** von der **Anhörung Drittbetroffener abzusehen**, als dies nach § 4 VIG aF der Fall war. Die in Bezug genommene Vorschrift sah in Abs. 1 S. 1 eine Beteiligung von Dritten, deren Belange durch den Antrag auf Informationszugang betroffen sind, ohne explizite Ausnahme vor. Durch die Novellierung des VIG hat diese Regelung mittlerweile nicht nur ihren Standort in **§ 5 VIG** gefunden, sondern wurde auch inhaltlich deutlich modifiziert. Dies wirft mit Blick auf Art. 72 Abs. 3 S. 3 GG, der gemäß Art. 84 Abs. 1 S. 4 GG entsprechende Anwendung findet, wenn ein Bundesgesetz Regelungen zum Verwaltungsverfahren enthält und die Länder hiervon abweichen, die Frage nach der Fortgeltung des § 3 AGVIG nach der VIG-Novellierung auf. 1

II. Verdrängung durch Bundesrecht, Art. 72 Abs. 3 S. 3 GG analog

Wegen der in Rn 1 dargelegten weitgehenden Ähnlichkeit der bundes- und landesrechtlichen Regelungen vor Novellierung des VIG stellt sich schon ganz grds. die Frage, ob § 3 AGVIG überhaupt als abweichendes Landesgesetz iSd Art. 72 Abs. 3 S. 3 GG, der wegen Art. 84 Abs. 1 S. 4 GG vorliegend entsprechend Anwendung findet, zu beurteilen ist.[1] Da § 4 Abs. 1 S. 1 VIG aF zumindest keine expliziten Regelungen zur Frage des Absehens von einer Anhörung enthielt und insb. die zeitliche Beschränkung in § 3 S. 1 AGVIG sowie die Informationspflicht dem Dritten gegenüber in § 3 S. 4 AGVIG ausdrücklich abweichende Regelungen zum Bundesrecht enthalten, ist § 3 AGVIG insgesamt als **abweichendes Landesrecht** zu betrachten, dem nach Art. 72 Abs. 3 S. 3 GG analog **Geltungsvorrang vor § 4 Abs. 1 S. 1 VIG aF** einzuräumen war.[2] 2

Durch die **Novellierung** des VIG wird in § 5 Abs. 1 S. 1 und 2 VIG nunmehr nicht nur ausdrücklich der Grundsatz der Anwendbarkeit des (L)VwVfG, insb. auch des § 28 (L)VwVfG, normiert; es werden in § 5 Abs. 1 S. 2 Nr. 1 und 2 VIG vielmehr weitere Fallgestaltungen explizit benannt, in denen von einer Anhörung Dritter abgesehen werden kann. Da- 3

1 Vgl zu dieser Streitfrage BeckOK GG/Seiler Art. 72 Rn 24.2 mN.
2 So allgemein auch BeckOK GG/Seiler Art. 72 Rn 24.2.

bei greift der Gesetzgeber bei § 5 Abs. 1 S. 2 Nr. 2 VIG ausdrücklich[3] die bereits erwähnte Rechtsprechung des VG München[4] auf und stellt die Drittbeteiligung ins Ermessen der informationspflichtigen Stelle, wenn dem Dritten a. die Erhebung der Information durch die Stelle bekannt ist und er oder sie b. in der Vergangenheit bereits Gelegenheit hatte, zur Weitergabe derselben Information Stellung zu nehmen, insb. bei gleichartigen Anträgen auf Informationszugang eine Anhörung zu derselben Information bereits durchgeführt worden ist. Somit ist sowohl bezüglich § 5 Abs. 1 S. 1 VIG als auch bezüglich § 5 Abs. 1 S. 2 Nr. 2 VIG davon auszugehen, dass der Bundesgesetzgeber nur die bereits geltende Rechtslage explizit normieren wollte und insoweit **keine materielle Abweichung zu § 4 Abs. 1 S. 1 VIG aF** gewollt war.[5] Tatsächlich neu und von § 3 AGVIG abweichend ist hingegen die Möglichkeit des Absehens von einer Drittbeteiligung in Fällen, in denen Informationen über bestimmte Rechtsverstöße begehrt werden, § 5 Abs. 1 S. 2 Nr. 1 VIG. Der Bundesgesetzgeber begründet die Erweiterung der Möglichkeiten des Absehens von einer Anhörung ausdrücklich mit dem Interesse an einer Verfahrensbeschleunigung.[6]

4 Da der novellierte § 5 Abs. 1 S. 1 und 2 VIG wegen der Regelung in § 5 Abs. 1 S. 2 Nr. 1 VIG eindeutig von der landesrechtlichen Regelung abweicht, ist nach den in Rn 2 skizzierten Grundsätzen davon auszugehen, dass **§ 5 Abs. 1 S. 1 und 2 VIG § 3 AGVIG insgesamt** analog Art. 72 Abs. 3 S. 3 GG **verdrängt.** Selbst wenn man § 5 Abs. 1 S. 1 und S. 2 Nr. 2 VIG als inhaltsgleiche Kodifizierung bereits bestehenden Bundesrechts betrachten wollte, würde auch dies zu einer Verdrängung des nunmehr älteren § 3 AGVIG nach Art. 72 Abs. 3 S. 3 GG analog führen.[7] Abschließend ist somit festzuhalten, dass eine **Anwendung des § 3 AGVIG derzeit nicht in Betracht** kommt. § 3 AGVIG wird von § 5 Abs. 1 S. 1 und 2 VIG verdrängt.

§ 4 AGVIG Informationszugang

Abweichend von § 4 Abs. 3 Satz 3 VIG darf ein Informationszugang erst dann erfolgen, wenn die Entscheidung bestandskräftig geworden oder wenn die sofortige Vollziehung angeordnet worden ist.

---

3 BReg BT-Drucks. 17/7374, 18.
4 V. 28.7.2010, M 18 K 08.5934, Rn 33.
5 Nach Auffassung des Gesetzgebers soll auf diese Weise die Rechtssicherheit erhöht werden, BReg BT-Drucks. 17/7374, 18. Ob diese Vorstellung so haltbar ist, scheint zumindest mit Blick auf die in § 5 Abs. 1 S. 2 Nr. 2 VIG normierte Möglichkeit des Absehens von einer Drittbeteiligung fraglich.
6 BReg BT-Drucks. 17/7374, 18.
7 Nach BeckOK GG/Seiler Art. 72 Rn 26, gilt der in Art. 72 Abs. 3 S. 3 GG angeordnete Geltungsvorrang des jeweils jüngeren Gesetzes auch dann, wenn eine frühere Regelung, die nach Art. 72 Abs. 3 S. 3 GG verdrängt worden ist, inhaltsgleich zu einem späteren Zeitpunkt neu erlassen wird.

I. Allgemeines

§ 4 AGVIG enthält eine **ausdrückliche Abweichung zu § 4 Abs. 3 S. 3 VIG aF**. Nach dieser Bestimmung durfte der Informationszugang erst erfolgen, wenn die Entscheidung bestandskräftig war oder zwei Wochen nach Anordnung der sofortigen Vollziehung. Diese Vorschrift wurde durch die Novellierung des VIG grundlegend geändert und ist nunmehr in § 5 Abs. 4 VIG zu finden. Inhaltlich ist jetzt in den Fällen des § 2 Abs. 1 S. 1 Nr. 1 VIG gesetzlich der Sofortvollzug der Entscheidung über den Informationszugang vorgesehen. Dennoch wird nach dem Muster des § 4 Abs. 3 S. 3 VIG aF weiter bestimmt, dass auch in dem Fall, dass von einer Anhörung Dritter abgesehen wird, der Informationszugang erst erfolgen darf, wenn die Entscheidung dem Dritten bekannt gegeben wurde und er ausreichend Zeit – im Regelfall nicht mehr als 14 Tage – zur Einlegung von Rechtsbehelfen hatte, § 5 Abs. 4 S. 2 und 3 VIG. Dabei bezieht sich die Regelung des § 5 Abs. 4 S. 2 und 3 VIG wohl auf sämtliche Fälle der Anordnung der sofortigen Vollziehbarkeit. Keine Rolle spielt, ob es sich um einen Fall des gesetzlichen Sofortvollzugs nach § 5 Abs. 4 S. 1 VIG iVm § 2 Abs. 1 S. 1 Nr. 1 VIG handelt, oder ob eine Drittbeteiligung stattgefunden hat.[1] Eine § 4 Abs. 3 S. 3 VIG aF entsprechende Regelung, die den Zeitpunkt des Informationszugangs im Regelfall bestimmt, enthält das novellierte VIG hingegen nicht mehr.[2] Ebenso wie bei § 3 AGVIG (vgl § 3 AGVIG Rn 2 ff) stellt sich daher wegen Art. 72 Abs. 3 S. 3 GG die Frage nach der Fortgeltung des § 4 AGVIG nach der VIG-Novellierung. 1

II. Verdrängung durch Bundesrecht, Art. 72 Abs. 3 S. 3 GG analog

Angesichts der Tatsache, dass der Landesgesetzgeber davon ausgeht, dass § 4 AGVIG auf faktischer Ebene keine Änderungen zur bundesrechtlichen Regelung bewirkt, mag man zwar die Frage nach der Notwendigkeit des § 4 AGVIG stellen; dennoch bleibt festzuhalten, dass durch den Verzicht auf die zweiwöchige Frist nach Anordnung der sofortigen Vollziehung der Verwaltung in diesen Fällen grds. die Möglichkeit der Eröffnung eines sofortigen Informationszugangs an die Hand gegeben wird und damit von einer **abweichenden Regelung iSd Art. 72 Abs. 3 S. 3 GG analog** auszugehen ist.[3] Dies gilt auch mit Blick darauf, dass § 4 AGVIG nur für den Teilbereich des Sofortvollzugs eine Abweichung von § 4 Abs. 3 S. 3 VIG aF anordnete. Mithin konnte **§ 4 AGVIG** insgesamt **Vorrang vor § 4 Abs. 3 S. 3 VIG aF** beanspruchen. 2

Mit der Novellierung des VIG fand bezüglich der Vollziehbarkeit der Entscheidung über den Informationszugang aber insoweit ein **Paradigmenwechsel** statt, als die sofortige Vollziehbarkeit in den Fällen des § 2 Abs. 1 S. 1 Nr. 1 VIG gesetzlicher Regelfall ist, § 5 Abs. 4 S. 1 VIG, und nicht 3

1 BReg BT-Drucks. 17/7374, 18 f; BeckOK InfoMedien/Rossi VIG § 5, Rn 15; Grube/Immel/Wallau VIG § 5 Rn 30.
2 Grube/Immel/Wallau VIG § 5 Rn 26 f hält aber fest, dass auch unter dem novellierten VIG der Informationszugang erst nach bestandskräftiger Entscheidung erfolgen darf.
3 Vgl hierzu insgesamt BeckOK GG/Seiler Art. 72 Rn 24.2.

mehr explizit von der Verwaltung angeordnet werden muss. Da die Anordnung der sofortigen Vollziehung nach dem alten VIG wohl der Ausnahmefall geblieben ist,[4] führt die Einfügung des § 5 Abs. 4 S. 1 VIG dazu, dass die Verzögerung des Informationszugangs in Fällen des Sofortvollzugs um regelmäßig maximal 14 Tage, § 5 Abs. 4 S. 2 und 3 VIG, noch größere Bedeutung bekommt. Auch wenn der Bundesgesetzgeber mit § 5 Abs. 4 S. 2 und 3 VIG materiell an der Regelung des § 4 Abs. 3 S. 3 VIG aF festgehalten hat, ändert dies nichts daran, dass **§ 5 Abs. 4 VIG** als späteres Gesetz gemäß Art. 72 Abs. 3 S. 3 GG analog **§ 4 AGVIG verdrängt.**[5] Eine **Anwendung des § 4 AGVIG ist daher derzeit nicht möglich.** Auch in Baden-Württemberg ist die Verwaltung gesetzlich verpflichtet, den Informationszugang bei Vorliegen einer sofort vollziehbaren Entscheidung über den Antrag erst zu gewähren, wenn die Entscheidung einem Drittbetroffenen bekannt gegeben und diesem ausreichend Zeit für die Einlegung eines Rechtsbehelfs eingeräumt worden ist.

§ 5 AGVIG Gebühren und Auslagen

Die Gebühren sind auch unter Berücksichtigung des Verwaltungsaufwandes so zu bemessen, dass der Informationsanspruch wirksam in Anspruch genommen werden kann.

I. Allgemeines

1 § 5 AGVIG enthält die **Grundsätze**, die in Baden-Württemberg bei der **Festlegung kostenpflichtiger Tatbestände** beachtet werden müssen. Dabei weicht die Norm deutlich von § 6 VIG aF ab. Nach § 6 Abs. 1 VIG aF hatten informationspflichtige Behörden grds. kostendeckende Gebühren und Auslagen zu erheben. Kostenfrei blieben nur Informationen nach § 1 Abs. 1 S. 1 Nr. 1 VIG aF (Informationen über Verstöße gegen das LFGB, etc.). Abs. 2 des § 6 VIG aF überließ die Bestimmung der kostenpflichtigen Tatbestände nach Abs. 1 dem Landesrecht, Abs. 3 enthielt eine Verordnungsermächtigung zugunsten der Bundesregierung.

2 Bezüglich **§ 6 VIG aF** wurde vertreten, dass es sich um eine sog. **abweichungsfeste Regelung** iS der Art. 83, 84 Abs. 1 GG handelt. Insofern seien die Länderbehörden verpflichtet, bei Ausführung des VIG kostendeckende Gebühren und Auslagen iSd § 6 Abs. 1 S. 1 VIG aF zu erheben, hingegen seien sie an einer Gebühren- oder Auslagenerhebung für den Zugang zu Informationen iSd § 1 Abs. 1 S. 1 Nr. 1 VIG aF wegen § 6 Abs. 1 S. 2 VIG aF gehindert.[1] Diese Auffassung betrachtet das VIG mithin als Bundesgesetz, das mit Zustimmung des Bundesrates Verfahrensvorschriften[2] enthält, von

4 BReg. BT-Drucks. 17/7374, 18.
5 S. hierzu § 3 VIG Rn 4.
1 Beyerlein/Borchert VIG § 6 Rn 7.
2 Zur zulässigen Einordnung von Gebührenregelungen als Verfahrensvorschriften iSd Art. 84 Abs. 1 GG BVerwG v. 26.6.2014, 3 CN 1/13, Rn 22 ff.

denen die Länder nicht abweichen dürfen, Art. 84 Abs. 1 S. 5 und 6 GG. Dem ist entgegenzuhalten, dass zum einen nicht ersichtlich ist, dass der Bundesrat dem VIG überhaupt ausdrücklich zugestimmt hat,[3] zum anderen wird für den Erlass abweichungsfester Regelungen iSd Art. 84 Abs. 1 S. 5 und 6 GG verlangt, dass der Ausschluss des Abweichungsrechts schon aus Gründen der Rechtsklarheit ausdrücklich geregelt werden muss.[4]

§ 6 Abs. 1 VIG aF könnte aber auch eine sog. **"doppelgesichtige Norm"** darstellen, bei der materielle und Verfahrensregelungen derart eng verknüpft sind, dass eine Abweichung durch die Länder nur in gewissen Grenzen möglich ist.[5] Dies hat das BVerwG zwar für die Gebührenordnung für Maßnahmen im Straßenverkehr ausdrücklich verneint,[6] dabei ist aber zu beachten, dass § 6 VIG aF keine bestimmten Gebührentatbestände und -sätze enthielt, sondern nur Grundsätze festgelegte, die durchaus als materielle Flankierung für eine wirksame Inanspruchnahme der durch das VIG verbürgten Rechte betrachtet werden können. Zu berücksichtigen ist auch, dass die Bundesregierung im Rahmen der Novellierung des § 7 VIG selbst eine Abweichungsmöglichkeit der Länder nach Art. 84 Abs. 1 S. 1 GG anerkennt, gleichwohl mit der Normierung gewisser Grundsätze aber eine einheitliche Handhabung der Gebührenregelungen erreichen wollte.[7] 3

II. Verdrängung durch Bundesrecht, Art. 72 Abs. 3 S. 3 GG analog

Aufgrund der Novellierung des VIG genießt **§ 7 VIG** derzeit gemäß Art. 72 Abs. 3 S. 3 GG analog (vgl hierzu § 3 AGVIG Rn 2 ff und § 4 AGVIG Rn 2 f) **Geltungsvorrang gegenüber § 5 AGVIG.** Konkret bedeutet dies, dass die **in § 7 Abs. 1 VIG niedergelegten Grundsätze der Gebührenerhebung** (Kostendeckungsprinzip (§ 7 VIG Rn 5), Gebührenfreiheit innerhalb gewisser Grenzen (§ 7 VIG Rn 6), Unterrichtungspflicht des Antragstellers bei Gebührenpflichtigkeit des Antrags, Hinweispflicht auf Möglichkeit der Antragsrücknahme oder -einschränkung (§ 7 VIG Rn 7)) **auch in Baden-Württemberg Geltung** beanspruchen. 4

III. Ergänzende Anwendung des LGebG und des KAG

LGebG und KAG, die die Grundsätze der Gebühren- und Auslagenerhebung regeln, finden grds. **Anwendung** (vgl hierzu insgesamt § 10 LIFG Rn 23 ff). Allerdings werden sie durch die Vorgaben des § 7 VIG **modifiziert.** 5

---

3 Vgl insoweit die Eingangsformel des VIG aF, wonach das Gesetz "vom Bundestag beschlossen" wurde. Ein Hinweis auf die Zustimmung des Bundesrates findet sich hingegen nicht.
4 BVerwG v. 26.6.2014, 3 CN 1/13, Rn 18.
5 BVerwG v. 26.6.2014, 3 CN 1/13, Rn 20 mN.
6 BVerwG v. 26.6.2014, 3 CN 1/13, Rn 20.
7 BReg BT-Drucks. 17/7374, 27.

IV. Bestehende Gebührenverordnungen

6 Auf Grundlage des § 4 Abs. 2 und Abs. 3 S. 4 LGebG hat das Ministerium für Ernährung und Ländlichen Raum unter **Nr. 34** der Verordnung über die Festsetzung der Gebührensätze für öffentliche Leistungen der staatlichen Behörden in seinem Geschäftsbereich (**Gebührenverordnung MLR – GebVO MLR**)[8] entsprechende Gebührentatbestände festgelegt. Dabei wird der in § 7 Abs. 1 S. 2 VIG angeordneten Gebührenfreiheit Rechnung getragen und diese Anfragen nach Nr. 34.1 GebVO MLR gebührenfrei gestellt. Übersteigen die Kosten der Informationserteilung den Bereich, für den Gebührenfreiheit nach § 7 Abs. 1 S. 2 VIG vorgesehen ist, werden zunächst Rahmengebühren zwischen 100 EUR und 250 EUR (Verursachung eines erheblichen Arbeitsaufwandes, Nr. 34.2.1 GebVO MLR) bzw. 250 EUR und 500 EUR (Verursachung eines hohen Arbeitsaufwandes, Nr. 34.2.2 GebVO MLR) vorgesehen. Für die Einsichtnahme bei der Behörde wird ein Rahmensatz je nach Arbeitsaufwand zwischen 100 EUR und 500 EUR festgelegt (Nr. 34.3 GebVO MLR). Sollte ein außergewöhnlich hoher Arbeitsaufwand entstehen, kann nach Nr. 34.4 GebVO MLR abweichend von Nr. 34.2 und 34.3 GebVO MLR auch eine Gebühr in Höhe des tatsächlichen Aufwands festgesetzt werden. Soll hiervon Gebrauch gemacht werden, ist der Antragsteller vorab darauf hinzuweisen. Zugrunde zu legen sind die Gebührensätze für die Arbeitsstunden derjenigen, die tatsächlich tätig werden. Es ist davon auszugehen, dass trotz des Fehlens entsprechender ausdrücklicher Vorgaben auch die **übrigen Bestimmungen des § 7 Abs. 1 VIG anzuwenden** sind.

7 Die **GebVO MLR** entfaltet aber **keine Wirkung** für die ebenfalls informationspflichtigen **Landratsämter und Stadtkreise**, § 1 Abs. 1 S. 1 GebVO MLR. Diese sind gemäß § 4 Abs. 3 S. 1 LGebG berechtigt, gebührenpflichtige Tatbestände und die Höhe der Gebühren für ihren Bereich **selbst festzusetzen.** Sollten derartige Regelungen im Einzelfall den Vorgaben des § 7 Abs. 1 VIG widersprechen, dürfte wohl von der Unwirksamkeit der entsprechenden Gebührenregelung wegen Verstoßes gegen höherrangiges Recht auszugehen sein.

8 Dagegen sieht die Verordnung des Umweltministeriums über die Festsetzung der Gebührensätze für öffentliche Leistungen der staatlichen Behörden in seinem Geschäftsbereich (**Gebührenverordnung UM – GebVO UM**)[9] **keine Gebührentatbestände für die Erteilung von Verbraucherinformationen im Bereich der Produktsicherheit** vor. Eine **Gebührenerhebung** kommt daher nur **nach § 4 Abs. 4 LGebG** in Betracht, wobei die Vorgaben des **§ 7 Abs. 1 VIG zu beachten** sind.

---

8 Verordnung v. 14.2.2007 (GBl. 146), zuletzt geändert durch Art. 13 des Gesetzes v. 23.6.2015 (GBl. 585, 614).

9 Verordnung v. 28.2.2012 (GBl. 147), zuletzt geändert durch Art. 1 der Verordnung v. 13.8.2015 (GBl. 785).

§ 8 EGovG BW Akteneinsicht

Soweit ein Recht auf Akteneinsicht besteht, können die Behörden, die Akten elektronisch führen, Akteneinsicht dadurch gewähren, dass sie
1. **einen Aktenausdruck zur Verfügung stellen,**
2. **elektronische Dokumente übermitteln oder**
3. **den elektronischen lesenden Zugriff auf den Inhalt der Akten gestatten.**

Literatur: *Bachmann/Pavlitschko*, Akteneinsicht in elektronische Behördenakten, MMR 2004, 370 ff; *BMI Referat O2*, Minikommentar zum Gesetz zur Förderung der elektronischen Verwaltung sowie zur Änderung weiterer Vorschriften; *Habammer/Denkhaus*, Das E-Government-Gesetz des Bundes – Inhalt und erste Bewertung – Gelungener Rechtsrahmen für elektronische Verwaltung?, MMR 2013, 358 ff; *Herr*, Das E-Government-Gesetz des Bundes, FÖV Discussion Papers 82, 2015; *Müller-Terpitz/Rauchhaus*, Das E-Government-Gesetz des Bundes – ein Schritt in Richtung „Verwaltung 2.0", MMR 2013, 10 ff; *Müller-Terpitz/Rauchhaus*, Das geplante E-Government-Gesetz des Bundes, JurPC Web-Dok. 96/2012; *Ramsauer/Frische*, Das E-Government-Gesetz, NVwZ 2013, 1505 ff; *Staatsministerium des Innern des Freistaats Sachsen*, SächsEGovG, Handlungsleitfaden zur Umsetzung in staatlichen Behörden.

I. Allgemeines

1. Europa- und verfassungsrechtliche Vorgaben. Zwar besteht ein Recht aus Art. 15 Abs. 3 UAbs. 2 AEUV auf Zugang zu Dokumenten von Stellen der Union, aber der **unionsrechtliche Informationsanspruch** hat keinen unmittelbaren Zusammenhang mit der Akteneinsicht nach nationalem Recht.[1] 1

Das Recht auf Akteneinsicht von Beteiligten ist Bestandteil des **rechtsstaatlichen** fairen Verwaltungsverfahrens und ergibt sich aus dem **grundrechtlich verbürgten Anspruch auf rechtliches Gehör.**[2] Dabei darf der Umfang der Akteneinsicht nicht vom Medium abhängig gemacht werden, dessen sich die Behörde zur Führung der Akte bedient.[3] Soweit die Voraussetzungen für die Akteneinsicht gegeben sind, muss also die Einsicht in die elektronische Akte im gleichen Umfang möglich sein wie bei der Papierakte.[4] 2

---

1 Bauer/Heckmann/Ruge/Schallbruch/Heckmann/Albrecht VwVfG, § 8 EGovG Rn 4.
2 LReg LT-Drs. 15/7724, 60; zur Bundesregelung: BMI aaO, 27; Bauer/Heckmann/Ruge/Schallbruch/Heckmann/Albrecht VwVfG, § 8 EGovG Rn 3.
3 LReg LT-Drs. 15/7724, 60; ebenso zur Bundesregelung BMI aaO, 27.
4 LReg LT-Drs. 15/7724, 60; ebenso zur Bundesregelung BMI aaO, 27.

Zum Schutz von verfassungsrechtlich garantierten Interessen von Betroffenen sind Vorkehrungen zu treffen, um Manipulationen der in Einsicht genommen Akten auszuschließen. Dabei ist die Gewährleistung der Funktionsfähigkeit staatlicher Stellen sicherzustellen.[5]

3 **2. Entstehungsgeschichte.** Das EGovG BW orientiert sich am Bund, soweit dies aus der Sicht des Landes sinnvoll ist.[6] Gegenüber der Bundesregelung war im Entwurf zunächst nur der unpassende Zusatz „des Bundes" gestrichen worden und hinzugefügt worden, dass der elektronische Zugriff auf den Inhalt der Akten nur in „lesender" Form zulässig ist. Aufgrund der Verbändeanhörung wurde die Möglichkeit zur Akteneinsicht durch die Wiedergabe auf einem Bildschirm in den Räumen der Behörde aus Praktikabilitätsgründen gestrichen.[7] Nicht aufgegriffen wurde die Forderung nach einen Anspruch auf Akteneinsicht in Papierform.[8] Auch die Anregung die Akteneinsicht in „Leichter Sprache" zu ermöglichen, wurde abgelehnt, weil eine Aktenführung in „Leichter Sprache" bei der notwendigen Darstellung und Bearbeitung komplexer Sachverhalte nicht möglich sei, vielmehr sei der Aufwand für eine ergänzende Aktenführung in „Leichter Sprache" unverhältnismäßig.[9]

4 **3. Normzweck.** Die Vorschrift regelt Art und Weise der Einsicht in elektronisch geführte Akten, ohne die Schaffung oder Erweiterung bestehender Ansprüche auf Akteneinsicht zu bezwecken.[10] Während das „Ob" der Akteneinsicht aufgrund anderer Regelungen feststehen muss, betrifft § 8 EGovG BW nur die konkrete Durchführung eines aufgrund anderer Rechtsvorschriften bestehenden Anspruchs.[11] Der Umfang der Akteneinsicht darf nicht von dem Medium der Aktenführung abhängig gemacht werden.[12]

5 **4. Vergleichbare Regelungen des Bundes oder anderer Bundesländer.** § 8 EGovG; § 25 Abs. 5 S. 1 SGB X; § 9 EGovG Bln; § 12 EGovG M-V; § 13 EGovG NRW; § 12 Abs. 3 SächsEGovG; in Bayern wurde nach der Begründung (LT-Drs. 17/7537, 37) bewusst auf eine ausdrückliche Regelung zur Einsicht in die elektronische Akte verzichtet, um flexibel und für künftige Entwicklungen offen zu sein. In den sonstigen Bundesländern waren keine vergleichbaren Regelungen ersichtlich. Das Prozessrecht des Bundes umfasst § 299 Abs. 3 S. 2 ZPO und § 100 Abs. 2 VwGO.

II. Einsichtsrecht in elektronisch geführte Akte

6 Die Anwendung des § 8 EGovG BW setzt eine **elektronische Akte** voraus. Dies ist nach der Gesetzesbegründung „eine logische Zusammenfassung

5 Bauer/Heckmann/Ruge/Schallbruch/Heckmann/Albrecht VwVfG, § 8 EGovG Rn 3.
6 LReg LT-Drs. 15/7724, 1 und 26.
7 LReg LT-Drs. 15/7724, 36.
8 LReg LT-Drs. 15/7724, 41; s. Rn 8.
9 LReg LT-Drs. 15/7724, 41.
10 LReg LT-Drs. 15/7724, 60; zum Bundesrecht: BMI aaO, 26; Müller-Terpitz/Rauchhaus JurPC Web-Dok. 96/2012, Abs. 23.
11 LReg LT-Drs. 15/7724, 59 f; zum Bundesrecht Müller-Terpitz/Rauchhaus JurPC Web-Dok. 96/2012, Abs. 23.
12 Zum Bundesrecht: BReg BT-Drs. 17/11473, 39; Bauer/Heckmann/Ruge/Schallbruch/Heckmann/Albrecht VwVfG, § 8 EGovG Rn 5.

sachlich zusammengehöriger oder verfahrensgleicher Vorgänge und/oder Dokumente, die alle bearbeitungs- und aktenrelevanten E-Mails, sonstigen elektronisch erstellten Unterlagen sowie gescannten Papierdokumente umfasst und so eine vollständige Information über die Geschäftsvorfälle eines Sachverhalts ermöglicht."[13] Bereits bei der Führung elektronischer Akten hat eine Behörde die Art und Weise der angestrebten Erteilung von Akteneinsicht zu beachten.[14]

Das von § 8 EGovG BW vorausgesetzte **Recht auf Akteneinsicht** (zum Begriff der Akteneinsicht s. Einl. Rn 8) besteht zumindest in den Fällen des § 29 LVwVfG. Auch wenn die Behörde außerhalb des Verwaltungsverfahrens die Behörde grds. nach pflichtgemäßem Ermessen entscheidet (s. Einl. Rn 34 ff), wird § 8 EGovG BW als anwendbar bewertet.[15] Darüber hinaus ist die Regelung anwendbar, wenn ein Informationszugangsanspruch nach §§ 1 Abs. 2, 7 Abs. 5 und 6 LIFG, § 1 Abs. 3 AGVIG oder § 24 Abs. 1 und 2 UVwG als Akteneinsicht erfüllt werden soll. Zwar deuten Stellungnahmen darauf hin, dass diese Ansprüche auf Informationszugang nicht erfasst sein sollten: So wird vertreten, dass § 8 EGovG BW ein Vorrang vor dem LIFG zukomme[16] oder Akteneinsicht und LIFG nebeneinanderstehen, so dass keine Kollision mit dem EGovG möglich sei.[17] Aber dem Wortlaut des § 8 EGovG BW ist ein solche Einschränkung auf das klassische Akteneinsichtsrecht nach § 29 LVwVfG nicht zu entnehmen und aus systematischen Gründen wäre dann die Regelung auch besser im LVwVfG eingefügt worden, weil das EGovG BW allgemein und nicht nur für das LVwVfG gilt. Auch die Gesetzesbegründung deutet auf ein weites Verständnis hin, weil das Akteneinsichtsrecht nach § 29 LVwVfG nur als ein Beispiel genannt wurde.[18] 7

III. Aktenausdruck zur Verfügung stellen (Nr. 1)

Die Form der Gewährung von Akteneinsicht durch Zurverfügungstellung von Aktenausdrucken nach Nr. 1 berücksichtigt, dass weniger technikaffine Bevölkerungsgruppen nicht von der Möglichkeit zur Akteneinsichtnahme ausgeschlossen werden dürfen.[19] Der Ausdruck von elektronischen Akten umfasst neben den Inhaltsdaten (Dateien) ggf auch die im System vorhandenen Metadaten und Geschäftsgangverfügungen.[20] 8

13 LReg LT-Drs. 15/7724, 56 f.
14 Zum Bundesrecht Bauer/Heckmann/Ruge/Schallbruch/Heckmann/Albrecht VwVfG, § 8 EGovG Rn 12.
15 Zum Bundesrecht Bauer/Heckmann/Ruge/Schallbruch/Heckmann/Albrecht VwVfG, § 8 EGovG Rn 14.
16 So zu den entsprechenden Regelungen in Berlin: Senat, Abgeordnetenhaus Drs. 17/2513, 30.
17 IdS Bauer/Heckmann/Ruge/Schallbruch/Heckmann/Albrecht VwVfG, § 8 EGovG Rn 6, 13 ff.
18 Vgl. LReg LT-Drs. 15/7724, 60 f.
19 LReg LT-Drs. 15/7724, 60; Zum Bundesrecht: BMI aaO, 27; Bauer/Heckmann/Ruge/Schallbruch/Heckmann/Albrecht VwVfG, § 8 EGovG Rn 16.
20 So für SN Staatsministerium des Innern aaO, 107.

IV. Übermittlung elektronischer Dokumente (Nr. 2)

9 Bei der elektronischen Übermittlung sind die technischen und organisatorischen Maßnahmen nach § 9 LDSG zum Schutz personenbezogener Daten zu beachten, insb. ist zu gewährleisten, dass die Integrität und Authentizität der Daten sichergestellt und deren Inhalte nicht unbefugt zur Kenntnis genommen und nicht missbräuchlich verwendet werden können.[21] Eine einfache und unverschlüsselte E-Mail ist somit nicht geeignet, Inhalte der elektronischen Akte zur Akteneinsicht zu übermitteln.[22] Auch wenn diese Anforderungen an die IT-Sicherheit nicht ausdrücklich normiert wurden, werden sie doch unmittelbar aus der Verpflichtung des Staates zur Abwendung von Gefahren für die informationelle Selbstbestimmung der Bürgerinnen und Bürger abgeleitet.[23] Vereinzelt wird vertreten, dass es nicht der Verwaltung überlassen bleiben dürfe, wie für Vertraulichkeit, Integrität und Verfügbarkeit der von ihr verarbeiteten Daten gesorgt werde, vielmehr seien normenklare und verbindliche Vorgaben des Gesetzgebers – wie im Referentenentwurf des Bundes – erforderlich.[24] Auch wird die Behörde bei der Übermittlung dafür Sorge zu tragen haben, dass die Kopien der Dateien als solche gekennzeichnet sind und über einen entsprechenden Schreibschutz verfügen.[25]

V. Gestattung des elektronischen lesenden Zugriff auf den Inhalt der Akten (Nr. 3)

10 Der elektronische Zugriff auf den Akteninhalt war für gerichtliche Verfahren bereits nach § 299 Abs. 3 S. 2 ZPO und § 100 Abs. 2 VwGO eröffnet und soll durch Nr. 3 auch für Verwaltungsverfahren genutzt werden können. Dadurch könnten die derzeit noch technisch aufwändige Form der Aktenübermittlung künftig durch einfache und kostengünstige Verfahren abgelöst werden.[26]

VI. Sonstige Arten der Zugangsgewährung?

11 § 8 EGovG BW dürfte keine abschließende Aufzählung, sondern nur eine Präferenz für die dort genannten drei Formen der Zugangsgewährung enthalten. Teilweise wird der Regelung sogar nur eine klarstellende Bedeutung beigemessen.[27] Nicht ausgeschlossen dürfte die für Bundesbehörden normierte Möglichkeit zur Akteneinsicht in elektronische Dokumente durch die Wiedergabe auf einem Bildschirm in den Räumen der Behörde sein. Zwar wurde aufgrund der Verbändeanhörung diese Möglichkeit gestri-

21 LReg LT-Drs. 15/7724, 60; zum Bundesrecht BMI aaO, 27.
22 LReg LT-Drs. 15/7724, 60. IdS auch die präziseren Vorgaben der § 299 Abs. 3 S. 4 ZPO und § 100 Abs. 2 S. 4 VwGO.
23 Bauer/Heckmann/Ruge/Schallbruch/Heckmann/Albrecht VwVfG, § 8 EGovG Rn 18.
24 Müller-Terpitz/Rauchhaus MMR 2013, 10, 15.
25 So bereits vor Inkrafttreten des EGovG BW: Bachmann/Pavlitschko MMR 2004, 370, 372.
26 Bauer/Heckmann/Ruge/Schallbruch/Heckmann/Albrecht VwVfG, § 8 EGovG Rn 19.
27 LReg LT-Drs. 15/7724, 36.

chen, aber dies geschah nur aus Praktikabilitätsgründen.[28] Auch zeigt die Gesetzesbegründung die Offenheit für zukünftige technische Möglichkeiten, was gegen eine abschließende Aufzählung der Formen spricht.

VII. Ermessen

Über die Art und Weise der Erteilung der Akteneinsicht aufgrund § 8 EGovG hat die Behörde nach **pflichtgemäßem Ermessen** zu entscheiden.[29] Hierbei sind die Bedürfnisse und Wünsche der antragstellenden Person zu berücksichtigen.[30] 12

Ein Anspruch auf die Vorlage in Papierform wird verneint.[31] Häufig wird aber davon ausgegangen, dass auf Anforderung regelmäßig auch **Ausdrucke** elektronischer Akten bereitgestellt werden müssen.[32] Aber im Gesetzgebungsverfahren wurde die Forderung nach einem Recht auf Akteneinsicht in Papierform abgelehnt, denn ausreichend ist, dass die Behörde im Rahmen der Ermessensausübung zu berücksichtigen hat, wenn viele Bürgerinnen und Bürger mit der neuen Technik nicht Schritt halten können. Bei einem Antrag auf Ausdrucke kann insoweit eine Ermessensreduzierung auf Null vorliegen.[33] 13

Vor Inkrafttreten des EGovG wurde zum IFG davon ausgegangen, dass ein Anspruch auf **Übermittlung** einer elektronischen Kopie (einer nur in Papierform vorliegenden Akte) nicht besteht.[34] Im Hinblick auf die ohne weiteres auch technisch einfach zu handhabende Versendung elektronischer Aktenteile ist aber bei einem entsprechenden Antrag grds. von einer Ermessensreduzierung auf Null auszugehen, sodass sich mithin ein Anspruch auf Übersendung der relevanten Dateien ergeben wird.[35] 14

Für das vergleichbare SächsEGovG wird empfohlen, die temporäre **Gewährung von Zugriffsrechten** nur in Ausnahmefällen zu nutzen.[36] 15

VIII. Konkurrenzen

Das **LIFG** wird durch § 8 EGovG BW weder modifiziert noch eingeschränkt, denn während § 7 Abs. 5 LIFG der antragstellenden Person ein Wahlrecht bezüglich der bestimmten Art des Informationszugangs (Aus- 16

28 So zur Bundesregelung: Ramsauer/Frische NVwZ 2013, 1505, 1511 unter Hinweis auf BReg BT-Drs. 17/11473, 38.
29 LReg LT-Drs. 15/7724, 60. Zum Bundesrecht: BReg BT-Drs. 17/11473, 39; Bauer/Heckmann/Ruge/Schallbruch/Heckmann/Albrecht VwVfG, § 8 EGovG Rn 5.
30 Zum Bundesrecht: Bauer/Heckmann/Ruge/Schallbruch/Heckmann/Albrecht VwVfG, § 8 EGovG Rn 10.
31 So zum Bundesrecht Herr aaO, 48; so auch zum IFG vor Inkrafttreten des EGovG: BeckOK InfoMedienR/Sicko, IFG, § 7 Rn 73, unter Hinweis auf VG Ansbach v. 14.9.2010, AN 4 K 10.01419, Rn 14.
32 Zum Bundesrecht: Bauer/Heckmann/Ruge/Schallbruch/Heckmann/Albrecht VwVfG, § 8 EGovG Rn 16.
33 LReg LT-Drs. 15/7724, 41.
34 BeckOK InfoMedienR/Sicko, IFG, § 7 Rn 73, unter Hinweis auf VG Ansbach v. 14.9.2010, AN 4 K 10.01419, Rn 14.
35 So vor Inkrafttreten des EGovG BW Bachmann/Pavlitschko MMR 2004, 370, 372 f.
36 So für SN Staatsministerium des Innern aaO, 107.

kunftserteilung, Akteneinsicht, Informationszugang in sonstiger Weise) gewährt, betrifft die Regelung in § 8 EGovG BW nur die konkrete Durchführung der Akteneinsicht, zu deren Durchführung aber § 7 Abs. 5 LIFG keine Vorgaben enthält.[37] Dementsprechend besteht auch nicht die zu entsprechenden Bundesregeln geäußerte Gefahr, dass der Grundsatz eines Wahlrechts der antragstellenden Person über die Art des Zugangs dadurch umgekehrt würde.[38] Auch kann nicht nachvollzogen werden, warum zur insoweit vergleichbaren Regelung im IFG BE ausgegangen wird, dass die Regelung vorrangig sei und eine Ergänzung durch das EGovG Bln nicht in Betracht käme.[39]

17 § 8 EGovG BW normiert als lex specialis zu **§ 29 LVwVfG** schließlich die Durchführung des Einsichtsrecht in elektronische Akten.[40] Dabei verdrängt § 8 EGovG BW nur in einzelnen Aspekten: So wird nach § 29 Abs. 3 S. 1 LVwVfG die Akteneinsicht grds. bei der Behörde, dh in deren Amtsräumen, gewährt, jedoch ist bei § 8 EGovG BW der Ort der Einsichtnahme unerheblich.[41]

IX. Kosten

18 Für die Einsicht in elektronisch geführte Akten sind, sofern in den jeweiligen Gebührenregelungen vorgesehen, die dafür festgesetzten Gebühren und Auslagen zu bezahlen.[42]

X. Rechtsschutz

19 Der Rechtsschutz auf eine bestimmte Form der Einsicht in eine elektronisch geführte Akte hängt von dem Rechtsschutz für das jeweilige Akteneinsichtsrecht ab.

XI. Ausblick

20 Mit der fortschreitenden Einführung der elektronischen Akte wird die Vorschrift an Bedeutung gewinnen. Eine grundsätzliche Pflicht der Landesbehörden zur elektronischen Aktenführung gilt ab dem 1.1.2022 aufgrund § 6 Abs. 1 S. 1 EGovG BW iVm Art. 8 Abs. 4 des Gesetzes zur Förderung der elektronischen Verwaltung und zur Änderung weiterer Vorschriften vom 17.12.2015 (GBl. 1205). Auch bleibt die Evaluierung innerhalb von fünf Jahren nach Inkrafttreten des Gesetzes nach Art. 7 Abs. 1 S. 1 dieses Gesetzes abzuwarten.

---

37 So BMI aaO, 26 f zu der § 7 Abs. 5 LIFG im Wesentlichen entsprechenden Regelung in § 1 Abs. 2 IFG.
38 So aber Müller-Terpitz/Rauchhaus JurPC Web-Dok. 96/2012, Abs. 23.
39 So aber Senat BE, Abgeordnetenhaus Drs. 17/2513, 30.
40 So zum Bundesrecht Habammer/Denkhaus MMR 2013, 358, 361.
41 Für eine regelmäßige Versendung vor Inkrafttreten des EGovG BW: Bachmann/Pavlitschko MMR 2004, 370, 372 f.
42 LReg LT-Drs. 15/7724, 60.

Vorbemerkung zum LArchG

Literatur: *Andre/Rehm* (Hrsg.), Schutzwürdig. Zu Aspekten des Zugangs bei Archivgut, 2013; *Axer*, et al., Von der Aufbewahrung zur Archivierung? Rechtliche Fragen bei Nutzung und Bearbeitung von Nachlässen [Tagungsbericht], Archivar 68/2015, S. 350-351; *Becker* (Hrsg.), Schutzfristen – Festlegung und Verkürzung, (Veröffentlichungen der Archivschule Marburg 54) 2012; *Boden/Niebuhr*, Zwischen Rechtssicherheit und Gestaltungsspielraum: Probleme der Nutzung von Deposita, in: Alles was Recht ist. Archivische Fragen – juristische Antworten. 81. Deutscher Archivtag 2011 in Bremen. Tagungsdokumentation Band 16. Verband deutscher Archivarinnen und Archivare e.V. (Hrsg.), 2012, S. 169-178; *Brenneke/Leesch*, Archivkunde. Ein Beitrag zur Theorie und Geschichte des europäischen Archivwesens, 1988; *Brüdegam*, Festsetzung von Schutzfristen, in: Becker (Hrsg.), Schutzfristen – Festlegung und Verkürzung, (Veröffentlichungen der Archivschule Marburg 54) 2012, S. 61-90; *Collin*, Die archivrechtliche Regulierung des Zugangs zu öffentlichen Informationen, in: Dreier/Fischer/van Raay/Spieker gen. Döhmann (Hrsg.), Informationen der öffentlichen Hand – Zugang und Nutzung, 2016, S. 209-228; *Degreif*, Die Patientenakten der Psychiatrischen Universitätsklinik Frankfurt a.M. im Spannungsfeld von Archivierung und Nutzung. Ein Werkstattbericht, in: Andre/Rehm (Hrsg.), Schutzwürdig. Zu Aspekten des Zugangs bei Archivgut, 2013, S. 19-29; *Günther*, Archive und Verwaltung oder: Über die Grenzen des Archivrechts, in: Archiv – Recht – Geschichte, hrsg. v. Becker/Haffer/Hirsch/Uhde, (Veröffentlichungen der Archivschule Marburg 59) 2014, S. 195-242; *Henke*, Das Schicksal deutscher zeitgeschichtlicher Quellen in Kriegs- und Nachkriegszeit, VHZG 30/1982, S. 557-620; *Hoen*, Rechtsfragen im Archivalltag in Baden-Württemberg, in: Polley (Hrsg.), Archivgesetzgebung in Deutschland. Ungeklärte Rechtsfragen und neue Herausforderungen, (Veröffentlichungen der Archivschule 38) 2003, S. 85-98; *Joergens*, Das neue Personenstandsgesetz – das Glück der Forschung? in: Rehm/Bickhoff (Hrsg.), Rechtsfragen der Nutzung von Archivgut, 2010, S. 43-51; *Klein*, Informationsgesetze und Archive. Das Beispiel Berlin, in: Polley (Hrsg.), Archivgesetzgebung in Deutschland. Ungeklärte Rechtsfragen und neue Herausforderungen, (Veröffentlichungen der Archivschule 38) 2003, S. 99-114; *Klein*, Rechtliche Aspekte bei der Veröffentlichung elektronischer Findmittel, in: Andre /Rehm (Hrsg.), Schutzwürdig. Zu Aspekten des Zugangs bei Archivgut, 2013, S. 59-67; *Klein*, Vom Umgang mit schwierigen Unterlagen. Personenbezogenes Archivgut in der Benutzung, in: Stumpf /Tiemann (Hrsg.), Archivbenutzung heute – Perspektiven für morgen, 2013, S. 53-64; *Kram*, Die Archivierung und Nutzung von Unterlagen, die Geheimhaltungsvorschriften unterliegen: mit besonderer Berücksichtigung des Sozialgeheimnisses gem. § 35 SGB I, Archivar 68/2015, S. 345-349; *Ksoll-Marcon*, Zugangsregelungen in den Archivgesetzen des Bundes und der Länder. Ist Änderungsbedarf angesagt? in: Rehm/Bickhoff (Hrsg.), Rechtsfragen der Nutzung von Archivgut, 2010, S 10-16; *Lehnstaedt/ Stemmer*, Informationsfreiheit. Über die Einsicht in staatliche Dokumente vor deren Archivierung, Archivar 66/2013, S. 46-48; *Manegold*, Archivrecht? Archivrecht! Zu den verfassungsrechtlichen Rahmenbedingungen öffentlicher Archive in Deutschland, in: Alles was Recht ist. Archivische Fragen – juristische Antworten. 81. Deutscher Archivtag 2011 in Bremen. Tagungsdokumentation Band 16. Verband deutscher Archivarinnen und Archivare e.V. (Hrsg.), 2012, S. 31-49; *Martin-Weber*, Informationsfreiheitsgesetz des Bundes (IFG) und Bundesarchivgesetz, in: Rehm/ Bickhoff (Hrsg.), Rechtsfragen der Nutzung von Archivgut, 2010, S. 17-31; *Ogris*, Archivgesetzgebung in Österreich und ihre Auswirkungen in der Praxis, in: Schadek (Hrsg.), Zwischen Anspruch und Wirklichkeit. Das Dienstleistungsunternehmen Archiv auf dem Prüfstand der Benutzerorientierung (Südwestdeutscher Archivtag, Schaffhausen 2001), 2002, S. 75-84; *Peter*, Zugangsverbot zu Archivalien in Frankreich? Theorie und Praxis, in: Schadek (Hrsg.), Zwischen Anspruch und Wirklichkeit. Das Dienstleistungsunternehmen Archiv auf dem Prüfstand der Benutzerorientierung (Südwestdeutscher Archivtag, Schaffhausen 2001), 2002, S. 61-68; *Polley*, Die historische Entwicklung der Schutzfristendiskussion mit Gedanken zur Dogmatik und Reform des Archivbenutzungsrechts, in: Becker (Hrsg.), Schutzfristen – Festlegung und Verkürzung, (Veröffentlichungen der Archivschule Marburg 54) 2012, S. 43-60; *Polley* (Hrsg.), Archivgesetzgebung in Deutschland. Ungeklärte Rechtsfragen und neue Herausforderungen, (Veröffentlichungen der Archivschule 38) 2003; *Polley*, „Oft büßt das Gute ein, wer Bessres sucht". Bestandsaufnahme und Gedanken zum aktuellen Stand der Archivgesetzgebung in Deutschland, in: ders. (Hrsg.), Archivgesetzgebung in Deutschland. Ungeklärte Rechtsfragen und neue Herausforderungen, (Veröffentlichungen der Archivschule 38) 2003, S. 17-37; *Prantl*, Das Gedächtnis der Gesellschaft. Die Systemrelevanz der Archive. Warum Archivare Politiker sind, in: Alles was Recht ist. Archivische Fragen – juristische Antworten. 81. Deutscher Archivtag 2011 in Bremen. Tagungsdokumentation Band 16. Verband deutscher Archivarinnen und Archivare e.V. (Hrsg.), 2012, S. 17-27; *Rehm*, Archivgesetz NRW, Archivar (63) 2/2010, S. 219-223; *Rehm*, Novellierung des Bundesarchivgesetzes (Sachstand und Stellungnahmen), Archivar 65/2012, S. 328-332; *Rehm/Bickhoff* (Hrsg.), Rechtsfragen der Nutzung von Archivgut, 2010; *Rehm*, Schutzwürdig. Zu Aspekten des Zugangs bei Archivgut. Einführung, in: Andre/Rehm (Hrsg.), Schutzwürdig. Zu Aspekten des Zugangs bei Archivgut, 2013, S. 5-8; *Rehm/Häußermann*, Zugang zu VS-Unterlagen im Landesarchiv Baden-Württemberg. Rechtlicher Rahmen und aktuelle Praxis, in: Zeitgeschichte, Archive und Geheimschutz, Hering/Kretzschmar (Hrsg.), 2013, S. 32-39; *Reinhardt*, Die wissenschaftliche Nutzung von Archivgut mit Sozial- und Steuerdaten, Archivar 66/2013, S. 439-443; *Rest*, Schieflage beim Quellenzugang? Die deutsch-deutsche Problematik bei der Benutzung, in: Unverhau (Hrsg.), Hatte „Janus" eine Chance? Das Ende der DDR und die Sicherung einer Zukunft der Vergangenheit, 2003, S. 131-143; *Richter*, Die Landesarchivgesetzgebung in Baden-Württemberg, in: Archivrecht in Baden-Württemberg. Texte, Materialien, Erläuterungen, bearb. von Bannasch/Maisch, Werkhefte der staatlichen Archivverwaltung Baden-Württemberg, Serie A, H. 1, 1990; *Schäfer*, Prospektive Jurisprudenz – proaktive staatliche Archive, Archivalische Zeitschrift 90/2008, S. 91-117; *Schäfer*, Quod non est in actis, non est in mundo. Zur Funktion öffentlicher Archive im demokratischen Rechtsstaat, in: Alles was Recht ist. Archivische Fragen – juristische Antworten. 81. Deutscher Archivtag 2011 in Bremen. Tagungsdokumentation Band 16. Verband deutscher Archivarinnen und Archivare e.V. (Hrsg.), 2012, S. 57-78; *Schäfer*, Rechtsvielfalt und Rechtseinheit in Europa. Zum Einfluss des europäischen Rechts auf das nationale Archivwesen, Archivalische Zeitschrift 88/2006, S. 819-846; *Schäfer*, Rechtvorschriften über Geheimhaltung sowie Berufs- und besondere Amtsgeheimnisse im Sinne der Archivgesetze des Bundes und der Länder – Grundzüge einer Dogmatik, in: Polley (Hrsg.), Archivgesetzgebung in Deutschland. Ungeklärte Rechtsfragen und neue Herausforderungen, (Veröffentlichungen der Archivschule 38) 2003, S. 39-69; *Schmitt* et al. (Red.), Alles was Recht ist. Archivische Fragen – juristische Antworten. 81. Deutscher Archivtag 2011 in Bremen. Tagungsdokumentation Band 16. Verband deutscher Archivarinnen und Archivare e.V. (Hrsg.), 2012; *Scholz*, Die Öffnung der Archive für Jedermann. Zur Geschichte der öffentlichen Benutzung, in: Brandenburgische Archive. Mitteilungen aus dem Archivwesen des Landes Brandenburg 10/1997, S. 4-8; *Taylor*, Archive und die Entwicklung der europäischen Datenschutzgrundverordnung, Archivar 67/2014, S. 32-39; *Vollmer*, Die Bedeutung der Schutzfristen im archivischen Kontext, in: Becker (Hrsg.), Schutzfristen – Festlegung und Verkürzung, (Veröffentlichungen der Archivschule Marburg 54) 2012, S. 11-41; *Zuber*, Verschlusssachen in den Archiven der Länder, in: Niederhut/Zuber (Hrsg.) Geheimschutz transparent? Verschlusssachen in staatlichen Archiven, 2010, S. 93-105. *Zwicker*, Grundrecht und archivarisches Selbstverständnis. Benutzungs-Rechtspraxis in der Schweiz am Beispiel Kanton Basel-Stadt, in: Schadek (Hrsg.), Zwischen Anspruch und Wirklichkeit. Das Dienstleistungsunternehmen Archiv auf dem Prüfstand der Benutzerorientierung (Südwestdeutscher Archivtag, Schaffhausen 2001), 2002, S. 69-74.

I. Rahmenbedingungen

1 **1. Archivwesen und Kodifizierung.** Die Geschichte des Archivierens geht auf zwei grundsätzlich unterschiedliche Intentionen zurück. Einerseits dienten schon griechische Archive der **Sicherung** derjenigen **Informationen**, die eine Gesellschaft für wichtig hielt und als gemeinsames Gedächtnis für die Identitätsbildung aufbewahren wollte. Zu diesen Informationen war

ein allgemeiner freier **Zugang** zweckentsprechend. Anderseits entstanden ebenfalls schon in der Antike Archive zur Sicherung von herrschaftlichem Wissen: Diplomatische Korrespondenz, Abrechnungen von Geschäften und Abgaben sowie Urkunden über Herrschaftsverhältnisse stellten eine juristische Rüstkammer dar, deren Zugang zu kontrollieren war. Die Geschichte des Archivrechts ist daher in wesentlichen Punkten eine Geschichte der Zugänglichkeit[1] zu Informationen, für die ein allgemeiner Zugang im Entstehungszusammenhang nicht vorgesehen war.

Gerade diese verborgen gehaltenen Informationen, aus denen sich zB auch der Name **Geheimes** Staatsarchiv in Berlin erklären lässt, wurden verstärkt seit dem 19. Jahrhundert unter historischen Aspekten ausgewertet. Neben diesem wissenschaftlichen Zugang zu Information entwickelte sich parallel, aber in der Zielrichtung davon völlig getrennt, die Forderung nach Zugang zu Informationen *aufgrund* ihres ursprünglichen Entstehungszwecks. Der **Betroffene** sollte einen geregelten Zugang zu den ihn und sein Dasein betreffenden Informationen erhalten. Dieser zuerst im Gefolge der Französischen Revolution im Gesetz vom 25.6.1794 kodifizierte Gedanke führte zur Entstehung des französischen Nationalarchivs und markiert den Beginn des modernen europäischen Archivwesens.[2] Die damals für das Archivwesen fixierten Grundüberlegungen lassen sich heute bis in deutsche Archivgesetze, Datenschutzgesetze und Informationsfreiheitsgesetzte weiter verfolgen. 2

Die Kodifizierung des Zugangs zu Archivgut in Deutschland dauerte allerdings. Auf dem deutschen Archivtag 1907 wurde die öffentliche Zugänglichkeit zu Verwaltungsschriftgut gefordert.[3] Danach erhob in den 1950er Jahren der erste Direktor des Bundesarchivs, Georg Winter, die Forderung, die Aufgaben der Archive gesetzlich zu regeln.[4] Aber erst durch die Debatte über den Datenschutz seit den 1970er Jahren begann im deutschen Archivwesen eine Diskussion über die Notwendigkeit von **Archivgesetzen.**[5] Das Bundesverfassungsgericht hatte in seinem Volkszählungsurteil vom 15.12.1983[6] auf der Grundlage von Art. 1 und Art. 2 Abs. 1 GG das Recht auf **informationelle Selbstbestimmung** abgeleitet und Einschränkungen dieses Rechts nur im überwiegenden Allgemeininteresse zugelassen. 3

Damit war für die Nutzung von Archivgut – das der Archivierung zugrundeliegende Ziel – eine gesetzliche Grundlage notwendig. Durch die daraufhin verabschiedeten Archivgesetze des Bundes und aller Länder wurde für 4

1 Der Begriff *Zugang* wird verwendet, weil durch ihn alle Formen der Einsichtsmöglichkeiten in Archivgut abgedeckt werden. Der Zugang zu Archivgut wird nach Archivrecht idR als *Nutzung* bezeichnet. Die darüber hinausgehenden Möglichkeiten der Einsicht zB durch Staatsanwaltschaften werden durch Begriff *Zugang* miteinbegriffen; vgl Schoch/Kloepfer/Garstka § 14 Rn 1.

2 Brenneke/Leesch, 179 f und 182; Manegold, v.a. 21-42.

3 Vgl. Manegold, ebd.; ein kurzer Abriss zur Vorgeschichte des BArchG NK-BArchivG Becker/Oldenhage, Einleitung Rn 1-7.

4 NK-BArchivG Becker/Oldenhage, Vorwort 5.

5 Vgl. Richter, in: Bannasch/Maisch/Richter, 229, 232-234.

6 BVerfGE 65, S. 1 ff.

das Archivwesen ein Ausgleich zwischen **Datenschutz** und **Informationszugang** geschaffen.

5 Das spiegelt sich auch im ersten **Archivgesetz** der Bundesrepublik wider, dem Landesarchivgesetz Baden-Württemberg von 1987, in dem die Aufgaben des Archivs mit den Begriffen **verwahren, erhalten, erschließen** und ***nutzbar machen*** (Hervorhebung des Verf.) beschrieben werden.[7] Mit diesem ersten Archivgesetz wurde Neuland betreten,[8] zB erkennbar an den Diskussionen um die Ausgestaltung von Zugangsregeln.[9] Bei den **Schutz- oder Sperrfristen**, nach denen der Zugang zu Archivgut ermöglicht wird, bestanden seit der Verabschiedung des Bundesarchivgesetzes 1988 v.a. für personenbezogene Unterlagen unterschiedliche Fristen. Sehr schnell zeichnete sich aber ab, dass die in Baden-Württemberg beschlossenen Fristen mehr Zustimmung fanden als die längeren Fristen im Bundesarchivgesetz von 1988.[10]

6 Mit der ersten Novellierung des LArchG vom 12.3.1990 wurden die Bestimmungen des Bundesarchivgesetzes, soweit sie bei der Nutzung von Archivgut in Baden-Württemberg zu berücksichtigen sind, in § 6 a eingefügt. Zugleich wurden § 10 Abs. 3 und 4 des *Gesetzes zur einheitlichen Beendigung der politischen Säuberung* vom 13.7.1953 aufgehoben; damit fielen auch die sogenannten Spruchkammerakten, zu denen die Forschung bis dahin keine Einsicht erhielt, unter die Zugangsregelungen des LArchG.[11]

7 **Archivgesetze waren und sind damit Informationszugangsgesetze** zu Verwaltungsinformation, noch bevor diese Begrifflichkeit existierte. Dabei beziehen sich die Archivgesetze ausschließlich auf Unterlagen und Informationen, die durch eine archivische Bewertung zu **Archivgut** geworden sind.[12] Zugleich bedeutet dies, dass fast alle anderen gesetzlichen Bestim-

---

7 § 2 Abs. 1 S. 1 LArchG: „Das Landesarchiv *verwahrt*, *erhält* und *erschließt* als Archivgut alle Unterlagen, die von den Behörden, Gerichten und sonstigen Stellen des Landes, deren Funktionsvorgängern oder von Rechtsvorgängern des Landes übernommen worden sind und die bleibenden Wert haben; *es macht das Archivgut allgemein nutzbar*" (Hervorhebung des Verf.).

8 Die dem Gesetz vorausgehende intensive Diskussion und die Beratungsschritte sind umfassend dokumentiert in Bannasch/Maisch/Richter, v.a. 97-181.

9 Am deutlichsten erkennbar an der seit 2000 nicht mehr angewandtem Regelung in § 3 (s. LArchG § 6 Rn 14 f).

10 Die kürzeren Fristen waren ein Ergebnis der Beratungen im Wissenschaftsausschuss im Juni 1987 (Bannasch/Maisch/Richter, 128). Einen Überblick zu den Schutz- und Sperrfristen in der Bundesrepublik bei Ksoll-Marcon, in: Rehm/Bickhoff, 10-16; vgl auch Manegold, Archivrecht?, 49. Zur Novellierung des BArchG mit Anpassung der Fristen vgl. Anm. 97.

11 Dokumentation des Gesetzgebungsverfahrens bei Bannasch/Maisch/Richter, 151-163. Weitere Novellierungen des LArchG mit Auswirkung auf den Zugang zu Archivgut erfolgten 29.7.2014 mit der Einbeziehung von *Lebenspartnern* in § 5 Abs. 2 und § 6 Abs. 4 sowie am 17.12.2015 mit dem Wegfall des *berechtigten Interesses* in § 6 Abs. 1.

12 Im LArchG finden sich keine speziellen Regelungen zu archivischen *Findmitteln*, durch die Informationen aus Archivgut von Archiven proaktiv zugänglich gemacht werden. Für den Zugang sind die in diesem Beitrag vorgestellten Regelungen zu berücksichtigen; für eine Online-Präsentation von Informationen haben die Archivverwaltungen des Bundes und der Länder 2007 eine Handreichung als Orientierungshilfe vorgelegt: *Bereitstellung elektronischer Findmittel in öffentlich zugänglichen Netzen* https://www.bundesarchiv.de/imperia/md/content/bundesarchiv_de/fachinformati

mungen über den Zugang und die Verfügbarkeit von Information, die sich auf Unterlagen der öffentlichen Verwaltung beziehen, ab diesem Moment nicht mehr unmittelbar wirken.

2. Archivgesetz und Informationsfreiheit. Rechtlich und bei der Umsetzung stellt die Harmonisierung von **Informationsfreiheitsgesetzen und Archivgesetzen** eine Herausforderung dar; daher hat es bereits unterschiedliche Lösungsversuche gegeben. Die Grundfrage ist, ob bzw. inwieweit eine Durchbrechung der eigenständigen Sphäre des Archivrechts nötig ist, um den Zielen der Informationsfreiheit Geltung zu verschaffen.[13] Da mit Archivgesetzen als *lex specialis* ein Bereich abschließend geregelt wird, ist anzustreben, dass über IFGn kein direkter Eingriff mit Verfügung über Archivgut ermöglicht wird, wie es zB bei der gescheiterten Novelle des Bundesarchivgesetzes 2012 versucht wurde. Bei der Novellierung 2017 blieb es im Bundesarchivgesetz bei der Durchbrechung des Archivrechts durch das IFG.[14] Zugangsrechte, die in einem IFG verankert sind, werden ohne substanzielle Einschränkung im Rahmen einer ermessensfehlerfreien archivrechtlichen Entscheidung über Zugang zu Archivgut im Archiv berücksichtigt.[15] 8

Mit den Informationsfreiheitsgesetzen des Bundes und der Länder, ersten Transparenzgesetzen[16] und der EU-Richtlinie über die Weiterverwendung von Informationen des öffentlichen Sektors[17] mit ihrer nationalen Umsetzung im Informationsweiterverwendungsgesetz[18] wurden bzw. werden derzeit Rahmenbedingungen geschaffen, die bei der Gewährung von Zugang 9

---

on/ark/20070320_veroeffentlichungsgrundsaetze_ark.pdf (Abruf 4.1.2016). Dazu Klein, in: Andre/Rehm, 59-67.

13 Vgl. zB Martin-Weber, in: Rehm/Bickhoff, 17-31; zu den ersten Schritten vgl Klein, in: Polley, Archivgesetzgebung, 99-114; vgl Vollmer, in: Becker, 11, 22-25; s. LArchG § 6 Rn 20-24.

14 Vgl. Rehm, Archivar 65/2012, 328, v.a. Punkt (2)A 329 f. Zur Novellierung 2016/2017 vgl. Bundestag. Ausschuss für Kultur und Medien, Protokoll 18/69 vom 19. Oktober 2016, S. 29 [https://www.bundestag.de/blob/480002/cfd1dfd90508b78d7db99ab9ed7c05e8/69_protokoll-data.pdf] und 2. und 3. Lesung der Novellierung des Bundesarchivgesetzes am 19. Januar 2017, Plenarprotokoll 18/212, S. 21296-21266 und 21272-21275 [http://dipbt.bundestag.de/dip21/btp/18/18212.pdf#P.21191].

15 Vgl. Schäfer, Archivalische Zeitschrift 90/2008, 91, 102-105; Schäfer, Archivalische Zeitschrift 88/2006, 819, 835-841.

16 Das erste Transparenzgesetz in Deutschland der Freien und Hansestadt Hamburg ist seit 6.10.2012 in Kraft. Für bestimmte Bereiche des Handelns der Landesverwaltung gilt anstelle des Rechts des Bürgers auf Information nach Anfrage die proaktive Pflicht der Behörde zu informieren. Das zugehörige Transparenzportal wird vom Staatsarchiv Hamburg betrieben; vgl http://transparenz.hamburg.de/das-transparenzportal/ (Abruf 20.1.2016).

17 Mit der sog. PSI-Richtlinie 2003/98/EG sollte der freie Verkehr von Informationen des öffentlichen Sektors v.a. zur Förderung der Wirtschaft verbessert werden. Öffentliche Informationen wurden auch für gewerbliche Nutzung frei zugänglich. Informationen über Kulturgut, die zuerst ausgespart worden waren, wurden in einer zweiten Stufe durch die Richtlinie 2013/37/EU einbezogen.

18 Für Archive sind in der Novelle des Informationsweiterverwendungsgesetzes (IWG, BT-Drs. 18/4614) v.a. die §§ 3 a, 4 und 5 einschlägig. Zum ersten können Archive für die Weiterverwendung Nutzungsbedingungen stellen (§ 4), zum zweiten darf bei der Erstellung von Konversionsformen (Kopien, Scans) auch von öffentlichen Institutionen ein „angemessene Gewinnspanne“ erhoben werden (§ 5), und zum dritten kön-

zu Archivgut zu berücksichtigen sind. Ob und inwieweit diese Regelungen in die Archivgesetze eingearbeitet werden müssen bzw. können, ist derzeit noch offen. Darüber hinaus ist zu erwarten, dass nach der Verabschiedung der EU-Datenschutz-Grundverordnung Anpassungen an BArchG und LArchG vorzunehmen sind. Unter Berücksichtigung dieser Einschränkungen sind beim Zugang zu Archivgut zuerst und vor allem die archivgesetzlichen Regelungen anzuwenden.

10 Auch wenn der Zugang zu Archivgut in den deutschen Archivgesetzen idR als **Jedermannrecht** formuliert ist,[19] bedeutet dies keinen schrankenlosen Zugang zu Unterlagen und Informationen. Angesichts von Informationen mit hoher Sensibilität, die archivierten Unterlagen innewohnen können, wird der Zugang zu schutzwürdigen Belangen oder Informationen im Archiv über differenzierte Zugangsregelungen mit Schutz- und Sperrfristen[20] gewährt. Dabei gilt der Grundsatz, dass der Zugang zu Unterlagen und Informationen im Archiv nicht restriktiver sein soll als bei der Stelle, in der das nunmehrige Archivgut entstanden ist. Insofern kollidieren die Absichten des Informationszugangs nicht mit denen des Archivs. Darüber hinaus können im Archiv nach Fristabläufen und anderen Regelungen Zugänge geschaffen werden, die vorher in den Verwaltungen nach den Regelungen des Informationszugangs nicht bestanden haben oder bestehen durften.[21]

11 Mit den Regelungen des LArchG wird ein Ausgleich zwischen den hohen Gütern des Datenschutzes mit dem Grundrecht auf **informationelle Selbstbestimmung** und v.a. der grundgesetzlich festgeschriebenen **Forschungsfreiheit** erreicht.[22] Entsprechend ist daher im § 23 Abs. 3 LDSG bei allen Löschbestimmungen eine vorherige Anbietungspflicht von zu löschenden Unterlagen an das Landesarchiv verankert.

12 Die rechtlichen Grundlagen und die darauf aufbauenden differenzierten Verfahren sollen im Folgenden dargestellt werden. Die Komplexität zeigt die intensive Abwägung im Archivrecht zwischen den Belangen des Datenschutzes und der **Geheimhaltung** einerseits sowie dem Recht auf Zugang andererseits. In den nunmehr fast 30 Jahren der Anwendung der Archivgesetze zeigt sich, dass die Abwägung gelungen ist, sich die gefundenen Rege-

---

nen Projektverträge mit Privaten abgeschlossen werden, in denen Partnern ein befristeter exklusiver Zugang zu Informationen aus Kulturgut eingeräumt werden darf; dies geschah v.a. im Hinblick auf Digitalisierungsprojekte (§ 3 a, v.a. Abs. 3).

19 Vgl. LArchG § 6 Rn 6; zur Allgemeinzugänglichkeit des Archivguts Schoch/Kloepfer/Garstka, § 14 Rn 1-17.

20 Vgl. § 6 LArchG Rn 9-19.

21 So ist zB in manchen Fällen im Archiv statt einer Schwärzung in Dokumenten, die beim Zugang nach LIFG in einer Behörde vorgenommen werden müssen, unter Auflagen die ungeschwärzte Vorlage eines Dokuments möglich. Zur restriktiven Handhabung der IFG vgl Lehnstaedt/Stemmer, Archivar 66/2013, 46, 47: „… denn das Informationsfreiheitsgesetz ist kein Instrument, das einen allgemeinen Archivzugang ersetzt. Das liegt zunächst daran, dass das IFG zwar grundsätzlich einen ‚voraussetzungslosen‘ Weg zu den Informationen schaffen soll, aber dennoch zahlreiche Hürden und Einschränkungen bestehen: 2010 wurde jeder dritte Antrag auf Zugang zu den Dokumenten ganz oder teilweise abgelehnt (Quelle BMI)“.

22 Dies war auch der unmittelbare Anlass zur Entwicklung von Archivgesetzen. Vgl. Bannasch/Maisch/Richter mit umfangreichem Dokumentationsmaterial zum Gesetzgebungsprozess.

lungen bewährt haben und einer gerichtlichen Überprüfung standhalten. Gerichtliche Auseinandersetzungen zum Zugang zu Archivgut sind selten und auf Sonderfälle beschränkt geblieben.[23]

Für den Umgang mit archivierten Unterlagen und Informationen von Behörden, Gerichten und sonstigen Stellen des Landes, deren Funktionsvorgängern oder von Rechtsvorgängern des Landes Baden-Württemberg sind das LArchG und über die Verweisung in § 6 a LArchG in Teilen Bestimmungen des BArchG einschlägig. 13

Der Zugang zu Unterlagen und Informationen setzt eine **Anbietungspflicht** der o.g. Stellen voraus. Diese Anbietungspflicht gilt uneingeschränkt, auch für Daten, die Geheimhaltungsvorschriften unterliegen oder unzulässig gespeichert wurden.[24] In einigen wenigen Fällen kann ein Zugang im Archiv nicht (mehr) gewährt werden, weil diese Daten nicht archiviert werden dürfen; solche Ausnahmen bedürfen einer ausdrücklichen gesetzlichen Regelung.[25] 14

3. Geltungsbereich des LArchG. Mit dem LArchG wird die Nutzung von Unterlagen und Informationen im Landesarchiv Baden-Württemberg mit seinen Archivabteilungen geregelt. Aufgrund §§ 7 und 8 LArchG sind diese Regelungen auch für **Kommunalarchive** (§ 7 Abs. 3 LArchG) und für **Körperschaften, Anstalten** und **Stiftungen des öffentlichen Rechts**, die der Aufsicht des Landes unterstehen (§ 8 Abs. 1 und 2 LArchG) verbindlich. Darüber hinaus gelten die Regelungen für das Archiv des **Landtags**, der aber nach § 10 Abs. 1 LArchG in eigener Zuständigkeit über den Ort der Archivierung entscheiden kann; dh er kann sein Archiv selber führen oder es durch das Landesarchiv führen lassen. Ausgenommen sind gemäß § 10 Abs. 2 LArchG die öffentlich-rechtlichen **Rundfunkanstalten** und **öffentlich-rechtliche Unternehmen** mit eigener Rechtspersönlichkeit, die am 15

---

23 Die Regelungen zur Nutzung stellen kein Hindernis bei der Abgabe von Daten an ein Archiv dar (vgl zB VGH BW v. 30.7.2014, 1 S 1352/13). Demnach ist die Übergabe an das Landesarchiv möglich, weil die Schutzmechanismen des LArchivG ausreichen, das informationelle Selbstbestimmungsrecht des Betroffenen zu wahren; VGH BW v. 30.7.2014, 1 S 1352/13 Rn 110: „Schließlich ist auch keine Verletzung des Grundrechts auf informationelle Selbstbestimmung des Klägers gegeben. Die schlichte Behauptung, § 23 Abs. 3 LDSG in Verbindung mit § 5 Abs. 3 Satz 2 LArchG sei keine ausreichende gesetzliche Grundlage für einen Eingriff in das Grundrecht auf informationelle Selbstbestimmung, ist nicht nachzuvollziehen. ... Die sich aus der gesetzlichen Regelung ergebenden Rechtsfolgen sind klar und eindeutig. Wie das Verwaltungsgericht ausführlich dargelegt hat, bestehen zudem zahlreiche Schutzvorkehrungen zugunsten der etwaig in ihren Grundrechten Betroffenen." Vgl. auch Polley, in: Becker, 43, 53.

24 Zur Archivierung unzulässig gespeicherten Daten vgl VGH BW v. 30.7.2014, 1 S 1352/13 (Anspruch auf Löschung von kopierten Daten aus dienstlicher Kennung; E-Mail-Postfach), Rn 32, 37 und v.a. Rn 108. Zur Notwendigkeit auch diese Informationen zu archivieren vgl Rehm, Archivar 63/2010, 219, 220-222.

25 So dürfen Unterlagen, die § 203 Abs. 1 Nr. 4 und 4 a StGB unterliegen, nur in anonymisierter Form übergeben werden (§ 3 Abs. 1 letzter S. LArchG). Darunter fallen Unterlagen von Ehe-, Familien-, Erziehungs- oder Jugendberatern sowie Beratern für Suchtfragen in einer Beratungsstelle, die von einer Behörde oder Körperschaft, Anstalt oder Stiftung des öffentlichen Rechts anerkannt ist, und Mitglieder oder Beauftragte einer anerkannten Beratungsstelle nach §§ 3 und 8 Schwangerschaftskonfliktgesetz.

Wettbewerb teilnehmen, sowie deren Zusammenschlüsse, mit Ausnahme von **Zweckverbänden**.

16 Zu beachten ist, dass die Regelungen des LArchG zum Zugang auch außerhalb von Archiven bei der Zugänglichmachung von Informationen zum **Personenstand** anzuwenden ist. Mit der Novellierung des PStG, die zum 1.1.2009 in Kraft trat, wurde die Nutzung der bis dahin von den Standesämtern verwalteten Personenstandsdaten nach Ablauf der Fortführungsfrist durch Wissenschaft und Genealogen ermöglicht; dies war die ausdrückliche Absicht des Gesetzgebers.[26] Nach § 7 Abs. 3 PStG sind Register, Sicherungsregister und Sammelakten nach Ablauf der in § 5 Abs. 5 PStG genannten Fristen den zuständigen öffentlichen Archiven anzubieten. Da das aufgrund fehlender archivischer Infrastruktur nicht in allen Fällen möglich ist, sind nach § 61 Abs. 2 PStG auch von Standesämtern bei Vorlage dieser Unterlagen die archivrechtlichen Vorschriften für den Zugang anzuwenden.[27]

II. Zugang

17 Der Zugang zu Unterlagen und Informationen im Archiv hängt grundsätzlich von der **Rechtsgrundlage** ab, auf der die Übernahme von Unterlagen in das Archiv beruht.

18 Für Unterlagen und Informationen, die von den in § 2 LArchG benannten Behörden, Gerichte und Stellen gemäß § 3 LArchG durch das Landesarchiv übernommen werden, sind für den Zugang v.a. §§ 5, 6 und 6 a LArchG einschlägig. Dabei sind die **Zugangsregelungen** differenziert zum einen nach sachlichen Gesichtspunkten (zB Wahrung berechtigter Belange des Betroffenen, Geheimhaltung, Gefährdung der Erhaltung des Archivguts) und zum anderen nach Personengruppen bzw. Stellen (zB die Unterlagen abgebende Stelle, Betroffene(r), Nutzer) zu betrachten; umgesetzt wird dies in **Schutz- und Sperrfristen**.[28] Der Zugang zu Unterlagen, die unter Geheimhaltungsvorschriften fallen, kann nach § 3 Abs. 1 S. 3 und 4 LArchG dabei Regelungen mit abgebenden Stellen unterliegen.[29]

19 Die nach § 6 LArchG geltenden, den Zugang beschränkenden Sperrfristen, sind auch auf kommunales Archivgut gemäß § 7 Abs. 3 S. 4 LArchG und auf Archivgut der Körperschaften, Anstalten und Stiftungen öffentlichen Rechts, die der Aufsicht des Landes unterstehen, anzuwenden (§ 8 Abs. 2 S. 1 LArchG).

---

26 Vgl. Begründung BT-Drs. 16/1831, 36.

27 Vgl. dazu auch Joergens, in: Rehm/Bickhoff, 43-51.

28 Bei den Regelungen zur Beschränkung des Zugangs zu Archivgut wird in den Archivgesetzen von *Sperrfristen* oder *Schutzfristen* gesprochen. Unabhängig von der Wortwahl besteht in der damit verbundenen Regelungswirkung kein Unterschied. Vielmehr wird mit den Begriffen entweder die Funktion der Regelung in Bezug auf Betroffene transparent gemacht (*Schutzfrist*) oder die Regelung aus der Sichtweise des Nutzers bzw des Zugangs beschrieben (*Sperrfrist*). Entsprechend der Sprachregelung im LArchG wird in diesem Beitrag der Terminus *Sperrfristen* verwendet. Vgl. auch Klein, Umgang, S. 55.

29 Anwendung fand dies nur zeitweise bei Patientenakten, vgl LArchG § 6 Rn 14 f.

Sofern Unterlagen von **Stellen des Bundes** mit regionaler Zuständigkeit (zB Zollverwaltung) gemäß § 2 Abs. 3 BArchG vom Landesarchiv übernommen werden, gelten nach § 6 a Abs. 1 LArchG die Fristen des BArchG.[30] 20

Für den Zugang zu Archivgut, das von **Privaten** nach § 2 Abs. 3 LArchG übernommen wurde, können Zugangsregelungen zwischen den Partnern bilateral vereinbart werden, die von den Regelungen des LArchG abweichen. Die Vereinbarung einer dauerhaften Sperrung des Zugangs widerspricht dem gesetzlichen Auftrag der Archive. Problematisch kann die Nutzung sein, wenn zB keine Informationen über die Umstände vorliegen, unter denen ein Nachlass in das Archiv gelangt ist oder Eigentumsverhältnisse nicht eindeutig geklärt sind. Für eine Nutzung dieses Archivguts ist jeweils bei dem Archiv, das das Archivgut verwahrt, nach den geltenden Zugangsbedingungen zu fragen.[31] 21

Für ein Zugangs- bzw. Nutzungsersuchen sind stets allgemeine Regeln des Zugangs und Versagensgründe zu prüfen. Dabei muss auch geprüft werden, ob die Unterlagen und Informationen schon öffentlich zugänglich waren. Ausreichend ist nach § 6 Abs. 3 LArchG schon, dass sie bei ihrer Entstehung zur Veröffentlichung bestimmt waren. Neben einer faktischen Veröffentlichung oder einer beabsichtigten Veröffentlichung sind Ansprüche und Verfahren zum Aktenzugang, zB nach LDSG oder UVwG zu prüfen. Sofern ein Informationszugang bestanden hätte, besteht er in gleichem Umfang auch im Archiv. Der Zugang muss nicht faktisch stattgefunden haben; es reicht, wenn er möglich gewesen wäre. Ein möglicher Zugang nach LIFG braucht nicht geprüft zu werden, da dieser durch den Zugang nach Archivrecht ersetzt wird. 22

Sofern bei einer staatlichen Stelle nach § 2 Abs. 1 S. 1 LArchG[32] archivwürdige Unterlagen oder Informationen noch **Aufbewahrungsfristen** unterliegen, diese aber nicht mehr benötigt und daher an das Landesarchiv abgegeben werden, fungiert das Archiv bis zum Ablauf der Aufbewahrungsfristen als **Zwischenarchiv** ausschließlich zur Aufbewahrung. Rechtliche Grundlage für diese Lagerung im Landesarchiv ist die **Auftragsverwahrungsverordnung.**[33] In diesem Fall bleiben die Unterlagen und Informationen trotz ihrer Verbringung in das Archiv in der Hoheit der abgebenden Stelle. Hier greifen ausschließlich die jeweils gültigen Ansprüche und Verfahren zum Informationszugang zB nach LDSG, UVwG und LIFG. 23

30 Zur Übergabe vgl § 7 BArchG.

31 Zur möglichen Bandbreite bei Vereinbarungen vgl Boden/Niebuhr, 169-178; vgl Axer, et al., Archivar 68/2015, 350-351.

32 Stellen sind demnach „Behörden, Gerichten und sonstigen Stellen des Landes, deren Funktionsvorgängern oder von Rechtsvorgängern des Landes".

33 Verwahrung von Unterlagen in den Staatsarchiven (heute: im Landesarchiv) im Auftrag der abgebenden Stellen (GBl. 1992, 685): „Die Staatsarchive (das Landesarchiv) können Unterlagen, deren bleibender Wert festgestellt worden ist, vor dem Ablauf der Aufbewahrungsfristen übernehmen und im Auftrag der abgebenden Stelle bis zum Ablauf der Aufbewahrungsfristen verwahren. Speichernde Stelle bleibt während dieser Zeit die abgebende Stelle. Danach werden die Unterlagen als Archivgut verwahrt".

24 Mit Ablauf der **Aufbewahrungsfristen** werden diese Unterlagen zu Archivgut und unterliegen dann den Zugangsregelungen des LArchG. Ab diesem Zeitpunkt entscheidet das Archiv über den Zugang anstelle der Stelle, bei der die Unterlagen entstanden sind. Vergleichbare Regelungen für kommunale Archive können die kommunalen Körperschaften und Körperschaften öffentlichen Rechts nach § 8 LArchG erlassen.

III. Entscheidung über Nutzung und Sperrfristverkürzung

25 Über den Zugang zu Archivgut nach § 2 Abs. 1 LArchG entscheidet das Landesarchiv. Grundsätzlich steht dem Landesarchiv die Möglichkeit offen, im Rahmen einer Ermessensentscheidung Sperrfristen zu verkürzen oder zu verlängern. Über **Sperrfristverkürzungen und -verlängerungen** entscheidet bei diesem Archivgut das Landesarchiv gemäß § 6 Abs. 4 S. 1 und 2 LArchG.

26 Über den Zugang zu **kommunalem Archivgut** sowie über **Sperrfristverlängerungen und -verkürzungen** entscheiden nach § 7 Abs. 1 LArchG in Verbindung mit § 7 Abs. 3 S. 5 LArchG die Gemeinden und Landkreise. Bei Körperschaften, Anstalten und Stiftungen öffentlichen Rechts, die der Aufsicht des Landes unterstehen, entscheidet der Träger gemäß § 8 Abs. 2 S. 2 LArchG über Nutzung sowie Sperrfristverlängerungen und -verkürzungen.

IV. Rechtsvergleich

27 Auch wenn die Zugangsregelungen zu Archivgut in **Europa** aufgrund der unterschiedlichen Rechtstradition letztlich nicht vergleichbar sind, so stehen überall die Zugangsbegehren von Betroffenen sowie für die Forschung und als Rückgriff der Unterlagen produzierenden Stelle mit dem Datenschutz in Spannung.[34] Die Entwicklungen in Europa verliefen unabhängig voneinander. In **Belgien** setzte die Kodifizierung früh ein,[35] in **Österreich** mit dem Kärntener Landesarchivgesetz erst 1997[36] und in der föderalen **Schweiz** finden sich sehr heterogene Lösungen[37] mit z.T. innovativen Ansätzen, wie das Züricher Beispiel zeigt.[38] In **Frankreich** müssen für den Zugang zu Archivgut unterschiedlichste Rechtskreise aus Archivwesen und Verwaltung berücksichtigt werden;[39] zudem können durch Erlass des Präsidenten ganze Aktengruppen aus den Sperrfristregelungen herausgenommen werden, wie es zB mit den Unterlagen aus der Zeit der Okkupation Deutschlands nach dem Krieg am 24.12.2015 geschah.[40] In **Schweden** liegt

34 Zur fehlenden Kompetenz der EU Schoch/Kloepfer/Garstka, Einleitung Rn 20; vgl Schäfer, Archivalische Zeitschrift 88/2006, 819-846, v.a. 835-841.

35 24.6.1955 [http://www.archivschule.de/DE/service/archivgesetze/ (Abruf 3.2.2016)].

36 Ogris, in: Schadek, 75-84.

37 Zwicker, in: Schadek, 69-74.

38 Zur Entstehung des Archivgesetzes des Kantons Zürich (§ 11 in der Fassung vom 15.1.2014) Gnädinger/Schlatter, in: Andre/Rehm, 9-17.

39 Peter, in: Schadek, 61-68.

40 ORF n°0300 du 27 décembre 2015 page 24116. texte n° 2. Arrêté du 24 décembre 2015 portant ouverture d'archives relatives à la Seconde Guerre mondiale, hier Artikel Nr. 6 „° Les documents relatifs à la poursuite et au jugement des criminels de guerre dans les zones d'occupation française en Allemagne et en Autriche".

mit dem Gesetz zur Pressefreiheit (*Tryckfrihetsförordning*) vom 2.12.1766 eine andere Lösungsstruktur vor. Eine grenzüberschreitende Wechselwirkung ist bei Diskussionen über Schutz- und Sperrfristen nicht zu erwarten. Als Ausnahme darf die Zugangsregelung zu deutschen Unterlagen gelten, die von der amerikanischen Militärverwaltung nach dem Ende der NS-Zeit beschlagnahmt worden waren und als Archivgut ab Ende 1958 an das Bundesarchiv mit der Auflage abgegeben wurden, dass sie keinen Zugangsbeschränkungen unterliegen.[41] Die grundsätzliche Demokratiefunktion des Archivzugangs wurde vor der **UNESCO** in der *Weltweiten Erklärung über Archive* im Jahr 2011 betont.[42]

V. Besonderheiten bei Verschlusssachen

Zusätzlich zu den genannten Sperrfristen ist beim Zugang zu **VS-Archivgut** die VS-ArchivR[43] zu beachten. Es ist unmittelbar nachvollziehbar, dass VS-Archivgut zB mit Informationen über verdeckte Ermittler auch nach 30 Jahren nicht automatisch zugänglich gemacht werden kann. Der Zugang zu Unterlagen und Informationen, die durch Verwaltungsentscheidung einer VS-Stufe unterliegen, ist in der VS-ArchivR ebenso geregelt wie der Zugang zu nicht mehr benötigtem, aber noch nicht deklassifiziertem Material, das vom Landesarchiv in sein **Verschlusssachenarchiv** übernommen wurde. 28

Da die Unterlagen im **VS-Archiv** klassifiziert sind, erfolgt der Zugang für alle Nutzer nach Punkt 4 VS-ArchivR vorbehaltlich der Zustimmung bzw. der Auflagen der abgebenden Stelle. Diese Einschränkung wurde vom Landesarchiv in Kauf genommen, um die archivwürdigen Unterlagen zeitnah im VS-Archiv sichern zu können. Zugang können nach VS-ArchivR **abgebende Stellen** (nach Punkt 4.4.1 VS-ArchivR s. LArchG § 6 Rn. 27), **Betroffene** (nach Punkt 4.2 VS-ArchivR s. LArchG § 5 Rn. 3) und Nutzer erhalten; die dabei möglichen Verfahren des Zugang hängen ab von der Art der Unterlagen und vom Nutzer selber, ob er zB sicherheitsüberprüft ist. 29

Für die **Forschung** ist Punkt 4.3 VS-ArchivR anzuwenden. Damit bieten sich drei Verfahren des Zugangs an.[44] Im ersten werden die Unterlagen von der Stelle, die die Unterlagen abgegeben hat, einzeln geprüft und deklassifiziert. Sobald das VS-Schriftgut deklassifiziert ist, unterliegt es den üblichen Prüfungen und Zugangsregelungen für Archivgut. Da idR in diesen Unterlagen auch **Fremd-VS** vorhanden ist, das herabgestuft werden muss, ergibt sich für die abgebende Stelle ein aufwendiges und lange dauerndes Verfahren, das auch oft nicht im Interesse des Nutzers ist, der im Zusammenhang 30

41 Henke, 557, 591ff.
42 Vgl § 6 Rn 6 mit Anm. 65.
43 Gemeinsame Verwaltungsvorschrift der Ministerien über die Aussonderung von Verschlusssachen und deren Übernahme durch das Verschlusssachenarchiv der staatlichen Archivverwaltung (VS-Archiv-Richtlinien – VS-ArchivR), vom 20.12.2004 – Az.: 5-0214.3/77, zuletzt geändert durch Verwaltungsvorschrift vom 1.12.2011 (GABl., 566).
44 Zu den unterschiedlichen Verfahren und ihren Vor- und Nachteilen vgl Rehm/Häußermann, 32-39 mit Beispielen 36-38.

zB mit einer Forschungsarbeit zügig über die Informationen verfügen möchte.

31 Ein zweiter Weg wird eröffnet, wenn der Nutzer sicherheitsüberprüft ist. In diesem Fall kann er (mit Zustimmung der abgebenden Stelle) die Unterlagen komplett einsehen. Danach müssen diejenigen Dokumente, aus denen Informationen verwertet werden sollen, der Stelle zugeleitet werden, die die Klassifikation vorgenommen hatte. Sobald diese Unterlagen herabgestuft sind, können sie – ggf. unter Auflagen – verwertet werden. Kritisch zu sehen ist bei diesem Vorgehen, dass es letztlich zu einer Art privilegierter Forschung führt: Weitere Interessenten haben kein Zugriff „auf ansonsten gesperrtes VS-Material (...) und deshalb keine Möglichkeit zur Verifizierung von Angaben aus diesen VS-Akten ...“.[45] Dieses Verfahren kann daher nur in Ausnahmefällen aufgrund pragmatischer Erwägungen infrage kommen.

32 Neben den beiden genannten Varianten kann die Einsicht unter **Auflagen** erfolgen (Punkt 4.3.1 S. 4 VS-ArchivR).

§ 5 LArchG Recht auf Auskunft und Gegendarstellung

(1) [1]Das Auskunftsrecht gemäß § 12[1] des Landesdatenschutzgesetzes bleibt unberührt. [2]§ 12[2] Landesdatenschutzgesetz gilt entsprechend für personenbezogene Daten, die nicht in Dateien gespeichert sind, soweit sie mit vertretbarem Aufwand zu ermitteln sind; statt einer Auskunft kann Einsicht in das Archivgut gewährt werden.

(2) [1]Wer die Richtigkeit von Angaben zu seiner Person bestreitet, kann verlangen, daß dem Archivgut seine Gegendarstellung beigefügt wird, wenn er ein berechtigtes Interesse daran glaubhaft macht. [2]Nach seinem Tod steht dieses Recht dem Ehegatten, dem Lebenspartner, den Kindern oder den Eltern zu.

(3) [1]Rechtsansprüche auf Berichtigung personenbezogener Angaben bleiben unberührt, richten sich jedoch gegen die Stelle, bei der die Unterlagen entstanden sind. [2]Löschungsansprüche gemäß § 13 Abs. 3[3] des Landesdatenschutzgesetzes sind nach Übergabe der Unterlagen an das Landesarchiv ausgeschlossen.

Literatur: siehe Vorbemerkungen zum LArchG.

45 Vgl. Zuber, 93, 104; vgl Rest, 131, 136 mit Beispielen für diese privilegierte Forschung.
1 Jetzt geregelt in § 21 LDSG.
2 Jetzt geregelt in § 21 LDSG.
3 Jetzt geregelt in § 23 Abs. 1 LDSG.

I. Allgemeines

1. Europa- und verfassungsrechtliche Vorgaben. Als europarechtliche Vorgabe sind wie bei § 21 LDSG (s. LDSG § 21 Rn 1) der Schutz personenbezogener Daten nach Art. 8 der EU-Grundrechtecharta sowie die Datenschutzrichtlinie 95/46/EG zu beachten. Aktuell wirken **europarechtliche Vorgaben** durch die Ausweitung der sog. PSI-Richtlinie 2013/37/EU auf Kulturinstitutionen und deren Umsetzung im **Informationsweiterverwendungsgesetz** 2015 auf den Zugang bzw die Nutzung von Archivgut. Im Zusammenhang mit der Verabschiedung der **EU-Datenschutzgrundverordnung** ist eine Anpassung der Archivgesetze des Bundes und der Länder zu erwarten.[4] 1

In verfassungsrechtlicher Hinsicht ist das Recht auf **informationelle Selbstbestimmung** zu beachten (s. Einl. Rn 45). 2

2. Entstehungsgeschichte. § 5 LArchG vom 27.7.1987 (GBl. S. 230) blieb bisher weitgehend unverändert. Durch Art. 56 Nr. 4 des Gesetzes vom 1.7.2004 (GBl. S. 469, 503) wurde lediglich der Begriff „Staatsarchiv" durch „Landesarchiv" ersetzt und durch Art. 3 Nr. 1 des Gesetzes vom 29.7.2014 (GBl. S. 378, 379) nach dem Ehegatten der Begriff „Lebenspartner" eingefügt. Unverändert nimmt § 5 LArchG auf das **Auskunftsrecht** gemäß § 12 LDSG und die **Löschungsansprüche** gemäß § 13 Abs. 3 LDSG Bezug, obwohl das LDSG vom 4.12.1979 (GBl. 534), geändert durch Gesetz vom 30.6.1982 (GBl. S. 265), welches bei Inkrafttreten des LArchG galt, durch das neue LDSG vom 27.5.1991 (GBl. S. 277) und nachfolgende Gesetze umgestaltet wurde. Entsprechende Regelungen sind nunmehr in § 21 LDSG bzw. § 23 LDSG enthalten. 3

3. Zweck der Norm. § 5 LArchG passt die allgemeinen datenschutzrechtlichen Regelungen nur leicht an die Besonderheiten des Archivrechts an. Die Regelung dient denselben Zwecken wie § 21 LDSG (s. LDSG § 21 Rn 1) und § 23 LDSG. 4

4. Vergleichbare Regelungen des Bundes oder anderer Bundesländer. § 14 Abs. 1-3 (Auskunft), Abs. 4 (Gegendarstellung) BArchG; § 9 ArchGB; § 6 ArchG LSA; § 6 Abs. 3 ArchivG NRW; Art. 11 BayArchivG; § 8 BbgArchivG; § 5 BremArchivG; § 15 HArchivG; § 6 HmbArchG; § 11 LArchivG M-V; § 4 LArchG RP; § 11 LArchG SH; § 6 NArchG; § 5 SArchG; § 6 SächsArchivG; § 19 ThürArchivG. 5

II. Zugang für Betroffene (Abs. 1 und 2)

Das u.a. im Datenschutzrecht verankerte Recht von Betroffenen auf **Auskunft** und **Gegendarstellung** gilt auch im Archiv, weil die Geltung des entsprechenden Passus des LDSG (§ 21) im LArchG für Archivgut beibehalten 6

4 IWG, BT-Drs. 18/4614, vgl Vorb. LArchG Rn 9. Zur Datenschutzgrundverordnung: Taylor, 2-39.

wird. Da die Ermittlungen in Archivgut aufwändig sein können, kann statt der Auskunft aus Archivgut auch Einsicht gewährt werden. Sollte ein Betroffener die Richtigkeit der über ihn im Archivgut dokumentierten Aussagen bestreiten, kann er dem Archivgut seine Sicht beigeben (§ 5 Abs. 2 LArchG). Nach dessen Tod geht der Anspruch auf den Ehegatten, Lebenspartner,[5] die Kinder oder Eltern über. Der Anspruch besteht für die genannten jeweils einzeln, und kann dementsprechend unterschiedliche Sichten enthalten. Da Archivgut als historische Quelle aus Gründen der Nachprüfbarkeit unverändert bleiben muss und eine Änderung oder Löschung von Informationen daher im Archiv nicht erfolgen darf, kann dem Anliegen des Betroffenen nur durch eine **Beifügung** abgeholfen werden. Es empfiehlt sich, die Beifügung in den archivischen Findmitteln nachzuweisen, um der Absicht des Betroffenen Geltung zu verschaffen. Da in solchen Fällen von einer strittigen Situation auszugehen ist, sollte der Nutzungsvorgang mit der Beifügung zusätzlich dokumentiert werden.

7 Es ist anzustreben, dass das Beifügungsrecht auf **individuell betroffene dritte Personen** ausgedehnt wird. Dies können weitere Verwandte sein, wenn die im Gesetz Genannten nicht (mehr) greifbar sind, aber auch Personen aus dem beruflichen Umfeld, die bei Angelegenheiten aus diesem Bereich unmittelbarer von falschen Angaben betroffen sind als die bisher im Gesetz genannten Personen aus dem familiären Umfeld.[6]

8 Der Zugang zu VS-Archivgut für **Betroffene** ist in Punkt 4.2 VS-ArchivR[7] analog geregelt; dabei ist der Zugang an die Zustimmung der abgebenden Stelle gebunden.[8] Sofern die Aufbewahrungsfristen von Unterlagen im VS-Archiv noch nicht abgelaufen sind, es sich also um Zwischenarchivgut handelt,[9] entscheidet die abgebende Stelle allein.

III. Konkurrenzen

9 Die Ansprüche auf **Informationszugang** nach § 5 und § 6 des LArchG können selbständig nebeneinander geltend gemacht werden. Im Übrigen gelten die Ausführungen zu § 21 LDSG (s. LDSG § 21 Rn 1 ff) entsprechend.

IV. Kosten

10 Das Auskunftsrecht des **Betroffenen** nach § 5 LArchG wird, wie sich aus der Verweisung auf § 21 Abs. 1 S. 1 LDSG ergibt, kostenlos gewährt.

5 Die Erweiterung der Berechtigung auf „Lebenspartner" mit der Änderung des LArchG vom 29.7.2014 (GBl., 379) ergänzt. Zum Stand 2001 Manegold, 321 f.

6 Zu denken wäre zB an Beifügungen zu Informationen bei Verfolgungsopfern aus der Zeit des Nationalsozialismus. In vielen Fällen leben die im Gesetz genannten Personenkreise verfolgungsbedingt ebenfalls nicht mehr, so dass niemand gesetzlich begründet über einen Anspruch verfügt, falsche oder als falsch angesehene Informationen durch eine Beifügung zum Archivgut zu kommentieren.

7 Zur VS-ArchivR s. Vorb. LArchG Rn 28 ff Punkt 4.2.1 S. 1 „Der Betroffene hat gemäß § 5 Abs. 1 LArchG das Recht auf Auskunft aus den dem VS-Archiv übergebenen VS".

8 VS-ArchivR Punkt 4.2.1 S. 2: „Soweit sich aus Rechts- oder Verwaltungsvorschriften nichts anderes ergibt, kann das VS-Archiv dem Betroffenen mit Einwilligung der abgebenden Stelle Einsicht gewähren".

9 Ermächtigung zur vorzeitigen Übernahme als Zwischenarchivgut ebd. 2.1.4.

V. Rechtsschutz

Der Rechtsschutz des Betroffenen ist entsprechend wie nach § 21 LDSG (s. LDSG § 21 Rn 22 f) gewährleistet. 11

§ 6 LArchG Nutzung des Archivguts

(1) Jedermann hat nach Maßgabe der Benutzungsordnung das Recht, das Archivgut nach Ablauf der Sperrfristen zu nutzen, soweit sich aus Rechtsvorschriften oder Vereinbarungen mit derzeitigen oder früheren Eigentümern des Archivguts nichts anderes ergibt.

(2) [1]Archivgut darf nicht vor Ablauf von 30 Jahren seit Entstehung der Unterlagen genutzt werden. [2]Unterlag Archivgut Rechtsvorschriften über Geheimhaltung, darf es frühestens 60 Jahre nach Entstehung der Unterlagen genutzt werden. [3]Bezieht es sich nach seiner Zweckbestimmung auf eine natürliche Person, so darf es frühestens 10 Jahre nach deren Tod genutzt werden; kann der Todestag nicht oder nur mit unvertretbarem Aufwand festgestellt werden, endet die Sperrfrist 90 Jahre nach der Geburt.

(3) Die Sperrfristen nach Absatz 2 gelten nicht für solche Unterlagen, die schon bei ihrer Entstehung zur Veröffentlichung bestimmt oder der Öffentlichkeit zugänglich waren.

(4) [1]Das Landesarchiv kann Sperrfristen um höchstens 20 Jahre verlängern, wenn dies im öffentlichen Interesse liegt oder wenn schutzwürdige Belange des Betroffenen dies erfordern. [2]Das Landesarchiv kann Sperrfristen verkürzen, wenn schutzwürdige Belange des Betroffenen nicht entgegenstehen. [3]Eine Verkürzung der Sperrfrist nach Absatz 2 Satz 3 ist nur zulässig, wenn die Person, auf die sich das Archivgut bezieht, oder im Falle ihres Todes ihr Ehegatte, ihr Lebenspartner, ihre Kinder oder ihre Eltern eingewilligt haben oder wenn die Nutzung zu wissenschaftlichen Zwecken oder zur Wahrnehmung berechtigter Belange, die im überwiegenden Interesse einer anderen Person oder Stelle liegen, unerläßlich ist und durch Anonymisierung oder durch andere Maßnahmen die schutzwürdigen Belange des Betroffenen angemessen berücksichtigt werden. [4]Bei einer Nutzung zu wissenschaftlichen Zwecken kann von einer Anonymisierung abgesehen werden, wenn das wissenschaftliche Interesse an der Offenbarung wegen der Bedeutung des Forschungsvorhabens die schutzwürdigen Belange des Betroffenen erheblich überwiegt und das Forschungsvorhaben sonst nicht durchgeführt werden könnte.

(5) [1]Für die Nutzung von Archivgut durch Behörden, Gerichte und sonstige Stellen des Landes, bei denen es entstanden ist oder die es abgegeben haben, gelten die Sperrfristen der Absätze 2 und 4 nicht, es sei denn, daß das Archivgut durch diese Stellen auf Grund von Rechtsvorschriften *hätten*[1] ge-

1 Richtig wohl: „hätte".

sperrt oder vernichtet werden müssen. [2]§ 13 Abs. 2 Satz 3 Halbsatz 2[2] des Landesdatenschutzgesetzes bleibt unberührt.

(6) [1]Die Nutzung ist einzuschränken oder zu versagen, soweit

1. Grund zu der Annahme besteht, daß das Wohl der Bundesrepublik Deutschland oder eines ihrer Länder gefährdet würde oder
2. Grund zu der Annahme besteht, daß schutzwürdige Belange Dritter entgegenstehen oder
3. der Erhaltungszustand des Archivguts gefährdet würde oder
4. ein nicht vertretbarer Verwaltungaufwand entstehen würde oder
5. Vereinbarungen mit derzeitigen oder früheren Eigentümern entgegenstehen.

[2]Die Nutzung kann aus anderen wichtigen Gründen eingeschränkt oder versagt werden. [3]Die Entscheidung über die Einschränkung oder Versagung der Nutzung trifft das Landesarchiv. [4]Das Nähere über die Nutzung des Archivguts, insbesondere über das Antrags- und Genehmigungsverfahren, über die Sorgfaltspflichten bei der Nutzung, über die Versendung von Archivgut, über die Ablieferung von Belegexemplaren und über die Herstellung von Kopien und Reproduktionen, regelt die Landesregierung durch Rechtsverordnung (Benutzungsordnung).[3]

(7) [1]Der Nutzer ist verpflichtet, von einem Druckwerk im Sinne von § 2 Abs. 1 des Pflichtexemplargesetzes, das er unter wesentlicher Verwendung von Archivgut des Landesarchivs verfaßt oder erstellt hat, nach Erscheinen des Druckwerkes der Archivverwaltung unaufgefordert ein Belegexemplar unentgeltlich abzuliefern. [2]Ist dem Nutzer die unentgeltliche Ablieferung eines Belegexemplares insbesondere wegen der niedrigen Auflage oder der hohen Kosten des Druckwerkes nicht zumutbar, kann er der Archivverwaltung entweder ein Exemplar des Druckwerkes zur Herstellung einer Vervielfältigung für einen angemessenen Zeitraum überlassen oder eine Entschädigung bis zur Höhe des halben Ladenpreises verlangen. [3]Wenn ein Ladenpreis nicht besteht, kann der Nutzer eine Entschädigung bis zur Höhe der halben Herstellungskosten des Belegexemplars verlangen. [4]Sätze 1 bis 3 gelten entsprechend für Veröffentlichungen des Nutzers in Sammelwerken oder Zeitschriften sowie für Schriftwerke, die nicht veröffentlicht sind. [5]Ohne Zustimmung des Nutzers dürfen nichtveröffentlichte Schriftwerke von der Archivverwaltung nur zur Erschließung von Archivgut verwendet werden; anderen Personen darf keine Einsicht in nichtveröffentlichte Schriftwerke gewährt werden. [6]Satz 5 findet keine Anwendung, wenn das Urheberrecht erloschen ist.

Literatur: siehe Vorbemerkungen zum LArchG.

2 Die Nutzung gesperrter personenbezogener Daten ist jetzt in § 24 Abs. 4 LDSG geregelt.
3 Siehe die LandesarchivbenutzungsO.

I. Allgemeines

1 **1. Europa- und verfassungsrechtliche Vorgaben.** Aktuell wirken **europarechtliche Vorgaben** durch die Ausweitung der sog. PSI-Richtlinie 2013/37/EU auf Kulturinstitutionen und deren Umsetzung im Informationsweiterverwendungsgesetz 2015 auf den Zugang bzw die Nutzung von Archivgut. Im Zusammenhang mit der Verabschiedung der EU-Datenschutzgrundverordnung und ist eine Anpassung der Archivgesetze des Bundes und der Länder zu erwarten.[4]

2 In verfassungsrechtlicher Hinsicht ist das Recht auf informationelle Selbstbestimmung zu beachten (s. Einl. Rn 45).

3 **2. Entstehungsgeschichte.** Schon vor der Existenz archivgesetzlicher Regelungen wurde versucht, den Zugang zu Daten einzuschränken, die für schützenswert gehalten wurden. Die allgemein angewandte 30jährige Schutzfrist geht auf eine Reichsregelung der Weimarer Republik zurück.[5] In Baden Württemberg war 1955 in der ***Anordnung der Landesregierung über die Ausscheidung von Schriftgut der staatlichen Verwaltungsbehörden an die Staatsarchive*** keine Schutzfrist für die Einsicht von Archivgut genannt, wohl aber ein damit idR korrespondierender Termin (50 Jahre), zu dem Unterlagen produzierende Stellen ihre Unterlagen spätestens abgeben sollten. Darüber hinaus wurde vor allem die Übergabe von archivreifen Unterlagen an die Archive geregelt, detaillierte Nutzungsregeln enthält die Verordnung von 1955 nicht.[6] Als frühes gesetzliches Beispiel einer Zu-

4 IWG, BT-Drs. 18/4614, vgl Vorb. LArchG Rn 9. Zur Datenschutzgrundverordnung: Taylor, Archivar 67/2014, 32-39.

5 NK-BArchG Becker/Oldenhage, § 5 Rn 5.

6 Nutzungsziele waren nur allgemein in Punkt 3 genannt: „und für Zwecke der Verwaltung, der Rechtspflege und der wissenschaftlichen Forschung zu erschließen." Geregelt wurde v.a. die Übergabe; zu Abgabefrist Punkt 1 S. 2: „Länger als 50 Jahre sollen die Akten nicht in den Behörden bleiben." vom 23.5.1955. Staatsanzeiger Nr. 41, 4. Die mit der Verordnung außer Kraft gesetzte Badische Amtsregistraturordnung von 1904, Bad. GVBl. 1905, 5 ff sah in § 21 eine 40jährige Abgabefrist für Unterlagen vor, „die für die allgemeine Verwaltung oder für die Staatsfinanzverwaltung von Bedeutung sein oder landes- und ortsgeschichtliches Interesse bieten können" (15). Vgl. auch Scholz, 4-8.

gangsregelung ist das spezialgesetzlich verankerte Zugangsverbot für die Forschung zu Unterlagen der Spruchkammerverfahren anzusehen.[7]

4 **3. Zweck der Norm.** Zentrale Aufgabe des Archivs ist es, die archivierten Unterlagen nach § 2 Abs. 1 S. 1 LArchG zugänglich zu machen. Dies geschieht in klar geregelten Verfahren durch **Zugangskriterien** mit entsprechenden Schutz- bzw. Sperrfristen.[8] Dabei können auf eine Archivguteinheit unterschiedliche Kriterien mit unterschiedlichen Sperrfristen zutreffen; in solchen Fällen gilt stets die längste Sperrfrist. Mit den Regelungen des Zugangs zu Archivgut über Schutz- und Sperrfristen sollte ein rechtssicherer Weg gefunden werden, archivierte Unterlagen zugänglich zu machen. Darüber hinaus wurde auf diese Weise sichergestellt, dass nach einem geregelten Prüfverfahren, das zudem gerichtlich überprüfbar ist, auf einheitliche Weise Zugang für die **Forschung** eröffnet wurde. Die vorher, bei aller Sorgfalt, doch erheblich differierenden Bedingungen und Möglichkeiten des Zugangs konnten so zugunsten einer Gleichbehandlung der Nutzer ersetzt werden. Vor dem Hintergrund der zunehmenden Veröffentlichung von Daten durch Internetplattformen wie Wikileaks werden die Rolle der Archive beim Zugang zu Verwaltungsinformation und damit auch die Zugangsregelungen und ihre Umsetzung weiter zu erörtern sein.[9]

5 **4. Vergleichbare Regelungen des Bundes oder anderer Bundesländer.** Mit dem § 6 LArchG wurde in der Bundesrepublik 1987 erstmals der Zugang zu Archivgut gesetzlich geregelt. Die seinerzeit in Baden-Württemberg gewählten Fristen wurden bei der Beratung zum BArchivG nur teilweise aufgenommen; hier wurden 1988 mit Ausnahme der allgemeinen 30jahres-Frist längere Fristen beschlossen. Dagegen wurde diese Fristen in den **Archivgesetzen** der Bundesländer mit wenigen Ausnahmen übernommen.[10] Auch bei den Novellierungen nach 2010 Fristsystematiken wurden zumeist diese Fristen bestätigt, die sich an § 6 LArchG orientieren.[11]

II. Jedermannrecht (Abs. 1)

6 Die Nutzung von Archivgut ist in Baden-Württemberg **Jedermannrecht.** Dies war bis Ende 2015 durch die Glaubhaftmachung eines **berechtigten Interesses** eingeschränkt (§ 6 Abs. 1 LArchG aF). Da aber im Archiv durch

---

7 Gesetz zur einheitlichen Beendigung der politischen Säuberung vom 13.7.1953 (GBl., 90-93). Auskünfte aus den Registern zu den Sprüchen wurden nur an Behörden, den Betroffenen und seine Erben erteilt (§ 10 Abs. 3). Einsicht in die Akten bekamen nach Abschluss des Verfahrens Behörden (§ 10 Abs. 4 S. 1) und Betroffene, wenn sie ein *rechtliches* Interesse glaubhaft machen konnten (§ 10 Abs. 4 S. 2).

8 Zur Begrifflichkeit *Schutzfrist* oder *Sperrfrist* vgl Anm. 28. Im Folgenden wird die Sprachregelung aus dem LArchG verwendet, in dem von *Sperrfristen* gesprochen wird.

9 Rehm, in: Andre/Rehm, 5-8.

10 10 Jahre § 9 Abs. 3 S. 1 LArchG SH (1992), § 10 Abs. 1 BbgArchivG (1994) und § 10 Abs. 1 S. 1 LArchivG M-V (1997); zum Zwischenstand um 2000 vgl Polley, in: ders., Archivgesetzgebung, 17, 29ff; vgl Überblick 2013 bei Klein, Umgang.

11 § 7 Abs. 1 S. 1 ArchivG NRW (2010), § 3 Abs. 3 S. 1 LArchG RP (2010), § 13 Abs. 1 S. 1 HArchivG (2012), § 10 Abs. 1 S. 2 Punkt 1 SächsArchivG (2013), auch Novelle BArchG (Januar 2017); vgl allgemein Schoch/Kloepfer/Garstka Rechte Betroffener in §§ 11-13 und Zugang in §§ 14-17.

Nutzung ehemaliger Verwaltungsunterlagen die **Transparenz von Verwaltungshandeln** ermöglicht wird, sind Archive Teil der öffentlichen Kontrolle im demokratischen Staat.[12] Die Erfüllung dieser wesentlichen Archivfunktion ist mit einer an eine Bedingung geknüpfte Einschränkung des Zugangs nicht vereinbar. Daher wurde im Zusammenhang mit der Verabschiedung des baden-württembergischen LIFG (Art. 2) diese Zugangsbedingung gestrichen. In der Praxis hatte sich diese Einschränkung ohnehin nicht ausgewirkt und wird für verzichtbar gehalten, wie auch die jüngsten Archivgesetz-Novellierungen in verschiedenen Bundesländern zeigen.[13]

Eingeschränkt wird der Zugang – neben den Sperrfristen – nur durch die **Benutzungsregeln** (**Maßgabe der Benutzungsordnung**) und sofern sich **aus Rechtsvorschriften oder Vereinbarungen mit derzeitigen oder früheren Eigentümern des Archivguts nichts anderes ergibt**. Details zur Art der Nutzung sowie zum Ablauf der Nutzung sind in der Benutzungsordnung des Landesarchivs[14] und der Lesesaalordnung[15] geregelt. Sollten Informationen aus rechtlichen Gründen nicht unmittelbar zugänglich sein, kann ein Antrag auf Sperrfristverkürzung gestellt werden. Für die Einhaltung von Auflagen, unter denen die Nutzung erfolgt, ist der Nutzer verantwortlich, der ausreichend zu informieren ist.[16] Dies kann zB durch entsprechende Passagen im zu unterschreibenden Nutzungsantrag oder durch eigens zu unterschreibende Verpflichtungserklärungen erfolgen. 7

Bei **kommunalen Archiven** und **Körperschaften** etc. nach § 8 LArchG wird die Umsetzung des Zugangs durch eigene Satzungen geregelt (§ 7 Abs. 3 S. 1 bzw. § 8 Abs. 2 S. 2 LArchG). 8

---

12 Schon bei der Einbringung des Gesetzes wurde 1987 beantragt, diese Einschränkung zu streichen; das fand im Wissenschaftsausschuss mit 6:8 Stimmen aber keine Mehrheit (vgl Bannasch/Maisch/Richter, 135). Grundsätzlich: Manegold, 2012, 17-27; Schäfer, quod non est in actis, non est in mundo. 57-78; vgl auch *Weltweite Erklärung über Archive* verabschiedet auf der 36th session of the General Conference of the UNESCO; Paris, 10. November 2011: „Als zuverlässige Informationsquelle stärkt Archivgut rechenschaftsfähiges und transparentes Verwaltungshandeln. ... Der freie Zugang zu Archiven bereichert unser Wissen über die menschliche Gesellschaft, fördert die Demokratie, schützt die Bürgerrechte und verbessert die Lebensqualität".

13 Einen vergleichbaren Zugang gibt es in BArchG § 10 Abs. 2 (schon AF § 5 Abs. 1), ArchGB § 8 Abs. 1, HArchivG § 12 Abs. 1, ArchivG NRW § 6 Abs. 1, SächsArchivG § 9 Abs. 1, LArchG SH § 9 Abs. 1. Vgl. NK-BArchG Becker/Oldenhage, § 5 Rn 11; die vorgesehene Einschränkung der Zugangs durch *berechtigtes Interesse* fiel in der Bundestagsberatung; vgl auch Manegold, 254 f; vgl Colin, 213 f.

14 Verordnung der Landesregierung über die Benutzung des Landesarchivs Baden-Württemberg (Landesarchivbenutzungsordnung – LArchBO) v. 10.4.2006 (http://www.landesarchiv-bw.de/sixcms/media.php/120/46028/Landesarchivbenutzungsordnung.pdf, Abruf 24.1.2016).

15 Lesesaalordnung des Landesarchivs Baden-Württemberg (http://www.landesarchiv-bw.de/sixcms/media.php/120/46040/Lesesaalordnung_2012_01_01.pdf, Abruf 24.1.2016). Basis ist § 5 Abs. 1 Landesarchivbenutzungsordnung – LArchBO.

16 Vgl. analog BGH, Urt. v. 16.4.2015 – I ZR 69/11 – Elektronische Leseplätze II, Rn 53 mit der Konkretisierung in S. 2: „Eine Haftung der Beklagten käme daher etwa in Frage, wenn sie die Nutzer nicht darauf hinwiese, dass sie die an den elektronischen Leseplätzen zugänglich gemachten Werke nur unter den – näher zu bezeichnenden – Voraussetzungen des § 53 UrhG vervielfältigen dürfen".

III. Regelfall: 30-Jahres Sperrfrist (Abs. 2 S. 1)

9 Dem Nutzer ist Archivgut frei zugänglich, dessen letzte substantielle Bearbeitung über 30 Jahre zurückliegt, sofern nicht weitergehende **Sperrfristen** gelten; es wirken sich zB in der Akte vermerkte nachträgliche Versendungen der Akte u.ä. nicht auf die Frist aus. Die Frist läuft idR mit dem nächsten Jahresbeginn ab. Es spricht aber in der Praxis nichts dagegen, die Frist im begründeten Einzelfall Tag-genau anzuwenden. Die 30-Jahresfrist betrifft Archivgut, das nach § 2 Abs. 1 LArchG übernommen wird. Sie ist bei Archivgut, das sich nach seiner Zweckbestimmung auf Sachen bezieht, die sogenannten **Sachakten**, die zentrale zu beachtende Frist.

10 Mit dieser Sperrfrist von 30 Jahren wird der Verwaltung ein Zeitabstand eingeräumt, der eine unbeeinflusste Sachbearbeitung ermöglicht bzw. fördern soll. Inwieweit diese Argumentation angesichts der in Informationsfreiheits- und Transparenzgesetzen geschaffenen unmittelbaren Zugänge zum Verwaltungshandeln noch überzeugen kann, wäre separat zu diskutieren. Zu bedenken ist, dass dem Archiv mit der 30-Jahresfrist ein Zeitpunkt an die Hand gegeben wird, ab dem relativ praktikabel weitergehende Nutzungseinschränkungen überprüft werden können. Bei Sachakten, die gelegentlich auch personenbezogene Einzelangaben enthalten, reicht die Regelsperrfrist von 30 Jahren aus, um schutzwürdige Belange natürlicher Personen zu wahren.[17] Die Einhaltung gesetzlicher Vorgaben von ggf. in diesen Unterlagen zu schützenden personenbezogenen oder sachlichen Informationen wird ab diesem Moment dem Nutzer übertragen, der dies mit der schriftlichen Bestätigung der **Nutzungsbedingungen** einschließlich der enthaltenen Auflagen und ggf. mit Abgabe einer zusätzlichen Verpflichtungserklärung bestätigt. Sofern in Archivgesetzen kürzere Fristen für die Regelsperrfrist gewählt werden, ist vor jeder Nutzung einer Akte im Zeitraum von 10 bis 30 Jahren nach ihrer Entstehung eine umfangreiche sachliche Prüfung nach schutzwürdigen Belangen natürlicher Personen durchzuführen.[18]

11 Die Sperrfrist ist **verkürzbar** (vgl § 6 Abs. 4 LArchG).

IV. Rechtsvorschriften über Geheimhaltung des Landes: 60-Jahres Schutzfrist (Abs. 2 S. 2)

12 Archivgut, das **Geheimhaltungsvorschriften** des Landes unterliegt, darf frühestens 60 Jahre nach Entstehung der Unterlagen genutzt werden. Da Normen, die ein Geheimnis begründen, keine Kettenwirkung entfalten, wird z.B. für ein medizinisches Gutachten das Patientengeheimnis nicht in eine

17 So schon im Gesetzentwurf; vgl Bannasch/Maisch/Richter, 111, vgl Manegold, 261 f und 267-271.

18 Vgl. LArchG § 6 Rn 5; vgl auch Manegold, 261 f; vgl Polley, in: Becker, 43-60, 56 f; dazu Schoch/Kloepfer/Garstka § 14 Rn 10, die in der 30jährigen Frist ein *Übermaß* feststellen; unberücksichtigt bleibt dabei das Zusammenspiel mit den Verkürzungsmöglichkeiten; zur 30jährigen Frist vgl Brüdegam, in: Becker, 61, 64-66.

Strafakte hinein verlängert.[19] Für Unterlagen die Geheimhaltungsvorschriften des Bundes unterliegen, ist § 6 a Abs. 2 LArchG heranzuziehen.[20]

Die Sperrfrist ist **verkürzbar** (vgl § 6 Abs. 4 LArchG). 13

Gemäß § 3 Abs. 1 S. 3 und 4 LArchG kann für Archivgut, das Regelungen 14 der **Geheimhaltung** unterlag, von der abgebenden Stelle eine separate Maßnahmen zur Nutzung mit dem Archiv vereinbart werden, die über die 60jährige Sperrfrist hinaus Wirkung entfalten kann. Diese Beschränkungen können zB die Verlängerungen der Sperrfrist oder die Einschränkung des Zugangs auf eine Nutzergruppe sein. Sie müssen nach § 3 Abs. 1 S. 4 LArchG vor der Abgabe **durchgeführt** sein. Eine Beteiligung abgebender Stellen ist beim Zugang zu diesem Archivgut und bei der Sperrfristverkürzung nicht vorgesehen, denn die Nutzbarmachung von Archivgut ist nach § 2 Abs. 2 LArchG ausschließlich dem Landesarchiv zugewiesen.

Diese Möglichkeit wurde bei der Entstehung des LArchG entwickelt, um 15 den Zugang zu **Patientenakten** zu ermöglichen.[21] Begründet wurde dies mit der Schutzwürdigkeit speziell dieser Aktengruppe. Umgesetzt wurde dieses Verfahren ausschließlich für diese Aktengruppe mit einem inzwischen aufgehobenen Erlass des Sozialministeriums. Privilegiert wurde die wissenschaftliche Forschung, der der Zugang zu diesen Unterlagen ausschließlich vorbehalten war. Eine Beschränkung auf eine spezielle Nutzergruppe ist aber grundsätzlich problematisch; in diesem Fall wäre auf Dauer die Nutzung zB aus lokalgeschichtlichem oder familiärem Interesse verhindert worden. Das Sozialministerium hat diesem Sachverhalt schon 2000 Rechnung getragen und verfügt, dass Patientenakten nach den regulären Regelungen des LArchivG zugänglich zu machen sind.[22] Eine dauerhafte Zugangsbehinderung sieht auch der Datenschutz kritisch.[23]

19 „Folglich gehören Strafverfahrensakten, die medizinische oder psychologische Gutachten enthalten, nicht zu den Unterlagen, die einem besonderen Geheimnis unterliegen" Schäfer, in: Polley, Archivgesetzgebung, 39, 63.f. Für die Weitergeltung von Geheimnissen bedarf es einer Rechtsvorschrift, die die empfangende Stelle zur Geheimhaltung verpflichtet wie z.B. § 192 Abs. 1 S. 2 BEG.

20 Zur Differenzierung der Geheimhaltungsvorschriften und ihrer Auswirkung auf den Zugang Schäfer, in: Polley, Archivgesetzgebung, 39-69; dazu Vollmer, 28-32; eine Übersicht zur bundesrepublikanischen Regelungsbreite Brüdegam, in: Becker, 61, 85-90.

21 Zu den in der Anhörung geäußerten Vorbehalten zur Zugänglichmachung vgl Bannasch/Maisch/Richter, 120. Abdruck des inzwischen aufgehobenen Runderlass vom 29.6.1989 ebd. 168 f; eine ausgedehnte Anwendung des § 3 Abs. 1 S. 4 zB auf das Persönlichkeitsrecht wurde mit Verweis auf §§ 4 und 6 LArchG vom VGH BW v. 30.7.2014, 1 S 1352/13 Rn 79 s. Rn 19 abgelehnt.

22 Verfügung am 20.11.2000 (Az. 52-5402-02) aufgehoben. Dort wird ausgeführt, dass „auf die dort geregelten Nutzungseinschränkungen bzw Ermessensbeschränkungen der Archivverwaltung" verzichtet wird und die „Nutzung des Archivguts (...) zukünftig ausschließlich nach den Regelungen des Landesarchivrechtes erfolgen" kann.

23 Vgl. 30. Tätigkeitsbericht des Landesbeauftragten für den Datenschutz Baden-Württemberg 2010/2011, Punkt 2.4, 98-100. Die Beteiligung einer Universitätsklinik bei der Entscheidung über die Akteneinsicht in eine archivierte Patientenakte wurde als unzulässig eingestuft und grundsätzlich aufgrund einer Abwägung nach Archivrecht festgestellt (99): „Daraus ergibt sich, dass auch Patientenakten generell nicht auf Dauer einer Nutzung entzogen werden können".

V. Personenbezogene Sperrfrist (Abs. 2 S. 3)

16 Besondere Sperrfristen ergeben sich für Archivgut mit Personenbezug. Kriterium für den Personenbezug ist dabei, dass die Unterlagen und Informationen sich **nach ihrer Zweckbestimmung auf eine natürliche Person** beziehen; dies ist idR durch den Personenbetreff im Aktentitel erkennbar (zB bei Strafverfahren);[24] Akten mit einem reinen Sachbezug, wie zB Bauakten, die auf ein Bauvorhaben hin angelegt sind, fallen nach Archivrecht nicht unter **personenbezogene Unterlagen**. Der Kern des Informationsgehaltes (zB Grundriss, Statik) ist in diesen Fällen von der Person unabhängig; das Interesse der Nutzung bezieht sich auf das Objekt, nicht auf den Eigentümer, der z.Zt. der Nutzung längst eine andere Person sein kann. Die Rechte dieser Personen, nach archivrechtlichem Verständnis **Dritte**, sind durch Regelungen in § 6 Abs. 6 Nr. 2 LArchG gewahrt.

17 **Personenbezogene Unterlagen** sind erst **10 Jahre nach Tode des Betroffenen** zugänglich. Ist der Zeitpunkt des Todes nicht bekannt und kann auch nicht mit vertretbarem Aufwand ermittelt werden, läuft die Frist **90 Jahre nach Geburt** ab. Diese bundesweit zeitweilig fast einheitliche Frist wird aufgrund der gestiegenen Lebenserwartung bei aktuellen Novellierungen von Archivgesetzen zumeist auf 100 Jahre verlängert. Hier wird auch bei der nächsten Novellierung des LArchG eine Verlängerung auf **100 Jahre** zu erwarten sein. Sind weder Geburt noch Tod des Betroffenen bekannt, ist aus dem Aktenzusammenhang ein plausibles Geburtsdatum zu ermitteln: ZB muss eine Person, die 1920 nach Erwachsenenstrafrecht verurteilt wurde, vor 1900 geboren sein. Diese Lücke, die in allen deutschen Archivgesetzen feststellbar war, wird derzeit bei Novellierungen idR durch eine **60jährige Schutzfrist** geschlossen, die anzuwenden ist, wenn weder Geburts- noch Todesdatum einer Person bekannt sind.[25]

18 Den Nachweis zu den Lebensdaten eines **Betroffenen** hat der Nutzer zu führen; nur in besonderen Fällen kann ausnahmsweise eine **Amtsermittlung** erfolgen.

19 Die Sperrfrist ist **verkürzbar** (vgl § 6 Abs. 4).

VI. Öffentlich zugängliche Unterlagen und Informationen (Abs. 3)

20 Unterlagen und Informationen, die schon bei ihrer Entstehung **öffentlich zugänglich** waren, bleiben im Archiv zugänglich. Voraussetzung ist dabei nicht die Veröffentlichung selber, sondern es reicht nach § 6 Abs. 3 LArchG schon die Absicht. Einbezogen sind also auch Unterlagen, die schon bei ihrer Entstehung zur Veröffentlichung bestimmt waren. Auch wenn im Entstehungszusammenhang des LArchG der Fokus v.a. auf proaktiv veröffentlichte Unterlagen gerichtet war, waren zugleich öffentlich zugängliche

---

24 Vgl. grundsätzlich Manegold, 274-285. Sind mehrere Personen auf dem Deckblatt zB bei einer Tätergruppe vermerkt, richtet sich der Zugang nach der am längsten laufenden Frist.

25 ZB § 7 Abs. 1 S. 3 Nr. 3 ArchG NRW (2010); § 13 Abs. 2 HArchivG (2012); § 10 Abs. 1 S. 2 Nr. 3 Buchst. c SächsArchivG (2014).

Informationen einbezogen.[26] Damit sind – unabhängig von der rechtlichen Lösung im LIFG – Unterlagen und Informationen, die nach LIFG zugänglich gemacht werden dürfen, auch nach ihrer Abgabe an das Archiv zugänglich.[27] Entscheidend ist dabei nicht, ob dieses Archivgut als Verwaltungsschriftgut tatsächlich eingesehen wurde, sondern nur, ob es einsehbar gewesen wäre.

Mit § 6 Abs. 3 LArchG werden mögliche Kollisionen zwischen **LIFG** und 21
LArchG vermieden. Bei der Einbringung des LIFG wurde in der Begründung zu Art. 2 (LT-Drs. 15/7720, S. 40) zutreffend herausgestellt, dass Archivgut nach der vorgesehenen Regelung in § 1 Abs. 3 LIFG ausgenommen ist: *Das Landesarchivgesetz schließt die Anwendung des Landesinformationsfreiheitsgesetzes nach Übernahme des Archivgutes* (dh des Registraturguts als Archivgut) *durch das Landesarchiv aus.*

Mit der vorhandenen Regelung in § 6 Abs. 3 LArchG ist – wie auch in der 22
Begründung zum LIFG festgehalten (LT-Drs. 15/7720, S. 40) – gesichert, dass Registraturgut, das nach LIFG bereits zugänglich war, auch nach der Übernahme als Archivgut zugänglich bleibt. Allerdings besteht häufig die – naheliegende – Vorstellung, weitergehende Zugangsmöglichkeiten zu Archivgut im Rahmen des LIFG oder anderer Informationszugangsregeln würden durch die im LArchG enthaltenen Sperrfristen eingeschränkt. Dies ist nicht der Fall.

Das LArchG – wie übrigens alle anderen deutschen Archivgesetze auch – 23
ermächtigt die öffentlichen Archive, vor Ablauf der Sperrfristen den weitgehenden Zugang zu Archivgut erlauben, weil mit der Erlaubnis der Einsicht Auflagen verbunden werden können, durch die Datengeheimnisse u.ä. geschützt werden. Zugangseinschränkungen, wie zB Schwärzungen, die in § 7 Abs. 1 S. 4 LIFG vorgesehen sind, sind bei Zugang nach LArchG idR nicht erforderlich.[28]

Es ist kein Regelungswiderspruch, dass Unterlagen vor der Übergabe an 24
ein öffentliches Archiv als Registraturgut einem Anspruch auf Zugang, von der Übergabe an bis zum Ablauf der Sperrfristen aber als Archivgut einem Anspruch auf ermessensfehlerfreie Entscheidung über einen Antrag auf **Zugang** unterliegen. Vielmehr wird die komplexe, dokumentenscharfe Regelungsstruktur des LIFG mit Anspruch und umfangreichen Ausnahmeauflistungen durch eine einfache und zugleich weitergehende Regelungsstruktur des LArchG mit Ermessen innerhalb der Sperrfristen ersetzt. Damit ist der Zugang zu Archivgut nach LArchG sogar weitergehender möglich als nach

26 Bannasch/Maisch/Richter, 111 nennt als proaktiv Informationen, Pressetexte und Redeausschnitte aber darüber hinaus auch Protokolle von Gemeinderatssitzungen. Schon in den Ausschussberatungen zum LArchG des Wissenschaftsausschusses im Juni 1987 wurde klargestellt, dass mit diesem Abschnitt nicht nur veröffentlichte, sondern auch *jedermann zugänglich(e)* Unterlagen einbezogen werden (Bannasch/Maisch/Richter, 120).

27 AM Collin, 215-216 offenbar ohne ausreichende Kenntnis der archivrechtlichen Diskussion und der archivischen Praxis: „Diese Tür [=allgemeiner Zugang zu Information durch IFG] schloss sich jedoch wieder mit der Archivierung der betreffenden Informationsträger.“ (215); entsprechend irrführend 228.

28 Zu möglichen Auflagen vgl Manegold, 313-317.

dem LIFG. Die zielführende *lex specialis* Regelung des LArchG geht der *lex generalis* Regelung des LIFG vor, ohne dass damit das Zugangsrecht eingeschränkt würde.[29]

VII. Verlängerung der Sperrfrist (Abs. 4 S. 1)

25 Von der Möglichkeit der Verlängerung um maximal 20 Jahre wird Gebrauch zu machen sein, wenn ausschließlich durch diese Maßnahme der Schutz der enthaltenen Informationen möglich ist. Die Entscheidung über die Verlängerung ist an das öffentliche Interesse oder schutzwürdige Belange gebunden. Die Sperrfristverlängerung hat in der archivischen Praxis bisher nur eine geringe Rolle gespielt.

VIII. Verkürzung der allgemeinen Sperrfrist (Abs. 4 S. 2)

26 Sofern keine Versagensgründe vorliegen kann die 30jährige Sperrfrist für **Unterlagen ohne Personenbezug** auf Antrag verkürzt werden. Abgewogen werden dabei das Nutzungsinteresse und der Zweck der Sperrfrist. Die Entscheidung ist zu dokumentieren.

IX. Verkürzung der Sperrfrist von personenbezogenem Archivgut (Abs. 4 S. 3)

27 Zugang zu Unterlagen und Informationen, die sich von ihrer Zweckbestimmung nach auf eine **natürliche Person** beziehen und noch einer Schutz- oder Sperrfrist unterliegen, kann durch ein Verwaltungsverfahren verkürzt werden, dessen Kriterien in § 6 Abs. 4 S. 3 LArchG verankert sind. Verkürzt werden kann eine Sperrfrist, wenn einer der drei folgenden Fälle vorliegt:

28 **1. Es liegt die Zustimmung des Betroffenen vor.** Sofern der **Betroffene** verstorben ist, kann ersatzweise die **Zustimmung** des **Ehegatten, des Lebenspartners, der Kinder oder der Eltern** beigebracht werden. Für den Nachweis der ersatzweisen Zustimmung ist die im Gesetz genannte Reihenfolge einzuhalten. Die Zustimmung der Kinder kann zB nicht die fehlende Zustimmung des Ehegatten bzw. Lebenspartners ausgleichen; bei Tod der Eltern ist die Zustimmung **aller** Kinder notwendig; die Zustimmung eines Kindes kann nicht die fehlende Zustimmung seiner Geschwister ersetzen.[30]

29 **2. Die Unterlagen sollen für die wissenschaftliche Forschung zugänglich gemacht werden.** Hierbei handelt es sich um den Regelfall der Sperrfristverkürzung. Die **wissenschaftliche Nutzung** ist durch eine wissenschaftliche

---

29 Collin, 216-218 verkennt die weitergehende Öffnung im Archiv nach Archivrecht durch einen ermessensfehlerfreien Anspruch auf Zugang. Die mit BW vergleichbare Regelung in NRW der *archivischen* Öffnung („Die Regelungen des § 6 sichern unter gebührender Wahrung von Individualrechten die Öffnung des Landesarchivs für jedermann bzw. die Freigabe der Nutzung ggf unter Bedingungen und Auflagen." vgl Landtag NRW, Drucksache 14/10028 zu § 6, 17) wird von Collin, 217 ohne Begründung ignoriert bzw. als Zugang hemmend uminterpretiert; daraus auch die nicht nachvollziehbaren Schlussfolgerungen, 228.

30 Hoen, 85, 92 f.

Fragestellung und Methode nachzuweisen. Das umfasst neben universitären Arbeiten auch lokalgeschichtliche Recherchen und Projekte aus dem schulischen Umfeld wie zB den Geschichtswettbewerb des deutschen Bundespräsidenten. Wissenschaftlichkeit muss nicht durch eine entsprechende Berufsausbildung oder Berufstätigkeit nachgewiesen werden. *Entscheidend ist allein die Methode; wissenschaftliche Tätigkeit ist demnach alles, was nach Inhalt und Form als ernsthafter, planmäßiger Versuch zur Ermittlung der Wahrheit anzusehen ist.*[31]

3. Es sollen berechtigte Belange verfolgt werden. Schließlich kann eine Ver- 30
kürzung für **berechtigte Belange** erfolgen. Bei der Einbringung des LArchG wurde für diesen Fall eine **Beweisnot** vorausgesetzt und damit ergibt sich ein sehr enger Ermessensspielraum.[32] Unter Personen oder Stellen, die Einsicht erhalten können, sind Betroffene zu verstehen, die auf keine andere Weise als durch Einsicht an die für sie nötigen Informationen gelangen können. Weiter präzisiert wurde diese Beweisnot für das an dieser Stelle gleichlautende BArchivG („Wahrnehmung berechtigter Belange") durch den Hinweis auf **existentielle berufliche oder persönliche Belange.**[33] Das öffentliche Interesse bzw. die daraus resultierende **Information der Öffentlichkeit** stellt nach § 6 Abs. 4 LArchG keine Wahrnehmung berechtigter Belange dar; eine zB journalistisch begründete Sperrfristverkürzung eines Antragsstellers ist unter diesem Kriterium abzulehnen, wie auch der VGH BW 2015 in einem Beschluss zu einem Antrag auf einstweilige Anordnung unanfechtbar feststellte.[34]

Zusätzliche Voraussetzung zur Verkürzung ist in allen Fällen, dass die be- 31
rechtigten Belange des Betroffenen durch **Anonymisierung** oder andere geeignete Maßnahmen **angemessen** berücksichtigt werden. Eine Nutzung ohne Anonymisierungsauflage ist nur bei überragendem wissenschaftlichem Interesse möglich, dh in Fällen, in denen das wissenschaftliche Interesse wegen der Bedeutung des Forschungsvorhabens die schutzwürdigen Belange des Betroffenen **erheblich überwiegt** und **das Forschungsvorhaben sonst nicht durchgeführt werden könnte.** Diese Regelung wurde mit Blick auf zeitgeschichtliche Forschung getroffen, da sonst zahlreiche historische Forschungsvorhaben nicht durchgeführt werden können.[35]

In allen Fällen der Sperrfristverkürzung ist bei einem Zugangsersuchen mit 32
Antrag auf Sperrfristverkürzung stets eine Ermessensentscheidung vorzunehmen. Dabei kann die Zugänglichmachung differenziert erfolgen. Bei Forschung zu Personen, die keine absoluten **Personen der Zeitgeschichte**

---

31 So NK-BArchivG Becker/Oldenhage, § 5 Rn 72 mit Verweis auf BVerfGE 35, 79, 113.

32 LReg, LT-Drs. 9/3345: „Die Frist darf nur verkürzt werden, wenn … die Nutzung … zur Behebung einer bestehenden Beweisnot unerläßlich ist, das heißt die verfolgten Ziele auf andere Weise nicht erreicht werden können." Zitiert nach Bannasch/Maisch/Richter, 111 f.

33 Vgl. NK-BArchivG Becker/Oldenhage, § 5 Rn 77.

34 VGH BW v. 21.7.2015, 1 S 802/15, http://www.vghmannheim.de/pb/,Lde/3724744/?LISTPAGE=3724472 (Abruf 27.1.2016).

35 Bannasch/Maisch/Richter, 112; vgl die positive Würdigung der baden-württembergischen Lösung bei Schoch/Kloepfer/Garstka, § 16 Rn 12.

sind, können **Auswertungsauflagen** gemacht werden. Diese können sich zB auf die Privatsphäre beziehen; dh eine personenbezogene Auswertung einer Personalakte darf nur im Hinblick auf die amtliche Tätigkeit des Betroffenen erfolgen. Es kann auch eine komplett anonymisierte Auswertung, zB bei personenbezogenen Massenakten verlangt werden. Dabei wird der Zugang zur Information selber nicht beschränkt. In Einzelfällen kann zum Schutz der Betroffenen auch die Information vom Archiv anonymisiert vorgelegt werden.

33 Im Mannheimer VGH-Urteil vom 30.7.2014 wurde dem Recht auf informationelle Selbstbestimmung Vorrang vor dem Informationsanspruch Dritter zugesprochen. Durchaus diskussionswürdig ist dabei der Hinweis, dass das Recht auf **informationelle Selbstbestimmung** sich auch auf amtliche Tätigkeiten des Betroffenen ausdehne.[36]

34 Wenn nach einer Ermessensentscheidung in keiner Form Einsicht in Unterlagen gewährt werden kann, ist in einem weiteren Schritt zu prüfen, ob auf konkrete Fragen zu Sachverhalten **Auskunft** erteilt werden kann, um **berechtigte Belange** wie eine **Beweisnot** zu befriedigen, ohne die schutzwürdigen Belange von Betroffenen zu verletzen.

X. Zugang für abgebende Stellen (Abs. 5)

35 **Abgebende Stellen** können ohne Beachtung von Sperr- oder Schutzfristen die von ihnen dem Archiv übergebenen Unterlagen nutzen. Ausgenommen davon ist Archivgut, das von diesen Stellen aufgrund von Rechtsvorschriften hätte gesperrt, vernichtet oder gelöscht werden müssen. Mit dieser Regelung wird ausgeschlossen, dass abgebende Stellen im Archiv diejenigen Unterlagen nutzen können, über die sie an ihrer eigenen Stelle nicht mehr verfügen dürfen. Eine **Umgehung von Datenschutzbestimmungen wird damit verhindert.**[37]

36 Die Regelung gilt analog nach 4.1.1 VS-ArchivR auch für Unterlagen und Informationen, die an das **VS-Archiv** abgegeben wurden. Auch hier wird

---

36 VGH BW v. 30.7.2014, 1 S 1352/13 Rn 110 a.E. wird zum Verhältnis von Archivierung und Grundrecht auf informationelle Selbstbestimmung ausgeführt: „Wie das Verwaltungsgericht ausführlich dargelegt hat, bestehen zudem zahlreiche Schutzvorkehrungen [im LArchG] zugunsten der etwaig in ihren Grundrechten Betroffenen. Bezug genommen wird damit auf Rn 19, in der die Position des VG Karlsruhe referiert wird: Vor der Übernahme in das Archiv könnten Maßnahmen zum Schutz der Persönlichkeitsrechte durchgeführt beziehungsweise festgelegt werden, wie etwa eine (Teil-)Anonymisierung. Schutzvorkehrungen für das Persönlichkeitsrecht seien in § 4 und § 6 LArchG und in der Landesarchivbenutzungsordnung vorgesehen. Verfassungsrechtliche Bedenken gegen dieses Ergebnis bestünden nicht. Das Landesarchiv Baden-Württemberg habe bei der Heranziehung des Landesarchivgesetzes dem allgemeinen Persönlichkeitsrecht des Klägers insbesondere in seiner Ausprägung als Recht auf informationelle Selbstbestimmung Rechnung zu tragen. Art. 2 Abs. 1 i.V.m. Art. 1 Abs. 1 GG schütze insoweit die Befugnis des Einzelnen, grundsätzlich selbst zu entscheiden, wann und innerhalb welcher Grenzen persönliche Lebenssachverhalte offenbart würden. *Träger des Grundrechts seien auch Amtsträger, und zwar nicht nur für Informationen mit privatem, sondern auch für solche mit amtsbezogenem Inhalt*“ (Hervorhebung des Verf.).

37 Vgl. Manegold, 322 f: „Die Archivierung darf nicht zum ‚Umgehungsinstrument‘ des Datenschutzes werden“.

durch Bezug auf Abs. 5 ein Umgehen von Datenschutzbestimmungen verhindert.[38]

XI. Versagungsgründe (Abs. 6)

Beim Zugangsersuchen sind stets Versagensgründe nach § 6 Abs. 6 LArchG zu prüfen. In der Praxis wirkt sich vor allem Abs. 6 S. 1 Nr. 2 aus, da sich in Archivgut häufig Informationen befinden, die **Grund zu der Annahme geben, dass schutzwürdige Belange Dritter entgegenstehen. Dritte** sind im Verständnis des Archivrechts dabei Personen, derentwegen die Akten zwar nicht angelegt wurden, über die Angaben aber in den Unterlagen gemacht werden. Das können Zeugen in einem Gerichtsverfahren sein, aber auch Angaben zu Hausbesitzern in einer Bauakte. Es muss hier vom Archiv nicht der Nachweis geführt werden, dass tatsächlich schutzwürdige Belange Dritter tangiert sind; es reicht, dass **Grund zur Annahme besteht.** Neben den **Persönlichkeitsrechten** (zB Schutz der persönlichen Daten, Recht am eigenen Bild) ist hier auch das **Urheberrecht** zu nennen. In solchen Fällen ist durch geeignete Maßnahmen oder Auflagen im Rahmen der Zugangsgewährung der Schutz dieser Belange sicherzustellen. Das können zB Einschränkungen bei der Vorlage (u.a. Teilvorlagen, geschwärzte Kopien), eine **Anonymisierungsauflage** bei der Auswertung oder die **Auskunft** aus Archivgut anstelle der Einsicht sein. 37

In den Fällen von Abs. 6 S. 1 Nr. 3 kann Nutzung über Ersatzmedien ermöglicht werden; ein Anspruch darauf besteht nicht. Wenn Bestimmungen nach Abs. 6 S. 1 Nr. 5 dem Zugang entgegenstehen, sind keine Spielräume gegeben, außer dass in Verhandlungen mit dem derzeitigen oder früheren **Eigentümer** eine neue Rechtslage geschaffen wird. 38

Für nicht aufgelistete Fälle erlaubt eine Klausel in § 6 Abs. 6 S. 2 und 3 LArchG eine Entscheidung des Landesarchivs. 39

XII. Konkurrenzen

Die Ansprüche auf Informationszugang nach § 5 und § 6 LArchG können selbständig nebeneinander geltend gemacht werden. 40

Für die Verfahren zur Wiedergutmachung nationalsozialistischen Unrechts wurde der Zugang zu Information im § 193 BEG separat geregelt; diese Regelungen sind auch auf archivierte Unterlagen der Entschädigungsbehörden anzuwenden. Nach § 193 Abs. 1 BEG können der Antragsteller und sein Bevollmächtigter die Akten der **Entschädigungsbehörde** einsehen und daraus Auszüge und Abschriften selbst fertigen oder gegen Erstattung der Kosten erteilen lassen. Nach Abs. 2 kann dem Antragsteller diese Einsicht in die Akten oder in Aktenteile sowie die Fertigung oder Erteilung von Auszügen und Abschriften nur aus besonderen Gründen versagt werden. 41

38 Zur VS-ArchivR s. Vorb. LArchG Rn 28 ff Punkt 4.1.1 „Die abgebende Stelle hat das Recht, die dem VS-Archiv übergebenen VS nach Maßgabe des § 6 Abs. 1 und 5 LArchG zu nutzen".

42 Nach Abs. 3 BEG haben (nur) die Rechtsanwälte, die die Betroffenen vertreten, ein Recht auf Aushändigung der Akte; das schließt eine Versendung von Akten oder Aktenteilen innerhalb des Geltungsbereichs des BEG ein.

43 Nach § 1758 BGB unterliegen **Adoptionen** einem Offenbarungs- und Ausforschungsverbot. Für den Zugang durch Dritte zu entsprechenden Unterlagen im Archiv gilt nach Abs. 1, dass Adoptionen „ohne Zustimmung des Annehmenden und des Kindes nicht offenbart oder ausgeforscht werden [dürfen], es sei denn, dass besondere Gründe des öffentlichen Interesses dies erfordern."

44 Das LArchG ist gegenüber dem Informationszugangsgesetz (LIFG) abschließende Spezialregelung (s. Vorb. Rn 8, 10-11, § 6 Rn 20-22). Der Zugang nach UVwG §§ 24 und 25 sowie nach VIG §§ 2 und 3 mit AGVIG § 4 ist nach Archivrecht ebenfalls substanziell geben.

45 Bei der Abwägung kommt auch ein Anspruch auf Auskunft nach dem LPresseG neben den Regelungen des LArchG in Betracht. **Medien** steht Zugang zu Archivgut nach § 6 LArchG zu;[39] Sperrfristen nach § 6 Abs. 4 und 6 LArchG werden durch die grundgesetzliche Privilegierung der Presse nicht außer Kraft gesetzt. Bestätigt wurde 2015 mit Beschluss des VGH BW, dass durch Anwendung von § 6 LArchG die Rechte der Presse nach Art. 5 Art. 1 GG, § 4 LPresseG und Art. 10 EMRK nicht eingeschränkt werden.[40]

46 Eine Durchbrechung des LArchG kann durch § 161 StPO erfolgen, nach dem **Staatsanwaltschaften** zu Ermittlungszwecken (§ 160 StPO) auf Unterlagen bei Behörden zugreifen können.

47 Bisher nicht letztinstanzlich geklärt ist, inwieweit einem parlamentarischen **Untersuchungsausschuss** der Zugang über § 161 StPO ebenfalls zusteht.[41]

---

39 Vergleiche die ausdrückliche Nennung der Medien in der Gesetzesbegründung zu § 6 Abs. 1 LArchG, nicht aber zu § 6 Abs. 4 LArchG in Bannasch/Maisch/Richter, 110 f; dagegen ist an beiden Stellen die wissenschaftliche Forschung explizit genannt.

40 VGH BW v. 7.7.2015, 1 S 802/15: Punkt 2. e) Ansprüche der Presse nach § 4 LPressG BW (16-18); Punkt 2. f) Ansprüche nach Art. 5 Abs. 1 GG (18-19) und Punkt 2. g) Ansprüche nach Art. 10 EMRK (19-20).

41 Einerseits hat BVerwG v. 8.3.2012, BVerwG 6 A 2.11, Untersuchungsausschüsse als Staatsanwaltschaften gleichrangig eingestuft und ihnen einen Zugang außerhalb des Archivrechts zugesprochen: „Die von einem parlamentarischen Untersuchungsausschuss im Rahmen seines Untersuchungsauftrags beanspruchte Herausgabe archivierter Akten zum Zweck der Beweiserhebung ist jedoch nicht als öffentliche ‚Nutzung' bzw ‚Benutzung' von Archivgut im Sinne des § 1 Benutzungsordnung für die Staatsarchive des Landes Hessen (ArchivBO) sowie der §§ 14 ff HArchivG zu qualifizieren und unterfällt daher insbesondere auch nicht den in § 15 HArchivG geregelten Schutzfristen." Zustimmend für Hessen Günther, in: Becker/Haffer/Hirsch/Uhde, 195, 240 f. Ebenso BArchG Becker/Oldenhage, § 5 Rn 22 für Bundesarchivgut das Zugangsrecht von Untersuchungsausschüssen in Art. 44 Abs. 2 S. 1 GG begründet. Dagegen hat VGH BW v. 30.7.2014, 1 S 1352/13, Rn 92, für den geschützten Kernbereich exekutiver Eigenverantwortung, „einen auch von parlamentarischen Untersuchungsausschüssen grundsätzlich nicht ausforschbaren Initiativbereich, Beratungsbereich und Handlungsbereich erkannt. Dazu gehört die Willensbildung der Regierung selbst, sowohl hinsichtlich der Erörterungen im Kabinett als auch bei der Vorbereitung von Kabinetts- und Ressortentscheidungen, die sich vornehmlich in ressortübergreifenden und -internen Abstimmungsprozessen vollzieht. ... Aber auch bei abgeschlossenen Vorgängen sind Fälle möglich, in denen die Regierung aus dem Kernbe-

XIII. Kosten

Kosten für den Zugang zu Archivgut sind nach der Verordnung des Wissenschaftsministeriums über die **Gebühren** des Landesarchivs (Landesarchivgebührenordnung – LArchGebO)[42] zu erheben. Danach ist gemäß § 2 Abs. 1 der Zugang zum Archivgut bei **Einsichtnahme** in den Lesesälen des Landesarchivs gebührenfrei. Nach § 2 Abs. 2 werden ebenfalls keine Gebühren für einfache schriftliche Auskünfte erhoben, in denen ausschließlich auf einschlägiges Archivgut hingewiesen wird und deren Aufwand unter einer Stunde liegt. Die idR aufwändige Ermittlung von einzelnen Informationen ist grundsätzlich gebührenpflichtig; ein Anspruch auf Auskunft besteht nicht, da die Information gebührenfrei durch Einsicht in das Archivgut selber ermittelt werden kann. 48

Ferner sind nach § 2 Abs. 3 schriftliche Auskünfte gebührenfrei, für die ein öffentliches Interesse besteht. Das öffentliche Interesse kann zB bei einer Anfrage zu Opfern des nationalsozialistischen Regimes vorliegen, für die eine Gedenkstätte errichtet werden soll. 49

Für darüber hinausgehende Produkte und Leistungen des Archivs wie Kopien, Scans etc. sind Gebühren nach § 1 Abs. 2 anhand des Gebührenverzeichnisses zu erheben, das der LArchGebO angehängt ist. Die Gebühr für die Wiedergabe von Archivgut[43] kann bei Vorliegen eines öffentlichen Interesses ermäßigt oder erlassen werden. Dies wird bei Publikationen der öffentlichen Hand ohne Gewinnabsicht (zB Ortsgeschichten) regelmäßig der Fall sein. 50

Kommunale und andere öffentliche Archive geben sich nach § 7 Abs. 3 S. 1 LArchG bzw. § 8 Abs. 2 S. 2 LArchG eigenständig eine Archivordnung. Gebührentatbestände und Gebührenhöhe können von der LArchGebO abweichen. 51

XIV. Rechtsschutz

Der Rechtsschutz im Bereich des LArchG ist entsprechend wie im Bereich des LIFG (s. LIFG § 1 Rn 53 f) gewährleistet. 52

reich exekutiver Eigenverantwortung geheimzuhaltende Tatsachen mitzuteilen nicht verpflichtet ist." Zuletzt hat VGH BW v. 7.8.2015, 1 S 1239/15 festgestellt, dass „die Beweiserhebung durch einen Untersuchungsausschuss ihre Grenze (findet) am Grundrecht auf informationelle Selbstbestimmung aus Art. 2 Abs. 1 GG" (LS 3, S. 1), und hat den Untersuchungsausschuss verpflichtet, „die Beweiserhebung nach § 13 Abs. 5 UAG einem Richter zu übertragen" (LS 4, S. 3).

42 Erlassen auf Grund von § 4 Abs. 2 LGebG. Grundsätzlich zur Gebührenerhebung s. LIFG § 10 Rn 18.

43 Nr. 17-19 Gebührenverzeichnis im Anhang der LArchGebO.

§ 6 a LArchG Unterlagen von Stellen des Bundes, bundesrechtliche Geheimhaltungsvorschriften

(1) Für Archivgut, das gemäß § 2 Abs. 3 Satz 1 des Bundesarchivgesetzes von Stellen des Bundes dem Staatsarchiv übergeben worden ist, gelten § 2 Abs. 4 Satz 2 sowie §§ 4 und 5 Abs. 1 bis 7 und 9 des Bundesarchivgesetzes entsprechend.

(2) Für Archivgut, das Rechtsvorschriften des Bundes über die Geheimhaltung im Sinne der §§ 10 oder 11 des Bundesarchivgesetzes unterliegt und das von anderen als den in § 2 Abs. 1 des Bundesarchivgesetzes genannten Stellen öffentlichen Archiven übergeben woden ist, gelten § 2 Abs. 4 Satz 2 und § 5 Abs. 1 bis 7 und 9 des Bundesarchivgesetzes entsprechend.

Literatur: siehe Vorbemerkungen zum LArchG.

I. Archivgut des Bundes (Abs. 1)

1 Nach § 7 BArchG sind *Unterlagen von nachgeordneten* ***Stellen des Bundes***, *deren örtliche Zuständigkeit sich nicht auf den gesamten Geltungsbereich dieses Gesetzes erstreckt, (...) mit Zustimmung der zuständigen obersten Bundesbehörde dem zuständigen Landes- oder Kommunalarchiv anzubieten und anzugeben (...).* Diese bei den Ländern bisher regelmäßig umgesetzte Möglichkeit führt dazu, dass von den staatlichen Archiven Unterlagen des Bundes (zB Zollverwaltung, Bauverwaltung) übernommen und archiviert werden. Für deren Nutzung gelten die Zugangsregelungen nach §§ 9 und 10 BArchG. In der Praxis waren dabei bis 2017 v.a. die von den Regelungen des LArchG abweichenden **Schutz- und Sperrfristen** bei personenbezogenen Unterlagen zu beachten.[1]

II. Rechtsvorschriften über Geheimhaltung des Bundes: 60-Jahres Schutzfrist (Abs. 2)

2 Nach § 6 a Abs. 2 LArchG sind für Archivgut, das Rechtsvorschriften des Bundes über die **Geheimhaltung** unterliegt, die Fristen des BArchG anzuwenden.[2] Damit unterliegt dieses Archivgut derzeit einer 60jährigen Sperrfrist, die nicht verkürzbar ist.[3] Dies betrifft auch Unterlagen, die bei Behörden, Gerichten und sonstigen Stellen des Landes, deren Funktionsvorgängern oder von Rechtsvorgängern des Landes an das Archiv gelangt ist. Re-

---

1 In der Januar 2017 verabschiedeten Novelle des BArchG wurde die personenbezogene Schutzfrist auf 10 Jahre nach dem Tod des Betroffenen (bisher 30 Jahre) und, sofern das Todesjahr nicht feststellbar ist, auf 100 Jahre nach Geburt verkürzt (bisher 120 Jahre), vgl. Anm. 14.

2 Da das BArchG erst 1988 verabschiedet wurde, mussten die entsprechenden Regelungen nachträglich im Landesarchiv mit der ersten Novellierung 12.3.1990 eingefügt werden.

3 Vgl. auch Kram, Archivar 68/2015, 345-349; Reinhardt, Archivar 66/2013, 439-443, Degreif, in: Andre/Rehm, 19-29; Häussler, in: Andre/Rehm, 31, 39-41.

gelungen nach § 3 Abs. 1 S. 3 und 4 LArchG sind auch für dieses Archivgut möglich.

§ 6 a Abs. 2 LArchG gilt entsprechend für **kommunales und sonstiges öffentliches Archivgut** aufgrund von § 7 Abs. 3 S. 3 und § 8 Abs. 2 S. 1 LArchG. 3

§ 11 LDSG Verfahrensverzeichnis

(...)

(4) [1]Die öffentliche Stelle macht die Angaben nach Absatz 2 Nr. 1 bis 7 des Verfahrensverzeichnisses auf Antrag jedermann in geeigneter Weise verfügbar. [2]Satz 1 findet keine Anwendung auf Verfahren des Landesamts für Verfassungsschutz.

I. Allgemeines

1 **1. Europa- und verfassungsrechtliche Vorgaben.** Art. 21 Abs. 1 der **Datenschutzrichtlinie** 95/46/EG schreibt vor, dass die EU-Mitgliedstaaten Maßnahmen erlassen, mit denen die Öffentlichkeit der Datenverarbeitung sichergestellt wird. Dazu sind grds. von den Datenschutzaufsichtsbehörden **Verfahrensverzeichnisse** zu führen, in die die in Art. 19 der Richtlinie aufgeführten Angaben aufzunehmen sind. Dieses Register muss nach Art. 21 Abs. 2 UAbs. 3 der Richtlinie von jedermann eingesehen werden können.

2 Das Grundrecht auf **informationelle Selbstbestimmung** enthält ein Offenheitsgebot, wonach die Eingriffsintensität durch die Transparenz beim Umgang mit den personenbezogenen Daten verringert wird.[1] Dazu kann auch die Einsicht in ein Verfahrensverzeichnis beitragen.

3 **2. Entstehungsgeschichte.** Das Verfahrensverzeichnis ist in § 11 LDSG aufgrund der neuen Paragraphenfolge im Rahmen der Neubekanntmachung v. 18.9.2000 (GBl. 648) geregelt. Zuvor war die alte Fassung des § 10 LDSG durch Art. 1 Nr. 9 des Gesetzes zur Änderung des Landesdatenschutzgesetzes und anderer Gesetze v. 23.5.2000 (GBl. 450) an die Datenschutzrichtlinie (s. Rn 1) angepasst worden. Die Regelung in Abs. 4 wurde durch Art. 21 der Datenschutzrichtlinie 95/46/EG notwendig. Die in S. 2 vorgesehene Ausnahme zugunsten des Landesamtes für Verfassungsschutz entspricht der bisherigen Regelung in § 28 Abs. 2 LDSG aF.[2]

4 **3. Normzweck.** Durch die Vorschrift soll die im EU-Recht vorgeschriebene Publizität der jeweiligen automatisierten Datenverarbeitung hergestellt werden.[3]

5 **4. Vergleichbare Regelungen.** Vergleichbare Regelungen finden sich in § 4 g Abs. 2 BDSG und in den Datenschutzgesetzen der Länder.

1 Ziekow/Debus/Piesker 128 f.
2 LT-Drs. 12/4899, 38.
3 Däubler/Klebe/Wedde/Weichert/Däubler BDSG § 4 g Rn 20.

II. Grundsätzliches zum Verfahrensverzeichnis

Nach § 11 Abs. 1 LDSG hat jede öffentliche Stelle ein Verzeichnis der automatisierten Verfahren, mit denen personenbezogene Daten verarbeitet werden (Verfahrensverzeichnis), zu führen. Das Verzeichnis kann auch von einer Stelle für andere Stellen geführt werden. In das Verfahrensverzeichnis sind einzutragen: Name und Anschrift der verantwortlichen Stelle, die Bezeichnung des Verfahrens, die Zweckbestimmung und die Rechtsgrundlage der Verarbeitung, die Art der gespeicherten Daten, der Kreis der Betroffenen, die Empfänger der Daten oder Gruppen von Empfängern sowie die jeweiligen Datenarten, wenn vorgesehen ist, die Daten zu übermitteln, sie innerhalb der öffentlichen Stelle für einen weiteren Zweck zu nutzen oder sie im Auftrag verarbeiten zu lassen, die Fristen für die Prüfung der Sperrung und Löschung der Daten oder für die Sperrung und Löschung, die zugriffsberechtigten Personengruppen oder Personen, die allein zugriffsberechtigt sind, eine allgemeine Beschreibung der eingesetzten Hardware, die Vernetzung und der Software und die technischen und organisatorischen Maßnahmen nach § 9 LDSG. Ein Verfahrensverzeichnis muss jedoch nicht für Verfahren geführt werden, deren einziger Zweck das Führen eines Registers ist, das zur Information der Öffentlichkeit bestimmt ist und allen Personen, die ein berechtigtes Interesse nachweisen können, zur Einsichtnahme offen steht, sowie für Verfahren, die allgemeinen Verwaltungszwecken dienen, insb. Verfahren der Textverarbeitung. 6

III. Auskunft (Abs. 4)

Die **Auskunft** ist nur auf Antrag zu erteilen. Diesem ist grds. stattzugeben, 7
wenn lediglich die Angaben nach § 11 Abs. 2 Nrn. 1 bis 7 LDSG verlangt werden. Ein berechtigtes Interesse o. dgl. muss nicht geltend gemacht werden. Auch hat die Behörde ihre Verpflichtung alsbald nach Antragstellung zu erfüllen.[4] Antragsberechtigt ist jedermann, soweit er sich im Geltungsbereich des EU-Rechts ständig aufhält oder durch die Datenverarbeitung der angegangenen Behörde betroffen ist.

Es besteht lediglich ein Anspruch auf Auskunft zum Namen und zur An- 8
schrift der verantwortlichen Stelle, zu der Bezeichnung des Verfahrens, der Zweckbestimmung und der Rechtsgrundlage der Verarbeitung, der Art der gespeicherten Daten, zum Kreis der Betroffenen, zu den Empfängern der Daten oder den Gruppen von Empfängern sowie zu der jeweiligen Datenarten, wenn vorgesehen ist, die Daten zu übermitteln, sie innerhalb der öffentlichen Stelle für einen weiteren Zweck zu nutzen oder sie im Auftrag verarbeiten zu lassen, zu den Fristen für die Prüfung der Sperrung und Löschung der Daten oder für deren Sperrung und Löschung. Dagegen ist keine Auskunft über die zugriffsberechtigten Personengruppen oder Personen, die allein zugriffsberechtigt sind, die allgemeine Beschreibung der eingesetzten Hardware, die Vernetzung, die Software und die technischen und organisatorischen Maßnahmen nach § 9 LDSG zu erteilen. Gegen das Lan-

4 Simitis/ders. BDSG § 4 g Rn 75.

desamt für Verfassungsschutz besteht aus Sicherheitsgründen kein Auskunftsanspruch.

9 Wie die Angaben dem Anfragenden zugänglich gemacht werden, steht im pflichtgemäßen Ermessen der angegangenen Stelle. Das Gesetz redet von „geeigneter Weise". Das kann mündlich, schriftlich oder per E-Mail erfolgen. Auch ist es zulässig, die Angaben dem Interessierten in den Diensträumen der um Auskunft gebetenen Stelle zu offenbaren oder die Unterlagen im Wege der Amtshilfe einer anderen Behörde zuzusenden, damit der Antragsteller dort Einsicht nehmen kann. Das Vorgehen der Behörde darf nicht schikanös erfolgen. Sie muss eine Interessenabwägung zwischen den schutzwürdigen Belangen des Anfragenden und dem Arbeitsaufwand der Dienststelle vornehmen. Trägt der Antragsteller keine Belange vor, die eine schriftliche Auskunft ihm gegenüber rechtfertigen, kann die Behörde die Art der Beauskunftung selbst bestimmen.[5]

IV. Konkurrenzen

10 Die Vorschriften des LIFG sind neben dem Einsichtsrecht in das Verfahrensverzeichnis anwendbar. Das gilt auch für die Informationen, die nach § 11 Abs. 4 LDSG nicht zu beauskunften sind, soweit die Voraussetzungen nach dem LIFG dafür vorliegen. Allerdings besteht nach dem LIFG allenfalls ein Anspruch auf Auskunft zu den Informationen, die bei einer Behörde bereits vorhanden sind. Die um Auskunft ersuchte Stelle muss also keine zusätzlichen Ermittlungen anstellen. Dagegen muss die Behörde ggf anlässlich eines Antrages nach § 11 Abs. 4 LDSG ein Verfahrensverzeichnis anlegen und daraus Auskünfte erteilen, wenn ein solches noch nicht vorhanden ist. Dieser Verpflichtung kommt damit im Ergebnis drittschützende Wirkung zu.

V. Kosten

11 Für die Auskunft oder Gewährung der Einsichtnahme kann keine Gebühr erhoben werden.

VI. Ausblick

12 Die Regelung ist bis zum 25.5.2018 an die Datenschutz-Grundverordnung 2016/679 anzupassen. Zwar ähnelt die Regelung zum Verzeichnis von Verarbeitungstätigkeiten in Art. 30 der bisherigen Regelung in § 11 LDSG, jedoch ist dort nur eine Zurverfügungstellung an die Aufsichtsbehörden, nicht aber an jedermann vorgesehen.

5 Vgl Simitis/ders. BDSG § 4 g Rn 74 ff.

§ 21 LDSG Auskunft

(1) [1]Dem Betroffenen ist von der speichernden Stelle auf Antrag unentgeltlich Auskunft zu erteilen über

1. die zu seiner Person gespeicherten Daten,
2. den Zweck der Verarbeitung,
3. die Herkunft der Daten, soweit diese gespeichert oder sonst bekannt ist, und die Empfänger oder Gruppen von Empfängern, an die die Daten übermittelt werden sollen, sowie
4. den strukturierten Ablauf der automatisierten Verarbeitung der ihn betreffenden Daten in den Fällen des § 4 Abs. 7 und die dabei herangezogenen Entscheidungskriterien.

[2]Dies gilt nicht für personenbezogene Daten, die ausschließlich zu Zwecken der Datensicherung oder der Datenschutzkontrolle gespeichert sind.

(2) [1]In dem Antrag soll die Art der personenbezogenen Daten näher bezeichnet werden, über die Auskunft erteilt werden soll. [2]Sind die personenbezogenen Daten in Akten gespeichert, wird Auskunft nur erteilt, soweit der Betroffene Angaben macht, die das Auffinden der Daten ermöglichen und der für die Erteilung der Auskunft erforderliche Aufwand nicht außer Verhältnis zu dem vom Betroffenen geltend gemachten Informationsinteresse steht.

(3) [1]Die speichernde Stelle bestimmt das Verfahren, insbesondere die Form der Auskunftserteilung, nach pflichtgemäßem Ermessen. [2]Sind die Daten in Akten gespeichert, ist dem Betroffenen auf Verlangen Akteneinsicht zu gewähren; Absatz 2 Satz 2 findet entsprechende Anwendung. [3]Ein Recht auf Akteneinsicht besteht nicht, wenn die Daten des Betroffenen mit Daten Dritter oder geheimhaltungsbedürftigen nicht personenbezogenen Daten derart verbunden sind, dass ihre Trennung nicht oder nur mit unverhältnismäßig großem Aufwand möglich ist. [4]In diesem Fall ist dem Betroffenen Auskunft zu erteilen. [5]Rechtsvorschriften über die Akteneinsicht im Verwaltungsverfahren bleiben unberührt.

(4) [1]Bezieht sich die Auskunftserteilung auf die Übermittlung personenbezogener Daten an Behörden der Staatsanwaltschaften, an Polizeidienststellen, Verfassungsschutzbehörden und Behörden der Finanzverwaltung, soweit die personenbezogene Daten in Erfüllung ihrer gesetzlichen Aufgaben im Anwendungsbereich der Abgabenordnung zur Überwachung und Prüfung speichern, ist sie nur mit Zustimmung dieser oder der nach Absatz 7 zuständigen Stelle zulässig. [2]Satz 1 findet auch Anwendung auf die Übermittlung personenbezogener Daten an den Bundesnachrichtendienst, den Militärischen Abschirmdienst und, soweit die Sicherheit des Bundes berührt wird, andere Behörden des Bundesministers der Verteidigung. [3]Für die Versagung der Zustimmung gelten die Absätze 5 und 6 entsprechend.

(5) Die Auskunftserteilung unterbleibt, soweit

1. die Auskunft die ordnungsgemäße Erfüllung der in der Zuständigkeit der speichernden Stelle liegenden Aufgaben gefährden würde,

2. die Auskunft die öffentliche Sicherheit oder Ordnung gefährden oder sonst dem Wohle des Bundes oder eines Landes Nachteile bereiten würde oder
3. die personenbezogenen Daten oder die Tatsache ihrer Speicherung nach einer Rechtsvorschrift oder ihrem Wesen nach, insbesondere wegen überwiegender berechtigter Interessen eines Dritten, geheim gehalten werden müssen

und deswegen das Interesse des Betroffenen an der Auskunftserteilung zurücktreten muss.

(6) [1]Die Ablehnung der Auskunftserteilung bedarf keiner Begründung, soweit durch die Mitteilung der tatsächlichen und rechtlichen Gründe der mit der Auskunftsverweigerung verfolgte Zweck gefährdet würde. [2]In diesem Fall ist der Betroffene darauf hinzuweisen, dass er den Landesbeauftragten für den Datenschutz anrufen kann.

(7) Die fachlich zuständige oberste Landesbehörde kann durch Rechtsverordnung bestimmen, dass eine andere als die speichernde Stelle die Auskunft erteilt.

I. Allgemeines

1 **1. Europa- und verfassungsrechtliche Vorgaben.** Der für das Auskunftsrecht maßgebliche Art. 12 der **Datenschutzrichtlinie** 95/46/EG v. 24.10.1995 lautet:

„Die Mitgliedstaaten garantieren jeder betroffenen Person das Recht, vom für die Verarbeitung Verantwortlichen folgendes zu erhalten:

a) frei und ungehindert in angemessenen Abständen ohne unzumutbare Verzögerung oder übermäßige Kosten

- *die Bestätigung, daß es Verarbeitungen sie betreffender Daten gibt oder nicht gibt, sowie zumindest Informationen über die Zweckbestimmungen dieser Verarbeitungen, die Kategorien der Daten, die Gegenstand der Verarbeitung sind, und die Empfänger oder Kategorien der Empfänger, an die die Daten übermittelt werden;*
- *eine Mitteilung in verständlicher Form über die Daten, die Gegenstand der Verarbeitung sind, sowie die verfügbaren Informationen über die Herkunft der Daten“.*

Die durch diese Vorschrift begründeten Auskunftsrechte der Betroffenen gegenüber öffentlichen Stellen ist eine Kernforderung des Bundesverfassungsgerichts im Volkzählungsurteil.[1] Das Auskunftsrecht ist unmittelbarer Bestandteil des Grundrechts auf **informationelle Selbstbestimmung.**[2] 2

2. Entstehungsgeschichte. Das Auskunftsrecht ist in § 21 LDSG aufgrund der neuen Paragraphenfolgen im Rahmen der Neubekanntmachung v. 18.9.2000 (GBl. 648) geregelt. Zuvor war die alte Fassung des § 17 LDSG durch Art. 1 Nr. 19 des Gesetzes zur Änderung des Landesdatenschutzgesetzes und anderer Gesetze v. 23.5.2000 (GBl. 450) an die Datenschutzrichtlinie (s. Rn 1) angepasst worden. Dazu wurde mit der Ersetzung des Wortes „Speicherung" in Abs. 1 Nr. 2 durch das Wort „Verarbeitung" Art. 12 a (1. Spiegelstrich) der Richtlinie Rechnung getragen. Die neue Nr. 3 beruht auf Art. 12 a (1. Spiegelstrich) und die neue Nr. 4 auf Art. 12 a der Richtlinie (3. Spiegelstrich). Außerdem wurde in Abs. 2 eine Privilegierung für interne manuelle Dateien und „frei strukturierte" Daten gestrichen, weil insoweit Art. 12 a der Richtlinie keinen Raum ließ und die Kategorie der frei strukturierten Daten gänzlich aus dem Gesetz herausgenommen wurde. Durch die eingefügte, ausdrückliche Erwähnung der Akteneinsicht im Text des Abs. 3 sollte diese Möglichkeit stärker als bisher in das Bewusstsein der verantwortlichen Stellen gerückt werden. Schließlich wurden zur Klarstellung in Abs. 7 die Worte »Das zuständige Ministerium« durch die Worte »Die fachlich zuständige oberste Landesbehörde« ersetzt.[3] 3

3. Normzweck. Durch die Vorschrift soll das im EU-Recht (s. Rn 1) vorgeschriebene und aus dem Recht auf Informationelle Selbstbestimmung (s. Rn 2) resultierende Auskunftsrecht gegenüber Behörden landesgesetzlich festgeschrieben werden. 4

4. Vergleichbare Regelungen. Vergleichbare Regelungen finden sich in § 19 BDSG und in den Datenschutzgesetzen der Länder. 5

II. Umfang des Auskunftsrechts (Abs. 1)

Ob bzw welche Daten iSd Abs. 1 bei einer öffentlichen Stelle gespeichert sind, muss dem Betroffenen nur auf dessen Antrag hin offenbart werden. Bei Auftragsdatenverarbeitung ist nach § 7 Abs. 1 S. 2 LDSG das **Auskunftsrecht** gegenüber dem Auftraggeber geltend zu machen. 6

Auskunftsberechtigt sind alle Personen, die von einer Speicherung betroffen sind oder sich im Geltungsbereich des EU-Rechts ständig aufhalten. 7

Auf eine Anfrage hin müssen alle bei der Behörde vorhandenen Angaben zu dem Betroffenen übermittelt werden. Ggf ist er davon in Kenntnis zu setzen, dass zu seiner Person keine Angaben existieren. Das Auskunftsrecht bezieht sich auf die zu seiner Person gespeicherten Daten, den Zweck der Verarbeitung, die Herkunft der Daten, soweit diese gespeichert oder sonst bekannt ist, und die Empfänger oder Gruppen von Empfängern, an die die 8

1 BVerfG v. 15.12.1983, 1 BvR 209, 269, 362, 420, 440 und 484/83, BVerfGE 65, 1, 43.
2 Däubler/Klebe/Wedde/Weichert/Wedde BDSG § 19 Rn 1 mwN.
3 LT-Drs. 12/4899, 43.

Daten übermittelt werden sollen, sowie auf den strukturierten Ablauf der automatisierten Verarbeitung der ihn betreffenden Daten in den Fällen des § 4 Abs. 7 LDSG und die dabei herangezogenen Entscheidungskriterien, nicht aber auf Angaben, die ausschließlich zu Zwecken der Datensicherung oder der Datenschutzkontrolle gespeichert sind. Dabei reicht die Auskunftspflicht über die Herkunft der Daten nur soweit, wie diese dokumentiert sind, allein wegen möglicher Auskunftsverlangen ist aber eine Dokumentation nicht erforderlich.[4]

III. Auskunftsantrag (Abs. 2)

9 Der Anfragende muss für sein Auskunftsverlangen kein berechtigtes Interesse geltend machen. Der Antrag kann formlos gestellt werden. Ein elektronisches oder fernmündliches Ersuchen ist zulässig, wenn sich ein sicherer Bezug zu der Person des Anfragenden herstellen lässt.[5] In jedem Fall muss gesichert sein, dass ein Anfragender nur ihn betreffende Informationen erhält, etwa durch Anforderung der Kopie eines Ausweises unter Hinweis auf die Schwärzungsmöglichkeit von nicht zur Identifizierung benötigter Daten.

10 Um den Arbeitsaufwand für die angegangene Behörde in einem vertretbaren Rahmen zu halten, wird für Daten, die sich in Akten befinden, vom Betroffenen verlangt, dass er Angaben zu deren Auffindbarkeit, etwa ein Aktenzeichen, den Betreff des Vorgangs oder zumindest die Zeit, zu der das Verfahren anhängig war, macht. Aber selbst wenn der Anfragende dieser Mitwirkungsobliegenheit nachkommt, kann die Behörde die Auskunft verweigern, wenn ihr Bearbeitungsaufwand in keinem angemessenen Verhältnis zu dem Informationsinteresse des Betroffenen steht.[6]

IV. Auskunftsverfahren (Abs. 3)

11 Die Behörde bestimmt, in welcher Form die Auskunft erfolgt. Allerdings scheidet die Einsichtnahme in Akten aus, wenn der Betroffene dabei zwingend Kenntnis von Gegebenheiten nehmen muss, bezüglich derer ein Dritter nach Abs. 5 (s. Rn 13 ff) besonders schutzwürdig ist.

V. Auskunft bei Übermittlung an Sicherheits- und Finanzbehörden (Abs. 4)

12 Bezieht sich die Auskunftserteilung auf die Übermittlung personenbezogener Daten an die Staatsanwaltschaften, an Polizeidienststellen, an die Verfassungsschutzämter oder an die **Behörden der Finanzverwaltung**, ist die Beauskunftung nur mit Zustimmung der Empfängerbehörden zulässig. Vergleichbares gilt für die sonstigen in diesem Absatz genannten **Sicherheitsbehörden.** Ob diese Stellen berechtigt sind, die erhaltenen Angaben bei sich

4 Bergmann/Möhrle/Herb LDSG § 21 Anm. 3.1.
5 Däubler/Klebe/Wedde/Weichert/Wedde BDSG § 19 Rn 5.
6 Vgl Däubler/Klebe/Wedde/Wedde BDSG § 19 Rn 8 f. Zum unverhältnismäßigen Verwaltungsaufwand vgl auch LIFG § 9.

zu speichern bzw bei einer entsprechenden Anfrage an den Betroffenen Auskunft zu erteilen, richtet sich nach den für diese Stellen maßgeblichen Vorschriften, etwa nach § 45 PolG.

VI. Ablehnungsgründe(Abs. 5)

Die Auskunftserteilung unterbleibt, soweit 1. die Auskunft die ordnungsgemäße Erfüllung der in der Zuständigkeit der speichernden Stelle liegenden Aufgaben gefährden würde, 2. die Auskunft die öffentliche Sicherheit oder Ordnung gefährden oder sonst dem Wohle des Bundes oder eines Landes Nachteile bereiten würde oder 3. die personenbezogenen Daten oder die Tatsache ihrer Speicherung nach einer Rechtsvorschrift oder ihrem Wesen nach, insbesondere wegen überwiegender berechtigter Interessen eines Dritten, geheim gehalten werden müssen und deswegen das Interesse des Betroffenen an der Auskunftserteilung zurücktreten muss. Unter Nr. 1 (vgl LVwVfG § 29 Rn 36 ff) fallen solche Fälle, bei denen die Gefahr besteht, dass alleine durch die Mitteilung der den Anfragenden betreffenden Daten deren zielführende Bearbeitung in Frage gestellt wäre, etwa durch vorzeitiges Bekanntwerden, dass gegen den Betroffenen ein behördliches Ermittlungsverfahren eingeleitet worden ist. 13

Ein Nachteil iS der Nr. 2 – diese Vorschrift ist eng auszulegen – liegt nur vor, wenn die Aufgabenerfüllung der angegangenen Stelle erheblich gefährdet würde und das mit einem nicht unerheblichen Nachteil für die Allgemeinheit verbunden wäre. Eine Beeinträchtigung der öffentlichen Ordnung oder rein fiskalische Nachteile für die öffentlicher Hand reichen für die Verweigerung der Auskunft idR nicht aus.[7] Die verwendeten Begriff der öffentlichen Sicherheit entsprechen denen in § 4 Abs. 1 Nr. 2 LIFG (vgl LIFG § 4 Rn 32) und die Nachteile für den Bund oder ein Land entsprechen denen in § 29 Abs. 2 LVwVfG (vgl LVwVfG § 29 Rn 39 ff). 14

Die Ablehnungsvoraussetzungen in Nr. 3 entsprechen weitgehend denen in § 29 Abs. 2 LVwVfG (vgl LVwVfG § 29 Rn 46 ff). 15

Schutzwürdige Belange eines Dritten stehen der Beauskunftung insb. dann entgegen, wenn durch die Information zwingend Angaben über den Dritten preisgegeben werden müssten. 16

VII. Anforderungen an den Ablehnungsbescheid (Abs. 6)

Die Ablehnung der Auskunft muss nicht begründet werden, soweit dadurch der mit der Verweigerung intendierte Zweck gefährdet würde. 17

VIII. Mögliche Zuständigkeitsverlagerung durch Rechtsverordnung (Abs. 7)

Von der hier vorgesehenen Möglichkeit ist in Baden-Württemberg bislang kein Gebrauch gemacht worden. Für besonders sensible Daten iS der §§ 33 und 34 LDSG würde sie ohnehin so gut wie nicht in Betracht kommen. 18

7 Vgl Däubler/Klebe/Wedde/Weichert/Wedde BDSG § 19 Rn 25.

IX. Konkurrenzen

19 Die Vorschriften des LIFG sind neben dem Auskunftsrecht des § 21 LDSG anwendbar.

20 Zwar bleibt nach § 21 Abs. 3 S. 5 LDSG das Akteneinsichtsrecht in einem Verwaltungsverfahren nach § 29 LVwVfG unberührt, jedoch kann im konkreten Fall eine Abgrenzung wegen unterschiedlicher Kostenfolgen (vgl nachfolgende Rn) erforderlich sein (s. LVwVfG § 29 Rn 71).

X. Kosten

21 Der Auskunftsanspruch wird nach der ausdrücklichen Regelung in Abs. 1 S. 1 **unentgeltlich** gewährt.

XI. Rechtsschutz

22 Der Betroffene kann gegen die Auskunftsverweigerung eine Verpflichtungsklage erheben. Ggf muss das Gericht im Rahmen eines In-camera-Verfahrens nach § 99 VwGO (s. dazu LIFG § 9) entscheiden.

23 Er kann aber auch den Landesbeauftragten für den Datenschutz anrufen. Dieser kann die Rechtmäßigkeit der den Beschwerdeführer betreffenden Datenverarbeitung prüfen, darf dem Betroffenen aber nur mitteilen, ob die Verarbeitung rechtmäßig erfolgt ist oder nicht. Er darf den Betroffenen nicht von Informationen unterrichten, die diesem rechtmäßiger Weise vorenthalten werden müssen. Wird die Auskunft zu Unrecht verweigert, kann der Datenschutzbeauftragte eine Beanstandung gegenüber der Behörde aussprechen und dem Betroffenen empfehlen, auf Erteilung der Auskunft zu klagen.

XII. Ausblick

24 Die Regelung ist bis zum 25.5.2018 an die Datenschutz-Grundverordnung, VO (EU) 2016/679, anzupassen. Art. 15 dieser Verordnung enthält ein Auskunftsrecht der betroffenen Person.

§ 27 LDSG Anrufung des Landesbeauftragten für den Datenschutz

(1) [1]Jeder kann sich an den Landesbeauftragten für den Datenschutz wenden, wenn er der Ansicht ist, bei der Verarbeitung seiner personenbezogenen Daten durch eine öffentliche Stelle in seinen Rechten verletzt worden zu sein. [2]Niemand darf benachteiligt oder gemaßregelt werden, weil er von seinem Recht nach Satz 1 Gebrauch gemacht hat.

(2) [1]Wendet sich ein Betroffener an den Landesbeauftragten für den Datenschutz, weil ihm nach § 21 Abs. 5 oder besonderen gesetzlichen Vorschriften keine Auskunft erteilt worden ist, darf die Mitteilung des Landesbeauftragten für den Datenschutz an den Betroffenen keine Rückschlüsse auf

den Erkenntnisstand der speichernden Stelle zulassen, sofern diese oder die nach § 21 Abs. 7 zuständige Stelle nicht einer weitergehenden Auskunft zustimmt. [2]Das Gleiche gilt, wenn ein Betroffener unmittelbar den Landesbeauftragten für den Datenschutz anruft, und die für die Erteilung der Auskunft zuständige Stelle diesem unter Angabe von Gründen darlegt, dass sie bei einem Auskunftsersuchen eine Auskunft nach den in Satz 1 genannten Vorschriften verweigern würde.

I. Allgemeines

1 **1. Europa- und verfassungsrechtliche Vorgaben.** Die **Datenschutzrichtlinie** 95/46/EG v. 24.10.1995 regelt in ihrem Art. 28 Abs. 4 folgendes: „Jede Person oder ein sie vertretender Verband kann sich zum Schutz der die Person betreffenden Rechte und Freiheiten bei der Verarbeitung personenbezogener Daten an jede Kontrollstelle mit einer Eingabe wenden. Die betroffene Person ist darüber zu informieren, wie mit der Eingabe verfahren wurde. Jede Kontrollstelle kann insbesondere von jeder Person mit dem Antrag befasst werden, die Rechtmäßigkeit einer Verarbeitung zu überprüfen, wenn einzelstaatliche Vorschriften gemäß Art. 13 Anwendung finden. Die Person ist unter allen Umständen darüber zu unterrichten, dass eine Überprüfung stattgefunden hat." § 27 LDSG will dieser EU-rechtlichen Verpflichtung Rechnung tragen.

2 Auch handelt e sich bei dieser Vorschrift um ein nach Art. 17 GG iVm Art. 3 Abs. 1, 35 a LV gesetzlich garantiertes **Petitionsrecht.**[1]

3 **2. Entstehungsgeschichte.** Die Anrufung des Landesbeauftragten für den Datenschutz ist in § 27 LDSG aufgrund der neuen Paragraphenfolgen im Rahmen der Neubekanntmachung v. 18.9.2000 (GBl. 648) geregelt. Zuvor war die Regelung zum Anwendungsbereich in § 23 Abs. 1 S. 2 LDSG aF durch Art. 1 Nr. 25 des Gesetzes zur Änderung des Landesdatenschutzgesetzes und anderer Gesetze v. 23.5.2000 (GBl. 450) in den allgemeinen Teil übernommen worden.[2]

4 **3. Normzweck.** Durch die Anrufungsmöglichkeit des Landesbeauftragten als sachkundige Stelle soll eine außergerichtliche unbürokratische Sachverhalts- und Rechtsklärung sowie im Bedarfsfall eine Konfliktlösung zwischen dem Betroffenen und der datenverarbeitenden Behörde erreicht werden.[3]

1 Zum Bundesrecht Däubler/Klebe/Wedde/Weichert/Weichert BDSG § 21 Rn 1.
2 LT-Drs. 12/4899, 45 iVm 29 f.
3 Däubler/Klebe/Wedde/Weichert/Weichert BDSG § 21 Rn 1.

5 **4. Vergleichbare Regelungen.** Vergleichbare Regelungen finden sich in § 21 BDSG und in den Datenschutzgesetzen der Länder.

II. Allgemeines Anrufungsrecht (Abs. 1)

6 An den Landesbeauftragten kann sich jeder wenden, unabhängig davon, welche Nationalität er hat und wo er sich aufhält. Doch muss sich sein Petitum auf eine Stelle im Anwendungsbereich nach § 2 LDSG beziehen. Gerügt werden muss eine konkrete Datenverarbeitung, die es möglich erscheinen lässt, dass der Betroffene dadurch in seinen, ihm von der Rechtsordnung verliehenen Rechten verletzt wird. Dabei muss es sich nicht unbedingt um Normen des Landesdatenschutzgesetzes handeln. Dadurch dass niemandem durch die Anrufung des Landesbeauftragten persönliche oder dienstliche Nachteile entstehen dürfen, ist auch von Beamten kein Dienstweg einzuhalten.

7 Anonyme Beschwerden kann der Landesbeauftragte zum Anlass von Ermittlungen nehmen, wenn dafür ein öffentliches Interesse besteht.

8 Nach der Rechtsprechung gib es für einen Petenten weder einen Anspruch auf bestimmte tatsächliche oder rechtliche Feststellung durch die Datenschutzaufsichtsbehörde noch auf Einschreiten gegen eine datenverarbeitende Stelle.[4] Dabei hängt es vom Einzelfall ab, in welchem Umfang bei der Bearbeitung von Datenschutzbeschwerden auf verwaltungsrechtliche Vorfragen eingegangen wird. Auf keinen Fall darf die datenverarbeitende Stelle gehindert werden, die Daten zu erheben, verarbeiten und zu nutzen, die sie zur Erfüllung ihrer Aufgaben benötigt.

9 Das Bundesverfassungsgericht[5] hat entschieden, dass es bei der Entscheidung über eine Klage bei Gericht nicht auf den Antrag des Klägers ankomme. Vielmehr müsse festgestellt werden, welches Interesse er verfolgt. Maßgeblich sei sein wirkliches Begehren. Diese Verpflichtung gilt für den Landesbeauftragten entsprechend.

10 Die **kirchlichen Datenschutzbeauftragten** sind für sämtliche datenschutzrechtlichen Beschwerden und Vorgänge zuständig, die sich auf die Kirche selbst und auf selbständige Unternehmen und Gesellschaften beziehen, die gänzlich in der Trägerschaft der Kirche stehen. Sind an einer Gesellschaft neben der Kirche noch andere beteiligt, erfolgt die Bearbeitung des Falles im gegenseitigen Einvernehmen mit dem jeweiligen kirchlichen Datenschutzbeauftragten. Vor der Abgabe einer Beschwerde an einen kirchlichen Datenschutzbeauftragten muss die Zustimmung des Betroffenen eingeholt werden. Auch für den Bereich der Rundfunkanstalten gibt es einen eigenständigen Datenschutzbeauftragten nach § 38 LDSG.

11 In datenschutzrechtlichen Beschwerdeverfahren erhält grds. niemand Einsicht in die Akten der Dienststelle. Auch für die am Verfahren Beteiligten ist § 29 LVwVfG nicht anwendbar.[6] Ein Auskunftsrecht der Betroffenen

4 OVG NW v. 2.6.1993, 25 A 2307/91, RDV 1994, 139.
5 BVerfG v. 29.10.2015, 2 BvR 1493/11, NVwZ 2016, 238 Rn 37.
6 Vgl Kopp/Ramsauer VwVfG § 29 Rn 10.

besteht nach § 21 Abs. 1 S. 2 LDSG nicht.[7] Wird ein Antrag auf **Akteneinsicht** gestellt, muss über diesen per Verwaltungsakt entscheiden werden.[8] Ein datenschutzrechtliches Kontrollverfahren ist kein gegen die betroffene Behörde und ihre Mitarbeiter gerichtetes Ermittlungsverfahren mit dem Ziel, gegen diese uU eine Sanktion zu verhängen, wozu ihnen für ihre Verteidigung bekannt sein müsste, welche Erkenntnisse bei dem Datenschutzbeauftragten vorliegen.[9]

Die datenverarbeitenden Stellen sind über die bei ihnen anlässlich von Datenschutzbeschwerden festgestellter Mängel zu informieren mit der Maßgabe, diese abzustellen. Die Aufsichtsbehörde ist grds. gehalten, die von dem Beschwerdeführer gemachten Angaben gegenüber der datenverarbeitenden Stelle vertraulich zu behandeln. Wird von dort eine Stellungnahme zu einer Beschwerde eingeholt, darf das Beschwerdeschreiben nur übermittelt werden, wenn sich dies nicht zum Nachteil des Beschwerdeführers auswirken kann oder wenn dieser eingewilligt hat. Ein berechtigtes Interesse für die Offenbarung von Angaben zu der Person des Beschwerdeführers gegenüber der datenverarbeitenden Stelle besteht allerdings, wenn der Beschwerdeführer wider besseres Wissen den Vorwurf von Datenschutzverstößen erhoben oder sich gegenüber jener strafbar verhalten hat.[10] 12

Dem Beschwerdeführer können alle bei der datenverarbeitenden Stelle gewonnenen Erkenntnisse einschließlich deren Stellungnahme gegenüber der Aufsichtsbehörde übermittelt werden (vgl § 38 Abs. 1 S. 6 Hs 1 BDSG), soweit dadurch keine personenbezogenen Daten Dritter und keine Dienstgeheimnisse offenbart werden bzw diese Übermittlung nicht in sonstiger Weise gegen berechtigte Interessen der datenverarbeitenden Stelle verstößt. 13

Das Recht, die Datenschutzaufsichtsbehörde anzurufen, richtet sich nach den zum **Petitionsrecht** entwickelten Grundsätzen.[11] Deswegen erhält in datenschutzrechtlichen Beschwerdeverfahren grds. niemand Einsicht in die Akten der Dienststelle bzw Auskünfte aus diesen. Das gilt auch für Kleinstgesellschaften. Bei diesen können sich Geschäftsführer und Alleingesellschafter genauso wie Einzelkaufleute an den Landesbeauftragten für den Datenschutz wenden, wenn sie sich wegen einer die Gesellschaft oder das Geschäft betreffenden Datenverarbeitung in ihrem Persönlichkeitsrecht beeinträchtigt fühlen.[12] Auskünfte zu der Gesellschaft würden Erkenntnisse zu dem letztgenannten Personenkreis offenbaren. 14

Betrifft die LIFG-Anfrage eine sonstige juristische Person, ist eine Interessenabwägung vorzunehmen. Nach der Rechtsprechung des Bundesverfassungsgerichts können sich juristische Personen des Privatrechts im Falle unzulässiger Verarbeitung ihrer Daten nicht auf eine Verletzung des Persönlichkeitsrechts oder auf das Recht der informationellen Selbstbestim- 15

7 VG Bremen v. 30.3.2010, 2 K 548/09.
8 Kopp/Ramsauer VwVfG § 29 Rn 44 a.
9 Vgl VG München v. 10.3.1988, 5 C 68.03492; BayVGH v. 11.2.2008, 5 C 08.277.
10 VG Bremen v. 30.3.2010, 2 K 548/09, mwN.
11 Vgl BayVGH v. 11.2.2008, 5 C 08.277; VG München v. 10.3.1988, 5 C 68.03492.
12 Vgl BGH v. 17.12.1985, VI ZR 244/84; OVG ND v. 15.5.2009, 10 ME 385/08; VG Wiesbaden v. 7.12.2007, 6 E 928/07.

mung berufen. Wohl aber können sie einen zivilrechtlich durchzusetzenden Unterlassungsanspruch wegen der Beeinträchtigung der Freiheit, am wirtschaftlichen Verkehr teilzunehmen, nach Art. 2 Abs. 1 GG geltend machen.[13] Auch werden sie durch Art. 12 und 14 GG (Recht am eingerichteten und ausgeübten Gewerbebetrieb) geschützt.[14] Hier ist im Einzelfall festzustellen, welches Rechtsgut höher wiegt. Außerdem dürfen Geschäftsgeheimnisse nicht ohne Zustimmung ihres Inhabers Dritten offenbart werden (vgl § 4 Abs. 1 Nr. 9 und 10, § 6 LIFG).

III. Anrufung bei Nichterteilung einer Auskunft (Abs. 2)

16 Es wird auf die Kommentierung zu § 21 Abs. 6 LDSG (s. LDSG § 21 Rn 23) verwiesen.

IV. Konkurrenzen

17 Die Vorschriften, die den Informationsfreiheitsbeauftragten betreffen, sind neben § 27 LDSG anzuwenden.

V. Kosten

18 Es wird auf die Kommentierung zu § 21 LDSG (s. LDSG § 21 Rn 21) verwiesen.

VI. Ausblick

19 Die Regelung ist bis zum 25.5.2018 an die Datenschutz-Grundverordnung VO (EU) 2016/679 anzupassen. Dort werden in Art. 57 Abs. 1 lit. e und f, Abs. 2 bis 4 nähere Regelungen zur Anfragen und Beschwerden von Betroffenen geregelt.

13 BVerfG v. 28.8.2000, 1 BvR 1307/91, NJW 2001, 505.
14 VG Schleswig v. 5.11.2013, 8 B 50/23.

§ 1 LIFG Grundsätze

(1) Zweck dieses Gesetzes ist es, unter Wahrung des Schutzes personenbezogener Daten und sonstiger berechtigter Interessen durch ein umfassendes Informationsrecht den freien Zugang zu amtlichen Informationen sowie die Verbreitung dieser Informationen zu gewährleisten, um die Transparenz der Verwaltung zu vergrößern und damit die demokratische Meinungs- und Willensbildung zu fördern.

(2) Antragsberechtigte haben nach Maßgabe dieses Gesetzes gegenüber den informationspflichtigen Stellen einen Anspruch auf Zugang zu amtlichen Informationen.

(3) Sofern der Zugang zu amtlichen Informationen in anderen Rechtsvorschriften abschließend geregelt ist, gehen diese mit Ausnahme des § 29 des Landesverwaltungsverfahrensgesetzes (LVwVfG) und des § 25 des Zehnten Buches Sozialgesetzbuch vor.

Literatur: *Schnabel*, Auskunftsansprüche für Journalisten nach Landespressegesetzen und Informationsfreiheitsgesetz, NVwZ 2012, 854 ff.

I. Allgemeines

1. Europa- und verfassungsrechtliche Vorgaben. Inter- oder supranationale Vorgaben, die grds. zu einer Einführung eines Informationsfreiheitsgesetzes zwingen würden, existieren derzeit ebenso wenig, wie verfassungsrechtliche Verpflichtungen. Zwar mag es im Einzelfall so sein, dass sich (in- 1 ter-)nationale Vorgaben zu einem Anspruch auf Informationsgewährung verdichten; zwingende Vorgaben für die Errichtung eines einheitlichen, umfassenden Informationszugangsrecht – wie etwa beim UIG – bestehen hingegen nicht[1] (s. UVwG § 22 Rn 1). Allerdings ist davon auszugehen, dass die mittlerweile in Kraft getretene **Datenschutz-Grundverordnung** (VO (EU) 2016/679)[2] zu Nachjustierungen des LIFG im Bereich des Schutzes personenbezogener Daten (§ 5 LIFG) zwingen wird: Art. 85 Abs. 1 VO (EU) 2016/679 verpflichtet die Mitgliedstaaten dazu, das Recht auf den Schutz personenbezogener Daten mit dem Recht auf Informationsfreiheit nach den Vorgaben der Verordnung in Einklang zu bringen. Dies hat nach Art. 99 Abs. 2 VO (EU) 2016/679 bis zum 25.5.2018 zu geschehen.

2 Teilweise wird bezüglich der **Gesetzgebungskompetenz** vertreten, dass Informationszugangsansprüche Teil des Verwaltungsverfahrens seien und sich die erforderliche Kompetenz des Landesgesetzgebers daher aus Art. 84 Abs. 1 S. 1 GG ergebe.[3] Die Kompetenz zum Erlass des LIFG wird jedoch auf die Auffangkompetenz des **Art. 70 GG** gestützt.[4] Auch wenn dies angesichts der Zuständigkeit der Länder für die Ausführung der Gesetze nach Art. 83 GG gerechtfertigt erscheint,[5] wird der so begründete "Informationsföderalismus" dennoch als äußerst intransparent gegeißelt.[6]

3 **2. Entstehungsgeschichte.** Das LIFG orientiert sich hauptsächlich an der Bundesregelung sowie am HmbTG; ergänzend wurden die übrigen Landesgesetze (Berlin, Brandenburg, Bremen, Mecklenburg-Vorpommern, Nordrhein-Westfalen, Rheinland-Pfalz, Saarland, Sachsen-Anhalt, Schleswig-Holstein und Thüringen) als Orientierungshilfe genutzt.[7] Eine Kommentierung des Entwurfs war auf einem digitalen Beteiligungsportal[8] möglich. Daneben wurde eine umfangreiche Anhörung von Verbänden und Institutionen durchgeführt, wobei die abgegebenen Stellungnahmen teilweise zu Änderungen des Gesetzentwurfs geführt haben.[9]

4 Im Verlauf des Gesetzgebungsverfahrens stellten sämtliche im Landtag vertretene Fraktionen einen Änderungsantrag,[10] der dazu führte, dass der im Entwurf vorgesehene **Ausschluss des Widerspruchsverfahrens entfiel.** Gleichzeitig wurden die in **§ 11 LIFG** vorgesehenen **proaktiven Veröffentlichungspflichten** um zwei weitere Dokumententypen **ausgeweitet.** In dieser Fassung wurde der Entwurf einstimmig im Landtag beschlossen und trat mit Ausnahme der Vorschrift über Veröffentlichungspflichten und Infor-

1 Vgl hierzu auch ausführlich BeckOK InfoMedien/Debus IFG § 1 Rn 7 ff.
2 ABl. L 119/1.
3 Böhm, Der Auskunftsanspruch nach dem VIG – Besonderheiten und Gemeinsamkeiten im Kontext mit nationalen Auskunftsansprüchen und gemeinschaftsrechtlichen Regelungen, in: Böhm/Freund/Voit (Hrsg.), Verbraucherinformationsgesetz, 2009, 11, 15.
4 Schoch IFG Einl Rn 62; Schrader ZUR 2005, 568, 574; Ziekow/Debus/Musch, 54.
5 Ziekow/Debus/Musch, 54.
6 Schrader ZUR 2005, 568, 574.
7 LReg LT-Drs. 15/7720, 2.
8 https://beteiligungsportal.baden-wuerttemberg.de/de/kommentieren/informationsfreiheitsgesetz/.
9 LReg LT-Drs. 15/7720, 17 ff.
10 Fraktionen der CDU, GRÜNEN, SPD und FDP/DVP LT-Drs. 15/7881.

mationsregister (§ 11 LIFG) am 30.12.2015 in Kraft.[11] § 11 LIFG trat erst drei Monate später in Kraft, um für die Erfüllung dieser Verpflichtungen eine Übergangsfrist einzuräumen.

3. Zielsetzung des LIFG. Durch das LIFG wollte der Gesetzgeber einen grundsätzlichen "**Anspruch** der Bürgerinnen und Bürger auf Zugang zu den bei den öffentlichen Verwaltungen vorhandenen Informationen sowie Pflichten zur Veröffentlichung dieser Informationen" schaffen.[12] Die Notwendigkeit der Gewährung eines solchen voraussetzungslosen Anspruchs sieht der Gesetzgeber darin, dass die vor In-Kraft-Treten des LIFG vorhandenen, beschränkten Informationsmöglichkeiten (zB § 29 LVwVfG, § 25 SGB X) gegenüber der Verwaltung "den Interessen der Bürgerinnen und Bürgern in einer modernen Informationsgesellschaft nicht mehr" genügten. Vielmehr sei ein "umfassendes Recht auf Zugang zu amtlichen Informationen außerhalb eines laufenden Verwaltungsverfahrens" **ohne die Erforderlichkeit der Geltendmachung eines Informationsinteresses** "Voraussetzung für eine Partizipation der Bürgerinnen und Bürger an politischen Entscheidungen".[13] 5

Als **wesentlicher Inhalt** des Gesetzes sind folgende Punkte zu bezeichnen: 6

- Gewährung eines voraussetzungslosen Anspruchs auf Informationszugang,
- Definition von der Zugangsgewährung entgegenstehenden Schutzgütern,
- Festlegung von Verfahrens- und Kostenvorschriften,
- Einführung von antragslos zu erfüllenden Veröffentlichungspflichten sowie
- Installation eines/einer Landesbeauftragten für die Informationsfreiheit.

4. Vergleichbare Regelungen des Bundes und anderer Bundesländer. a) Dem LIFG insgesamt vergleichbare Regelwerke. Informationsfreiheits-/-zugangs- bzw Transparenzgesetze existieren sowohl im Bund[14] als auch in elf weiteren Bundesländern, namentlich in Berlin,[15] Brandenburg,[16] Bremen,[17] Hamburg,[18] Mecklenburg-Vorpommern,[19] Nordrhein-Westfa- 7

11 GBl. 2015, 1201.
12 LReg LT-Drs. 15/7720, 1.
13 LReg LT-Drs. 15/7720, 13.
14 Gesetz zur Regelung des Zugangs zu Informationen des Bundes (Informationsfreiheitsgesetz – IFG) (BGBl. I 2722), zuletzt geändert durch Art. 2 Abs. 6 des Gesetzes v. 7.8.2013 (BGBl. I 3154).
15 Gesetz zur Förderung der Informationsfreiheit im Land Berlin (Berliner Informationsfreiheitsgesetz – IFG) v. 15.10.1999 (GVBl. 561), zuletzt geändert durch Gesetz v. 23.6.2015 (GVBl. 285).
16 Akteneinsichts- und Informationszugangsgesetz (AIG) v. 10.3.1998 (GVBl. I 46), zuletzt geändert durch Gesetz v. 15.10.2013 (GVBl. I Nr. 30).
17 Gesetz über die Freiheit des Zugangs zu Informationen für das Land Bremen (Bremer Informationsfreiheitsgesetz – BremIFG) v. 16.5.2006 (GBl. 263), zuletzt geändert durch Gesetz v. 28.4.2015 (GBl. 274).
18 Hamburgisches Transparenzgesetz (HmbTG) v. 19.6.2012 (GVBl. 271).
19 Gesetz zur Regelung des Zugangs zu Informationen für das Land Mecklenburg-Vorpommern (Informationsfreiheitsgesetz – IFG M-V) v. 10.7.2006 (GVOBl. 556), zuletzt geändert durch Art. 1 des Gesetzes v. 20.5.2011 (GVOBl. 277).

len,[20] Rheinland-Pfalz,[21] Saarland,[22] Sachsen-Anhalt,[23] Schleswig-Holstein[24] und Thüringen.[25] Hessen, Niedersachsen und Sachsen verzichten derzeit (noch) auf entsprechende gesetzliche Vorgaben. Eine Zwischenstellung ergibt sich beim Ende 2015 eingeführten allgemeinen Auskunftsrecht in Art. 36 BayDSG, „soweit ein berechtigtes, nicht auf eine entgeltliche Weiterverwendung gerichtetes Interesse glaubhaft dargelegt wird".

8 Aber selbst in den Ländern, die sich für die gesetzliche Regelung eines voraussetzungslosen Informationszugangs entschieden haben, ist die **Variationsbreite der Regelungsinhalte** enorm. Eine Sonderstellung nimmt insoweit das saarländische Gesetz ein, das keine Vollregelung der Materie enthält, sondern sich auf die Normierung landesrechtlicher Besonderheiten beschränkt und im Übrigen auf die Bundesregelung verweist. Die weitreichendsten Regelungen dürften wohl die Gesetze in Bremen, Hamburg und Rheinland-Pfalz enthalten, die auch umfangreiche antragslose Informationsveröffentlichungsverpflichtungen vorsehen und ein subjektives Recht auf die antragslose Veröffentlichung einräumen. Ebenfalls umfangreiche Veröffentlichungsverpflichtungen der Behörden sieht auch Baden-Württemberg vor. Im Übrigen sind die Veröffentlichungspflichten entweder relativ eingeschränkt (so in der Bundesregelung sowie in Nordrhein-Westfalen, Saarland, Sachsen und Thüringen) bzw in erster Linie bereichsspezifisch ausgestaltet (Berlin und Schleswig-Holstein), oder es werden überhaupt keine derartigen Pflichten normiert (Brandenburg und Mecklenburg-Vorpommern). Grundlegende Unterschiede sind auch hinsichtlich der Frage zu erkennen, ob das allgemeine Informationsfreiheitsgesetz die Regelungen über den Zugang zu Umweltinformationen integriert (Rheinland-Pfalz und Schleswig-Holstein, ähnlich § 18 a IFG BE mit Verweis auf das UIG des Bundes) oder ob weiterhin separate Regelungswerke existieren (so im Bund und den übrigen Ländern).

9 **b) § 1 LIFG vergleichbare Regelungen.** Eine dem Abs. 1 vergleichbare **Zweckbestimmung** ist in sieben der zwölf weiteren Gesetzeswerke enthalten, namentlich in § 1 IFG BE, § 1 Abs. 1 HmbTG, § 1 Abs. 1 IFG M-V, § 1 IFG NRW, § 1 LTranspG RP (bes. ausführlich), § 1 Abs. 1 IZG-SH und § 1 ThürIFG.

10 Eine Abs. 2 entsprechende **Anspruchseinräumung** erfolgt im Bund durch § 1 Abs. 1 S. 1 IFG. In den übrigen Bundesländern übernehmen § 3 Abs. 1 IFG BE, § 1 AIG BB, § 1 Abs. 1 S. 1 BremIFG, § 1 Abs. 2 HmbTG, § 1

20 Gesetz über die Freiheit des Zugangs zu Informationen für das Land Nordrhein-Westfalen (Informationsfreiheitsgesetz Nordrhein-Westfalen – IFG NRW) v. 27.11.2001 (GV 806), zuletzt geändert durch Art. 4 des Gesetzes v. 2.10.2014 (GV. 622).

21 Landestransparenzgesetz (LTranspG) v. 27.11.2015 (GVBl. 383).

22 Gesetz Nr. 1596 Saarländisches Informationsfreiheitsgesetz (SIFG) v. 12.7.2006 (Amtsbl. 1624), zuletzt geändert durch Art. 2 Nr. 6 des Gesetzes v. 13.10.2015 (Amtsbl. I 790).

23 Informationszugangsgesetz Sachsen-Anhalt (IZG LSA) v. 19.6.2008 (GVBl. 242).

24 Informationszugangsgesetz für das Land Schleswig-Holstein (IZG-SH) v. 19.1.2012 (GVOBl. 89).

25 Thüringer Informationsfreiheitsgesetz (ThürIFG) v. 14.12.2012 (GVBl. 464), zuletzt geändert durch Art. 8 des Gesetzes v. 8.8.2014 (GVBl. 529, 544).

Abs. 2 IFG M-V, § 4 Abs. 1 IFG NRW, § 2 Abs. 2 LTranspG RP, § 1 S. 1 SIFG iVm § 1 Abs. 1 S. 1 IFG Bund, § 1 Abs. 1 IZG LSA, § 3 S. 1 IZG-SH und § 4 Abs. 1 ThürIFG diese Funktion.

11 Der das **Verhältnis zu anderen Zugangsvorschriften** regelnde Abs. 3 findet sein Pendant in folgenden Vorschriften: § 1 Abs. 3 IFG Bund, § 3 IFG BE, §§ 1 aE, 2 Abs. 4 AIG BB, § 1 Abs. 3 BremIFG, § 15 HmbTG, § 1 Abs. 3 IFG M-V, § 4 Abs. 2 IFG NRW, § 2 Abs. 3 LTranspG RP, § 1 S. 1 SIFG iVm § 1 Abs. 3 IFG Bund, § 1 Abs. 3 IZG LSA, § 3 S. 2 IZG-SH und § 4 Abs. 2 ThürIFG.

II. Zweck des Gesetzes (Abs. 1)

12 Der Regelungsgehalt des § 1 Abs. 1 LIFG besteht in der **prägnanten Zusammenfassung der Zwecksetzung** der LIFG. Als zentraler Gesetzeszweck wird die **Einräumung eines umfassenden Informationsrechts** nicht nur durch die **Gewährleistung des freien Zugangs zu amtlichen Informationen**, sondern auch durch die **Gewährleistung der Verbreitung dieser Informationen** benannt. Die Gesetzesbegründung betont in diesem Zusammenhang, dass das genannte Recht nicht nur außerhalb eines laufenden Verwaltungsverfahrens gewährt wird, sondern dass es auch **keiner Geltendmachung eines Informationsinteresses** bedarf.[26] Erreicht werden soll mit der Einräumung dieses Rechts die Vergrößerung der Transparenz der Verwaltung sowie die Förderung der demokratischen Meinungs- und Willensbildung. Insoweit ist der Gesetzgeber von der Prämisse ausgegangen, dass der "Zugang zu amtlichen Informationen [...] Teil einer offenen Informationskultur und damit für eine Teilhabe der Bürgerinnen und Bürger an politischen Prozessen erforderlich" ist. Die mit dem LIFG angestrebte Vergrößerung der Transparenz wird in diesem Kontext "als Voraussetzung für eine demokratische Meinungs- und Willensbildung" begriffen.[27] Bemerkenswert ist allerdings, dass die Pflicht zur Wahrung des Schutzes personenbezogener Daten und sonstiger berechtigter Interessen noch vor der Einräumung des Rechts auf Informationszugang benannt wird. Auf dieses Weise wird zumindest eine **starke Betonung** der möglicherweise mit dem freien Informationszugang **kollidierenden Rechtsgüter** erreicht.

13 Zumindest nicht fernliegend erscheint angesichts des soeben genannten Befundes die Schlussfolgerung, dass durch die starke Betonung des Schutzes möglicherweise kollidierender Rechtsgüter der **Umfang des Informationszugangs bereits in der Zweckbestimmungsklausel des Gesetzes wieder zurückgenommen** werden soll. Zu diesem Befund passt nicht nur, dass sich das LIFG durch einen umfangreichen Katalog von Bereichsausnahmen (§ 2 Abs. 2 und 3 LIFG) und von entgegenstehenden besonderen öffentlichen Belangen (§ 4 LIFG) auszeichnet; auch die Vorschrift zum Schutz personenbezogener Daten (§ 5 LIFG) kann als umfangreich bezeichnet werden.

14 Insb. ein Blick auf vergleichbare Zweckbestimmungsklauseln in anderen Bundesländern zeigt zudem, dass eine **ähnlich starke Betonung des Schut-**

26 LReg LT-Drs. 15/7720, 58.
27 LReg LT-Drs. 15/7720, 58.

zes kollidierender Rechtsgüter nirgends zu finden ist. So wird zwar in § 1 IFG BE und § 1 Abs. 1 HmbTG ebenfalls der Schutz personenbezogener Daten explizit genannt, jedoch nicht in einer ebenso exponierten, weil vorangestellten Position wie in Baden-Württemberg. § 1 Abs. 3 S. 2 LTranspG RP nimmt allgemein Bezug auf entgegenstehende schutzwürdige Belange, die eine Grenze für die das Handeln der Verwaltung bestimmenden Leitlinien Transparenz und Offenheit bilden. Diese Feststellung erfolgt allerdings ganz am Ende der Zwecksetzungsklausel. Auch in Thüringen erfolgt die Erwähnung der Wahrung schutzwürdiger Belange erst in Satz 2 des § 1 ThürIFG. Interessant ist dabei, dass die Einschränkung, die die Wahrung dieser Belange bewirken kann, sich nicht auf den in Satz 1 erwähnten freien Zugang zu Informationen selbst bezieht, sondern lediglich auf die Sekundärzwecke oder Fernziele der Regelung, nämlich Vergrößerung der Transparenz, Verbesserung der Möglichkeiten der Kontrolle staatlichen Handelns und Förderung der demokratischen Meinungs- und Willensbildung. Der Zweck der Schaffung eines freien Informationszugangs wird in § 1 S. 1 ThürIFG – ebenso wie in § 1 IFG M-V und NRW – lediglich insoweit eingeschränkt, als die Festlegung der Voraussetzungen des Informationszugangs als gleichrangiger Gesetzeszweck neben der Eröffnung des Informationszugangs benannt wird. Etwas restriktiver ist hingegen § 1 Abs. 1 IZG S-H formuliert, wenn es heißt, Gesetzeszweck sei die Festlegung des rechtlichen Rahmens für den freien Zugang zu Informationen.

15 Da es Aufgabe einer expliziten gesetzlichen Zweckbestimmung ist, wichtige Hinweise für die Auslegung des jeweiligen Gesetzeswerkes zu geben, ist angesichts der obigen Feststellungen für das LIFG wohl davon auszugehen, dass dem gesetzgeberischen Willen eine **eher zurückhaltende Handhabung des Informationszugangs** entspricht. Der eingeräumte Informationszugangsanspruch ist daher im Rahmen des rechtlich Zulässigen, insb. unter Beachtung der Wortlautgrenze, vor dem Hintergrund der soeben skizzierten Zwecksetzung des Gesetzes grds. restriktiv auszulegen.

III. Einräumung des Informationszugangsanspruchs (Abs. 2)

16 Abs. 2 wird von der Gesetzesbegründung mehrfach als zentrale oder **Grundsatznorm** des Gesetzes bezeichnet.[28] Tatsächlich räumt Abs. 2 allen Anspruchsberechtigten nach Maßgabe des LIFG einen Anspruch auf Zugang zu amtlichen Informationen gegenüber den informationspflichtigen Stellen ein. Auch wenn Abs. 2 auf eine, § 2 Abs. 2 LTranspG RP vergleichbare, explizite Regelung verzichtet, wird damit doch ein voraussetzungsloser und gebundener Anspruch gewährt,[29] was die Bezeichnung dieser Norm als Grundsatznorm ohne weiteres rechtfertigt.

17 Von der Grundkonzeption entsprechen sich die einzelnen Informationszugangskonzepte bezüglich der Anspruchseinräumung weitgehend. Auffallend ist allerdings, dass sich der baden-württembergische Gesetzgeber konsequent für die **Technik der Legaldefinition** bezüglich der zentralen Begriffe

28 LReg LT-Drs. 15/7720, 1, 13 und 58.
29 LReg LT-Drs. 15/7720, 58.

der Regelung entschieden hat. So werden die Begriffe der Antragsberechtigten, der informationspflichtigen Stelle und der amtlichen Information in § 3 Nr. 1, 2 bzw 3 LIFG legaldefiniert (s. hierzu LIFG § 3 Rn 4 ff, 7 bzw 8 ff). Die meisten anderen vergleichbaren Regelungen nennen dagegen zumeist den Kreis der Anspruchsberechtigten und/oder -verpflichteten explizit. Auch der Anspruchsgegenstand variiert leicht: Während im Bund, im Saarland und in Sachsen-Anhalt ebenso wie in Baden-Württemberg ausdrücklich der "Zugang zu amtlichen Informationen" gewährt wird, beschränken Berlin und Brandenburg diesen Anspruch auf Einsicht in (beide Länder) oder Auskunft über den Inhalt (Berlin) von Akten. In Bremen wird daneben – ebenso wie in Hamburg – ein subjektiver Anspruch auf die proaktive Veröffentlichung bestimmter Informationen eingeräumt. Dabei bezieht sich die Hamburger Regelung nur noch allgemein auf "Informationen", ohne sie durch das Adjektiv "amtlich" einzuschränken. Auf eine solche Einschränkung verzichten auch Mecklenburg-Vorpommern, Rheinland-Pfalz und Schleswig-Holstein.

Als **weitere Einschränkung** der Informationszugangsgewährung dürfte die in sämtlichen Informationszugangsgesetzen zu findende Wendung **"nach Maßgabe dieses Gesetzes"** zu verstehen sein: Diese Voraussetzung wird allgemein als Hinweis darauf verstanden, dass nicht nur der Anwendungsbereich des LIFG eröffnet sein muss (vgl hierzu § 2 Rn 17 ff), sondern dass auch keine Ablehnungsgründe vorliegen dürfen[30] (vgl hierzu die Kommentierungen zu §§ 4 – 6, 9 Abs. 3 LIFG). Ebenfalls erforderlich für eine Zugangsgewährung ist das Vorhandensein der in § 7 Abs. 1 S. 1 HS 1 LIFG erwähnten **Verfügungsbefugnis** (vgl § 7 Rn 11). Über diese Formulierung hinaus weist lediglich die brandenburgische Regelung auf die (negative) Voraussetzung hin, dass überwiegende öffentliche oder private Interessen nicht entgegenstehen dürfen. 18

IV. Verhältnis zu anderen Informationszugangsrechten (Abs. 3)

Abs. 3 regelt das Verhältnis zu anderen Rechtsvorschriften, die ebenfalls einen Zugang zu amtlichen Informationen gewähren. Im Grundsatz **gehen** diese **speziellen Regelungen vor,** Voraussetzung ist, dass sie **abschließenden Charakter** haben, unabhängig davon ob sie enger oder weiter sind.[31] **Ausdrücklich ausgenommen** hiervon sind lediglich die in **§ 29 LVwVfG und § 25 SGB X** normierten Zugangsrechte (s. Rn 52). Damit wird eine generelle Vorrangigkeit fachgesetzlicher Reglungen bei Vorliegen der in Abs. 3 normierten Tatbestandsvoraussetzungen angeordnet. Spezialgesetzliche Informationszugangsregelungen einschließlich der jeweiligen Bestimmungen über die Modalitäten des Informationszugangs sowie zu Gebühren und 19

30 Ähnlich sowohl LReg LT-Drs. 15/7720, 58 als auch BeckOK InfoMedien/Debus IFG § 1 Rn 116.

31 Zif I 3. Anwendungshinweise zum Landesinformationsfreiheitsgesetz (LIFG) des Ministeriums für Inneres, Digitalisierung und Migration vom 25.11.2016, Az.: 2-0510.1/9.

Auslagen werden durch das LIFG nicht verdrängt, sondern dieses **tritt hinter abschließende Regelungen zurück.**[32]

20 **1. Überblick. a) Vergleich mit anderen informationszugangsrechtlichen Kollisionsregelungen.** Mit der Normierung der **generellen Vorrangigkeit fachgesetzlicher Zugangsansprüche** bewegt sich das LIFG auf einer Linie mit den Regelungen im Bund, in Bremen, Nordrhein-Westfalen, Rheinland-Pfalz, dem Saarland, Sachsen-Anhalt und Thüringen. Im Bund, im Saarland und in Sachsen-Anhalt gilt der Anwendungsvorrang nach dem Wortlaut der jeweiligen Vorgaben für sämtliche "anderen" Rechtsvorschriften. In Nordrhein-Westfalen, Rheinland-Pfalz und Thüringen tritt der allgemeine Informationszugangsanspruch hinter den Informationszugangsanspruch zurück, der in "besonderen Rechtsvorschriften" eingeräumt wird. Mit Ausnahme von Nordrhein-Westfalen und Thüringen[33] sehen alle Informationszugangsgesetze, die sich dieser Regelungstechnik bedienen, eine Rückausnahme von der grds. angeordneten Vorrangigkeit fachgesetzlicher Informationszugangsansprüche für § 29 (L)VwVfG vor, was zu einer parallelen Anwendbarkeit des § 29 (L)VwVfG und den allgemeinen Informationszugangsregelungen führt.[34] Eine ebensolche Rückausnahme für § 25 SGB X ordnen neben Baden-Württemberg nur noch die saarländische und die Bundesregelung an.

21 Dagegen bleiben in Berlin, Hamburg und Mecklenburg-Vorpommern weitergehende Informationszugangsansprüche, die andere Rechtsvorschriften einräumen, unberührt. In Schleswig-Holstein gilt dies für sämtliche Informationszugangsrechte, die andere Gesetze gewähren.

22 Einer eindeutigen Zuordnung zu einer der oben dargestellten Regelungstechniken entzieht sich hingegen die brandenburgische Regelung. Die entsprechende Vorschrift könnte eher so verstanden werden, dass die Existenz anderer Rechtsvorschriften, die bereichsspezifische Regelungen für einen unbeschränkten Personenkreis enthalten, einen Ablehnungsgrund für den Informationszugang nach dem AIG darstellt. Daneben wird in Brandenburg ausdrücklich ein Vorrang von Einsichtsrechten während laufender Verwaltungsverfahren normiert.

23 **b) Vorrangigkeit iSe Ausschließlichkeit von Spezialregelungen.** Alleine der Befund, dass Abs. 3 mit Ausnahme von § 29 LVwVfG und § 25 SGB X einen generellen Vorrang anderer abschließend geregelter Informationszugangsansprüche anordnet, gibt noch keine Auskunft darüber, ob solche abschließenden Regelungen ihrerseits den Rückgriff auf das LIFG zu sperren

---

32 LReg LT-Drs. 15/7720, 58.

33 Während die nordrhein-westfälische Regelung zum Verhältnis von allgemeinem Informationszugangsgesetz und Akteneinsichtsrechten der Betroffenen im laufenden Verwaltungsverfahren schweigt und damit die allgemeine Subsidiaritätsregelung automatisch auf diese Fälle erstreckt, ordnet die thüringische Regelung sogar ausdrücklich an, dass in laufenden Verwaltungsverfahren Zugang zu amtlichen Informationen nur nach Maßgabe des anzuwendenden Verfahrensrechts gewährt wird, § 4 Abs. 2 S. 2.

34 So für das LIFG Baden-Württemberg LReg LT-Drs. 15/7720, 59.

vermögen.[35] Konkret geht es mit den Worten des OVG Münster in einer Entscheidung zum vergleichbaren § 1 Abs. 3 IFG Bund mithin darum, wann von einer "**Vorrangigkeit iS einer Ausschließlichkeit**" des anderen Informationszugangsanspruchs gesprochen werden kann.[36] Die Antwort auf diese Frage bereitet häufig nicht unerhebliche Schwierigkeiten, weil die lex-specialis-Regel bei ihrer konkreten Anwendung oft mit Unsicherheiten verbunden ist.[37]

Als zwingende Voraussetzungen für die Annahme einer ausschließlichen Anwendbarkeit anderer Informationszugangsregelungen wird verlangt, dass es sich um **Rechtsnormen mit Außenwirkung** handelt deren **Regelungsgegenstand** mit dem des § 1 Abs. 2 LIFG **abstrakt identisch** ist. Zudem muss die verdrängende Norm **abschließenden Charakter** haben;[38] in Baden-Württemberg ergibt sich diese letzte Anforderung im Gegensatz zu den meisten anderen vergleichbaren Regelungen ausdrücklich aus § 1 Abs. 3 LIFG. Nur bei kumulativer Erfüllung dieser Voraussetzungen tritt das LIFG zurück.[39] 24

Eine Verdrängung des LIFG kommt nur durch **Rechtsnormen mit Außenwirkung**, mithin durch **Parlamentsgesetze, Rechtsverordnungen oder Satzungen**[40] in Betracht. Verwaltungsvorschriften oder vertragliche Regelungen vermögen diese Wirkung dagegen nicht auszulösen.[41] 25

Die Tatbestandsvoraussetzung eines **abstrakt identischen sachlichen Regelungsgegenstandes**[42] liegt vor, wenn Informationsrechte geregelt werden, die **ausschließlich oder zumindest typischerweise** – und nicht nur im Einzelfall – den **Zugang zu amtlichen Informationen gestatten** und die sich **ausschließlich oder zumindest typischerweise** – und nicht nur im Einzelfall – an **nach dem LIFG Informationspflichtige** richten.[43] Ob der Kreis der Informationsberechtigten hingegen deckungsgleich ist, ist unerheblich,[44] da 26

35 Diese Frage wird von Schoch IFG § 1 Rn 286 zum IFG Bund als interessanter und praktisch bedeutsamer bezeichnet. Die Frage nach dem Verhältnis des IFG-Anspruchs zu anderen Informationszugangsrechten sei "ein Kernproblem des Informationszugangsrechts".

36 V. 28.7.2008, 8 A 1548/07, BeckRS 2008, 38135.

37 BeckOK InfoMedien/Debus IFG § 1 Rn 180; Rossi DVBl. 2010, 554, 557; Ziekow/Debus/Musch, 154.

38 Vgl hierzu insgesamt BeckOK InfoMedien/Debus IFG § 1 Rn 181 ff.

39 So zu § 1 Abs. 3 IFG: BfDI, Anwendungshinweise, 2007, 4; Ziekow/Debus/Musch, 154.

40 AA Franßen/Seidel IFG NRW § 4 Rn 445: Satzungen können Ansprüche nach dem LIFG nicht verdrängen.

41 BeckOK InfoMedien/Debus IFG § 1 Rn 181; Kugelmann IFG § 1 Anm. 6.1; NK-IFG/Rossi Rn 114 f; Schoch IFG § 1 Rn 296; Sitsen, 61; ausf auch Franßen/Seidel IFG NRW § 4 Rn 439 ff.

42 BVerwG v. 15.11.2012, 7 C 1.12, BeckRS 2013, 46016 Rn 46; BeckOK InfoMedien/Debus IFG § 1 Rn 182; Ziekow/Debus/Musch, 154 mwN.

43 So zum IFG: VG HH v. 23.4.2009, 19 K 4199/07, BeckRS 2009, 35841; v. 7.5.2010, 19 K 288/10, BeckRS 2010, 49049; v. 7.5.2010, 19 K 974/10, BeckRS 2010, 49050; v. 27.8.2010, 7 K 619/09, BeckRS 2011, 45853; BeckOK InfoMedien/Debus IFG § 1 Rn 182; Schoch IFG § 1 Rn 297 f; Ziekow/Debus/Musch, 154.

44 VG HH v. 23.4.2009, 19 K 4199/07, BeckRS 2009, 35841; v. 7.5.2010, 19 K 288/10, BeckRS 2010, 49049; 7.5.2010, 19 K 974/10, BeckRS 2010, 49050; BeckOK InfoMedien/Debus IFG § 1 Rn 182; Schoch IFG § 1 Rn 298; Ziekow/Debus/Musch, 154.

Informationszugangsansprüche, die an besondere persönliche Eigenschaften geknüpft sind, im Regelfall eine Erweiterung der Rechte der so Privilegierten bezwecken und nicht deren Ausschluss von allg. Rechten.[45] Etwas anderes – nämlich eine Verdrängung des allg. Zugangsanspruchs – soll allerdings gelten, „wenn eine ‚bereichsspezifische' Regelung (...) den Informationszugang im öffentlichen Interesse nur für einen nach speziellen Kriterien bestimmten, engeren Personenkreis und damit – anders als das IFG – nicht für ‚jedermann' öffnen will."[46]

27 Daneben dürfte sich eine Sperrwirkung auch aus dem **absichtsvollen Verzicht** auf eine entsprechende Regelung herleiten lassen.[47] Dagegen können Regelungen, die ausdrücklich zur Geheimhaltung bestimmter Informationen verpflichten (zB § 30 AO, § 9 KWG), nicht die Rechtsfolge des Abs. 3 auslösen – sie gewähren ja gerade keinen Zugang zu amtlichen Informationen, sondern wollen einen solchen ausdrücklich unterbinden.[48]

28 Die weitere Tatbestandsvoraussetzung, dass nur Regelungen, die einen **abschließenden Charakter** aufweisen, den allgemeinen Zugangsanspruch verdrängen können, muss im Gegensatz bspw. zum IFG nicht in das LIFG hineingelesen werden,[49] sondern ist dort ausdrücklich normiert. Diese Tatsache ändert aber nichts daran, dass die Beurteilung, ob eine Regelung abschließenden Charakter hat, problematisch sein kann und in **jedem Einzelfall** gesondert zu prüfen ist.[50] Erforderlich ist nach Auffassung des OVG Münster zum insoweit vergleichbaren IFG eine "systematisch, an Sinn und Zweck des Gesetzes orientierte Auslegung der jeweiligen Informationszugangsrechte", wobei die jeweiligen Regelungsmaterien zu berücksichtigen sind. Von einer "Vorrangigkeit iS einer Ausschließlichkeit" geht das OVG nur dort aus, "wo die jeweiligen Rechte die **gleichen Anliegen verfolgen und/oder identische Zielgruppen erfassen.** Eine Regelung in einer anderen Rechtsvorschrift iSv § 1 Abs. 3 liegt daher nur dann vor, wenn ihr Anwendungsbereich in sachlicher Hinsicht wegen spezifischer Anforderungen an die Informationen, die der Rechtsvorschrift unterfallen, und/oder in persönlicher Hinsicht wegen spezifischer Anforderungen an die Personen, auf welche die Rechtsvorschrift Anwendung findet, beschränkt ist. Wenn spezialgesetzliche Regelungen für einen gesonderten Sachbereich oder für bestimmte Personengruppen einen begrenzten Informationsanspruch vorsehen, ist deshalb im Einzelfall zu untersuchen, ob diese Grenzen auch für den Anspruch aus § 1 Abs. 1 S. 1 bindend sind. Das ist anzunehmen, wenn ein umfassender Informationsanspruch dem Schutzzweck des Spezialgesetzes zuwider laufen würde. Lässt sich derartiges nicht feststellen, gelangt der Anspruch aus § 1 Abs. 1 S. 1 zur Anwendung."[51]

45 BeckOK InfoMedien/Debus IFG § 1 Rn 182; Schnabel NVwZ 2012, 854, 859 f; Sitsen, 57.
46 BfDI 4. Tätigkeitsbericht 2012-2013 BT-Drs. 18/1200, 93.
47 So ausdrücklich BeckOK InfoMedien/Debus IFG § 1 Rn 183.
48 BeckOK InfoMedien/Debus IFG § 1 Rn 183; Schoch IFG § 1 Rn 289 und 380.
49 Vgl hierzu BVerwG v. 15.11.2012, 7 C 1.12, BeckRS 2013, 46016 Rn 46.
50 In diesem Sinne auch LReg LT-Drs. 15/7720, 58.
51 V. 28.7.2008, 8 A 1548/07, BeckRS 2008, 38135, zustimmend zitiert bei: VG Gelsenkirchen v. 19.9.2010, 17 K 1274/10, BeckRS 2010, 53386; v. 16.9.2010, 17 K

Liegen sämtliche dieser Voraussetzungen vor, wird das LIFG vollständig vom jeweiligen Fachrecht **verdrängt.** Begrenzt ist die Verdrängung nur durch die sachliche Reichweite des Fachrechts.[52] In zeitlicher Hinsicht ist es dabei unerheblich, ob das Fachrecht älter oder jünger ist als das LIFG. Abs. 3 **dispensiert** insoweit die **lex-posterior-Regel**; nichtsdestoweniger können sich aus der zeitlichen Dimension Anhaltspunkte für die Frage nach der Sperrwirkung gewinnen lassen.[53] 29

2. Einzelfälle einer möglichen fachgesetzlichen Sperrwirkung gegenüber dem LIFG. a) Von der Gesetzesbegründung als vorrangig bezeichnete landesrechtliche Regelungen. Die Gesetzesbegründung zählt zu den abschließenden und damit vorrangigen (landesrechtlichen) fachgesetzlichen Regelungen Informationszugangsansprüche nach dem Umweltverwaltungsgesetz[54] (**§ 24 I UVwG**), nach dem Landesgeodatenzugangsgesetz[55] (**§§ 11 ff LGeoZG**), über öffentliche Sitzungen kommunaler Gremien nach der Gemeindeordnung[56] (**§§ 34 Abs. 1 S. 6, 38 Abs. 2 S. 4 GemO, jeweils auch iVm § 39 Abs. 5 S. 1 GemO**), nach dem Landesarchivgesetz[57] (**§ 6 LArchG**), sowie über Statistiken und Evaluationen im Schulbereich.[58] Ob dieser Einschätzung ohne Weiteres zu folgen ist bzw welche weiteren landesrechtlichen Vorschriften zu einer Verdrängung des LIFG führen können, ist nachfolgend zu betrachten. 30

Dass Ansprüche auf **Umweltinformationen** allgemeine Informationszugangsrechte verdrängen, kann für den Bund als gesichert gelten.[59] Nichts anderes gilt für das LIFG.[60] 31

Dagegen erscheint es fraglich, ob der in der Gesetzesbegründung geäußerten Auffassung, bei den Zugangsansprüchen zu Geodaten handele es sich um eine vorrangige Spezialregelung,[61] ohne Weiteres zuzustimmen ist. Vorzugswürdig erscheint hier die von Schoch zur bundesrechtlichen Lage vertretene Sichtweise, wonach der **Zugang der Öffentlichkeit zu Geodaten den allgemeinen Informationszugangsanspruch nicht einschränken** kann. Begründet wird dies zum einen damit, dass es sich bei Geodaten regelmäßig um Umweltdaten handele, die nach den umweltinformationsrechtlichen Grundsätzen zugänglich zu machen sind; zum anderen – und dies dürfte 32

5018/09, BeckRS 2010, 54109; VG Minden v. 12.8.2010, 7 K 23/10, BeckRS 2010, 54367; Rossi DVBl. 2010, 554, 557; Ziekow/Debus/Musch 154 f.

52 Schoch IFG § 1 Rn 299 und 301.

53 BeckOK InfoMedien/Debus IFG § 1 Rn 185 f.

54 Gesetz v. 25.11.2014 (GBl. 592), zuletzt geändert durch Art. 2 der Verordnung v. 13.8.2015 (GBl. 785, 793).

55 Gesetz v. 17.12.2009 (GBl. 802).

56 Gesetz v. 24.7.2000 (GBl. 581, 698), zuletzt geändert durch Art. 1 des Gesetzes v. 17.12.2015 (GBl. 1).

57 Gesetz v. 27.7.1987 (GBl. 230), zuletzt geändert durch Art. 2 des Gesetzes v. 17.12.2015 (GBl. 1201, 1205).

58 LReg LT-Drs. 15/7720, 58.

59 Vgl hierzu nur exemplarisch BeckOK InfoMedien/Debus IFG § 1 Rn 196 ff; Schoch IFG § 1 Rn 306 f, jeweils mwN.

60 VG Stuttgart v. 27.10.2016, 14 K 4920/16, Rn 37.

61 So auch BeckOK InfoMedien/Debus IFG § 1 Rn 222.1; Martini/Damm DVBl 2013, 1, 3.

das gewichtigere Argument sein – müssen die Daten nach § 11 LGeoZG öffentlich verfügbar bereitgestellt werden. Diese proaktive Veröffentlichungspflicht ist einem antragsgebundenen Zugangsanspruch nach LIFG nicht vergleichbar. Zugangsansprüche, die sich auf Geodaten beziehen, die keine Umweltinformationen darstellen, können bei einer erfolgten Veröffentlichung allerdings unter Hinweis auf § 9 Abs. 3 Nr. 5 LIFG abgelehnt werden.[62]

33 Nach der Gesetzesbegründung sind die Vorschriften über öffentliche Sitzungen kommunaler Gremien als dem LIFG vorrangig zu betrachten. Gemeint sein könnten damit §§ **34 Abs. 1 S. 6, 38 Abs. 2 S. 4 GemO, jeweils auch iVm § 39 Abs. 5 S. 1 GemO sowie § 35 Abs. 1 S. 2 GemO.** Diese Vorschriften betreffen die öffentliche Bekanntmachung von Ort, Zeit und Tagesordnung einer Gemeinderats- oder Ausschusssitzung, die Einsichtnahme in Niederschriften zu dieser Sitzung sowie die Möglichkeit ein Thema nichtöffentlich zu verhandeln. Zum letztgenannten Themenkomplex hat das OVG Münster zu einer vergleichbaren nordrhein-westfälischen Regelung festgestellt, dass diese den allgemeinen Informationszugangsanspruch **nicht verdrängt**, wenn "nur" Einsicht in Unterlagen begehrt wird, die Grundlage der nichtöffentlichen Sitzung waren: "Die Nichtöffentlichkeit der Rats- und Ausschusssitzungen soll die Vertraulichkeit der Beratung gewährleisten. Dieser **Schutz erstreckt sich** aber **nicht auf das Beratungsergebnis und die Beratungsgrundlagen**. Soweit die Beratungsgrundlagen lediglich Fakten darstellen und keinen Rückschluss auf den Beratungsablauf und den Prozess der Willensbildung geben, greift die Schutzfunktion der Nichtöffentlichkeit der Sitzung nicht ein."[63] Dieser Auffassung schließen sich sowohl die LfDI von Rheinland-Pfalz und Nordrhein-Westfalen in ihren Anwendungshinweisen an[64] und halten noch weitergehend fest, dass auch die **Vorschriften über die Veröffentlichung von Tagesordnungen sowie von Sitzungsniederschriften** den Rückgriff auf das jeweilige allgemeine Informationsfreiheitsgesetz[65] **nicht sperren.** Dabei dürfte zumindest die dem § 38 Abs. 2 S. 4 GemO korrespondierende rheinland-pfälzische Regelung vergleichbar sein.

34 Dieser Auffassung ist beizupflichten. Eine an Sinn und Zweck der genannten Vorschriften orientierte Auslegung führt zu dem Ergebnis, dass sie **nicht als abschließend und damit nicht als vorrangig** vor dem LIFG zu verstehen sind. Dies gilt nicht nur für den vom OVG Münster[66] entschiedenen Fall der Einsichtnahme in Beratungsgrundlagen oder -ergebnisse nichtöf-

62 Schoch IFG Einl Rn 177 f und § 1 Rn 358.
63 OVG Münster v. 17.5.2006, 8 A 1642/05 Rn 62.
64 Leitfaden für die Praxis des LfDI Rheinland-Pfalz § 4 Zif. 3.3.2, abrufbar unter: https://www.datenschutz.rlp.de/downloads/Leitfaden_fuer_die_Praxis_zum_%4C%49%46%47.pdf; LDI NRW Anwendungshinweise zum Informationsfreiheitsgesetz § 4 S. 26, abrufbar unter: https://www.ldi.nrw.de/mainmenu_Informationsfreiheit/submenu_Anwendungshinweise/Inhalt/Anwendungshinweise_zum_Informationsfreiheitsgesetz/Anwendungshinweise_zum_Informationsfreiheitsgesetz.php.
65 Der Leitfaden für die Praxis des LfDI Rheinland-Pfalz bezieht sich noch auf das mittlerweile außer Kraft getretene LIFG.
66 OVG Münster v. 17.5.2006, 8 A 1642/05.

fentlicher Sitzungen, sondern auch für die Einsichtnahme in Tagesordnungen kommunaler Gremien und deren Niederschriften. Insb. **§ 34 Abs. 1 S. 6 GemO** ist ersichtlich von der Zwecksetzung geprägt, im Interesse der Stärkung der Teilhabe der Bürgerschaft an der demokratischen Meinungs- und Willensbildung als Grundlage eines funktionierenden demokratischen Staatswesens einen Mindeststandard an Transparenz im Hinblick auf die Arbeit des gewählten Kommunal-"Parlaments" herzustellen.[67]

Nicht ganz so eindeutig lässt sich die Frage nach der Zielrichtung des **§ 38 Abs. 2 S. 4 GemO** beantworten. Die Vorschrift bestimmt, dass "den Einwohnern" "die Einsichtnahme in die Niederschriften über die öffentlichen Sitzungen [...] gestattet" ist. Hier könnte auf den ersten Blick davon ausgegangen werden, dass es sich um eine vorrangige Spezialregelung handelt, die eine Beschränkung des Informationszugangs – alleine Einwohner als Berechtigte, lediglich Einsichtnahme – bewirken will. Hiergegen sprechen allerdings mehrere Argumente: Zunächst die Feststellung des OVG Münster[68] bezüglich des Schutzes nichtöffentlicher Sitzungen. Selbst in diesen Fällen, in denen der Beratungsablauf und der Prozess der Willensbildung besonders geschützt sind, bleibt die Einsicht in Grundlagen und Niederschriften dieser Beratungen, die den Verhandlungsgang nicht widerspiegeln, nach allgemeinen Informationszugangsregelungen für jedermann möglich. Insofern leuchtet es nicht ein, warum (Ergebnis-)Protokolle öffentlicher Sitzungen ausschließlich von Einwohnern eingesehen werden dürfen sollen. Hinzu tritt das Argument, dass diese Vorschrift älter ist als das LIFG[69] und wohl eher ein Mindestmaß an Transparenz gewährleisten sollte; eine Beschränkung des Informationszugangs unter allgemein gültige Standards dürfte damit nicht bezweckt sein. Vielmehr ist auch diese Vorschrift als Ausdruck der Befähigung der Bevölkerung zur Teilhabe an demokratischen Willensbildungsprozessen, deren Grundlage eine fundierte Meinungs- und Willensbildung ist, zu verstehen.[70] 35

Mit eben dieser Argumentation ist hier nur ergänzend festzuhalten, dass auch die **Auskunftsregelung hinsichtlich der Sach- und Rechtslage für den Kostendeckungsvorschlag beim Bürgerbegehren nach § 21 Abs. 3 S. 5 GemO** und **die öffentlichen Bekanntmachungsregeln nach § 1 Abs. 2 S. 2, 3 DVO GemO**[71] und **§ 1 Abs. 2 S. 2, 3 DVO LKrO**[72] **keine abschließenden Spezialregelungen** darstellen. 36

67 S. hierzu Bock in: Kunze/Bronner/Katz GemO Loseblatt Stand: Okt 15 § 34 Rn 9.

68 OVG Münster v. 17.5.2006, 8 A 1642/05.

69 Vgl zur Frage, welche Rolle die Tatsache spielt, dass eine informationszugangsgewährende Norm älter als des LIFG ist, Rn 30 mwN.

70 S. hierzu Bock in: Kunze/Bronner/Katz GemO Loseblatt Stand: Okt 15 § 38 Rn 8: Die Vorschrift wurde bereits von "Bürger" auf "Einwohner" erweitert, auch Einsichtnahme (nach der hierzu ergangenen VwV auch Abschrift nach Ermessen der Gemeinde) durch Bevollmächtigte ist möglich. Zweck der Vorschrift ist die Information über die Arbeit des Gemeinderats.

71 Verordnung v. 11.12.2000 (GBl. 2), zuletzt geändert durch Art. 5 des Gesetzes v. 28.10.2015 (GBl. 870, 875).

72 Verordnung v. 11.12.2000 (GBl. 5), zuletzt geändert durch Art. 6 des Gesetzes v. 28.10.2015 (GBl. 870, 876).

37 Ansprüche auf Zugang zu Archivgut werden von **§ 6 LArchG abschließend und damit vorrangig** geregelt. Im Anwendungsbereich dieser Vorschrift ist das LIFG verdrängt (s. Vorb. LArchG Rn 8-11).

38 Was die von der Gesetzesbegründung angesprochene Sperrwirkung von Statistiken und Evaluationen im Schulbereich anbelangt, bleibt zunächst unklar, was damit gemeint ist. Denkbar ist, dass insoweit auf das Statistikgeheimnis nach § 14 LStatG[73] Bezug genommen wird. Für Evaluationen im Schulbereich könnte an § 11 EvaluationsVO[74] gedacht werden. Ob es sich bei diesen Regelungen tatsächlich um vorrangige Spezialvorschriften handelt, erscheint zumindest zweifelhaft. **§ 14 LStatG** normiert gerade **keinen Zugangsanspruch**, sondern eine Geheimhaltungspflicht. Schon eher dürfte sich **§ 11 EvaluationsVO** als **vorrangiges Fachrecht** interpretieren lassen. Im Schulbereich dürfte die Beantwortung dieser Frage aber zumindest keine praktischen Konsequenzen haben, da insoweit gemäß § 4 Abs. 1 Nr. 11 LIFG ein Anspruch auf Informationszugang nicht besteht.

39 **b) Weitere vorrangige landesrechtliche Regelungen.** Die Einsichtsrechte in juristische Prüfungsarbeiten werden von **§§ 35 Abs. 4, 56 Abs. 3 JAPrO**[75] verdrängt. Bei diesen Normen handelt es sich um besondere, den Vorschriften des LIFG vorgehende Regelungen.[76]

40 **§ 14 Abs. 2 Denkmalschutzgesetz**[77] (DSchG) normiert die Einsichtnahme in das Denkmalbuch. Sie ist jedermann gestattet, der ein berechtigtes Interesse darlegt. Ähnlich wie bei der Frage nach der Vorrangigkeit der Einsichtsrechte in Register (s. Rn 44), stellt sich hier die Frage, ob eine Vorrangigkeit des Fachrechts nur dann anzunehmen ist, wenn der Informationszugang vom Fachrecht von besonderen Voraussetzungen – mindestens dem Vorliegen eines "rechtlichen Interesses" – abhängig gemacht wird,[78] oder ob eine Vorrangigkeit auch dann anzunehmen ist, wenn die Spezialregelung einen voraussetzungslosen Zugang gewährt.[79] Unter dogmatischen Gesichtspunkten vorzugswürdig ist die Auffassung, die auch beim Fehlen besonderer Zugangsvoraussetzungen von der Vorrangigkeit der Spezialregelung ausgeht; dies folgt aus dem inhaltlich spezifischen Anspruchsgegenstand.[80] Insofern ist von der Vorrangigkeit des § 14 Abs. 2 DSchG auszugehen.

---

73 Gesetz v. 24.4.1991 (GBl. 215), zuletzt geändert durch Art. 15 der Verordnung v. 25.1.2012 (GBl. 65, 66).

74 Verordnung v. 10.6.2008 (GBl. 206).

75 Verordnung v. 8.10.2002 (GBl. 391), zuletzt geändert durch Art. 2 des Gesetzes v. 17.12.2015 (GBl. 1210, 1220).

76 So zur vergleichbaren Rechtslage in NRW VG Köln v. 16.6.2011, 6 K 4008/10 Rn 43 f.

77 Gesetz v. 6.12.1983 (GBl. 797), zuletzt geändert durch Gesetz v. 9.12.2014 (GBl. 686).

78 So Berger/Kollbeck/Partsch/Roth/Scheel/Scheel IFG § 1 Rn 132.

79 So wohl Schoch IFG § 1 Rn 323 zum Registerrecht.

80 Schoch IFG § 1 Rn 323. Zu Recht weist allerdings BeckOK InfoMedien/Debus IFG § 1 Rn 208 darauf hin, dass sich die unterschiedlichen Sichtweisen wohl nur sekundär bezüglich der Kosten und prozessualer Fragen auswirken dürften, nicht jedoch primär bezüglich des eigentlichen Informationszugangs.

§ 13 Gutachterausschussverordnung[81] regelt die Auskunftserteilung aus der Kaufpreissammlung der Gutachterausschüsse. Auskunft wird bei Vorliegen der Voraussetzungen des Abs. 1 S. 1 erteilt, wobei hier die Voraussetzung des Vorliegens eines "berechtigten Interesses" von Abs. 1 S. 2 eng definiert wird. Nach dem Maßstab des Vorliegens eines inhaltlich spezifischen Anspruchsgegenstandes (s. Rn 41) ist auch hier von der Vorrangigkeit der Spezialregelung auszugehen.[82] 41

Nach **§ 2 Abs. 3 und 4 Vermessungsgesetz**[83] (VermG) werden Geobasisinformationen auf Antrag übermittelt, sofern sie nicht schon von Amts wegen veröffentlicht werden müssen. Für die Übermittlung personenbezogener Daten muss ein berechtigtes Interesse vorliegen. Auch die Weiterverwendung der Geobasisinformationen sowie die Gebühren- und Entgeltfrage werden geregelt. Auch diese Vorschrift regelt einen inhaltlich spezifischen Anspruchsgegenstand, so dass die Vorrangigkeit des § 2 Abs. 3 und 4 VermG zu bejahen ist.[84] 42

c) **Vorrangige bundesrechtliche Regelungen.** Zur Frage des Verhältnisses **bundesrechtlicher Spezialregelungen** zum insoweit vergleichbaren IFG des Bundes existieren umfangreiche Kommentierungen, weshalb an dieser Stelle nur ein Überblick gegeben werden soll. Als dem IFG Bund (und damit im Kollisionsfall auch dem LIFG) vorgehend werden das VIG,[85] der Anspruch auf einfache Melderegisterauskunft nach § 44 BMG[86] sowie registerrechtliche Zugangsrechte (Vereinsregister, § 78 BGB; Güterrechtsregister, §§ 1558 Abs. 1, 1563 BGB; Handelsregister, §§ 8 Abs. 1, 9 Abs. 1 HGB; Personenstandsregister, § 3 und §§ 61 ff PStG; Schuldnerverzeichnis, § 882 f, § 882 h BGB; Grundbuch, § 1, § 12 GBO; Handwerksrolle, § 6 HwO; verschiedene Verkehrsregister, §§ 30, 39, 48 ff StVG)[87] betrachtet. Ebenso wird tendenziell von einer Vorrangigkeit der Regelungen über Gerichts- und Ordnungswidrigkeitenverfahren ausgegangen.[88] Dagegen ist anerkannt, dass das Verhältnis zwischen Vergabe- und Informationsfreiheitsrecht differenziert zu betrachten ist, wobei unterschiedliche Abgrenzungsvorschläge gemacht werden.[89] 43

---

81 Verordnung v. 11.12.1989 (GBl. 541), zuletzt geändert durch Verordnung v. 15.2.2005 (GBl. 167).

82 So auch Leitfaden für die Praxis des LfDI Rheinland-Pfalz § 4 Zif. 3.4.5.

83 Gesetz v. 1.7.2004 (GBl. 469, 509), zuletzt geändert durch Art. 1 des Gesetzes v. 30.11.2010 (GBl. 989).

84 Ebenso Leitfaden für die Praxis des LfDI Rheinland-Pfalz § 4 Zif. 3.4.4.

85 Vgl hierzu nur VIG § 1 Rn 13 und § 2 Rn 22; BeckOK InfoMedien/Debus IFG § 1 Rn 198; Schoch IFG § 1 Rn 308 f.

86 So ausdrücklich zur alten Rechtslage, als das Melderecht noch in der Kompetenz der Länder lag, Leitfaden für die Praxis des LfDI Rheinland-Pfalz § 4 Zif. 3.4.1; LDI NRW Anwendungshinweise zum Informationsfreiheitsgesetz § 4 S. 28.

87 Bezüglich der Registereinsichtsrechte ist umstritten, ob sie generell oder nur bei Vorliegen weiterer einschränkender Tatbestandsvoraussetzungen vorgehen, s. hierzu Rn 41.

88 Schoch § 1 Rn 350 ff; Leitfaden für die Praxis des LfDI Rheinland-Pfalz § 4 Zif. 3.2.2; LDI NRW Anwendungshinweise zum Informationsfreiheitsgesetz § 4 S. 21; kritisch BeckOK InfoMedien/Debus IFG § 1 Rn 216 ff.

89 Eine gute, kompakte Zusammenfassung findet sich bei BeckOK InfoMedien/Debus IFG § 1 Rn 209 ff; s. auch Schoch IFG § 1 Rn 333 ff.

44 **3. Einzelfälle nicht vorrangiger Spezialregelungen. a) Auf Landesebene.** Die Gesetzesbegründung hält als Beispiel für einen neben dem LIFG bestehenden Anspruch den Auskunftsanspruch des Betroffenen nach *LDSG* fest. Dieser Anspruch hat als Ausprägung des Rechts auf informationelle Selbstbestimmung eine andere Zielrichtung als das LIFG und kann dessen Anwendung mithin nicht sperren.[90] Diese Auffassung kann auf **sämtliche Betroffenen- und Geschädigtenrechte**[91] übertragen werden.

45 Bezüglich der besonderen Vorschriften zur Ausübung des Mandats und zu Verhaltensregeln für Bundestagsabgeordnete (§§ 44 a, 44 b AbgG) wird teilweise eine Subsidiarität des IFG angenommen.[92] Dies wird mit dem überzeugenden Argument, diese Vorschriften regelten nicht den Zugang zu amtlichen Informationen, bestritten.[93] Schließt man sich dieser kritischen Auffassung an, ist auch der den genannten bundesrechtlichen Vorschriften vergleichbare **§ 4 a AbgG Baden-Württemberg keine dem LIFG vorrangige Regelung.** Gleiches hat in Bezug auf **§ 68 der Geschäftsordnung des Landtags**, der Berichtspflichten des Petitionsausschusses normiert, zu gelten.[94]

46 Zum IFG Bund kann als weitgehend anerkannt[95] gelten, dass eine **Verdrängung durch presserechtliche Auskunftsansprüche nicht erfolgt.** Begründet wird dies mit dem nicht abschließenden Charakter der presserechtlichen Regelungen und damit, dass das IFG nicht dem Schutzzweck der Fachgesetze zuwiderlaufe.[96] Zentral wird jedoch darauf abgestellt, dass das Presserecht eine Privilegierung der Presse bezwecke. Dieser Zwecksetzung würde es nicht gerecht, wenn den Privilegierten ein Jedermannrecht versagt würde.[97] Einigkeit besteht zumindest soweit, dass es Pressevertretern unbenommen ist, als "jeder" auch Ansprüche nach dem IFG geltend zu machen.[98] Dieser Befund ist auf das Verhältnis von **§ 4 LPresseG** und LIFG zu übertragen.

47 **Kommunalrechtliche Publizitätspflichten der Gemeindeordnung sowie der Durchführungsverordnungen zu Gemeinde- und Landkreisordnung** vermögen das LIFG nicht zu verdrängen (vgl hierzu Rn 36 f).

48 Eine Verdrängung des LIFG durch **§ 55 LBO** dürfte ebenfalls nicht erfolgen. Die Vorschrift normiert die Anliegerbenachrichtigung und ordnet für

90 LReg LT-Drs. 15/7720, 59. Ebenso BeckOK InfoMedien/Debus IFG § 1 Rn 271 ff; Schoch IFG § 1 Rn 372 ff.
91 Leitfaden für die Praxis des LfDI Rheinland-Pfalz § 4 Zif. 3.3.1; LDI NRW Anwendungshinweise zum Informationsfreiheitsgesetz § 4 S. 25 f.
92 VG Berlin v. 17.9.2008, VG 2 A 55.07.
93 Schoch IFG § 1 Rn 362.
94 So zu dem vergleichbaren § 112 GO BT BeckOK InfoMedien/Debus IFG § 1 Rn 203; Schoch IFG § 1 Rn 363.
95 Kritisch allerdings Schoch IFG § 1 Rn 328 ff.
96 OVG Münster NVwZ 2012, 902, 903 f (zum IFG NRW); OVG Münster v. 26.10.2011, 8 A 2593/10, Rn 171 ff.
97 BVerwG v. 15.11.2012, 7 C 1/12, NVwZ 2013, 431 Rn 45 f (mAnm Schoch); OVG Münster v. 26.10.2011, 8 A 2593/10, Rn 171 ff; NVwZ 2012, 902, 903 f (zum IFG NRW); BeckOK InfoMedien/Debus IFG § 1 Rn 205; vgl ausf hierzu Schnabel NVwZ 2012, 854, insb 857 f.
98 BeckOK InfoMedien/Debus § 1 Rn 205; Schoch IFG § 1 Rn 331, jeweils mwN.

bestimmte Fälle materielle Präklusion an. Als Spezialvorschrift zum Informationszugang lässt sich § 55 LBO daher nicht interpretieren.[99]

Zu **kommunalen Informationsfreiheitssatzungen** (IFS)[100] enthält die Gesetzesbegründung keine ausdrücklichen Ausführungen, sie hält aber fest, dass "weitergehende Regelungen" von "informationspflichtigen Stellen (insbesondere Kommunen)" "unberührt" bleiben. Dies deutet auf die Annahme des Gesetzgebers hin, dass IFS das LIFG nicht verdrängen, sondern idR neben dem LIFG zur Anwendung kommen. Für die Annahme eines Nebeneinanders von IFS und LIFG spricht insb. der Regelungszweck der IFS. Ähnlich wie presserechtliche Privilegierungen bezwecken auch diese Regelwerke eine Privilegierung der antragstellenden Person. Mit diesem Regelungszweck wäre es unvereinbar, die von der Regelung Privilegierten vom allgemeinen Informationszugang auszuschließen.[101] Bei Einbeziehung des Regelungszwecks von IFS erklärt sich auch die Formulierung der Gesetzesbegründung, wonach "weitergehende Regelungen" "unberührt bleiben". Beide Wendungen fügen sich zwar nicht in das gewählte dogmatische Konzept,[102] angesichts des Regelungszweckes von Vorschriften, die eine Privilegierung der Adressaten vorsehen, lässt sich gegen die gezogene Schlussfolgerung aber nichts einwenden. 49

b) **Auf Bundesebene.** Wie bereits in Rn 44 dargestellt, wird wegen vorhandener umfangreicher Kommentierungen zum Verhältnis zwischen **bundesrechtlichen Fachregelungen** und dem IFG an dieser Stelle auf eine ausführliche Darstellung verzichtet und lediglich ein beispielhafter Kurzüberblick gegeben. So bleibt das LIFG neben dem Informationsweiterverwendungsgesetz,[103] sozialrechtlichen Auskunftsansprüchen[104] und der Insolvenzordnung anwendbar.[105] Sofern überhaupt ein Anwendungsbereich für das LIFG verbleibt, bliebe es auch neben bauleitplanungsrechtlichen Offenlegungs- und Zugangsregelungen anwendbar; dies wird mit der unterschiedlichen Zwecksetzung der Zugangsregelungen begründet.[106] Dagegen ist das Verhältnis zwischen dem allgemeinen Informationszugangsanspruch und dem Vergaberecht differenziert zu betrachten (s. Rn 44). 50

99 Zum Verhältnis des LIFG zur Bauleitplanung s. Rn 51.

100 Zur Frage, ob für IFS in Ländern mit LIFG überhaupt noch Raum ist, Schrader BayVBl 2012, 289, 291, der diese Frage bei Vorhandensein einer entsprechenden Kollisionsregelung im LIFG bejaht.

101 Vgl zur presserechtlichen Argumentation Rn 47.

102 Dies gilt umso mehr, wenn man bedenkt, dass sich bei den Kollisionsregelungen zwei Regelungstechniken – andere Regelungen "gehen vor" oder "bleiben unberührt", siehe hierzu Rn 21 ff – unterscheiden lassen, die hier durch die Gesetzesbegründung gerade miteinander vermischt werden.

103 Schoch IFG § 1 Rn 359.

104 Schoch IFG § 1 Rn 368; Leitfaden für die Praxis des LfDI Rheinland-Pfalz § 4 Zif. 3.1.2; LDI NRW Anwendungshinweise zum Informationsfreiheitsgesetz § 4 S. 18.

105 Schoch IFG § 1 Rn 365 ff; Leitfaden für die Praxis des LfDI Rheinland-Pfalz § 4 Zif. 3.1.5.

106 Leitfaden für die Praxis des LfDI Rheinland-Pfalz § 4 Zif. 3.1.3; LDI NRW Anwendungshinweise zum Informationsfreiheitsgesetz § 4 S. 19. AA Wirsing VBlBW 2016, 142, 147 zumindest während des Bebauungsplanverfahrens.

51 c) **Rückausnahme des Abs. 3: § 29 LVwVfG/§ 25 SGB X.** Das vergleichbare **Verhältnis zwischen § 29 VwVfG/§ 25 SGB X und dem IFG** kann als **geklärt** bezeichnet werden,[107] so dass an dieser Stelle auf eine ausführliche Diskussion verzichtet werden kann. Wie auch die Gesetzesbegründung zum LIFG anführt, bestehen die genannten Einsichtsrechte neben dem LIFG und verdrängen es nicht.[108] Daneben ist auch bezüglich des § 72 Abs. 1 LVwVfG eine Sperrwirkung gegenüber dem LIFG zu verneinen.[109]

V. Kosten

52 Die Kosten für die Geltendmachung eines Anspruchs aus Abs. 2 richten sich insb. nach § 10 LIFG.

VI. Rechtsschutz

53 **1. Antragstellende Person.** Wird der Antrag auf Informationszugang nach Abs. 2 abgelehnt, ist – ggf nach einem Widerspruchsverfahren (s. LIFG § 9 Rn 39 ff) – ein selbständiges Klageverfahren (s. LIFG § 9 Rn 38) möglich. Daneben kann auch nach § 12 LIFG die oder der Landesbeauftragte für die Informationsfreiheit angerufen werden.

54 **2. Betroffene Personen.** Sofern Anhaltspunkte dafür vorliegen, dass eine betroffene Person ein schutzwürdiges Interesse am Ausschluss des Informationszugangs haben kann, ist das Verfahren nach § 8 LIFG zu beachten.

§ 2 LIFG Anwendungsbereich

(1) Dieses Gesetz gilt nach Maßgabe der Absätze 2 und 3 für die Stellen
1. des Landes,
2. der Gemeinden und Gemeindeverbände sowie
3. der sonstigen der Aufsicht des Landes unterstehenden juristischen Personen des öffentlichen Rechts

und deren Vereinigungen, soweit sie öffentlich-rechtliche Verwaltungsaufgaben wahrnehmen.

(2) Dieses Gesetz gilt für
1. den Landtag nur, soweit er öffentlich-rechtliche Verwaltungsaufgaben wahrnimmt,
2. den Rechnungshof, die Staatlichen Rechnungsprüfungsämter und die Gemeindeprüfungsanstalt jeweils nur außerhalb ihrer Prüfungs- und Beratungstätigkeit,
3. die Gerichte, die Strafverfolgungs-, Strafvollstreckungs- und Maßregelvollzugsbehörden sowie Disziplinarbehörden jeweils nur, soweit sie nicht als Organe der Rechtspflege oder aufgrund besonderer Rechtsvor-

107 S. nur BeckOK InfoMedien/Debus IFG § 1 Rn 187 ff; Schoch IFG § 1 Rn 382 ff.
108 LReg LT-Drs. 15/7720, 59.
109 So zum IFG und § 72 Abs. 1 VwVfG BeckOK InfoMedien/Debus IFG § 1 Rn 189; Schoch IFG § 1 Rn 387.

schriften in richterlicher oder sachlicher Unabhängigkeit tätig werden, sowie
4. die öffentlich-rechtlichen Rundfunkanstalten nur, soweit sie Aufgaben der öffentlichen Verwaltung wahrnehmen und dies staatsvertraglich geregelt ist.

(3) Das Gesetz gilt nicht gegenüber
1. dem Landesamt für Verfassungsschutz und den sonstigen öffentlichen Stellen des Landes, soweit sie nach Feststellung der Landesregierung gemäß § 35 des Landessicherheitsüberprüfungsgesetzes Aufgaben von vergleichbarer Sicherheitsempfindlichkeit wahrnehmen,
2. den Einrichtungen mit der Aufgabe unabhängiger wissenschaftlicher Forschung, Hochschulen nach § 1 des Landeshochschulgesetzes, Schulen nach § 2 des Schulgesetzes für Baden-Württemberg sowie Ausbildungs- und Prüfungsbehörden, soweit Forschung, Kunst, Lehre, Leistungsbeurteilungen und Prüfungen betroffen sind,
3. der Landesbank Baden-Württemberg, der Landeskreditbank Baden-Württemberg – Förderbank, den Sparkassen sowie ihren Verbänden und Verbundunternehmen, den Selbstverwaltungsorganisationen der Wirtschaft, der Freien Berufe und der Krankenversicherung sowie
4. den Landesfinanzbehörden im Sinne des § 2 des Finanzverwaltungsgesetzes, soweit sie in Verfahren in Steuersachen tätig werden.

(4) [1]Dieses Gesetz gilt auch für natürliche oder juristische Personen des Privatrechts, soweit sie öffentlich-rechtliche Verwaltungsaufgaben, insbesondere solche der Daseinsvorsorge, wahrnehmen oder öffentliche Dienstleistungen erbringen und dabei der Kontrolle einer Stelle, soweit diese in den Anwendungsbereich nach Absatz 1 fällt, unterliegen. [2]Kontrolle im Sinne des Satz 1 liegt vor, wenn
1. die Person des Privatrechts bei der Wahrnehmung der öffentlichen Aufgabe oder bei der Erbringung der öffentlichen Dienstleistung gegenüber Dritten besonderen Pflichten unterliegt oder über besondere Rechte verfügt, insbesondere ein Kontrahierungszwang oder ein Anschluss- und Benutzungszwang besteht, oder
2. eine oder mehrere der in Absatz 1 genannten juristischen Personen des öffentlichen Rechts allein oder zusammen, unmittelbar oder mittelbar
   a) die Mehrheit des gezeichneten Kapitals der Person des Privatrechts besitzt oder besitzen oder
   b) über die Mehrheit der mit den Anteilen der Person des Privatrechts verbundenen Stimmrechte verfügt oder verfügen oder
   c) mehr als die Hälfte der Mitglieder des Verwaltungs-, Leitungs- oder Aufsichtsorgans der Person des Privatrechts stellen kann oder können.

Literatur: *Sicko*, Anmerkung zu OVG NW v 18.8.2015, 15 A 97/13, NVwZ 2016, 1030 ff.

I. Allgemeines

1 **1. Entstehungsgeschichte.** § 2 LIFG ist während des parlamentarischen Gesetzgebungsverfahrens unverändert geblieben. Allerdings gibt die Gesetzesbegründung Auskunft darüber, dass die durchgeführte Anhörung der Verbände und Institutionen doch zu einigen Anpassungen des ursprünglich vorgesehenen Textes des § 2 LIFG geführt hat. Konkret kam es zu folgenden **Änderungen:**

- „Ergänzung einer Regelung zur Einbeziehung des Landtags in den Anwendungsbereich des Gesetzes (Artikel 1 § 2 Absatz 2 Nummer 1 neu).
- Erstreckung der Ausnahme vom Anwendungsbereich von Rechnungshof, Staatlichen Rechnungsprüfungsämtern und Gemeindeprüfungsanstalt für ihre Prüfungstätigkeit auf die ebenfalls unabhängig ausgeübte Beratungstätigkeit (Artikel 1 § 2 Absatz 2 Nummer 1 alt beziehungsweise Nummer 2 neu).
- Ergänzung einer Ausnahme vom Anwendungsbereich von Landesfinanzbehörden im Sinne des § 2 des Finanzverwaltungsgesetzes, soweit

sie in Verfahren in Steuersachen tätig werden (Artikel 1 § 2 Absatz 3 Nummer 4 neu).“[1]

Sonstige Anregungen und Einwände, die im Anhörungsverfahren geäußert wurden, wurden von der Landesregierung nicht aufgegriffen. Zu den wesentlichen Anregungen und Einwänden hat sich die Landesregierung allerdings positioniert und die Ablehnung der Vorschläge begründet.[2] So wurde die Verwendung der Begriffe der „Stelle“ und deren „Vereinigungen“ kritisiert und weitergehende Änderungen in den Bereichen der Rechnungsprüfung, des Landesdatenschutzbeauftragten, des Rundfunks, der Hochschulen und ähnlichen Einrichtungen, der Studierendenschaft, der Pflegeversicherung, der Gewerbeaufsicht, der Krankenhäuser und Versorger und für Prozessakten verlangt. Auch die Forderung nach einer Verringerung der Bereichsausnahme wurde geäußert. Daneben hat die Ausgestaltung der Einbeziehung Privater Kritik erfahren. 2

2. Vergleichbare Regelungen des Bundes und anderer Bundesländer. a) Abs. 1: Grundsatz. Eine grds Beschreibung des **Anwendungsbereichs** des Informationsfreiheitsgesetzes enthalten sämtliche Regelungen auf Bundes- und Landesebene, auch wenn sie im Detail voneinander abweichen. Auffällig ist allerdings, dass sämtliche Normen im Gegensatz zur baden-württembergischen Regelung an den Behördenbegriff anknüpfen, wobei häufig auf den Begriff der „Stelle“ entweder ergänzend Bezug genommen (Berlin, Hamburg, Nordrhein-Westfalen, Thüringen) und/oder zur Definition des Behördenbegriffs zurückgegriffen wird (Hamburg, Mecklenburg-Vorpommern, Nordrhein-Westfalen, Rheinland-Pfalz, Schleswig-Holstein). 3

Abs. 1 vergleichbar[3] sind § 1 Abs. 1 S. 1 IFG, § 2 Abs. 1 S. 1 LIFG BE, § 2 Abs. 1 AIG BB, § 1 Abs. 1 BremIFG, § 2 Abs. 3, 5 HmbTG, § 3 Abs. 1, 2 IFG M-V, § 2 Abs. 1 IFG NRW, § 3 Abs. 1, 2 S. 1 LTranspG RP, § 1 SIFG, § 1 IZG LSA, § 2 Abs. 3 IZG-SH und § 2 Abs. 1 ThürIFG. 4

b) Abs. 2: bereichsspezifische Einbeziehung von Stellen außerhalb des Bereichs der Verwaltung. Die Gesetzesbegründung versteht Abs. 2 als **Erweiterung des Anwendungsbereichs** des LIFG. Es wird ausdrücklich festgehalten, dass die Norm „die bereichsspezifische Einbeziehung von Stellen außerhalb des Bereichs der Verwaltung“ klarstelle.[4] Gesetzgebungstechnisch wird dies durch die Formulierung, das LIFG gelte für eine bestimmte Stelle „nur, soweit“ erreicht. Auch wenn zahlreiche Länder vergleichbare Vorschriften kennen, kommt es auch hier zu Unterschieden im Detail – nicht nur hinsichtlich der einbezogenen Stellen, sondern auch hinsichtlich der Frage, ob diese Stellen gesetzgebungstechnisch teilweise in den Anwendungsbereich einbezogen (Berlin, Brandenburg, Nordrhein-Westfalen, Rheinland-Pfalz und das Saarland) oder aus ihm ausgeschlossen (Ham- 5

1 LReg LT-Drs. 15/7720, 22.
2 LReg LT-Drs. 15/7720, 25 ff.
3 Nachweise zu den einzelnen Gesetzen finden sich bei LIFG § 1 Rn 7 und den zugehörigen Fußnoten.
4 LReg LT-Drs. 15/7720, 59. Dies gilt allerdings nicht für alle Tatbestände des Abs. 2, vgl hierzu Rn 48 und 52.

burg, Mecklenburg-Vorpommern, Schleswig-Holstein und Thüringen) werden.

6 Abs. 2 Nr. 1 vergleichbare Ausnahmen für den Landtag kennen auch § 2 Abs. 2 S. 1 AIG BB, § 3 Abs. 4 LTranspG RP, § 2 Abs. 4 Nr. 1 IZG-SH und § 2 Abs. 3 ThürIFG.

7 Abs. 2 Nr. 2 entsprechende Ausnahmen für die **Rechnungsprüfung** sehen § 2 Abs. 1 S. 2 und Abs. 2 S. 1 AIG BB (kommunales Prüfungsamt und Rechnungsprüfungsamt der Landkreise, Landesrechnungshof), § 5 Nr. 2 HmbTG (Rechnungshof), § 3 Abs. 4 Nr. 2 IFG M-V (Landesrechnungshof), § 2 Abs. 2 IFG NRW (Landesrechnungshof und staatliche Rechnungsprüfungsämter), § 3 Abs. 5 LTranspG RP (Landesrechnungshof) und § 2 Abs. 4 Nr. 4 IZG-SH (Landesrechnungshof) vor.

8 Regelungen zur Anwendbarkeit des Informationszugangsgesetzes auf **Organe der Rechtspflege** – Abs. 2 Nr. 3 vergleichbar – enthalten § 2 Abs. 1 S. 1 IFG BE (Gerichte und Behörden der Staatsanwaltschaft), § 2 Abs. 2 S. 1 AIG BB (Organe der Rechtspflege), § 5 Nr. 1 HmbTG (Gerichte, Strafverfolgungs- und Strafvollstreckungsbehörden, Disziplinarbehörden und Vergabekammern), § 3 Abs. 4 Nr. 1 IFG M-V (Gerichte, Strafverfolgungs- und Strafvollstreckungsbehörden), § 2 Abs. 2 IFG NRW (Gerichte und Behörden der Staatsanwaltschaft), § 3 Abs. 4 LTranspG RP (Gerichte sowie Strafverfolgungs- und Strafvollstreckungsbehörden), § 2 Abs. 4 Nr. 3 (Gerichte, Strafverfolgungs- und Strafvollstreckungsbehörden) IZG-SH und § 2 Abs. 7 ThürIFG (Gerichte und Staatsanwaltschaften).

9 Mit der Anwendbarkeit der Regelungen zur Informationsfreiheit auf den **öffentlichen Rundfunk** befassen sich neben Abs. 2 Nr. 4 auch § 5 Nr. 6 HmbTG (öffentlich-rechtliche Rundfunkanstalten), § 3 Abs. 7 LTranspG (öffentlich-rechtliche Rundfunkanstalten), § 1 S. 3 SIFG (saarländischer Rundfunk) sowie § 2 Abs. 6 ThürIFG (öffentlich-rechtliche Rundfunkanstalten und Landesmedienanstalt).

10 c) **Abs. 3: Bereichsausnahmen für besonders sensible Bereiche.** Die Gesetzesbegründung versteht Abs. 3 als **echte Ausnahme** bestimmter, besonders sensibler Bereiche der Landesverwaltung von der Anwendbarkeit des LIFG.[5] Konsequent heißt es im Gesetzestext daher, dass das Gesetz gegenüber der in Abs. 3 genannten Stelle „nicht gilt". Ebenso wie zu Abs. 2 bleibt hier festzuhalten, dass zahlreiche Regelungen zwar vergleichbare Ausnahmen kennen, dass die gesetzgebungstechnische Umsetzung aber durchaus variiert. Während die Formulierung in Hamburg dem LIFG entspricht, lassen sich die Regelungen in Brandenburg, NRW, im Saarland und teilweise in Thüringen eher als Ausweitung des Anwendungsbereichs („nur, soweit") verstehen. Dagegen wird in Rheinland-Pfalz und teilweise in Thüringen ausdrücklich die Anwendbarkeit des Gesetzes ausgeschlossen. In Bremen wird für den Bereich der Universitäten und Hochschulen lediglich auf die Geltung des bremischen Hochschulgesetzes im Bereich der Drittmittelforschung verwiesen (§ 1 Abs. 1 a BremIFG).

5 LReg LT-Drs. 15/7720, 59.

Abs. 3 Nr. 1 vergleichbare Ausnahmen für den **Verfassungsschutz** und bei der Wahrnehmung von bestimmten Aufgaben nach dem **Landessicherheitsüberprüfungsgesetz** sehen lediglich § 3 Nr. 8 IFG, § 5 Nr. 3 HmbTG (für das Landesamt für Verfassungsschutz eingeschränkt auf den Arbeitsbereich Scientology) und § 2 Abs. 8 ThürIFG vor. 11

Im Detail unterschiedlich ausgestaltete Ausnahmen für den Bereich der **Wissenschaft, Forschung und Lehre** erkennen § 2 Abs. 2 S. 2 AIG BB, § 5 Nr. 7 HmbTG, § 2 Abs. 3 IFG NRW, § 1 S. 3 SIFG und § 2 Abs. 5 ThürIFG an. 12

Den Ausschluss der Anwendbarkeit der Informationszugangsregelungen für bestimmte **Banken, Sparkassen** sowie für **Selbstverwaltungsorganisationen der Wirtschaft und der Freien Berufe** bestimmt neben Abs. 3 Nr. 3 lediglich § 3 Abs. 6 LTranspG RP. Ein Ausschluss der **Krankenversicherung** kennt neben Baden-Württemberg kein weiteres Informationsfreiheitsgesetz. 13

Ausnahmen für den Bereich der **Finanzverwaltung in steuerrechtlichen Verfahren** (Abs. 3 Nr. 4) werden durch § 5 Nr. 4 HmbTG, § 3 Abs. 8 LTranspG RP und § 2 Abs. 9 ThürIFG normiert. 14

d) Abs. 4: Einbeziehung Privater. Eine Ausweitung des Anwendungsbereichs des Informationszugangsgesetzes auf bestimmte **natürliche und juristische Personen des Privatrechts** erfolgt durch sämtliche Informationszugangsregelungen. Allerdings fällt auch in diesem Punkt die konkrete Ausgestaltung wiederum sehr unterschiedlich aus. Abs. 4 am nächsten kommt die Regelung in Hamburg (§ 1 Abs. 1 iVm § 2 Abs. 3 Hs 2, Abs. 5 S. 2 HmbTG). Auch dort ist maßgebliches (kumulatives) Kriterium der Anwendbarkeit des HmbTG – neben einer Wahrnehmung öffentlich(-rechtlich-)er (Verwaltungs-)aufgaben oder der Erbringung von öffentlichen Dienstleistungen durch den Privaten –, ob der Private der **Kontrolle** einer auskunftspflichtigen Stelle untersteht. Dabei wird der Begriff der Kontrolle von § 2 Abs. 4 S. 2 und § 2 Abs. 4 HmbTG nahezu wortgleich definiert.[6] In eine ähnliche Richtung geht auch § 3 Abs. 3 IFG M-V, wenn für die Anwendbarkeit des IFG M-V zumindest alternativ darauf abgestellt wird, dass eine juristische Person des öffentlichen Rechts mit einer Mehrheit der Anteile oder Stimmen an einer juristischen Person des Privatrechts beteiligt ist. 15

Andere Regelungen beziehen Private in die Auskunftspflicht mit ein, wenn sich die informationspflichtige Stelle ihrer zur Erfüllung öffentlich-rechtlicher Aufgaben bedient (§ 1 Abs. 1 S. 3 IFG, § 1 Abs. 1 S. 3 BremIFG, § 1 S. 1 SIFG iVm § 1 Abs. 1 S. 3 IFG, § 1 Abs. 1 S. 2 IZG LSA); teilweise erfolgt eine Einbeziehung auch alternativ, wenn dem Privaten die Erfüllung öffentlich(-rechtlich-)er Aufgaben übertragen wurde (§ 3 Abs. 2 S. 2 LTranspG RP, § 2 Abs. 2 ThürIFG). Vereinzelt wird eine Betrauung mit der Aus- 16

6 Unterschiede bestehen lediglich redaktioneller Art und darin, dass in Hamburg von "Unternehmen" gesprochen wird, während in Baden-Württemberg allgemein auf eine "Person des Privatrechts" abgestellt wird. Der Vollständigkeit halber ist zu ergänzen, dass auch § 3 Abs. 3 LTranspG RP und § 2 Abs. 6 IZG-SH den Begriff der Kontrolle nahezu wortgleich definieren. In beiden Ländern wird er aber lediglich für den Bereich der Umweltinformationen relevant.

übung hoheitlicher Befugnisse (§ 2 Abs. 1 S. 1 IFG BE), eine Übertragung von Hoheitsaufgaben/Aufgaben der öffentlichen Verwaltung zur Erledigung in den Handlungsformen des öffentlichen Rechts durch Gesetz oder aufgrund eines Gesetzes (§ 2 Abs. 1 S. 1 AIG BB, § 1 Abs. 2 iVm § 2 Abs. 3 Nr. 2 IZG-SH) oder die Wahrnehmung öffentlich-rechtlicher Aufgaben (§ 2 Abs. 4 IFG NRW) verlangt.

II. Anwendungsbereich des Gesetzes (Abs. 1)

17 **1. Stellen, die öffentlich-rechtliche Verwaltungsaufgaben wahrnehmen.** Die Festlegung des Anwendungsbereichs erfolgt durch die Grundregel des Abs. 1.[7] Gemeindetag und DAV monierten im Hinblick auf die Verwendung der Begrifflichkeiten „Stelle" und „Vereinigungen" das Fehlen einer erforderlichen weitergehenden Definition.[8] Dieser Kritik entgegnete die Landesregierung, dass diese Begriffe auch von § 2 Abs. 1 und 2 LDSG verwendet würden und dementsprechend ausreichend konkretisiert seien.[9] Grds dürfte mit „Stelle" jede Organisationseinheit der in Nr. 1 – 3 genannten Verwaltungsträger gemeint sein, die über eine **gewisse Selbstständigkeit** verfügt.

18 Damit betont der Gesetzgeber eine **enge Verknüpfung des Informationszugangsrechts mit dem Datenschutzrecht.** Es wird bewusst nicht an die allgemeine verwaltungsverfahrensrechtliche Definition des Behördenbegriffs angeknüpft, sondern an die datenschutzrechtliche Definition der (öffentlichen) Stelle, um den Kreis der Anspruchsverpflichteten festzulegen. § 1 Abs. 2 LVwVfG definiert eine Behörde als „jede Stelle, die Aufgaben der öffentlichen Verwaltung wahrnimmt". Zwar fehlt die Einschränkung auf den Aufgabenbereich in § 2 Abs. 1 S. 1 LDSG; dort wird von Behörde und sonstigen öffentlichen Stellen des Landes gesprochen, was zunächst impliziert, dass das LDSG auch für solche öffentlichen Stellen gilt, die – im Unterschied zu Behörden – gerade keine Aufgaben der öffentlichen Verwaltung wahrnehmen. Nach Abs. 1 Hs 2 sind die genannten Stellen aber ausdrücklich nur dann in den Anwendungsbereich des LIFG einbezogen, „soweit sie öffentlich-rechtliche Verwaltungsaufgaben wahrnehmen".

19 Diese Formulierung könnte eine Interpretation des LIFG zulassen, die die Rechtsprechung für das IFG des Bundes ausdrücklich ablehnt: Das IFG Bund bezieht sich allgemein nur auf Behörden. Daraus schließt die Rechtsprechung, dass eine Differenzierung nach der jeweils wahrgenommenen Aufgabe – Verwaltungsaufgaben oder zB Regierungstätigkeit – nicht zulässig ist. Eine solche Unterscheidung finde im Gesetzestext keine Stütze.[10] Das LIFG bezieht nun aber gerade nicht generell Behörden in seinen Anwendungsbereich ein, sondern sämtliche genannten Stellen nur „soweit" sie öffentlich-rechtliche Verwaltungsaufgaben wahrnehmen. Nach dem Ge-

---

7 LReg LT-Drs. 15/7720, 59.
8 LReg LT-Drs. 15/7720, 25.
9 LReg LT-Drs. 15/7720, 26.
10 BVerwG v. 3.11.2011, 7 C 4/11, NVwZ 2012, 251 Rn 10; vgl ausf. BeckOK InfoMedien/Debus IFG § 1 Rn 137 ff mwN.

setzestext ist von einer Behörde einheitlich auch dann zu sprechen, wenn eine Stelle nicht ausschließlich Aufgaben der öffentlichen Verwaltung wahrnimmt, sondern daneben auch andere Aufgaben erledigt. Durch die Vermeidung des Behördenbegriffs und die Anknüpfung an den Begriff der Stelle bei gleichzeitiger Einschränkung auf die tatsächliche Wahrnehmung von Verwaltungsaufgaben dürfte es dem baden-württembergischen Gesetzgeber gelungen sein, den **Anwendungsbereich** in der in der Gesetzesbegründung dargelegten Art und Weise **einzuschränken.**

Nach Auffassung des Gesetzgebers sollen daher „grundsätzlich auch oberste Landesbehörden ausgenommen [sein], soweit sie Regierungshandeln ausüben, beispielsweise bei politischen Entscheidungen der Regierungsmitglieder oder Sitzungen des Ministerrats, von Ministerpräsidenten- oder Fachministerkonferenzen." Begründet wird dies damit, dass „Regierungsakte und Handlungen politischer Art, die nach ihrem Rechtscharakter dem Verfassungsrecht zuzuordnen sind, [...] keine Verwaltungstätigkeit" darstellen.[11] Ebenso wenig sollen nach Auffassung des Gesetzgebers „Wahlorgane als eine Art Selbstverwaltungsorgan der Wählerinnen und Wähler" Verwaltungstätigkeiten ausüben und auch die Ausübung des Gnaden- und Ordensrecht soll nicht dem Bereich der Verwaltungstätigkeit zuzuordnen sein.[12] Im Unterschied zum IFG des Bundes beispielsweise würde in diesen Fällen für einen gewissen Teilbereich der Tätigkeit der **obersten Landesbehörden und Wahlorgane** schon der **Anwendungsbereich des LIFG nicht eröffnet** und nicht nur ein Ablehnungsgrund bestehen. 20

Ebenfalls ausgenommen sind Tätigkeiten der Rechtsprechung und Rechtsetzung, wobei die administrative Rechtsetzung als Verwaltungsaufgabe zu qualifizieren ist.[13] Voraussetzung für die Anwendbarkeit des LIFG ist alleine die Wahrnehmung einer öffentlichen Aufgabe. Das Vorliegen einer öffentlichen Aufgabe ist zu bejahen, wenn es sich um eine **im öffentlichen Recht wurzelnde Verwaltungsaufgabe** handelt.[14] Keine Rolle für das Bestehen der Informationspflicht spielt es hingegen, „ob sich die Stelle zur Erfüllung ihrer Aufgaben öffentlich-rechtlicher oder privatrechtlicher Handlungsformen bedient."[15] 21

2. Stellen des Landes, Nr. 1. Zu Nr. 1 hält die Gesetzesbegründung fest, dass „insbesondere die Ministerien, die ihnen nachgeordneten Landesbehörden sowie von diesen Stellen Beliehene, gegenüber denen ein Informationszugangsanspruch geltend gemacht werden kann", erfasst werden. Wegen der für die Stellen nach Nr. 1 in § 10 Abs. 3 und § 11 LIFG festgelegten weitergehenden Pflichten, soll die **Nr. 1 eng auszulegen** sein und nur solche Stellen umfassen, „die **insgesamt als Stelle des Landes** zu betrachten sind."[16] 22

11 LReg LT-Drs. 15/7720, 59 f.
12 LReg LT-Drs. 15/7720, 60.
13 LReg LT-Drs. 15/7720, 59.
14 LReg LT-Drs. 15/7720, 59.
15 LReg LT-Drs. 15/7720, 59.
16 LReg LT-Drs. 15/7720, 59.

23 Als Stellen des Landes sind zunächst **sämtliche Landesbehörden** zu qualifizieren. Hierzu gehören nach § 1 Abs. 2 Landesverwaltungsgesetz (LVG)[17] die obersten Landesbehörden, die allgemeinen Verwaltungsbehörden sowie die besonderen Verwaltungsbehörden. **Oberste Landesbehörde** sind nach § 7 LVG die Landesregierung, der Ministerpräsident, die Ministerien und der Rechnungshof. Zu den **allgemeinen Verwaltungsbehörden** sind nach § 10 LVG die Regierungspräsidien sowie die unteren Verwaltungsbehörden zu rechnen. Besonderheiten sind bei den unteren Verwaltungsbehörden zu beachten. Nach § 15 Abs. 1 LVG sind untere Verwaltungsbehörden die Landratsämter, Großen Kreisstädte, Verwaltungsgemeinschaften (Nr. 1) und in den Stadtkreisen die Gemeinden (Nr. 2). Soweit Gemeinden oder Verwaltungsgemeinschaften untere Verwaltungsbehörden sind, werden diese Aufgaben vom Bürgermeister bzw vom Verbandsvorsitzenden oder dem Bürgermeister der Gemeinde, die die Aufgaben des Gemeindeverwaltungsverbands erfüllt, wahrgenommen, § 15 Abs. 2 LVG. Während § 1 Abs. 3 LKrO für die Landkreise ausdrücklich festhält, dass das Landratsamt als Behörde des Landkreises eine staatliche Behörde ist,[18] soweit es als untere Verwaltungsbehörde handelt, fehlt eine entsprechende Bestimmung für die Gemeinden. Dennoch wird man mit der Gesetzesbegründung eine **Gesamtbetrachtung des Landkreises** vornehmen müssen und diesen – hier allerdings entgegen der Gesetzesbegründung – insgesamt als **Gemeindeverband** einordnen müssen (s. Rn 31).[19]

24 Die **besonderen Landesbehörden** gliedern sich gemäß § 23 Abs. 1 LVG in Landesoberbehörden, höhere Sonderbehörden und untere Sonderbehörden.[20] Zu den **Landesoberbehörden** gehören der Landesbeauftragte für den Datenschutz, das Landesamt für Verfassungsschutz, das Landeskriminalamt, das Polizeipräsidium Einsatz, das Landesarchiv, die Oberfinanzdirektion, das Statistische Landesamt, das Landesamt für Besoldung und Versorgung, die Landesoberbehörde IT Baden-Württemberg, das Landesamt für Geoinformation und Landentwicklung, das Landesjustizprüfungsamt, das Landesamt für Denkmalpflege sowie das Landesvermessungsamt. **Höhere Sonderbehörden** sind die Körperschaftsforstdirektionen, die regionalen Polizeipräsidien, die Chemischen und Veterinäruntersuchungsämter sowie die Staatlichen Rechnungsprüfungsämter. Staatliche Schulämter, Schulen[21] und Finanzämter bilden die Ebene der **unteren Sonderbehörden**.

---

17 Gesetz v. 14.10.2008 (GBl. 313), zuletzt geändert durch Art. 10 des Gesetzes v. 23.6.2015 (GBl. 585, 614).

18 Flankiert durch die Regelung des § 53 Abs. 1 LKrO zur Rechtsstellung des Landrats als Leiter des Landratsamts als unterer Verwaltungsbehörde. Insoweit wird auch von der "Janusköpfigkeit" des Landratsamts/des Landrats gesprochen.

19 LT-Drs. 15/7720, 59.

20 Die folgende Aufzählung erhebt keinen Anspruch auf Vollständigkeit.

21 Diese sind nach § 23 Abs. 1 SchulG nichtrechtsfähige Anstalten des öffentlichen Rechts, gelten aber nach § 23 Abs. 3 SchulG als untere Sonderbehörden, soweit sie auf dem Gebiet der inneren Schulangelegenheiten einen Verwaltungsakt erlassen.

Ebenfalls als Stelle des Landes, aber nur eingeschränkt als Verwaltungsbehörde zu qualifizieren[22] sind **Gerichte und Staatsanwaltschaften.** Gleiches gilt für alle weiteren Einrichtungen des Landes, die über keine eigene Rechtspersönlichkeit verfügen (diese werden von Nr. 3 erfasst). Zu nennen sind insb. die **nicht rechtsfähigen Anstalten des öffentlichen Rechts (nrAöR)**, die den Ministerien nachgeordnet sind, sowie die **Landesbetriebe.** Diese dürften regelmäßig vom Wechsel des Amtsinhabers unabhängig und zur Aufgabenwahrnehmung im eigenen Namen berechtigt sein[23] – Kriterien, deren Vorliegen für die Annahme einer gewissen organisatorischen Selbstständigkeit als Voraussetzung für die Annahme einer „Stelle" im organisationsrechtlichen Sinn verlangt wird. 25

Dass eine eindeutige Abgrenzung zwischen den verschiedenen Organisationsformen nicht immer zweifelsfrei möglich erscheint bzw teilweise auch eine Doppelfunktion vorliegt – zB IT Baden-Württemberg als Landesoberbehörde und gleichzeitig Landesbetrieb oder Schulen, die sowohl nrAöRs als auch untere Sonderbehörden sind (s. Rn 24 mit Fn 21) –, ist für die Frage der Anwendbarkeit des LIFG unschädlich. Verfügt eine Organisationseinheit **nicht** über die für die Annahme einer Stelle **notwendige Eigenständigkeit,** ist **Anspruchsgegner** die **Stelle, der diese Einheit zuzurechnen ist.**[24] Nichtsdestoweniger soll im Folgenden eine Systematisierung – ohne Anspruch auf Vollständigkeit – zumindest versucht werden. 26

Ausdrücklich als **nrAöR** werden folgende Einrichtungen benannt: Landeszentrale für politische Bildung, Haus der Heimat, Hochschule der Polizei, Landesinstitut für Schulsport, Schulkunst und Schulmusik, Staatliche Seminare für Didaktik und Lehrerbildung, Pädagogische Fachseminare und Fachseminar für Sonderpädagogik, Bibliotheksservice-Zentrum, Haupt- und Landgestüt Marbach,[25] landwirtschaftliches Zentrum für Rinderhaltung, Gründlandwirtschaft, Milchwirtschaft, Wild und Fischerei, staatliche Lehr- und Versuchsanstalt für Gartenbau, staatliche Lehr- und Versuchsanstalt für Wein- und Obstbau, staatliches Weinbauinstitut Freiburg, Versuchs- und Forschungsanstalt für Weinbau und Weinbehandlung,[26] forstliche Versuchs- und Forschungsanstalt und internationales Institut für Berufsbildung. 27

Als **Landesbetriebe** bezeichnet werden die Landesoberbehörde IT Baden-Württemberg, das Logistikzentrum, die staatliche Münze, der Landesbetrieb Bau und Vermögen, die Wilhelma, die Akademie Schloss Rotenfels, das Archäologische Landesmuseum, das Badische Landesmuseum, das Badische Staatstheater, das Haus der Geschichte, die Staatliche Kunsthalle Karlsruhe, das Staatliche Museum für Naturkunde Karlsruhe, die Staatsgalerie Stuttgart, das Landesmuseum Württemberg, das Linden-Museum 28

22 Zumindest bei der Gerichtsverwaltung handelt es sich funktional betrachtet auch um Verwaltungsbehörden.
23 BVerwG v. 3.11.2011, 7 C 4/11, NVwZ 2012, 251, Rn 12 mwN; Schoch IFG § 1 Rn 116.
24 BeckOK InfoMedien/Debus IFG § 1 Rn 134; Schoch IFG § 1 Rn 116.
25 Gleichzeitig Landesbetrieb.
26 Gleichzeitig Landesbetrieb.

Stuttgart, die Staatliche Kunsthalle Baden-Baden, das Staatliche Museum für Naturkunde Stuttgart, die Kommission für geschichtliche Landeskunde, das Haupt- und Landgestüt Marbach, der Landesbetrieb Forst, die Staatliche Lehr- und Versuchsanstalt für Wein- und Obstbau, das Staatliche Weinbauinstitut Freiburg, die Versuchs- und Forschungsanstalt für Weinbau und Weinbehandlung sowie der Landesbetrieb Vollzugliches Arbeitswesen.

29 Als **sonstige Einrichtungen, die über keine eigene Rechtspersönlichkeit** verfügen, sind zu nennen: Hochschule der Polizei, Institut für donauschwäbische Geschichte, Institut für Volkskunde der Deutschen des östlichen Europa, Landesfeuerwehrschule, Präsidium Technik, Logistik, Service der Polizei, Landesbibliotheken, Deutsches Volksliedarchiv, Studienkolleg Konstanz, Zentrale Auslandskoordinationsstelle der Dualen Hochschule, Landesanstalt für Schweinezucht, Staatliches tierärztliches Untersuchungszentrum Aulendorf, Landesanstalt für Entwicklung der Landwirtschaft und der ländlichen Räume, landwirtschaftliches Zentrum Augustenberg, FH Schwetzingen, Jugendarrest- und Justizvollzugsanstalten sowie Justizvollzugsschule und -krankenhaus, kriminologischer Dienst, sozialtherapeutische Anstalt und Zentralstelle der Landesjustizverwaltungen.

30 **3. Stellen der Gemeinden und Gemeindeverbände, Nr. 2.** Zu Nr. 2 hält die Gesetzesbegründung fest, dass dadurch die Verwaltungen der Gemeinden und Gemeindeverbände in den Anwendungsbereich des LIFG einbezogen werden.[27] Dies könnte als Hinweis auf das Rechtsträgerprinzip verstanden werden, wonach die Gemeinde und der Gemeindeverband selbst Anspruchsgegner wären. Allerdings bestimmt der Gesetzestext ausdrücklich „Stellen" der Gemeinde und Gemeindeverbände zu informationspflichtigen Stellen. Im Hinblick auf die **Gemeinden** ist insb. § 23 GemO, der zumindest zwei unterschiedliche Verwaltungsorgane der Gemeinden – Bürgermeister und Gemeinderat – kennt, in den Blick zu nehmen. Auch ein Vergleich mit § 2 Abs. 1 Nr. 1 LIFG, nach dem die jeweiligen Stellen selbst und nicht deren Rechtsträger verpflichtet sind, spricht für die Interpretation, dass bei den soeben genannten „Stellen" die jeweiligen Verwaltungsorgane richtiger Anspruchsgegner sind. Zumindest ein gegen die **Gemeinde insgesamt** oder gegen den **Bürgermeister** gerichteter Antrag dürfte aber nie zu beanstanden sein, da auf Gemeindeebene der Bürgermeister gem. § 42 Abs. 1 GemO gleichzeitig Vorsitzender des Gemeinderats und Leiter der Gemeindeverwaltung ist.

31 Explizit als **Gemeindeverbände** werden von Literatur und Rechtsprechung auch Landkreise behandelt.[28] Vor diesem Hintergrund sind die Ausführungen der Gesetzesbegründung zur Einordnung des Landkreises nicht ganz nachvollziehbar. Dort wird festgehalten, der Landkreis unterfalle als Körperschaft des öffentlichen Rechts der Nr 3. Ergänzend wird darauf hingewiesen, dass das Landratsamt als untere Verwaltungsbehörde staatliche Be-

27 LReg LT-Drs. 15/7720, 59.
28 Vgl nur BVerfG v. 24.7.1979, BvK 1/78, BVerfGE 52, 95, 109; BVerwG v. 23.8.2011, 9 C 2.11 Rn 13; BeckOK GG/Hellermann Art. 28 Rn 23.

hörde ist (§ 1 Absatz 2 und 3 LKrO).[29] Erklären lässt sich diese Einordnung wohl tatsächlich alleine mit der Doppelstellung, die den Kreisen zukommt. Richtigerweise muss der Doppelstellung durch eine **Gesamtbetrachtung des Landkreises** Rechnung getragen werden und nicht zwischen Landkreis als kommunaler Gebietskörperschaft und Landratsamt als teilweise staatlicher Behörde unterschieden werden. Richtigerweise ist dann allerdings der Landkreis als Gemeindeverband iSd Nr. 2 zu behandeln (s. Rn 23). Ob der Landkreis als Gemeindeverband iSd Nr. 2 oder als sonstige Körperschaft iSd Nr. 3 behandelt wird, entfaltet allerdings keine Konsequenzen, da zwischen diesen beiden Varianten keine materiellen Unterschiede hinsichtlich der Rechtsfolgen bestehen. Zur Frage nach dem konkreten Anspruchsgegner gelten die Ausführungen in Rn 30 analog, wegen §§ 37 Abs. 1, 42 Abs. 2 und 3 LKrO dürfte ein gegen den **Landrat** direkt oder gegen den **Landkreis** insgesamt gerichteter Zugangsanspruch nie zu beanstanden sein.

Ob **Verwaltungsgemeinschaften** iSd §§ 59 ff GemO als Gemeindeverband 32
iSd grundrechtlichen Begriffsverständnisses einzuordnen sind, hängt davon ab, in welchem Umfang dem Verband Selbstverwaltungsaufgaben übertragen werden und welches Gewicht diesen Aufgaben beizumessen ist.[30] Das BVerwG versteht unter einem Gemeindeverband unter Bezugnahme auf die Rechtsprechung des BVerfG „kommunale Zusammenschlüsse, die entweder zur Wahrnehmung von Selbstverwaltungsaufgaben gebildete Gebietskörperschaften sind oder denen Selbstverwaltungsaufgaben obliegen, die nach Gewicht und Umfang denen der Gemeinden vergleichbar sind."[31] Demgegenüber dürften **sonstige Formen der Verwaltungszusammenarbeit** von Kommunen nach dem GKZ nach **Nr. 3** – sofern es sich um rechtsfähige Personen des öffentlichen Rechts handelt (s. Rn 34 f) – oder als **Vereinigung einer Gemeinde oder eines Gemeindeverbandes** – bei anderen organisationsrechtlichen Ausgestaltungen (s. Rn 42) – zu behandeln sein.

4. Stellen der sonstigen der Aufsicht des Landes unterstehenden juristischen Personen des öffentlichen Rechts, Nr. 3. 33
Zu Nr. 3 hält die Gesetzesbegründung fest, dass der Begriff der sonstigen der Aufsicht des Landes unterstehenden juristischen Personen des öffentlichen Rechts „Körperschaften, Anstalten und Stiftungen des öffentlichen Rechts" umfasst. „Nummer 3 ist auch für Hochschulen, die nach § 8 des Landeshochschulgesetzes rechtsfähige Körperschaften des öffentlichen Rechts und zugleich staatliche Einrichtungen sind, nach Maßgabe des Absatzes 3 Nummer 2 anwendbar."[32]

Entgegen der in der Gesetzesbegründung zum Ausdruck kommenden An- 34
sicht,[33] dürften von der Nr. 3 die Landkreise und umfangreich ausgestaltete Verwaltungsgemeinschaften nach §§ 59 ff GemO allerdings nicht erfasst werden (s. Rn 31). Ist eine Verwaltungszusammenarbeit zwischen verschiedenen Kommunen allerdings auf bestimmte Aufgabenbereich beschränkt

29 LReg, LT-Drs. 15/7720, 59.
30 BeckOK GG/Hellermann Art. 28 Rn 23.2.
31 BVerwG v. 23.8.2011, 9 C 2.11 Rn 13.
32 LReg LT-Drs. 15/7720, 59.
33 LReg LT-Drs. 15/7720, 59.

und der Universalität der Aufgabenwahrnehmung einer Kommune nicht vergleichbar und erfolgt sie zudem in der Form eines **Zweckverbandes** (Körperschaft des öffentlichen Rechts, § 3 GKZ), oder einer **gemeinsamen selbstständigen Kommunalanstalt** (rechtsfähige Anstalt des öffentlichen Rechts (rAöR), § 24 Abs. 1 S. 1 GKZ), ist Nr. 3 einschlägig, da nach § 28 Abs. 1 S. 1 GKZ auch das Kriterium der Kontrolle des Landes erfüllt wird.

35 Beispielhaft genannt werden können insoweit Zweckverbände für bestimmte Pflichtaufgaben nach § 10 Abs. 2 GKZ – Errichtung, Unterhaltung und Betrieb von Einrichtungen des öffentlichen Personennahverkehrs, der Naherholung, der Fernwärmeversorgung, der Wasserversorgung und der Abwasserbeseitigung. Auch Planungsverbände nach § 205 BauGB und Nachbarschaftsverbände dürften nach Nr. 3 zu beurteilen sein. Gleiches hat für die Regionalverbände und Verbände der Regionen nach § 32 LPlG zu gelten. Alle genannten Zusammenschlüsse stehen unter der Aufsicht des Landes.[34]

36 Neben den bereits thematisierten Zusammenschlüssen kommunaler Verwaltungsträger existieren in Baden-Württemberg zahlreiche weitere rechtsfähige Körperschaften, Anstalten und Stiftungen des öffentlichen Rechts. Maßgebliches Kriterium für die Frage nach der Anwendbarkeit des LIFG in diesen Fällen ist, ob sie der **Aufsicht** des Landes unterstehen. Dies dürfte für folgende rAöR zu **verneinen** sein: Bayerische Apothekerversorgung, nordrhein-westfälisches Versorgungswerk der Wirtschaftsprüfer u. a., Deutsches Institut für Bautechnik und gemeinsame Klassenlotterie der Länder. Ebenfalls von mehreren Ländern gemeinsam getragen werden die Rundfunkanstalten SWR und ZDF sowie für die gemeinnützige rechtsfähige Körperschaft des öffentlichen Rechts Deutschlandradio. Sie haben ihren Sitz in Baden-Baden, Mainz und Stuttgart (SWR), Mainz (ZDF) sowie Köln und Berlin (Deutschlandradio), die Aufsicht wird im zweijährigen Wechsel von den beteiligten Ländern geführt. Soweit die Aufsicht turnusmäßig von Baden-Württemberg geführt wird, wäre das LIFG insoweit grds anwendbar; allerdings ist hier § 2 Abs. 2 Nr. 4 LIFG zu beachten (s. Rn 52); eine entsprechende staatsvertragliche Regelung fehlt bislang.[35]

37 Weitere **juristische Personen des öffentlichen Rechts**, die **von mehreren Ländern gemeinsam getragen** werden, sind die **Regionalverbände** Rhein-Neckar und Donau-Iller als Körperschaften des öffentlichen Rechts sowie die **Landesbausparkasse** als rAöR. Sowohl die Regionalverbände als auch

---

34 Dies ergibt sich für Zweckverbände aus § 28 Abs. 1 S. 1 GKZ, für Planungsverbände aus §§ 30 Abs. 2 iVm § 28 Abs. 1 S. 1 GKZ, für Nachbarschaftsverbände aus § 3 Abs. 1 Viertes Gesetz zur Verwaltungsreform (Nachbarschaftsverbandsgesetz) v. 9.7.1974 (GBl. 261), zuletzt geändert durch Art. 3 des Gesetzes v. 7.2.1994 (GBl. 92) iVm § 28 Abs. 1 S. 1 GKZ; für Regionalverbände aus § 44 LPlG. Für die Verbände Region Stuttgart, Region Rhein-Neckar und Donau-Iller ergibt sich dies aus dem jeweiligen Errichtungsakt, wobei die Aufsicht der grenzübergreifenden Verbände, die beide ihren Sitz in Baden-Württemberg haben, jeweils im Einvernehmen mit den zuständigen Behörden der weiteren beteiligten Länder (Rheinland-Pfalz und Hessen bzw Bayern) erfolgt.

35 Schoch plädiert im Bereich des Rundfunks grds für eine Anwendbarkeit des LIFG des Sitzlandes, § 1 Rn 99 f, betont aber insb. für das ZDF, dass eine nach § 3 Abs. 7 LTranspG RP erforderliche staatsvertragliche Regelung bislang fehlt.

die Landesbausparkasse haben ihren Sitz in Baden-Württemberg und unterliegen der Kontrolle des Landes Baden-Württemberg, jeweils im Einvernehmen mit den weiteren beteiligten Ländern. Damit sind diese Einrichtungen grds in den Anwendungsbereich des LIFG einbezogen, wobei die LBS von der Bereichsausnahme nach Abs. 3 Nr. 3 erfasst wird (s. Rn 59).

Als **rAöR**, die der Aufsicht des Landes unterstehen, sind – ohne Anspruch auf Vollständigkeit – folgende Einrichtungen zu nennen: Führungsakademie, Landesakademie für Fortbildung und Personalentwicklung an Schulen, Landesinstitut für Schulentwicklung, Landesanstalt für Kommunikation, Studierendenwerke, Universitätskliniken, Zentren für Psychiatrie, Datenzentrale Baden-Württemberg, Landesmedienzentren, Landesanstalt für Umwelt, Messungen und Naturschutz Baden-Württemberg, Versorgungsanstalt für Ärzte, Zahnärzte und Tierärzte, Landesanstalt für Schienenfahrzeuge, selbstständige Kommunalanstalten, Landesbank Baden-Württemberg, Sparkassen, wobei bezüglich der beiden zuletzt genannten die Bereichsausnahme nach Abs. 3 Nr. 3 zu beachten ist (s. Rn 59),Gemeindeprüfungsanstalt, wobei hier Abs. 2 Nr. 2 zu beachten ist (s. Rn 47), und Tierseuchenkasse. 38

Ebenso sind im Folgenden – wiederum ohne Anspruch auf Vollständigkeit – **Körperschaften des öffentlichen Rechts** zu benennen, die der Aufsicht des Landes unterstehen: Studierendenschaft, Kommunalverband für Jugend und Soziales, kommunaler Versorgungsverband, Jagdgenossenschaften, freiwillige Hegegemeinschaften und Badischer Gemeinde-Versicherungs-Verband. 39

Daneben existieren zahlreiche weitere unter der Aufsicht des Landes stehende **Körperschaften des öffentlichen Rechts,** die allerdings von den **Ausnahmen in den Abs. 2 und 3** erfasst werden. Beispielhaft ist auf folgende Körperschaften hinzuweisen; dies sind neben den Hochschulen zunächst unterschiedliche Selbstverwaltungsorganisationen der Wirtschaft und der freien Berufe: Rechtsanwaltskammern und Versorgungswerk der Rechtsanwälte; Notarkammern und ab 1.1.2018 das Versorgungswerk der Notarkammer; Steuerberaterkammern und Versorgungswerk der Steuerberater; Architektenkammer; Ingenieurkammer; Heilberufekammern. Als Selbstverwaltungsorganisationen der Wirtschaft sind zu nennen: IHK, Handwerkskammer, Handwerksinnung, und Kreishandwerkerschaft.[36] Daneben ist auf die AOK als der Aufsicht des Landes unterstehende Körperschaft des öffentlichen Rechts, die aber vom Anwendungsbereich des LIFG nach Abs. 3 Nr. 3 ausgenommen ist, hinzuweisen. 40

Als **rechtsfähige Stiftungen des öffentlichen Rechts**, die der Aufsicht des Landes unterstehen sind beispielsweise das Landesmuseum für Technik und Arbeit in Mannheim sowie das Zentrum für Kunst und Medientechnologie Karlsruhe zu nennen. 41

36 Die HwK unterliegt unmittelbar der Aufsicht der obersten Landesbehörde, § 115 Abs. 1 S. 1 HwO, Innung und Kreishandwerkerschaft unterstehen der Aufsicht der HwK und damit mittelbar der des Landes, §§ 75 S. 1, § 89 Abs. 1 Nr. 5 HwO; ausführlicher hierzu Franßen/Seidel IFG NRW § 2 Rn 169, 171 f.

42 **5. Vereinigungen.** Unter Vereinigungen der in Nr. 1 – 3 genannten Stellen sind **alle Zusammenschlüsse dieser Stellen** zu verstehen, die **nicht** als **juristische Person des öffentlichen oder des Privatrechts** zu qualifizieren sind. Juristische Personen werden entweder von Nr. 3 oder von Abs. 4 erfasst. Dieser Befund entspricht auch der Verwendung des Begriffs der Vereinigung in § 2 Abs. 1 S. 1 LDSG: Dort werden Vereinigungen (des privaten Rechts) gerade von juristischen Personen (des privaten Rechts) abgegrenzt. Insofern dürfte insb. die **auf Grundlage öffentlich-rechtlicher Vereinbarungen erfolgende Zusammenarbeit zwischen Gemeinden und/oder Landkreisen iSd § 25 ff GKZ** vom Vereinigungsbegriff des Abs. 1 letzter Hs erfasst werden sofern sie die weitere Voraussetzung der Wahrnehmung öffentlich-rechtlicher Verwaltungsaufgaben erfüllt. Dies ist im Einzelfall zu prüfen. Die strengen Anforderungen nach § 10 Abs. 3 und § 11 LIFG gelten für diese Vereinigungen nur, wenn die beteiligten Stellen ausschließlich solche des Landes sind.

43 **Nicht erfasst** vom Begriff der Vereinigung werden hingegen die Landesinnungsverbände, die gemäß §§ 79 Abs. 1 S. 1, 80 S. 1 HwO eine juristische Person des privaten Rechts darstellen und mithin bei Vorliegen der weiteren Voraussetzungen von Abs. 4 erfasst werden.[37]

III. Bereichsspezifische Einbeziehung von Stellen außerhalb der Verwaltung in den Anwendungsbereich des Gesetzes (Abs. 2)

44 Absatz 2 hat nach Auffassung des Gesetzgebers lediglich **klarstellenden Charakter.**[38] Angesichts der weiten Formulierung des Abs. 1 werden die in Abs. 2 genannten Stellen bereits von Abs. 1 erfasst. Abs. 2 stellt lediglich noch einmal ausdrücklich klar, dass die Anwendbarkeit des LIFG auf die in Abs. 2 genannten Stellen nur insoweit erfolgt, wie öffentlich-rechtliche Verwaltungsaufgaben wahrgenommen werden bzw die Stellen nicht unter Inanspruchnahme der ihnen gewährten besonderen Freiheiten tätig werden.[39]

45 **1. Landtag (Nr. 1).** Die Aufnahme des Landtags in Abs. 2 erfolgte aufgrund von Anregungen, die im Rahmen der während des Gesetzgebungsverfahrens durchgeführten Anhörung vorgebracht wurden.[40] Der Gesetzgeber geht davon aus, dass sich die Angelegenheiten, auf die sich ein Informationszugangsanspruch gegen den Landtag richten könnte, auf **wenige Bereiche** wie das **Abgeordneten- oder Fraktionsgesetz** beschränkt. Nicht einbezogen sei hingegen der umfangreiche Bereich der Wahrnehmung parlamentarischer Angelegenheiten, zu denen neben der Gesetzgebung und der Kontrolle der Landesregierung auch die Wahlprüfung, die Wahrung der Rechte des Landtags und seiner Mitglieder sowie parlamentarische Kontakte zu in- und ausländischen und supranationalen Stellen und zu Akteu-

37 Anders aber Franßen/Seidel IFG NRW § 2 Rn 170.
38 So auch LReg LT-Drs. 15/7720, 60. Vgl hierzu allerdings die Ausführungen in Rn 48 und 52.
39 Ebenso zur vergleichbaren Vorschrift des Bundes-IFG BeckOK InfoMedien/Debus IFG § 1 Rn 142. Anders zum IFG NRW allerdings Franßen/Seidel IFG NRW § 2 Rn 249.
40 LReg LT-Drs. 15/7720, 22.

ren der Zivilgesellschaft zu rechnen seien.[41] Soweit allerdings Informationen, die dem parlamentarischen Bereich zuzurechnen sind, bei anderen Stellen vorhanden sind, können die begehrten Informationen grds bei diesen anderen Stellen nachgefragt werden. Ist die Verfügungsbefugnis dieser Stellen zu bejahen und auch der Ausschlussgrund des § 4 Abs. 1 Nr. 8 LIFG nicht einschlägig, kann der Informationszugang auf diese Weise verwirklicht werden.[42]

Erfasst wird der **Landtag insgesamt**, damit auch sämtliche seiner Untergliederungen wie (Untersuchungs-)Ausschüsse.[43] Als Beispiele für die Ausübung von Verwaltungstätigkeit werden insb. Handlungen der Landtagsverwaltung bzw des -präsidenten genannt: Ausübung des Hausrechts oder Entscheidungen über Ausnahmen von einem Versammlungsverbot in der Bannmeile. Sollten parlamentarische Tätigkeiten und die Ausübung von Verwaltungstätigkeiten im Einzelfall nicht eindeutig abgrenzbar sein, soll der Sachzusammenhang, der die jeweilige Tätigkeit prägt, ausschlaggebend sein.[44] 46

2. Rechnungshof etc. (Nr. 2). Nr. 2 stellt nicht nur für den **Rechnungshof**, sondern auch für die **staatlichen Rechnungsprüfungsämter** und die **Gemeindeprüfungsanstalt** (GPA) klar, dass das LIFG nur außerhalb ihrer Beratungs- und Prüfungstätigkeit anzuwenden ist. Die Ausweitung der Klarstellung auf die Beratungstätigkeit der genannten Prüfungseinrichtungen erfolgte auf Anregung der GPA im Gesetzgebungsverfahren. Begründet wird dies damit, dass eine Unabhängigkeit sowohl für die Bereiche der Prüfung als auch der Beratung garantiert sei.[45] Während sich dies für den Rechnungshof und die staatlichen Rechnungsprüfungsämter aus Art. 83 Abs. 2 S. 2 LV bzw mittelbar aus § 100 LHO ergibt, fehlt eine entsprechende explizite Regelung für die GPA. Allerdings ergibt sich aus der Natur der übertragenen Aufgabe und der organisatorischen Ausgestaltung zwangsläufig, dass auch hier eine gewisse Unabhängigkeit unabdingbar ist. Die Herausnahme der Prüfungs- und Beratungstätigkeit aus dem Anwendungsbereich des LIFG sei sinnvoll um zu verhindern, dass Prüfmuster bekannt würden und sich die zu prüfenden Einrichtungen darauf einstellten. Auch bestehe die Gefahr der „Lahmlegung" der Prüfungseinrichtungen durch Informationszugangsanträge.[46] 47

Unklar bleibt an dieser Stelle, ob der Gesetzgeber nicht doch selbst von einer **konstitutiven Wirkung** der Nr. 2 ausgeht. So wird explizit von einer „Bereichsausnahme" gesprochen,[47] die systematisch korrekt eher in Abs. 3 zu verorten gewesen wäre. Die Rede von einer Bereichsausnahme widerspricht zudem der Aussage, Abs. 2 stelle die Einbeziehung von Stellen au- 48

41 Zur Frage, inwieweit der Bundestag dem Anwendungsbereich des IFG unterfällt, s. Schoch IFG § 1 Rn 192 ff.
42 LReg LT-Drs. 15/7720, 60.
43 Franßen/Seidel IFG NRW § 2 Rn 251.
44 Franßen/Seidel IFG NRW § 2 Rn 268.
45 LReg LT-Drs. 15/7720, 26.
46 LReg LT-Drs. 15/7720, 26.
47 LReg LT-Drs. 15/7720, 26.

ßerhalb des Bereichs der Verwaltung klar.[48] Unabhängig von der korrekten dogmatischen Qualifizierung der Nr. 2 ist aber davon auszugehen, dass die Prüfungs- und Beratungstätigkeit der genannten Einrichtungen vom Informationszugang nach dem LIFG ausgeschlossen ist – entweder wegen des konstitutiven Charakters der Nr. 2 oder weil es sich bei Prüfungs- und Beratungstätigkeiten wegen der damit verbundenen notwendigen Unabhängigkeit nicht um die Wahrnehmung von Verwaltungsaufgaben handelt.[49] Dies schließt die Möglichkeit, die begehrte Information von anderen Stellen zu erhalten bei Vorliegen der entsprechenden Voraussetzungen allerdings nicht aus.[50]

49 **Keine Ausnahme** von der Anwendbarkeit des LIFG besteht hingegen für die **kommunalen Rechnungsprüfungsämter**. Diese verfügen nach Ansicht des Gesetzgebers nicht über eine ausreichende organisatorische Selbstständigkeit, so dass „[e]ine weitergehende Bereichsausnahme" für sie abgelehnt wurde.[51] Insoweit kommt eine Ablehnung nach § 4 Abs. 1 Nr. 4 LIFG in Betracht.

50 **3. Gerichte etc. (Nr. 3).** Soweit Gerichte als Organe der Rechtspflege tätig werden, fallen sie schon nicht in den nach Abs. 1 definierten Anwendungsbereich des LIFG. Etwas anderes gilt allerdings, wenn die **Gerichte öffentlich-rechtliche Verwaltungsaufgaben** (Justizverwaltungsakte) wahrnehmen.[52] Beispielhaft genannt werden können hier Tätigkeiten im Bereich der **allgemeinen Gerichtsverwaltung** – Zulassung zur Gerichtsbibliothek, Haushalt, Referendarsausbildung, Versendung veröffentlichungswürdiger Entscheidungen, etc.[53] Zum Schutz der unabhängigen Aufgabenerledigung durch die Gerichte, wird diese Tatsache von Nr. 3 noch einmal klargestellt.[54] Neben **sämtlichen Gerichten**[55] sind dem Bereich der Rechtspflege bei **funktionaler Betrachtung** auch die **Vergabekammer**[56] sowie die **Notariate, Gerichtsvollzieher,**[57] **Urkundsbeamten** und **Rechtspfleger**[58] zuzurech-

48 LReg LT-Drs. 15/7720, 59.

49 Für den BRH VG Köln v. 30.9.2010, 13 K 717/09. So zur Rechtslage in NRW auch Franßen/Seidel IFG NRW § 2 Rn 271 f.

50 LReg LT-Drs. 15/7720, 60, insb. darf der Ausschlussgrund nach § 4 Abs. 1 Nr. 4 LIFG nicht erfüllt sein.

51 LReg LT-Drs. 15/7720, 27; vgl auch Franßen/Seidel § 2 Rn 264.

52 So zum IFG-Bund BeckOK InfoMedien/Debus IFG § 1 Rn 143.2 und Schoch IFG § 1 Rn 209. Anders Franßen/Seidel IFG NRW § 2 Rn 269, wonach Justizverwaltungsakte ebenfalls Teil der Rechtspflege und keine Verwaltungstätigkeit sind.

53 Franßen/Seidel IFG NRW § 2 Rn 269; Schoch IFG § 1 Rn 211 f.

54 LReg LT-Drs. 15/7720, 60.

55 S. hierzu ausführlich Franßen/Seidel IFG NRW § 2 Rn 252 ff.

56 Dies wird für den Bereich des Bundes allerdings teilweise bezweifelt: Zwar verfügten Vergabekammern über eine gewisse Unabhängigkeit, für eine Ausnahme der Vergabekammern aus dem Anwendungsbereich des IFG wäre aber eine explizite Anordnung (zB dass grds. der Bereich der weisungsfreien Aufgabenerledigung ausgenommen ist) erforderlich gewesen, OVG Münster v. 26.10.2011, 8 A 2593/10. Wegen der bestehenden Unterschiede zwischen LIFG und IFG bei der Definition des Anwendungsbereichs (vgl Rn 19), dürften die Vergabekammern in Baden-Württemberg nach § 2 Abs. 2 Nr. 3 LIFG ausgenommen sein. Möglich wäre es allerdings, die Vergabekammer bereits als nicht von § 2 Abs. 1 LIFG erfasst zu betrachten.

57 LReg LT-Drs. 15/7720, 60.

58 Franßen/Seidel IFG NRW § 2 Rn 260.

nen. Im Bereich der Rechtspflege „sind ausschließlich die abschließenden Regelungen der jeweiligen Verfahrensordnungen anzuwenden.“[59]

Was die **Strafverfolgungsbehörden**, insb. die **Staatsanwaltschaft** anbelangt, ist sie zwar organisationsrechtlich als Verwaltungsbehörde zu qualifizieren, **funktional** ist sie aber in der Regel als **Organ der Rechtspflege** zu bewerten,[60] so dass in diesem Bereich schon der Anwendungsbereich nach Abs. 1 nicht eröffnet ist. Wenn der Gesetzgeber weiter daran festhält, dass der Begriff der **Strafverfolgungsbehörden insgesamt funktional zu verstehen** sein und das **repressive Handeln der Polizei umfasst** sein soll,[61] ist dies konsequent. Die Herausnahme der **Maßregelvollzugsbehörden** aus dem Anwendungsbereich des LIFG soll den Schutz der „dort vorhandenen, hochsensiblen und personenbezogenen Informationen“ gewährleisten.[62] 51

4. Öffentlich-rechtliche Rundfunkanstalten (Nr. 4). Die Regelung orientiert sich an der entsprechenden Regelung des LTranspG RP (§ 3 Abs. 7), um mögliche Informationszugangsansprüche gegenüber dem SWR über die Landesgrenze hinweg zu harmonisieren.[63] Dogmatisch betrachtet dürfte es sich bei der Regelung um eine **echte Bereichsausnahme** handeln, da ein Informationszugang gegenüber den öffentlich-rechtlichen Rundfunkanstalten auch bei Wahrnehmung von **Aufgaben der öffentlichen Verwaltung** von einer entsprechenden staatsvertraglichen Regelung abhängig gemacht wird.[64] Damit hat Nr. 4 nicht mehr nur klarstellenden, sondern gleichzeitig konstitutiven Charakter; die erwähnte staatsvertragliche Regelung existiert bislang nicht. Klarstellend hält die Norm implizit fest, dass ein **Anspruch auf Zugang zu journalistisch-redaktionellen Informationen nach dem LIFG ausgeschlossen** ist. Dies soll der Wahrung der Rundfunkfreiheit dienen.[65] 52

IV. Bereichsspezifische Ausnahmen vom Anwendungsbereich des Gesetzes (Abs. 3)

Abs. 3 enthält **echte Bereichsausnahmen** und hat damit **konstitutiven Charakter.** Die Ausnahmen sollen alleine dem **Schutz der genannten Stellen** dienen; eine vollständige Entziehung der bei diesen Stellen vorhandenen Informationen aus dem Anwendungsbereich des LIFG liegt nicht in der Absicht des Gesetzgebers. Vielmehr bleiben solche Informationen zugänglich, wenn sie bei Stellen iSd Abs. 1 vorliegen, diese Stellen verfügungsbefugt sind und kein Ausschlussgrund entgegensteht.[66] 53

1. Landesamt für Verfassungsschutz. Unter Verweis auf die Regelungen im Bund und in Hamburg hält der Gesetzgeber fest, dass der Geheimhaltungsbedarf des **Landesamtes für Verfassungsschutz** (LfV) zu respektieren ist. Notwendig sei die Bereichsausnahme, weil nicht sämtliche Vorgänge des 54

59 LReg LT-Drs. 15/7720, 60.
60 So zur Bundesanwaltschaft BeckOK InfoMedien/Debus IFG § 1 Rn 143.3.
61 LReg LT-Drs. 15/7720, 60.
62 LReg LT-Drs. 15/7720, 61.
63 LReg LT-Drs. 15/7720, 28, 61.
64 LReg LT-Drs. 15/7720, 61.
65 LReg LT-Drs. 15/7720, 61. Vgl auch Schoch IFG § 1 Rn 94.
66 LReg LT-Drs. 15/7720, 61.

LfV von den Ausschlussgründen nach § 4 Abs. 1 Nr. 2 oder Abs. 2 LIFG erfasst würden. Dies betreffe insb. die **Beschaffung und anderes fiskalisches Handeln.** Es sei aber nicht auszuschließen, dass auch aus diesen Tätigkeiten Rückschlüsse auf Strategien und Aktivitäten gezogen werden könnten.[67] Ebenso bestehe ein Geheimhaltungsbedarf für **sonstige Stellen**, deren **Aufgaben** eine **vergleichbare Sicherheitsempfindlichkeit** aufweisen. Eine enge Begrenzung dieser Ausnahme werde durch das Erfordernis der Feststellung der Landesregierung gemäß § 35 LSÜG sichergestellt.[68]

55 **2. Forschungseinrichtungen etc.** Hintergrund der Regelung ist die (landes-)verfassungsrechtlich garantierte Freiheit von Kunst und Wissenschaft (Art. 5 Abs. 3 GG bzw Art. 20 Abs. 1 LV). Insb. die **Ausforschung von Prüfungsunterlagen und Prüfungsergebnissen** soll bei den genannten Einrichtungen **verhindert** werden.[69] Dass eine Bereichsausnahme für Forschungseinrichtungen zulässig ist, erkennt die Rechtsprechung an.[70] Probleme können allerdings die Fragen bereiten, welche Einrichtungen konkret von der Bereichsausnahme erfasst sind und welche Informationen vom Zugang nach dem LIFG ausgenommen sind.

56 Generell ist das **grundrechtlich geprägte weite Verständnis des Begriffs der Forschung** heranzuziehen und zwar sowohl zur Bestimmung der erfassten Forschungseinrichtungen, als auch für die Beantwortung der Frage, welche Informationen konkret gesperrt werden. Nach dem BVerfG ist Forschung „die geistige Tätigkeit mit dem Ziel, in methodischer, systematischer und nachprüfbarer Weise neue Erkenntnisse zu gewinnen."[71] Da weder Gesetzestext noch -begründung eine Differenzierung erkennen lassen, werden von dem Begriff der Forschung auch die sogenannten unmittelbar wissenschaftsrelevanten Angelegenheiten, wie zB Forschungsplanung und Mittelvergabe – gewissermaßen der Randbereich der Forschungsfreiheit – erfasst.[72] Hiervon ging auch der Gesetzgeber ausweislich der Gesetzesbegründung aus, wenn er darauf verweist, dass im Bereich der Drittmittelforschung mit § 41 a LHG bereits eine differenzierte Transparenzregelung existiere, die diesen Bereich abschließend normiere.[73] Ein solches Vorgehen billigte das OVG Münster in Bezug auf die vergleichbaren nordrhein-westfälischen Regelungen explizit als verfassungskonform und hielt eine einschränkende Auslegung der Bereichsausnahme contra legem nicht für geboten.[74]

57 Wie bereits angedeutet ist der **Begriff der Forschungseinrichtung denkbar weit zu interpretieren.** Die Einrichtung muss gerade zum Zweck der For-

67 LReg LT-Drs. 15/7720, 61. Kritisch zur vergleichbaren Regelung des § 3 Nr. 8 IFG BeckOK InfoMedien/Schirmer IFG § 3 Rn 198 ff.
68 LReg LT-Drs. 15/7720, 61.
69 LReg LT-Drs. 15/7720, 62.
70 Vgl OVG NW v. 18.8.2015, 15 A 97/13, NVwZ 2016, 1025 Rn 66 m.Anm. Sicko.
71 BVerfG v. 29.5.1973, 1 BvR 424/71 u.a., Rn 93 – juris.
72 OVG NW v. 18.8.2015, 15 A 97/13, NVwZ 2016, 1025 Rn 40 f m.Anm. Sicko; aA Franßen/Seidel IFG NRW § 2 Rn 298 f.
73 LReg, LT-Drs. 15/7720, 62.
74 Vgl insoweit OVG NW v. 18.8.2015, 15 A 97/13, NVwZ 2016, 1025 Rn 57 ff m.Anm. Sicko.

schung gegründet worden sein und sie muss hauptsächlich auf das Betreiben von Forschung ausgerichtet sein.[75] Wird lediglich in Einzelfällen Forschung betrieben, kann über eine analoge Anwendung der Bereichsausnahme nachgedacht werden, da der Gesetzgeber grds einen Konflikt mit der Forschungsfreiheit vermeiden wollte.[76]

Auch die **Begriffe der Ausbildungs- und Prüfungsbehörde** sind **weit zu verstehen.** Generell können dies sämtliche Behörden sein, die ausbilden und prüfen. Bei einer Prüfung handelt es sich um ein Leistungsermittlungsverfahren, das persönliche Fähigkeiten feststellen soll, damit eine Berechtigung erworben werden kann.[77] Da grds jede Behörde Ausbildungs- und/oder Prüfungsbehörde sein kann, ist **wesentlich** darauf abzustellen, dass die **Behörde gerade zu diesen Zwecken gegründet** wurde und ihre **Tätigkeit hauptsächlich in der Ausbildung und/oder Abnahme von Prüfungen besteht.**[78] Damit wäre beispielsweise das Landesjustizprüfungsamt als Behörde iSd Abs. 3 zu qualifizieren, nicht hingegen Gerichte oder Verwaltungen, an denen einzelne Stagen der Referendarsausbildung abgeleistet werden. Diese Interpretation trägt auch der Zwecksetzung der Bereichsausnahme – Verhinderung der Ausforschung von Prüfungsunterlagen und -ergebnissen – ausreichend Rechnung. Derartige Unterlagen sind schwerpunktmäßig bei den Behörden vorhanden, die Prüfungen abnehmen oder auch Ausbildungspläne erstellen; soweit Unterlagen bei der ausbildenden Behörde vor Ort vorhanden sind, müssen Konflikte über die Versagungsgründe nach § 4 LIFG gelöst werden.[79] 58

3. Landesbank etc., Sparkassen etc., Selbstverwaltungsorganisationen der Wirtschaft, der Freien Berufe und der Krankenversicherung. Die Bereichsausnahme für die **Sparkassenfinanzgruppe** begründet der Gesetzgeber mit der Konzentration des LIFG auf Verwaltungshandeln. Sparkassen seien hingegen **vorrangig Wettbewerbsunternehmen** und ein Anspruch nach LIFG ihnen gegenüber würde ihre Wettbewerbssituation gegenüber konkurrierenden genossenschaftlichen Kreditinstituten und privaten Banken verschlechtern.[80] Dabei stellt sich aber die Frage, ob nicht gerade die Beschränkung des Anwendungsbereichs des LIFG auf Verwaltungshandeln ausgereicht hätte, um die Sparkassen ausreichend zu schützen. Die Herausgabe wettbewerbsrelevanter Informationen dürfte auch so zu verhindern sein. 59

Ähnlich argumentiert der Gesetzgeber bezüglich der Herausnahme der **mitgliedschaftlich verfassten Selbstverwaltungsorganisationen**: Sie erledigten **vorrangig mitgliederbezogene Aufgaben** und träten in der Regel nicht gegenüber Bürgerinnen und Bürgern durch Verwaltungshandeln in Erscheinung. Es ist daher kaum nachvollziehbar, diese Organisationen einem In- 60

75 Franßen/Seidel IFG NRW § 2 Rn 277.
76 Franßen/Seidel IFG NRW § 2 Rn 278.
77 Franßen/Seidel IFG NRW § 2 Rn 283.
78 Franßen/Seidel IFG NRW § 2 Rn 284.
79 So auch zum IFG NRW Franßen/Seidel IFG NRW § 2 Rn 284.
80 LReg LT-Drs. 15/7720, 62.

formationsanspruch von Nichtmitgliedern auszusetzen.[81] Diese Überlegung mag angesichts der Sonderstellung, die die genannten Selbstverwaltungsorganisationen zwischen staatlicher und privater Einrichtung einnehmen und wegen ihres bereichsspezifischen Aufgabenfeldes gerechtfertigt sein.

61 Zur Frage, warum **Krankenkassen** aus dem Anwendungsbereich des LIFG ausgeschlossen werden, äußert sich der Gesetzgeber nur mittelbar im Rahmen der Begründung der Ablehnung der Einbeziehung der Pflegekasse in diese Bereichsausnahme: So wird zum einen die Wahrnehmung mitgliederbezogener Interessen beider Kassen betont. Zum anderen seien Krankenkassen von Informationszugangsansprüchen aber erheblich stärker als Pflegekassen betroffen, weil sie zuständige **Einzugsstelle für den Gesamtsozialversicherungsbeitrag** nach § 28 i SGB IV seien und daher häufig **von Insolvenzverwaltern aus rein wirtschaftlichen Interessen verklagt** wurden.[82] Zwar mag sich auf den ersten Blick die Frage stellen, ob der Verweis auf eine rein wirtschaftliche Motivation des Informationszugangsbegehrens angesichts der Voraussetzungslosigkeit des Zugangsanspruchs tragfähig für die Begründung einer Bereichsausnahme sein kann. Dies dürfte bei Berücksichtigung des Gesetzeszwecks – Vergrößerung der Transparenz der Verwaltung sowie die Förderung der demokratischen Meinungs- und Willensbildung (LIFG § 1 Rn 12) – aber eindeutig zu bejahen sein: Vor dem Hintergrund dieser Zwecksetzung bleibt es dem Gesetzgeber unbenommen, bestimmte Bereiche vom Informationszugang auszuschließen, von denen er pauschal davon ausgeht, dass sie nicht maßgeblich zur Zweckerreichung des Gesetzes beitragen, sondern auf anderen Motiven beruhen; ohne die Bereichsausnahme wäre es dem Gesetzesanwender hingegen verwehrt, auf eine evtl. vorliegende rein wirtschaftliche Motivation der antragstellenden Person abzustellen.

62 **4. Landesfinanzbehörden.** Die Ausnahme der **Landesfinanzbehörden** iSd § 2 des Finanzverwaltungsgesetzes bei Vorgängen der Steuerfestsetzung, -erhebung und -vollstreckung wird mit den besonderen Vorgaben der Abgabenordnung (AO) für das steuerrechtliche Verfahren begründet. So zwinge die Offenbarungspflicht des Steuerpflichtigen die Verwaltung zu einem besonders vertraulichen Umgang mit diesen Daten. Ausfluss dieser Verpflichtung seien die §§ 30 ff AO, die die Weitergabe der Daten nur unter bestimmten – engen – Voraussetzungen als besondere Form der Amtsverschwiegenheit erlaubten. Zur Vermeidung von Abgrenzungsschwierigkeiten, haushaltswirksamen Steuerausfällen und aufwendigen Verwaltungsverfahren sei die Anordnung der Nichtanwendbarkeit des LIFG in Steuersachen notwendig.[83]

81 LReg LT-Drs. 15/7720, 62.
82 LReg LT-Drs. 15/7720, 29; vgl zum Bundesrecht Ziekow/Debus/Musch 77 f.
83 LReg LT-Drs. 15/7720, 62.

V. Einbeziehung Privater in den Anwendungsbereich des Gesetzes (Abs. 4)

1. Allgemeines. Die Bestimmung des Abs. 4 entspricht nicht nur § 2 Abs. 3 S. 3, Abs. 4 HmbTG, sondern auch § 2 Abs. 1 Nr. 2, Abs. 2 UIG. Erfasst werden sollen damit nach dem Willen des Gesetzgebers **sämtliche natürliche oder juristische Personen des Privatrechts, die eine der unmittelbaren Staatsverwaltung zugehörige Behörde bei der Wahrnehmung ihrer Aufgaben in deren Auftrag und nach deren Weisung unterstützen.**[84] Diese Erweiterung betrachtet der Gesetzgeber „im Hinblick auf die Ausgliederung von Organisationseinheiten aus der Verwaltung und auf die Umwandlung in Privatrechtsform" als notwendig, „um insbesondere kommunale Unternehmen der Daseinsvorsorge einzubeziehen. Die Zielsetzung des Landesinformationsfreiheitsgesetzes würde angesichts der den Behörden zunehmend eröffneten Möglichkeiten, bei der Erfüllung öffentlicher Aufgaben auf privatrechtliche Organisations- und Handlungsformen zurückzugreifen, verfehlt, wenn sich der Anwendungsbereich des Gesetzes nicht auch auf diese Personen des Privatrechts erstreckte."[85] Soweit allerdings besondere gesellschaftsrechtliche Geheimhaltungs- und Verschwiegenheitspflichten bestehen, bleiben diese unberührt.[86] 63

2. Einbeziehung nach S. 1. Erfasst werden **natürliche und juristische Personen des Privatrechts**; auf den Begriff des Unternehmens wurde nach entsprechender Kritik nicht zuletzt an der Komplexität der Regelung verzichtet.[87] Ob eine natürliche oder juristische Person des Privatrechts vorliegt, ist nach **zivilrechtlichen Kriterien** zu bestimmen. **Teilrechtsfähige Personengesellschaften** werden erfasst, wenn ihre Fähigkeit am Wirtschaftsverkehr teilzunehmen einer juristischen Person vergleichbar ist.[88] Dabei ist zu berücksichtigen, dass nicht der Private selbst, sondern die Stelle, für die die öffentlich-rechtliche Verwaltungsaufgabe wahrgenommen wird, nach § 7 Abs. 1 S. 2 LIFG informationspflichtig ist.[89] 64

Zudem greift die Informationspflicht nur, soweit **„öffentlich-rechtliche Verwaltungsaufgaben"** erfüllt werden. Insoweit weicht das LIFG von HmbTG oder UIG ab, die von „öffentlichen Aufgaben" sprechen, knüpft aber konsequent an die in Abs. 1 verwendeten Begriffe an.[90] Da die Gesetzesbegründung die öffentlich-rechtliche Verwaltungsaufgabe aber wortgleich wie der nordrhein-westfälische Gesetzgeber die „öffentliche Aufgabe" definiert, nämlich als „sämtliche öffentliche[...] Dienstleistungen oder Zuständigkeiten [...], deren Erledigung der juristischen oder natürlichen Person des Pri- 65

---

84 LReg LT-Drs. 15/7720, 62.
85 LReg LT-Drs. 15/7720, 62.
86 LReg LT-Drs. 15/7720, 62.
87 LReg LT-Drs. 15/7720, 32.
88 Reidt/Schiller in: Landmann/Rohmer UIG § 2 Rn 20. BeckOK InfoMedien/Karg UIG § 2 Rn 49 fordert hingegen, dass die Informationspflicht den Bereich erfasst, in dem die teilrechtsfähige Personengesellschaft am Wirtschaftsleben teilnimmt.
89 LReg LT-Drs. 15/7720, 32.
90 LReg LT-Drs. 15/7720, 32.

vatrechts obliegt“,[91] ist davon auszugehen, dass die Begriffe inhaltlich deckungsgleich sind. Die Betonung des öffentlichen Charakters soll die erfassten Aufgaben in erster Linie von Tätigkeiten abgrenzen, die privaten Zwecken dienen. Erforderlich für die Eröffnung des Anwendungsbereichs des LIFG ist das Vorliegen von **Aufgaben mit Gemeinwohlbezug**, deren **Erfüllung im öffentlichen Interesse** liegt. Dabei ist der Kreis der öffentlichen Aufgaben weiter gefasst als der der staatlichen Aufgaben; die Handlungsform, in der die Aufgaben erledigt werden, ist unerheblich.[92] Mit dem Begriff der Wahrnehmung wird auf die **tatsächliche Aufgabenerfüllung abgestellt**, unabhängig davon, ob eine entsprechende Verpflichtung besteht.[93] Der kontrastierend verwendete Begriff der öffentlichen Dienstleistungen scheint hingegen entbehrlich zu sein: Er knüpft an die Umweltinformationsrichtlinie an und bezieht sich dort auf Leistungen der Daseinsvorsorge, die als Regelfall der öffentlich-rechtlichen Verwaltungsaufgabe qualifiziert werden können.[94]

66 **3. Kontrolle nach S. 2 Nr. 1: besondere Pflichten oder Rechte.** Wegen des Erfordernisses des Bestehens besonderer Pflichten oder Rechte wird eine **besondere Rechtsstellung des Privaten** verlangt, die einer **besonderen Wächterrolle des Staates** bedarf, wie dies zB bei Monopolen der Fall ist.[95] Der Private muss zu einem **quasi-staatlichen Träger öffentlicher Belange** werden.[96] Dem entspricht es, wenn die Gesetzesbegründung festhält, dass eine allgemeine ordnungsrechtliche Überwachung für die Annahme einer Kontrolle iSd Abs. 4 S. 2 nicht ausreicht.[97] Die Begründung staatlicher Aufsichtsrechte ist dagegen nicht erforderlich.[98] Ob die besondere Rechtsstellung auf gesetzlicher Basis beruhen muss oder ob eine vertragliche Vereinbarung ausreicht, ist für das UIG umstritten[99] und auch bezüglich des LIFG unklar.[100] Vergleichbares gilt für Frage, ob ein kartellrechtlicher Kontrahierungszwang für die Bejahung von Kontrolle iSd UIG bzw LIFG ausreicht.[101] Als mögliche Bereiche, in denen Nr. 1 Wirkung entfaltet, ist die Versorgung mit Gas, Wasser oder Energie zu nennen, ebenso der ÖPNV, Post und Telekommunikation oder die Abwasserbeseitigung.

91 LReg LT-Drs. 15/7720, 62; zur Rechtslage in HH vgl Maatsch/Schnabel HmbTG § 2 Rn 19.
92 Für HH: Maatsch/Schnabel HmbTG § 2 Rn 21; für das UIG: Reidt/Schiller in: Landmann/Rohmer UIG § 2 Rn 21.
93 Für HH: Maatsch/Schnabel HmbTG § 2 Rn 23; für das UIG: Reidt/Schiller in: Landmann/Rohmer UIG § 2 Rn 21.
94 Für HH: Maatsch/Schnabel HmbTG § 2 Rn 22; für das UIG: Reidt/Schiller in: Landmann/Rohmer UIG § 2 Rn 22.
95 Für das UIG: Reidt/Schiller in: Landmann/Rohmer UIG § 2 Rn 25.
96 Arzt ZRP 1993, 18 zu Umweltbelangen; für HH: Maatsch/Schnabel HmbTG § 2 Rn 26.
97 LReg LT-Drs. 15/7720, 62.
98 Für das UIG: Reidt/Schiller in: Landmann/Rohmer UIG § 2 Rn 25.
99 Eine gesetzliche Grundlage fordern Fluck/Theuer UIG § 2 Rn 215; dagegen genügt Reidt/Schiller in: Landmann/Rohmer UIG § 2 Rn 25 und Schomerus/Clausen ZUR 2005, 575, 578 eine vertragliche Basis.
100 So zur Rechtslage in HH Maatsch/Schnabel HmbTG § 2 Rn 26.
101 Zu § 2 UIG: Reidt/Schiller in: Landmann/Rohmer UIG § 2 Rn 25 – ausreichend; Fluck/Theuer UIG § 2 Rn 214 – nicht ausreichend.

4. Kontrolle nach S. 2 Nr. 2: gesellschaftsrechtliche Kontrolle. a) **Allgemeines.** Die in Nr. 2 lit. a–c aufgezählten Varianten, wann von einem **beherrschenden gesellschaftsrechtlichen Einfluss** ausgegangen werden kann, sind abschließend.[102] Bezüglich lit. a und b wird an die Definition der Mehrheitsbeteiligung nach § 16 Abs. 1 AktG angeknüpft. Liegt eine solche Mehrheitsbeteiligung vor, wird nach § 17 Abs. 2 AktG ein beherrschender Einfluss vermutet.[103] Maßgebend ist jeweils der Gesamteinfluss auf den jeweiligen Privaten, uU kann eine Addition der Einzelanteile notwendig werden.[104] Unerheblich ist, ob der Einfluss mittelbar oder unmittelbar ausgeübt wird: Es genügt zB, wenn der Einfluss auf den betroffenen Privaten über eine weitere juristische Person des Privatrechts vermittelt wird, für die wiederum das Kontrollkriterium zu bejahen ist.[105] Erforderlich ist allerdings auch hier, dass der betroffene Private öffentlich-rechtliche Verwaltungsaufgaben wahrnimmt; nur dann ist der Anwendungsbereich des LIFG eröffnet.[106] 67

Bedient sich eine Stelle zur Aufgabenerfüllung eines **Verwaltungshelfers**, so findet auch auf diesen das LIFG Anwendung, sofern die betrauende Stelle Kontrolle iSd Abs. 4 S. 2 über ihn ausübt. Dies dürfte regelmäßig zu verneinen sein.[107] Damit besteht zwar dem Verwaltungshelfer gegenüber direkt – anders als beim Beliehenen, der als Behörde handelt[108] – kein Anspruch auf Informationszugang. Wegen der engen Verbindungen zwischen Verwaltungshelfer und betrauender Behörde dürfte dies im Ergebnis aber nicht zu einem Entzug dieser Informationen aus dem Anwendungsbereich des LIFG führen, da die betrauende Behörde informationspflichtig ist.[109] 68

b) **Voraussetzungen der lit. a–c.** Für die Frage, ob eine Stelle nach Abs. 1 im Besitz der **Mehrheit des gezeichneten Kapitals** ist (**lit. a**), kann auf § 16 Abs. 2 AktG sowie die einschlägige Literatur und Rechtsprechung zurückgegriffen werden. Ob ein Fall der **Stimmrechtsmehrheit** vorliegt (**lit. b**), kann analog unter Rückgriff auf § 16 Abs. 3 AktG sowie die einschlägige Literatur und Rechtsprechung ermittelt werden.[110] Ob eine Stelle iSd Abs. 1 in der Lage ist, **mehr als die Hälfte des Verwaltungs-, Leitungs- oder Aufsichtsorgans zu stellen** (**lit. c**), ist dem jeweiligen Gesellschaftsvertrag zu entnehmen.[111] Bei der Aktiengesellschaft kommt es insoweit auf Vorstand und Aufsichtsrat an, bei der GmbH ist die Gesellschafterversammlung 69

102 So zur Rechtslage in HH Maatsch/Schnabel HmbTG § 2 Rn 28.
103 Zu § 2 UIG: Reidt/Schiller in: Landmann/Rohmer UIG § 2 Rn 28.
104 So zum UIG Reidt/Schiller in: Landmann/Rohmer UIG § 2 Rn 27; zur Rechtslage in HH Maatsch/Schnabel HmbTG § 2 Rn 28.
105 Zum UIG Reidt/Schiller in: Landmann/Rohmer UIG § 2 Rn 27; ausführlich zur Rechtslage in HH Maatsch/Schnabel HmbTG § 2 Rn 33.
106 Ausführlich zur Rechtslage in HH Maatsch/Schnabel HmbTG § 2 Rn 34.
107 Ausführlich zur Rechtslage in HH Maatsch/Schnabel HmbTG § 2 Rn 35.
108 Schoch IFG § 1 Rn 126. Vgl insoweit auch die Klarstellung in § 7 Abs. 1 S. 1 Hs 2 LIFG (s. LIFG § 7 Rn 13).
109 So auch für das IFG Bund BeckOK InfoMedien/Debus IFG § 1 Rn 145.
110 Ausführlich zur Rechtslage in HH Maatsch/Schnabel HmbTG § 2 Rn 30 f mwN aus dem Aktienrecht.
111 Zum UIG Reidt/Schiller in: Landmann/Rohmer UIG § 2 Rn 28; zur Rechtslage in HH Maatsch/Schnabel HmbTG § 2 Rn 32.

maßgeblich. In Kommunalunternehmen ist der Verwaltungsrat das Überwachungsorgan.[112]

§ 3 LIFG Begriffsbestimmungen

Im Sinne dieses Gesetzes sind

1. Antragsberechtigte: alle natürlichen und juristischen Personen des Privatrechts sowie deren Zusammenschlüsse, soweit diese organisatorisch hinreichend verfestigt sind;
2. informationspflichtige Stellen: alle Stellen im Anwendungsbereich nach § 2;
3. amtliche Informationen: jede bei einer informationspflichtigen Stelle bereits vorhandene, amtlichen Zwecken dienende Aufzeichnung, unabhängig von der Art ihrer Speicherung, außer Entwürfen und Notizen, die nicht Bestandteil eines Vorgangs werden sollen;
4. betroffene Personen: natürliche Personen, über die personenbezogene Daten im Sinne des § 3 Absatz 1 des Landesdatenschutzgesetzes (LDSG) vorliegen (Betroffene), oder juristische Personen, über die amtliche Informationen vorliegen, mit Ausnahme der antragstellenden Person.

I. Allgemeines

1 **1. Entstehungsgeschichte.** § 3 LIFG blieb im Rahmen des Gesetzgebungsverfahrens unverändert; Änderungen oder auch nur Änderungsanregungen sind nicht dokumentiert.

2 **2. Vergleichbare Regelungen anderer Bundesländer.** Begriffsbestimmungen kennen sämtliche Informationszugangsregelungen des Bundes und der Länder, die sich im Detail allerdings stark unterscheiden. Da keine gesetzliche Regelung den Begriff der/des Antragsberechtigten verwendet, fehlt eine explizite Definition dieses Begriffes in anderen Regelungen. Zumeist ist „jeder" (§ 1 Abs. 1 S. 1 IFG Bund; § 1 AIG BB; § 1 Abs. 1 S. 1 BremIFG; § 1 S. 1 SIFG; § 1 Abs. 1 S. 1 IZG LSA; § 4 Abs. 1 ThürIFG), „jeder Mensch" (§ 3 Abs. 1 S. 1 IFG BE) oder „jede Person" (§ 1 Abs. 2 HmbTG) antragsberechtigt. § 4 Abs. 1 IFG NRW beschränkt die Antragsberechtigung auf jede natürliche Person, § 3 IZG S-H spricht von jeder natürlichen oder juristischen Person. Die größten Ähnlichkeiten zur Definition der Antragsberechtigung nach Nr. 1 weisen § 1 Abs. 2 IFG M-V und § 2 Abs. 2 iVm § 2 Abs. 1 S. 2 LTranspG RP auf. Dort wird die Antragsberechtigung jeder na-

112 Zum UIG Reidt/Schiller in: Landmann/Rohmer UIG § 2 Rn 28.

türlichen und juristischen Person des Privatrechts sowie Personenvereinigungen (M-V) bzw nicht rechtsfähigen Vereinigungen von Bürgerinnen und Bürgern (RP) zuerkannt. Die rheinland-pfälzische Regelung geht insofern weiter, als auch juristische Personen des öffentlichen Rechts, soweit sie Grundrechtsträger sind, antragsberechtigt sind, § 2 Abs. 2 iVm § 2 Abs. 1 S. 3 LTranspG RP.

Während der Begriff der informationspflichtigen Stellen nur noch von § 2 Abs. 4 IZG S-H explizit definiert wird,[1] finden sich in mehreren Gesetzen Definitionen der amtlichen Information (§ 2 Nr. 1 IFG Bund, § 2 Nr. 1 BremIFG, § 5 Abs. 2 LTranspG RP; § 1 S. 1 SIFG iVm § 2 Nr. 1 IFG Bund; § 2 Nr. 1 IZG LSA; § 3 Nr. 1 ThürIFG) bzw der Information (§ 2 Abs. 1 HmbTG, § 2 Nr. 1 IFG M-V, § 3 IFG NRW, § 5 Abs. 1 LTranspG RP; § 2 Abs. 1 IZG S-H). Eine Besonderheit stellt zudem der Begriff der betroffenen Personen dar, der von keiner weiteren Informationszugangsregelung verwendet wird. Teilweise wird in diesem Zusammenhang auf Dritte abgestellt, wobei dieser Begriff nicht deckungsgleich mit dem der betroffenen Personen definiert wird (§ 2 Nr. 2 IFG Bund; § 2 Nr. 2 BremIFG; § 1 S. 1 SIFG iVm § 2 Nr. 2 IFG Bund; § 2 Nr. 2 IZG LSA; § 3 Nr. 2 ThürIFG); teilweise wird auf eine Definition des Begriffs ganz verzichtet. Daneben werden weitere, zum Teil sehr unterschiedliche Begriffe von den einzelnen Regelungen legaldefiniert. 3

II. Antragsberechtigte (Nr. 1)

Abweichend vom Großteil der Informationszugangsgesetze (s. Rn 2), ist antragsberechtigt nach Nr. 1 nicht „jeder"; antragsberechtigt sind vielmehr **„alle natürlichen und juristischen Personen des Privatrechts"** sowie unter bestimmten Voraussetzungen deren Zusammenschlüsse. Die Gesetzesbegründung geht insoweit davon aus, dass „jede natürliche und juristische Person des Privatrechts unabhängig von Nationalität oder (Wohn-)Sitz" antragsberechtigt ist.[2] Wegen der ausdrücklichen Betonung der Personeneigenschaft für die Antragsberechtigung durch den Gesetzestext ist insoweit wohl die **Möglichkeit einer anonymen Antragstellung zu verneinen.**[3] Eine Antragstellung mittels „Strohmannes" kann damit freilich nicht unterbunden werden.[4] Antragsberechtigte juristische Personen des Privatrechts sind solche Zusammenfassungen von Menschen oder Vermögenswerten, denen die Privatrechtsordnung durch staatlichen Hoheitsakt Rechtsfähigkeit zuerkennt.[5] 4

1 Sehr ähnlich ist auch der Begriff der auskunftspflichtigen Stelle in § 2 Abs. 5 HmbTG. Der Begriff ist allerdings im Umweltinformationsrecht üblich (vgl § 23 Abs. 1 UVwG).
2 LReg LT-Drs. 15/7720, 63.
3 Vgl. hierzu LIFG § 7 Rn 9; so auch Zif. III. 7. Anwendungshinweise zum Landesinformationsfreiheitsgesetz (LIFG) des Ministeriums für Inneres, Digitalisierung und Migration vom 25.11.2016, Az.: 2-0510.1/19, da in diesen Fällen weder die Antragsberechtigung noch die Handlungsfähigkeit geprüft werden könne. AA zum IFG des Bundes, nach welchem "jeder" antragsberechtigt ist: BeckOK InfoMedien/Sicko IFG § 7 Rn 11.
4 S. hierzu BeckOK InfoMedien/Debus IFG § 1 Rn 112 ff; Schoch IFG § 1 Rn 84 ff.
5 BeckOK InfoMedien/Debus IFG § 1 Rn 99; Schoch IFG § 1 Rn 61.

5 Mit der Aufnahme **organisatorisch hinreichend verfestigter Zusammenschlüsse der genannten Personen** in den Kreis der Antragsberechtigten, positioniert sich der Landesgesetzgeber bezüglich der parallel gelagerten Streitfrage für das IFG des Bundes[6] eindeutig. Der Gesetzgeber knüpft eigenen Aussagen zufolge damit explizit an die entsprechende Rechtsprechung des BVerwG und an die Evaluierung des IFG Bund an und erkennt ausdrücklich die „Antragsberechtigung von Bürgerinitiativen und von (Ortsverbänden von) politischen Parteien, die in der Regel sogenannte nicht rechtsfähige Vereine darstellen" an.[7] **Antragsberechtigt** sind damit auch „**(teilrechtsfähige) Personengesellschaften** wie die Gesellschaft bürgerlichen Rechts, die offene Handelsgesellschaft, die Kommanditgesellschaft und die Partnerschaftsgesellschaft".[8]

6 Ebenfalls ausdrücklich entschieden hat der Gesetzgeber die für das IFG Bund streitige Frage,[9] ob auch **juristische Personen des öffentlichen Rechts** antragsberechtigt sein können. Durch die ausdrückliche Beschränkung der Antragsberechtigung auf juristische Personen des Privatrechts können juristische Personen des öffentlichen Rechts keine Anträge nach dem LIFG stellen und zwar unabhängig von einer etwaigen Grundrechtsberechtigung der betroffenen Person. Damit wollte der Gesetzgeber „Friktionen mit Amtshilfevorschriften, Auskunftsrechten oder Übermittlungsbefugnissen und -pflichten" vermeiden.[10] Möglich bleibt selbstverständlich eine Antragstellung durch eine der juristischen Person des öffentlichen Rechts zurechenbare natürliche Person im eigenen Namen.[11]

III. Informationspflichtige Stelle (Nr. 2)

7 Die Gesetzesbegründung betont den klarstellenden Charakter der Nr. 2, die „alle Stellen im Anwendungsbereich, der in § 2 umschrieben ist, als informationspflichtige Stellen" definiert.[12] In dieser Feststellung erschöpft sich der Anwendungsbereich der Nr. 2, ein weitergehender Inhalt kann der Norm nicht entnommen werden. Insb. erfolgt keine, § 2 Abs. 9 HmbTG vergleichbare inhaltliche Definition[13] der Informationspflichtigkeit. Vergleichbar ist insoweit wohl eher der Begriff der „auskunftspflichtigen Stelle" gem. § 2 Abs. 5 HmbTG.[14]

---

6 Vgl. hierzu BeckOK InfoMedien/Debus IFG § 1 Rn 101 ff; sehr ausführlich Schoch IFG § 1 Rn 64 ff.
7 LReg LT-Drs. 15/7720, 63.
8 LReg LT-Drs. 15/7720, 63.
9 Vgl hierzu BeckOK InfoMedien/Debus IFG § 1 Rn 104 ff; Schoch IFG § 1 Rn 74 ff.
10 LReg LT-Drs. 15/7720, 63. Ob diese Argumentation bezüglich aller juristischer Personen des öffentlichen Rechts überzeugend ist – Stichwort Grundrechtsberechtigung – sei an dieser Stelle dahingestellt.
11 Allerdings ua mit der Konsequenz, dass auch die antragstellende natürliche Person Kostenschuldner wird.
12 LReg LT-Drs. 15/7720, 63. Zum Begriff der "Stelle" s. LIFG § 2 Rn 17 ff.
13 S. hierzu Maatsch/Schnabel HmbTG § 2 Rn 37.
14 S. hierzu Maatsch/Schnabel HmbTG § 2 Rn 13.

IV. Amtliche Information (Nr. 3)

Der Begriff der amtlichen Information wird von **Nr. 3 annähernd wortgleich** wie von **§ 2 Nr. 1 IFG** definiert. Lediglich das – bundesrechtlich ebenfalls als ungeschriebene Voraussetzung verlangte[15] – Tatbestandsmerkmal des Vorhandenseins der Information bei der informationspflichtigen Stelle findet ausdrücklich im Gesetzestext Erwähnung; die Abweichungen bei der Ausnahme für Entwürfe und Notizen sind rein semantischer Natur ohne Auswirkungen auf den Inhalt der Definition. Auch die Gesetzesbegründung selbst betont die enge Anlehnung an die bundesrechtliche Norm und will Nr. 3 weit verstanden wissen.[16] Insofern erscheint es konsequent, wenn die Begründung zu Nr. 3 teilweise wörtlich mit der Begründung zu § 2 Nr. 1 IFG übereinstimmt. 8

Für die Definition des Begriffs der Information stellt der Gesetzestext zentral auf den Begriff der **Aufzeichnung** ab. Erfasst werden nach der Gesetzesbegründung „alle Formen von festgehaltenen und gespeicherten Informationen, die auf einem Träger bei der informationspflichtigen Stelle gespeichert sind."[17] Maßgeblich für eine idS verstandene Information ist mithin die Verkörperung einer geordneten Datenmenge[18] auf einem Träger.[19] Die Art der Speicherung (elektronisch, optisch, akustisch, anderweitig) ist ebenso unerheblich, wie die Art des Informationsträgers (Magnetbänder, Magnetplatten, Disketten, CD-ROMs, DVDs, Filme, Fotos auf Papier).[20] Notwendig ist allerdings, dass die Information von ihrem Träger getrennt werden kann, die informationspflichtige Stelle sie also herausgeben kann, ohne sich ihrer selbst vollständig zu begeben.[21] Sollten Hilfsmittel zur Wahrnehmung der Information erforderlich sein, müssen diese von der Stelle zur Verfügung gestellt werden.[22] Keine Information iSd Nr. 3 liegt nach diesem Verständnis vor, wenn Wissen lediglich unkörperlich „im Kopf" von Mitarbeitern gespeichert ist[23] oder nur eine Zugriffsmöglichkeit der Stelle auf bestimmte Daten besteht (kommerzielle Datenbanken).[24] 9

15 BeckOK InfoMedien/Debus IFG § 2 Rn 24; Schoch IFG § 2 Rn 36.

16 LReg LT-Drs. 15/7720, 63. Der Begriff ist insb. entwicklungs- bzw technikoffen zu verstehen BeckOK InfoMedien/Debus IFG § 2 Rn 6; Maatsch/Schnabel HmbTG § 2 Rn 2.

17 LReg LT-Drs. 15/7720, 63. Zur Kritik an dieser zirkelschlüssigen Definition s. BeckOK InfoMedien/Debus IFG § 2 Rn 6; Schoch IFG § 2 Rn 23.

18 Die Gesetzesbegründung nennt beispielhaft Schriften, Tabellen, Diagramme, Bilder, Pläne und Karten sowie Tonaufzeichnungen, LReg LT-Drs. 15/7720, 63.

19 BeckOK InfoMedien/Debus IFG § 2 Rn 7; Schoch IFG § 2 Rn 24.

20 Beispiele nach LReg LT-Drs. 15/7720, 63; ausf. auch Schoch IFG § 2 Rn 26 ff.

21 VG HH v. 30.11.2011, 17 K 361/11 Rn 61, BeckRS 2012, 47335 (zum HmbIFG); BeckOK InfoMedien/Debus IFG § 2 Rn 8; Maatsch/Schnabel HmbTG § 2 Rn 5.

22 BeckOK InfoMedien/Debus IFG § 2 Rn 9; Schoch IFG § 2 Rn 34.

23 VG Berlin v. 29.1.2010, 2 A 134.08, BeckOK InfoMedien/Debus IFG § 2 Rn 7; Schoch IFG § 2 Rn 25. Auch eine nicht aufgezeichnete Rechtsauffassung soll in diese Kategorie gehören, Ziff. I 3. Anwendungshinweise zum Landesinformationsfreiheitsgesetz (LIFG) des Ministeriums für Inneres, Digitalisierung und Migration vom 25.11.2016, Az.: 2-0510.1/19.

24 BeckOK InfoMedien/Debus IFG § 2 Rn 8.2; Maatsch/Schnabel HmbTG § 2 Rn 6.

10 Informationen sind **vorhanden**, wenn sie tatsächlich und dauerhaft[25] physisch existieren.[26] Probleme kann die Beantwortung der Frage aufwerfen, ab welchem Zeitpunkt eine Information vorhanden ist.[27] Die Gesetzesbegründung hält hierzu ausdrücklich fest, dass ein Anspruch auf „bislang nicht vorhandene, statistische Aufbereitung oder die Überprüfung der inhaltlichen Richtigkeit“ von Informationen durch das LIFG nicht begründet wird.[28]

11 Für die Frage, ob eine **amtliche Zweckbestimmung**[29] einer Information vorliegt, ist eine **funktionale Betrachtungsweise** maßgeblich.[30] Erforderlich ist ein Zusammenhang mit amtlicher Tätigkeit,[31] unerheblich ist hingegen, wer Urheber der Information ist[32] oder welche Rechtsnatur das der Information zugrundeliegende behördliche Handeln hat.[33] Eindeutig nicht amtlich sind private Informationen;[34] solche Informationen werden auch nicht deshalb amtlich, weil sie in den Räumen der informationspflichtigen Stelle aufbewahrt werden.[35] Dagegen können Terminkalendereinträge oder Tagebuchaufzeichnungen durchaus den Charakter einer amtlichen Information haben.[36] Ebenso wenig stellt "allgemein zugängliche und für jedermann zu kaufende juristische Fachliteratur" eine amtliche Information dar.[37]

12 Mit dem **Ausschluss von Entwürfen und Notizen** soll der innerbehördliche Entscheidungsprozess geschützt werden.[38] Die Gesetzesbegründung nennt

25 VG Berlin v. 12.10.2009, 2 A 20/08, BeckRS 2009, 42119.

26 BeckOK InfoMedien/Debus IFG § 2 Rn 25. Teilweise (so Schoch IFG § 2 Rn 38) wird Vorhandensein nur bejaht, wenn die Informationen auch Bestandteil des (eigenen) Vorgangs werden sollen; diese Auffassung ist abzulehnen. Bei der Frage des Vorhandenseins dürfte alleine die physische Existenz maßgebend sein. Die Frage, ob eine Information Bestandteil eines (eigenen) Vorgangs werden sollte, dürfte vielmehr im Rahmen der "Amtlichkeit" der Information bzw im Rahmen der Verfügungsberechtigung (§ 7 Abs. 1 S. 1 LIFG, s. LIFG § 7 Rn 12) zu prüfen sein.

27 BeckOK InfoMedien/Debus IFG § 2 Rn 26 ff. Zu damit verbundenen prozessualen Fragen BeckOK InfoMedien/Debus IFG § 2 Rn 27 f sowie zur Folgefrage einer berechtigten Informationsvernichtung Rn 28.

28 LReg LT-Drs. 15/7720, 63; Zif. I. 2. Anwendungshinweise zum Landesinformationsfreiheitsgesetz (LIFG) des Ministeriums für Inneres, Digitalisierung und Migration vom 25.11.2016, Az.: 2-0510.1/19. Soweit andere Regelungen zur Prüfung der inhaltlichen Richtigkeit verpflichten, bleiben diese allerdings unberührt. Zum fehlenden Informationsbeschaffungsanspruch Franßen/Seidel IFG NRW § 4 Rn 396.

29 S. sehr ausf. hierzu Schoch IFG § 2 Rn 47 ff mit zahlreichen Rspr-Nachweisen in Rn 60 ff.

30 BeckOK InfoMedien/Debus IFG § 2 Rn 11; Schoch IFG § 2 Rn 51.

31 BeckOK InfoMedien/Debus IFG § 2 Rn 10.

32 LReg LT-Drs. 15/7720, 63; VG Neustadt/W v. 16.12.2009, 4 K 1059/09, BeckRS 2010, 56840 (IFG); BeckOK InfoMedien/Debus IFG § 2 Rn 11; Schoch IFG § 2 Rn 52. Dies gilt zumindest bei dauerhaftem Zugang der Information. Werden Informationen nur vorübergehend beigezogen, kann dies eine andere Beurteilung rechtfertigen.

33 VG Stuttgart v. 17.5.2011, 13 K 3505/09, Rn 50 (IFG); BeckOK InfoMedien/Debus IFG § 2 Rn 11; Schoch IFG § 2 Rn 58 f; Maatsch/Schnabel HmbTG § 2 Rn 8.

34 LReg LT-Drs. 15/7720, 63.

35 BeckOK InfoMedien/Debus IFG § 2 Rn 11.2; Maatsch/Schnabel HmbTG § 2 Rn 7.

36 Ausf. hierzu BeckOK InfoMedien/Debus IFG § 2 Rn 12 f; Maatsch/Schnabel HmbTG § 2 Rn 7.

37 VGH BW v. 11.10.2016, 1 S 1122/16, Rn 10.

38 LReg LT-Drs. 15/7720, 63; BeckOK InfoMedien/Debus IFG § 2 Rn 14; Schoch IFG § 2 Rn 65.

als Beispiele für Entwürfe und Notizen handschriftliche Aufzeichnungen oder Gliederungen.[39] Für den Begriff der **Entwürfe** kann auf die für „Vorentwürfe" nach § 46 Abs. 2 S. 2 BDSG entwickelten Grundsätze zurückgegriffen werden. Entwürfe charakterisieren sich durch Vorläufigkeit; es soll gerade noch keine endgültige, den Amtsträger respektive die Behörde bindende Entscheidung getroffen werden.[40] **Notizen** zeichnen sich durch einen stark temporären Charakter iSe Gedächtnisstütze zur Vorbereitung weiterer Aufzeichnungen aus. Auch sog. Handakten sollen ausgenommen sein.[41] Dagegen sind etwa Randbemerkungen auf einer amtlichen Information als Bestandteil derselben zu werten.[42]

Voraussetzung für den Entzug von Entwürfen und Notizen aus dem An- 13
wendungsbereich des LIFG ist ferner, dass diese **nicht Bestandteil eines Vorgangs werden sollen**. Dabei handelt es sich um eine **normative Voraussetzung**; abzustellen ist auf den **objektivierten Willen der Verwaltung**, nicht alleine auf den Willen des jeweiligen Bearbeiters. Die Frage, was Bestandteil eines Vorgangs werden soll, beantwortet sich primär nach den **Regeln der ordnungsgemäßen Aktenführung**, insb. die Gemeinsame Anordnung der Ministerien über die Verwaltung des Schriftguts der Behörden, Dienststellen und sonstigen Einrichtungen des Landes (**AnO Schriftgut**);[43] gewisse Spielräume verbleiben allerdings dennoch. Sobald Entwürfe oder Notizen endgültig zu den amtlichen Informationen genommen werden, unterliegen sie dem Informationszugang nach dem LIFG.[44]

V. Betroffene Personen (Nr. 4)

Betroffene Personen sind zum einen Betroffene iSd § 3 Abs. 1 LDSG, zum 14
anderen juristische Personen, über die amtliche Informationen vorliegen. Mit der Wahl des Begriffs der betroffenen Personen bzw mit der Anknüpfung an den Begriff der Betroffenen aus § 3 Abs. 1 LDSG trägt der Gesetzgeber der Kritik, die an der Verwendung des Begriffs des Dritten nach § 2 Nr. 2 IFG geäußert wurde,[45] Rechnung. Zur Erläuterung des Begriffs der **Betroffenen** kann vollumfänglich auf entsprechende Kommentierungen zu § 3 Abs. 1 BDSG, der wörtlich § 3 Abs. 1 LDSG entspricht, verwiesen werden.[46] Da Betroffener grds. wegen § 21 LDSG, der § 19 BDSG entspricht, auch der Antragsteller sein könnte, wurde eine ausdrückliche Herausnah-

39 LReg-LT-Drs. 15/7720, 63.
40 BeckOK InfoMedien/Debus IFG § 2 Rn 15; Schoch IFG § 2 Rn 65; Simitis/Dammann BDSG § 46 Rn 50.
41 Zif. I. 3. Anwendungshinweise zum Landesinformationsfreiheitsgesetz (LIFG) des Ministeriums für Inneres, Digitalisierung und Migration vom 25.11.2016, Az.: 2-0510.1/19.
42 BeckOK InfoMedien/Debus IFG § 2 Rn 16; Maatsch/Schnabel HmbTG § 2 Rn 4; Schoch IFG § 2 Rn 66; Simitis/Dammann BDSG § 46 Rn 51.
43 So ausdrücklich LReg LT-Drs. 15/7720, 63 f. Vgl. hierzu ausf. auch BeckOK InfoMedien/Debus IFG § 2 Rn 20 ff; Schoch IFG § 2 Rn 68 ff.
44 BeckOK InfoMedien/Debus IFG § 2 Rn 17 f; Schoch IFG § 2 Rn 67 ff.
45 Vgl. hierzu BeckOK InfoMedien/Debus IFG § 2 Rn 30; Schoch IFG § 2 Rn 81 f.
46 Simitis/Dammann BDSG § 3 Rn 40 ff; Gola/Schomerus BDSG § 3 Rn 13 f.

me der antragstellenden Person aus dem Kreis der betroffenen Personen notwendig.[47] Dagegen können explizit auch **Amtsträger** Betroffene sein.[48]

15 Mit der Einbeziehung **juristischer Personen, über die amtliche Informationen vorliegen**, in den Schutzbereich der betroffenen Personen macht der Gesetzgeber deutlich, dass auch **öffentliche Stellen** betroffene Personen sein können.[49] Einschränkend wird man allerdings annehmen können, dass alleine Stellen eines anderen Rechtsträgers betroffene Personen idS sein können.[50] Da über juristische Personen zwangsläufig keine personenbezogenen Daten vorliegen können (vgl § 3 Abs. 1 LDSG),[51] stellt der Gesetzestext konsequent auf das Vorliegen von amtlichen Informationen (s. Rn 8 ff) ab. Nr. 4 wurde vom Gesetzgeber „als Anknüpfungspunkt für den Schutz personenbezogener Daten, des geistigen Eigentums sowie von Betriebs- oder Geschäftsgeheimnissen" konzipiert.[52]

§ 4 LIFG Schutz von besonderen öffentlichen Belangen

(1) Der Anspruch auf Informationszugang besteht nicht, soweit und solange das Bekanntwerden der Informationen nachteilige Auswirkungen haben kann auf

1. die inter- und supranationalen Beziehungen, Beziehungen zum Bund oder zu einem Land,
2. die Belange der äußeren oder öffentlichen Sicherheit,
3. die Kontroll-, Vollzugs- oder Aufsichtsaufgaben der Finanz-, Regulierungs-, Sparkassen-, Versicherungs- oder Wettbewerbsaufsichtsbehörden,
4. die Angelegenheiten der unabhängigen Finanzkontrolle,
5. den Erfolg eines strafrechtlichen Ermittlungs- oder Strafvollstreckungsverfahrens oder den Verfahrensablauf eines Gerichts-, Ordnungswidrigkeiten- oder Disziplinarverfahrens,
6. die Vertraulichkeit von Beratungen und Entscheidungsprozessen, wovon die Ergebnisse der Beweiserhebung, Gutachten und Stellungnahmen Dritter regelmäßig ausgenommen sind,
7. die Funktionsfähigkeit und die Eigenverantwortung der Landesregierung,
8. die Vertraulichkeit des Austauschs zwischen Landtag und Landesregierung,
9. die Interessen der informationspflichtigen Stellen im Wirtschaftsverkehr,

47 S. hierzu Schoch IFG § 2 Rn 83.
48 So ausdrücklich die Gesetzesbegründung LReg LT-Drs. 15/7720, 64.
49 LReg LT-Drs. 15/7720, 64. Dies ist bzgl des Begriffs des Dritten iSd § 2 Nr. 2 IFG streitig, vgl BeckOK InfoMedien/Debus IFG § 2 Rn 33; Schoch IFG § 2 Rn 89.
50 So zu § 2 Nr. 2 IFG ("Dritter") BeckOK InfoMedien/Debus IFG § 2 Rn 33.
51 Simitis/Dammann BDSG § 3 Rn 3 ff.
52 LReg LT-Drs. 15/7720, 64.

10. das im Zeitpunkt des Antrags auf Informationszugang fortbestehende Interesse der betroffenen Person an einer vertraulichen Behandlung bei vertraulich erhobener oder übermittelter Information oder
11. die Vertraulichkeit von leistungsbezogenen Daten einzelner öffentlicher Schulen.

(2) [1]Unberührt bleiben die durch Rechtsvorschriften und die Verwaltungsvorschrift des Innenministeriums zum materiellen und organisatorischen Schutz von Verschlusssachen vom 20. Dezember 2004 – Az.: 5-0214.3/77 (GABl. 2005 S. 218), die durch Verwaltungsvorschrift vom 1. Dezember 2011 – Az.: 4-0214.3/77 (GABl. S. 566) geändert worden ist, in der jeweils geltenden Fassung geregelten Geheimhaltungs- und Vertraulichkeitspflichten sowie die Berufs- und besonderen Amtsgeheimnisse. [2]Gleiches gilt für gesellschaftsrechtlich begründete Geheimhaltungs- und Verschwiegenheitspflichten.

Literatur: *Burholt*, Die Auswirkungen des Informationsfreiheitsgesetzes auf das Akteneinsichtsrecht in Kartell- und Fusionskontrollverfahren, BB 2006, 2201 ff; *Franßen*, Informationsfreiheitsrecht im Schulbereich an den Beispielen Nordrhein-Westfalens und Bayerns, JB InfoR 2010, 107 ff; *Leopold*, Die Kartellbehörden im Angesicht der Informationsfreiheit, WuW 2006, 592 ff; *Schnabel*, Der Schutz öffentlicher Belange vor der Informationsfreiheit, JB InfoR 2011, 153 ff; *Schnabel*, Kein Anspruch auf Herausgabe amtlicher Informationen bei nachteiligen Auswirkungen auf internationale Beziehungen – CIA-Flüge, NVwZ 2010, 303 ff; *Schnabel/Freund*, Der Kernbereich exekutiver Eigenverantwortung als Schranke der Informationsfreiheit, DÖV 2012, 192 ff.

I. Allgemeines

1 **1. Europa- und verfassungsrechtliche Vorgaben. Europarechtlichen Vorgaben** kann im Rahmen des Schutzes von inter- und supranationalen Beziehungen nach Abs. 1 Nr. 1 (s. Rn 27 ff) Rechnung getragen werden.

2 Das **Verfassungsrecht** schützt insb. den Kernbereich exekutiver Eigenverantwortung, was in Abs. 1 Nr. 7 (s. Rn 86 ff) berücksichtigt ist.

3 **2. Entstehungsgeschichte.** Die Regelung lehnt sich an der Bundesregelung in §§ 3, 4 IFG[1] an, berücksichtigt die Vorschläge der Evaluation[2] zur Zusammenfassung mehrerer Ablehnungsgründe und zur Vereinheitlichung der

1 Zur Entstehungsgeschichte der Bundesregelung BeckOK InfoMedien/Schirmer IFG § 3 Rn 3 ff.
2 Ziekow/Debus/Musch 294 ff.

unterschiedlichen Schutzniveaus (s. Rn 24 ff) und Rechtsfolgen der verschiedenen Tatbestände von §§ 3 und 4 IFG.

Der ursprüngliche Regierungsentwurf (s. LIFG § 1 Rn 3 f) wurde im Rahmen der Anhörung nur in Nr. 4 hinsichtlich des Schutzes der „unabhängigen“ statt der „externen“ Rechnungsprüfung verändert.[3] 4

3. Normzweck. Abgesehen von der einheitlichen Rechtsfolge der Ablehnung folgen die verschiedenen Ausnahmetatbestände des § 4 Abs. 1 LIFG keiner einheitlichen Systematik.[4] Die Tatbestände knüpfen an sachliche, funktionale oder organisatorische, und auch an eine Kombination solcher Gesichtspunkte an.[5] Daher besteht ein einheitlicher Normzweck nur insoweit, als alle Ablehnungsgründe – wie die Normüberschrift es ausdrückt – dem Schutz besonderer öffentlicher Belange dient, und im Übrigen ist bei jedem einzelnen Ablehnungsgrund separat zu bestimmen, was der jeweils besonders schützenswerte öffentliche Belang ist. 5

§ 4 Abs. 2 LIFG dient dem **besonderen Geheimnis- und Vertraulichkeitsschutz,**[6] und dadurch soll das LIFG in die bestehende Einheit der Rechtsordnung eingefügt werden. 6

4. Vergleichbare Regelungen des Bundes oder anderer Bundesländer. §§ 3, 4 IFG (iVm § 1 S. 1 SIFG); §§ 9 bis 11 IFG BE; § 4 AIG BB; §§ 3, 4 BremIFG; § 6 HmbTG; §§ 5, 6 IFG M-V; §§ 6, 7 IFG NRW; §§ 14, 15, 17 LTranspG RP; §§ 3, 4 IZG LSA; § 9 IZG-SH; §§ 7, 8 ThürIFG. Vgl auch § 1 AGVIG iVm § 3 S. 1 Nr. 1 und S. 3 VIG sowie § 28 UVwG. 7

5. Systematik der Ablehnungsgründe. § 4 LIFG enthält Tatbestände zum Ausschluss des Informationszugangsanspruch zum Schutz besonderer öffentlicher Interessen, und die §§ 5 und 6 LIFG enthalten Ablehnungsgründe zum Schutz privater Interessen. Die verschiedenen Ablehnungsgründe sind nebeneinander anwendbar (s. Rn 141). 8

Der in § 4 LIFG normierte Schutz besonderer öffentlicher Belange wird als „absolut“[7] oder „zwingend“[8] charakterisiert, weil der Anspruch auf Informationszugang tatbestandlich ausgeschlossen ist, wenn die Voraussetzungen eines Ablehnungsgrundes vorliegen. Eine Abwägung wie bei personenbezogenen Daten nach § 5 Abs. 1 LIFG (s. LIFG § 5 Rn 17 ff) oder beim Schutz öffentlicher Belange nach § 28 UVwG (s. UVwG § 28 Rn 37 ff) ist nicht vorgesehen. 9

Bei den **Ablehnungsgründen des Abs. 1** erfolgt die Prüfung zweistufig: Zunächst ist zu fragen, ob ein geschützter Belang betroffen ist (s. Rn 27 ff), und anschließend stellt sich die Frage, ob die Möglichkeit nachteiliger Auswirkungen durch das Bekanntwerden der Information auf den geschützten 10

---

3 LReg LT-Drs. 15/7720, 26 f.
4 Zum Bundesrecht: BeckOK InfoMedien/Schirmer IFG § 3 Rn 6; NK-IFG/Rossi § 3 Rn 6; Kugelmann NJW 2005, 3609, 3611: „Gemischtwarenladen an Verweigerungsgründen, dem es an Trennschärfe und Regelungsklarheit mangelt“.
5 Zum Bundesrecht BeckOK InfoMedien/Schirmer IFG § 3 Rn 6.
6 BeckOK InfoMedien/Schirmer IFG § 3 Rn 140 zur weitgehend vergleichbaren Regelung in § 3 Nr. 4 IFG.
7 Zum Bundesrecht BeckOK InfoMedien/Schirmer IFG § 3 Rn 7.
8 Zum Bundesrecht Berger/Kollbeck/Partsch/Roth/Scheel/Roth IFG § 3 Rn 17.

Belang besteht (s. Rn 23 ff).[9] Dabei kann zwischen den abstrakten Grundsätzen zum Schutzniveau (s. Rn 24 ff) und etwaigen Konkretisierungen im Hinblick auf das jeweilige Belange (s. Rn 27 ff) unterschieden werden.

11 Die **Prüfung des Ausnahmetatbestands des Abs. 2** richtet sich nach dem jeweiligen Fachrecht (s. Rn 117 ff).

12 **6. Reichweite („soweit") und enge Auslegung der Ablehnungsgründe.** Die **Reichweite der Ablehnungsgründe** besteht nur „soweit" die Informationen schützenswert sind (vgl auch § 9 Abs. 1 LIFG). Schützenswert sind Informationen, wenn deren Bekanntwerden nachteilige Auswirkungen auf das jeweilige Schutzgut haben könnte.[10]

13 Nach dem Grundsatz des freien Informationszugangs nach § 1 Abs. 2 LIFG ist die Regelung – wie alle Versagungsgründe der §§ 4 ff LIFG – nach der Gesetzesbegründung[11] und den üblichen Auslegungsregeln[12] als Ausnahmetatbestand **eng auszulegen.**[13] Dabei kommt es für die Abgrenzung von Regel- und Ausnahmefall nicht auf das quantitative Verhältnis der Fallgruppen an, sondern auf eine wertende Betrachtung. Es ist daher nicht ausgeschlossen, wenn in der Mehrzahl der Fälle eine Ausnahme von der Regel in Betracht kommen kann.[14]

14 **7. Analogieverbot?** Teilweise wird von einem **Analogieverbot** ausgegangen, soweit es sich zulasten der Informationsfreiheit auswirkt.[15] Ein solches Verbot ist aber schwerlich zu rechtfertigen, weil auch in diesem Bereich planwidrige Regelungslücken vorliegen können. Dies ist jedoch aufgrund der zahlreichen Ablehnungsgründe eher unwahrscheinlich und bedürfte einer besonderen Begründung.[16]

15 **8. Ungeschriebene Ablehnungsgründe?** Sind die Ablehnungsgründe eng auszulegen (s. Rn 13), um dem Grundsatz des freien Informationszugangs zur größtmöglichen Wirksamkeit zu verhelfen, wird auf Bundesebene die Frage gestellt, ob neben den Ausnahmetatbeständen der §§ 3–6 IFG auch ungeschriebene Ablehnungsgründe zulässig seien und welche Reichweite solche ungeschriebenen Schutzgründe dann hätten.[17] Auf Bundesebene wird die Frage insb. in Bezug auf den verfassungsunmittelbaren Schutz des Kernbereichs exekutiver Eigenverantwortung[18] sowie den allgemeinen

9 Dagegen bei § 3 Nr. 1 IFG von der umgekehrten Prüfungsreihenfolge ausgehend BeckOK InfoMedien/Schirmer IFG § 3 Rn 35.
10 LReg LT-Drs. 15/7720, 64 unter Hinweis auf BVerwG v. 29.10.2009, 7 C 22.08.
11 LReg LT-Drs. 15/7720, 64.
12 Zu Recht zweifelnd an einer üblichen Auslegungsregel: Schoch IFG Vorb §§ 3–6 Rn 65 f; BeckOK InfoMedien/Schirmer IFG § 3 Rn 10.1.
13 Zum Bundesrecht: BVerwG v. 9.11.2010, 7 B 43/10, NVwZ 2011, 235 Rn 12; BeckOK InfoMedien/Debus IFG § 4 Rn 4; Ziekow/Debus/Musch 286; im Ergebnis ebenso: BeckOK InfoMedien/Schirmer IFG § 3 Rn 10 ff; Schoch NVwZ 2012, 254, 255 f.
14 Zum Bundesrecht: VG Frankfurt a. M. v. 11.11.2008, 7 E 1675/07, openJur 2012, 31009 Rn 27; BeckOK InfoMedien/Schirmer IFG § 3 Rn 10.3.
15 IdS: OVG NW v. 17.5.2006, 8 A 1642/05; Schoch IFG Vorb §§ 3–6 Rn 18.
16 Zum Bundesrecht Schnabel JB InfoR 2011, 153, 161.
17 Zum Bundesrecht BeckOK InfoMedien/Schirmer IFG § 3 Rn 14 ff.
18 Zum Bundesrecht BeckOK InfoMedien/Schirmer IFG § 3 Rn 17 ff.

Rechtsgedanken des Rechtsmissbrauchs[19] diskutiert, welche in § 4 Abs. 1 Nr. 7 bzw § 9 Abs. 3 Nr. 1 LIFG kodifiziert sind. Daher ist ein Bedürfnis für ungeschriebene Ablehnungsgründe nicht ersichtlich.

9. Darlegungslast und Beurteilungsspielräume. Durch die Formulierung der Ablehnungsgründe wird zum Ausdruck gebracht, dass der Informationszugang jeweils nur insoweit versagt werden darf, als es für den Schutz von besonderen öffentlichen Belangen im Einzelfall erforderlich ist.[20] Daher trägt die informationspflichtige Stelle dafür die **Darlegungslast.**[21] 16

Die Feststellung der Ablehnungsgründe setzt seitens der informationspflichtigen Stelle die **Darlegung von Tatsachen** voraus, aus denen sich im jeweiligen Fall eine Beeinträchtigung des geschützten Belanges (s. Rn 27 ff) ergeben kann.[22] Dies darf aber nicht dazu führen, dass aus der Begründung auf den Inhalt der geschützten Informationen geschlossen werden kann.[23] Was auf den ersten Blick einleuchtend erscheint, kann fast schon den Charakter einer „probatio diabolica“ erlangen: die Schutzwürdigkeit einer Information ist darzulegen, ohne den Inhalt der Information zu offenbaren.[24] 17

Die Darlegungen müssen so detailliert und nachvollziehbar sein, dass das Vorliegen des geltend gemachten Ausschlussgrundes vom Gericht geprüft und das Vorliegen des Geheimhaltungsgrundes tatsächlich angenommen werden kann.[25] „Diese Einschätzung kann insbesondere bei Vorgängen, die eine typisierende Betrachtungsweise ermöglichen, auch auf allgemeinen Erfahrungswerten beruhen. Dies darf allerdings nicht dazu führen, dass im Wege einer generalisierenden Sichtweise entgegen der gesetzgeberischen Konzeption der Sache nach eine Bereichsausnahme für die gesamte Tätigkeit der betreffenden Behörde geschaffen wird“.[26] 18

Die informationspflichtige Stelle kann sich aber in bestimmten Konstellationen auf einen **Beurteilungsspielraum** berufen.[27] Dies hat zur Folge, dass es dann an einer im strengen Sinne beweisbaren Grundlage für die Prognose fehlt.[28] Steht der Stelle bspw. ein Gestaltungsspielraum bei der konkreten Ausgestaltung des Belangs wie bei den internationalen Beziehungen (s. Rn 29) zu, kann die Prognose im Regelfall wiederum nur auf solchen Einschätzungen beruhen, die in diesem – gerichtlich nicht überprüfbaren – Rahmen gewonnen worden sind.[29] 19

19 Zum Bundesrecht BeckOK InfoMedien/Schirmer IFG § 3 Rn 25 ff.
20 LReg LT-Drs. 15/7720, 64.
21 LReg LT-Drs. 15/7720, 64. Zum Bundesrecht: VG Stuttgart v. 17.5.2011, 13 K 3505/09, juris Rn 72; BeckOK InfoMedien/Schirmer IFG § 3 Rn 9.
22 BVerwG v. 15.11.2012, 7 C 1.12 Rn 41 zu § 3 Nr. 1 lit. e IFG; Hervorhebung nicht im Original.
23 LReg LT-Drs. 15/7720, 64. Zum Bundesrecht: VG Stuttgart v. 17.5.2011, 13 K 3505/09, juris Rn 72; BeckOK InfoMedien/Schirmer IFG § 3 Rn 13; NK-IFG/Rossi § 3 Rn 2.
24 Zum Bundesrecht BeckOK InfoMedien/Schirmer IFG § 3 Rn 47.
25 Zum Bundesrecht VG Stuttgart v. 17.5.2011, 13 K 3505/09, juris Rn 72.
26 BVerwG v. 15.11.2012, 7 C 1.12 Rn 41 zu § 3 Nr. 1 lit. e IFG.
27 LReg LT-Drs. 15/7720, 64 unter Hinweis auf BVerwG v. 29.10.2009, 7 C 22.08.
28 Zum Bundesrecht BeckOK InfoMedien/Schirmer IFG § 3 Rn 43.
29 Zum Bundesrecht BeckOK InfoMedien/Schirmer IFG § 3 Rn 43.

20 Gelingt es der informationspflichtigen Stelle aber nicht, plausibel das Vorliegen der tatbestandlichen Voraussetzungen darzulegen, kann das Gericht der Klage auf Informationszugang schon aus diesem Grund stattgeben und die Behörde zur Zugänglichmachung der begehrten Information verpflichten. In einem solchen Fall bedarf es einer Überprüfung der geltend gemachten Ablehnungsgründe durch gerichtliche Einsichtnahme der Unterlagen, ggf in einem in-camera-Verfahren (s. LIFG § 9 Rn 51 ff), nicht.[30]

21 **10. Beurteilungszeitpunkt („solange").** Der Zugangsanspruch besteht, „solange" keine Ablehnungsgründe entgegenstehen, daher ist für eine Verpflichtung der Zeitpunkt der (letzten) Tatsacheninstanz entscheidend.

22 Soweit eine Prognose erforderlich ist, muss diese auch im **Zeitpunkt einer gerichtlichen Überprüfung** noch tragfähig sein.[31] Ist dies nicht (mehr) der Fall, ist die informationspflichtige Stelle zur Neubescheidung zu verpflichten, denn dem Gericht ist es verwehrt, selbst eine Prognose anzustellen und die Entscheidung somit spruchreif zu machen.[32]

II. „Bekanntwerden der Informationen nachteilige Auswirkungen haben kann" (Abs. 1)

23 **1. Bekanntwerden der Information.** Kann das **Bekanntwerden** der Information nachteilige Auswirkungen auf einen geschützten Belang haben, besteht der Anspruch auf Informationszugang nicht. Anders als §§ 28 f UVwG stellt § 4 LIFG nicht auf „das Bekanntgeben", sondern auf „das Bekanntwerden" der Information ab.[33] Inhaltlich ergibt sich daraus aber kein Unterschied, denn das Bekanntwerden der Information umfasst notwendig die zugrundeliegende Bekanntgabe.[34]

24 **2. Möglichkeit nachteiliger Auswirkungen. Nachteilig** ist eine Auswirkung, wenn sich das Bekanntwerden der Information negativ oder ungünstig auf den jeweiligen Belang auswirkt.[35] Ein Nachteil ist all das, was dem Schutzgut abträglich ist.[36] Der Begriff „nachteilige Auswirkungen" hat keine andere Bedeutung als der Begriff „Beeinträchtigung".[37] Dass nur erhebliche und spürbare Beeinträchtigungen ausreichen sollen, ergibt sich zwar nicht aus dem Gesetzeswortlaut,[38] aber folgt aus dem Gebot einer engen Auslegung der Ausnahmetatbestände.[39]

25 „Das Gesetz lässt es für die Versagung des Informationszugangs ausreichen, dass das Bekanntwerden nachteilige Auswirkungen auf das Schutz-

---

30 Zum Bundesrecht BeckOK InfoMedien/Schirmer IFG § 3 Rn 12.
31 Zum Bundesrecht BeckOK InfoMedien/Schirmer IFG § 3 Rn 44.
32 Zum Bundesrecht: BVerwG v. 29.10.2009, 7 C 22/08, NVwZ 2010, 321, CIA-Flüge, Rn 33; BeckOK InfoMedien/Schirmer IFG § 3 Rn 44.
33 Zum Bundesrecht BeckOK InfoMedien/Schirmer IFG § 3 Rn 37.
34 Zum Bundesrecht BeckOK InfoMedien/Schirmer IFG § 3 Rn 37, unter Hinweis auf BVerwG v. 29.10.2009, 7 C 22/08, NVwZ 2010, 321, CIA-Flüge, Rn 26.
35 Zum Bundesrecht BeckOK InfoMedien/Schirmer IFG § 3 Rn 40.
36 BVerwG v. 15.11.2012, 7 C 1.12, Rn 39 zu § 3 Nr. 1 lit. e IFG.
37 BVerwG v. 27.11.2014, 7 C 12.13, Rn 24 zum Vergleich von § 3 Nr. 1 und Nr. 6 IFG.
38 Zum Bundesrecht BeckOK InfoMedien/Schirmer IFG § 3 Rn 78.
39 BVerwG v. 27.11.2014, 7 C 12.13, Rn 24 zu § 3 Nr. 6 IFG; v. 15.11.2012, 7 C 1.12 Rn 39 zu § 3 Nr. 1 lit. e IFG.

gut ‚**haben kann**'. Der sichere Nachweis muss demnach nicht erbracht werden. Das liegt schon in der Natur einer (vorbeugenden) Regelung, die nicht erst rückblickend die tatsächlichen Wirkungen eines Handelns bewerten, sondern aufgrund einer prognostischen Entscheidung den Eintritt der nachteiligen Veränderung verhindern will. Es genügt demnach die Möglichkeit einer Beeinträchtigung. Diese Möglichkeit darf nicht nur eine theoretische sein. Deswegen scheiden eher fernliegende Befürchtungen aus".[40]

Die aus dem Gefahrenabwehrrecht bekannten Anforderungen (sog. **Je-Desto-Formel**) an die Wahrscheinlichkeit des Schadenseintritts sind entsprechend heranzuziehen: Je größer und folgenschwerer die möglicherweise eintretende Beeinträchtigung ist, desto geringere Anforderungen sind an die Wahrscheinlichkeit der nachteiligen Auswirkungen zu stellen.[41] Dies führt nicht zu einer Interessenabwägung zwischen den geschützten Belangen und dem Interesse an der Bekanntgabe der Information, die in § 4 LIFG anders als in §§ 28 und 29 UVwG nicht vorgesehen ist.[42] 26

III. Geschützte Belange (Abs. 1)

1. Inter- und supranationale Beziehungen, Beziehungen zum Bund oder zu einem Land (Nr. 1). Ein Informationszugangsanspruch besteht nach Nr. 1 nicht, soweit (s. Rn 12 f) und solange (s. Rn 21 f) durch das Bekanntwerden der Informationen (s. Rn 23) die Möglichkeit nachteiliger Auswirkungen (s. Rn 24 ff) auf „die inter- und supranationalen Beziehungen, Beziehungen zum Bund oder zu einem Land" besteht. Dieser Ablehnungsgrund hat den **Zweck**, die Beziehung zum Bund, die auswärtigen Belange des Landes Baden-Württemberg und das diplomatische Vertrauensverhältnis zu ausländischen Staaten, zwischen- sowie überstaatlichen Organisationen zu schützen.[43] Damit ist die Landesregelung vom Wortlaut weiter als § 3 Nr. 1 lit. a IFG, wonach nur die internationalen Beziehungen geschützt sind, wobei auch die Bundesregelung auf den Schutz von zwischen- und überstaatlichen Organisationen wie etwa der EU oder den Vereinten Nationen erstreckt wird.[44] Während nach der Gesetzesbegründung[45] zum gleichlautenden ThürIFG auch „die NATO, schließlich auch Nichtregierungsorganisationen wie beispielsweise Amnesty International und Greenpeace" erfasst werden, sind nach einer Ansicht[46] zum Bundesrecht Kontakte zu Nichtregierungsorganisationen nicht geschützt. Der Schutz besteht auch außerhalb 27

40 BVerwG v. 15.11.2012, 7 C 1.12 Rn 40 zu § 3 Nr. 1 lit. e IFG; Hervorhebung nicht im Original. IdS bspw. auch zu § 3 Nr. 1 IFG: BeckOK InfoMedien/Schirmer IFG § 3 Rn 39.

41 IdS zu § 3 Nr. 1 lit. e IFG: BVerwG v. 15.11.2012, 7 C 1.12 Rn 40. Zu § 3 Nr. 3 IFG: VG BE v. 9.6.2011, 2 K 46/11, BeckRS 2011, 52820; BeckOK InfoMedien/Schirmer IFG § 3 Rn 137. Zu § 3 Nr. 6 IFG: BVerwG v. 27.11.2014, 7 C 12.13, Rn 25.

42 BVerwG v. 27.11.2014, 7 C 12.13, Rn 26 zu § 3 Nr. 6 IFG und dem UIG.

43 LReg LT-Drs. 15/7720, 64.

44 Zum Bundesrecht BeckOK InfoMedien/Schirmer IFG § 3 Rn 49.

45 LT-Drs. 5/4986, 25.

46 Zum Bundesrecht: VG BE v. 7.8.2013, 2 K 273.12, openJur 2015, 2783 Rn 29; BeckOK InfoMedien/Schirmer IFG § 3 Rn 49.

(aktueller) internationaler Verhandlungen.[47] Dabei können die Beziehungen faktischer oder rechtlicher Natur sein.[48]

28 **Nachteilige Auswirkungen** auf diese Beziehungen sind nach der Gesetzesbegründung insb. dann anzunehmen, wenn die nicht informationspflichtige Stelle dem Informationszugang nicht zustimme. Der Anspruch bestehe daher nicht für Informationen, die das Land vom Bund oder von anderen Ländern erhalten habe, soweit diese nicht allgemein zugänglich seien und soweit der Bund oder das andere Land bei der Übermittlung dem Zugang zu diesen Informationen nach dem LIFG widersprochen habe. Habe der Bund oder das andere Land bei der Übermittlung keine Erklärung abgegeben, so sei sie bei einem Antrag auf Informationszugang durch die informationspflichtige Stelle einzuholen.[49]

29 Die informationspflichtige Stelle hat den Ablehnungsgrund **darzulegen** (s. Rn 16 ff). Dabei wird der Regierung in außenpolitischen Angelegenheiten traditionell ein weiter Gestaltungsraum eingeräumt.[50] Diese Wertung wurde auf den Ablehnungsgrund im Informationsfreiheitsrecht übertragen, so dass die Regierung einen **Einschätzungsspielraum** hat, ob nachteilige Auswirkungen auf die internationalen Beziehungen usw vorliegen.[51] Von den – vom Gestaltungsspielraum der Regierung umfassten – konkret in Rede stehenden außenpolitischen Zielen und der hierzu verfolgten Strategie hängt es ab, ob solche Auswirkungen vom Informationszugang auf die auswärtigen Beziehungen zu erwarten sind, die sich im Verhältnis zu diesem auswärtigen Staat als nachteilig erweisen.[52]

30 **2. Belange der äußeren oder öffentlichen Sicherheit (Nr. 2).** Ein Anspruch besteht nach Nr. 2 nicht, soweit (s. Rn 12 f) und solange (s. Rn 21 f) durch das Bekanntwerden der Informationen (s. Rn 23) die Möglichkeit nachteiliger Auswirkungen (s. Rn 24 ff) auf „die Belange der äußeren oder öffentlichen Sicherheit" besteht. Dieser Ablehnungsgrund fasst die bundesrechtlichen § 3 Nr. 1 lit. c („Belange der inneren oder äußeren Sicherheit") und § 3 Nr. 2 IFG („öffentliche Sicherheit") in Anlehnung an die Evaluation[53] zusammen. Daher dürften **keine größeren Unterschiede zwischen Bund und Land** bestehen, wenngleich zwei Besonderheiten zu berücksichtigen sind: So wird auf Bundesebene teilweise für eine enge Auslegung des Schutzes von innerer oder äußerer Sicherheit plädiert, um für den Schutz der öf-

47 Zum Bundesrecht: BT-Drs. 15/4493, 9; NK-IFG/Rossi § 3 Rn 10; BeckOK InfoMedien/Schirmer IFG § 3 Rn 49.
48 Zum Bundesrecht: BeckOK InfoMedien/Schirmer IFG § 3 Rn 49; Jastrow/Schlatmann IFG § 3 Rn 22.
49 LReg LT-Drs. 15/7720, 64.
50 Für die Bundesregierung: BVerfG v. 7.5.2008, 2 BvE 1/03, BVerfGE 121, 135, 158; BeckOK InfoMedien/Schirmer IFG § 3 Rn 50.
51 Für § 3 Nr. 1 lit. a IFG: BVerwG v. 29.10.2009, 7 C 22/08, NVwZ 2010, 321, CIA-Flüge, Rn 15 m.Anm. Goldmann JZ 2010, 571; Neumann jurisPR-BVerwG 5/2010 Anm. 1; Schnabel NVwZ 2010, 303 f.
52 Zum Bundesrecht BeckOK InfoMedien/Schirmer IFG § 3 Rn 52.
53 Ziekow/Debus/Musch 345.

fentlichen Sicherheit einen Anwendungsbereich zu belassen.[54] Außerdem ist das Schutzniveau nur in Bezug auf die äußere Sicherheit im Bundesrecht und die öffentliche und äußere Sicherheit im Landesrecht gleich formuliert („nachteilige Auswirkungen haben kann auf") während im Bundesrecht hinsichtlich der öffentlichen Sicherheit die Möglichkeit einer „Gefährdung" vorausgesetzt wird. Daher ist der Informationszugang nach LIFG tendenziell eher abzulehnen.

Der Schutz der **äußeren Sicherheit** betrifft nach der Gesetzesbegründung zum LIFG den nichtmilitärischen Sicherheitsbereich u.a. des Landesverfassungsschutzes (insb. Bekämpfung des internationalen Terrorismus und Spionageabwehr) und umfasst auch den Geheimschutz für die Wirtschaft, in dessen Rahmen bei der Abwicklung von Aufträgen (insb. auf dem Gebiet der Wehrtechnik) sensible Informationen den Unternehmen überlassen werden.[55] Die Gesetzesbegründung zum Bundesrecht wird hinsichtlich der pauschalen Einbeziehung des Geheimnisschutzes der Wirtschaft kritisch betrachtet und insoweit eine Prüfung gefordert, dass im Einzelfall Bestand und Funktionsfähigkeit des Staates von der Gewährleistung der Sicherheitsinteressen betroffen sind.[56] Auf dieser engeren Linie liegt auch der zweite Halbsatz in der Gesetzesbegründung zum LIFG mit dem Beispiel der Wehrtechnik. Auch wird eine Parallele zum Begriff der äußeren Sicherheit in der strafrechtlichen Definition des Staatsgeheimnisses (§ 93 StGB) gezogen, wonach ein Nachteil für die äußere Sicherheit die Fähigkeit betrifft, sich gegen Angriffe und Störungen von außen zur Wehr zu setzen.[57] 31

Der Schutz der **öffentlichen Sicherheit** knüpft nach der Gesetzesbegründung an das klassische Polizei- und Ordnungsrecht an. Öffentliche Sicherheit umfasst danach die Unversehrtheit der Rechtsordnung und der grundlegenden Einrichtungen und Veranstaltungen des Staates sowie die Unversehrtheit von Gesundheit, Ehre, Freiheit, Eigentum und sonstigen Rechtsgütern der Bürgerinnen und Bürger. Daher besteht zB kein Zugangsanspruch bei Akten zu Sicherheitsthemen (etwa zu kritischen Infrastrukturen iSd § 2 Abs. 10 BSI-Gesetz) und zur Ordnung im Justizvollzug[58] oder zu Gefährdungslagebildern und Rahmenbefehlen zu Stuttgart 21.[59] 32

Nach den allgemeinen Grundsätzen (s. Rn 16 ff) muss die informationspflichtige Stelle die hinreichende Wahrscheinlichkeit der nachteiligen Auswirkungen auf die äußere oder öffentliche Sicherheit **darlegen,** wenn die begehrte Information bekannt wird. Hinsichtlich der im Bundesrecht verwendeten Begriffe der äußeren und inneren Sicherheit ist ein **Beurteilungsspielraum** anerkannt ist.[60] Dagegen wird hinsichtlich der öffentlichen Si- 33

54 IdS: OVG BE-BB v. 20.3.2012, OVG 12 B 27.11; BeckOK InfoMedien/Schirmer IFG § 3 Rn 62; NK-IFG/Rossi § 3 Rn 15: „enger Sicherheitsbegriff"; dagegen für eine Überschneidung der Anwendungsbereiche: Beckemper LKV 2006, 300, 301; Ziekow/Debus/Musch 344.
55 LReg LT-Drs. 15/7720, 65.
56 IdS: BeckOK InfoMedien/Schirmer IFG § 3 Rn 64.1; Schoch IFG § 3 Rn 60.
57 Mecklenburg/Pöppelmann IFG § 3 Rn 16.
58 LReg LT-Drs. 15/7720, 65.
59 VG Stuttgart v. 27.10.2016, 14 K 4920/16, juris Rn 38.
60 BVerwG v. 27.11.2014, 7 C 12.13, Rn 34 zu § 3 Nr. 1 lit. c IFG.

cherheit im Bundesrecht ein Beurteilungsspielraum abgelehnt, weil dieser bereits seinem Wortlaut nach eine Gefährdung der öffentlichen Sicherheit verlangt und damit an eine polizeirechtliche Regelungstechnik anschließe.[61]

34 **Beispielsweise** dürfte die Einsichtnahme in den **Terminkalender** der Ministerpräsidentin oder des Ministerpräsidenten zu verwehren sein, weil sich daraus ein Bewegungsprofil ermitteln ließe.[62] Während beim Zugang zu **Telefonlisten** der informationspflichtigen Stelle zunächst überwiegend davon ausgegangen wurde, dass die Funktionsfähigkeit der informationspflichtigen Stelle nicht beeinträchtigt wurde,[63] tendiert nunmehr die hM[64] dazu, dass durch die Offenlegung entgegen dem Willen der Leitungsorgane die Organisationshoheit oder Funktionsfähigkeit beeinträchtigt sein kann. Der Ablehnungsgrund ist jedenfalls insoweit gegeben, als konkrete Anhaltspunkte für eine Gefährdung einer Mitarbeiterin oder eines Mitarbeiters bestehen.[65]

35 **3. Kontroll-, Vollzugs- oder Aufsichtsaufgaben der Finanz-, Regulierungs-, Sparkassen-, Versicherungs- oder Wettbewerbsaufsichtsbehörden (Nr. 3). a) Schutzzweck.** Ein Anspruch besteht nach Nr. 3 nicht, soweit (s. Rn 12 f) und solange (s. Rn 21 f) durch das Bekanntwerden der Informationen (s. Rn 23) die Möglichkeit nachteiliger Auswirkungen (s. Rn 24 ff) auf „die Kontroll-, Vollzugs- oder Aufsichtsaufgaben der Finanz-, Regulierungs-, Sparkassen-, Versicherungs- oder Wettbewerbsaufsichtsbehörden" besteht. Dieser Ablehnungsgrund soll die ordnungsgemäße Erfüllung der Kontroll-, Vollzugs- oder Aufsichtsaufgaben der Finanz-, Regulierungs-, Sparkassen-, Versicherungs- oder Wettbewerbsaufsichtsbehörden gewährleisten. Der **Schutzzweck** unterliegt mithin einer zweifachen, nämlich einer aufgaben- und einer behördenbezogenen Beschränkung, so dass der Ablehnungsgrund organisatorisch und funktional ausgerichtet ist.[66]

36 Bei der Auslegung der tatbestandlichen Anforderungen dürfte – wie bei § 3 Nr. 1 lit. d IFG – davon auszugehen sein, dass die Transparenz bereits durch die spezialgesetzlich vorgeschriebenen Berichtspflichten der genannten Behörden erfüllt würde.[67]

37 **b) Finanz-, Regulierungs-, Sparkassen-, Versicherungs- oder Wettbewerbsaufsichtsbehörden.** Der Tatbestand ist in Bezug auf die erfassten Behörden weit zu verstehen.[68] Dabei können sich bei der Zuordnung einer Behörde

61 OVG BE-BB v. 20.3.2012, OVG 12 B 27.11 Rn 36 zu § 3 Nr. 2 IFG.
62 So für die Bundeskanzlerin OVG BE-BB v. 20.3.2012, OVG 12 B 27.11 Rn 37.
63 IdS: VG Gießen v. 24.2.2014, 4 K 2911/13.GI, BeckRS 2014, 48672 zust. Husein LKV 2014, 429, 531; VG Regensburg v. 4.11.2014, RN 9 K 14.488, BeckRS 2014, 58593.
64 IdS: BVerwG v. 20.10.2016, BVerwG 7 C 20.15; BVerwG 7 C 23.15; BVerwG 7 C 27.15; BVerwG 7 C 28.15 (Pressemitteilung Nr. 86/2016); BayVGH v. 5.8.2015, 5 BV 15.16; OVG NW v. 16.6.2015, 8 A 2429/14.
65 Zum Bundesrecht BeckOK InfoMedien/Schirmer IFG § 3 Rn 125.3.
66 Zum Bundesrecht: BeckOK InfoMedien/Schirmer IFG § 3 Rn 69; NK-IFG/Rossi § 3 Rn 19.
67 Zum Bundesrecht BeckOK InfoMedien/Schirmer IFG § 3 Rn 70.1.
68 IdS zu § 3 Nr. 1 lit. d IFG: BVerwG v. 24.5.2011, 7 C 6/10; BeckOK InfoMedien/Schirmer IFG § 3 Rn 71.

zu den fünf in Nr. 3 genannten Kategorien Überschneidungen ergeben, wobei im Ergebnis unerheblich ist, ob etwa eine Finanzbehörde auch als Regulierungsbehörde tätig wird oder ob eine Regulierungsbehörde auch Aufgaben der (bereichsspezifischen) Wettbewerbsaufsicht wahrnimmt.[69]

„Die Finanzbehörden kontrollieren die gleichmäßige und richtige Besteue- 38
rung. Dazu werden beispielsweise Informationen beim Bundeszentralamt für Steuern abgerufen. Eine Weitergabe dieser Informationen an die Steuerpflichtigen könnte den Kontrollzweck gefährden und das Steueraufkommen vermindern. Gleiches gilt beispielsweise für Weisungen und Hinweise zur Fallbearbeitung. Auch bei allen anderen Informationen, deren Kenntnis die Entwicklung von Steuerhinterziehungsstrategien ermöglichen oder erleichtern würde, besteht kein Anspruch auf Zugang."[70] Diese Ausführungen der Gesetzesbegründung dürfte nur als Beispiel zu verstehen sein, so dass eher wie im Bundesrecht von einem weiten Begriff auszugehen ist: **Finanzbehörden** sind alle Behörden im Geschäftsbereich des Finanzministeriums.[71] Der Begriff der Finanzbehörden ist nämlich weiter als in § 2 Abs. 3 Nr. 4 LIFG, wonach nur Landesfinanzbehörden iSd § 2 des Finanzverwaltungsgesetzes, soweit sie in Verfahren in Steuersachen tätig werden, ausgenommen sind. Ausgehend vom Geschäftsbereich des Finanzministeriums ist insb. an das Landesamt für Besoldung und Versorgung Baden-Württemberg (LBV), Vermögen und Bau Baden-Württemberg (VB BW) sowie das Statistische Landesamt Baden-Württemberg (STALA) zu denken. Dagegen spricht nicht, dass zwar das Statistische Bundesamt wohl nicht von der weitgehend parallelen Regelung in § 3 Nr. 1 lit. d IFG erfasst wird,[72] aber das Bundesamt gehört zum Geschäftsbereich des BMI.

Was **Regulierungsbehörden** sind, ist in der Gesetzesbegründung[73] nicht nä- 39
her konkretisiert, vielmehr wird nur das Beispiel der Regulierung in Bezug auf Strom- und Gasnetzbetreiber angeführt. Auf Bundesebene wird vor allem die Bundesnetzagentur genannt.[74] Abzustellen ist auf den nicht unumstrittenen Begriff der Regulierung, welcher jedenfalls die rechtliche Einwirkung des Staates auf einzelne Wirtschaftssektoren zur Erreichung bestimmter Gemeinwohlziele umfasst.[75] In Betracht kommen insoweit die Landesanstalt für Kommunikation (§§ 29 ff LMedienG), die Landeseisenbahnaufsicht Baden-Württemberg und die Landesregulierungsbehörde sowie die Ministerien, soweit sie als deren Aufsichtsbehörden tätig sind.

Der Begriff der **Sparkassenaufsichtsbehörden** wird nach der Gesetzesbe- 40
gründung durch § 49 des Sparkassengesetzes umschrieben. Es „können für deren wirksame Ausübung auch Informationen aus Datenbanken oder Marktstudien sowie brancheninterne und -externe Vergleiche relevant wer-

69 Zum Bundesrecht BeckOK InfoMedien/Schirmer IFG § 3 Rn 74.2.
70 LReg LT-Drs. 15/7720, 65.
71 Zum Bundesrecht: BVerwG v. 24.5.2011, 7 C 6/10; BeckOK InfoMedien/Schirmer IFG § 3 Rn 71.
72 IdS: BeckOK InfoMedien/Schirmer IFG § 3 Rn 74.3; Schoch IFG § 3 Rn 75.
73 LReg LT-Drs. 15/7720, 65.
74 Zum Bundesrecht BeckOK InfoMedien/Schirmer IFG § 3 Rn 74.
75 Zum Bundesrecht BeckOK InfoMedien/Schirmer IFG § 3 Rn 74.

den. Müssten diese Informationen konkurrierenden Kreditinstituten beziehungsweise -institutsgruppen, die keiner vergleichbaren Aufsicht unterliegen, zur Verfügung gestellt werden, könnten diese so geschäftspolitisch relevantes Material sammeln und nutzen, um daraus Wettbewerbsvorteile zu ziehen."[76]

41 Die **Versicherungsaufsichtsbehörden** werden hauptsächlich nach §§ 294 ff des Versicherungsaufsichtsgesetzes (VAG) tätig. Seit dem 1.1.2016 ist die Übertragung der grds. durch Bundesbehörden erfolgenden Versicherungsaufsicht auf Landesbehörden in § 321 VAG geregelt. In Baden-Württemberg ist für das Versicherungswesen das Wirtschaftsministerium nach Art. 1 VII Nr. 6 der Bekanntmachung der Landesregierung über die Abgrenzung der Geschäftsbereiche der Ministerien zuständig.

42 In Bezug auf die **Wettbewerbsbehörden** führt die Gesetzesbegründung aus: „Geschützt werden auch Informationen bei den mit der Anwendung wettbewerbsrechtlicher Vorschriften befassten Behörden, weil ein Bekanntwerden dieser Informationen den Wettbewerb behindern oder verfälschen könnte und Wettbewerber ihren Anspruch auf Informationszugang dazu nutzen könnten, Konkurrenten auszuspähen, um sich einen nicht gerechtfertigten Wettbewerbsvorsprung zu verschaffen."[77] Wettbewerbsbehörden sind damit zumindest die (allgemeinen) Kartellbehörden (§§ 48 ff GWB).[78] Neben der Landeskartellbehörde Baden-Württemberg existiert insoweit auch noch die Landeskartellbehörde für Energie und Wasser sowie die Ministerien, soweit sie als deren Aufsichtsbehörden tätig sind.

43 c) **Kontroll-, Vollzugs- oder Aufsichtsaufgaben.** Der Ablehnungsgrund setzt voraus, dass die Information in direktem Zusammenhang mit der Kontroll-, Vollzugs- oder Aufsichtsaufgabe steht.[79] Sonstige Aufgaben der in Nr. 3 genannten Behörden werden hingegen nicht erfasst.[80] Welche Kontroll-, Vollzugs- und Aufsichtsaufgaben von der betreffenden Behörde wahrgenommen werden, hängt wiederum von deren gesetzlichem Auftrag ab.[81]

44 Üblicherweise werden **Kontrollaufgaben** bspw. von Finanzbehörden wahrgenommen, nicht aber vom Statistischen Landesamtes (vgl § 3 LStatG).[82] Dabei ist eine öffentliche Aufgabe „die der öffentlichen Verwaltung obliegende Wahrnehmung von Angelegenheiten des Gemeinwesens und seiner einzelnen Mitglieder".[83]

45 Anknüpfend an den Aufgabenbegriff können auch die **Vollzugsaufgaben** bestimmt werden. „Vollzug ist die Verwirklichung (Vollziehung) einer Anordnung oder Vorstellung."[84]

---

76 LReg LT-Drs. 15/7720, 65.
77 LReg LT-Drs. 15/7720, 65.
78 Zum Bundesrecht BeckOK InfoMedien/Schirmer IFG § 3 Rn 73.
79 Zum Bundesrecht BeckOK InfoMedien/Schirmer IFG § 3 Rn 75.
80 Zum Bundesrecht: BeckOK InfoMedien/Schirmer IFG § 3 Rn 75; Schoch IFG § 3 Rn 84.
81 Zum Bundesrecht BeckOK InfoMedien/Schirmer IFG § 3 Rn 75.
82 IdS zum Bundesrecht Schoch IFG § 3 Rn 75 iVm 85.
83 Köbler Juristisches Wörterbuch 15. Aufl. 2012, 31.
84 Köbler Juristisches Wörterbuch 15. Aufl. 2012, 473.

Aufsichtsaufgaben stehen bspw. für Finanzbehörden weniger im Fokus als Kontrollaufgaben.[85] „Aufsicht ist die Überwachung eines Verhaltens."[86] 46

d) **Möglichkeit nachteiliger Auswirkungen auf Kontroll-, Vollzugs- oder Aufsichtsaufgaben.** Der Informationszugangsanspruch entfällt nur dann, wenn die informationspflichtige Stelle darlegt (s. Rn 16 ff), dass das Bekanntwerden nachteilige Auswirkungen (s. Rn 24 ff) auf die Kontroll-, Vollzugs- oder Aufsichtsaufgaben der genannten Behörden haben kann. Nicht ausreichend ist, dass nachteilige Auswirkungen aufgrund der Sensibilität der Daten idR nicht auszuschließen sind.[87] 47

Je nach anwendbarem Fachrecht stehen der informationspflichtigen Stelle dabei – gerichtlich nur eingeschränkt überprüfbare – Spielräume zu. Die Behörde hat also, freilich innerhalb ihres gesetzlichen Auftrags, zu entscheiden, welche Strategie der Ausübung der Aufgaben zugrunde liegt. Dies spielt namentlich eine Rolle bei Aufgaben, die im Ermessen der zuständigen Behörde liegen.[88] 48

4. Angelegenheiten der unabhängigen Finanzkontrolle (Nr. 4). Ein Anspruch besteht nach Nr. 4 nicht, soweit (s. Rn 12 f) und solange (s. Rn 21 f) durch das Bekanntwerden der Informationen (s. Rn 23) die Möglichkeit nachteiliger Auswirkungen (s. Rn 24 ff) auf „die Angelegenheiten der unabhängigen Finanzkontrolle" besteht. Insoweit stellt sich die Frage, ob dem Ablehnungsgrund neben der Bereichsausnahme (§ 2 Abs. 2 Nr. 2 LIFG) für den Rechnungshof usw überhaupt noch ein sinnvoller Anwendungsbereich verbleibt.[89] Um diesen Anwendungsbereich zu gewährleisten, dürfte insoweit – abweichend vom Grundsatz der engen Auslegung der Ablehnungsgründe (s. Rn 13) – eher eine **weitere Auslegung** zu bevorzugen sein. 49

Auch auf Bundesebene werden die „**Angelegenheiten**" der Finanzkontrolle denkbar weit verstanden und umfassen sämtliche Informationen, die die Kontrolleinrichtungen im Rahmen ihrer Prüfungs- und Beratungstätigkeit erlangen.[90] Der Schutz stellt dabei nicht unmittelbar auf die Behörden bzw ihre (mit einem gesonderten rechtlichen Status versehenen) Mitglieder ab, vielmehr muss das Bekanntwerden einer Information nachteiligen Auswirkungen auf die Wahrnehmung der Aufgaben haben können.[91] 50

Die **unabhängige Finanzkontrolle** wird in der Gesetzesbegründung als „die Prüfung der finanzwirtschaftlichen Aktivitäten der öffentlichen Hand durch von der geprüften Verwaltung unabhängige Einrichtungen"[92] definiert. Diese Aufgabe nehmen der Rechnungshof einschließlich der Staatlichen Rechnungsprüfungsämter sowie die Prüfungseinrichtungen und -behörden nach §§ 109 bis 114 a GemO und § 48 LKrO wahr.[93] Dabei sind 51

85 Zum Bundesrecht Schoch IFG § 3 Rn 85.
86 Köbler Juristisches Wörterbuch 15. Aufl. 2012, 33.
87 So aber zum Bundeskartellamt Leopold WuW 2006, 592, 595.
88 Zum Bundesrecht BeckOK InfoMedien/Schirmer IFG § 3 Rn 79.
89 Zweifelnd VGH BW LT-Drs. 15/7720, 225.
90 IdS BeckOK InfoMedien/Schirmer IFG § 3 Rn 90.
91 Zum Bundesrecht BeckOK InfoMedien/Schirmer IFG § 3 Rn 90.
92 LReg LT-Drs. 15/7720, 65.
93 LReg LT-Drs. 15/7720, 65.

Informationen umfasst, die im Rahmen der Prüfungs- und Beratungstätigkeit erlangt und erstellt werden, wie sich aus der Gesetzesbegründung[94] und dem systematischen Zusammenspiel mit § 2 Abs. 2 Nr. 2 LIFG ergibt.

52 **Nachteilige Auswirkungen** sind von der informationspflichtigen Stelle darzulegen (s. Rn 24 ff). Nachteilige Auswirkungen können im Einzelfall darin liegen, dass die Veröffentlichung der Informationen die Bereitschaft der geprüften Stellen zur vertraulichen Zusammenarbeit wesentlich verringert, was wiederum die Ermittlung der prüfungsrelevanten Sachverhalte wesentlich erschwert oder gar unmöglich macht. Zwar kann dies nicht unter rechtlichen Gesichtspunkten zu Beeinträchtigungen der Prüfungstätigkeit führen, wohl aber in der Praxis, weil die effektive Ausübung der Kontrolltätigkeit idR eine Kooperation der geprüften Stelle voraussetzt.[95] Nur reicht die generelle Furcht, die Kooperationsbereitschaft werde sich verringern, nicht aus.[96]

53 Hinsichtlich des **Verfahrens** ist nach der Gesetzesbegründung die Stelle, welche die Finanzkontrolle durchführt oder durchgeführt hat, bei der Entscheidung über den Antrag auf Informationszugang bei geprüften Stellen zu beteiligen, um eine einheitliche Handhabung der Regelung sicherzustellen.[97]

54 **5. Erfolg eines strafrechtlichen Ermittlungs- oder Strafvollstreckungsverfahrens oder den Verfahrensablauf eines Gerichts-, Ordnungswidrigkeiten- oder Disziplinarverfahrens (Nr. 5). a) Verhältnis zu anderen Regelungen.** Ein Anspruch besteht nach Nr. 5 nicht, soweit (s. Rn 12 f) und solange (s. Rn 21 f) durch das Bekanntwerden der Informationen (s. Rn 23) die Möglichkeit nachteiliger Auswirkungen (s. Rn 24 ff) auf „den Erfolg eines strafrechtlichen Ermittlungs- oder Strafvollstreckungsverfahrens oder den Verfahrensablauf eines Gerichts-, Ordnungswidrigkeiten- oder Disziplinarverfahrens“ besteht. Während die spezialrechtlichen Vorschriften dazu dienen, dass in dem jeweiligen in Nr. 5 genannten Verfahren die erforderlichen Akten verfügbar sind, betrifft der Ablehnungsgrund Nr. 5 diejenigen Akten, die der Ausgangsbehörde vorliegen; diese sind nach Abschluss des Verfahrens vorbehaltlich anderer Ausnahmetatbestände wieder zugänglich.[98]

55 Der Ablehnungsgrund Nr. 5 wird durch Nr. 6 ergänzt, der unter anderem, zusätzlich zu den Vorschriften von StPO und OWiG, das operative Vorgehen der Polizei im Vorfeld strafrecht- oder bußgeldrechtlicher Ermittlungen erfasst.[99]

56 **b) Schutzzweck.** Der Nr. 5 dient dem **Schutz der Rechtspflege** und dem **Schutz des Gesetzesvollzugs** als – jeweiligem – „Institut der Rechtsfindung“

---

94 LReg LT-Drs. 15/7720, 65.
95 Zum Bundesrechnungshof: OVG NW v. 26.10.11, 8 A 2593/10; BeckOK InfoMedien/Schirmer IFG § 3 Rn 91.
96 Zum Bundesrecht: OVG NW v. 26.10.11, 8 A 2593/10; BeckOK InfoMedien/Schirmer IFG § 3 Rn 93.
97 LReg LT-Drs. 15/7720, 65.
98 LReg LT-Drs. 15/7720, 66.
99 LReg LT-Drs. 15/7720, 66.

gegen negative Einflüsse durch den Informationszugang.[100] Der Ablehnungsgrund soll sicherstellen, dass das laufende Verfahren unter Einhaltung des jeweils einschlägigen Verfahrensrechts geführt werden kann.[101] Dies umfasst die Rechte der Prozessbeteiligten – einschließlich der öffentlichen Stellen –, ihre prozessualen Rechte gleichberechtigt wahrnehmen zu können.[102] Es schließt auch die Befugnis der Beteiligten ein, iRd jeweiligen Verfahrensordnungen darüber zu verfügen, ob und in welchem Umfang sie Informationen im Zusammenhang mit den Verfahren zugänglich machen.[103]

c) **Schutzgegenstand.** Nach dem Schutzzweck der Vorschrift ist der Schutzgegenstand des Verfahrens **umfassend zu verstehen.**[104] Dabei ist zu unterscheiden, dass in Bezug auf die strafrechtlichen Ermittlungs- und Vollstreckungsverfahren der Erfolg und im Übrigen das Verfahren an sich geschützt ist. 57

Strafrechtliche Ermittlungsverfahren beginnen mit der Aufnahme der staatsanwaltschaftlichen Ermittlungen (vgl § 160 StPO) und enden mit der Erhebung der öffentlichen Klage oder mit der Einstellung des Verfahrens (§ 170 StPO).[105] Strafrechtliche Ermittlungen umfassen auch polizeiliche Ermittlungen.[106] 58

Weitergehend als nach Bundesrecht kommt eine Ablehnung auch zum **Schutz von strafrechtlichen Vollstreckungsverfahren** in Betracht. Diese Verfahren sind in §§ 449 ff StPO und im Gesetzbuch über den Justizvollzug in Baden-Württemberg (Justizvollzugsgesetzbuch - JVollzGB) geregelt. 59

Gerichtsverfahren in allen Gerichtszweigen sind geschützt, inklusive Verfahren vor internationalen Gerichtshöfen wie dem EuGH oder auch den Schiedsgerichtshöfen.[107] Dabei ist zu beachten, dass der Wortlaut des LIFG – anders als im Bund – den Schutzgegenstand nicht auf „laufende" Gerichtsverfahren beschränkt. 60

Ordnungswidrigkeitsverfahren werden grds. von der Verwaltungsbehörde nach §§ 35 ff OWiG durchgeführt. 61

Disziplinarverfahren werden von Amts wegen (§ 8 LDG) oder auf Antrag (§ 9 LDG) eingeleitet. Dazu gehören auch die Ermittlungen.[108] Der Abschluss des Verfahrens ist in §§ 36 ff LDG geregelt. 62

d) **Möglichkeit nachteiliger Auswirkungen.** Die informationspflichtige Stelle hat die Möglichkeit nachteiliger Auswirkungen (s. Rn 24 ff) auf die ge- 63

---

100 Zum Bundesrecht Schoch IFG § 3 Rn 119.
101 Zum Bundesrecht: VG BE v. 26.6.2009, 2 A 62/08, BeckRS 2009, 36737; BeckOK InfoMedien/Schirmer IFG § 3 Rn 106.
102 Zum Bundesrecht BeckOK InfoMedien/Schirmer IFG § 3 Rn 106.
103 Zum Bundesrecht: VG BE v. 26.6.2009, 2 A 62/08, BeckRS 2009, 36737; v. 11.6.2008, VG 2 A 69.07; BeckOK InfoMedien/Schirmer IFG § 3 Rn 106.
104 LReg LT-Drs. 15/7720, 66. Zum Bundesrecht BeckOK InfoMedien/Schirmer IFG § 3 Rn 107.
105 BeckOK InfoMedien/Schirmer IFG § 3 Rn 110.
106 LReg LT-Drs. 15/7720, 66. Zum Bundesrecht BeckOK InfoMedien/Schirmer IFG § 3 Rn 110.
107 Zum Bundesrecht BeckOK InfoMedien/Schirmer IFG § 3 Rn 108.
108 LReg LT-Drs. 15/7720, 66.

schützten Belange darzulegen (s. Rn 16 ff). Die Möglichkeit nachteiliger Auswirkungen setzt voraus, dass zwischen der Einsicht in die Unterlagen und der vom Gesetz vorgegebenen Gefährdung der Verfahren eine Kausalität besteht, die Informationen müssen verfahrensrelevant sein.[109] Es bedarf konkreter Feststellungen im Einzelfall, dass durch den Informationszugang der Schutz des Ablaufs des jeweiligen Verfahrens tatsächlich (erheblich) beeinträchtigt wird.[110] Dies kann auch eine Verfahrensverlängerung sein, jedoch zählt hierzu nicht eine solche, die dadurch entsteht, dass der jeweilige Mitarbeiter den LIFG-Antrag bearbeiten muss.[111]

64 Nachteilige Auswirkungen können nach wohl hM auch die öffentliche Aufmerksamkeit für einen Prozess und der (gesteigerten) **öffentlichen Druck** auf die beteiligten Akteure sein.[112] Ab welchem Grad der öffentliche Druck die Durchführung eines Gerichtsverfahrens beeinträchtigen kann, lässt sich nicht allgemein bestimmen, aber dies dürfte nur in besonderen Ausnahmesituationen dem Informationszugang entgegenstehen.[113]

65 Hinsichtlich strafrechtlicher **Ermittlungstätigkeit** ist auf Grundlage einer auf Tatsachen begründeten Prognose darzulegen, dass aufgrund der konkreten Umstände eine Beeinträchtigung des Schutzguts der staatlichen Strafrechtspflege zu erwarten ist.[114] Während des strafrechtlichen Ermittlungsverfahrens ist idR der Informationszugang ausgeschlossen.[115]

66 Nachteilige Auswirkungen können nach überwiegender Ansicht[116] nicht von einer **Gefährdung der Erfolgsaussichten** der öffentlichen Stelle als Partei in dem Verfahren ausgehen. Die – eventuell auf Grund zusätzlicher Informationen ermöglichte – Findung eines materiell richtigen Zivilrechtsurteils könne keine negative Auswirkung darstellen.[117] Danach könnten Informationen, die vom Kläger in einem Amtshaftungsprozess zur Darlegung benötigt, nicht mit dem Argument zurückgehalten werden, dass sich dies zu Lasten der informationspflichtigen Stelle auswirke.[118] Dagegen wird teils zum Bundesrecht die Ansicht[119] vertreten, dass eine informationspflichtige Stelle der antragstellenden Person, die zugleich Klägerin in einem

109 Zum Bundesrecht BeckOK InfoMedien/Schirmer IFG § 3 Rn 113.
110 Zum Bundesrecht BeckOK InfoMedien/Schirmer IFG § 3 Rn 113.
111 Zum Bundesrecht Mecklenburg/Pöppelmann IFG § 3 Rn 43.
112 Zum Bundesrecht NK-IFG/Rossi § 3 Rn 31; aM Schoch IFG § 3 Rn 121.
113 Zum Bundesrecht BeckOK InfoMedien/Schirmer IFG § 3 Rn 114.
114 Zum Bundesrecht: BVerwG v. 27.11.2014, 7 C 13.12, BeckRS 2015, 41795 Rn 17; BeckOK InfoMedien/Schirmer IFG § 3 Rn 117.
115 Zum Bundesrecht: VG Frankfurt a. M. v. 11.11.2008, 7 E 1675/07, openJur 2012, 31009 Rn 29; BeckOK InfoMedien/Schirmer IFG § 3 Rn 117.
116 Zum Bundesrecht: OVG HH v. 16.5.2012, 5 Bf 241/10.Z; VG BE v. 21.10.2010, 2 K 89/09, Rn 23 f; Berger/Kollbeck/Partsch/Roth/Scheel/Roth IFG § 3 Rn 72; Mecklenburg/Pöppelmann IFG § 3 Rn 46; Schoch IFG § 3 Rn 141. Zum HmbTG Maatsch/Schnabel/Maatsch HmbTG § 6 Rn 41.
117 Zum Bundesrecht: VG BE v. 26.6.2009, 2 A 62/08, BeckRS 2010, 56185; Schoch IFG § 3 Rn 141.
118 Zum Bundesrecht: VG BE v. 26.6.2009, 2 A 62/08, BeckRS 2009, 36737; v. 21.10.2010, 2 K 89/09, BeckRS 2010, 56185.
119 Zum Bundesrecht: BeckOK InfoMedien/Schirmer IFG § 3 Rn 112.1, 117.3; Jastrow/Schlatmann IFG § 3 Rn 62; Reinhardt DÖV 2007, 18, 22; Schmitz/Jastrow NVwZ 2005, 984, 992.

laufenden Zivilverfahren ist, nicht zur schlüssigen Begründung ihrer Klage verhelfen braucht. Bei der Übertragung des Meinungsstreits ist zu beachten, dass im Bundesrecht nur „laufende" Verfahren geschützt sind, während im LIFG eine entsprechende Einschränkung nicht enthalten ist. Jedenfalls stellt sich diese Streitfrage gar nicht, wenn der Auskunftsanspruch aus § 242 BGB oder zivilprozessuale Regelungen als vorrangig nach § 1 Abs. 3 LIFG bewertet werden.[120]

6. Vertraulichkeit von Beratungen und Entscheidungsprozessen, wovon die Ergebnisse der Beweiserhebung, Gutachten und Stellungnahmen Dritter regelmäßig ausgenommen sind (Nr. 6). a) Schutzzweck. Ein Anspruch besteht nach Nr. 6 nicht, soweit (s. Rn 12 f) und solange (s. Rn 21 f) durch das Bekanntwerden der Informationen (s. Rn 23) nachteiliger Auswirkungen haben kann (s. Rn 24 ff) auf „die Vertraulichkeit von Beratungen und Entscheidungsprozessen, wovon die Ergebnisse der Beweiserhebung, Gutachten und Stellungnahmen Dritter regelmäßig ausgenommen sind". Dieser Ablehnungsgrund bezweckt die Zusammenfassung der bundesrechtlichen Ablehnungsgründe zum Schutz von Beratungen durch § 3 Nr. 3 lit. b IFG und von Entscheidungsprozessen durch § 4 IFG.[121] 67

Der Ablehnungsgrund soll der informationspflichten Stelle ermöglichen, Vertragsverhandlungen ergebnisoffen zu führen, ohne ihre Verhandlungsposition und die zugrunde liegenden Überlegungen offenlegen zu müssen. Ansonsten könnten die geschützten Beratungen wegen des Wissens um eine Offenlegung etwa der einzelnen Beiträge und Meinungsbekundungen im Beratungsprozess beeinträchtigt werden.[122] Dabei ist der **Schutz interner Verwaltungsabläufe** für die ordnungsgemäße Erfüllung der Verwaltungsaufgaben unerlässlich.[123] Damit ist auch die **Effektivität des Verwaltungshandelns** geschützt,[124] denn der Erfolg von einigen Maßnahmen würde durch ein vorzeitiges Bekanntwerden gefährdet.[125] 68

Daneben gewährleistet der Ablehnungsgrund eine vollständige und unbefangene **behördliche Aktenführung**, die den Gang des Entscheidungsprozesses chronologisch und vollständig nachvollziehbar dokumentiert.[126] Dagegen wird argumentiert, dass dies im Gesetzestext des Ablehnungsgrundes nicht zum Ausdruck komme, vielmehr seien die Regeln der ordnungsgemäßen Aktenführung mit dem Begriff der amtlichen Informationen verknüpft.[127] 69

120 Zum Bundesrecht: BeckOK InfoMedien/Debus IFG § 1 Rn 216.2, 220.
121 IdS LReg LT-Drs. 15/7720, 36, 66 f, durch direkte oder indirekte Bezugnahme auf § 3 Nr. 3 lit. b oder § 4 IFG.
122 LReg LT-Drs. 15/7720, 66, unter Hinweis auf BVerwG v. 18.7.2011, 7 B 14/11, zum insoweit entsprechenden § 3 Nr. 3 lit. b IFG.
123 LReg LT-Drs. 15/7720, 66; Hervorhebung nicht im Original.
124 Zum Bundesrecht: Berger/Kollbeck/Partsch/Roth/Scheel/Roth IFG § 4 Rn 7; Sitsen 193.
125 Zum Bundesrecht BeckOK InfoMedien/Debus IFG § 4 Rn 2.
126 LReg LT-Drs. 15/7720, 66. Ebenso zu § 4 IFG: BT-Drs. 15/4493, 12; BeckOK InfoMedien/Debus IFG § 4 Rn 3.
127 Zum Bundesrecht Schoch IFG § 4 Rn 6.

70 **b) Schutzgegenstand.** Da § 3 Nr. 3 lit. b IFG als Vorbild diente (s. Rn 67) kann zur Bestimmung des Begriffs der **Vertraulichkeit** auf die zum Bundesrecht entwickelten Konkretisierungen zum Ausdruck „notwendige Vertraulichkeit" zurückgegriffen werden. Da im Landesrecht auf den Zusatz „notwendig" verzichtet wurde, dürfte aber der geschützte Bereich nach LIFG etwas umfangreicher als nach Bundesrecht sein.

71 Vertraulichkeit liegt vor, wenn der Inhalt und der Gegenstand nach der Verkehrsanschauung nicht nach außen dringen sollen und die Offenlegung zu benennende nachteilige Auswirkungen hätte.[128] Nur Indizien für die Vertraulichkeit sind die Einstufung im Vorfeld als vertraulich oder eine entsprechende Organisation der Beratungen.[129]

72 **Beratungen** sind auf eine offene Meinungsbildung und einen freien Meinungsaustausch bei zwischen- und innerbehördlichen Vorgängen, zwischen Exekutive und Legislative sowie zwischen Behörden und externen Akteuren angelegt.[130] Beratungen können auch auf schriftlichem Weg in vertikalen Rechtsbeziehungen wie Aufsichtsverhältnissen erfolgen.[131] Der Schutz eines unbefangenen und freien Meinungsaustauschs soll eine effektive, funktionsfähige und neutrale Entscheidungsfindung gewährleisten.[132]

73 Noch nicht abschließend geklärt ist die Frage, ob die zu § 8 Abs. 2 S. 1 Nr. 2 UIG entwickelte Differenzierung zwischen dem geschützten Beratungsverfahren und den ungeschützten Beratungsgrundlagen, -gegenständen und -ergebnissen auf das allgemeine Informationsfreiheitsrecht zu übertragen ist.[133] Tatsachengrundlagen und die Grundlagen der Willensbildung (Beratungsgegenstand) sowie das Beratungsergebnis seien nicht geschützt, weil daraus keine Rückschlüsse auf den eigentlichen Vorgang der Entscheidungsfindung gezogen werden könnten.[134] Nicht geschützt seien ein Anwaltsgutachten[135] oder die Identität der Beratenden.[136] Bereits zum UIG hat auch das BVerwG betont, dass der Schutz vor allem dem Beratungsprozess als solchem gelte.[137] Dementsprechend darf diese Kategorisierung die Einzelfallanalyse nicht ausblenden, weil in der Praxis zB in den Beratungsgrundlagen Einschätzungen enthalten sein können (Vermerke, Stellungnahmen), die sich durchaus als Teil des Beratungsvorgangs qualifizieren lassen.[138]

---

128 Zum Bundesrecht: BeckOK InfoMedien/Schirmer IFG § 3 Rn 131; Jastrow/Schlatmann IFG § 3 Rn 77.
129 Zum Bundesrecht BeckOK InfoMedien/Schirmer IFG § 3 Rn 131.
130 LReg LT-Drs. 15/7720, 66.
131 Schoch IFG § 3 Rn 175 iVm 178 mN.
132 Zum Bundesrecht: VG BE v. 9.6.2011, 2 K 46/11, BeckRS 2011, 52820; BeckOK InfoMedien/Schirmer IFG § 3 Rn 133.
133 Zum Bundesrecht für Übertragung: OVG NW v. 15.1.2014, 8 A 467/11, BeckRS 2014, 47374; Mecklenburg/Pöppelmann IFG § 3 Rn 67; NK-IFG/Rossi § 3 Rn 45: naheliegend. Offen BeckOK InfoMedien/Schirmer IFG § 3 Rn 134.
134 IdS: OVG NW v. 15.1.2014, 8 A 467/11, BeckRS 2014, 47374; VG BE v. 9.6.2011, 2 K 46/11, BeckRS 2011, 52820.
135 Zum Bundesrecht VG Köln v. 22.11.12, 13 K 5281/1, BeckRS 2013, 45397.
136 Zum Bundesrecht OVG NW v. 15.1.2014, 8 A 467/11, BeckRS 2014, 47374.
137 BVerwG v. 2.8.2012, 7 C 7.12, Rn 26.
138 Schoch IFG § 3 Rn 176.

Beispiele für vertrauliche Beratungen sind: etwa interne Abstimmungen zwischen Ressorts im Vorfeld eines Gesetzentwurfs bis hin zum Kabinettsbeschluss, Ressortforschung zur Vorbereitung einer Regierungsentscheidung, Kulturförderung, Tarifverhandlungen, Fertigung eines Schriftsatzes durch ein Ministerium für den EuGH.[139] 74

Der Begriff der **Entscheidungsprozesse** kann unter Rückgriff auf die bundesrechtliche Regelung in § 4 IFG näher bestimmt werden, der als Vorbild diente und der als Schutz des behördlichen Entscheidungsprozesses überschrieben ist. Nach § 4 Abs. 1 S. 1 IFG sind geschützt „Entwürfe zu Entscheidungen sowie Arbeiten und Beschlüsse zu ihrer unmittelbaren Vorbereitung, soweit und solange durch die vorzeitige Bekanntgabe der Informationen der Erfolg der Entscheidung oder bevorstehender behördlicher Maßnahmen vereitelt würde“. Daran anknüpfend ist in der Gesetzesbegründung zum LIFG geschrieben: „Ein Anspruch auf Zugang zu Informationen, die Verwaltungshandeln vorbereiten, besteht in der Regel nicht. Damit werden laufende Verfahren in einem weiten, über § 9 LVwVfG und § 8 SGB X hinausgehenden Sinn geschützt, also auch Verfahren im schlicht-hoheitlichen oder fiskalischen Bereich sowie Gesetzgebungsverfahren. Erfasst sind solche Entwürfe, die nach den Grundsätzen ordnungsgemäßer Aktenführung Bestandteil eines Vorgangs und damit eine amtliche Information geworden sind“.[140] 75

c) **Möglichkeit nachteiliger Auswirkungen.** Eine Möglichkeit nachteiliger Auswirkungen auf die **Beratungen** ist gegeben, wenn ein unbefangener und freier innerbehördlicher Meinungsaustausch erschwert wird.[141] Die Beratungen können wegen des Wissens um eine Offenlegung etwa der einzelnen Beiträge und Meinungsbekundungen im Beratungsprozess beeinträchtigt werden.[142] Dabei ist der Schutz von Beratungen nicht auf die Dauer des Verfahrens beschränkt.[143] Dies gilt insb. bei institutionalisierten Dauerkonsultationen ohne absehbares Ende.[144] 76

Nachteilige Auswirkungen auf einen **Entscheidungsprozess** kann nach der Gesetzesbegründung das Bekanntwerden der Informationen haben, wenn diese Entscheidung bei Offenbarung der Information voraussichtlich überhaupt nicht, mit anderem Inhalt oder wesentlich später zustande käme. Auch auf zeitlich entfernte Entscheidungen kann ein Informationszugang bereits nachteilige Auswirkungen haben, wenngleich dies in der Praxis eher seltener der Fall sein dürfte als bei unmittelbar bevorstehenden Entscheidungen.[145] 77

---

139 Zum Bundesrecht: BeckOK InfoMedien/Schirmer IFG § 3 Rn 134.1; Jastrow/Schlatmann IFG § 3 Rn 78.
140 LReg LT-Drs. 15/7720, 66.
141 Zum Bundesrecht BeckOK InfoMedien/Schirmer IFG § 3 Rn 137.
142 LReg LT-Drs. 15/7720, 66, unter Hinweis auf BVerwG v. 18.7.2011, 7 B 14/11, zum insoweit entsprechenden § 3 Nr. 3 lit. b IFG.
143 LReg LT-Drs. 15/7720, 66, unter Hinweis auf BVerwG v. 18.7.2011, 7 B 14/11, zum insoweit entsprechenden § 3 Nr. 3 lit. b IFG; ebenso BeckOK InfoMedien/Schirmer IFG § 3 Rn 138 f; mittlerweile wohl auch Schoch IFG § 3 Rn 190 ff.
144 IdS Schoch IFG § 3 Rn 192.
145 LReg LT-Drs. 15/7720, 66.

78 Beispielsweise droht eine Vereitelung des Beweiswerts einer Befragung der Eheleute, wenn der Fragenkatalog zur Ermittlung einer Scheinehe vorher bekannt wird.[146] Informationsverweigerungen wurden auch bestätigt – angesichts der Besonderheiten des Parteiverbotsverfahrens – im Hinblick auf die Vorbereitung eines Verfahrens gegen die NPD[147] oder bei komplexen bevorstehenden Planungsentscheidungen[148].

79 Bei der **Darlegung** (s. Rn 16 ff) sind an den Grad der Wahrscheinlichkeit einer Beeinträchtigung bei Beratungen etwa bei Kollegialorganen, vor allem bei heterogen besetzten Gremien, keine hohen Anforderungen zu stellen, denn hier sind die Mitglieder in hohem Maße auf das Schließen von Kompromissen angewiesen.[149] Zurückgewiesen wurde ein Vortrag, dass Mitarbeiter eines Ministeriums sich iS einer Vorwirkung ihre Rechtsauffassungen nicht mehr äußern würden, wenn sie mit einer späteren Publikation ihrer Meinung rechnen müssten, weil dies fernliegend sei und das Bild einer Ministerialverwaltung mit einem eher geringen Selbstbewusstsein zeichne.[150]

80 **d) Regelmäßige Ausnahme hinsichtlich Beweiserhebung, Gutachten und Stellungnahmen Dritter.** Informationen aus Beweiserhebungen (s. Rn 81), Gutachten (s. Rn 82) und Stellungnahmen (s. Rn 83) Dritter (s. Rn 84) sind regelmäßig (s. Rn 85) nicht geschützt, denn es handelt sich dabei um abgrenzbare Erkenntnisse, welche die Verfahrensherrschaft der informationspflichtigen Stelle typischerweise nicht beeinträchtigen.[151] Im Ausgleich mit dem Informationsinteresse der antragstellenden Person wird der Ausnahmegrund Nr. 6 auf den notwendigen Schutz des Beratungs- oder Entscheidungsprozesses reduziert.[152]

81 Die **Beweiserhebungen** vermitteln Informationen zum Sachverhalt für die behördliche Entscheidungsfindung.[153]

82 **Gutachten** – insb. in Form von Fach- und Rechtsgutachten – können zwar als Elemente der Entscheidungsgrundlage auch in behördliche Entscheidungsfindung einfließen, aber sie stellen idR von den Beratungen oder dem Entscheidungsprozess unabhängige Vorarbeiten dar.[154]

83 **Stellungnahmen** umfassen Berichte, Gutachten oder Auskünfte, wie verwaltungsseitig erstellte Vorlagen für politische Gremien, Stellungnahmen von Trägern öffentlicher Belange oder Auskünfte anderer Behörden oder Ämter.[155]

---

146 VG HB v. 25.7.2014, 4 K 1984/13 zu § 4 BremIFG.
147 OVG BE-BB v. 28.5.2013, OVG 12 S 23.13 zu § 4 IFG.
148 OVG MV v. 27.8.2007, 1 M 81/07, LKV 2008, 515, 516 zu § 6 Abs. 1 IFG MV.
149 Zum Bundesrecht BeckOK InfoMedien/Schirmer IFG § 3 Rn 137.
150 BVerwG v. 3.11.2011, 7 C 3/11, BVerwGE 141, 122 Rn 31 zu § 3 Nr. 3 lit. b IFG.
151 LReg LT-Drs. 15/7720, 66.
152 Zum Bundesrecht BeckOK InfoMedien/Debus IFG § 4 Rn 11.
153 IdS zum Bundesrecht Schoch IFG § 4 Rn 41.
154 Zum Bundesrecht: BeckOK InfoMedien/Debus IFG § 4 Rn 13; Schoch IFG § 4 Rn 41.
155 Zum Bundesrecht: BeckOK InfoMedien/Debus IFG § 4 Rn 14; Fluck/Theuer/Fischer IFG § 4 Rn 49.

84 Das Tatbestandsmerkmal **„Dritter"** soll klarstellen, dass Meinungsäußerungen und Stellungnahmen der Beteiligten nicht regelmäßig vom Schutz des Ablehnungsgrundes Nr. 6 ausgenommen sind.[156] Abzustellen ist bei der Beteiligteneigenschaft nicht auf das Verfahren auf Informationszugang, sondern auf das Verfahren, hinsichtlich dessen die Informationen begehrt werden.[157] Im Zusammenhang mit dem NPD-Verbotsverfahren kann bei einem Antrag gegenüber dem Innenministerium davon ausgegangen werden, dass das BMI und die Innenministerien der anderen Länder keine „Dritten" sind.[158]

85 Das Tatbestandsmerkmal **„regelmäßig"** wird als die rechtsdogmatische Verankerung einer widerlegbaren Vermutung bewertet.[159] Die besonderen Umstände, die ausnahmsweise für eine Geheimhaltung sprechen, können aus dem Gegenstand des Verfahrens abgeleitet werden.[160] Die Gesetzesbegründung führt insoweit aus: „Bei Gutachten in Verfahren der Forschungs- und Kulturförderung oder in sich konkret anbahnenden Streitverfahren kann es geboten sein, den Informationszugang erst nach Abschluss des Verfahrens zu eröffnen. Auch nach Abschluss des Verfahrens ist der Informationszugang in Bezug auf Erwartungswert-, Kosten- und Erlösgutachten (zum Beispiel im Rahmen von Vergabeverfahren des Schienenpersonennahverkehrs) in der Regel ausgeschlossen. In Einzelfällen kann zur Gewährleistung des Informationszugangs eine Anonymisierung geboten sein."[161]

86 **7. Funktionsfähigkeit und Eigenverantwortung der Landesregierung (Nr. 7).** Ein Anspruch besteht nach Nr. 7 nicht, soweit (s. Rn 12 f) und solange (s. Rn 21 f) durch das Bekanntwerden der Informationen (s. Rn 23) die Möglichkeit nachteiliger Auswirkungen (s. Rn 24 ff) auf „die Funktionsfähigkeit und die Eigenverantwortung der Landesregierung" besteht. Bei derselben Formulierung in NW wurde eine Anlehnung an § 29 Abs. 2 VwVfG NW (vgl LVwVfG § 29 Rn 36 ff) betont, wonach – wie in BW auch – das allgemeine Akteneinsichtsrecht nicht besteht, wenn die Aufgabenerfüllung der Behörde beeinträchtigt wurde.[162] Bei der älteren, wortgleichen Formulierung des mittlerweile novellierten IFG SH wurde auf das Frage- und Akteneinsichtsrecht der Abgeordneten gegenüber der Landesregierung in dem damaligen Art. 23 Abs. 3 LVerf SH (jetzt Art. 29 Abs. 3 S. 1 Verf SH 2014) abgestellt.[163] Und hinsichtlich dieser Verfassungsnorm hat das BVerfG angenommen, dass das Begriffspaar den Kernbereich exekutiver Eigenverant-

---

156 LReg LT-Drs. 15/7720, 66 f. Zum Bundesrecht: BeckOK InfoMedien/Debus IFG § 4 Rn 14; Schoch IFG § 4 Rn 41.
157 LReg LT-Drs. 15/7720, 67.
158 IdS: OVG BE-BB v. 28.5.2013, OVG 12 S 23.13 m.zust.Anm. Albrecht, jurisPR-ITR 16/2013 Anm. 2; BeckOK InfoMedien/Debus IFG § 4 Rn 14.
159 IdS: BeckOK InfoMedien/Debus IFG § 4 Rn 11; Jastrow/Schlatmann IFG § 4 Rn 24; Steinbach/Hochheim NZS 2006, 517, 520; krit. dazu Schoch IFG § 4 Rn 38.
160 Zum Bundesrecht: VG BE BeckRS 2010, 56185; BeckOK InfoMedien/Debus IFG § 4 Rn 15.
161 LReg LT-Drs. 15/7720, 67.
162 Franßen/Seidel/Seidel IFG NRW Rn 842.
163 Jahn IFG SH 146; Fluck/Theuer/Fischer/Fetzer IFG SH § 10 Rn 73; Friedersen/Lindemann/Lindemann IFG-SH 57.

wortung als einheitliches Tatbestandsmerkmal umschreibt.[164] Auch nach der Gesetzesbegründung in BW dient diese Ausnahme dem Schutz des Kernbereiches exekutiver Eigenverantwortung.[165] Dieser exekutive Kernbereich umfasst einen selbst von parlamentarischen Untersuchungsausschüssen grds. nicht ausforschbaren Initiativ-, Beratungs- und Handlungsbereich der Regierung.[166] Zu diesem Kernbereich ist den Bürgerinnen und Bürgern der Zugang erst recht verschlossen.[167]

87 Dabei ist umstritten, ob Ansprüche von Bürgerinnen und Bürgern genauso weit reichen wie parlamentarische Ansprüche oder ob insoweit ein **Abstandsgebot** besteht. Ohne Abstandsgebot gäbe der Ablehnungsgrund nur den verfassungsmäßigen Schutzstandard wieder und hätte damit nur klarstellenden Charakter.[168] Für eine Kongruenz wird die Bezugnahme in der Gesetzesbegründung auf die einschlägige Rechtsprechung zum Kernbereich angeführt.[169] „Selbst im Verhältnis zu parlamentarischen Untersuchungsausschüssen“[170] besteht aber nach der Gesetzesbegründung in einem bestimmten Fall ein Ablehnungsgrund, was darauf hindeutet, dass der Ablehnungsgrund nach LIFG weiter verstanden werden kann. Auch dürfte das Parlament als Kontrollorgan der Regierung mehr Informationsrechte gegenüber der Landesregierung haben als eine einzelne Bürgerin oder ein einzelner Bürger.[171]

88 Zum **Kernbereich exekutiver Eigenverantwortung** der Landesregierung führt die Gesetzesbegründung aus: „Dem Bundesverfassungsgericht zufolge gehört zum Kernbereich insbesondere die Willensbildung der Regierung selbst, sowohl hinsichtlich der Erörterungen im Kabinett als auch bei der Vorbereitung von Kabinetts- und Ressortentscheidungen, die sich vornehmlich in ressortübergreifenden und -internen Abstimmungsprozessen vollzieht. Da der Schutz des Kernbereichs exekutiver Eigenverantwortung dem Willensbildungs- und Entscheidungsprozess dient, erstreckt er sich vor allem auf laufende Verfahren. Selbst im Verhältnis zu parlamentarischen Untersuchungsausschüssen kann er aber auch abgeschlossene Vorgänge betreffen“.[172]

---

164 BVerfG v. 30.3.2004, 2 BvK 1/01, Rn 46 ff, zust. Schnabel/Freund DÖV 2012, 192, 196.

165 LReg LT-Drs. 15/7720, 67, 36 f, wo die in der Anhörung angeregte Formulierung als „Kernbereich exekutiver Eigenverantwortung“ nicht aufgegriffen wurde.

166 LReg LT-Drs. 15/7720, 67 unter Hinweis auf BVerfGE 67, 100, 139 – Flick-Untersuchungsausschuss.

167 LReg LT-Drs. 15/7720, 67.

168 Schnabel/Freund DÖV 2012, 192, 196.

169 Für das insoweit vergleichbare HmbTG Maatsch/Schnabel/Maatsch HmbTG § 6 Rn 3.

170 LReg LT-Drs. 15/7720, 67.

171 IdS Friedersen/Lindemann/Lindemann IFG-SH 57. Aus systematischen Gründen des IFG SH den zeitlichen Anwendungsbereich des Ablehnungsgrundes weiter fassend: Fluck/Theuer/Fischer/Fetzer IFG-SH § 10 Rn 78; Jahn IFG SH 147. Gegen ein Abstandsgebot Schnabel/Freund DÖV 2012, 192, 195 f. Kein Abstandsgebot erkennbar bei: Franßen/Seidel/Seidel IFG NRW Rn 841 ff; Maatsch/Schnabel/Maatsch HmbTG § 6 Rn 3.

172 LReg LT-Drs. 15/7720, 67, unter Hinweis auf BVerfGE 67, 100, 139 – Flick-Untersuchungsausschuss; StGH BW v. 26.6.2007, GR 2/07.

Auch wenn als Teil der Landesregierung nach dem Ressortprinzip nur ein Fachministerium betroffen ist, kann dies ausreichend sein.[173] Dabei wird eine Einzelfallprüfung, ob der Informationszugang den Kernbereich beeinträchtigen könnte, grds.[174] bzw immer[175] für erforderlich gehalten. Bei Niederschriften über Sitzungen der Landesregierung – außer bei Veröffentlichtem –, Kabinettsvorlagen und Aktenbestandteile zu deren Vorbereitung wird der Ausschluss des Informationszugangs teils[176] in Betracht gezogen bzw teils[177] als immer ausgeschlossen bewertet. 89

Der informationspflichtigen Stelle obliegt eine **Darlegungspflicht** (s. Rn 16 ff) für die Voraussetzungen des Ablehnungsgrundes. Dabei wird zumeist eine politische Wertung erforderlich sei, so dass insoweit der Regierung ein gewisser **Beurteilungsspielraum** zuzubilligen ist.[178] 90

8. Vertraulichkeit des Austauschs zwischen Landtag und Landesregierung (Nr. 8). Ein Anspruch besteht nach Nr. 8 nicht, soweit (s. Rn 12 f) und solange (s. Rn 21 f) durch das Bekanntwerden der Informationen (s. Rn 23) die Möglichkeit nachteiliger Auswirkungen (s. Rn 24 ff) auf „die Vertraulichkeit des Austauschs zwischen Landtag und Landesregierung" besteht. Der Ablehnungsgrund dient der Flankierung der weitgehenden Ausnahme des Landtags nach § 2 Abs. 2 Nr. 1 LIFG vom Anwendungsbereich des Gesetzes (s. LIFG § 2 Rn 45 f), insb. des gesamten Bereichs der parlamentarischen Angelegenheiten.[179] 91

Ein **Austausch** von Informationen liegt vor, wenn diese vom Landtag der Landesregierung oder umgekehrt übermittelt werden. Informationen, die beim Landtag nicht in den Anwendungsbereich des LIFG fallen, sollen auch von der Landesregierung nicht herausgegeben werden müssen. 92

Zur Konkretisierung des Begriffs der **Vertraulichkeit** können die zu Nr. 6 entwickelten Grundsätze (s. Rn 70 f) entsprechend angewendet werden. In der Gesetzesbegründung wird darauf abgestellt, dass – soweit Vorgänge in Regierung und Verwaltung den Austausch mit dem Parlament betreffen oder der Vorbereitung oder Begleitung einer parlamentarischen Entscheidung oder einer sonstigen parlamentarischen Angelegenheit dienen – es für die parlamentarische Willensbildung nachteilig sein kann, wenn vorab oder nachträglich bekannt wird, wie sich die zuständigen Stellen der Exekutive zu einer Angelegenheit positioniert haben.[180] 93

Die informationspflichtige Stelle hat die Möglichkeit von nachteiligen Auswirkungen auf die Vertraulichkeit des Austauschs zwischen Landtag und Landesregierung **darzulegen** (s. Rn 16 ff). 94

173 Fluck/Theuer/Fischer/Fetzer IFG-SH § 10 Rn 74; aM: Franßen/Seidel/Seidel IFG NRW Rn 846; Friedersen/Lindemann/Lindemann IFG-SH 57.
174 IdS Friedersen/Lindemann/Lindemann IFG-SH 57.
175 IdS Franßen/Seidel/Seidel IFG NRW Rn 845. Für die Auslegung im Rahmen des Verfassungsrechts auch BVerfG v. 30.3.2004, 2 BvK 1/01, Rn 53.
176 IdS Franßen/Seidel/Seidel IFG NRW Rn 845.
177 IdS Friedersen/Lindemann/Lindemann IFG-SH 57.
178 IdS Fluck/Theuer/Fischer/Fetzer IFG-SH § 10 Rn 77.
179 LReg LT-Drs. 15/7720, 67.
180 LReg LT-Drs. 15/7720, 67.

95 **9. Interessen der informationspflichtigen Stellen im Wirtschaftsverkehr (Nr. 9).** Ein Anspruch besteht nach Nr. 9 nicht, soweit (s. Rn 12 f) und solange (s. Rn 21 f) durch das Bekanntwerden der Informationen (s. Rn 23) die Möglichkeit nachteiliger Auswirkungen (s. Rn 24 ff) auf „die Interessen der informationspflichtigen Stellen im Wirtschaftsverkehr" besteht. **Zweck** des Ablehnungsgrundes Nr. 9 ist der Schutz der Einnahmen der informationspflichtigen Stellen und der Berücksichtigung haushaltsrechtlichen Grundsätzen.[181] Dabei wird an dem Ablehnungsgrund kritisiert, dass gerade beim fiskalischen Handeln des Staates durch Transparenz eine zusätzliche Möglichkeit zur Korruptionsbekämpfung hätte geschaffen werden können.[182]

96 Die Gesetzesformulierung orientiert sich an der Bundesregelung in § 3 Nr. 6 IFG und verzichtet im Wortlaut auf die Einschränkung der Interessen auf **„fiskalische"**. Die Gesetzesmaterialien zur Bundesregelung deuten darauf hin, dass dem Begriff „fiskalisch" neben „im Wirtschaftsverkehr" keine eigenständige Bedeutung zukommt.[183] Umgekehrt stellt die Begründung zum LIFG mehrfach auf die fiskalischen Interessen ab.[184] Daher dürfte das Berufen auf sonstige Interessen im Wirtschaftsverkehr möglich, aber praktisch eher zu vernachlässigen sein.

97 Im Gesetzgebungsverfahren zur Bundesregelung war der Zusatz **„im Wirtschaftsverkehr"** hinzugefügt worden, um klarzustellen, dass nicht bereits die Erhebung der Kosten für die Informationsgewährung fiskalische Interessen berühren und dadurch zur Ablehnung führen können.[185] Aus der Wendung „im Wirtschaftsverkehr" folgt nicht, dass nur fiskalisches Handeln erfasst würde.[186] Die Begründung zum LIFG geht davon aus, dass das geschützte fiskalische Interesse dadurch gekennzeichnet ist, dass der Staat wie andere Marktteilnehmer am Privatrechtsverkehr und am Wirtschaftsleben teilnimmt und seine wirtschaftlichen Informationen ebenso schutzwürdig wie die Privater sind.[187] Auch wenn sich beim Abschluss eines privatrechtlichen Vertrages eine informationspflichtige Stelle und der Vertragspartner auf der Ebene der Gleichordnung gegenüberstehen, unterliegt die informationspflichtige Stelle als Behörde öffentlich-rechtlichen Bindungen und damit auch dem LIFG, so dass insoweit von vornherein ein wesentlicher Unterschied zwischen der informationspflichtigen Stelle und einem Privaten besteht.[188]

98 Für das Vorliegen des Ablehnungsgrundes muss die Beeinträchtigung von **gewissem Gewicht** sein. Würde bereits jede noch so geringe und deshalb kaum auszuschließende Beeinträchtigung von Interessen im Wirtschaftsverkehr ausreichen, um den Informationszugang zu verweigern, käme dies

181 LReg LT-Drs. 15/7720, 67.
182 Zum Bundesrecht: BeckOK InfoMedien/Schirmer IFG § 3 Rn 173.1; NK-IFG/Rossi § 3 Rn 57.
183 Vgl BT-Drs. 15/5606, 5.
184 LReg LT-Drs. 15/7720, 67.
185 BT-Drs. 15/5606, 5; Mecklenburg/Pöppelmann IFG § 3 Rn 95.
186 Zum Bundesrecht BeckOK InfoMedien/Schirmer IFG § 3 Rn 174.
187 LReg LT-Drs. 15/7720, 67.
188 BVerwG v. 27.11.2014, 7 C 12.13, Rn 27 zu § 3 Nr. 6 IFG.

einer im Gesetz nicht vorgesehenen Bereichsausnahme für die gesamte Tätigkeit von informationspflichtigen Stellen im Wirtschaftsverkehr gleich.[189] Dabei ist das öffentliche Interesse an der Wahrung der Betriebs- und Geschäftsgeheimnisse der Vertragspartner der informationspflichtigen Stelle nicht weitergehend als § 6 S. 2 LIFG deren eigenes Geheimhaltungsinteresse schützt.[190]

Nachteilige Auswirkungen auf Interessen im Wirtschaftsverkehr durch ein 99
Bekanntwerden von Information liegen insb. bei der Veräußerung von Grundstücken nahe.[191] Der Informationszugang ist abzulehnen, wenn das Bekanntwerden der Information geeignet wäre, zu einem niedrigeren Marktpreis zu führen.[192]

Umgekehrt genügt für die Annahme einer Beeinträchtigung nicht die allge- 100
meine Besorgnis, die Attraktivität der informationspflichtigen Stelle als Geschäftspartnerin könne leiden, wenn potentielle Vertragspartner nicht von vornherein ausschließen könnten, dass aufgrund von Ansprüchen nach LIFG geschäftliche Informationen gegen ihren Willen bekannt würden, und sie somit damit rechnen müssten, dass Verhandlungsunterlagen in die Hände der Konkurrenz gelangen könnten.[193] Wenn die Verhandlungsunterlagen zugunsten der betroffenen Personen weder als Betriebs- und Geschäftsgeheimnisse noch als personenbezogene Daten noch aus einem sonstigen Grund geschützt sind, könne auch die informationspflichtige Stelle über § 3 Nr. 6 IFG keinen weitergehenden Vertraulichkeitsschutz geltend machen.[194] Der Zugang sei auch zu Informationen zu gewähren, die eine Insolvenzanfechtung ermöglichten, die wiederum zu finanziellen Verlusten bei der Behörde führten, denn durch eine mögliche Insolvenzanfechtung würden Interessen der informationspflichtigen Stelle im Wirtschaftsverkehr nicht berührt.[195]

Die informationspflichtige Stelle hat die Möglichkeit der nachteiligen Aus- 101
wirkungen **darzulegen** (s. Rn 16 ff). Dabei besteht **kein Beurteilungsspielraum**, vielmehr ist das Vorliegen der Ablehnungsvoraussetzungen gerichtlich voll überprüfbar.[196] Nicht ausreichend ist eine pauschale Unterstellung unter Anknüpfung an die tatbestandlichen Voraussetzungen (etwa erwerbswirtschaftliche Betätigung, privatrechtliche Gleichordnung), sondern es muss im jeweiligen Einzelfall geprüft werden.[197] Unerheblich ist dabei, ob eine mit der informationspflichtigen Stelle in Wettbewerb stehende Person,

189 IdS BVerwG v. 27.11.2014, 7 C 12.13, Rn 24 zu § 3 Nr. 6 IFG.
190 BVerwG v. 27.11.2014, 7 C 12.13, Rn 30 zum Bundesrecht.
191 LReg LT-Drs. 15/7720, 67.
192 Zum Bundesrecht OVG NW v. 19.3.2013 – 8 A 1172/11, BeckRS 2013, 51675.
193 BVerwG v. 27.11.2014, 7 C 12.13, Rn 31 zu § 3 Nr. 6 IFG.
194 BVerwG v. 27.11.2014, 7 C 12.13, Rn 31 zu § 3 Nr. 6 IFG, anknüpfend an die Gesetzesbegründung, weshalb unklar ist, ob dies auch auf das LIFG übertragbar ist. Ähnlich zum Bundesrecht ohne nähere Begründung VG Stuttgart v. 17.5.2011, 13 K 3505/09, juris Rn 74.
195 Zum Bundesrecht VG HH v. 23.4.2009, 19 K 4199/07.
196 BVerwG v. 27.11.2014, 7 C 12.13, Rn 32 zu § 3 Nr. 6 IFG.
197 Zum Bundesrecht BeckOK InfoMedien/Schirmer IFG § 3 Rn 180.

ein potentieller Geschäftspartner oder ein sonstiger Dritter den Informationszugang erstrebt.[198]

102 Die Ablehnung des Zugangs zu Lieferanten-Reportings war zB nicht plausibel dargelegt, weil nicht ersichtlich war, inwieweit diese ohne Artikel-Nummern, Kunden-Nummern und Preisangaben bei künftigen Beschaffungsmaßnahmen zu Wettbewerbsvorteilen anderer Anbieter zum Nachteil der informationspflichtigen Stelle führen könnten und warum solche Nachteile (welche?) für die informationspflichtige Stelle nicht bestehen, wenn die Vertragspartnerin die sich aus den Lieferanten-Reportings ergebenden Informationen allein besitzt.[199]

103 **10. Interesse an einer vertraulichen Behandlung (Nr. 10).** Ein Anspruch besteht nach Nr. 10 nicht, soweit (s. Rn 12 f) und solange (s. Rn 21 f) durch das Bekanntwerden der Informationen (s. Rn 23) die Möglichkeit nachteiliger Auswirkungen (s. Rn 24 ff) auf „das im Zeitpunkt des Antrags auf Informationszugang fortbestehende Interesse der betroffenen Person an einer vertraulichen Behandlung bei vertraulich erhobener oder übermittelter Information" besteht. Dazu führt die Gesetzesbegründung aus, dass die informationspflichtigen Stellen in einigen Bereichen auf eine – insb. freiwillige – Informationszusammenarbeit mit Bürgerinnen und Bürgern angewiesen sind. Da deren Bereitschaft zu einer solchen Kooperation von dem Vertrauen in die Verschwiegenheit der Verwaltung abhängt, müssen diese Informationen geschützt werden.[200]

104 Aus dieser Gesetzesbegründung und der systematischen Stellung als Ablehnungsgrund zum Schutz besonderer öffentlicher Belange ergibt sich der **Zweck**, vor allem die informationspflichtige Stelle selbst und ihre Aufgabenwahrnehmung zu schützten.[201] Außerdem ist der Schutz von Informanten („whistle blower") bezweckt.[202] Zum weitaus größten Teil geht es um Informationen, die der Beaufsichtigte selbst zur Verfügung stellt.[203]

105 „**Vertraulich** sind solche Informationen, die nicht für die Öffentlichkeit bestimmt sind."[204] Dass es sich um sensible Informationen handelt, führt allein nicht zu ihrer Vertraulichkeit.[205] Teils wird ein Bezug zum Schutz von Grundrechten oder anderen verfassungsrechtlich geschützten Rechtsgütern gefordert.[206] Für eine solche enge Auslegung lassen sich aber dem Gesetz keine Anhaltspunkte entnehmen.[207]

198 Zum Bundesrecht: OVG NW v. 19.3.2013, 8 A 1172/11, BeckRS 2013, 51675; BeckOK InfoMedien/Schirmer IFG § 3 Rn 180.
199 Zum Bundesrecht VG Stuttgart v. 17.5.2011, 13 K 3505/09, juris Rn 75.
200 LReg LT-Drs. 15/7720, 68.
201 IdS BeckOK InfoMedien/Schirmer IFG § 3 Rn 185, 191.2.
202 Zum Bundesrecht Mecklenburg/Pöppelmann IFG § 3 Rn 104.
203 Zum Bundesrecht BeckOK InfoMedien/Schirmer IFG § 3 Rn 185.
204 LReg LT-Drs. 15/7720, 68; Hervorhebung nicht im Original. IdS zu § 3 Nr. 7 IFG: VG BE v. 2.3.2012, VG 2 K 102.11, BeckRS 2012, 50035; BeckOK InfoMedien/Schirmer IFG § 3 Rn 188. Vgl auch oben zu Nr. 6 (s. Rn 70 f).
205 Zum Bundesrecht BeckOK InfoMedien/Schirmer IFG § 3 Rn 188.
206 Zum Bundesrecht Berger/Kollbeck/Partsch/Roth/Scheel/Roth IFG § 3 Rn 146.
207 Zum Bundesrecht BeckOK InfoMedien/Schirmer IFG § 3 Rn 188.

Im Grundsatz geht es bei der Vertraulichkeit vielmehr um die Frage, ob die Informationen, die in die Sphäre des Staates gelangt sind, ohne die (Zusicherung der) Vertraulichkeit nicht hätte erhoben werden können bzw nicht übermittelt worden wären.[208] Ein schutzwürdiges Vertrauen setzt voraus, dass Informationsgeber und Informationsnehmer darin übereinstimmen, dass die Information der Öffentlichkeit nicht zugänglich gemacht wird (sog. **Vertraulichkeitsabrede**).[209] Diese Übereinstimmung kann sowohl ausdrücklich erklärt sein als auch sich konkludent aus den Umständen ergeben.[210] 106

Neben der Abrede von Vertraulichkeit muss auch materiell ein **objektiv schutzwürdiges Geheimhaltungsinteresse** bestehen.[211] Nur so kann der Gefahr begegnet werden, dass durch Vertraulichkeitsabreden zwischen den Beteiligten oder gar durch eine einseitige Zusicherung von Seiten der informationspflichtigen Stelle der Informationsanspruch unterlaufen wird.[212] Damit relativieren sich die Unterschiede zwischen einer ausdrücklichen Vertraulichkeitsabrede und einer sich aus den jeweiligen Umständen ergebenden Übereinstimmung darüber, dass die Information der Öffentlichkeit nicht zugänglich gemacht wird, denn auch in ersterem Fall müssen zu einer Vertraulichkeitsabrede weitere (objektive) Umstände hinzutreten, aus denen sich das schutzwürdige Geheimhaltungsinteresse ergibt.[213] In der Praxis sollten in Vertraulichkeitsvereinbarungen auch die Gründe für die Vertraulichkeit (wie die Nachteile bei Bekanntwerden) dargelegt werden.[214] 107

Für die Vertraulichkeit kommt es nicht auf das Interesse der Behörde, sondern – angesichts des Wortlauts – auf das **der betroffenen Person** (des Informanten) an.[215] Daher hängt die Schutzwürdigkeit auch nicht davon ab, ob die ordnungsgemäße Erfüllung der Verwaltungsaufgabe gefährdet wäre, wenn die Vertraulichkeit nicht gegeben ist,[216] sondern es kommt darauf an, ob der betroffenen Person Nachteile drohen, wenn die Vertraulichkeit nicht mehr gegeben ist.[217] 108

Für die Frage, ob eine **vertraulich erhobene oder übermittelte Information** vorliegt, kommt es nicht darauf an, auf welche Weise die Information in die Sphäre des Staates gelangt ist.[218] Unerheblich ist auch der Sachzusam- 109

208 Zum Bundesrecht BeckOK InfoMedien/Schirmer IFG § 3 Rn 189.
209 Zum Bundesrecht BeckOK InfoMedien/Schirmer IFG § 3 Rn 189. Auch eine Vertraulichkeitsabrede voraussetzend LReg LT-Drs. 15/7720, 68.
210 Zum Bundesrecht: VG BE v. 22.3.2012, VG 2 K 102.11, BeckRS 2012, 50035; BeckOK InfoMedien/Schirmer IFG § 3 Rn 189.
211 LReg LT-Drs. 15/7720, 68 unter Hinweis auf OVG BE-BB v. 28.6.2013, OVG 12 B 9.12, zur bundesrechtlichen Regelung, zust. BeckOK InfoMedien/Schirmer IFG § 3 Rn 190.
212 Zum Bundesrecht: BeckOK InfoMedien/Schirmer IFG § 3 Rn 190; Schoch IFG § 3 Rn 323.
213 Zum Bundesrecht BeckOK InfoMedien/Schirmer IFG § 3 Rn 190.
214 Zum Bundesrecht BeckOK InfoMedien/Schirmer IFG § 3 Rn 191.1.
215 Zum Bundesrecht BeckOK InfoMedien/Schirmer IFG § 3 Rn 186.1, 191, 191.2.
216 So aber Schoch IFG § 3 Rn 324 zum Bundesrecht.
217 Zum Bundesrecht: BeckOK InfoMedien/Schirmer IFG § 3 Rn 191; Fluck/Fischer/Fetzer/Scherzberg/Solka IFG § 3 Rn 156.
218 Zum Bundesrecht BeckOK InfoMedien/Schirmer IFG § 3 Rn 184; aM Schoch IFG § 3 Rn 317: „Zufallsfund" nicht erfasst.

menhang, in dem dies erfolgt ist.[219] Im Hinblick auf Vergabeverfahren wird aber vertreten, das LIFG müsse durch eine teleologische Reduktion den Zielen des Vergaberechts angeglichen werden, so dass die von Bietern überlassenen Informationen per se vertraulich übermittelt worden seien.[220] Nicht erfasst werden Informationen, weil sie vertraulich von Behörden übermittelt wurden oder weil sie vertraulich zwischen Privaten übermittelt wurden, aber dann der Behörde – ohne Vorbehalt der Vertraulichkeit – zugänglich gemacht wurden.[221] Nicht vertraulich sind Stellungnahmen oder Äußerungen, die während eines Gesetzgebungsverfahrens abgegeben werden.[222]

110 Zur Feststellung des Vertraulichkeitsinteresses ist die betroffene Person nach § 8 LIFG zu beteiligen.[223]

111 Die informationspflichtige Stelle hat die Möglichkeit von nachteiligen Auswirkungen **darzulegen** (s. Rn 16 ff).

112 **11. Vertraulichkeit von leistungsbezogenen Daten einzelner öffentlicher Schulen (Nr. 11).** Ein Anspruch besteht nach Nr. 11 nicht, soweit (s. Rn 12 f) und solange (s. Rn 21 f) durch das Bekanntwerden der Informationen (s. Rn 23) die Möglichkeit nachteiliger Auswirkungen (s. Rn 24 ff) auf „die Vertraulichkeit von leistungsbezogenen Daten einzelner öffentlicher Schulen" besteht. Dies hat nach der Gesetzesbegründung[224] den **Zweck**, die Wahrnehmung des Erziehungs- und Bildungsauftrags nach § 1 des Schulgesetzes für Baden-Württemberg (SchG) zu gewährleisten. Andernfalls werden Schlagzeilen wie „die dümmste Klasse", „die schlechteste Schule", „die Schule mit den schlechtesten Lehrern", „die Schule mit den meisten Ausländern" und ähnliche Titel in den Medien befürchtet, was mit einer differenzierenden Diskussion schulbezogener Probleme in Konflikt treten kann.[225]

113 Zu Konkretisierung des Begriffes der **öffentlichen Schule** kann auf § 2 Abs. 1 S. 2 SchG zurückgegriffen werden.

114 Daten einzelner Schulen sind jedenfalls dann **leistungsbezogen**, wenn sie im unmittelbaren Zusammenhang mit den Evaluationen nach § 114 SchG iVm der Verordnung des Kultusministeriums über die Evaluation von Schulen (EvaluationsVO) v. 10.6.2008 stehen.

115 Wann die **Vertraulichkeit** dieser Daten beeinträchtigt ist, kann entsprechend den Ausführungen zur Vertraulichkeit bei Nr. 6 (s. Rn 70 f) bewertet werden.

116 Die informationspflichtige Stelle hat die Möglichkeit von nachteiligen Auswirkungen auf die Vertraulichkeit **darzulegen** (s. Rn 16 ff).

---

219 Zum Bundesrecht BeckOK InfoMedien/Schirmer IFG § 3 Rn 187.
220 Zum Bundesrecht Just/Sailer DVBl 2010, 418, 420.
221 Zum Bundesrecht BeckOK InfoMedien/Schirmer IFG § 3 Rn 186.
222 Zum Bundesrecht: OVG BE-BB v. 5.10.2010, 12 B 5/08, BeckRS 2010, 56783; BeckOK InfoMedien/Schirmer IFG § 3 Rn 191.3.
223 Zum Bundesrecht Burcholt BB 2006, 2201, 2205.
224 LReg LT-Drs. 15/7720, 68.
225 IdS Franßen JB InfoR 2010, 107, 117.

IV. Ablehnungsgründe außerhalb des LIFG (Abs. 2)

1. Überblick. Der Ausnahmetatbestand des § 4 Abs. 2 S. 1 LIFG dient dem besonderen Geheimnis- und Vertraulichkeitsschutz.[226] Dazu wird klargestellt, dass das LIFG die durch Rechtsvorschriften und die Verwaltungsvorschrift des Innenministeriums zum materiellen und organisatorischen Schutz von Verschlusssachen (VS-Anweisung – VSA) geregelten Geheimhaltungs- und Vertraulichkeitspflichten sowie die Berufs- und besonderen Amtsgeheimnisse unberührt lässt.[227] 117

Der Geheimnisschutz soll im direkten Zusammenhang mit dem betreffenden Geheimnis gewährleistet werden, also durch die entsprechenden materiell-rechtlichen Vorschriften in den jeweiligen Spezialgesetzen selbst, die sich je nach Rechtsgebiet unterscheiden.[228] Insoweit kann auf tatbestandlicher Ebene auch eine Abwägung erforderlich sein.[229] Im Übrigen sind die Regelungen einer Relativierung nicht zugänglich, soweit die tatbestandlichen Voraussetzungen vorliegen.[230] 118

Abs. 2 schützt besondere öffentliche Belange. Dies wird teils als weitere ungeschriebene Voraussetzung hineingelesen, so dass die Regelung bei Geheimnis- oder Vertraulichkeitspflichten, die ausschließlich privaten Interessen wie etwa die Wettbewerbschancen der Bieter im Vergabeverfahren dienen, nicht anzuwenden ist, sondern nur bei solchen Regelungen, die (ausschließlich) öffentlichen Interessen dienen.[231] Diese Interpretation ist abzulehnen, denn der – privaten und öffentlichen Interessen dienende – Schutz der Geheimhaltung und Vertraulichkeit ist seinerseits ein besonderer öffentlicher Belang.[232] 119

Teilweise wird die Ansicht vertreten, dass die Geheimnistatbestände wie bspw. § 203 Abs. 2 StGB, § 30 AO, § 16 BStatG nur vor **unbefugter Offenbarung** schützen würden und diese Befugnis zur Offenlegung würde sich gerade aus dem Informationsfreiheitsrecht ergeben.[233] Dagegen ist jedoch der Wortlaut des § 4 Abs. 2 S. 1 LIFG einzuwenden, dass diese Ausnahmetatbestände „unberührt bleiben“. 120

Nicht nach § 4 Abs. 2 S. 1 LIFG eingeschränkt werden kann nach einer Ansicht der Anwendungsbereich des LIFG durch eine **vertragliche Vereinbarung** über die Vertraulichkeit.[234] Demgegenüber ist zu berücksichtigen, dass bei S. 1 Var. 3 und 4 der Geheimnisschutz, nicht nur auf Gesetz sondern zB – falls zulässig – auf Vertrag beruhen kann.[235] Entsprechendes 121

226 Zum Bundesrecht BeckOK InfoMedien/Schirmer IFG § 3 Rn 140.
227 LReg LT-Drs. 15/7720, 68.
228 LReg LT-Drs. 15/7720, 68.
229 Zum Bundesrecht BeckOK InfoMedien/Schirmer IFG § 3 Rn 142.
230 Zum Bundesrecht: VG Frankfurt a.M. v. 23.1.2008, 7 E 3280/06 (V), NVwZ 2008, 1384, 1387; BeckOK InfoMedien/Schirmer IFG § 3 Rn 141.
231 Zum Bundesrecht OVG BE-BB v. 7.6.2012, OVG 12 B 34.10, BeckRS 2012, 51575.
232 Zum Bundesrecht BeckOK InfoMedien/Schirmer IFG § 3 Rn 142.1.
233 IdS Mecklenburg/Pöppelmann IFG § 3 Rn 73 f.
234 Zum Bundesrecht: VG Stuttgart v. 17.5.2011, 13 K 3505/09, openJur 2012, 64243 Rn 75; BeckOK InfoMedien/Schirmer IFG § 3 Rn 142.2.
235 IdS noch Schoch IFG, 2009, § 3 Rn 138; nunmehr wohl aM Schoch IFG § 3 Rn 233.

dürfte auch für gesellschaftsrechtlich begründete Geheimhaltungs- und Verschwiegenheitspflichten gelten (s. Rn 137 ff). Außerdem kann eine vertragliche Selbstbindung nach § 241 BGB zu beachten sein, wenn diese nicht aufgrund § 134 BGB iVm LIFG nichtig ist, wobei Nichtigkeit nur dann anzunehmen, wenn die vertragliche Regelung nach Inkrafttreten des LIFG am 30.12.2015 abgeschlossen wurde.[236]

122 Abs. 2 S. 1 enthält vier Varianten: durch Rechtsvorschrift (s. Rn 123 ff) oder die VSA (s. Rn 128 f) geregelten Geheimhaltungs- und Vertraulichkeitspflichten, Berufsgeheimnisse (s. Rn 130 ff) sowie besondere Amtsgeheimnisse (s. Rn 133 ff). Hinzu kommt der Schutz von Regelungen nach Abs. 2 S. 2 (s. Rn 137 ff), der keine Entsprechung im Bundesrecht hat.

123 **2. Rechtsvorschriften mit Geheimhaltungs- und Vertraulichkeitspflichten (S. 1 Var. 1).** Erforderlich ist, dass die Rechtsvorschrift die Geheimhaltung der Information vor unbefugter Offenbarung anordnet.[237] Dies umfasst auch Berufs- und besondere Amtsgeheimnisse, soweit sie auf Gesetz beruhen, damit hat S. 1 Var. 3 und 4 nur insoweit eigenständige Bedeutung für den Geheimnisschutz, der nicht auf Gesetz, sondern zB – soweit zulässig – auf Vertrag beruht.[238]

124 Maßgeblich für die Anwendung von Var. 1 ist, ob die betreffende Information – etwa mit Blick auf Art und Umfang des Geheimnisschutzes – unter die einschlägige Spezialvorschrift subsumiert werden kann.[239] Nach dem Wortlaut des Gesetzes muss die Geheimhaltungs- oder Vertraulichkeitspflicht nicht gesetzlich angeordnet sein, sondern die Pflicht kann sich vielmehr auch aus einer auf gesetzlicher Grundlage ergangenen Rechtsvorschrift (wie Geschäftsordnung oder Satzung) ergeben.[240] Nicht ausreichend ist dagegen eine ständige Übung der informationspflichtigen Stelle.[241]

125 Geheimhaltungsregelungen enthalten – neben den Berufs- (s. Rn 130 ff) und Amtsgeheimnissen (s. Rn 133 ff) – zum **Beispiel:**[242]

- §§ 93, 116 AktG, welche den Informationszugang zu Sitzungsprotokollen und Vorbereitungsunterlagen für die Sitzungen des Aufsichtsrats der Flughafen BER GmbH verhinderte,[243]
- § 241 BGB (vor Inkrafttreten des LIFG vertraglich begründete Verschwiegenheitspflicht s. Rn 121),
- § 1758 Abs. 1 BGB (Offenbarungs- und Ausforschungsverbot bei der Annahme Minderjähriger),[244]

236 IdS Maatsch/Schnabel/Maatsch HmbTG § 9 Rn 7. Dagegen immer Nichtigkeit annehmend VG Stuttgart v. 17.5.2011, 13 K 3505/09, openJur 2012, 64243 Rn 75.
237 Zum Bundesrecht Schoch IFG § 3 Rn 212.
238 IdS noch Schoch IFG 2009, § 3 Rn 138; nunmehr wohl aM Schoch IFG § 3 Rn 233.
239 Zum Bundesrecht BeckOK InfoMedien/Schirmer IFG § 3 Rn 143.
240 Zum Bundesrecht BeckOK InfoMedien/Schirmer IFG § 3 Rn 143.
241 Zum Bundesrecht: VG BE v. 7.8.2013, 2 K 273.12, openJur 2015, 2783 Rn 28; BeckOK InfoMedien/Schirmer IFG § 3 Rn 143.
242 Zahlreiche Beispiele auch bei Kloepfer Informationsrecht § 9 Rn 13 ff.
243 Zum Bundesrecht: OVG BE-BB v. 28.1.2015, OVG 12 B 21.13, openJur 2015, 3102 Rn 24; BeckOK InfoMedien/Schirmer IFG § 3 Rn 148.1.
244 Zum Bundesrecht BeckOK InfoMedien/Schirmer IFG § 3 Rn 144.

- BNDG,[245]
- BVerfSchG,[246]
- Gemeindeordnung,[247]
- § 37 Abs. 2 S. 2 iVm § 44 Abs. 2 GO BR (Vertraulichkeit von Ausschusssitzungen des Bundesrates und deren Sitzungsniederschriften),[248]
- GO der Deutschen Lebensmittelbuch-Kommission,[249]
- § 72 Abs. 2, § 111 Abs. 2 GWB (Verbot der Einsicht in bestimmte Verfahrensakten),[250]
- § 21 Abs. 3 S. 10 KHEntgG,[251]
- Landesbankgesetz,[252]
- Landessicherheitsüberprüfungsgesetz,[253]
- Landesverfassungsschutzgesetz,[254]
- § 3 b LVwVfG (Personenbezogene Daten, Betriebs- und Geschäftsgeheimnisse s. LVwVfG § 29 Rn 44),
- OWiG,[255]
- Satzung der BaFin, wonach die Sitzungen des Verwaltungsrats nichtöffentlich sind,[256]
- Sparkassengesetz,[257]
- StPO,[258]
- § 39 Abs. 4 StUG (Verschwiegenheitspflicht von Mitgliedern des Beirats)[259] und
- SÜG.[260]

245 Zum Bundesrecht BeckOK InfoMedien/Schirmer IFG § 3 Rn 145.
246 Zum Bundesrecht BeckOK InfoMedien/Schirmer IFG § 3 Rn 145.
247 LReg LT-Drs. 15/7720, 68.
248 Zum Bundesrecht: OVG BE-BB v. 6.11.2008, OVG 12 B 50.07, Juris Rn 29 ff; VG BE v. 7.6.2007, 2 A 130.06, Juris Rn 20 ff; BeckOK InfoMedien/Schirmer IFG § 3 Rn 147.
249 Zum Bundesrecht: VG Köln v. 25.2.2010, 13 K 119/08, Juris 47 ff. Im nachfolgenden Verfahrensgang wird § 3 Nr. 4 IFG nicht mehr erörtert bei BVerwG v. 18.7.2011, 7 B 14/11, Juris; OVG NW v. 2.11.2010, 8 A 475/10, Juris Rn 38 = ZLR 2011, 113 ff. Die Entscheidung des VG Köln wird kritisiert von BfDI BT-Drs. 17/9100, 24.
250 Allgemein zum GWB LReg LT-Drs. 15/7720, 68. Zum Bundesrecht Schoch IFG § 3 Rn 212.
251 Zum Bundesrecht: VG BE v. 11.4.2013, 2 K 145.11, openJur 2015, 2720 Rn 61; BeckOK InfoMedien/Schirmer IFG § 3 Rn 148.1.
252 LReg LT-Drs. 15/7720, 68.
253 LReg LT-Drs. 15/7720, 68.
254 LReg LT-Drs. 15/7720, 68.
255 LReg LT-Drs. 15/7720, 68. Zum Bundesrecht BeckOK InfoMedien/Schirmer IFG § 3 Rn 145.
256 Zum Bundesrecht: VG BE v. 29.11.2012, 2 K 28.12, bestätigt von OVG BE-BB v. 28.1.2015, OVG 12 B 2.13; BeckOK InfoMedien/Schirmer IFG § 3 Rn 148.1.
257 LReg LT-Drs. 15/7720, 68.
258 LReg LT-Drs. 15/7720, 68. Zum Bundesrecht Schoch IFG § 3 Rn 227.
259 Zum Bundesrecht VG BE v. 8.9.2009, 2 A 8.07, Juris Rn 33 f.
260 Zum Bundesrecht BeckOK InfoMedien/Schirmer IFG § 3 Rn 145.

126 Dagegen sind keine eigenständigen gesetzlichen Geheimhaltungsvorschriften:

- Bankgeheimnis[261] sowie
- § 203 StGB (Verletzung von Privatgeheimnissen) und § 353 b StGB (Verletzung des Dienstgeheimnisses und einer besonderen Geheimhaltungspflicht), die materielle Geheimhaltung voraussetzen (zu den Berufsgeheimnissen s.u. Rn 130 ff und zu den besonderen Amtsgeheimnissen s.u. Rn 133 ff), aber keine eigene Entscheidung dazu treffen.[262]

127 Umstrittene bzw differenzierende Lösungen existieren bei:

- vergaberechtlichen Verschwiegenheits- und Vertraulichkeitspflichten.[263]

128 **3. Verschlusssachen (S. 1 Var. 2).** Die zweite Variante des S. 1 stellt klar, dass das LIFG die durch die VSA geregelten Geheimhaltungs- und Vertraulichkeitspflichten unberührt lässt.[264] Die Einstufung erfolgt aufgrund § 34 a LSÜG nach der VSA.[265] Dies ist keine unzulässige dynamische Verweisung auf eine Verwaltungsvorschrift,[266] denn die Regelung ist nicht unvollständig.[267] Der Anspruch auf Informationszugang entfällt nur, wenn die materiellen Gründe für eine solche Einstufung tatsächlich vorliegen.[268]

129 Der Anspruch entfällt bereits ab der Einstufung **„VS – Nur für den Dienstgebrauch“**.[269] So ist nach § 4 Abs. 2 Nr. 4 LSÜG einzustufen, „wenn die Kenntnisnahme durch Unbefugte für die Interessen der Bundesrepublik Deutschland oder eines ihrer Länder nachteilig sein kann.“ Dies kommt nach Nr. 2.4 der Anlage zur VSA „zum Beispiel in Betracht für

- Abschlußberichte über Sicherheitsüberprüfungen von Personen,
- Fahndungsunterlagen aus den Bereichen Terrorismus/Extremismus,
- Zusammenstellungen über Geheimschutzmaßnahmen (Geheimschutzplan).“

130 **4. Berufsgeheimnisse (S. 1 Var. 3).** Nach der dritten Variante des S. 1 besteht kein Zugangsanspruch, wenn die Information einem Berufsgeheimnis unterliegt. Dabei sind Überschneidungen mit der ersten Variante (durch Rechtsvorschriften begründeten Geheimhaltungs- und Vertraulichkeitspflichten s. Rn 123 ff) sowie mit der vierten Variante des S. 1 (besonderen Amtsgeheimnissen s. Rn 134 ff) möglich. Üblicherweise wird der jeweilige Berufsträger zur Verschwiegenheit verpflichtet (zB § 43 a Abs. 2 S. 1

261 Dazu BeckOK InfoMedien/Schirmer IFG § 3 Rn 148.
262 Zum Bundesrecht Schoch IFG § 3 Rn 226.
263 Dazu: BeckOK InfoMedien/Schirmer IFG § 3 Rn 142.2; Maatsch/Schnabel/Maatsch HmbTG § 9 Rn 7.
264 LReg LT-Drs. 15/7720, 68.
265 LReg LT-Drs. 15/7720, 69.
266 Zum Bundesrecht: BVerwG v. 29.10.2009, 7 C 21/08, NVwZ 2010, 326 Rn 22 ff; v. 29.10.2009, 7 C 22/08, NVwZ 2010, 321 – CIA-Flüge, Rn 43 ff; BeckOK InfoMedien/Schirmer IFG § 3 Rn 155 f.
267 Zur Begriff der Verweisung ausführlich Debus Verweisungen in deutschen Rechtsnormen 2008, 35 ff.
268 Zum Bundesrecht: BVerwG v. 29.10.2009, 7 C 21/08, NVwZ 2010, 326 Rn 16 ff; v. 29.10.2009, 7 C 22/08, NVwZ 2010, 321 – CIA-Flüge, Rn 47 ff; Schnabel NVwZ 2010, 303, 304; BeckOK InfoMedien/Schirmer IFG § 3 Rn 157.
269 LReg LT-Drs. 15/7720, 69.

BRAO), wobei sich diese Pflicht auf alles bezieht, was dem Berufsträger in Ausübung seines Berufes bekanntgeworden ist (zB § 43 a Abs. 2 S. 2 BRAO). Die Verschwiegenheitspflicht wird relativiert im Hinblick auf Tatsachen, die offenkundig sind oder ihrer Bedeutung nach keiner Geheimhaltung bedürfen (zB § 43 a Abs. 2 S. 3 BRAO).[270]

Beispiele für Berufsgeheimnisse[271] sind: 131

- anwaltliche Schweigepflicht (§ 43 a BRAO),[272]
- ärztliche Schweigepflicht,[273]
- notarielle Schweigepflicht[274] und
- die sonstigen in § 203 StGB Genannten.[275]

Kein Berufsgeheimnis ergibt sich aus der allgemeinen Pflicht zur Amtsver- 132
schwiegenheit (§ 57 LBG, § 37 BeamtStG und § 3 Abs. 2 TV-L).[276]

5. Besondere Amtsgeheimnisse (S. 1 Var. 4). Nach der vierten Variante des 133
S. 1 besteht schließlich auch dann kein Anspruch auf Informationszugang, wenn die Information einem **besonderen Amtsgeheimnis** unterfällt. Bei den besonderen Amtsgeheimnissen sind Überschneidungen mit der ersten Variante (durch Rechtsvorschriften begründeten Geheimhaltungs- und Vertraulichkeitspflichten s. Rn 123 ff) sowie mit der dritten Variante des S. 1 (Berufsgeheimnisse s. Rn 130 ff) möglich. Ein besonderes Amtsgeheimnis setzt voraus, dass es ausdrücklich geregelt ist und der Regelungszweck, ggf in Abwägung mit dem Informationsinteresse nach dem LIFG, anzuerkennen ist.[277] Es muss nach materiellen Kriterien umschriebene Informationen einem besonderen Schutz unterstellen.[278] Es darf nicht nur die Geheimhaltung um ihrer selbst willen schützen, sondern muss darüber hinausgehen, was dann der Fall ist, wenn das Geheimhaltungsbedürfnis durch legitime, besondere Zwecke gerechtfertigt ist.[279] Zu weit geht die Ansicht, eine Geheimhaltungspflicht sei nur dann anzunehmen, wenn die Norm dem Schutz besonders sensibler Grundrechtsbereiche diene.[280]

---

270 Zum Bundesrecht BeckOK InfoMedien/Schirmer IFG § 3 Rn 160.
271 Weitere Beispiele bei Kloepfer Informationsrecht § 9 Rn 67 ff.
272 LReg LT-Drs. 15/7720, 68. Zum Bundesrecht VG BE v. 21.10.2010, VG 2 K 89.09, Juris Rn 34, dessen Voraussetzungen für eine Geheimhaltungspflicht im konkreten Fall aber verneint wurden.
273 LReg LT-Drs. 15/7720, 68.
274 LReg LT-Drs. 15/7720, 68.
275 Zum Bundesrecht BeckOK InfoMedien/Schirmer IFG § 3 Rn 159.
276 LReg LT-Drs. 15/7720, 68. Zur Amtspflicht vgl Rn 135.
277 Zum Bundesrecht BeckOK InfoMedien/Schirmer IFG § 3 Rn 162.
278 Zum Bundesrecht: BVerwG v. 24.5.2011, 7 C 6/10, NVwZ 2011, 1012 Rn 15; BeckOK InfoMedien/Schirmer IFG § 3 Rn 162.
279 Zum Bundesrecht: VG Köln v. 25.2.2010, 13 K 119/08; BeckOK InfoMedien/Schirmer IFG § 3 Rn 162.
280 Zum Bundesrecht BeckOK InfoMedien/Schirmer IFG § 3 Rn 162 entgegen VG BE v. 27.6.2012, 2 K 142.11, BeckRS 2012, 54150 zum IFG BE.

134 Als **Beispiele für besondere Amtsgeheimnisse** werden genannt:
- Beratungsgeheimnis nach § 43 BRiG,[281]
- Meldegeheimnis (§ 7 BMG),[282]
- Sozialgeheimnis (§ 35 Abs. 1 SGB I iVm §§ 25 Abs. 3, 67 ff SGB X),[283]
- Statistikgeheimnis (§ 16 Abs. 1 BStatG),[284]
- Steuergeheimnis (§ 30 AO),[285]
- Verschwiegenheitspflicht nach § 13 Satz 1 EAEG von in Entschädigungseinrichtungen Beschäftigten oder für sie Tätige,[286]
- Verschwiegenheitspflicht bei der BaFin beschäftigter oder von ihr beauftragter Personen nach § 9 KWG oder nach § 8 WpHG (bei der BaFin beschäftigter oder von ihr beauftragter Personen).[287]

135 **Kein besonderes Amtsgeheimnis** ergibt sich aus der **allgemeinen Pflicht zur Amtsverschwiegenheit** wie § 57 LBG, § 37 BeamtStG und § 3 Abs. 2 TV-L, weil das LIFG ansonsten leerliefe.[288] Dem steht auch nicht der Vorrang des § 37 BeamtStG als Bundesrecht entgegen. § 37 BeamtStG enthält kein absolutes, um der Information willen bestehendes Geheimhaltungsverbot, sondern nur eine dienstrechtliche Pflicht, welche, wie die Aussagegenehmigung nach § 37 Abs. 3 BeamtStG zeigt, durch den Dienstherrn selbst überwunden werden kann.[289] Damit schließt auch eine ständige Übung einer informationspflichtigen Stelle als Ausdruck des allgemeinen Amtsgeheimnisses und der Vertraulichkeit der Verwaltung einen Informationszugang nicht aus.[290] Einer förmlichen Befreiung bedarf es nicht.[291]

281 Zum Bundesrecht: VG Frankfurt v. 17.6.2009, 7 K 2282/08; VG Wiesbaden v. 22.5.2012, 6 K 1374/11.WI, GewArch 2012, 312, 313.
282 VG Wiesbaden v. 22.5.2012, 6 K 1374/11.WI, GewArch 2012, 312, 313, zum IFG und früheren Melderechtsrahmengesetz.
283 Zum Bundesrecht: VG Frankfurt a.M. v. 17.6.2009, 7 K 2282/08; VG Wiesbaden v. 22.5.2012, 6 K 1374/11.WI, GewArch 2012, 312, 313; BeckOK InfoMedien/Schirmer IFG § 3 Rn 144; Debus NZS 2013, 927, 930 f.
284 Zum Bundesrecht: VG Frankfurt a.M. v. 17.6.2009, 7 K 2282/08; VG Wiesbaden v. 22.5.2012, 6 K 1374/11.WI, GewArch 2012, 312, 313; v. 7.3.2013, 6 K 1423/11.WI, openJur 2013, 22371; BeckOK InfoMedien/Schirmer IFG § 3 Rn 144.
285 Zum Bundesrecht: BFH v. 7.12.2006, V B 163/05, Juris Rn 14; VG Frankfurt a.M. v. 17.6.2009, 7 K 2282/08; VG Wiesbaden v. 22.5.2012, 6 K 1374/11.WI, GewArch 2012, 312, 313; BeckOK InfoMedien/Schirmer IFG § 3 Rn 144.
286 VG BE v. 21.10.2010, VG 2 K 89.09, openJur 2012, 13868 Rn 36 ff, zum IFG und dem damaligen § 15 S. 1 EAEG.
287 Zum Bundesrecht: BVerwG v. 24.5.2011, 7 C 6/10, Juris Rn 14 ff; HessVGH v. 11.3.2015, 6 A 329/14, ESVGH 65, 206, 208; HessVGH v. 24.3.2010, 6 A 1832/09, Juris Rn 24; v. 2.3.2010, 6 A 1684/08, openJur 2012, 32742 Rn 56; VG BE v. 21.10.2010, VG 2 K 89.09, Juris Rn 28 ff; VG Frankfurt a. M. v. 12.3.2008, 7 E 5426, Juris Rn 38 ff; BeckOK InfoMedien/Schirmer IFG § 3 Rn 149 ff; aM HessVGH v. 2.3.2010, 6 A 1684/08, openJur 2012, 32742 Rn 56: kein Berufs- oder besonderes Amtsgeheimnis.
288 LReg LT-Drs. 15/7720, 68. Zum Bundesrecht BVerwG v. 3.11.2011, 7 C 3.11, Juris Rn 26.
289 Zum HmbTG Maatsch/Schnabel/Maatsch HmbTG § 9 Rn 6.
290 Zum Bundesrecht: VG BE v. 7.8.2013, 2 K 273.12; BeckOK InfoMedien/Schirmer IFG § 3 Rn 161.
291 LReg LT-Drs. 15/7720, 68.

Außerdem begründen **keine besonderen Amtsgeheimnisse:** 136

- allgemeine Pflicht zur Amtsverschwiegenheit der Minister (§ 6 des Ministergesetzes),[292]
- Pflicht der Vorstandsmitglieder zur Verschwiegenheit (§ 76 Abs. 1 BRAO)[293] sowie
- Verschwiegenheit von Soldaten (§ 14 SG).[294]

6. Gesellschaftsrechtlich begründete Geheimhaltungs- und Verschwiegenheitspflichten (S. 2). Gleiches wie nach S. 1, also das Unberührtbleiben dieser Regelungen durch das LIFG, gilt nach S. 2 für gesellschaftsrechtlich begründete Geheimhaltungs- und Verschwiegenheitspflichten. Dazu führt die Gesetzesbegründung aus: „Klargestellt wird durch die Regelung, dass auch gesellschaftsrechtlich begründete Geheimhaltungs- und Verschwiegenheitspflichten unberührt bleiben. Die auf Bundesrecht beruhenden gesellschaftsrechtlichen Geheimhaltungs- und Verschwiegenheitspflichten sind nämlich von öffentlichen Stellen zu beachten und können vom Landesgesetzgeber nicht gelockert werden."[295] 137

Ausgehend von der Gesetzesbegründung kommt als eine Interpretationsmöglichkeit in Betracht, dass die Regelung in S. 2 neben S. 1 Var. 1 nur klarstellende und keine rechtlich eigenständige Bedeutung hat. Gesellschaftsrechtliche Geheimhaltungs- und Verschwiegenheitspflichten sind nämlich auch von den in S. 1 Var. 1 genannten „durch Rechtsvorschriften … geregelten Geheimhaltungs- und Vertraulichkeitspflichten" erfasst. 138

Damit der Regelung in S. 2 neben S. 1 Var. 1 ein selbständiges Gewicht zukommt, scheint es naheliegender, dass durch S. 2 über die nach S. 1 zu beachtenden Geheimhaltungs- und Verschwiegenheitspflichten in Rechtsvorschriften hinaus auch solche Pflichten unberührt bleiben, die sich nicht aus gesellschaftsrechtlichen Rechtsvorschriften ergeben, sondern die durch gesellschaftsrechtliche Rechtsvorschriften **„begründet"** sind. In Betracht kommen im Gesellschaftsvertrag einer GmbH oder in der Satzung einer Aktiengesellschaft festgelegte Geheimhaltungs- und Verschwiegenheitspflichten. Damit hätte S. 2 insb. Bedeutung in den Fällen, in denen nach § 2 Abs. 4 LIFG der Anwendungsbereich auf Informationen bei juristischen Personen des Privatrechts erstreckt wurde. Soweit die gesellschaftsrechtlich begründeten Geheimhaltungs- und Verschwiegenheitspflichten reichen, könnte die nach § 7 Abs. 1 S. 2 LIFG entscheidende öffentliche Stelle keinen Informationszugang gewähren. 139

V. Konkurrenzen

1. Verhältnis von Abs. 1 Nr. 6 zu § 3 Nr. 3 LIFG. Die Vorläufigkeit, welche **Entwürfe** und **Notizen** zu **Beratungen** und **Entscheidungsprozessen** kennzeichnen, ist bereits bei der Definition von amtlichen Informationen in § 3 Nr. 3 LIFG bedeutsam. Nur soweit diese überhaupt in den Anwendungsbe- 140

292 Zum Bundesrecht BVerwG v. 3.11.2011, 7 C 3.11, Juris Rn 26.
293 Zum Bundesrecht BeckOK InfoMedien/Schirmer IFG § 3 Rn 161.
294 Zum Bundesrecht BeckOK InfoMedien/Schirmer IFG § 3 Rn 161.
295 LReg LT-Drs. 15/7720, 69.

reich des LIFG fallen, ist im konkreten Fall zu beurteilen, ob der Zugang zu diesen Aufzeichnungen nach § 4 Abs. 1 Nr. 6 LIFG zu versagen ist.[296]

141 **2. Verhältnis der Ausschlussgründe im LIFG.** Die verschiedenen Ausschlussgründe des LIFG sind nebeneinander anwendbar.[297]

142 **3. Verhältnis zu § 1 Abs. 3 LIFG iVm § 29 Abs. 2 LVwVfG.** Da nach § 1 Abs. 3 LIFG neben dem Informationszugangsanspruch parallel ein **Akteneinsichtsrecht** nach § 29 LVwVfG bestehen kann (s. LVwVfG § 29 Rn 68), stellt sich die Frage, wie sich die Ablehnungsgründe des § 4 LIFG zu den Ausschlussgründen des § 29 Abs. 2 LVwVfG verhalten. Dabei unterliegen die Ansprüche ihren jeweiligen rechtlichen Regimen: Soweit Informationen nach LIFG beantragt werden, ist § 4 LIFG einschlägig. Beruft sich ein Verfahrensbeteiligter auf § 29 LVwVfG, so gilt § 29 Abs. 2 LVwVfG.[298] Werden Informationen ohne Angabe der Rechtsgrundlage oder unter Hinweis auf beide Regelungen begehrt, hat die Behörde bei beiden Ansprüchen den jeweils anwendbaren Ausschlussgrund zu prüfen.[299] Ebenso ist bei § 25 Abs. 1 S. 2 SGB X zu verfahren.[300]

VI. Rechtsschutz

143 **1. Antragstellende Person.** Wird der Antrag wegen unzutreffender Anwendung des § 4 LIFG abgelehnt, ist – ggf nach einem Widerspruchsverfahren (s. LIFG § 9 Rn 39 ff) – ein selbständiges Klageverfahren (s. LIFG § 9 Rn 38) möglich. Daneben kann auch nach § 12 LIFG die oder der Landesbeauftragte für die Informationsfreiheit angerufen werden.

144 **2. Betroffene Personen.** Da die Ausnahmetatbestände des § 4 LIFG grds. nur das bipolare Verhältnis zwischen der informationspflichtigen Stelle und der antragstellenden Person betreffen, ist eine Beteiligung betroffener Personen nicht notwendig; etwas anderes gilt für den Ablehnungsgrund des § 4 Abs. 1 Nr. 10 LIFG, der jedenfalls auch den Schutz von Informanten betrifft.[301] Bei § 4 Abs. 2 LIFG ist anhand des jeweiligen Ausnahmetatbestandes zu bestimmen, ob ein bestimmter Personenkreis geschützt werden soll. Insoweit kommt eine Beteiligung betroffener Personen im Verwaltungsverfahren nach § 8 LIFG in Betracht.

---

296 IdS BeckOK InfoMedien/Debus IFG § 4 Rn 38.
297 LReg LT-Drs. 15/7720, 64. Zum Bundesrecht: BeckOK InfoMedien/Debus IFG § 4 Rn 39; BeckOK InfoMedien/Schirmer IFG § 3 Rn 35; BfDI Anwendungshinweise 2007, 7; NK-IFG/Rossi § 6 Rn 81; Ziekow/Debus/Musch 285.
298 Zum Bundesrecht BeckOK InfoMedien/Debus IFG § 4 Rn 37.
299 Zum Bundesrecht: BeckOK InfoMedien/Debus IFG § 4 Rn 37; Fluck/Theuer/Fischer IFG § 4 Rn 31.
300 Zum Bundesrecht: BeckOK InfoMedien/Debus IFG § 4 Rn 37; Schoch IFG § 4 Rn 62.
301 Zum Bundesrecht BeckOK InfoMedien/Schirmer IFG § 3 Rn 9.1.

§ 5 LIFG Schutz personenbezogener Daten

(1) Der Zugang zu personenbezogenen Daten im Sinne des § 3 Absatz 1 LDSG ist zu gewähren, soweit und solange die Betroffenen entsprechend § 4 Absatz 2 bis 5 LDSG eingewilligt haben oder das öffentliche Informationsinteresse an der Bekanntgabe das schutzwürdige Interesse am Ausschluss des Informationszugangs überwiegt.

(2) Daten, aus denen die rassische und ethnische Herkunft, politische Meinungen, religiöse oder weltanschauliche Überzeugungen, die Gewerkschaftszugehörigkeit, die Gesundheit, eine Behinderung oder das Sexualleben hervorgehen, dürfen nur übermittelt werden, wenn die Betroffenen ausdrücklich eingewilligt haben.

(3) Das öffentliche Informationsinteresse überwiegt nicht bei personenbezogenen Daten im Sinne des § 3 Absatz 1 LDSG aus Unterlagen, soweit sie mit dem Dienst- oder Amtsverhältnis oder einem Mandat der Betroffenen in Zusammenhang stehen.

(4) [1]Das öffentliche Informationsinteresse überwiegt das schutzwürdige Interesse am Ausschluss des Informationszugangs in der Regel dann, wenn sich die Angabe auf Name, Titel, akademischen Grad, Berufs- und Funktionsbezeichnung, Büroanschrift und -telekommunikationsnummer beschränkt und die Betroffenen als Gutachterin, Gutachter, Sachverständige, Sachverständiger oder in vergleichbarer Weise eine Stellungnahme in einem Verfahren abgegeben haben. [2]Das Gleiche gilt für die entsprechenden Daten von Amtsträgerinnen und Amtsträgern, soweit sie in amtlicher Funktion an einem solchen Vorgang mitgewirkt haben.

(5) Die auf eine verstorbene Person bezogenen Daten werden entsprechend Absatz 1 bis 4 geschützt, soweit die Menschenwürde den Schutz dieser Daten gebietet.

Literatur: *Bergt,* Die Bestimmbarkeit als Grundproblem des Datenschutzrechts, ZD 2015, 365; *Brink/Eckardt,* Wann ist ein Datum ein personenbezogenes Datum?, ZD 2015, 205; *Debus,* Anspruch auf Zugang zu Telefon- und E-Mail-Verzeichnissen von Behörden und Gerichten, NJW 2015, 981 ff; *Heinemann/Heinemann,* Postmortaler Persönlichkeitsschutz, DuD 2013, 242; *Krämer,* Das Recht der kommunalen Archive, VBlBW 2005, 43; *Lauber-Rönsberg,* Internetveröffentlichungen und Medienprivileg, ZD 2014, 177; *Lilienthal,* Die Veröffentlichung der Namen von NS-Euthanasie-Opfern, DuD 2014, 606; *Partsch,* Der Auskunftsanspruch der Presse - Neujustierung durch das BVerwG, NJW 2013, 2858 ff; *Schnabel,* Auskunftsansprüche für Journalisten nach Landespressegesetzen und Informationsfreiheitsgesetz, NVwZ 2014, 854 ff; *Schoch,* Amtliche Publikumsinformation zwischen staatlichem Schutzauftrag und Staatshaftung, NJW 2012, 2844 ff; *Scholz,* Die Vorbereitung von Sekundärschutz durch Informationszugangsansprüche gegen den Staat, NVwZ 2015, 1111; *Tinnefeld,* Vom Recht aus Würde: Konflikte beim Zugang zu archivierten Daten von Naziopfern, DuD 2014, 609; *Wegener,* Aktuelle Fragen der Umweltinformationsfreiheit, NVwZ 2015, 609.

I. Allgemeines

1 **1. Europa- und verfassungsrechtliche Vorgaben.** Der Ablehnungsgrund des § 5 LIFG hält die Vorgaben der Richtlinie 95/46/EG vom 24.10.1995 zum Schutze natürlicher Personen bei der Verarbeitung personenbezogener Daten und zum freien Datenverkehr (sog. **Datenschutzrichtlinie**; dazu s. Einl. Rn 43) ein. Diese Vorgaben der Richtlinie sind auch im Rahmen der Abwägung nach § 5 Abs. 1 Alt. 2 LIFG zu berücksichtigen (s. Rn 17 ff). Vom Gesetzgeber wurden die Vorgaben von Art. 8 dieser Richtlinie durch Abs. 2 (s. Rn 20) umgesetzt.

2 Der Verweigerungsgrund trägt dem verfassungsrechtlich geschützten Recht auf **informationelle Selbstbestimmung** (dazu s. Einl. Rn 18 ff.) Rechnung. Dabei gilt auch das Recht der Betroffenen auf informationelle Selbstbestimmung nicht schrankenlos, vielmehr müssen Betroffene grds. Einschränkungen ihrer Rechte auf informationelle Selbstbestimmung im überwiegenden allgemeinen Interesse hinnehmen, soweit es nicht um den „letzten unantastbaren Bereich privater Lebensgestaltung" geht, der der öffentlichen Gewalt schlechthin entzogen ist.[1]

3 **2. Entstehungsgeschichte.** Die Regelung war bereits unverändert im Regierungsentwurf eines Gesetzes zur Einführung der Informationsfreiheit (dazu s. LIFG § 1 Rn 4) enthalten.

4 **3. Normzweck.** Der Ablehnungsgrund des § 5 dient dem Schutz personenbezogener Daten iSd § 3 Abs. 1 LDSG und den im konkreten Fall in die Abwägung einzustellenden privaten oder öffentlichen Interessen, weshalb der Zugang zu personenbezogenen Daten nach Abs. 1 die Einwilligung der Betroffenen oder ein dem Schutz personenbezogener Daten überwiegendes öffentliches Informationsinteresse voraussetzt.[2]

5 **4. Vergleichbare Regelungen.** § 5 IFG (iVm § 1 S. 1 SIFG); § 6 IFG BE; § 5 AIG BB; § 5 BremIFG; § 4 HmbTG; § 7 IFG M-V; § 10 IFG NRW; §§ 16 f. LTranspG RP; § 5 IZG LSA; § 10 IZG-SH; § 7 ThürIFG.

II. Grundsätze: Einwilligung oder Abwägung (Abs. 1)

6 **1. Personenbezogene Angaben.** Nach § 3 Abs. 1 LDSG sind **personenbezogene Daten** Einzelangaben über persönliche oder sachliche Verhältnisse einer bestimmten oder bestimmbaren natürlichen Person. Persönliche Verhältnisse sind Merkmale eines Menschen selbst, die etwas über seine Iden-

---

1 LT-Drs. 15/7720, 70 unter Hinweis auf BVerfG v. 26.7.1989, 1 BvR 685/89, BVerfGE 80, 363, 373 f.
2 LT-Drs. 15/7720, 70.

tität oder zu seinen typischen Eigenschaften aussagen, etwa Name, Geburtsdatum, berufliche Tätigkeit, Charaktereigenschaften, Bilder und Fingerabdrücke. Sachliche Verhältnisse einer Person sind deren rechtliche, soziale und wirtschaftliche Beziehungen zur Umwelt wie etwa Eigentum, Familienstand, Verwandtschaft, Freizeit- und Konsumverhalten, Beurteilungen durch Dritte, erworbene Befähigungen, behördliche Verfügungen und gerichtliche Urteile, ja sogar der Inhalt eines Telefongespräches. Eine Person ist bestimmt, wenn sich der Bezug zu ihr mit Hilfe ihres Namens oder sonstiger im konkreten Fall vorhandener Angaben eindeutig herstellen lässt. Sie ist bestimmbar, wenn sie unter Zuhilfenahme von anderweitigen Informationen mit vertretbarem Aufwand identifiziert werden kann.[3]

Grds. schützt das Datenschutzrecht nur natürliche Personen. Darunter fallen auch Einzelkaufleute, die im Rechtsverkehr unter ihrer Firma auftreten (vgl § 17 HGB), sowie Einmanngesellschaften und Personenvereinigungen, die nur aus wenigen Mitgliedern bestehen. Die Angaben zu solchen Vereinigungen sagen auch etwas über die ihnen angehörenden Personen bzw ihre Funktionsträger aus, wenn zwischen der Vereinigung und den „hinter ihr" stehenden Personen eine enge wirtschaftliche Bindung besteht, die sich auch durch finanzielle oder personelle Verflechtungen äußern kann. Das betrifft insb. den Alleinaktionär und die Einzelfirmen.[4] 7

2. Voraussetzungen für den Informationszugangsanspruch. Bezieht sich das Auskunftsbegehren nach dem LIFG auf personenbezogene Angaben, darf es nur erfüllt werden, soweit und solange der Betroffene entsprechend § 4 Abs. 2 bis 5 LDSG eingewilligt hat (a), oder wenn das öffentliche Informationsinteresse an der Bekanntgabe das schutzwürdige Interesse am Unterbleiben der Auskunft überwiegt (b). Werden personenbezogene Daten offenbar, muss die informationspflichtige Stelle diese vor der Zugänglichmachung auf ihre inhaltliche Richtigkeit prüfen.[5] 8

a) **Einwilligung.** Die **Einwilligung** ist nur beachtlich, wenn sie folgenden Anforderungen genügt: 9

- Die Betroffenen müssen nach Art. 2 h) Datenschutzrichtlinie, § 4 Abs. 2 S. 1 LDSG vor der Abgabe ihrer Einwilligungserklärung über die zu verarbeitenden Daten, den Datenverarbeitungszweck und die beabsichtigte Datenübermittlung einschließlich des Empfängers informiert werden. Doch genügt es, wenn die Kategorie der Empfänger angegeben wird (zB Verlag oder Privatpersonen).[6] 10
- Der Betroffene muss darauf hingewiesen werden, dass er die Einwilligung verweigern bzw widerrufen kann. 11
- Die datenschutzrechtliche Einwilligung muss zu Beweiszwecken und zum Schutze des Betroffenen vor vorschnellen Erklärungen grds. schriftlich erfolgen und eigenhändig unterschrieben werden (§ 126 12

3 Vgl § 3 Abs. 3 LDSG; vgl Brink/Eckardt ZD 2015, 205; Bergt ZD 2015, 365.
4 Vgl BGH v. 17.12.1985, VI ZR 244/84; OVG ND v. 15.5.2009, 10 ME 385/08; VG Wiesbaden v. 7.12. 2007, 6 E 928/07.
5 BVerwG v. 15.6.2015, 7 B 22/14, NVwZ 2015, 1297.
6 Vgl Plath in Plath BDSG § 4 a Rn 32 f, mwN; vgl LG Berlin ZD 2015, 133.

BGB). Sie muss sich deutlich von anderen Erklärungen abheben (§ 4 Abs. 3 S. 2 LDSG). Eine elektronisch erklärte Einwilligung ist nur wirksam, wenn der Empfänger der Erklärung sicherstellt, dass die Einwilligung nur durch eine eindeutige und bewusste, also aktive Handlung des Einwilligenden erfolgt (opt-in), sie nicht unerkennbar verändert werden kann, ihr Urheber eindeutig erkannt werden kann und die Einwilligung nach Tag, Uhrzeit und Inhalt protokolliert wird. Unter besonderen Umständen ist auch eine nicht schriftlich erteilte Einwilligung (mündlich) zulässig, wenn sie ausdrücklich erfolgt und ausreichend dokumentiert wird (§ 4 Abs. 3 S. 1 LDSG), etwa bei besonderer Eilbedürftigkeit.[7] Andererseits scheidet eine konkludente,[8] stillschweigende oder mutmaßliche Einwilligung grds. aus.[9] Bei besonders geschützte Daten iSd Abs. 2 des § 5 LIFG (s. unten Rn 20) verlangt das Gesetz, dass sich die Einwilligungserklärung ausdrücklich auf die Verarbeitung dieser sensitiven Informationen bezieht.[10]

13 ■ Die Einwilligungserklärung muss so bestimmt sein, dass aus ihr nachvollziehbar hervorgeht, für welche Daten der Betroffene zu welchem Datenverarbeitungsvorgang zustimmt.[11]

14 ■ Der Betroffene muss einwilligungsfähig sein. Die Einwilligungsfähigkeit setzt voraus, dass er persönlich in der Lage ist, die möglichen Folgen der Verarbeitung seiner Daten zu übersehen.[12] Dabei muss allerdings ein objektiver Maßstab zugrunde gelegt werden. Da es auf die Kenntnis des Betroffenen selbst ankommt, soll eine Einwilligung durch Bevollmächtigte nicht möglich sein.[13] Inwieweit die Einwilligung Minderjähriger beachtlich ist, hängt von deren individueller natürlicher Einsichtsfähigkeit in die Tragweite ihrer Erklärung ab.[14] Besteht jedoch diese Einsichtsfähigkeit, kommt es auf einen entgegenstehenden Willen der Sorgeberechtigten nicht an.[15] Benötigt der Minderjährige das Einverständnis seiner Eltern, müssen beide zustimmen.[16]

15 ■ Die Einwilligung muss der Datenverarbeitung vorausgehen. Eine nachträgliche, rückwirkende Einwilligung soll es nach herrschender Auffassung nicht geben, da man sich gegen eine bereits erfolgte Datenverarbeitung kaum noch wehren könne.[17]

16 Die Einwilligung kann jederzeit mit Wirkung für die Zukunft ohne Angabe von Gründen oder Darlegung eines besonderen Interesses widerrufen wer-

---

7 Vgl Simitis/ders. BDSG § 4 a Rn 43, 44, 61; Plath BDSG § 4 a Rn 17.
8 AA Taeger/Gabel/Taeger BDSG § 4 a Rn 41 ff.
9 Vgl Plath in Plath BDSG § 4 a Rn 16, 19; Taeger/Gabel/Taeger BDSG § 4 a Rn 46 f; Däubler/Klebe/Wedde/Weichert BDSG § 4 a Rn 16.
10 Vgl Taeger/Gabel/Taeger BDSG § 4 a Rn 2 f, 7, 31.
11 Taeger/Gabel/Taeger BDSG § 4 a Rn 30.
12 Taeger/Gabel/Taeger BDSG § 4 a Rn 29.
13 Däubler in Däubler/Klebe/Wedde/Weichert BDSG § 4 a Rn 6; aA Plath BDSG § 4 a Rn 9 und Taeger/Gabel/Taeger BDSG § 4 a Rn 18.
14 Vgl OLG Hamm v. 20.9.2012, I-4 U 85/12, 4 U 85/12, DuD 2013, 106.
15 Simitis/ders. BDSG § 4 a Rn 21 ff, 30 ff; Plath BDSG § 4 a Rn 8.
16 LG Mannheim v. 20.11.2014, 10 S 44/14, ZD 2015, 183.
17 Taeger/Gabel/Taeger BDSG § 4 a Rn 32.

den.[18] Der Widerruf ist eine höchstpersönliche Erklärung, die schriftlich oder in der Form abzugeben ist, wie die Einwilligung erfolgt ist.[19] Im Falle eines Widerrufs bleibt die Datenverarbeitung in der Vergangenheit rechtmäßig. Sind die genannten Anforderungen nicht erfüllt, ist die Einwilligung unwirksam und eine darauf gestützte Datenverarbeitung rechtswidrig, es sei denn, dass die Verarbeitung aufgrund von Gesetz zulässig war.[20]

b) **Interessenabwägung.** Der um Auskunft Ersuchende muss dafür kein persönliches Interesse geltend machen. § 5 LIFG stellt gegenüber § 18 LDSG insoweit eine speziellere Vorschrift dar, als dass nicht das persönliche Interesse des um Auskunft Ersuchende mit dem Interesse der Personen (Recht auf informationelle Selbstbestimmung), deren Daten bei einer Auskunftserteilung berührt sein können, am Unterbleiben der Information abzuwägen ist. Vielmehr kommt es darauf an, ob die erbetene Information der Allgemeinheit zugänglich gemacht werden kann („öffentliches Interesse"). 17

Nach der Rechtsprechung des Bundesverfassungsgerichts kann das Recht auf informationelle Selbstbestimmung nur im „überwiegenden Allgemeininteresse" eingeschränkt werden.[21] Eine derartige Bedeutung kommt dem Auskunftsanspruch nach dem LIFG nach der Gesetzesbegründung und der Rechtsprechung des Bundesverwaltungsgerichts grds. nicht zu.[22] Vielmehr genießt der Schutz personenbezogener Informationen im Zweifelsfall Vorrang vor dem Auskunftsanspruch, es sei denn, dass das Interesse an der Bekanntgabe im Einzelfall überwiegt. Letzteres ist insb. abzulehnen für Angaben, die der Betroffene in einem behördlichen Verfahren machen musste, sei es wegen einer gesetzlichen Verpflichtung, sei es, um sich zu verteidigen oder um einen Anspruch zu begründen. Vergleichbares gilt, wenn ihm berechtigterweise Vertraulichkeit zugesichert worden ist, weil die Behörde ohne diese Versicherung nicht in den Besitz der Angabe gekommen wäre, oder wenn die zur Auskunft verpflichtete Stelle das Datum von einer Institution erhalten hat, bei der dieses aufgrund von Gesetz besonders geschützt war.[23] Zwar wird das LIFG nur durch Normen verdrängt, die einen mit diesem identischen sachlichen Regelungsbereich aufweisen (zB Auskunftsrechte nach dem Umweltverwaltungsgesetz). Ist das nicht der Fall, muss dennoch im Rahmen der **Interessenabwägung** der Verweigerung der Auskunft der Vorrang eingeräumt werden, wenn die andere Vorschriften Vertraulichkeitspflichten bezüglich des erbetenen Datums enthalten (zB „weitergegebenes Sozialgeheimnis").[24] Die Information ist ferner ausgeschlossen, wenn es sich um ein Geheimnis einer Person iSd § 3 b S. 1 LVwVfG, das zu deren persönlichem Lebensbereich (familiäre Verhältnisse, Angaben 18

18 Vgl Plath in Plath BDSG § 4 a Rn 70; Taeger/Gabel/Taeger BDSG § 4 a Rn 61.
19 Vgl Däubler in Däubler/Klebe/Wedde/Weichert BDSG § 4 a Rn 36.
20 Vgl Plath BDSG § 4 a Rn 1; Taeger/Gabel/Taeger BDSG § 4 a Rn 84; Simitis/ders. BDSG § 4 a Rn 33, 35, 36, 42.
21 Simitis/ders. BDSG Einleitung Rn 44 mwN.
22 Vgl BVerwG v. 27.11.2014, 7 C 12/13, NVwZ 2015, 675.
23 Vgl OVG Berlin-Brandenburg v. 28.1.2015, OVG 12 B 21.13, NVwZ 2015, 1229.
24 VG Berlin v. 11.4.2011, 2 K 145.11.

aus der Persönlichkeits- und Intimsphäre) einschließlich von Betriebs-, Geschäfts- und Bankgeheimnissen gehört, handelt.[25] Auch ist die Behörde grds. nicht berechtigt, personenbezogene Angaben aus einem laufenden Verwaltungs- oder Gerichtsverfahren Dritten zu übermitteln (vgl § 29 Abs. 1 LVwVfG). Der Auskunftsanspruch ist nicht alleine deswegen berechtigt, weil der Betroffene ein Rechtsschutzbegehren mit den erlangten Informationen begründen will.[26]

19 Andererseits überwiegt das Informationsinteresse gegenüber dem Geheimhaltungsinteresse an personenbezogenen Daten – allerdings stets unter Beachtung des Verhältnismäßigkeitsgrundsatzes –, wenn sich das Privatleben des Betroffenen maßgeblich auf sein Verhalten in der Öffentlichkeit auswirkt, wenn es sich um eine in der Öffentlichkeit exponierte Person handelt oder wenn die Informationen bereits allgemein bekannt sind.[27] Eine Grenze für die Zulässigkeit der Verbreitung tatsächlicher Informationen besteht allerdings auch hier, wenn dem Betroffenen durch die Offenbarung ein Persönlichkeitsschaden droht, der außer Verhältnis zum Informationsinteresse der Allgemeinheit steht und zur Stigmatisierung führt.[28]

III. Zugang zu besonderen Arten von personenbezogenen Daten (Abs. 2)

20 Daten iSd Abs. 2 dürfen nur zugänglich gemacht werden, wenn der Betroffene ausdrücklich eingewilligt hat (s. oben Rn 9 ff). Die Einwilligung muss so gefasst sein, dass sie sich auf diese Angaben bezieht, also genau erkennen lässt, welche Angaben weitergegeben werden dürfen. Eine konkludente, mündliche oder stillschweigende Einwilligung ist ausgeschlossen.[29]

IV. Zugang zu Daten in Zusammenhang zu Dienst-, Amtsverhältnis oder Mandat (Abs. 3)

21 ■ Da es ein „Personalaktengeheimnis“ ieS nicht gibt, aber **Personalakten** nach §§ 83 ff. LBG oder § 3 Abs. 6 TV-L vertraulich zu behandeln sind, werden diese von Abs. 3 geschützt. Erfasst sind damit Personalakten im materiellen Sinn, also alle Unterlagen einschließlich der in Dateien gespeicherten, die die Beschäftigten betreffen und in einem unmittelbaren Zusammenhang mit dem Dienst- oder Arbeitsverhältnis stehen. Auch Akten aus Disziplinarverfahren, Arbeitsgerichtsprozessen und Beamtenrechtsprozessen sind damit geschützt. Darüber hinaus schützt die Regelung diejenigen Unterlagen, die zwar die Beschäftigten betreffen, aber allgemein und nicht nur unmittelbar mit seinem Dienstverhältnis in Zusammenhang stehen, also Niederschriften über Personalgesprä-

25 So zur vergleichbaren Bundesregelung: Kopp/Ramsauer, VwVfG, § 30 Rn 8 ff.
26 Scholz NVwZ 2015, 1111.
27 Vgl BGH NJW 2008, 3134; 3141.
28 Vgl OLG Köln v. 15.11.2011, I-15 U 60/11 und 15 U 60/11, AfP 2012, 66.
29 Vgl Simitis/ders. BDSG § 4 a Rn 88.

che, Vorschläge zur Verwendungsplanung, Bewerbungen auf bestimmte Dienstposten.[30]

- Ebenso werden von Abs. 3 personenbezogene Daten von **Mandatsträgern** geschützt, soweit dieses Gesetz auf sie Anwendung findet. Das Mandat selbst und seine Ausübung sind verfassungsrechtlich geschützt und fallen nicht in den Anwendungsbereich des Gesetzes. Die Informationen über Abgeordnete werden denjenigen über Angehörige des öffentlichen Dienstes gleichgestellt, so dass sie den gleichen Schutz genießen wie zB Personalakten der Angehörigen des öffentlichen Dienstes.[31] 22

V. Zugang zu Daten von Gutachtern uÄ sowie Amtsträgern (Abs. 4)

Der Katalog der vorgesehenen Übermittlungsregelungen wird in § 5 Abs. 4 LIFG dahingehend erweitert, dass jedermann auf Anfrage bestimmte Personalangaben (zB Bürotelekommunikationsnummer)[32] zu **Gutachtern, Sachverständigen** und **Amtsträgern**, die an einem Planungsverfahren o. dgl. beteiligt waren, zu erteilen sind, während über alle andere Bediensteten und Mandatsträger grds. keine Auskünfte nach dem LIFG gegeben werden dürfen (vgl § 5 Abs. 3 LIFG). Das betrifft insb. Informationen zu den Gehältern u. dgl. der Betroffenen.[33] 23

Die Ausgestaltung als Regelvorschrift ermöglicht es, den Informationszugang in Ausnahmefällen abzulehnen, etwa wenn bereits der Umstand der Beteiligung an einem Verfahren geheimhaltungsbedürftig ist, wobei vor allem maßgebend ist, ob die Betroffenen durch die Offenbarung der aufgeführten Daten der Gefahr spürbarer Nachteile ausgesetzt würden.[34] Als atypische Situation kommt insb. die auf Tatsachen begründete persönliche Schutzbedürftigkeit bei besonders umstrittenen Entscheidungen oder im Sicherheitsbereich bzw in der Eingriffsverwaltung in Betracht.[35] 24

VI. Zugang zu Daten von Verstorbenen (Abs. 5)

Die Datenschutzgesetze schützen personenbezogene Daten nur, soweit sie natürliche Personen betreffen.[36] Damit endet deren Anwendbarkeit mit dem Tod einer Person. Spezielle Gesetze, die dem Persönlichkeitsschutz dienen, greifen nur, soweit sie auch **Verstorbene** in ihren Schutzbereich miteinbeziehen (zB § 203 Abs. 4 StGB, § 22 S. 3 KunstUrhG). Soweit diese Auskünfte zu einem Verstorbenen nicht untersagen bzw nur unter bestimmten Voraussetzungen zulassen, können entsprechende Anfragen nach § 5 Abs. 1 bis 4 LIFG beantwortet werden. 25

30 LT-Drs. 15/7720, 70.
31 LT-Drs. 15/7720, 70.
32 Dazu ausführlich Debus NJW 2015, 981 ff.
33 OVG Berlin-Brandenburg v. 9.3.2015, OVG 12 N 44.113.
34 LT-Drs. 15/7720, 71.
35 LT-Drs. 15/7720, 71.
36 LG Saarbrücken v. 14.2.2014, 13 S 4/14, ZD 2014, 423.

Das ist insb. möglich, wenn

26 ■ der Verstorbene über seinen Tod hinaus dazu eingewilligt hat,

27 ■ es sich nicht um eine Angabe nach § 5 Abs. 2 LIFG handelt, es sei denn, der Verstorbene hat über seinen Tod hinaus ausdrücklich eingewilligt,

28 ■ die Daten allgemein zugänglichen Quellen entnommen werden können,[37]

29 ■ es sich nicht um eine dem Personalaktengeheimnis oder einem vergleichbaren Auskunftsverbot nach § 5 Abs. 3 und 4 LIFG unterliegende Angabe handelt, oder

30 ■ das öffentliche Informationsinteresse an der Bekanntgabe das schutzwürdige Interesse am Unterbleiben der Bekanntgabe der Information überwiegt. Dabei ist zu beachten, dass entsprechend dem postmortalen Persönlichkeitsschutz der Verstorbene in erster Linie davor geschützt ist, dass seine Persönlichkeit grob ehrverletzend entstellt wird, dass sich aber dieser Schutz mit zunehmendem Abstand zum Todeszeitpunkt vermindert.[38] Die bloße Mitteilung von Namen, Geburts- und Sterbedatum, Wohnort und letzte Ruhestätte beeinträchtigen den Achtungsanspruch des Verstorbenen grds. nicht.[39]

31 Zu beachten ist, dass Angaben zu einem Verstorbenen uU auch personenbezogene Angaben im Hinblick auf noch lebende Angehörige sein können. So lassen Auskünfte über während der nationalsozialistischen Gewaltherrschaft Ermordete möglicherweise Rückschlüsse auf deren Familien zu. Der Ehegatte eines Verstorbenen kann in seinem Persönlichkeitsrecht beeinträchtigt sein, wenn über diesen verbreitet wird, er habe eine außereheliche Beziehung unterhalten.[40]

VII. Konkurrenzen

32 Der Ablehnungsgrund des § 5 LIFG ist neben den anderen Ablehnungsgründen des §§ 4, 6, 9 Abs. 3 LIFG anwendbar (s. LIFG § 4 Rn 141).

33 Liegen aufgrund einer Schwärzung insb. nach § 7 Abs. 1 S. 4 oder Abs. 4 S. 2 LIFG personenbezogenen Daten iSd § 3 Abs. 1 LDSG nicht mehr vor, ist die Regelung des § 5 LIFG nicht anwendbar. Liegen trotz Schwärzung noch personenbezogene Daten iSd § 3 Abs. 1 LDSG vor, ist der Informationszugang nur unter den Voraussetzungen des § 5 LIFG zu gewähren.[41]

34 § 5 iVm § 1 Abs. 2 LIFG ist für den Informationszugang auf Antrag eine Spezialvorschrift gegenüber § 18 LDSG, der die Übermittlung an Stellen außerhalb des öffentlichen Bereichs betrifft.[42]

---

37 Vgl LG Saarbrücken v. 14.2.2014, 13 S 4/14, ZD 2014, 423.
38 Palandt BGB § 823 Rn 89 mwN.
39 LG Saarbrücken v. 14.2.2014, 13 S 4/14, ZD 2014, 423.
40 LG Saarbrücken v. 14.2.2014, 13 S 4/14, ZD 2014, 423.
41 LT-Drs. 15/7720, 73 zu § 7 Abs. 1 S. 4.
42 LT-Drs. 15/7720, 70 unter Hinweis auf BT-Drs. 15/4493, 13.

VIII. Rechtsschutz

Die von § 5 LIFG geschützten Betroffenen sind nach Maßgabe des § 8 LIFG zu beteiligen. **Rechtsschutz** können sie dabei ggf im Rahmen eines Widerspruchsverfahrens, zumindest im Rahmen eines gerichtlichen Verfahrens erlangen (s. LIFG § 8). 35

Daneben besteht die Möglichkeit die Landesbeauftragte oder den Landesbeauftragten für Datenschutz nach § 27 LDSG bzw personenidentisch für die **Informationsfreiheit** nach § 12 LIFG anzurufen (s. LIFG § 12 Rn 8). 36

IX. Ausblick

Das Recht auf Informationsfreiheit ist nach Art. 85 Abs. 1 der Datenschutz-Grundverordnung, VO (EU) 2016/679, bis 25.5.2018 (vgl Art. 99 Abs. 2) mit der Verordnung „in Einklang" zu bringen. Eine Anpassung kommt insb. hinsichtlich § 5 Abs. 2 LIFG in Betracht, weil die Verarbeitung besonderer Kategorien personenbezogener Daten in dem noch bis zum 25.5.2018 geltenden Art. 8 der Datenschutzrichtlinie 95/46/EG v. 24.10.1995 (vgl Rn 1) teilweise anders als in dem ab dem 25.5.2018 in Kraft befindlichen Art. 9 der Datenschutz-Grundverordnung geregelt ist. Im Übrigen können die Vorgaben der EU-Verordnung im Rahmen der Abwägung nach § 5 Abs. 1 LIFG berücksichtigt werden. 37

§ 6 LIFG Schutz des geistigen Eigentums und von Betriebs- oder Geschäftsgeheimnissen

[1]Der Anspruch auf Informationszugang besteht nicht, soweit und solange der Schutz geistigen Eigentums entgegensteht. [2]Zugang zu Betriebs- oder Geschäftsgeheimnissen darf nur gewährt werden, soweit und solange die betroffene Person eingewilligt hat.

Literatur: *Kloepfer,* Informationsfreiheitsgesetz und Schutz von Betriebs- und Geschäftsgeheimnissen, Rechtsgutachten im Auftrag des BfDI, 2011; *Polenz,* Betriebs- und Geschäftsgeheimnisse der öffentlichen Hand, DÖV 2010, 350 ff; *Ramsauer*, Das Urheberrecht und Geschäftsgeheimnisse im UIG und IFG, AnwBl. 2013, 410 ff; *Raue*, Informationsfreiheit und Urheberrecht, JZ 2013, 280 ff; *Schnabel*, Geistiges Eigentum als Grenze der Informationsfreiheit, K&R 2011, 626 ff; *Schnabel*, Das Urheberrecht als Waffe im Kampf gegen die Informationsfreiheit, ZD 2013, 197 ff; *Wegener*, Zum Verhältnis des Rechts auf freien Zugang zu Umweltinformationen zum Umweltrecht, Gutachten im Auftrag des BMU, 2010.

I. Allgemeines

1 **1. Europa- und verfassungsrechtliche Vorgaben. a) Geistiges Eigentum (S. 1).** Auf **europäischer Ebene** wird der Schutz geistigen Eigentums als Teil des Eigentums in Art. 17 Abs. 2 GRCh hervorgehoben. Freilich gilt die GRCh nach ihrem Art. 51 Abs. 1 S. 2 für die Mitgliedstaaten nur bei der Durchführung des EU-Rechts. Weitergehende Geltung beansprucht Art. 118 Abs. 1 AEUV, wonach das Europäische Parlament und der Rat Maßnahmen zur Schaffung europäischer Rechtstitel über einen einheitlichen Schutz der Rechte des geistigen Eigentums in der Union erlassen. Das Begriffsverständnis orientiert sich an Art. 1 Abs. 2 TRIPS-Abkommen,[1] wonach das Urheberrecht, und verwandte Schutzrechte, Marken, geographische Angaben, gewerbliche Muster und Modelle, Patente, Layout-Designs integrierter Schaltkreise sowie der Schutz nicht offenbarter Informationen geschützt sind.[2] Teilweise an das Abkommen anknüpfend wurde der WIPO-Urheberrechtsvertrag[3] geschlossen, welcher durch die sog. Urheberrichtlinie oder auch InfoSoc-Richtlinie 2001/29/EG[4] umgesetzt wurde. Ebenfalls an das TRIPS-Abkommen anknüpfend betont die sog. Enforcement-Richtlinie,[5] dass der Begriff „Rechte des geistigen Eigentums" auch die gewerblichen Schutzrechte umfasse.

2 Der in § 6 S. 1 LIFG bekräftigte Schutz geistigen Eigentums ist nach der Gesetzesbegründung **verfassungsrechtlich** durch Art. 2 Abs. 2 LV iVm Art. 14 Abs. 1 GG und im Bereich Kunst, Wissenschaft, Forschung und Lehre durch Art. 2 Abs. 2 LV iVm Art. 5 Abs. 3 GG und Art. 20 Abs. 1 LV garantiert.[6] Eigentum iSd Art. 14 Abs. 1 GG ist insb. das Urheberrecht einschließlich der damit verbundenen Nutzungsrechte: Denn der Urheber hat „einen grundsätzlichen Anspruch auf Zuordnung des wirtschaftlichen Nutzens seiner geistig schöpferischen Leistung".[7] Über Eigentum kann der In-

1 Übereinkommen über handelsbezogene Aspekte der Rechte des Geistigen Eigentums, das die EU (ABl. EG v. 23.12.1994 Nr. L 336/214) und den Bund (BGBl. 1994, 1438, 1730) bindet.
2 Schoch IFG § 6 Rn 12.
3 ABl. EG v. 11.4.2000, Nr. L 89/8.
4 Vgl Erwägungsgrund 15 der RL 2001/29/EG zur Harmonisierung bestimmter Aspekte des Urheberrechts und der verwandten Schutzrechte in der Informationsgesellschaft (ABl. EG v. 22.6.2001 Nr. L 167/10).
5 Art. 1 S. 2 der RL 2004/48/EG zur Durchsetzung der Rechte des geistigen Eigentums (ABl. EG v. 30.4.2004, Nr. L 157/45).
6 LReg LT-Drs. 15/7720, 72.
7 BVerfG v. 25.10.2002, 1 BvR 2116/01, NJW 2003, 1655, 1656; BeckOK InfoMedien/Guckelberger IFG § 6 Rn 2.

haber in eigener Verantwortung disponieren.[8] Das Urheber- und Erfinderpersönlichkeitsrecht ist durch Art. 2 Abs. 1 iVm Art. 1 Abs. 1 GG geschützt.[9] Insgesamt verfügt der Gesetzgeber über einen weiten Spielraum bei der Ausgestaltung des geistigen Eigentums, insb. der Festlegung sachgerechter Maßstäbe für die Nutzung.[10]

Inländische **juristische Personen des Privatrechts** können sich auf Art. 14 3
iVm 19 Abs. 3 GG berufen. Dieser Grundrechtsschutz wird nach Art. 18, 26 Abs. 2 AEUV auf ausländische juristische Personen mit Sitz in EU-Mitgliedstaaten ausgedehnt.[11]

Juristische Personen des öffentlichen Rechts können sich grds. nicht auf die 4
Grundrechte wie etwa Art. 14 GG berufen.[12] Jedoch betont die Gesetzesbegründung die grundrechtliche Absicherung im Bereich Kunst, Wissenschaft, Forschung und Lehre durch Art. 2 Abs. 2 LV iVm Art. 5 Abs. 3 GG und Art. 20 Abs. 1 LV.[13] Außerdem trägt nach der Gesetzesbegründung § 6 LIFG haushaltsrechtlichen Grundsätzen Rechnung.[14] Auch bleibt es dem Gesetzgeber unbenommen, ihnen einfachgesetzlich geistiges Eigentum einzuräumen.[15]

Da sich der Schutz geistigen Eigentums zumeist aus **Bundesrecht** ergibt, 5
welches vom Landesrecht aus kompetenzrechtlichen Gründen zu respektieren ist, wäre eine landesrechtliche Abwägungsklausel gegenüber dem Schutz des geistigen Eigentums abzulehnen.[16]

b) **Betriebs- und Geschäftsgeheimnisse (S. 2).** Betriebs- und Geschäftsge- 6
heimnisse sind nach Art. 8 EMRK geschützt.[17] Auch im EU-Recht ist deren Schutz ohne ersichtliche ausdrückliche Anerkennung seit jeher anerkannt.[18] Seit 2012 werden sie durch die unternehmerische Freiheit (Art. 16 GRCh) oder dem Eigentumsrecht (Art. 17 Abs. 1 GRCh) geschützt.[19] Im Sekundärrecht bewahrt die Richtlinie 2016/943 über den Schutz vertraulichen Know-hows und vertraulicher Geschäftsinformationen (Geschäftsgeheimnisse) vor rechtswidrigem Erwerb sowie rechtswidriger Nutzung und Offenlegung[20] Geschäftsgeheimnisses nach folgender Definition in Art. 2 Nr. 1:

---

8 BVerfG v. 19.7.2011, 1 BvR 1916/09, NJW 2011, 3428 Rn 85; BeckOK InfoMedien/Guckelberger IFG § 6 Rn 2.
9 Schoch IFG § 6 Rn 7.
10 BVerfG v. 19.7.2011, 1 BvR 1916/09, NJW 2011, 3428 Rn 85; BeckOK InfoMedien/Guckelberger IFG § 6 Rn 2.
11 BVerfG v. 19.7.2011, 1 BvR 1916/09, NJW 2011, 3428 Rn 69 ff; BeckOK InfoMedien/Guckelberger IFG § 6 Rn 2.
12 BVerfG v. 29.11.2004, 2 BvR 414/02, LKV 2005, 165; BeckOK InfoMedien/Guckelberger IFG § 6 Rn 3.
13 LReg LT-Drs. 15/7720, 72.
14 LReg LT-Drs. 15/7720, 71.
15 BeckOK InfoMedien/Guckelberger IFG § 6 Rn 6.
16 LReg LT-Drs. 15/7720, 43.
17 EGMR v. 16.12.1992, 13710/88 – Niemitz gegen Deutschland: Schutz einer Anwaltskanzlei vor Durchsuchung. Kloepfer aaO 3 spricht daneben von allg. Anerkennung.
18 Dazu: Schoch IFG § 6 Rn 14; Kloepfer aaO 4.
19 Dazu: Schoch IFG § 6 Rn 14; Kloepfer aaO 4.
20 ABl. EU v. 15.6.2016 Nr. L 157/1.

„a) Sie sind in dem Sinne geheim, dass sie weder in ihrer Gesamtheit noch in der genauen Anordnung und Zusammensetzung ihrer Bestandteile den Personen in den Kreisen, die üblicherweise mit dieser Art von Informationen umgehen, allgemein bekannt oder ohne weiteres zugänglich sind;
b) sie sind von kommerziellem Wert, weil sie geheim sind;
c) sie sind Gegenstand von den Umständen entsprechenden angemessenen Geheimhaltungsmaßnahmen durch die Person, die die rechtmäßige Kontrolle über die Informationen besitzt".

7 Der Schutz von Betriebs- und Geschäftsgeheimnissen durch § 6 S. 2 LIFG trägt nach der Gesetzesbegründung der **Berufs- und Eigentumsfreiheit** in Art. 12 und 14 GG sowie für fiskalisches Handeln der öffentlichen Hand haushaltsrechtlichen Grundsätzen Rechnung.[21] Während bei Offenlegung von Betriebs- und Geschäftsgeheimnisse durch den Staat die Berührung des Schutzbereichs von Art. 12 Abs. 1 GG anerkannt ist,[22] ist umstritten, ob daneben auch der Eigentumsschutz nach Art. 14 GG tangiert ist.[23] Jedenfalls reicht ein Schutz von Betriebs- und Geschäftsgeheimnissen durch Art. 14 Abs. 1 GG nicht weiter als der durch Art. 12 Abs. 1 GG.[24] Beide Grundrechte verlangen keinen absoluten Schutz der Geheimnisse, sondern die Berufsfreiheit unterliegt dem Regelungsvorbehalt des Art. 12 Abs. 1 S. 2 GG und beim Eigentum besteht die Befugnis zur Inhalts- und Schrankenbestimmung nach Art. 14 Abs. 1 S. 2 GG.[25] Angesichts dieses Gestaltungsspielraums vermag die Kritik an einer im Vergleich zu § 5 Abs. 1 S. 1 LIFG fehlenden Abwägungsmöglichkeit mit dem Informationsinteresse jedenfalls nicht die Verfassungswidrigkeit von § 6 LIFG zu bewirken.[26] Gegen eine Ausweitung der Abwägungsklauseln führte die Gesetzesbegründung an, dass ansonsten ein nicht zu unterschätzender Aufwand für die Abwägungsentscheidung und erhebliche Haftungsrisiken bestünden.[27]

8 **2. Entstehungsgeschichte.** § 6 LIFG übernimmt § 6 IFG des Bundes, wobei durch die Hinzufügung des Wortes „solange" klargestellt wird, dass der Schutz auch in zeitlicher Hinsicht auf das erforderliche Maß eingeschränkt ist.[28] Selbst einige Sätze der Gesetzesbegründungen stimmen wörtlich überein.[29] Schließlich wurde insoweit der von der Regierung eingebrachte Gesetzentwurf (s. LIFG § 1 Rn 3) unverändert vom Landtag beschlossen.

21 LReg LT-Drs. 15/7720, 71.
22 BVerfG v. 24.11.2011, 1 BvF 2/05 – Gentechnikgesetz, Rn 202; BeckOK InfoMedien/Guckelberger IFG § 6 Rn 12.
23 Dazu bspw: BeckOK InfoMedien/Guckelberger IFG § 6 Rn 12; Schoch IFG § 6 Rn 8 f, jeweils mwN.
24 BVerfG v. 14.3.2006, 1 BvR 2087/03 und 2111/03, Rn 137; BeckOK InfoMedien/Guckelberger IFG § 6 Rn 13.
25 Schoch IFG § 6 Rn 9.
26 IdS: BeckOK InfoMedien/Guckelberger IFG § 6 Rn 15; Kloepfer aaO 34 f; Schoch IFG § 6 Rn 125; Ziekow/Debus/Musch 375 f. Dagegen wohl Verfassungswidrigkeit annehmend Kugelmann NJW 2006, 3609, 3612.
27 LReg LT-Drs. 15/7720, 43.
28 LReg LT-Drs. 15/7720, 71.
29 Vgl LT-Drs. 15/7720, 71 f, und BT-Drs. 15/4493, 14.

3. Normzweck. Der Normzweck und die Auslegung des § 6 LIFG sind grds. mit der Bundesregelung in § 6 IFG identisch, wie sich aus der Entstehungsgeschichte des § 6 LIFG (s. Rn 8) und dem fast identischen Wortlaut beider Normen ergibt. Beide Normen haben eine drittschützende Funktion.[30] 9

§ 6 LIFG enthält einen **absoluten** Ablehnungsgrund, dh soweit und solange die betroffene Person nicht einwilligt, hat die informationspflichtige Stelle den Antrag ohne Ermessen abzulehnen.[31] Dieser Vorrang des geistigen Eigentums und der Berufs- und Geschäftsgeheimisse lässt sich damit erklären, dass sich zwar diese Rechtsgüter, aber idR nach hM nicht die Informationszugangsansprüche auf die Grundrechte zurückführen lassen.[32] Damit verfolgt § 6 primär eine ökonomische Zielsetzung, denn es sollen negative Auswirkungen auf den Wirtschaftsstandort Baden-Württemberg verhindert werden.[33] Der Schutz ist insb. für juristische Personen wichtig, weil sich diese idR wegen Verneinung des Merkmals „personenbezogener" Daten nicht auf § 5 LIFG berufen können.[34] 10

Das privatrechtliche Schutzsystem des **geistigen Eigentums** lässt § 6 S. 1 LIFG unberührt und insoweit den Anspruch auf Informationszugang entfallen.[35] Dieser Schutz wird durch S. 2 zugunsten von **Betriebs- und Geschäftsgeheimnissen** ergänzt, wenn bspw ein technisches Schutzrecht noch nicht entstanden ist, aber den Konkurrenten die Informationen verwehrt sein sollen. Dies dient nicht nur dem Schutz der Einzelnen, sondern kommt mittelbar auch dem allg. Fortschritt zugute, weil kostenintensive Forschung sich finanziell lohnen kann.[36] Außerdem soll durch die Vertraulichkeit die (Kooperations-)Bereitschaft zur Weitergabe von Informationen an staatliche Stellen erhöht werden.[37] 11

4. Vergleichbare Regelungen des Bundes oder anderer Bundesländer. § 6 IFG (iVm § 1 S. 1 SIFG); § 5 Abs. 1 S. 1 Nr. 2 und Nr. 3 AIG BB; § 6 BremIFG; § 8 IFG MV; § 16 Abs. 1 S. 1 Nr. 1 LTranspG RP; § 6 IZG LSA; § 10 S. 1 Nr. 2 und Nr. 3 sowie S. 3 bis 5 IZG-SH. Nur zu Betriebs- und Geschäftsgeheimnissen: §§ 7, 7 a IFG BE, § 7 HmbTG, § 8 IFG NRW, § 9 Abs. 1 S. 1 ThürIFG. Vgl auch § 1 AGVIG iVm § 3 S. 1 Nr. 2 lit. b und c sowie S. 2, 5 und 6 VIG, § 29 UVwG und § 3 b LVwVfG. 12

II. Schutz geistigen Eigentums (S. 1)

1. Geistiges Eigentum (S. 1). Für das Vorliegen geistigen Eigentums ist das jeweilige Fachrecht (**Immaterialgüterrecht**) ausschlaggebend, welches das LIFG „ungefiltert" („eins zu eins") rezipiert.[38] Zum geistigen Eigentum ge- 13

30 Zum Bundesrecht Schoch IFG § 6 Rn 5.
31 Schoch IFG § 6 Rn 4.
32 BeckOK InfoMedien/Guckelberger IFG § 6 Rn 1.
33 LReg LT-Drs. 15/7720, 72.
34 BeckOK InfoMedien/Guckelberger IFG § 6 Rn 1.
35 Schoch IFG § 6 Rn 4.
36 BeckOK InfoMedien/Guckelberger IFG § 6 Rn 11.
37 BeckOK InfoMedien/Guckelberger IFG § 6 Rn 11.
38 Schoch IFG § 6 Rn 4.

hören nach der Gesetzesbegründung insb. Urheber-, Marken-, Patent-, Gebrauchs- und Geschmacksmusterrechte.[39] Umstritten ist dabei, ob dies auch das Urheberpersönlichkeitsrecht umfasst[40] oder (ausschließlich) am Maßstab für personenbezogene Daten zu messen ist.[41]

14 Das **Urheberrecht** schützt nach § 2 UrhG Werke (dh „nur persönliche geistige Schöpfungen") der Literatur, Wissenschaft und Kunst. Dabei ist in Bezug auf amtliche Informationen wichtig, dass das Urheberrecht nicht die Sachinformation schützt, die in einem Schriftstück oder sonstigen Werk enthalten ist, sondern nur eine besondere Ausdrucksform oder anspruchsvolle Gliederung des Stoffes.[42] Dabei kann eine solche geistige Schöpfung zum einen in der Gedankenformung und -führung liegen, zum anderen auch in der Form und Art der Sammlung, der Einteilung sowie Anordnung des dargebotenen Stoffs.[43] Unabhängig von ihrer Schöpfungshöhe steht den Fotografen an Lichtbildern ein Schutzrecht nach § 72 UrhG zu.

15 Urheberrechtschutz wurde bejaht beim Prüfbericht zu einem Wahlgerät mit zugehöriger Software[44] oder idR bei selbst erstellten Karten.[45]

16 Dagegen fehlt eine persönliche geistige Schöpfung bei einer vierseitigen Zitatensammlung für die bloße Vorbereitung eines Aufsatzes.[46] Je nachdem, wie Gutachten abgefasst sind, besteht oder fehlt eine ausreichende schöpferische Leistung.[47]

17 **Amtliche Werke** genießen nach § 5 UrhG keinen oder nur sehr eingeschränkten Urheberrechtsschutz.[48] Soweit in den amtlichen Werken auf private Normwerke verwiesen wird, ohne deren Wortlaut wiederzugeben, können auch insoweit Urheberrechte dem Informationszugang entgegenstehen.[49]

18 Als Umkehrschluss folgt aus § 5 UrhG, dass auch Texte, die von Angehörigen der Behörden verfasst wurden, die Kriterien eines urheberrechtlichen Werkes erfüllen können.[50] Dementsprechend kann sich nach der Gesetzesbegründung auch eine Behörde auf geistiges Eigentum berufen, soweit dies einfachrechtlich vorgesehen ist.[51]

19 **2. Kollision („soweit und solange … entgegensteht"). a) Erfordernis eines Informationsrestriktionsrechts.** Nur soweit und solange das geistige Eigentum „entgegensteht" ist der Informationszugang zu verweigern. Wie diesem Verb zu entnehmen ist, ist für die Anlehnung das bloße Bestehen eines

39 LReg LT-Drs. 15/7720, 71.
40 IdS BVerwG v. 25.6.2015, 7 C 1.14, Rn 29.
41 IdS BeckOK InfoMedien/Guckelberger IFG § 6 Rn 5.2.
42 BeckOK InfoMedien/Guckelberger IFG § 6 Rn 5; Raue JZ 2013, 280, 283.
43 VG BE v. 1.12.2011, 2 K 91.11, juris Rn 25 unter Hinweis auf BGH v. 12.6.1981, I ZR 95/79, juris Rn 22; BeckOK InfoMedien/Guckelberger IFG § 6 Rn 5.1.
44 VG Braunschweig v. 17.10.2007, 5 A 188/06, juris Rn 21.
45 BeckOK InfoMedien/Guckelberger IFG § 6 Rn 5.1; Raue JZ 2013, 280, 283.
46 VG BE v. 8.9.2009, 2 A 8.07, juris Rn 43.
47 So mit weiteren Bsp.: BeckOK InfoMedien/Guckelberger IFG § 6 Rn 5.1; Raue JZ 2013, 280, 283.
48 Dazu BVerwG v. 25.6.2015, 7 C 1.14, Rn 31 ff.
49 LReg LT-Drs. 15/7720, 72.
50 BeckOK InfoMedien/Guckelberger IFG § 6 Rn 6.
51 LReg LT-Drs. 15/7720, 72.

Schutzrechts nicht ausreichend, sondern sein Inhalt muss vielmehr mit dem begehrten Zugang inkompatibel sein.[52] Dazu benötigt der Inhaber ein **Informationsrestriktionsrecht.**[53] In der Praxis ist eine Kollision zwischen geistigem Eigentum und einer bloßen Kenntnisnahme der Information (ohne Kopie) eher selten.[54]

b) Zugang bei Einwilligung oder bei behördlicher Inhaberschaft. Ein entgegenstehendes Recht besteht bei einer **Einwilligung** des Rechteinhabers nicht.[55] Zwar wird in § 6 S. 1 LIFG anders als in S. 2 die Möglichkeit der Einwilligung nicht erwähnt, aber insb. das über Art. 14 Abs. 1 GG gewährleistete Eigentum zeichnet sich dadurch aus, dass der Einzelne über dieses disponieren kann.[56] Dies kann auch konkludent erfolgen.[57] 20

Sind **informationspflichtige Stellen** Inhaber des geistigen Eigentums, dürfen sie von ihren Rechten nur unter Berücksichtigung der Zielsetzung der Informationsfreiheit Gebrauch machen.[58] Jedenfalls soweit nicht Urheberrechte außenstehender Dritter betroffen sind, ist es der Behörde idR versagt, unter Berufung auf § 6 S. 1 LIFG sich gegen Informationszugangsansprüche zu wenden, auch wenn die amtlichen Informationen geschützte Werke iSd § 2 UrhG sind und unter das (Erst-)Veröffentlichungsrecht nach § 12 UrhG fallen.[59] Ausnahmsweise kann die nutzungsberechtigte informationspflichtige Stelle insb. wegen der Eigenart des geschützten Werks ein anerkennenswertes Interesse am Schutz des Urheberrechts haben; das ist dann in Erwägung zu ziehen, wenn das Urheberrecht die wirtschaftliche Verwertung eröffnet.[60] Ein uneingeschränktes Berufen auf die Schutzrechte ermöglicht die grundrechtlich geschützte Forschungsfreiheit.[61] 21

Soweit keine ausdrückliche Vereinbarung zwischen informationspflichtiger Stelle und dem Urheber getroffen wurde, beurteilt sich dies am Maßstab des § 31 Abs. 5 S. 2 UrhG[62] (iVm § 43 UrhG in Arbeits- oder Dienstverhältnissen),[63] was dann freilich zu einer Vergütungspflicht nach § 32 UrhG führen kann. Eine Übertragung von Nutzungsrechten auf die informationspflichtige Stelle ist aufgrund des Vertragszwecks anzunehmen, wenn ein 22

52 BeckOK InfoMedien/Guckelberger IFG § 6 Rn 7; Berger/Kollbeck/Partsch/Roth/Scheel/Berger IFG § 6 Rn 6.
53 NK-IFG/Rossi § 6 Rn 10; Schnabel K&R 2011, 626, 627 f; Schoch IFG § 6 Rn 28.
54 BeckOK InfoMedien/Guckelberger IFG § 6 Rn 7; Ziekow/Debus/Musch 366.
55 LReg LT-Drs. 15/7720, 71; NK-IFG/Rossi § 6 Rn 59; Schoch IFG § 6 Rn 54.
56 BeckOK InfoMedien/Guckelberger IFG § 6 Rn 9.
57 BeckOK InfoMedien/Guckelberger IFG § 6 Rn 9; Schoch IFG § 6 Rn 55; s. näher auch unten die Ausführungen zur Einwilligung nach § 6 S. 2 LIFG bei Rn 43 ff.
58 BVerwG v. 25.6.2015, 7 C 1.14, Rn 38; BeckOK InfoMedien/Guckelberger IFG § 6 Rn 5. NK-IFG/Rossi § 6 Rn 60: pflichtgemäßes Ermessen.
59 BVerwG v. 25.6.2015, 7 C 1.14, Rn 38; BeckOK InfoMedien/Guckelberger IFG § 6 Rn 5.
60 BVerwG v. 25.6.2015, 7 C 1.14, Rn 42.
61 IdS Schnabel ZD 2014, 322. Vgl auch § 2 Abs. 3 Nr. 2 LIFG.
62 VG BE v. 21.10.2010, 2 K 89.09, Rn 37; BeckOK InfoMedien/Guckelberger IFG § 6 Rn 8.1. Immer von der Übertragung des Urheberrechts ausgehend: VG Frankfurt v. 12.3.2008, 7 E 5426/06, juris Rn 56; Berger/Kollbeck/Partsch/Roth/Scheel/Partsch IFG § 6 Rn 11. Wegen der Vergütungspflicht nach § 32 UrhG idR eine Übertragung ablehnend NK-IFG/Rossi § 6 Rn 54 ff.
63 Dazu BVerwG v. 25.6.2015, 7 C 1.14, Rn 40.

Beamter in Ausübung seiner Dienstpflichten ein Werk geschaffen hat[64] oder wenn sie das Gutachten auf vertraglicher Grundlage und gegen Entgelt für sich erstellen ließ.[65] Da idR nur diejenigen Nutzungsrechte stillschweigend eingeräumt sind, die für das Erreichen des Vertragszwecks unerlässlich sind,[66] dürfte dies aber nur bei Werkerstellung bzw Vereinbarung nach Inkrafttreten des LIFG gelten, denn vorher war dies für die nunmehr informationspflichtige Stelle noch nicht unerlässlich.

23 c) **Urheberrecht.** Durch einen Informationszugang – insb. bei Fertigung von Kopien – werden nach der Gesetzesbegründung, vor allem das Vervielfältigungsrecht nach § 16 UrhG und das Verbreitungsrecht nach § 17 UrhG berührt.[67] Der Inhalt der Urheberrechte ist in den §§ 11 ff UrhG geregelt.

24 Eine Kollision kommt insb. mit dem **Veröffentlichungsrecht** nach § 12 UrhG in Betracht. Die Übermittlung an die informationspflichtige Stelle ist noch keine Veröffentlichung,[68] außer der Berechtigte weiß, dass dieses Werk im Rahmen einer Öffentlichkeitsbeteiligung mit Sicherheit oder mit hoher Wahrscheinlichkeit publik werden wird.[69] Teils wird eine Verletzung des § 12 UrhG verneint, weil der Zugang nur den antragstellenden Personen und nicht der Öffentlichkeit (vgl § 6 Abs. 1 UrhG) gewährt werde.[70] Zutreffend wird schon die Kenntnisgabe an eine antragstellende Person für ausreichend bewertet, weil damit die abstrakte Möglichkeit der Kenntnisnahme durch die Öffentlichkeit besteht.[71]

25 Die urheberrechtlichen **Verwertungsrechte** (insb. Vervielfältigung und Verbreitung) werden durch die bloße Einsichtnahme[72] oder Auskunft[73] von vornherein nicht berührt. Dabei bleibt es der antragstellenden Person unbenommen, sich handschriftliche Notizen zu machen.[74]

26 Das **Vervielfältigungsrecht** ist nach § 16 Abs. 1 UrhG das Recht, Vervielfältigungsstücke des Werkes herzustellen, gleichviel ob vorübergehend oder dauerhaft, in welchem Verfahren und in welcher Zahl. Dies erfasst grds. auch Vervielfältigungen zum rein privaten Werkgenuss ohne jegliche Gewinnerzielungsabsicht.[75]

27 Das **Verbreitungsrecht** ist nach § 17 Abs. 1 UrhG das Recht, das Original oder Vervielfältigungsstücke des Werkes der Öffentlichkeit anzubieten oder in Verkehr zu bringen. Maßgeblich ist die Verwertung des Werks in körper-

---

64 BVerwG v. 25.6.2015, 7 C 1.14, Rn 40.
65 VG BE v. 21.10.2010, 2 K 89.09, Rn 38.
66 Vgl BVerwG v. 25.6.2015, 7 C 1.14, Rn 40 f; VG BE v. 21.10.2010, 2 K 89.09, Rn 37.
67 LReg LT-Drs. 15/7720, 71 f.
68 BVerwG v. 25.6.2015, 7 C 1.14, Rn 36; aM bei freiwilliger Übergabe Raue JZ 2013, 280, 285, wobei die Einreichung zu Prüfzwecken einen gesetzlichen Zwang darstellen soll.
69 BeckOK InfoMedien/Guckelberger IFG § 6 Rn 8; Ramsauer AnwBl 2013, 410, 415.
70 VG BE v. 1.12.2011, 2 K 91.11, Rn 27 f; Berger/Kollbeck/Partsch/Roth/Scheel/Partsch IFG § 6 Rn 6 a; Schoch IFG § 6 Rn 46.
71 IdS BVerwG v. 25.6.2015, 7 C 1.14, Rn 37 mN.
72 BVerwG v. 25.6.2015, 7 C 1.14, Rn 43 mN.
73 Schoch IFG § 6 Rn 48.
74 VG Frankfurt v. 12.3.2008, 7 E 5426/06, juris Rn 65.
75 OVG NW v. 24.5.2016, 15 A 2051/14, Rn 58.

licher Form, bei der der Anbietende aus der internen Sphäre in die Öffentlichkeit hinaustritt.[76] Eine Rechtsverletzung ist bei einer bloßen Einsicht zu verneinen, weil in diesem Fall weder das Original noch Vervielfältigungen des Werks der Öffentlichkeit angeboten würden und durch die Einsichtnahme der antragstellenden Person nicht gegen den Willen der betroffenen Person „in den Verkehr" gebracht würde.[77] Für eine Verbreitung ist vielmehr die Übertragung des Eigentums an einem Werkstück erforderlich.[78]

Dem Informationszugang steht das Urheberrecht nicht entgegen, wenn die Nutzung nach den §§ 44 a ff UrhG erlaubt ist.[79] In Betracht kommen insb. für die **Rechtspflege** nach § 45 Abs. 1 UrhG einzelne Vervielfältigungsstücke von Werken zur Verwendung in Verfahren vor einem Gericht, einem Schiedsgericht oder einer Behörde herzustellen oder herstellen zu lassen.[80] **Zitate** sind nach § 51 UrhG zulässig. **Vervielfältigungen zum privaten und sonstigen eigenen Gebrauch** sind nach § 53 UrhG erlaubt, aber dies gestattet nicht das Erstellen einer Kopie eines Werkes seitens der informationspflichtigen Stelle und deren Aushändigung.[81] Allerdings kann die antragstellende Person sich selbst Kopien anfertigen und die informationspflichtige Stelle ist jedenfalls nicht verpflichtet, das Vorliegen der Voraussetzungen zu überprüfen.[82] 28

d) Sonstige Schutzrechte. Bei den sonstigen in der Gesetzesbegründung genannten Schutzrechten (insb. Marken-, Patent-, Gebrauchs- und Geschmacksmusterrechte)[83] scheidet ihre Verletzung durch einen Informationszugang ohne Kopie idR aus, weil sie ohnehin anlässlich ihrer Anmeldung publik gemacht werden.[84] Der Gehalt dieser Rechte liegt in den Befugnissen zur Benutzung und zur Abwehr von Nachahmungen und Ausbeutungen des Schutzgegenstandes.[85] 29

Dagegen bestehen Informationsrestriktionsrechte bei unveröffentlichten Erfindungen und bei unveröffentlichten, eingetragenen Designs (vgl § 21 DesignG).[86] Auch sind zum Schutz von Staatsgeheimnissen (§ 93 StGB) bestimmte Erfindungen der Geheimhaltung unterworfen, wie etwa das Geheimpatent (§ 50 PatG) und das geheime Gebrauchsmuster (§ 9 GebrMG).[87] 30

---

76 OVG NW v. 24.5.2016, 15 A 2051/14, Rn 58.
77 VG BE v. 1.12.11, 2 K 91.11, juris Rn 29; Schoch IFG § 6 Rn 48.
78 IdS: EuGH v. 17.4.2008, C-456/06, Rn 33; BGH v. 22.1.2009, I ZR 247/03; Schnabel K&R 2011, 626, 630.
79 Schoch IFG § 6 Rn 62.
80 Dazu NK-IFG/Rossi § 6 Rn 53: Kein behördliches Verfahren idS ist das Verfahren auf Informationszugang; aM Berger/Kollbeck/Partsch/Roth/Scheel/Partsch IFG § 6 Rn 6 b.
81 OVG NW v. 24.5.2016, 15 A 2051/14, Rn 69 ff; VG Frankfurt v. 12.3.2008, 7 E 5426/06, juris Rn 65; Jastrow/Schlatmann IFG § 6 Rn 30; aM: VG Köln v. 22.9.2014, 13 K 4674/13; Berger/Kollbeck/Partsch/Roth/Scheel/Partsch IFG § 6 Rn 10; Raue JZ 2013, 208, 287; Schoch IFG § 6 Rn 64.
82 Schnabel K&R 2011, 626, 630.
83 LReg LT-Drs. 15/7720, 71.
84 BeckOK InfoMedien/Guckelberger IFG § 6 Rn 7; NK-IFG/Rossi § 6 Rn 12 ff; Schnabel K&R 2011, 626, 627 f; Schoch IFG § 6 Rn 30 ff.
85 NK-IFG/Rossi § 6 Rn 16.
86 Schoch IFG § 6 Rn 17.
87 Schoch IFG § 6 Rn 18.

31 Eine Kollision wird vereinzelt auch mit der **Forschungsfreiheit** aus Art. 5 Abs. 3 S. 1 GG für Tätigkeiten postuliert, die nicht dem privatrechtlichen Schutzsystem unterfallen.[88] Zwar ist es richtig, dass die Gesetzesbegründung[89] die Forschungsfreiheit erwähnt, aber dies soll nicht zur Erweiterung des Begriffs des geistigen Eigentums führen, sondern nur Forscherinnen und Forschern die Freiheit bei der Ausübung der bestehenden Rechte gewähren (vgl oben Rn 2).[90]

32 **3. Rechtsfolge.** Der Informationszugang ist zu gewähren, soweit und solange die betroffene Person mit der Offenbarung der sie betreffenden Information einverstanden und verfügungsbefugt ist.[91] Bei fehlender Einwilligung ist der Antrag ohne Abwägung abzulehnen, wie sich aus dem klaren Wortlaut und dem Textvergleich zu § 5 Abs. 1 S. 1 LIFG und der anderen Formulierung des § 9 Abs. 1 S. 1 Nr. 2 UIG ergibt.[92]

III. Schutz von Betriebs- und Geschäftsgeheimnissen (S. 2)

33 **1. Begriffe. Betriebsgeheimnisse** umfassen technisches Wissen im weitesten Sinne.[93] Bejaht wurde dies etwa bei dem Prüfbericht der Physikalisch-Technischen Bundesanstalt über Wahlcomputer[94] und den konkreten technische Daten und Spezifikationen von Kriegswaffen.[95]

34 **Geschäftsgeheimnisse** betreffen vornehmlich kaufmännisches Wissen.[96] Dies umfasst alle Konditionen, welche die wirtschaftlichen Verhältnisse eines Unternehmens maßgeblich bestimmen können,[97] „etwa Umsätze, Ertragslagen, Geschäftsbücher, Kundenlisten, Bezugsquellen, Konditionen, Marktstrategien, Unterlagen zur Kreditwürdigkeit, Kalkulationsunterlagen, Patentanmeldungen und sonstige Entwicklungs- und Forschungsprojekte (…), durch welche die wirtschaftlichen Verhältnisse eines Betriebs maßgeblich bestimmt werden können".[98] Ein Mietvertrag ist etwa ein Geschäftsgeheimnis des Mieters, der das Objekt zu Veranstaltungszwecken mietet, wenn dem Vertrag wettbewerbsrelevante Rahmenbedingungen entnommen werden können, denen er langfristig unterworfen ist.[99]

---

88 IdS VG Braunschweig v. 26.6.2013 – 5 A 33/11, ZD 2014, 318 ff; Jastrow/Schlatmann IFG § 6 Rn 12.
89 BT-Drs. 15/4493, 14 zum Bundesrecht und LT-Drs. 15/7720, 72 zum Landesrecht.
90 IdS Schnabel ZD 2014, 322.
91 LReg LT-Drs. 15/7720, 71.
92 BeckOK InfoMedien/Guckelberger IFG § 6 Rn 10.
93 BVerfG v. 21.10.2014, 2 BvE 5/11 Rn 182; BVerwG v. 28.5.2009, 7 C 18/08, juris Rn 12; OVG NW v. 19.3.2013, 8 A 1172/11 juris Rn 125; BeckOK InfoMedien/Guckelberger IFG § 6 Rn 31.
94 VG Braunschweig v. 17.10.2007, 5 A 188/06, juris Rn 28; BeckOK InfoMedien/Guckelberger IFG § 6 Rn 31; Schoch IFG § 6 Rn 95.
95 BVerfG v. 21.10.2014, 2 BvE 5/11, Rn 182; BeckOK InfoMedien/Guckelberger IFG § 6 Rn 31.
96 BVerfG v. 21.10.2014, 2 BvE 5/11, Rn 182; BVerwG v. 28.5.2009, 7 C 18/08, juris Rn 12; OVG NW v. 19.3.2013, 8 A 1172/11, juris Rn 125; BeckOK InfoMedien/Guckelberger IFG § 6 Rn 32.
97 BeckOK InfoMedien/Guckelberger IFG § 6 Rn 32; Kloepfer aaO 14.
98 BVerfG v. 14.3.2006, 1 BvR 2087/03 und 2111/03, juris Rn 87; BeckOK InfoMedien/Guckelberger IFG § 6 Rn 32.
99 OVG NW v. 18.12.2013, 5 A 413/11, juris Rn 154.

Der zweigliedrige Tatbestand des Betriebs- und Geschäftsgeheimnisses wurde gewählt, um dadurch einen möglichst umfassenden Schutz sprachlich abzubilden.[100] Da beide Geheimnisse durch § 6 S. 2 LIFG geschützt werden, kann auf eine Abgrenzung verzichtet werden.[101] Ob es vorliegt, ist anhand der Besonderheiten des jeweils betroffenen Sach- oder Rechtsgebiets (zB § 17 UWG, § 203 StGB) zu bestimmen.[102] 35

Als **Betriebs- oder Geschäftsgeheimnis** werden „alle auf ein Unternehmen bezogene Tatsachen, Umstände und Vorgänge verstanden, die nicht offenkundig, sondern nur einem begrenzten Personenkreis zugänglich sind und an deren Nichtverbreitung der Rechtsträger ein berechtigtes Interesse hat."[103] Beim Schutz der Betriebs- oder Geschäftsgeheimnisse ist das entsprechende EU-Recht (s. Rn 6) zu beachten. Für die Anwendbarkeit des § 6 S. 2 LIFG reicht es aus, dass eine Offenlegung der Information Rückschlüsse auf ein Betriebs- oder Geschäftsgeheimnis zulässt.[104] 36

Aus den Begriffen „Betriebs-" und „Geschäftsgeheimnis" lässt sich entnehmen, dass die Informationen einen **Unternehmensbezug** aufweisen müssen.[105] Dies ist nur zu bejahen, wenn die Informationen bestimmte Aspekte eines konkreten Unternehmens betreffen.[106] 37

Ein Geheimnis darf nur einem **begrenzten Personenkreis** bekannt sein.[107] Dies ist nicht gegeben bei für Dritte leicht zugänglichen Informationen.[108] 38

Außerdem ist ein **unternehmensbezogener Wille zur Geheimhaltung** erforderlich, dessen Voraussetzungen im Detail umstritten sind.[109] 39

Überdies ist ein **objektives Interesse an der Geheimhaltung** der Informationen notwendig.[110] Dies muss ein wirtschaftliches Interesse sein, wie sich aus den Begriffen „Betriebs-" und „Geschäfts-"geheimnis ergibt.[111] Es besteht, „wenn die Offenlegung der Information geeignet ist, exklusives technisches oder kaufmännisches Wissen den Konkurrenten zugänglich zu machen und so die Wettbewerbsposition des Unternehmens nachteilig zu beeinflussen".[112] Bei der Bewertung können nach der Gesetzesbegründung durch eine abwägende Interpretation in Einzelfällen Korrekturen vorge- 40

100 BeckOK InfoMedien/Guckelberger IFG § 6 Rn 16.
101 Schoch IFG § 6 Rn 104.
102 LReg LT-Drs. 15/7720, 72.
103 LReg LT-Drs. 15/7720, 72 unter Hinweis auf BVerfGE 115, 205, 230.
104 BVerwG v. 24.9.2009, 7 C 2/09, juris Rn 55 zum UIG; BeckOK InfoMedien/Guckelberger IFG § 6 Rn 16.
105 IdS mit Bsp.: Kloepfer aaO 20; BeckOK InfoMedien/Guckelberger IFG § 6 Rn 20.
106 NK-IFG/Rossi § 6 Rn 67.
107 IdS mit Bsp.: BeckOK InfoMedien/Guckelberger IFG § 6 Rn 21 ff.
108 IdS mit Bsp.: BeckOK InfoMedien/Guckelberger IFG § 6 Rn 21 ff; Kloepfer aaO 23.
109 Dazu: OVG BE-BB v. 7.6.2012, OVG 12 B 34.10, juris Rn 36; BeckOK InfoMedien/Guckelberger IFG § 6 Rn 24; NK-IFG/Rossi § 6 Rn 72; Schoch IFG § 6 Rn 89 f, 111 f.
110 OVG BE-BB v. 7.6.2012, OVG 12 B 34.10, juris Rn 36; BeckOK InfoMedien/Guckelberger IFG § 6 Rn 25.
111 BeckOK InfoMedien/Guckelberger IFG § 6 Rn 25; Sitsen 286 ff. Enger immer „Wettbewerbsrelevanz" fordernd: VG BE v. 7.8.2013, 2 K 273.12, juris Rn 32; Kloepfer aaO 28 ff; Schoch IFG § 6 Rn 91 ff.
112 BVerwG v. 27.11.2014, 7 C 12/13, Rn 28; BeckOK InfoMedien/Guckelberger IFG § 6 Rn 25.

nommen werden, da es einer wertenden Einschätzung der Wettbewerbsposition des betroffenen Unternehmens und der Konsequenzen einer möglichen Veröffentlichung von Informationen bedarf.[113] Erforderlich ist eine prognostische Entscheidung nach der Lage im Zeitpunkt der Antragstellung.[114]

41 Mangels ausdrücklicher gesetzlicher Regelung ist unklar, ob es an der Geheimhaltung von **Informationen über Rechtsverstöße** ein objektiv berechtigtes Interesse geben kann.[115] Nach der Gesetzesbegründung ist in der Rechtsprechung zum Informationsfreiheitsrecht anerkannt, dass eine Information jedenfalls dann ihren Schutz als Betriebs- oder Geschäftsgeheimnis verliere, wenn sie einen Rechtsverstoß beschreibe, der tragende Grundsätze der Rechtsordnung berühre. Noch weitergehend werde in der Literatur vertreten, dass, wer sich gegen die Rechtsordnung stelle, kein „Recht auf Intransparenz" verdiene.[116]

42 Bei der entsprechenden Bundesregelung ist die Anwendbarkeit auf **juristische Personen des öffentlichen Rechts** umstritten.[117] Nach der Gesetzesbegründung zum Landesrecht können sich auch öffentliche Stellen darauf berufen.[118] Dem ist mangels entgegenstehender Anhaltspunkte im Wortlaut zuzustimmen.

43 **2. Einwilligung.** Ein Sinn der Erwähnung der Einwilligung in § 6 S. 2 LIFG ist fraglich, weil bei Einwilligung es schon an dem für die Annahme eines Geheimnisses erforderlichen Geheimhaltungswillen fehlt.[119] Anders als bei § 5 Abs. 2 LIFG wird keine „ausdrückliche" Einwilligung gefordert, so dass bei § 6 S. 2 LIFG – wie bei der Parallelregelung im Bund[120] – auch eine konkludente Erteilung möglich ist. Ebenso[121] ist mangels expliziter Normierung eine mutmaßliche Einwilligung nicht ausreichend. Auch sind die Voraussetzungen losgelöst von den datenschutzrechtlichen Erfordernissen, da andere verfassungsrechtliche Rechtsgüter betroffen sind.[122]

---

113 LReg LT-Drs. 15/7720, 72 unter Hinweis auf Kloepfer aaO 36. IdS: BeckOK InfoMedien/Guckelberger IFG § 6 Rn 29; aM: NK-IFG/Rossi § 6 Rn 76; Schoch IFG § 6 Rn 99 ff.

114 BeckOK InfoMedien/Guckelberger IFG § 6 Rn 27; Kloepfer aaO 30.

115 Zum Bundesrecht: OVG Schleswig-Holstein v. 22.6.2005, 4 LB 30/04, juris Rn 54; VG BE v. 21.10.2010, 2 K 89.09, Juris Rn 33; BeckOK InfoMedien/Guckelberger IFG § 6 Rn 30.3; Kloepfer aaO 31 ff; Schoch IFG § 6 Rn 96 ff; NK-IFG/Rossi § 6 Rn 77.

116 LReg LT-Drs. 15/7720, 43 unter Hinweis auf Schoch, Informationsfreiheitsgesetz, 2009, § 6 Rn 56 f (jetzt 2. Aufl. § 6 Rn 96 ff).

117 Für die Anwendbarkeit auf öffentliche Stellen: VG Düsseldorf v. 23.11.2012, 26 K 1846/12, juris Rn 22; BeckOK InfoMedien/Guckelberger IFG § 6 Rn 35; Berger/Kollbeck/Partsch/Roth/Scheel/Partsch IFG § 6 Rn 2; Kloepfer aaO 20 ff; Schoch IFG § 6 Rn 80. Dagegen: OVG Schleswig-Holstein v. 30.3.2005, 4 LB 26/04, juris Ls. 2; VG Köln v. 7.4.2011, 13 K 822/10, juris Rn 66 ff; NK-IFG/Rossi § 6 Rn 68.

118 LReg LT-Drs. 15/7720, 72 unter Hinweis auf OVG NW v. 19.3.2013, 8 A 1172/11.

119 Sitsen 285.

120 Zum Bund: BeckOK InfoMedien/Guckelberger IFG § 6 Rn 37; Schoch IFG § 6 Rn 115. Nach NK-IFG/Rossi § 6 Rn 79 ist grds. eine ausdrückliche Einwilligung erforderlich, unter besonderen Umständen genügt eine konkludente Einwilligung.

121 Zum Bund: NK-IFG/Rossi § 6 Rn 79; Schoch IFG § 6 Rn 115.

122 BeckOK InfoMedien/Guckelberger IFG § 6 Rn 37; Schoch IFG § 6 Rn 115.

Wie man an dem Wort **„soweit"** erkennen kann, kann sich die Einwilligung der betroffenen Person über die Gewährung des Informationszugangs auf einen Teil der ein Betriebs- und Geschäftsgeheimnis darstellenden Informationen beschränken, was die informationspflichtige Stelle zu beachten hat.[123] 44

Aus dem Wort **„solange"** iVm den in der Formulierung verwendeten Zeitformen folgt, dass die Zugangsgewährung zeitlich einer Einwilligung nachfolgt, die Informationsgewährung nach Zugang des Widerruf der Einwilligung bei der informationspflichtigen Stelle nicht mehr gewährt werden darf, aber auch nicht rückgängig gemacht zu werden braucht.[124] 45

3. Rechtsfolge. Die Rechtsfolge ergibt sich unmittelbar aus der Erklärung der betroffenen Person.[125] **Bei Einwilligung** der betroffenen Person ist der Informationszugang zu gewähren.[126] Dabei räumt diese Formulierung der informationspflichtigen Stelle kein Ermessen ein.[127] 46

Ohne Einwilligung muss die informationspflichtige Stelle zwingend den Informationszugang versagen, soweit ein Betriebs- oder Geschäftsgeheimnis vorliegt.[128] Soweit sich für die informationspflichtige Stelle das Vorliegen eines Betriebs- oder Geschäftsgeheimnisses nicht feststellen lässt oder keine Einwilligung vorliegt, hat sie nach § 8 Abs. 1 LIFG die betroffenen Personen zu beteiligen. Ist sie selbst Inhaberin des Geheimnisses, erübrigt sich ein besonderer Verfahrensschritt.[129] 47

IV. Konkurrenzen

§ 6 LIFG steht in **Idealkonkurrenz** zu anderen Ablehnungsgründen (s. LIFG § 4 Rn 141). Anderes ergibt sich nicht daraus, dass sich das BVerwG zum Verhältnis der jeweiligen Erheblichkeitsschwelle beim Schutz öffentlicher Belange in Bezug auf wirtschaftlichen Interessen (nach § 3 Nr. 6 Alt. 2 IFG, der § 4 Abs. 1 Nr. 9 LIFG teilweise entspricht) und dem allg. Schutz von Betriebs- und Geschäftsgeheimnissen geäußert hat (s. LIFG § 4 Rn 98), denn das BVerwG hat eine Festlegung zum Vorrangverhältnis vermieden.[130] Idealkonkurrenz ist auch im Verhältnis zum Schutz von Betriebs- und Geschäftsgeheimnissen in Fachgesetzen anzunehmen, welche nach § 4 Abs. 2 LIFG zu respektieren sind. Der zum Bundesrecht hM, wonach die Fachgesetze abschließende, die allg. Schutzbestimmung von Betriebs- und Geschäftsgeheimnissen verdrängende Spezialregelungen seien,[131] kann nicht gefolgt werden. Während nämlich § 4 Abs. 2 LIFG primär dem Schutz öffentlicher Belange dient, bezweckt § 6 S. 2 LIFG vorwiegend den 48

123 NK-IFG/Rossi § 6 Rn 82.
124 LReg LT-Drs. 15/7720, 43.
125 Schoch IFG § 6 Rn 116.
126 LReg LT-Drs. 15/7720, 71.
127 Schoch IFG § 6 Rn 116; Ziekow/Debus/Musch 371.
128 BeckOK InfoMedien/Guckelberger IFG § 6 Rn 38.
129 BeckOK InfoMedien/Guckelberger IFG § 6 Rn 30.1.
130 Schoch IFG § 6 Rn 118 zu BVerwG v. 27.11.2014, 7 C 12.13, Rn 30.
131 HessVGH v. 2.3.2010, 6 A 1684/08, juris Rn 46.

Schutz privater Belange, die zumeist verfassungsrechtlichen Schutz genießen (s. Rn 2, 7).[132]

V. Rechtsschutz

49 Anhaltspunkte für den Rechtsschutz ergeben sich für die betroffene Person aus § 8 LIFG (s. LIFG § 8 Rn 42 ff) und für die antragstellende Person aus § 9 LIFG (s. LIFG § 9 Rn 34 ff). Dabei stellen die Worte Betriebs- oder Geschäftsgeheimnis unbestimmte Rechtsbegriffe dar, deren Vorliegen von den Gerichten voll überprüft wird.[133] Die Darlegungslast liegt bei demjenigen, der sich auf eine Ausnahme vom freien Informationszugang beruft.[134]

§ 7 LIFG Antrag und Verfahren

(1) [1]Über den Antrag auf Informationszugang entscheidet die Stelle, die zur Verfügung über die begehrten Informationen berechtigt ist; dies können auch Beliehene sein. [2]Im Fall des § 2 Absatz 4 besteht der Anspruch gegenüber der Stelle, für die letztlich die öffentlich-rechtliche Verwaltungsaufgabe wahrgenommen beziehungsweise die öffentliche Dienstleistung erbracht wird. [3]Berührt der Antrag Belange im Sinne von § 5 oder § 6, soll er begründet werden und für die Anhörung nach § 8 Absatz 1 die Erklärung enthalten, inwieweit die Daten der antragstellenden Person an die betroffene Person weitergegeben werden dürfen. [4]Gibt die antragstellende Person keine Erklärung über ihr Interesse an personenbezogenen Daten im Sinne des § 3 Absatz 1 LDSG ab, sollen Namen von natürlichen Personen geschwärzt werden.

(2) [1]Der Antrag muss erkennen lassen, zu welchen Informationen der Zugang gewünscht wird. [2]Ist der Antrag zu unbestimmt, so ist der antragstellenden Person dies innerhalb eines Monats mitzuteilen und Gelegenheit zur Präzisierung des Antrags zu geben. [3]Kommt die antragstellende Person der Aufforderung zur Präzisierung nach, beginnt der Lauf der Frist zur Beantwortung von Anträgen erneut.

(3) Sind Anträge von mehr als 50 Personen gleichförmig gestellt oder auf die gleichen Informationen gerichtet, gelten die §§ 17 bis 19 LVwVfG entsprechend.

(4) [1]Besteht ein Anspruch auf Informationszugang zum Teil, ist dem Antrag in dem Umfang stattzugeben, in dem der Informationszugang ohne Preisgabe der geheimhaltungsbedürftigen Informationen möglich ist. [2]Entsprechendes gilt, wenn sich die antragstellende Person in den Fällen, in denen Belange einer betroffenen Person berührt sind, mit einer Unkenntlichmachung der diesbezüglichen Informationen einverstanden erklärt.

---

132 IdS zum Bundesrecht: Schoch IFG § 6 Rn 117.

133 IdS zum Bundesrecht: BeckOK InfoMedien/Guckelberger IFG § 6 Rn 19; Schoch IFG § 6 Rn 109.

134 OVG BE-BB v. 27.8.2015, OVG 12 B 35.14, juris Rn 33; BeckOK InfoMedien/Guckelberger IFG § 6 Rn 30. Zur Erfüllung der Darlegungslast s. LIFG § 4 Rn 17 f.

(5) [1]Die informationspflichtige Stelle kann Auskunft erteilen, Akteneinsicht gewähren oder Informationen in sonstiger Weise zur Verfügung stellen. [2]Begehrt die antragstellende Person eine bestimmte Art des Informationszugangs, so darf dieser nur aus wichtigem Grund auf andere Art gewährt werden. [3]Als wichtiger Grund gilt insbesondere ein deutlich höherer Verwaltungsaufwand. [4]Auf Antrag ist der Informationszugang für Menschen mit Behinderungen durch angemessene Vorkehrungen barrierefrei nach § 3 Absatz 2 Satz 1 des Landes-Behindertengleichstellungsgesetzes zu ermöglichen.

(6) Im Fall der Einsichtnahme in amtliche Informationen kann sich die antragstellende Person Notizen machen oder Ablichtungen und Ausdrucke fertigen lassen, soweit und solange nicht der Schutz geistigen Eigentums nach § 6 Satz 1 entgegensteht.

(7) [1]Die amtliche Information ist der antragstellenden Person unverzüglich, spätestens jedoch innerhalb eines Monats nach Antragstellung, zugänglich zu machen. [2]Eine Verlängerung dieser Frist auf bis zu drei Monate ist zulässig, soweit eine Antragsbearbeitung innerhalb der Monatsfrist insbesondere wegen Umfang oder Komplexität der begehrten amtlichen Information oder der Beteiligung einer betroffenen Person nach § 8 nicht möglich ist. [3]Die antragstellende Person soll über die Fristverlängerung und die Gründe hierfür schriftlich oder elektronisch informiert werden.

Literatur: *Fluck*, Verwaltungstransparenz durch Informationsfreiheit, DVBl 2006, 1406 ff; *Misoch/Schmittmann*, Das Auskunftsverfahren nach dem Informationsfreiheitsgesetz des Bundes, VR 2012, 181 ff.

I. Allgemeines

1 **1. Europa- und verfassungsrechtliche Vorgaben.** Die Mitgliedstaaten sind an die **Grundsätze einer guten Verwaltung** iSv Art. 6 EUV gebunden, so dass das nationale Recht ggf unionsrechtskonform ausgelegt werden muss.[1]

2 § 7 LIFG trägt den **verfassungsrechtlichen Vorgaben** an eine rechtsstaatliche Verfahrensausgestaltung Rechnung.

3 **2. Entstehungsgeschichte.** Die Regelung lehnt sich an § 1 Abs. 2, § 7 IFG des Bundes an und berücksichtigt einige Vorschläge der Evaluation (Weitergabe der Daten der antragstellenden Person in Abs. 1 S. 3, Massenverfahren in Abs. 3 und Fristenregelung in Abs. 7).[2] Der von der Regierung in den Landtag eingebrachte Gesetzentwurf (s. LIFG § 1 Rn 3) wurde insoweit unverändert vom Landtag beschlossen.

4 **3. Normzweck.** Zweck ist die Regelung des Verfahrens zur Durchsetzung des Informationszugangsanspruchs auf Antrag nach § 1 Abs. 2 LIFG. Insoweit ist § 7 LIFG den Zielsetzungen des gesamten LIFG (s. LIFG § 1 Rn 5 f) verpflichtet, so dass die Auslegung darauf abzielt, diese materiell-rechtlichen Wertungen auf verfahrensrechtlicher Ebene abzusichern.[3] Dabei soll ein Ausgleich geschaffen werden zwischen den möglicherweise kollidierenden Interessen der antragstellenden Person auf (schnelle) Information und der informationspflichtigen Stellen durch Informationsanträge nicht an der Wahrnehmung anderer Aufgaben gehindert zu werden.[4] Dabei ist das Verfahren nicht in jedem Detail rechtlich verbindlich festgelegt, vielmehr kann in der Praxis auf die vom Innenministerium veröffentlichten Anwendungshinweise (https://im.baden-wuerttemberg.de/fileadmin/redaktion/m-im/intern/dateien/pdf/Anwendungshinweise_LIFG.pdf) zurückgegriffen werden.

5 **4. Vergleichbare Regelungen des Bundes oder anderer Bundesländer.** § 1 Abs. 2, § 7 IFG (iVm § 1 S. 1 SIFG); § 13 IFG BE; § 6 Abs. 1 S. 1 bis 6,

1 Ehlers/Vorbeck JURA 2013, 1124, 1131.
2 Vgl Ziekow/Debus/Musch 201 iVm 194 f, 182 bzw 210 ff.
3 IdS zum Bundesrecht BeckOK InfoMedien/Sicko IFG § 7 Rn 1.
4 Vgl dazu Ziekow/Debus/Musch 177 f.

Abs. 2, §§ 7 bis 8 AIG BB; § 1 Abs. 2, § 7 BremIFG; §§ 11, 12, 13 Abs. 1 HmbTG; §§ 10 und 11 IFG MV; § 5 Abs. 1, Abs. 2 Satz 1, Abs. 5 IFG NRW; §§ 11, 12 Abs. 1 bis 3 LTranspG RP; § 1 Abs. 2, § 7 IZG-LSA; §§ 4 f IZG-SH; §§ 5, 6 Abs. 1 bis 3, 5 bis 8 ThürIFG. Vgl auch § 1 AGVIG iVm § 4 Abs. 1 und 2, § 5 Abs. 1, Abs. 2 S. 1, 2 und 4, Abs. 3 S. 1, § 6 Abs. 1 S. 1 und 2 VIG sowie § 25 UVwG.

II. Entscheidungszuständigkeit und Anforderungen an den Antrag (Abs. 1)

1. Antrag (S. 1). a) Erfordernis und Vorliegen eines Antrags (S. 1). Aus der Formulierung des Abs. 1 S. 1, wonach die Stelle „über den Antrag auf Informationszugang entscheidet", ergibt sich zusammen mit § 22 S. 2 Nr. 2 LVwVfG ein **Antragserfordernis.**[5] 6

Ein **Antrag iSd LIFG** liegt vor, wenn der Antrag – ohne Subsidiarität nach § 1 Abs. 3 LIFG – auf den Zugang von amtlichen Informationen iSd § 3 Nr. 3 LIFG gegenüber einer informationspflichtigen Stellen iSd § 3 Nr. 2 LIFG gerichtet ist.[6] 7

Für das Vorliegen eines Antrages wird neben der **Antragsberechtigung** nach § 3 Nr. 1 LIFG die **Handlungsfähigkeit** der antragstellenden Person iSd § 12 LVwVfG gefordert, was insb. nach § 12 Abs. 1 Nr. 1 LVwVfG Volljährigkeit voraussetzt.[7] 8

b) Identifizierung der antragstellenden Person (bei anonymen Anträgen). Zwar dürfte eine Möglichkeit **anonymer Anträge** einer verstärkten Nutzung und somit Sinn und Zweck des LIFG förderlich sein, so dass nach einer Ansicht[8] das Fehlen einer Identitätsangabe alleine nicht zur Ablehnung führen darf. Ohne Spezialregelung im LIFG ist aber davon auszugehen, dass ein anonymer Antrag nicht beschieden werden muss, weil weder die Antragsberechtigung nach § 3 Nr. 1 LIFG noch die Handlungsfähigkeit nach § 12 LVwVfG (s. vorherige Rn) geprüft werden kann. 9

c) Form des Antrags. Da weder § 7 LIFG noch der Rest des LIFG Vorgaben zur Form des Antrags enthalten, kann der Antrag **formfrei** gestellt werden.[9] 10

2. Entscheidende Stelle (S. 1 und 2). a) Verfügungsberechtigte Stelle (S. 1 Hs 1). Über den Antrag entscheidet nach S. 1 Hs 1 „die Stelle, die zur Verfügung über die begehrten Informationen berechtigt ist". Der Begriff der **Stelle** ist denkbar weit, wobei die systematische Auslegung ergibt, dass – 11

5 Zum Bundesrecht: BeckOK InfoMedien/Sicko IFG § 7 Rn 4; NK-IFG/Rossi § 7 Rn 5.

6 IdS zum Bundesrecht BeckOK InfoMedien/Sicko IFG § 7 Rn 5 f mit Aufzeigung von Abgrenzungsproblemen zu sonstigen Anfragen.

7 Zum Bundesrecht: BeckOK InfoMedien/Sicko IFG § 7 Rn 7; NK-IFG/Rossi § 7 Rn 7 ff.

8 Zum Bundesrecht: BeckOK InfoMedien/Sicko IFG § 7 Rn 11 f; Fluck/Theuer/Fluck IFG § 7 Rn 44; wohl aM Jastrow/Schlatmann IFG § 7 Rn 23: ohne Name und Anschrift des Antragstellers fehlt es an einem ordnungsgemäßen Antrag. Differenzierend BfDI 5. TB 2014 und 2015 BT-Drs. 18/8700, 44 f.

9 IdS zum Bundesrecht: BeckOK InfoMedien/Sicko IFG § 7 Rn 8; Schomerus/Tolkmitt DÖV 2007, 985, 991; kritisch dazu: Kloepfer/v. Lewinski DVBl 2005, 1277, 1285; Schoch IFG § 7 Rn 19.

anders als bei der informationspflichtigen Stelle iSd § 3 Nr. 2 LIFG – diese Stelle nicht dem Anwendungsbereich des LIFG unterfallen muss. Auch eine Stelle außerhalb des Anwendungsbereichs kann mithin als verfügungsberechtigte Stelle entscheiden.

12 Die **Verfügungsberechtigung** hat jedenfalls die erhebende Stelle[10] bzw der Urheber der Informationen[11] inne. Dabei ist die ordnungsgemäße Zugehörigkeit zu den Akten nur notwendige, nicht aber hinreichende Bedingung für die Verfügungsberechtigung.[12] Bei Informationen, die eine Stelle von Dritten erhalten hat, ist maßgebend, ob sie über diese Information kraft Gesetzes oder – ggf stillschweigender – Vereinbarung ein eigenes Verfügungsrecht erhält.[13] Eine eigene Verfügungsberechtigung der Stelle, die Informationen von ihrem Urheber erhalten hat, entfällt, wenn der weiterhin verfügungsberechtigte Urheber ausdrücklich eine Weitergabe untersagt.[14] Auch ist bei Auftragsdatenverarbeitung nach § 7 LDSG nur der Auftraggeber verfügungsberechtigt.[15]

13 **b) Beliehene (S. 1 Hs 2).** Verfügungsberechtigte Stelle können nach S. 1 Hs 2 auch **Beliehene** sein. Damit wird klargestellt, dass Beliehene wie sonstige informationspflichtige Stellen iSd § 2 Abs. 1 LIFG zu behandeln sind.[16]

14 **c) Sonstige Einbeziehung Privater (S. 2).** Außer gegenüber Beliehenen (s. vorherige Rn) gewährt das LIFG **keine Ansprüche gegen Private.**[17] Im Fall der Einbeziehung Privater nach § 2 Abs. 4 LIFG besteht der Anspruch nach Abs. 1 S. 2 gegenüber der Stelle, für die letztlich die öffentlich-rechtliche Verwaltungsaufgabe wahrgenommen bzw die öffentliche Dienstleistung erbracht (s. LIFG § 2 Rn 65) wird. Trotz der unterschiedlichen Formulierungen in den Sätzen 1 und 2 („entscheidet" bzw „besteht der Anspruch gegenüber") bestehen dazwischen keine inhaltlichen Diskrepanzen, vielmehr wird jeweils geregelt, welche Stelle entscheidet und gleichzeitig Adressat des Antrags ist.[18]

15 Dass der bei Abs. 1 S. 2 materiell Verpflichtete und der tatsächliche Besitzer der Informationen nicht identisch sind, kann zu Problemen führen: Jedenfalls ist der Zugangsanspruch nicht auf die Informationen, die bei der informationspflichtigen Stelle vorhanden sind, beschränkt.[19] In Betracht kommt eine „Art öffentlich-rechtlicher Prozess- oder Verfahrensstandschaft" der informationspflichtigen Stelle, in der sie „den Anspruch gegen-

10 So LReg LT-Drs. 15/7720, 72; ebenso zum Bundesrecht BT-Drs. 15/4493, 14.
11 So zum Bundesrecht: BVerwG v. 3.11.2011, 7 C 4/11, Rn 28; Sitsen 324.
12 Zum Bundesrecht: BVerwG v. 3.11.2011, 7 C 4/11, Rn 27; BeckOK InfoMedien/Sicko IFG § 7 Rn 24 ff mit Beispielsfällen.
13 LReg LT-Drs. 15/7720, 72.
14 BeckOK InfoMedien/Sicko IFG § 7 Rn 26 zum Bundesrecht.
15 IdS LReg LT-Drs. 15/7720, 72.
16 LReg LT-Drs. 15/7720, 72.
17 LReg LT-Drs. 15/7720, 73.
18 IdS zum Bundesrecht: BeckOK InfoMedien/Sicko IFG § 7 Rn 34; NK-IFG/Rossi § 7 Rn 19.
19 IdS zum Bundesrecht: OVG BE-BB v. 16.1.2014, OVG 12 B 50.09, Rn 42; Fluck DVBl. 2006, 1406, 1413; BeckOK InfoMedien/Sicko IFG § 7 Rn 36; aM Jastrow/Schlatmann IFG § 7 Rn 17.

über dem Privaten durchsetzen muss".[20] Insoweit besteht ein **Informationsbeschaffungsanspruch** gegenüber der informationspflichtigen Stelle als Ergänzung zum Informationszugangsanspruch.[21] Dabei sind jedoch nach § 4 Abs. 2 S. 2 LIFG die gesellschaftsrechtlich begründeten Geheimhaltungs- und Verschwiegenheitspflichten zu beachten (s. dazu LIFG § 4 Rn 137 ff).

3. Form der Entscheidung (S. 1). Schriftform ist für die Bescheidung des Antrags – auch bei Ablehnung – nicht erforderlich.[22] Eine Ausnahme vom Grundsatz der **Formfreiheit** besteht nach § 8 Abs. 2 S. 1 LIFG (s. hierzu LIFG § 8 Rn 29) bei der Beteiligung der betroffenen Person.[23] Im Übrigen gelten die allg. Vorschriften (s.u. Rn 61). 16

Die zugangsgewährende Entscheidung (ebenso wie die ablehnende Entscheidung s. LIFG § 9 Rn 10) stellt nach hM idR einen **Verwaltungsakt** dar.[24] Dies ergibt sich für die Entscheidung bei Beteiligung einer betroffenen Person aus § 8 Abs. 2 S. 2 LIFG, weil insoweit ein Zeitraum zwischen der behördlichen Entscheidung und dem Informationszugang besteht.[25] Ansonsten ist denkbar, dass das Informationszugangsbegehren ohne weiteres durch Offenlegung der gewünschten Information durch rein tatsächliches Handeln ohne Verwaltungsakt erfüllt werden kann.[26] 17

4. Antrag bei Berührung von Belangen betroffener Personen (S. 3). Berührt der Antrag Belange iSv § 5 LIFG oder § 6 LIFG,[27] soll er nach Abs. 1 S. 3 begründet werden. Fehlt diese **Begründung**, ist die informationspflichtige Stelle nach § 25 LVwVfG gehalten, die antragstellende Person zur Nachholung aufzufordern.[28] Kommt sie dieser Aufforderung nicht nach, macht die fehlende Begründung den Antrag nicht unzulässig.[29] 18

Außerdem soll ein Antrag nach Abs. 1 S. 3 für die Anhörung nach § 8 Abs. 1 LIFG die **Erklärung zur Weitergabe von personenbezogenen Daten der antragstellenden Person** an die betroffene Person enthalten. Wie bei der fehlenden Begründung des Antrags (s. vorherige Rn) dürfte zunächst eine Nachfrage der informationspflichtigen Stelle angezeigt sein und auch bei weiterhin fehlender Erklärung keine Unzulässigkeit des Antrags anzunehmen sein. Dann bedarf es für eine Übermittlung der Daten der antragstellenden Person an die betroffene Person einer Rechtsgrundlage: Dabei 19

20 So Fluck/Theuer/Fluck IFG § 1 Rn 82.
21 So zum Bundesrecht: BeckOK InfoMedien/Debus IFG § 1 Rn 158 f; Fluck DVBl. 2006, 1406, 1413; Schoch IFG § 1 Rn 38; Sitsen 142.
22 LReg LT-Drs. 15/7720, 74.
23 LReg LT-Drs. 15/7720, 74.
24 Zum Bundesrecht: BeckOK InfoMedien/Sicko IFG § 7 Rn 32; Matthes IFG 51; Schoch IFG § 7 Rn 70 ff.
25 IdS zum Bundesrecht: BeckOK InfoMedien/Sicko IFG § 8 Rn 27; Berger/Kollbeck/Partsch/Roth/Scheel/Berger IFG § 8 Rn 2.
26 Zum Bundesrecht: BeckOK InfoMedien/Sicko IFG § 7 Rn 32; Fluck/Theuer/Fluck IFG § 7 Rn 71 f.
27 Zur Kritik an der Begründungspflicht in den Fällen des § 6 LIFG s. BeckOK InfoMedien/Sicko IFG § 7 Rn 39 mwN.
28 BeckOK InfoMedien/Sicko IFG § 7 Rn 40.
29 BeckOK InfoMedien/Sicko IFG § 7 Rn 40; Fluck/Theuer/Fluck IFG § 7 Rn 89; NK-IFG/Rossi § 7 Rn 16; aM wohl Jastrow/Schlatmann IFG § 7 Rn 23, die davon sprechen, dass es in diesen Fällen an einem „ordnungsgemäßen Antrag" fehle.

kommt insb. eine Übermittlung unter den datenschutzrechtlichen Voraussetzungen des § 18 LDSG oder im Rahmen des Akteneinsichtsrechts nach § 29 LVwVfG in Betracht.[30]

20 **5. Erklärung zum Interesse an personenbezogenen Daten (S. 4).** Gibt die antragstellende Person **keine Erklärung über ihr Interesse an personenbezogenen Daten** iSd § 3 Abs. 1 LDSG (s. LIFG § 5 Rn 6 f) ab, sollen nach S. 4 die Namen von natürlichen Personen geschwärzt werden. Diese Regelung beruht darauf, dass idR die Schwärzung aller Namen natürlicher Personen einen angemessenen Ausgleich zwischen dem üblichen Interesse an Sachinformationen und dem Schutz personenbezogener Daten darstellt.[31]

21 Ausnahmsweise kann die Schwärzung unterbleiben, wenn zB der Name auch bei Schwärzung aus dem Zusammenhang wie etwa bei dem Ministerpräsidenten offensichtlich ist oder die Schwärzung einen unverhältnismäßigen Verwaltungsaufwand (s. LIFG § 9 Rn 21) verursachen würde.[32]

22 Im Fall einer Schwärzung werden häufig gar keine personenbezogenen Daten iSd § 3 Abs. 1 LDSG vorliegen, sodass die Regelung des § 5 LIFG nicht (mehr) anwendbar ist. Liegen trotz Schwärzung noch personenbezogene Daten iSd § 3 Abs. 1 LDSG vor, ist der Informationszugang nur unter den Voraussetzungen des § 5 LIFG zu gewähren.[33]

III. Bestimmtheit und Konkretisierung des Antrags (Abs. 2)

23 **1. Bestimmtheitserfordernis (S. 1).** Der Antrag muss nach Abs. 2 S. 1 erkennen lassen, zu welchen Informationen der Zugang gewünscht wird. Dies verpflichtet wie § 25 Abs. 2 UVwG zur Stellung eines hinreichend bestimmten Antrags.[34] Dabei ist einerseits zu berücksichtigen, dass die antragstellende Person den Akteninhalt im Detail nicht kennt.[35] Andererseits muss der Antrag zumindest so bestimmt formuliert sein, dass für ein stattgebendes Urteil ein vollstreckungsfähiger Tenor formuliert werden kann.[36]

24 **2. Mitteilung an und Präzisierung durch die antragstellende Person (S. 2).** Ist der Antrag zu unbestimmt (s. vorherige Rn), so ist nach S. 2 der antragstellenden Person dies innerhalb eines Monats mitzuteilen und Gelegenheit zur Präzisierung zu geben. Die Aufforderung zur Präzisierung hat zügig, dh so bald wie möglich, zu erfolgen.[37]

---

30 LReg LT-Drs. 15/7720, 73. Vgl zum Bundesrecht einerseits Fluck/Theuer/Fluck IFG § 7 Rn 45, der die Einwilligung des Antragstellers in die Weitergabe dieser Daten für erforderlich hält, und andererseits Schoch IFG § 7 Rn 30, der von der Zulässigkeit der Übermittlung dieser Daten ausgeht.

31 IdS LReg LT-Drs. 15/7720, 73.

32 LReg LT-Drs. 15/7720, 73.

33 LReg LT-Drs. 15/7720, 73.

34 LReg LT-Drs. 15/7720, 73.

35 BVerwG v. 25.3.1999, 7 C 21/98, NVwZ 1999, 1220; v. 18.10.2005, 7 C 5/04, NVwZ 2006, 343 zu Umweltinformationen; BeckOK InfoMedien/Sicko IFG § 7 Rn 14.1 zum IFG.

36 IdS: VG BE v. 12.10.2009, 2 A 20.08, juris Rn 57; BeckOK InfoMedien/Sicko IFG § 7 Rn 14.1.

37 LReg LT-Drs. 15/7720, 73.

3. Fristbeginn nach Konkretisierung (S. 3). Kommt die antragstellende Person der Aufforderung zur Präzisierung nach, beginnt nach S. 3 der Lauf der Frist zur Beantwortung von Anträgen erneut. Diese faktische Fristhemmung ist erforderlich, um der informationspflichtigen Stelle ausreichend Zeit zur Bearbeitung des erst ab dann hinreichend bestimmten Antrages zu geben.[38] Falls die antragstellende Person den unbestimmten Antrag auf Aufforderung nicht innerhalb von drei Monaten präzisiert, kann der Antrag nach § 9 Abs. 3 Nr. 2 LIFG abgelehnt werden (s. LIFG § 9 Rn 18 f). 25

IV. Gleichförmige Anträge von mehr als 50 Personen (Abs. 3)

Sind Anträge von mehr als 50 Personen gleichförmig gestellt oder auf die gleichen Informationen gerichtet, gelten nach Abs. 3 die §§ 17 bis 19 LVwVfG entsprechend. Da Abs. 3 eine Vielzahl von Verfahren betrifft, ist diese Verweisung erforderlich, weil §§ 17 bis 19 LVwVfG unmittelbar nur für ein Verwaltungsverfahren gelten.[39] Dies vereinfacht das Verfahren insoweit, als nicht mit jeder antragstellenden Person einzeln kommuniziert werden muss, sondern die informationspflichtige Stelle nur mit einer benannten (oder von Amts wegen bestellten) Person Kontakt hat. 26

Der Begriff der **gleichförmigen Anträge** kann anhand der Legaldefinition der gleichförmigen Eingaben in § 17 Abs. 1 S. 1 LVwVfG konkretisiert werden.[40] Gleichförmigkeit liegt auch dann noch vor, wenn die Anträge unwesentliche, ihren Sinn unberührt lassende Abweichungen enthalten.[41] 27

Bei der entsprechenden Anwendung des § 18 LVwVfG, der auf ein gleiches Interesse der Beteiligten abstellt, ist zu berücksichtigen, dass das LIFG die Darlegung eines Interesses gerade nicht verlangt, so dass insoweit maßgeblich ist, dass die Anträge **auf dieselbe Informationen gerichtet** sind,[42] wie sich auch bereits aus dem Wortlaut des Abs. 3 ergibt. 28

V. Teilweiser Informationszugang (Abs. 4)

1. Teilweiser Informationszugangsanspruch (S. 1). Besteht ein Anspruch auf Informationszugang zum Teil, ist nach Abs. 4 S. 1 dem Antrag in dem Umfang stattzugeben, in dem der Informationszugang ohne Preisgabe der geheimhaltungsbedürftigen Informationen möglich ist. Diese ausdrückliche Regelung zum teilweisen Informationszugang (als nur teilweise Ablehnung des Zugangsantrags) entspricht der Transparenz und Verhältnismäßigkeit.[43] Eine solche teilweise Ablehnung ist auch gegeben, wenn der Informationszugang anders als beantragt erfolgt.[44] 29

38 LReg LT-Drs. 15/7720, 73.
39 LReg LT-Drs. 15/7720, 74.
40 Zum Bundesrecht BeckOK InfoMedien/Sicko IFG § 7 Rn 42.
41 Zum Bundesrecht: BeckOK InfoMedien/Sicko IFG § 7 Rn 42; Jastrow/Schlatmann IFG § 7 Rn 60.
42 IdS zur ungenauer formulierten Bundesregelung: Jastrow/Schlatmann IFG § 7 Rn 62; NK-IFG/Rossi § 7 Rn 24.
43 LReg LT-Drs. 15/7720, 74.
44 Zum Bundesrecht: BMI GMBl. 2005, 1346, 1347; BeckOK InfoMedien/Debus IFG § 1 Rn 172.

30 Der Informationszugang ist ohne Offenbarung der geheimhaltungsbedürftigen Information dann möglich, wenn diese Information abgetrennt, durch eine geschwärzte Kopie oder auf andere Weise zugänglich gemacht werden kann.[45] Dabei hat nach der Gesetzesbegründung eine **Kennzeichnung der Abtrennung oder Schwärzung** zu erfolgen.[46] Zwar enthält der Gesetzestext selbst eine solche Verpflichtung nicht, aber die informationspflichtige Stelle ist auch nicht gehindert, eine – oft sinnvolle – Kenntlichmachung durchzuführen.[47]

31 Wenn durch Abtrennung oder Schwärzung eine **Verfälschung der Informationen** eintreten würde, wird zum Bundesrecht unter Hinweis auf die Gesetzesbegründung überwiegend die Ansicht vertreten, dass der Zugang zu verweigern sei.[48] Zu § 99 VwGO hat das BVerwG ausgeführt: „Eine Schwärzung, die aber lediglich Seiten ohne Informationsgehalt und demnach nichts ‚Verwertbares' übrig lässt oder zu einer Verfälschung des Aussagegehalts und damit zu Missverständnissen führt, muss nicht in Erwägung gezogen werden."[49] Auch wenn in Baden-Württemberg weder in den Gesetzesmaterialien noch im Gesetzestext dazu Ausführungen ersichtlich sind, können die Erwägungen zum Bundesrecht entsprechend angewendet werden.

32 **2. Unkenntlichmachung bei Einverständnis der antragstellenden Person** (S. 2). Eine **Unkenntlichmachung der Informationen von betroffenen Personen** ist nach Abs. 4 S. 2 auch möglich, sofern sich die antragstellende Person damit einverstanden erklärt, wodurch wegen Entbehrlichkeit eines Verfahrens nach § 8 LIFG eine schnellere Entscheidung der informationspflichtigen Stelle ermöglicht wird.[50]

33 Da auch bei der Betroffenheit **öffentlicher Belange** mit dem Einverständnis in den nur eingeschränkt gewährten Informationszugang Beschleunigungen erzielbar sind, wird eine analoge Anwendung des Abs. 4 S. 2 auf § 4 LIFG befürwortet.[51] Dagegen spricht aber, dass die Gesetzesbegründung als Zweck der Regelung ausdrücklich die Entbehrlichkeit des Verfahrens nach § 8 LIFG anführt und dieses Verfahren bei § 4 LIFG grds. nicht anzuwenden ist.[52] Jedoch kann das Einverständnis der antragstellenden Person als Antragsbeschränkung auszulegen sein.

VI. Art und Form des Informationszugangs (Abs. 5)

34 **1. Beispiele für Art des Informationszugangs (S. 1).** Die informationspflichtige Stelle kann nach der **exemplarischen Aufzählung** in Abs. 5 S. 1

45 LReg LT-Drs. 15/7720, 74.
46 LReg LT-Drs. 15/7720, 74; ebenso BT-Drs. 15/4493, 15.
47 IdS zum Bundesrecht BeckOK InfoMedien/Sicko IFG § 7 Rn 49.
48 BT-Drs. 15/4493, 15; VGH HE v. 29.11.2013, 6 A 1426/13, juris Rn 45; Berger/Kollbeck/Partsch/Roth/Scheel/Berger IFG § 7 Rn 13; Jastrow/Schlatmann IFG § 7 Rn 37; aM Schoch IFG § 7 Rn 120: anonymisierte Auskunft; BeckOK InfoMedien/Sicko IFG § 7 Rn 50: Kenntlichmachung zur Verhinderung von Verfälschung.
49 BVerwG v 5.4.2013, 20 F 7/12, Rn 10.
50 LReg LT-Drs. 15/7720, 74.
51 IdS zum Bundesrecht Schoch IFG § 7 Rn 116.
52 IdS zum Bundesrecht Ziekow/Debus/Musch 205.

Auskunft erteilen, Akteneinsicht gewähren oder Informationen in sonstiger Weise zur Verfügung stellen.[53]

Auskünfte zielen auf die von der informationspflichtigen Stelle erfolgende Wiedergabe des Inhalts der amtlichen Informationen (s. dazu Einl. Rn 9). 35

Akteneinsicht ist – wie in Abs. 6 zum Ausdruck kommt – auf die Einsichtnahme durch die antragstellende Person gerichtet (s. dazu Einl. Rn 7). Die Regelungen über die Gewährung der Einsicht werden bei **elektronischen Akten** durch § 8 EGovG BW (s. dort Rn 7 ff) überlagert. 36

Das **Verfügbarmachen in sonstiger Weise** erfasst nach der Gesetzesbegründung die Fälle, in denen die antragstellende Person mehr als eine bloße Auskunft will, eine Einsichtnahme in Bild- oder Schriftform jedoch ausscheidet (zB Tonform: Hören eines Tonbandes).[54] Dies umfasst auch die Bereitstellung der Hilfsmittel der informationspflichtigen Stelle, welche den Informationszugang erst ermöglichen (s. LIFG § 3 Rn 9).[55] Dagegen kann die antragstellende Person eine Aufbereitung von Information (zB Ergänzung um Metadaten oder Übersetzungen) nur beanspruchen, wenn der Aufwand dafür im Hinblick auf die Zielsetzung des LIFG noch verhältnismäßig ist.[56] 37

2. Wahlrecht der antragstellenden Person und deren Einschränkung (S. 2 und 3). Begehrt die antragstellende Person eine bestimmte Art des Informationszugangs (s. Rn 34 ff), so darf dieser nach Abs. 5 S. 2 nur aus wichtigem Grund auf andere Art gewährt werden. Damit wird der antragstellenden Person ein **Wahlrecht** bzgl der Zugangsart eingeräumt, wovon die informationspflichtige Stelle nur aus wichtigem Grund abweichen darf.[57] 38

Als **wichtiger Grund** für ein Abweichen von der beantragten Zugangsart gilt nach S. 3 insb. deutlich höherer Verwaltungsaufwand, was nach der Gesetzesbegründung bei Massenverfahren nach Abs. 3 in Betracht kommt.[58] Dabei ist der Aufwand für die von der antragstellenden Person begehrte Art des Informationszugangs mit dem Aufwand einer anderen Zugangsart zu vergleichen.[59] Bei der Darlegung einer signifikant höheren Arbeitsbelastung ist unerheblich, ob bereits die Erfüllung des Informationsanspruchs einen großen Aufwand darstellt, denn dieser ist eine zwingende Folge des gesetzlichen Informationsanspruchs.[60] 39

Ebenfalls wichtige Gründe können materielle Gesichtspunkte wie der Schutz personenbezogener Daten sein.[61] Allgemeiner formuliert sind alle Gründe erfasst, nach denen der Informationszugang in der begehrten Form 40

53 LReg LT-Drs. 15/7720, 74.
54 LReg LT-Drs. 15/7720, 74.
55 Zum Bundesrecht BeckOK InfoMedien/Debus IFG § 1 Rn 170.
56 IdS zum Bundesrecht BeckOK InfoMedien/Debus IFG § 1 Rn 170 ff mN und Bsp.
57 LReg LT-Drs. 15/7720, 74.
58 LReg LT-Drs. 15/7720, 75. Kritisch zur vergleichbaren Situation auf Bundesebene Schoch IFG § 1 Rn 278. Vgl auch BeckOK InfoMedien/Debus IFG § 1 Rn 173.
59 Zum Bundesrecht BeckOK InfoMedien/Debus IFG § 1 Rn 173 mwN.
60 VGH BW v. 25.11.2008, 10 S 2702/06, BeckRS 2009, 35967 zum UIG aF; BeckOK InfoMedien/Debus IFG § 1 Rn 173 zum IFG.
61 LReg LT-Drs. 15/7720, 75.

von der informationspflichtigen Stelle abgelehnt werden kann oder muss.[62] Eine Versagungspflicht für eine bestimmte Modalität des Informationszugangs kommt vor allem zum Schutz des geistigen Eigentums (s. Rn 51) in Betracht.[63]

41 **3. Barrierefreier Informationszugang (S. 4).** Auf Antrag ist der Informationszugang für Menschen mit Behinderungen (vgl § 3 Abs. 1 L-BGG) durch angemessene Vorkehrungen barrierefrei iSv § 3 Abs. 2 S. 1 L-BGG zu ermöglichen. Dabei bedeuten **angemessene Vorkehrungen** in Übereinstimmung mit Art. 2 UN-Behindertenrechtskonvention notwendige und geeignete Änderungen und Anpassungen, die keine unverhältnismäßige oder unbillige Belastung darstellen und die, wenn sie in einem bestimmten Fall erforderlich sind, vorgenommen werden, damit Menschen mit Behinderungen den gleichberechtigten Zugang zu den amtlichen Informationen nach diesem Gesetz haben. Barrierefreiheit für blinde Menschen und Menschen mit einer Sehbehinderung wird insb. nach Maßgabe der Verordnung über barrierefreie Dokumente in der Bundesverwaltung v. 17.7.2002 (BGBl. I 2652) in der jeweils geltenden Fassung ermöglicht.[64]

42 **4. Auswahlermessen der informationspflichtigen Stelle.** Zwischen den verschieden **Arten des Informationszugangs** „kann“ nach Abs. 5 S. 1 die Stelle auswählen, mithin ist ihr ein Auswahlermessen eingeräumt, welches insb. das Wahlrecht der antragstellenden Person iSd Abs. 5 S. 2 (s. Rn 38 ff) berücksichtigen muss.[65]

43 Anders als § 7 Abs. 3 S. 1 IFG des Bundes, wonach die Form der Auskunftserteilung „mündlich, schriftlich oder elektronisch“ sein kann, ist im LIFG die **Form des Informationszugangs** nicht ausdrücklich geregelt. Über die Form des Informationszugangs entscheidet die informationspflichtige Stelle nach Ermessensgrundsätzen.[66] Wird zB Einsichtnahme in einzelne Informationsträger beantragt, kann es ausreichen, eine Kopie zugänglich zu machen,[67] umgekehrt kann einer Kopie bei der Einsichtnahme Abs. 6 entgegenstehen (s.u. Rn 51).

44 Hinsichtlich Art und Form sind bei der Ermessensausübung nach § 40 LVwVfG auch die **gesetzlichen Grenzen** einzuhalten, wie etwa die durch Abs. 5 S. 4 festgelegte Pflicht zur Beachtung der Barrierefreiheit oder zum Schutz von öffentlichen und privaten Belangen nach §§ 4 bis 6 LIFG. So dürfen die Umstände des Informationszugangs nicht den Zugang zu geschützten öffentlichen oder privaten Belangen ermöglichen, weshalb häufig Aktenkopien verwendet werden müssen, denn da die Originalakte nicht verfälscht werden darf, sind in ihr – anders als auf Kopien – Schwärzungen geheimhaltungsbedürftiger Informationen nicht möglich.[68]

---

62 Zum Bundesrecht BeckOK InfoMedien/Debus IFG § 1 Rn 174.
63 Zum Bundesrecht BeckOK InfoMedien/Debus IFG § 1 Rn 174.1.
64 LReg LT-Drs. 15/7720, 75.
65 Zum Bundesrecht: BeckOK InfoMedien/Debus IFG § 1 Rn 176; NK-IFG/Rossi § 1 Rn 94.
66 LReg LT-Drs. 15/7720, 74.
67 LReg LT-Drs. 15/7720, 74.
68 Zum Bundesrecht BeckOK InfoMedien/Sicko IFG § 7 Rn 61 f.

Ihr Ermessen hat die Stelle nach § 40 LVwVfG entsprechend dem **Zweck der Ermächtigung** auszuüben. Ausgehend vom Zweck des LIFG (s. LIFG § 1 Rn 5 f) ist der Stelle ein Ermessen zwischen solchen Informationsmitteln eingeräumt, die iW die gleiche Informationseignung besitzen.[69] Bei dieser Ermessensausübung „ist der zu erwartende Arbeitsaufwand ins Verhältnis zu der personellen und sächlichen Ausstattung der Behörde und ihrer gegenwärtigen Arbeitsbelastung zu setzen. Außerdem soll die Behörde im Hinblick auf die Ausschluß- oder Beschränkungstatbestände (...) flexibel handeln, dh einen bestimmten Informationszugang wählen können, der sowohl dem Informationsrecht der antragstellenden Person als auch den Ausschluß- oder Beschränkungsgründen Rechnung trägt. So mag bspw. die von einer antragstellenden Person gewünschte Akteneinsicht zugunsten einer Auskunft oder der Übermittlung von Aktenkopien abgelehnt werden können, wenn die Einsicht in die Akten deren aufwendige oder praktisch gar nicht zu leistende Entfernung von Unterlagen voraussetzt, die zum Schutz öffentlicher oder privater Belange vom Informationsanspruch nicht erfaßt werden".[70] 45

Im Anschluss an § 29 LVwVfG (s. LVwVfG § 29 Rn 54) und der Regelung über die Einsichtnahme nach § 7 Abs. 6 LIFG (s. nachfolgende Rn) wird angenommen, dass der Gesetzgeber von der **Einsichtnahme vor Ort als Regelfall** ausgegangen ist.[71] Dementsprechend besteht nach der Rspr. kein Anspruch auf Übersendung von Akten in Papierform oder auf Übermittlung von (elektronischen) Kopien.[72] Auch besteht kein Vorrang für elektronische Mitteilungen, weil bislang die Mehrzahl der Bürgerinnen und Bürger keinen Zugang eröffnet hat, bei dem rechtssicher der Eingang dokumentiert wird und eine datenschutzkonforme Übermittlung gesichert ist.[73] 46

VII. Einsichtnahme (Abs. 6)

Bei der Einsichtnahme in amtliche Informationen (vgl bereits oben Rn 36) kann sich nach Abs. 6 die antragstellende Person Notizen (s. nachfolgende Rn) machen oder Ablichtungen (s. Rn 49) und Ausdrucke (s. Rn 50) fertigen lassen, soweit und solange nicht der Schutz geistigen Eigentums nach § 6 S. 1 LIFG entgegensteht (s. Rn 51). Hat die informationspflichtige Stelle auf Einsichtnahme als Art des Informationszugangs (s. Rn 42 ff) entschieden, enthält Abs. 6 konkrete Vorgaben zu den Modalitäten der Einsichtnahme und ein **subjektives öffentliches Recht** der antragstellenden Per- 47

69 BVerwG v. 6.12.1996, 7 C 64/95, NJW 1997, 753, 754 zum UIG. Zum IFG: BeckOK InfoMedien/Debus IFG § 1 Rn 177; Walz DÖV 2009, 623, 625; Ziekow/Debus/Musch 202.

70 So zum UIG aF BVerwG v. 6.12.1996, 7 C 64/95, NJW 1997, 753, zustimmend für das IFG übernehmend: BeckOK InfoMedien/Debus IFG § 1 Rn 177; Schoch IFG § 1 Rn 270; Walz DÖV 2009, 623, 625; Ziekow/Debus/Musch 202.

71 Zum Bundesrecht: VG Ansbach v. 14.9.2010, AN 4 K 10.01419, Rn 14 und v. 3.5.2011, AN 4 K 11.00644, Rn 20; Schoch IFG § 7 Rn 136.

72 Zum Bundesrecht VG Ansbach v. 14.9.2010, AN 4 K 10.01419, Rn 14 und v. 3.5.2011, AN 4 K 11.00644, Rn 20.

73 LReg LT-Drs. 17/7720, 45 f gegen die Forderungen des Städtetages.

son,[74] die durch Ermessenserwägungen (vgl Rn 42 ff) zu konkretisieren sind.

48 **Notizen** sind Aufzeichnungen, die der Gedächtnishilfe dienen.[75]

49 Eine **Ablichtung** gibt das Originaldokument wieder, wobei unerheblich ist, welche Technik konkret zur Herstellung der Ablichtung verwendet wird.[76]

50 Bei einem **Ausdruck** handelt es sich um die Wiedergabe von elektronisch gespeicherten oder verfilmten Informationen.[77]

51 Hs 2 macht deutlich, dass dem **Schutz geistigen Eigentums** gegenüber einem Anspruch nach LIFG der Vorrang gebührt.[78] Die Herstellung von Ablichtungen und Ausdrucken ist nach § 53 UrhG nur eingeschränkt zulässig, woran auch § 45 UrhG nichts ändert.[79] Dagegen sind die Einsichtnahme selbst und die Fertigung von Notizen idR unter urheberrechtlichen Aspekten irrelevant, so dass die antragstellende Person auf diese Formen verwiesen werden kann, sofern der Schutz des geistigen Eigentums einer Herstellung von Ablichtungen oder Ausdrucken entgegensteht.[80]

VIII. Fristen für den Informationszugang (Abs. 7)

52 **1. Unverzügliches Zugänglichmachen der Information innerhalb eines Monats (S. 1).** Die amtliche Information ist nach Abs. 7 S. 1 der antragstellenden Person unverzüglich, spätestens jedoch innerhalb eines Monats nach Antragstellung, zugänglich zu machen. Dies verpflichtet, die informationspflichtige Stelle unverzüglich zu handeln und nicht die gesetzlichen Fristen auszuschöpfen.[81]

53 Verfahrensrechtlich gilt das sog. „Einheitsmodell", so dass sich die Fristbestimmungen des Abs. 7 nicht nur auf die Bescheidung des Antrags beziehen,[82] sondern auch auf den tatsächlichen Informationszugang.[83] Nichtsdestoweniger bezieht sich die Frist nicht auf die Bescheidung eines **Widerspruchs**, wird aber vereinzelt auch darauf erstreckt.[84]

54 **Unverzüglich** bedeutet entsprechend § 121 Abs. 1 S. 1 BGB „ohne schuldhaftes Zögern".

---

74 Zum Bundesrecht: BeckOK InfoMedien/Sicko IFG § 7 Rn 70 f; NK-IFG/Rossi § 7 Rn 38.
75 IdS LReg LT-Drs. 15/7720, 75. Zum Bundesrecht unter Hinweis auf die Gesetzesbegründung (BT-Drs. 15/4493, 15) zB BeckOK InfoMedien/Sicko IFG § 7 Rn 71.
76 Zum Bundesrecht BeckOK InfoMedien/Sicko IFG § 7 Rn 71.
77 Zum Bundesrecht BeckOK InfoMedien/Sicko IFG § 7 Rn 71.
78 BeckOK InfoMedien/Sicko IFG § 7 Rn 74, mit dogmatischer Einordnung der vergleichbaren Bundesregelung. Vgl auch LIFG § 6 Rn 13 ff.
79 Zum Bundesrecht BeckOK InfoMedien/Sicko IFG § 7 Rn 75.
80 IdS zum Bundesrecht BeckOK InfoMedien/Sicko IFG § 7 Rn 75.
81 LReg LT-Drs. 15/7720, 75.
82 Vgl aber LReg LT-Drs. 15/7720, 75: „Bescheidung des Antrags" hat unverzüglich zu erfolgen.
83 IdS zum Bundesrecht: BeckOK InfoMedien/Sicko IFG § 7 Rn 78; Berger/Kollbeck/Partsch/Roth/Scheel/Berger IFG § 7 Rn 20.
84 IdS zum Bundesrecht Blatt/Franßen NWVBl. 2014, 412, 413. Dagegen de lege lata, aber dafür de lege ferenda Ziekow/Debus/Musch 210 bzw 475.

Der **Fristbeginn** setzt das Vorliegen eines ordnungsgemäßen Antrags bei der zuständigen Stelle voraus.[85] Für zu unbestimmte Anträge ist dies in Abs. 2 S. 3 klargestellt (s. Rn 25). Erfolgt die Einreichung bei einer unzuständigen Stelle, beginnt der Fristlauf erst, wenn der Antrag der zuständigen Stelle zugeht.[86] 55

2. Fristverlängerung (S. 2). Die Voraussetzungen für die **Fristverlängerung** nach S. 2 liegen vor, soweit eine Bearbeitung innerhalb der Monatsfrist insb. wegen Umfang oder Komplexität der begehrten amtlichen Information oder der Beteiligung einer betroffenen Person nach § 8 LIFG nicht möglich ist. Nach der Gesetzesbegründung setzt die Verlängerung „das Vorliegen eines wichtigen Grundes voraus, welche das Gesetz exemplarisch umschreibt."[87] 56

3. Information über Fristverlängerung (S. 3). Vor Überschreiten der Monatsfrist soll nach S. 3 die antragstellende Person über die Fristverlängerung und die Gründe (s. vorherige Rn) hierfür schriftlich oder elektronisch informiert werden. 57

4. Folgen einer Fristüberschreitung oder fehlenden Information. Keine Sanktion wegen der Fristüberschreitung enthält Abs. 7, trotz zumindest auch subjektivrechtlicher Ausgestaltung der Norm.[88] Die antragstellende Person kann eine Untätigkeitsklage – oder bei Verzögerung nach zugangsgewährender Entscheidung die allg. Leistungsklage – erheben.[89] 58

IX. Konkurrenzen

1. Verhältnis zu §§ 8, 9 LIFG. Neben § 7 LIFG ist das Verfahren bei **Beteiligung einer betroffenen Person** nach § 8 LIFG ergänzend anzuwenden, sofern Anhaltspunkte dafür vorliegen, dass eine betroffene Person ein schutzwürdiges Interesse am Ausschluss des Informationszugangs haben kann. 59

Statt § 7 LIFG ist bei **Antragsablehnung** § 9 LIFG anzuwenden, weil § 7 LIFG seiner Zielsetzung nach ausschließlich zugangsgewährende Entscheidungen erfasst.[90] Nur bei teilweiser Gewährung und teilweiser Ablehnung des Informationszugangs kommen beide Regelungen zur Anwendung.[91] 60

2. Verhältnis zum allg. Verwaltungsverfahrensrecht. Das LVwVfG ist ergänzend anzuwenden, soweit das LIFG keine Vorgaben enthält.[92] So sind zB Regelungen im LIFG zur Beratung und Unterstützung durch die informationspflichtigen Stellen angesichts § 25 LVwVfG oder §§ 13 bis 16 SGB I entbehrlich.[93] Auch kann bspw. nach § 37 Abs. 2 S. 2 LVwVfG die 61

85 BeckOK InfoMedien/Sicko IFG § 7 Rn 80 zum Bundesrecht.
86 Zum Bundesrecht: BeckOK InfoMedien/Sicko IFG § 7 Rn 80; Berger/Kollbeck/Partsch/Roth/Scheel/Berger IFG § 7 Rn 22.
87 LReg LT-Drs. 15/7720, 75.
88 BeckOK InfoMedien/Sicko IFG § 7 Rn 77 zum Bundesrecht.
89 Zum Bundesrecht Schoch IFG § 7 Rn 175.
90 Zum Bundesrecht: BeckOK InfoMedien/Sicko IFG § 7 Rn 2; NK-IFG/Rossi § 7 Rn 2.
91 IdS zum Bundesrecht: BeckOK InfoMedien/Sicko IFG § 9 Rn 2; aM Jastrow/Schlatmann Rn 1: §§ 7 und 9 überschneiden sich, § 9 enthält im Verhältnis zu § 7 lediglich einige wenige Ergänzungen.
92 IdS zum Bundesrecht BeckOK InfoMedien/Sicko IFG § 7 Rn 2.
93 LReg LT-Drs. 15/7720, 73.

antragstellende Person bei berechtigtem Interesse und unverzüglich geäußertem Verlangen die schriftliche oder elektronische Bestätigung eines mündlich erlassenen Verwaltungsakts verlangen.[94]

X. Kosten

62 Die Gebühren und Auslagen sind in § 10 LIFG geregelt.

XI. Rechtsschutz

63 Anhaltspunkte für den Rechtsschutz ergeben sich für die betroffenen Person aus § 8 LIFG (s. LIFG § 8 Rn 42 ff) und für die antragstellende Person aus § 9 LIFG (s. LIFG § 9 Rn 34 ff).

§ 8 LIFG Verfahren bei Beteiligung einer betroffenen Person

(1) [1]Sofern Anhaltspunkte dafür vorliegen, dass eine betroffene Person ein schutzwürdiges Interesse am Ausschluss des Informationszugangs haben kann, gibt die informationspflichtige Stelle ihr schriftlich oder elektronisch Gelegenheit zur Stellungnahme und zur Erteilung ihrer Einwilligung in den Informationszugang innerhalb eines Monats. [2]Soweit der informationspflichtigen Stelle im Zeitpunkt ihrer Entscheidung eine Einwilligung der betroffenen Person nicht zugegangen ist, gilt die Einwilligung als verweigert und der Informationszugang bestimmt sich aufgrund der Abwägung nach § 5 Absatz 1 Alternative 2. [3]Eine Anhörung soll unterbleiben, wenn die betroffene Person sich offensichtlich nicht rechtzeitig äußern kann.

(2) [1]Im Fall des Absatz 1 ergeht die Entscheidung nach § 7 Absatz 1 Satz 1 schriftlich oder elektronisch und ist auch der betroffenen Person bekannt zu geben. [2]Der Informationszugang darf erst erfolgen, wenn die Entscheidung allen betroffenen Personen gegenüber bestandskräftig ist oder die sofortige Vollziehung angeordnet worden ist und seit der Bekanntgabe der Anordnung an alle betroffenen Personen zwei Wochen verstrichen sind.

Literatur: *Blatt/Franßen*, Rechtsschutz im Informationsrecht, NWVBl 2014, 412 ff.

94 LReg LT-Drs. 15/7720, 74.

I. Allgemeines

1 **1. Europa- und verfassungsrechtliche Vorgaben.** Die Mitgliedstaaten sind an die **Grundsätze einer guten Verwaltung** iSv Art. 6 EUV gebunden, so dass das nationale Recht ggf unionsrechtskonform ausgelegt werden muss.[1] Bei personenbezogenen Daten ist überdies die Richtlinie 95/46/EG vom 24.10.1995 zum Schutze natürlicher Personen bei der Verarbeitung personenbezogener Daten und zum freien Datenverkehr (sog. EG-Datenschutzrichtlinie; s. LIFG § 5 Rn 1) zu beachten.

2 Die Regelung in § 8 LIFG verwirklicht den verfassungsrechtlich geforderten **Grundrechtsschutz durch Verfahren.**[2]

3 **2. Entstehungsgeschichte.** Die Regelung lehnt sich an § 8 IFG des Bundes an und berücksichtigt den von der Evaluation[3] aufgezeigten Klarstellungsbedarf zu betroffenen Personen, die sich nicht rechtzeitig äußern können, durch Einfügung des jetzigen § 8 Abs. 1 S. 3 LIFG. Der urspr. Regierungsentwurf (s. LIFG § 1 Rn 3) wurde im Rahmen der Anhörung um eine Fiktion der Ablehnung der Einwilligung der betroffenen Person nach Fristablauf in Abs. 1 S. 2 ergänzt.[4] Mittelbare Auswirkungen hatte auch, dass durch den Antrag aller damals im Landtag vertretenen Fraktionen[5] der Regelungsentwurf zur Aufhebung des Widerspruchsverfahrens gestrichen wurde, so dass nach allg. Regeln ein Widerspruch möglich ist (s. Rn 45).

4 **3. Normzweck.** Die Regelung bezweckt die **verfahrensmäßige Absicherung der materiellen Schutzvorschriften** des LIFG zu Gunsten von betroffenen Personen iSd § 3 Nr. 4 LIFG. Neben dieser in beiden Absätzen enthaltenen Rechtsschutzfunktion kommt Abs. 1 auch noch eine Aufklärungs-, Entscheidungs- und Unterstützungsfunktion zu.[6] Dabei ist das Verfahren nicht

1 Ehlers/Vorbeck JURA 2013, 1124, 1131.
2 IdS zum Bundesrecht BeckOK InfoMedien/Sicko IFG § 8 Rn 2.
3 Ziekow/Debus/Musch 200 f.
4 LReg LT-Drs. 15/7720, 46.
5 Fraktionen der CDU, GRÜNE, SPD und FDP/DVP LT-Drs. 15/7881.
6 IdS zum Bundesrecht BeckOK InfoMedien/Sicko IFG § 8 Rn 9.

in jedem Detail rechtlich verbindlich festgelegt, vielmehr kann in der Praxis auf die vom Innenministerium veröffentlichten Anwendungshinweise (https://im.baden-wuerttemberg.de/fileadmin/redaktion/m-im/intern/dateien/pdf/Anwendungshinweise_LIFG.pdf) zurückgegriffen werden.

5 **4. Vergleichbare Regelungen des Bundes oder anderer Bundesländer.** § 8 IFG (iVm § 1 S. 1 SIFG); § 14 Abs. 2 IFG BE; § 5 Abs. 2 AIG BB; § 8 BremIFG; § 4 Abs. 5, § 7 Abs. 4 HmbTG; § 9 IFG MV, § 5 Abs. 3, § 8 S. 4, § 9 Abs. 2, § 10 Abs. 1 S. 2 und 3 IFG NRW; § 13 LTranspG RP; § 8 IZG LSA; § 10 S. 3 ff IZG SH; § 6 Abs. 4 ThürIFG. Vgl auch §§ 3 f. AGVIG iVm. § 5 Abs. 1 S. 1, Abs. 2 S. 3, Abs. 4 VIG sowie § 29 Abs. 1 S. 3 bis 5, Abs. 2, Abs. 3 UVwG.

II. Anhörung von betroffenen Personen (Abs. 1)

6 **1. Anhörungspflicht im Regelfall (S. 1).** Sofern Anhaltspunkte dafür vorliegen, dass eine betroffene Person (s. nachfolgende Rn) ein schutzwürdiges Interesse am Ausschluss des Informationszugangs haben kann (s. Rn 10 ff), gibt nach Abs. 1 S. 1 die informationspflichtige Stelle ihr schriftlich oder elektronisch Gelegenheit zur Stellungnahme und zur Erteilung ihrer Einwilligung in den Informationszugang innerhalb eines Monats (s. Rn 16 ff).

7 a) **Betroffene Person.** Wer eine betroffene Person ist, richtet sich nach der **Legaldefinition in § 3 Nr. 4 LIFG.** Dies sind nach der Gesetzesbegründung Personen, deren Vertraulichkeitserwartung nach § 4 Abs. 1 Nr. 10 LIFG, personenbezogene Daten nach § 5 LIFG oder geistiges Eigentum, Betriebs- oder Geschäftsgeheimnisse nach § 6 LIFG betroffen sind.[7]

8 Betroffene Person kann in Fällen des § 6 LIFG auch eine andere **öffentliche Stelle** sein, jedoch findet nach der Gesetzesbegründung insoweit § 8 LIFG keine Anwendung, vielmehr sind öffentliche Stellen nach allg. Verfahrensgrundsätzen zu beteiligen.[8] Daran werden die Ignoranz gegenüber der Legaldefinition der betroffenen Person und die Vernachlässigung des materiellen Schutzes des geistigen Eigentums von öffentlichen Stellen kritisiert.[9] Die öffentlichen Stellen benötigen den Verfahrensschutz nach § 8 LIFG gar nicht, weil nach § 7 Abs. 1 LIFG nur die zur Verfügung über die Informationen berechtigte Stelle entscheiden darf.[10] Selbst wenn ausnahmsweise zivilrechtlicher Rechteinhaber und verwaltungsrechtlich Verfügungsbefugte auseinanderfallen würden,[11] wäre § 8 LIFG als Regelung weniger passend als die allg. Verfahrensgrundsätze zur Beteiligung öffentlicher Stellen.

9 Eine natürliche Person oder eine juristische Person des Privatrechts ist, auch soweit die bei ihr vorliegenden Informationen in den Anwendungsbereich nach § 2 Abs. 4 LIFG einbezogen sind (insb. **Verwaltungshelfer**), nach § 8 LIFG zu beteiligen, denn dies lässt deren personale Rechtsstellung als

7 LReg LT-Drs. 15/7720, 75.
8 LReg LT-Drs. 15/7720, 75. IdS zum Bundesrecht: Braun ZAP Fach 19, 673, 677; Schmitz/Jastrow NVwZ 2005, 985, 989; Fluck/Theuer/Ziekow/Debus IFG § 8 Rn 13.
9 So zum Bundesrecht NK-IFG/Rossi § 8 Rn 6.
10 So zum Bundesrecht Fluck/Theuer/Ziekow/Debus IFG § 8 Rn 13.
11 Vgl LIFG § 7 Rn 11 f sowie die Kritik zum Bundesrecht BeckOK InfoMedien/Sicko IFG § 8 Rn 5.

Private, die sich auf Schutznormen (s. Rn 12 ff) berufen können, unberührt.[12]

b) **Anhaltspunkte für schutzwürdiges Interesse.** Anhaltspunkte für ein schutzwürdiges Interesse der betroffenen Person sind – ähnlich wie bei der Klagebefugnis nach § 42 Abs. 2 VwGO – zu bejahen, wenn die Rechtsbetroffenheit nicht offensichtlich und eindeutig nach jeder denkbaren Betrachtungsweise ausgeschlossen ist.[13] Erforderlich ist somit keine sichere Kenntnis der informationspflichtigen Stelle, sondern das Beteiligungsverfahren nach Abs. 1 wird vielmehr bereits dann ausgelöst, wenn Zweifel daran bestehen, ob Belange einer betroffenen Person berührt werden.[14] 10

Bei **Einverständnis der antragstellende Person** nach § 7 Abs. 4 S. 2 LIFG (s. LIFG § 7 Rn 32 f) zur Unkenntlichmachung der Daten von betroffenen Personen, entfällt das Erfordernis der Beteiligung.[15] 11

Schutzwürdige Belange sind nach einer Ansicht zum Bundesrecht nur solche nach §§ 5 und 6 IFG, da nur diese dem Schutz des vom Informationszugang betroffenen Dritten zu dienen bestimmt sind.[16] Eine Ausnahme wird zum Bundesrecht teils für den Schutz des sog. Informanten nach § 3 Nr. 7 IFG vertreten.[17] Für die Beteiligung des sog. Informanten nach der parallelen Landesregelung in § 4 Abs. 1 Nr. 10 LIFG spricht die Gesetzesbegründung zum LIFG (s. Rn 7). 12

Bei Bezug zu Daten von **GutachterInnen** oÄ ist eine Beteiligung nach der Begründung zum Bundesgesetz nur dann erforderlich, „wenn die Behörde ausnahmsweise Anlass zu der Annahme hat, Belange des Dritten könnten überwiegen“.[18] Vergleichbares ist in der Begründung zum LIFG nicht erkennbar. Auch keine Hinweise enthält die Begründung zum LIFG, dass eine Beteiligung in den Fällen der Daten von AmtsträgerInnen nach § 5 Abs. 4 S. 2 LIFG (entsprechend von Bearbeitern nach § 5 Abs. 4 IFG)[19] entbehrlich ist. Angesichts der Unterschiede zwischen Bundes- und Landesrecht (vollständiger Entfall des Schutzes von Bearbeiterdaten nach § 5 Abs. 4 IFG bzw nur idR Freizugeben nach § 5 Abs. 4 LIFG) können diese Ansichten nicht auf das LIFG übertragen werden, vielmehr ist im Einzelfall zu prüfen, ob ein schutzwürdiges Interesse besteht. 13

12 So zum Bundesrecht: BeckOK InfoMedien/Sicko IFG § 8 Rn 6; Fluck/Theuer/Ziekow/Debus IFG § 8 Rn 14.

13 IdS zum Bundesrecht: VGH HE v. 1.10.2008, 6 B 1133/08 Rn 22; BeckOK InfoMedien/Sicko IFG § 8 Rn 14.

14 Zum Bundesrecht: BeckOK InfoMedien/Sicko IFG § 8 Rn 14; Fluck/Theuer/Ziekow/Debus IFG § 8 Rn 20.

15 LReg LT-Drs. 15/7720, 75.

16 VGH HE v. 1.10.2008, 6 B 1133/08, NVwZ 2009, 60, 61; Blatt/Franßen NWVBl. 2014, 412, 414.

17 So BeckOK InfoMedien/Sicko IFG § 8 Rn 1; Fluck/Theuer/Ziekow/Debus IFG § 8 Rn 17; NK-IFG/Rossi § 8 Rn 2; aM VG Frankfurt a. M. v. 22.4.2009, 7 K 805/08.F, juris Rn 34.

18 BT-Drs. 15/4493, 15, zustimmend zB Jastrow/Schlatmann IFG § 8 Rn 15.

19 Für Entbehrlichkeit zum Bundesrecht: BeckOK InfoMedien/Sicko IFG § 8 Rn 16; Berger/Kollbeck/Partsch/Roth/Scheel/Berger IFG § 8 Rn 4.

14 Beim Schutz von **Daten Verstorbener** iSd § 5 Abs. 5 LIFG scheidet die Beteiligung der betroffenen Person naturgemäß aus. Angehörige dürften nur selten schutzwürdige Rechte haben.

15 Bei einer erkennbaren **mutmaßlichen Einwilligung** der betroffenen Person ist nach der Begründung zum Bundesgesetz eine Beteiligung unnötig.[20] Jedoch findet eine solche Einschränkung weder im Wortlaut des Abs. 1, in der Gesetzesbegründung noch den Ablehnungsgründen der §§ 5, 6 LIFG eine Stütze, denn alle Ablehnungsgründe verlangen eine ausdrückliche (§ 5 Abs. 2 LIFG) oder zumindest eine konkludente (§§ 5 Abs. 1, 6 S. 1 und 2 LIFG) Einwilligung, während eine mutmaßliche Einwilligung in keinem Fall ausreicht.

16 c) **Mitteilungspflicht der informationspflichtigen Stelle.** Die Beteiligung erfolgt von Amts wegen,[21] mithin ist **kein Ermessen** eingeräumt.[22] Eine betroffene Person ist auch dann zu beteiligen, wenn die informationspflichtige Stelle bereits eine Meinung hat, da es durchaus möglich ist, dass sie die Interessenlage nicht umfassend kennt oder die betroffene Person selbst mit der Offenbarung der sie betreffenden Information einverstanden ist.[23]

17 Die verfahrensbezogene Mitteilung an die betroffene Person bereitet eine abschließende Entscheidung nur vor, so dass **kein Verwaltungsakt** vorliegt.[24]

18 Die Gelegenheit zur Stellungnahme hat schriftlich oder elektronisch zu erfolgen. Sinn und Zweck dieses **Formerfordernisses** liegt in der Dokumentationsfunktion und der Warnfunktion für die betroffene Person.[25]

19 Der **Inhalt der Mitteilung** muss folgende Hinweise enthalten:

- Vorliegen des Antrags,
- zu welchen Informationen konkret Zugang gewährt werden soll und dass hierdurch Belange berührt werden können,
- Begründung der antragstellenden Person,
- ausdrückliche Frage, ob die betroffene Person in die Offenbarung der geschützten Belange einwilligt.[26]

20 Wenn die antragstellende Person sich entgegen § 7 Abs. 1 S. 3 LIFG nicht erklärt hat, ob die Daten der antragstellenden Person an die betroffene Person übermittelt werden dürfen, ist bei der Beteiligung einer betroffenen Person der Schutz der personenbezogenen Daten iSd § 3 Abs. 1 LDSG der antragstellenden Person zu beachten.[27]

20 BT-Drs. 15/4493, 15, zustimmend zB Steinbach/Hochheim NZS 2006, 517, 522.
21 LReg LT-Drs. 15/7720, 75.
22 Zum Bundesrecht: Berger/Kollbeck/Partsch/Roth/Scheel/Berger IFG § 8 Rn 1; Fluck/Theuer/Ziekow/Debus IFG § 8 Rn 11.
23 LReg LT-Drs. 15/7720, 75.
24 Zum Bundesrecht: BeckOK InfoMedien/Sicko IFG § 8 Rn 19; Fluck/Theuer/Ziekow/Debus IFG § 8 Rn 29; aM: Sieberg/Ploeckl DB 2005, 2062, 2064.
25 IdS zum Bundesrecht: BeckOK InfoMedien/Sicko IFG § 8 Rn 20; NK-IFG/Rossi § 8 Rn 19.
26 IdS zum Bundesrecht: Fluck/Theuer/Ziekow/Debus IFG § 8 Rn 26 f; NK-IFG/Rossi § 8 Rn 15 ff.
27 LReg LT-Drs. 15/7720, 75. Zur Übermittlungsbefugnis s. bereits LIFG § 7 Rn 19.

d) Stellungnahme der betroffenen Person. Die Gelegenheit zu Stellungnahme wird nach Abs. 1 innerhalb eines Monats gegeben. Der Fristlauf beginnt mit der Bekanntgabe der schriftlichen Mitteilung.[28] Zwar ist eine Verlängerung der Frist wegen des eindeutigen Wortlauts des Abs. 1 und des Interesses der antragstellenden Person an einem baldigen Informationszugang nicht möglich,[29] aber eine Wiedereinsetzung in den vorigen Stand kann nach § 32 LVwVfG erfolgen.[30] 21

2. Fiktion der Verweigerung der Einwilligung der betroffenen Person (S. 2). Soweit der informationspflichtigen Stelle im Zeitpunkt ihrer Entscheidung eine Einwilligung der betroffenen Person nicht zugegangen ist, gilt nach S. 2 die Einwilligung als verweigert und der Informationszugang bestimmt sich aufgrund der Abwägung nach § 5 Abs. 1 Alt. 2 LIFG. Dies dient dazu, die Entscheidung über einen Zugangsantrag fristgemäß treffen zu können, auch wenn eine Einwilligungserklärung der betroffenen Personen nicht innerhalb eines Monats nach Anfrage der informationspflichtigen Stelle dort vorliegt. Das Bindewort „soweit" bringt zum Ausdruck, dass die Regelung auch Anwendung findet, soweit sich eine betroffene Person teilweise nicht erklärt hat.[31] 22

Für den **Fristbeginn** ist der tatsächliche Eingang der Anfrage bei der betroffenen Person entscheidend, denn die Anfrage ist kein Verwaltungsakt, mithin ist die Zugangsfiktion des allg. Verwaltungsverfahrensrechts nicht anwendbar.[32] 23

Erklärt die betroffene Person ihre **Einwilligung nach Eintritt der Fiktionswirkung,** geht diese ausdrückliche Einwilligung dennoch vor und überwindet die zuvor eingetretene Verweigerungsfiktion des S. 2.[33] 24

Zur Klarstellung, dass auch bei Verweigerung der Einwilligung der betroffenen Person ein Informationszugang nach Abwägung erfolgen kann, erfolgt in § 8 Abs. 1 S. 2 LIFG eine Rechtsgrundverweisung auf § 5 Abs. 1 Alt. 2 LIFG. Diese Verweisung hat für den Schutz des geistigen Eigentums und von Betriebs- oder Geschäftsgeheimnissen nach § 6 LIFG keine Bedeutung. 25

3. Ausnahme bei fehlender Äußerungsmöglichkeit der betroffenen Person (S. 3). Eine Anhörung soll nach S. 3 unterbleiben, wenn die betroffene Person sich offensichtlich nicht rechtzeitig äußern kann. Diese Klarstellung erfüllt eine Forderung der Evaluation zum Bundesgesetz.[34] Nach der Begründung zur Bundesgesetz soll eine Beteiligung unnötig sein, „wenn sich der Dritte erkennbar nicht rechtzeitig äußern kann (Beispiel: beschränkte Erreichbarkeit des Dritten, etwa bei Auslandshaft)".[35] Die dahinterstehende 26

28 Zum Bundesrecht zB NK-IFG/Rossi § 8 Rn 21.
29 So aber zum Bundesrecht Matthes 52.
30 IdS zum Bundesrecht: BeckOK InfoMedien/Sicko IFG § 8 Rn 24; Fluck/Theuer/Ziekow/Debus IFG § 8 Rn 31.
31 LReg LT-Drs. 15/7720, 75.
32 IdS zu NRW Franßen/Seidel/Franßen IFG NRW Rn 642.
33 IdS zu NRW Franßen/Seidel/Franßen IFG NRW Rn 643.
34 Ziekow/Debus/Musch 475.
35 BT-Drs. 15/4493, 15; ebenso zB Steinbach/Hochheim NZS 2006, 517, 522.

Überlegung, den Informationszugang nicht nur deshalb dauerhaft zu blockieren, weil die betroffene Person nicht erreichbar ist, ist durchaus legitim und verfassungskonform, jedoch ist diese Auslegung des Bundesgesetzes nicht mit dessen Wortlaut zu vereinbaren, denn die Tatsache, dass die betroffene Person nicht oder nur unter erschwerten Bedingungen erreichbar ist, schließt nicht aus, dass sie ein schutzwürdiges Interesse am Ausschluss des Informationszugangs hat.[36] Nunmehr ist die grds. Nichtbeteiligung im Wortlaut des LIFG verankert.

27 Bevor die Beteiligung der betroffenen Person nach S. 3 entfällt, sollte im Interesse des Datenschutzes die informationspflichtige Stelle die antragstellende Person zunächst fragen, ob sie hinsichtlich der Daten der betroffenen Person einer Schwärzung oder Teileinsicht zustimmt.[37]

28 Ein atypischer Fall, in dem eine Beteiligung der betroffenen Person in den Fällen des S. 3 ausnahmsweise erfolgt, liegt vor, wenn die informationspflichtige Stelle einen außergewöhnlichen Anlass zu der Annahme hat, dass die Belange der betroffenen Person überwiegen könnten.[38]

III. Besonderheiten der Entscheidung bei betroffenen Personen (Abs. 2 S. 1)

29 War eine betroffene Person nach Abs. 1 zu beteiligen, dann ergeht nach Abs. 2 S. 1 die Entscheidung über den Informationszugang schriftlich oder elektronisch und ist auch der betroffenen Person bekannt zu geben. Damit hat die informationspflichtige Stelle – abweichend vom Grundsatz der Formfreiheit (vgl LIFG § 7 Rn 16) – eine verselbstständigte Entscheidung in Form eines **schriftlichen oder elektronischen Verwaltungsaktes** (vgl LIFG § 7 Rn 16) vor der faktischen Gewährung des Informationszugangs zu erlassen, wenn eine betroffene Person beteiligt ist.[39] Diese einheitlich fixierte Begründung erleichtert die gerichtlichen Nachprüfung und die betroffene Person kann einstweiligen Rechtsschutz nach § 80 Abs. 5 VwGO (s. Rn 49) erlangen.[40] Dieses Formerfordernis gilt nur für den Fall einer Zugang gewährenden Entscheidung, nicht aber für die Ablehnung.[41]

IV. Besonderheiten des Informationszugangs bei betroffenen Personen (Abs. 2 S. 2)

30 Der Informationszugang darf nach Abs. 2 S. 2 erst erfolgen, wenn die Entscheidung allen betroffenen Personen gegenüber bestandskräftig (s. nächste Rn) ist oder die sofortige Vollziehung angeordnet worden ist und seit der Bekanntgabe der Anordnung an alle betroffenen Personen zwei Wochen verstrichen sind (s. dazu Rn 32). Dies räumt der betroffenen Person eine ef-

36 BeckOK InfoMedien/Sicko IFG § 8 Rn 17; NK-IFG/Rossi § 8 Rn 12.
37 LReg LT-Drs. 15/7720, 75.
38 LReg LT-Drs. 15/7720, 75.
39 LReg LT-Drs. 15/7720, 76 f.
40 LReg LT-Drs. 15/7720, 77.
41 Zum Bundesrecht: Blatt/Franßen NWVBl. 2014, 412, 414. Offengelassen VGH HE v. 16.2.2012, 6 B 2464/11, NVwZ 2012, 710 f.

fektive Möglichkeit ein, den Vollzug des Informationszugangs und damit die Schaffung irreversibler Tatsachen zu verhindern.[42]

Bestandskraft ist eingetreten, wenn gegen den Verwaltungsakt nicht mehr mit ordentlichen Rechtsbehelfen (s.u. Rn 44 ff) vorgegangen werden kann, also entweder bei (erfolgloser) Erschöpfung des Rechtswegs oder bei Ablauf der Rechtsbehelfsfristen.[43] 31

Die **Zweiwochenfrist**, innerhalb derer die betroffene Person die Wiederherstellung der aufschiebenden Wirkung (§ 80 a Abs. 3 S. 2 iVm § 80 Abs. 5 S. 1 VwGO) betreiben kann, beginnt analog § 41 Abs. 2 LVwVfG erst mit der Bekanntgabe an die betroffene Person.[44] 32

V. Rechtsfolgen bei Verletzung der Pflichten

Das fehlerhafte **Unterlassen der Anhörung** von betroffenen Personen führt zur Rechtswidrigkeit einer Zugangsentscheidung.[45] 33

Entstehen der betroffenen Person durch die **rechtswidrige Gewährung** des Informationszugangs Schäden, kann sie die Fortsetzungsfeststellungsklage erheben.[46] 34

Entstehen der betroffenen Person durch die Offenbarung geschützter Informationen Vermögensschäden, besteht grds. ein Amtshaftungsanspruch nach Art. 34 GG iVm § 839 BGB.[47] 35

VI. Konkurrenzen

1. Verhältnis zu §§ 7, 9 LIFG. Sofern Anhaltspunkte dafür vorliegen, dass eine betroffene Person ein schutzwürdiges Interesse am Ausschluss des Informationszugangs haben kann, ist neben § 8 LIFG bei zugangsgewährenden Entscheidungen § 7 LIFG (s. LIFG § 7 Rn 59) oder bei Ablehnungen § 9 LIFG (s. LIFG § 9 Rn 30) ergänzend anzuwenden. 36

2. Verhältnis zum allg. Verwaltungsverfahrensrecht. Mangels einer vollständigen Regelung des Verfahrens durch das LIFG ist grds. das LVwVfG ergänzend anzuwenden (s. LIFG § 7 Rn 61). So ist etwa die betroffene Person als Beteiligte nach § 13 Abs. 2, Abs. 1 Nr. 4 LVwVfG hinzuzuziehen.[48] 37

§ 8 LIFG regelt das Verfahren bei Beteiligung einer betroffenen Person insoweit abschließend, als eine **Anhörung** nach § 28 LVwVfG nicht anzuwenden ist,[49] weil § 8 LIFG einen in sich geschlossenen Regelungsmecha- 38

---

42 IdS zum Bundesrecht: VGH HE v. 16.2.2012, 6 B 2464/11, juris Rn 21; BeckOK InfoMedien/Sicko IFG § 8 Rn 32; NK-IFG/Rossi § 8 Rn 29.

43 IdS zum Bundesrecht zB NK-IFG/Rossi § 8 Rn 31.

44 IdS zum Bundesrecht zB Fluck/Theuer/Ziekow/Debus IFG § 8 Rn 34.

45 Zum Bundesrecht bei ablehnenden Entscheidungen: BeckOK InfoMedien/Sicko IFG § 8 Rn 41; Schoch NVwZ 2013, 1033, 1039. Zum Rechtsschutz der betroffenen Person s. Rn 50 ff.

46 Zum Bundesrecht: BeckOK InfoMedien/Sicko IFG § 8 Rn 42; Fluck/Theuer/Ziekow/Debus IFG § 8 Rn 45.

47 Zum Bundesrecht: Ehlers/Vorbeck Jura 2014, 34, 45 ff mwN; Fluck/Theuer/Ziekow/Debus IFG § 8 Rn 45 unter Hinweis auf eine evtl. Strafbarkeit nach §§ 203 Abs. 2 Nr. 1, 353 b Abs. 1 StGB.

48 IdS zum Bundesrecht BeckOK InfoMedien/Sicko IFG § 8 Rn 3.

49 LReg LT-Drs. 15/7720, 76.

nismus enthält, der das Anhörungsrecht an andere Voraussetzungen als im allg. Verfahrensrecht knüpft.[50]

39 Das Erfordernis nach schriftlicher oder elektronischer Form in Abs. 2 führt dazu, dass eine **Rechtsbehelfsbelehrung** nach § 37 Abs. 6 LVwVfG (zur Widerspruchsbehörde s. LIFG § 9 Rn 40) und eine Begründung nach § 39 LVwVfG beizufügen ist.[51]

40 Da die Bestimmung über die **Bekanntgabe** an die betroffene Person des Abs. 2 S. 1 nur klarstellende Funktion hat, richtet sich die Bekanntgabe grds. nach § 41 LVwVfG, wonach der Verwaltungsakt demjenigen bekannt zu geben ist, für den er bestimmt ist oder der von ihm betroffen ist, mithin auch der antragstellenden Person.[52]

VII. Kosten

41 Eine Regelung für die Erhebung von Kosten bei Beteiligung von betroffenen Personen war nicht ersichtlich und dürfte wohl auch unzulässig sein, weil für diese keine öffentliche Leistung iSd § 2 Abs. 2 LGebG erbracht werden dürfte.

VIII. Rechtsschutz der betroffenen Person (Abs. 2 S. 3)

42 Neben anderen Möglichkeiten kommt – allerdings ohne Suspensiv- oder Devolutiveffekt – für betroffene Personen immer auch eine **Anrufung der oder des Landesbeauftragten** nach § 12 LIFG in Betracht.

43 Da eine betroffene Person durch die Gewährung des Informationszugangs in ihren Rechten beeinträchtigt wird, muss ihr nach Art. 19 Abs. 4 S. 1 GG der Rechtsweg offen stehen.[53] Insoweit ist nach § 40 Abs. 1 S. 1 VwGO der **Verwaltungsrechtsweg** eröffnet (s. LIFG § 9 Rn 35 ff).

44 **1. Verhinderung einer rechtskräftigen Zugangsentscheidung.** Nach Erlass einer Zugangsentscheidung in drei- oder mehrpoligen Informationsverhältnissen ist das Ziel der betroffenen Person einen die antragstellende Person begünstigenden **Verwaltungsakt mit drittbelastender Doppelwirkung** anzugreifen. Dieses Rechtsschutzziel ist – soweit zulässig mit dem Anfechtungswiderspruch (vgl LIFG § 9 Rn 39) und ansonsten oder im Anschluss daran – mit der Anfechtungsklage zu verfolgen.[54]

45 Anfechtungswiderspruch bzw –klage einer betroffen Person **hemmen den Vollzug** der positiven Zugangsentscheidung nach § 8 Abs. 2 S. 2 LIFG, so

50 Zum Bundesrecht: BeckOK InfoMedien/Sicko IFG § 8 Rn 3; Matthes IFG 52 f; widersprüchlich Berger/Kollbeck/Partsch/Roth/Scheel/Berger IFG § 8 Rn 2, wonach § 8 LIFG als Spezialvorschrift vorgehe und § 28 Abs. 2 VwVfG ergänzend zur Anwendung käme.
51 IdS zum Bundesrecht BeckOK InfoMedien/Sicko IFG § 8 Rn 30 mwN.
52 Zum Bundesrecht: BeckOK InfoMedien/Sicko IFG § 8 Rn 31; NK-IFG/Rossi § 8 Rn 28.
53 BeckOK InfoMedien/Sicko IFG § 8 Rn 36.
54 IdS zum Bundesrecht: VGH HE v. 16.2.2012, 6 B 2464/11 juris Rn 21; Fluck/Theuer/Ziekow/Debus IFG § 8 Rn 37 ff.

dass es zunächst nicht zu einer Offenbarung der Informationen kommen darf.[55]

Die nach § 42 Abs. 2 VwGO (analog) erforderliche **Rechtsbehelfsbefugnis** kann entsprechend § 8 Abs. 1 S. 1 LIFG angenommen werden, sofern Anhaltspunkte dafür vorliegen, dass eine betroffene Person ein schutzwürdiges Interesse am Ausschluss des Informationszugangs haben kann (s. Rn 10 ff). 46

Zwar findet sich im Landesrecht, anders als in § 8 Abs. 2 S. 3 IFG, keine Verweisung auf die Rechtsschutzregelungen für die antragstellende Person, jedoch können im Übrigen die Ausführungen zum Rechtsschutz der antragstellenden Person (s. LIFG § 9 Rn 34 ff) entsprechend angewendet werden. 47

Allerdings ist bei der Sicherung von Rechten der betroffenen Personen problematisch, dass die Durchführung eines **In-camera-Verfahrens** nach § 99 VwGO (s. LIFG § 9 Rn 51) nicht auf die Drittbeteiligungsfällen zugeschnitten ist.[56] 48

2. Verhinderung eines Informationszugangs nach Anordnung des Sofortvollzugs. Bei Anordnung der sofortigen Vollziehbarkeit der Zugangsentscheidung erfolgt der einstweilige Rechtsschutz nach § 80 a VwGO.[57] 49

3. Rechtsschutz bei Nichtdurchführung des Verfahrens nach § 8 LIFG. a) Rechtsschutz auf Beteiligung. Da die Beteiligung eine **unselbstständige Verfahrenshandlung** darstellt, kann die Beteiligung als solches wegen § 44 a VwGO nicht isoliert eingeklagt, sondern nur iRd Anfechtung der Sachentscheidung gerügt werden.[58] Bei Rüge im Hauptsacheverfahren wird mangels Spruchreife ein Bescheidungsurteil ergehen, um die Beteiligung der betroffenen Person nach § 8 LIFG im Verwaltungsverfahren nachzuholen.[59] 50

b) Verhinderung des Informationszugangs. Vorbeugender Rechtsschutz gegen den Informationszugang dürfte nur selten möglich sein.[60] Die Rechtsschutzmöglichkeiten nach § 8 LIFG iVm dem Rechtsschutz der VwGO (s. Rn 42 ff) führen idR zur Verneinung eines qualifizierten Rechtsschutzbedürfnisses.[61] Wenn aber tatsächlicher Informationszugang durch die informationspflichtige Stelle ohne Durchführung des Verfahrens nach § 8 LIFG droht, kann die betroffene Person ihre verfahrensrechtliche Position ggf 51

55 IdS zum Bundesrecht zB NK-IFG/Rossi § 9 Rn 26.
56 Dazu Ziekow/Debus/Musch 415 ff.
57 IdS zum Bundesrecht zB Fluck/Theuer/Ziekow/Debus IFG § 8 Rn 42.
58 Zum Bundesrecht: Fluck/Theuer/Ziekow/Debus IFG § 8 Rn 30; Sellmann/Augsberg WM 2006, 2293, 2298. Missverständlich Blatt/Franßen NWVBl. 2014, 412, 414 und 417.
59 Zum Bundesrecht: OVG NW v. 19.3.2013, 8 A 1172/11 juris Rn 135; OVG BE-BB v. 5.10.2010, 12 B 5.08 juris Rn 40; BeckOK InfoMedien/Sicko IFG § 8 Rn 41 mwN.
60 IdS zum Bundesrecht BeckOK InfoMedien/Sicko IFG § 8 Rn 37.
61 IdS zum Bundesrecht: Fluck/Theuer/Ziekow/Debus IFG § 8 Rn 44; Mecklenburg/Pöppelmann IFG § 9 Rn 34; NK-IFG/Rossi § 9 Rn 31. Nach Kloepfer/v. Lewinski DVBl. 2005, 1277, 1286, ist weder die vorbeugende Unterlassungsklage noch die Feststellungsklage ausgeschlossen.

durch einen Antrag auf Erlass einer einstweiligen Anordnung nach § 123 Abs. 1 S. 1 VwGO sichern lassen.[62]

§ 9 LIFG Ablehnung des Antrags

(1) Die Bekanntgabe einer Entscheidung, mit der der Antrag ganz oder teilweise abgelehnt wird, hat innerhalb der Fristen nach § 7 Absatz 7 Satz 1 oder 2 zu erfolgen.

(2) Soweit die informationspflichtige Stelle den Antrag ganz oder teilweise ablehnt, hat sie mitzuteilen, ob und wann der Informationszugang ganz oder teilweise auf Antrag zu einem späteren Zeitpunkt voraussichtlich möglich ist.

(3) Der Antrag kann abgelehnt werden, wenn

1. **dieser offensichtlich missbräuchlich gestellt wurde,**
2. **dieser zu unbestimmt ist und nicht innerhalb von drei Monaten nach Bekanntgabe der Aufforderung der informationspflichtigen Stelle nach § 7 Absatz 2 präzisiert wird,**
3. **dessen Bearbeitung einen für die informationspflichtige Stelle unverhältnismäßigen Verwaltungsaufwand verursachen würde,**
4. **die antragstellende Person bereits über die begehrten Informationen verfügt oder**
5. **die antragstellende Person sich die begehrten Informationen in zumutbarer Weise aus allgemein zugänglichen Quellen beschaffen kann.**

Literatur: *Blatt/Franßen,* Rechtsschutz im Informationsrecht, NWVBl 2014, 412 ff; *Huber*, Das „in-camera"-Verfahren in Rechtstreitigkeiten nach Informationsfreiheitsgesetz, JB InfoR 2012, 157 ff; *Igstadt,* Die Versagung des teilweisen Informationszugangs wegen unverhältnismäßigen Verwaltungsaufwands nach § 7 Abs. 2 Satz 1 IFG, JB InfoR 2011, 285 ff; *Keller*, Rechtsweg bei Anspruch nach dem Informationsfreiheitsgesetz, jurisPR-SozR 15/2012 Anm. 6; *Schmitz/Jastrow*, Das Informationsfreiheitsgesetz des Bundes, NVwZ 2005, 984 ff; *Schroeter*, Defizite beim Verfahren der gerichtlichen Überprüfung von Informationsbegehren nach dem Informationsfreiheitsrecht, NVwZ 2011, 457 ff; *Weber*, Informationsfreiheitsgesetze und prozessuales Akteneinsichtsrecht, NVwZ 2008, 1284 ff.

62 IdS zum Bundesrecht: VGH HE v. 1.10.2008, 6 B 1133/08, juris Rn 12 ff; Ehlers/Vorbeck Jura 2014, 34, 41.

I. Allgemeines

1. Europa- und verfassungsrechtliche Vorgaben. Die Mitgliedstaaten sind an die **Grundsätze einer guten Verwaltung** iSv Art. 6 EUV gebunden, so dass das nationale Recht ggf unionsrechtskonform ausgelegt werden muss.[1] 1

§ 9 LIFG trägt den **verfassungsrechtlichen Vorgaben** an eine rechtsstaatliche Verfahrensausgestaltung Rechnung. 2

2. Entstehungsgeschichte. Die Regelung lehnt sich an der Bundesregelung in § 9 IFG an und berücksichtigt Erkenntnisse der Evaluation: Einfügung einer Missbrauchsklausel[2] (Abs. 3 Nr. 1), Regelung für Unbestimmtheit[3] (Abs. 3 Nr. 2) sowie Klarstellungen beim Ablehnungsgrund des unverhältnismäßigen Verwaltungsaufwandes[4] (Abs. 3 Nr. 3). Der Regierungsentwurf (s. LIFG § 1 Rn 3) wurde insoweit nicht verändert. Mittelbare Auswirkungen hatte allerdings, dass durch den Antrag aller damals im Landtag vertretenen Fraktionen[5] der Regelungsentwurf zur Aufhebung des Widerspruchsverfahrens gestrichen wurde, so dass nach allg. Regeln ein Widerspruchsverfahren stattfindet (s.u. Rn 39 ff). 3

3. Normzweck. Die **Fristenregelung in Abs. 1** bezweckt die Verfahrensbeschleunigung und die Erleichterung der Rechtsdurchsetzung.[6] 4

Den **Mitteilungspflichten nach Abs. 2** werden drei Funktionen zugeschrieben: Vermeidung von Verwaltungsaufwand wegen Entbehrlichkeit einer Befristung,[7] Informationsfunktion für die antragstellende Person darüber, ob überhaupt und ggf wann der Zugang voraussichtlich erfolgen kann, sowie eine daraus resultierende Befriedungsfunktion, weil der antragstellenden Person eine konkrete Perspektive eröffnet wird.[8] 5

1 Ehlers/Vorbeck JURA 2013, 1124, 1131.
2 Vgl Ziekow/Debus/Musch 208 f.
3 Vgl Ziekow/Debus/Musch 180 f.
4 Vgl Ziekow/Debus/Musch 241 f.
5 Fraktionen der CDU, GRÜNE, SPD und FDP/DVP LT-Drs. 15/7881.
6 IdS zum Bundesrecht BeckOK InfoMedien/Sicko IFG § 9 Rn 3.
7 IdS LReg LT-Drs. 15/7720, 77; zum Bundesrecht zB auch: BT-Drs. 15/4493, 16; Jastrow/Schlatmann IFG § 9 Rn 13.
8 NK-IFG/Rossi § 9 Rn 12 f. Zu Recht skeptisch gegenüber der Befriedungsfunktion: BeckOK InfoMedien/Sicko IFG § 9 Rn 24; Fluck/Theuer/Ziekow/Debus IFG § 9 Rn 20.

6 Ziel der **Ablehnungsgründe des Abs. 3** ist die Entlastung der informationspflichtigen Stellen.

7 **4. Vergleichbare Regelungen des Bundes oder anderer Bundesländer.** § 7 Abs. 2 S. 1 und § 9 IFG (iVm § 1 S. 1 SIFG); § 14 Abs. 1, § 15 IFG BE; § 6 Abs. 1 S. 7 bis 9, Abs. 4 AIG BB; § 9 BremIFG; § 13 Abs. 2 und 3 HmbTG; § 11 Abs. 1, § 12 IFG M-V; § 5 Abs. 2 S. 3 und 4, Abs. 4 IFG NRW; § 12 Abs. 4 LTranspG RP; § 9 IZG LSA; § 6 IZG-SH; § 6 Abs. 9 ThürIFG. Vgl auch § 1 AGVIG iVm § 4 Abs. 4 und 5, § 5 Abs. 3 S. 2 VIG sowie § 27 UVwG.

II. (Teilweise) Ablehnung (Abs. 1)

8 Die Bekanntgabe einer Entscheidung, mit der der Antrag ganz oder teilweise abgelehnt (s. nächste Rn) wird, hat nach Abs. 1 innerhalb der Fristen nach § 7 Abs. 7 S. 1 oder 2 LIFG (s. LIFG § 7 Rn 52) zu erfolgen.

9 Eine (teilweise) **Ablehnung** liegt vor, wenn der antragstellenden Person die begehrte Information nicht oder nicht in dem von der antragstellenden Person gewünschten Umfang, Art (s. LIFG § 7 Rn 34 ff) oder Form (s. LIFG § 7 Rn 43) zugänglich gemacht wird.[9]

10 Die Ablehnung des Informationszugangs erfolgt durch einen **Verwaltungsakt** iSd § 35 LVwVfG nach den allg. Regeln (s.u. Rn 42 ff).[10]

III. Mitteilungspflicht bei Ablehnung (Abs. 2)

11 Soweit die informationspflichtige Stelle den Antrag ganz oder teilweise ablehnt (s. Rn 9), hat sie nach Abs. 2 mitzuteilen, ob und wann der Informationszugang ganz oder teilweise auf Antrag zu einem späteren Zeitpunkt voraussichtlich möglich ist. Aus der Formulierung „ob und wann“ folgt, dass die Mitteilungspflicht auch in den Fällen besteht, in denen der Informationszugang dauerhaft verweigert wird.[11] Die Mitteilung hat **von Amts wegen** zu erfolgen.[12]

12 Der **Inhalt der Mitteilungspflicht** bestimmt sich nach den Ausschlussgründen des konkreten Falls.[13] Dabei ist die informationspflichtige Stelle nur zur Mitteilung des nach Aktenlage Erkennbaren verpflichtet, ohne weitergehende Ermittlungen anstellen zu müssen, so dass idR der Hinweis aus-

---

9 IdS zum Bundesrecht: Fluck/Theuer/Ziekow/Debus IFG § 9 Rn 12; Jastrow/Schlatmann Rn 6.

10 IdS zum Bundesrecht zB BeckOK InfoMedien/Sicko IFG § 9 Rn 6. IdS zum IFG NRW: OVG NW v. 9.2.2012, 5 A 166/10; Blatt/Franßen NWVBl. 2014, 412, 415; aM Vorinstanz VG Köln v. 19.11.2009, 6 K 2032/08, openJur 2011, 69979 Rn 37 mwN; diff. Ehlers/Vorbeck Jura 2014, 34, 38 ff. Vgl auch die umstrittene Diskussion zur Verwaltungsaktsqualität bei der Gewährung des Informationszugangs bei LIFG § 7 Rn 17 und die ältere Diskussion zur Akteneinsicht bei LVwVfG § 29 Rn 59.

11 Zum Bundesrecht: BeckOK InfoMedien/Sicko IFG § 9 Rn 23; Mecklenburg/Pöppelmann IFG § 9 Rn 10.

12 Zum Bundesrecht: Fluck/Theuer/Ziekow/Debus IFG § 9 Rn 19; NK-IFG/Rossi § 9 Rn 10.

13 Zum Bundesrecht BeckOK InfoMedien/Sicko IFG § 9 Rn 26.

reicht, dass aktuell nicht absehbar ist, ob und wann ein späterer Informationszugang in Betracht kommt.[14]

IV. Ablehnungsgründe (Abs. 3)

Entsprechend dem allg. Auslegungsgrundsatz sind die Ablehnungsgründe des Abs. 3 **restriktiv auszulegen** (s. LIFG § 4 Rn 13). Dabei kann ein Antrag nach Abs. 3 abgelehnt werden, wenn 13

1. dieser offensichtlich missbräuchlich gestellt wurde (s. Rn 14 ff),
2. dieser zu unbestimmt ist und nicht innerhalb von drei Monaten nach Bekanntgabe der Aufforderung der informationspflichtigen Stelle nach § 7 Abs. 2 präzisiert wird (s. Rn 18 f),
3. dessen Bearbeitung einen für die informationspflichtige Stelle unverhältnismäßigen Verwaltungsaufwand verursachen würde (s. Rn 20 ff),
4. die antragstellende Person bereits über die begehrten Informationen verfügt (s. Rn 23 f) oder
5. die antragstellende Person sich die begehrten Informationen in zumutbarer Weise aus allg. zugänglichen Quellen beschaffen kann (s. Rn 25 ff).

1. Ablehnung bei missbräuchlichem Antrag (Nr. 1). Der Ablehnungsgrund 14
Nr. 1 stellt klar, dass der Informationszugang entsprechend den allg. verwaltungsrechtlichen Grundsätzen des Rechtsmissbrauchs abgelehnt werden kann.[15] Da der Anspruch nach LIFG im Unterschied zu anderen Rechtsbereichen voraussetzungslos gewährleistet wird und daher die Motive der antragsstellenden Person idR unerheblich sind, ist eine restriktive Handhabung des Missbrauchstatbestands angezeigt.[16] Dies kommt auch im Wortlaut dadurch zum Ausdruck, dass nur „offensichtlich" missbräuchliche Anträge abgelehnt werden können.

Die Missbrauchsgrenze ist überschritten, „wenn der Verfolgung des 15
Rechtsanspruchs offensichtlich keinerlei nachvollziehbare Motive zu Grunde liegen, sondern das Handeln des Anspruchsinhabers offenkundig und zweifelsfrei allein von der Absicht geprägt ist, die Informationspflichtige Stelle oder einen Drittbetroffenen zu schikanieren oder zu belästigen oder einem anderen Schaden zuzufügen".[17]

---

14 Zum Bundesrecht: Fluck/Theuer/Ziekow/Debus IFG § 9 Rn 19; Jastrow/Schlatmann IFG § 9 Rn 14.
15 LReg LT-Drs. 15/7720, 77.
16 Zum Bundesrecht: VGH HE v. 24.3.2010, 6 A 1832/09, juris Rn 7 f; BeckOK InfoMedien/Sicko IFG § 9 Rn 45.
17 So zum Bundesrecht: VGH HE v. 24.3.2010, 6 A 1832/09, juris Rn 8 zB zustimmend BeckOK InfoMedien/Sicko IFG § 9 Rn 45.

Missbrauch kommt in Betracht bei:

- Verschleppungsabsicht eines Verfahrens,[18]
- Behördenblockierung[19] oder
- Vorschieben einer anderen Person wegen fehlender eigener Antragsberechtigung.[20]

16 **Missbrauch kann nicht allein** aus einem der folgenden Umstände hergeleitet werden:

- Informationen werden begehrt, um die Chancen im Rahmen einer zivilrechtlichen Auseinandersetzung zu verbessern,[21]
- hoher Verwaltungsaufwand, weil der Verwaltungsaufwand iRd LIFG nur bei § 7 Abs. 5 S. 3 sowie § 9 Abs. 3 Nr. 3 relevant ist,[22]
- gleichzeitiges Stellen zweier Anträge zum selben Thema bei verschiedenen Stellen,[23] oder
- Antrag dient der Ausforschung eines Konkurrenten.[24]

17 Der Missbrauchsverstoß erzwingt keine Ablehnung, so steht es im **Ermessen** der informationspflichtigen Stelle, einen Informationszugang zu gewähren, wenn bspw. die Begründung des Missbrauchs aufwändiger wäre.

18 **2. Ablehnung bei unbestimmtem Antrag** (**Nr. 2**). Der Ablehnungsgrund Nr. 2 ist im Zusammenhang mit § 7 Abs. 2 LIFG (s. dort Rn 23 ff) zu verstehen. Daraus ergibt sich, dass ein unbestimmter Antrag idR erst abgelehnt werden kann, wenn die antragstellende Person der Aufforderung, den zu allg. formulierten Antrag zu präzisieren, nicht nachgekommen ist.[25]

19 Die Unbestimmtheit des Antrags erzwingt keine Ablehnung, so steht es im **Ermessen** der informationspflichtigen Stelle, auch bei Vorliegen der Voraussetzungen nochmals zu versuchen, eine Präzisierung des Antrags durch die antragstellenden Person zu erreichen.

20 **3. Ablehnung bei unverhältnismäßigem Verwaltungsaufwand** (**Nr. 3**). Beim Ablehnungsgrund Nr. 3 geht es erkennbar nicht um eine grundrechtlich fundierte Verhältnismäßigkeitsprüfung, sondern die Vorschrift zielt vielmehr darauf, die informationspflichtige Stelle vor institutioneller Überfor-

18 IdS zum Bundesrecht: NK-IFG/Rossi § 9 Rn 22; Steinbach/Hochheim NZS 2006, 517, 521; zum Umweltinformationsrecht Palme LUIG § 3 Kap F Erl. 1.

19 IdS zum Bundesrecht: NK-IFG/Rossi § 9 Rn 22; Steinbach/Hochheim NZS 2006, 517, 521.

20 IdS zum IFG NRW: VG Düsseldorf v. 3.3.2006, 26 K 1585/04; v. 5.5.2006, 26 K 721/05; aM Franßen/Seidel/Franßen IFG NRW Rn 415 ff.

21 IdS zum Bundesrecht: VG Frankfurt a. M. v. 17.6.2009, 7 K 2282/08.F (3), juris Rn 42; BeckOK InfoMedien/Sicko IFG § 9 Rn 46.

22 IdS zum Bundesrecht: BeckOK InfoMedien/Sicko IFG § 9 Rn 46; Fluck/Theuer/Ziekow/Debus IFG § 9 Rn 35.

23 So zum Umweltinformationsrecht: OVG SH v. 10.7.1996, 4 L 222/95 juris Rn 35, wo aber auf die Ablehnung nach Zugangsgewährung durch eine Stelle hingewiesen wird; Palme LUIG § 3 Kap F Erl. 1.

24 BeckOK InfoMedien/Sicko IFG § 9 Rn 47; Fluck/Theuer/Ziekow/Debus IFG § 9 Rn 36; aM: Kiethe/Groeschke WRP 2006, 303, 306; Leopold WuW 2006, 592, 599; Sieberg/Ploeckl DB 2005, 262, 264. Beim Umweltinformationsrecht für Ablehnung: OVG NW v. 27.9.1993, 21 A 2565/92 juris Rn 14; Palme LUIG § 3 Kap F Erl. 1.

25 LReg LT-Drs. 15/7720, 77.

derung und einer Beeinträchtigung ihrer Funktionsfähigkeit zu schützen.[26] Die Gesetzesbegründung betont, dass die Regelung als **Schutzklausel für die informationspflichtige Stelle** dient und bei der Bewertung auf die relative Leistungsfähigkeit der jeweiligen informationspflichtigen Stelle abzustellen ist.[27] Dabei ist auch der jeweils in Betracht kommende Ausgleich für den Aufwand durch Gebühren und Auslagen nach § 10 LIFG zu berücksichtigen.[28]

Die ähnliche Bundesregelung schließt einen Anspruch wegen unverhältnis- 21
mäßigen Verwaltungsaufwands nur aus, „wenn die Erfüllung des Teilanspruchs einen im Verhältnis zum Erkenntnisgewinn des Anspruchstellers und der Allgemeinheit unvertretbaren Aufwand an Kosten oder Personal erfordern würde oder aber auch bei zumutbarer Personal- und Sachmittelausstattung sowie unter Ausschöpfung aller organisatorischen Möglichkeiten die Wahrnehmung der vorrangigen Sachaufgaben der Behörde erheblich behindern würde".[29] Prinzipiell können die Überlegungen zur Konkretisierung des Begriffs des unverhältnismäßigen Verwaltungsaufwandes zum Bundesrecht[30] auch für das LIFG herangezogen werden, wobei sich zum LIFG aus der Formulierung in Nr. 3 – klarer als aus der Bundesregelung – ergibt, dass die Regelung dem Schutz der relativen Leistungsfähigkeit der konkreten informationspflichtigen Stelle dient. Außerdem ist zu beachten, dass die Anforderungen, die an den „unverhältnismäßigen Verwaltungsaufwand" nach Nr. 3 zu stellen sind, höher als beim Begriff des „deutlich höheren Verwaltungsaufwandes" nach § 7 Abs. 5 S. 3 LIFG (s. dort Rn 39) sind.[31]

Der unverhältnismäßige Verwaltungsaufwand erzwingt keine vollständige 22
Ablehnung, so steht es im **Ermessen** der informationspflichtigen Stelle ggf einen teilweisen Informationszugang zu gewähren.

4. Antragstellende Person verfügt bereits über Informationen (Nr. 4). Fer- 23
ner kann eine Ablehnung nach Nr. 4 erfolgen, wenn die antragstellende Person bereits über die begehrten Informationen verfügt, was insb. bei **Zweitanträgen** in Betracht kommt.[32] Dabei darf keine hypothetische Betrachtungsweise der Verfügbarkeit von Informationen angestellt werden, denn dies widerspricht dem klaren Gesetzeswortlaut.[33] Die antragstellende Person muss sich gerade nicht darauf verweisen lassen, dass sie theoretisch die Möglichkeit hätte, sich die begehrten Informationen anderweitig selbst zu verschaffen.[34]

---

26 IdS zum Bundesrecht BVerwG v. 17.3.2016, 7 C 2/15, Rn 24.
27 LReg LT-Drs. 15/7720, 77.
28 LReg LT-Drs. 15/7720, 77.
29 BVerwG v. 17.3.2016, 7 C 2/15 Rn 24.
30 Dazu ausführlich: BeckOK InfoMedien/Sicko IFG § 7 Rn 54 ff; Igstadt JB InfoR 2011, 285 ff; Ziekow/Debus/Musch 228 ff.
31 IdS zum Bundesrecht: VGH HE v. 29.11.2013, 6 A 1426/13, Rn 49; Fluck/Theuer/Fluck IFG § 7 Rn 106.
32 LReg LT-Drs. 15/7720, 77.
33 VG HH v. 27.8.2010, 7 K 619/09, juris Rn 68; bestätigt durch OVG HH v. 16.4.2012, 5 Bf 241/10.Z, juris Rn 22 f.
34 VG Freiburg v. 21.9.2011, 1 K 734/10, juris Rn 33; BeckOK InfoMedien/Sicko IFG § 9 Rn 29; Ziekow/Debus/Musch 206 mwN.

24 Dem eingeräumten **Ermessen** kann es zB bei lange zurückliegenden Erstanträgen besser entsprechen, wenn die Information erneut zugänglich gemacht wird. Sofern mit dem Zweitantrag eine andere Art oder Form des Informationszugangs begehrt wird, sind in die Ermessenserwägungen nicht nur die gesetzlichen Wertungen des § 7 Abs. 5 S. 2 LIFG einzustellen, sondern gerade auch die Bedeutung, die die konkrete Zugangsart oder -form für die antragstellende Person hat.[35]

25 **5. Zumutbare Beschaffung aus allg. zugänglichen Quellen** (**Nr.** 5). Der Antrag kann nach Nr. 5 abgelehnt werden, wenn sich die antragstellende Person die begehrten Informationen in zumutbarer Weise aus allg. zugänglichen Quellen beschaffen kann. Vom Begriff der **Allgemeinzugänglichkeit** werden nur Quellen iSd Art. 5 Abs. 1 S. 1 Alt. 2 GG erfasst.[36] „Allgemeinzugänglich ist eine Informationsquelle, wenn sie geeignet und bestimmt ist, der Allgemeinheit, also einem individuell nicht bestimmbaren Personenkreis, Informationen zu verschaffen".[37] Dies ist bspw. bei behördlichen Publikationen und dem Internet zu bejahen.[38] Dazu hat die informationspflichtige Stelle genau darzulegen, welche Informationen aus welchen allg. zugänglichen Quellen beschafft werden können.[39]

26 **Nicht allgemein zugänglich** sind dagegen Quellen:

- deren Zugang erst durch das LIFG eröffnet wird,[40]
- wie Prozessakten eines Strafprozesses (trotz tatsächlich bestehender Einsichtnahmemöglichkeit),[41]
- der Insolvenzschuldnerin[42] sowie
- der Bank des Insolvenzschuldners bzw des zuständigen Gerichtsvollziehers.[43]

27 Mit der **Zumutbarkeitsklausel** werden die individuellen Umstände der antragstellenden Person berücksichtigt, wie zB Behinderung, technische Ausstattung und Wohnsitz.[44] Evtl. ist auch der Aufwand der antragstellenden Person bei der Frage nach der Zumutbarkeit zu berücksichtigen bzw es kann zwischen dem Aufwand, der bei der Informationsbeschaffung aus allg. zugänglichen Quellen anfällt, und dem Aufwand abgewogen werden,

35 IdS zu den entsprechenden Bundesregelungen: BeckOK InfoMedien/Sicko IFG § 9 Rn 33; Fluck/Theuer/Ziekow/Debus Rn 28 f.
36 IdS zum Bundesrecht: VG Frankfurt a. M. v. 12.3.2008, 7 E 5426/06, juris Rn 57; Fluck/Theuer/Ziekow/Debus IFG § 9 Rn 30 mwN.
37 BVerfG v. 24.1.2001, 1 BvR 2623/95, NJW 2001, 1633, 1634, st. Rspr. zu Art. 5 GG.
38 Fluck/Theuer/Ziekow/Debus IFG § 9 Rn 25; NK-IFG/Rossi § 9 Rn 19 f.
39 IdS zum Bundesrecht: VG Frankfurt a. M. v. 12.3.2008, 7 E 5426/08, juris Rn 58; BeckOK InfoMedien/Sicko IFG § 9 Rn 36.
40 Zum Bundesrecht: Fluck/Theuer/Ziekow/Debus IFG § 9 Rn 30; Mecklenburg/Pöppelmann IFG § 9 Rn 13.
41 VG Frankfurt a. M. v. 12.3.2008, 7 E 5426/06, juris Rn 57; BeckOK InfoMedien/Sicko IFG § 9 Rn 39.
42 VG HH v. 27.8.2010, 7 K 619/09, juris Rn 69; BeckOK InfoMedien/Sicko IFG § 9 Rn 39.
43 VG Minden v. 12.8.2010, 7 K 23/10, juris Rn 42; BeckOK InfoMedien/Sicko IFG § 9 Rn 39.
44 LReg LT-Drs. 15/7720, 77.

den die Informationspflichtige Stelle bei positiver Bescheidung des Zugangsantrags betreiben müsste.[45]

Bei der Zumutbarkeit ist der **Preis** zu berücksichtigen, der für einen Infor- 28
mationszugang zu entrichten ist.[46] Wenn die Publikation zu Marktpreisen erhältlich ist, ist nach der Gesetzesbegründung unter Hinweis auf die Kostenregelung in § 10 LIFG eine Verweisung auf diese Quelle möglich,[47] insb. steht der Zumutbarkeit nicht entgegen, wenn die Information in Pressearchiven vorliegt, für den Zugang ein – idR geringes – Entgelt zu entrichten ist.[48] Die Zumutbarkeit ist aber zu verneinen, wenn ein Erwerb zu angemessenen Marktpreisen nicht möglich ist.[49]

Nicht die Maßstäbe für die Zumutbarkeit, sondern die für das **Ermessen** 29
entwickelten Maßstäbe sind heranzuziehen, wenn die Frage zu beurteilen ist, ob die Informationspflichtige Stelle einen Informationszugangsantrag zu Recht abgelehnt hat, weil wenige Aktenseiten allg. zugänglich waren.[50]

V. Konkurrenzen

1. Verhältnis zu §§ 7 und 8 LIFG. Während § 9 LIFG nur bei teilw. Ableh- 30
nung neben § 7 LIFG anzuwenden ist (s. LIFG § 7 Rn 60), sind § 9 LIFG und § 8 LIFG nebeneinander anwendbar, sofern Anhaltspunkte dafür vorliegen, dass eine betroffene Person ein schutzwürdiges Interesse am Ausschluss des Informationszugangs haben kann (s. LIFG § 8 Rn 36).

2. Verhältnis zu allg. Regeln. Da Abs. 1 über die Verweisung auf § 7 Abs. 7 31
S. 1 und 2 LIFG nur Vorgaben zu der Frist, innerhalb derer die Ablehnung zu erfolgen hat, macht, können im Übrigen die allg. Regelungen des LVwVfG und der VwGO (dazu Rn 34 ff) angewendet werden.[51]

Eine Pflicht nach § 37 Abs. 6 S. 1 LVwVfG zur Beifügung einer **Rechtsbe-** 32
helfsbelehrung (s. zu den Rechtsbehelfen unten Rn 39 ff) besteht nur, wenn der Verwaltungsakt (s. Rn 10) schriftlich oder elektronisch erlassen wurde.[52] Nie besteht eine Pflicht auf die Möglichkeit zur Anrufung der oder des Landesbeauftragten für die Informationsfreiheit (§ 12 LIFG) hinzuweisen.[53]

VI. Kosten

Zu den Kosten enthält § 10 LIFG eine Regelung, die insb. auch eine Erhe- 33
bung von Gebühren bei Ablehnung ermöglicht (s. LIFG § 10 Rn 15, 21 f).

---

45 IdS zum Bundesrecht: VG München v. 21.6.2007, M 17 K 06.3145, Rn 31; BeckOK InfoMedien/Sicko IFG § 9 Rn 42 f.
46 BeckOK InfoMedien/Sicko IFG § 9 Rn 41.
47 LReg LT-Drs. 15/7720, 77.
48 IdS zum Bundesrecht VG Frankfurt a. M. v. 26.3.2010, 7 K 243/09.F, Rn 26.
49 Fluck/Theuer/Ziekow/Debus IFG § 9 Rn 31.
50 BeckOK InfoMedien/Sicko IFG § 9 Rn 43.
51 IdS zum Bundesrecht BeckOK InfoMedien/Sicko IFG § 9 Rn 7.
52 IdS zum Bundesrecht BeckOK InfoMedien/Sicko IFG § 9 Rn 21.
53 IdS zum Bundesrecht BeckOK InfoMedien/Sicko IFG § 9 Rn 22.

VII. Rechtsschutz

34 Neben anderen Möglichkeiten kommt – allerdings ohne Suspensiv- oder Devolutiveffekt – für antragstellende Personen immer auch eine Anrufung der oder des Landesbeauftragten nach § 12 LIFG in Betracht.

35 **1. Rechtsweg (§ 40 VwGO).** Das Vorliegen einer **öffentlich-rechtlichen Streitigkeiten** iSd § 40 Abs. 1 S. 1 VwGO ist mit Hinweis auf die Verpflichtung von Trägern öffentlicher Gewalt durch das LIFG zu bejahen.[54]

36 Eine Streitigkeit über das LIFG ist **nichtverfassungsrechtlicher Art**, weil sie nicht auf Grund verfassungs- oder einfachgesetzlicher Rechtsvorschriften in die Kompetenz der Verfassungsgerichte fällt und auch die Auslegung und Anwendung verfassungsrechtlicher Normen nicht den eigentlichen Kern des Rechtsstreits bildet bzw das streitige Rechtsverhältnis nicht entscheidend vom Verfassungsrecht geformt wird.[55]

37 Die Überprüfung des Vorliegens einer **abdrängenden Sonderzuweisung** wird idR verneint, weil die Voraussetzungen der jeweiligen Zuweisungsnormen nicht vorliegen.[56] Die Gerichte gehen vielmehr davon aus, dass das LIFG den Informationszugang losgelöst vom sachlichen Gegenstand der Verwaltungstätigkeit regelt, so dass es bei der Zuständigkeit nach § 40 Abs. 1 S. 1 VwGO bleibt.[57] Anderes kommt bei dem separat zu verfolgenden verwaltungsverfahrensbezogenen Akteneinsichtsrecht nach § 29 LVwVfG in Betracht (s. LVwVfG § 29 Rn 75 ff).

38 **2. Selbständige Rechtsbehelfe (nicht § 44 a VwGO).** Einer **selbstständigen Geltendmachung** der Ansprüche nach dem LIFG steht § 44 a S. 1 VwGO, wonach behördliche Verfahrenshandlungen nur gleichzeitig mit den gegen die Sachentscheidung zulässigen Rechtsbehelfen geltend gemacht werden können, nicht entgegen, denn der Informationszugangsanspruch ist als eigenständiges, subjektives Recht ausgestaltet, so dass die Entscheidung hierüber eine eigenständige Sachentscheidung und keine von der Hauptsache abhängige Verfahrenshandlung ist.[58]

39 **3. Statthafte Rechtsbehelfe. a) Widerspruch.** Die allg. Regelungen über das Widerspruchsverfahren gelten auch beim LIFG.[59] Dementsprechend besteht ein **Ausschluss des Widerspruchsverfahrens** in den Fällen des § 68 Abs. 1 S. 2 VwGO (oberste Landesbehörde oder erstmalige Beschwer

54 IdS zum Bundesrecht zB: BSG v. 4.4.2012, B 12 SF 1 /10 R Rn 17; VG Düsseldorf v. 20.4.2007, 26 K 5324/06, Rn 17; Sitsen 336.

55 IdS zum Bundesrecht zB: BSG v. 4.4.2012, B 12 SF 1/10 R Rn 17; VG Düsseldorf v. 20.4.2007, 26 K 5324/06, Rn 17.

56 IdS zum Bundesrecht zB: BeckOK InfoMedien/Sicko IFG § 9 Rn 53; in Bezug auf § 51 SGG: BSG v. 4.4.2012, B 12 SF 1 /10 R Rn 18; VG HH v. 23.4.2009, 19 K 4199/07, juris Rn 23; in Bezug auf § 63 GWB OLG Düsseldorf v. 15.6.2009, VI-Kart 3/09 (V), Rn 4; in Bezug auf § 48 WpÜG BVerwG v. 20.9.2012, 7 B 5/12, Rn 3. Zum HmbIFG aF in Bezug auf § 33 FGO BVerwG v. 15.10.2012, 7 B 2/12, Rn 12.

57 Zum Bundesrecht: SG Dortmund v. 1.4.2009, S 40 KR 73/09, juris Rn 6; VG Düsseldorf v. 20.4.2007, 26 K 5324/06, juris Rn 17; BeckOK InfoMedien/Sicko IFG § 9 Rn 53.

58 IdS zum Bundesrecht zB: Berger/Kollbeck/Partsch/Roth/Scheel/Berger IFG § 9 Rn 10; Ziekow/Debus/Musch 378 f mwN; vgl bereits Einl. Rn 32 f.

59 Fraktionen der CDU, GRÜNE, SPD und FDP/DVP LT-Drs. 15/7881, 2.

durch Abhilfe-/Widerspruchsbescheid) und § 15 AGVwGO (Bescheid des Regierungspräsidiums oder des Landesbeauftragten für den Datenschutz).

Die **Widerspruchsbehörde** richtet sich nach § 73 VwGO, soweit §§ 16 ff AGVwGO keine Spezialregelungen enthalten. Maßgeblich ist bei Selbstverwaltungskörperschaften mit übertragenen Wirkungskreis nach einer Ansicht, in welchem Fachbereich der Anspruch geltend gemacht wird: Widerspruchsbehörde sei im übertragenen Wirkungskreis nach § 73 Abs. 1 Nr. 1 VwGO die nächsthöhere Behörde und in Selbstverwaltungsangelegenheiten nach § 73 Abs. 1 Nr. 3 VwGO die Selbstverwaltungsbehörde.[60] Diese Ansicht berücksichtigt jedoch nicht, dass ein Anspruch nach LIFG verfahrensunabhängig (s. Einl. Rn 32 f) ist und sich damit nicht einem dieser Bereiche zuordnen lässt.[61] Vielmehr begründet das LIFG eine neue, selbständige Aufgabe, welche die Gemeinden oder Landkreise nach § 2 Abs. 1 GemO bzw § 2 Abs. 1 LKrO grds. „unter eigener Verantwortung" verwalten, mithin sind die Widersprüche von den Gemeinden und Landkreisen selbst zu bescheiden,[62] soweit sich aus § 17 AGVwGO nichts anderes ergibt. 40

Der Verpflichtungswiderspruch gegen eine ablehnende Zugangsentscheidung hindert zwar deren Bestandskraft, sie entfaltet aber **keine aufschiebende Wirkung** und ermöglicht es daher der antragstellenden Person auch nicht, sofort Zugang zu den begehrten Informationen zu erhalten.[63] 41

b) **Verfahrensart in der Hauptsache.** Die **Verpflichtungsklage** ist immer dann statthaft, wenn der Informationszugangsantrag teilw. abgelehnt (s. Rn 9) wurde.[64] 42

Statthaft ist unter den Voraussetzungen des § 75 VwGO auch eine **Untätigkeitsklage**. Zum Bundesrecht wird insoweit diskutiert, ob diese im Hinblick auf die Pflicht idR innerhalb eines Monats zu bescheiden, auch vor Ablauf der Dreimonatsfrist des § 75 S. 2 VwGO zulässig ist.[65] Demgegenüber besteht nach § 7 Abs. 7 S. 2 (iVm § 9 Abs. 1) LIFG die Möglichkeit zur Verlängerung der Frist auf drei Monate, so dass jedenfalls bei ordnungsgemäßer Mitteilung über die Fristverlängerung (s. LIFG § 7 Rn 56 f) sich die Frage der Verkürzung der Dreimonatsfrist für die Untätigkeitsklage nicht stellt. 43

Eine **isolierte Anfechtungsklage** ist bei Antragsablehnung zulässig, wenn die antragstellende Person aktuell kein Interesse (mehr) am Informationszugang hat.[66] 44

60 IdS Landesbeauftragter für den Datenschutz Sachsen-Anhalt, http://www.informationsfreiheit.sachsen-anhalt.de/service/veroeffentlichungen/informationsmaterial/anwendungshinweise/anwendungshinweise-zu-9-izg-lsa-ablehnung-des-antrags-rechtsweg/; Thüringer LReg LT-Drs. 6/809, 9.
61 IdS Thüringer Landesbeauftragter für den Datenschutz LT-Drs. 6/448, 64.
62 IdS Innenministerium BW, https://im.baden-wuerttemberg.de/fileadmin/redaktion/m-im/intern/dateien/pdf/Anwendungshinweise_LIFG.pdf, 13; Zilkens RDV 2002, 300, 304 f für NRW.
63 BeckOK InfoMedien/Sicko IFG § 9 Rn 60.
64 Fluck/Theuer/Ziekow/Debus IFG § 9 Rn 42; NK-IFG/Rossi § 9 Rn 27.
65 Für Zulässigkeit: Blatt/Franßen NWVBl. 2014, 412, 415; Matthes IFG 54 f; Sitsen 338. Offen gelassen VG Köln v. 25.2.2010, 13 K 119/08, Rn 24.
66 BeckOK InfoMedien/Sicko IFG § 9 Rn 67.

45 Bei Erledigung des Zugangsantrags ist die **(Fortsetzungs-)Feststellungsklage** analog § 113 Abs. 1 S. 4 VwGO bzw § 43 VwGO zulässig.[67]

46 Die **Kombination von Verpflichtungs- und Leistungsantrag** auf faktische Zugangsgewährung im Wege der objektiven Klagehäufung nach § 44 VwGO wird nur in wenigen Ausnahmefällen als sinnvoll betrachtet.[68] Vollständig abgelehnt wird die teilweise vertretene Kombination von Anfechtungs- und Leistungsklage.[69]

47 **4. Gerichtliche Sachentscheidung.** Prinzipiell gelten bei der Prüfung der Begründetheit einer Klage, mit der ein Anspruch nach dem LIFG geltend gemacht wird, die allg. verwaltungsprozessualen Grundsätze. Zu Problemen können die prozessrechtlichen Vorgaben aber führen, wenn es um den Beweis eines Ablehnungsgrundes nach §§ 4-6 LIFG geht, da durchaus denkbar ist, dass Ausführungen hierzu zugleich Rückschlüsse auf den Inhalt der materiell geschützten Informationen zulassen.[70]

48 **a) Darlegungslast und -tiefe.** Die **Darlegungslast** für das Vorliegen eines Ausschlussgrundes nach §§ 4 ff LIFG liegt bei der informationspflichtigen Stelle.[71] Die Darlegungslast der informationspflichtigen Stelle führt zunächst dazu, dass das Gericht nicht verpflichtet ist, das Vorliegen eines Ausnahmegrundes nach §§ 4 ff LIFG zu prüfen, wenn die informationspflichtige Stelle insoweit nichts Substantiiertes geltend macht.[72]

49 Die erforderliche **Darlegungstiefe** ist nach einer Ansicht so ausgeprägt, dass die informationspflichtige Stelle Tatsachen vortragen muss, die das Gericht vom Vorliegen des Verweigerungsgrundes überzeugen.[73] Dagegen reicht nach hM aus, wenn die informationspflichtige Stelle das Vorliegen eines Ausschlussgrundes plausibel darlegt.[74] Dabei brauchen die Angaben nicht so detailliert sein, dass Rückschlüsse auf die geschützte Information möglich sind, sie müssen aber so einleuchtend und nachvollziehbar sein, dass das Vorliegen von Ablehnungsgründen geprüft werden kann.[75]

50 Diese Grundsätze zum Vorliegen eines Ablehnungsgrundes nach §§ 4-6 LIFG können auch auf andere LIFG-typische Fragen wie etwa die Eröffnung des Anwendungsbereichs angewendet werden.[76]

---

67 IdS zum Bundesrecht: Fluck/Theuer/Ziekow/Debus IFG § 9 Rn 44; Jastrow/Schlatmann IFG § 9 Rn 38.

68 BeckOK InfoMedien/Sicko IFG § 9 Rn 68; Fluck/Theuer/Ziekow/Debus Rn 45 mit Ausführungen zu weiteren Möglichkeiten der objektiven Klagehäufung mit anderen Ansprüchen in Rn 46.

69 Wie hier zum Bundesrecht BeckOK InfoMedien/Sicko IFG § 9 Rn 68; aM VG Potsdam v. 13.11.2001, 3 K 3376/00.

70 BeckOK InfoMedien/Sicko IFG § 9 Rn 69.

71 IdS zum Bundesrecht zB: VGH HE v. 28.4.2010, 6 A 1767/08, Rn 13; VG Stuttgart v. 17.5.2011, 13 K 3505/09, Rn 72; Ziekow/Debus/Musch 385 mwN.

72 OVG BE-BB v. 5.10.2010, 12 B 13.10, Rn 21; BeckOK InfoMedien/Sicko IFG § 9 Rn 70.

73 IdS zum Bundesrecht: Kugelmann NJW 2005, 3609, 3613; Schoch IFG § 9 Rn 96.

74 IdS zum Bundesrecht: VG BE v. 9.6.2011, 2 K 46.11, Rn 19; Schmitz/Jastrow NVwZ 2005, 984, 991; Ziekow/Debus/Musch 385 mwN.

75 IdS zum Bundesrecht: VG BE v. 9.6.2011, 2 K 46.11, Rn 19; VG Stuttgart v. 17.5.2011, 13 K 3505/09, Rn 72; BeckOK InfoMedien/Sicko IFG § 9 Rn 71.

76 BeckOK InfoMedien/Sicko IFG § 9 Rn 72; Ziekow/Debus/Musch 384 mwN.

b) In-camera-Verfahren (§ 99 VwGO). Das Hauptsachegericht kann im Rahmen seiner Amtsermittlungspflicht nach § 86 VwGO Behörden zur Vorlage von Urkunden oder Akten, zur Übermittlung elektronischer Dokumente und zu Auskünften verpflichten (§ 99 Abs. 1 S. 1 VwGO). Erstreckt sich diese Verpflichtung auch auf die Informationen, zu denen Zugang begehrt wird, führt dies wegen des den Beteiligten nach § 100 Abs. 1 VwGO eingeräumten Akteneinsichtsrechts aber dazu, dass die Klägerin oder der Kläger aus prozessualen Gründen Zugang zu den begehrten Informationen erhält, obwohl ihr oder ihm dies nach materiellem Recht nicht zusteht.[77] 51

Mittlerweile geht die hM[78] zutreffend von der Anwendbarkeit des In-camera-Verfahrens nach § 99 Abs. 2 VwGO auf die Geltendmachung von Ansprüchen nach Umweltinformations- bzw Informationsfreiheitsrecht aus. 52

Ob die Vorlage der Informationen, zu denen Zugang begehrt wird, zur Entscheidung des Rechtsstreits unentbehrlich ist, hat nach § 86 Abs. 1 VwGO das Gericht nach Ermessen zu entscheiden.[79] Soweit sich aus der beigezogenen LIFG-Akte bereits das (Nicht-)Vorliegen eines Ablehnungsgrundes ergibt, ist die Durchführung eines In-camera-Verfahrens nicht notwendig.[80] 53

Sind die Informationen, zu denen Zugang begehrt wird, nach Ansicht des Gerichts entscheidungserheblich, wird die informationspflichtige Stelle zu deren Vorlage aufgefordert.[81] Diese Vorlagepflicht, die zwangsläufig mit dem Akteneinsichtsrecht der Beteiligten nach § 100 Abs. 1 VwGO einhergeht, gilt nach § 99 Abs. 1 S. 2 VwGO nicht, wenn die zuständige oberste Aufsichtsbehörde eine **Sperrerklärung** abgibt, weil das Bekanntwerden der genannten Dokumente dem Wohl des Bundes oder eines Landes Nachteile bereiten würde (vgl LVwVfG § 29 Rn 39 ff) oder weil die Vorgänge nach einem Gesetz (s. Rn 55) oder ihrem Wesen nach (s. Rn 56) geheim gehalten werden müssen. 54

Eine **gesetzlich angeordnete Geheimhaltungspflicht** iSd § 99 Abs. 1 S. 2 VwGO wird nach einer Ansicht bejaht, wenn ein Ablehnungsgrund nach 55

---

77 BeckOK InfoMedien/Sicko IFG § 9 Rn 73; Berger/Kollbeck/Partsch/Roth/Scheel/Berger IFG § 9 Rn 12.

78 BVerwG v. 13.6.2006, 20 F 5/05, Rn 2, v. 15.10.2008, 20 F 1.08 und 20 F 2.08, Rn 8; VGH HE v. 2.3.2010, 6 A 1684/08, juris Rn 2; OVG BE-BB v. 7.12.2012, OVG 95 A 1.12, Rn 2; BeckOK InfoMedien/Sicko IFG § 9 Rn 76; Fluck/Theuer/Ziekow/Debus IFG § 9 Rn 53 f; Kugelmann NJW 2005, 3609, 3613; Matthes IFG 66; Mecklenburg/Pöppelmann IFG § 9 Rn 33; Sitsen 342 ff. Nichtanwendung des § 99 VwGO: VG Ansbach v. 22.1.2008, AN 4 K 07.00903, AN 4 K 07.01333, Rn 22 (dagegen BayVGH v. 18.10.10, 5 Bv 10.1344); VG BE v. 3.12.2008, 2 A 132.07, Rn 17 (nicht anwendbar auf die umstrittene Akte selbst); Schmitz/Jastrow NVwZ 2005, 984, 991.

79 OVG ST v. 26.5.2009, 3 L 6/09; BeckOK InfoMedien/Sicko IFG § 9 Rn 77; Ziekow/Debus/Musch 392.

80 BeckOK InfoMedien/Sicko IFG § 9 Rn 77; Schroeter NVwZ 2011, 457, 458; Ziekow/Debus/Musch 393.

81 Vgl den Überblick zum In-camera-Verfahren bei Ziekow/Debus/Musch 392 ff.

§§ 4-6 LIFG vorliegt.[82] Nach anderer Ansicht stellen die im materiellen Recht normierten Ablehnungsgründe keine § 99 Abs. 2 VwGO verdrängende Spezialnormen dar.[83] Fachgesetzliche Geheimhaltungsgründe können zwar eine Orientierung bei der Frage bieten, ob Vorgänge nach einem Gesetz oder ihrem Wesen nach geheim gehalten werden müssen, aber die Auslegung der einem Informationszugangsanspruch möglicherweise entgegenstehenden fachgesetzlichen Ausschlussgründe obliegt grds. den zuständigen Gerichten der Hauptsache.[84] Vielmehr handelt es sich umgekehrt bei § 99 VwGO um eine prozessuale Spezialvorschrift,[85] die relativ unabhängig von den im IFG normierten Verweigerungsgründen zu interpretieren ist.[86] Rechtstechnisch müsste erstere Ansicht beim LIFG insoweit wohl eine Verweisung von Bundesrecht auf Landesrecht anzunehmen, welche verfassungsrechtlich besonders problematisch ist.[87] Letztere Ansicht ist daher jedenfalls zum LIFG vorzugswürdig, damit der Landesgesetzgeber nicht so weitreichend auf das bundesrechtliche Verwaltungsprozessrecht einwirkt.[88] Danach reicht es nicht aus, dass ein Gesetz Verschwiegenheitspflichten normiert, sondern § 99 Abs. 1 S. 2 Var. 2 VwGO setzt voraus, dass der Schutz eines grundrechtlich geschützten Lebensbereichs von hoher Bedeutung betroffen ist.[89] Die Einschränkungen sind an qualifizierte Anforderungen geknüpft und dürfen nicht weiter gehen als es zum Schutze öffentlicher Interessen unerlässlich ist.[90]

56 Der Weigerungsgrund der **wesensmäßigen Geheimhaltungsbedürftigkeit** iSd § 99 Abs. 1 S. 2 Var. 3 VwGO erstreckt sich insb. auf – grundrechtlich geschützte – personenbezogene Daten[91] sowie Betriebs- und Geschäftsgeheimnissen.[92] Dabei sind strenge Maßstäbe anzulegen.[93]

57 Entsprechend dem Wortlaut des § 99 Abs. 1 S. 2 VwGO wird der zuständigen Behörde nach hM immer **Ermessen** eingeräumt, selbst wenn das materielle Recht zwingende Weigerungsgründe enthält.[94]

---

82 IdS zum IFG: Meckelnburg/Pöppelmann IFG § 9 Rn 32; Schoch NJW 2009, 2987, 2993; Schoch IFG § 9 Rn 103 (analoge Anwendung); ähnlich wohl Matthes IFG 67, der immer dann von einer wesensmäßigen Geheimhaltungspflicht iSd § 99 Abs. 1 S. 2 VwGO ausgeht, wenn die Tatbestände der §§ 3-6 IFG erfüllt sind.

83 BVerwG v. 15.10.2008, 20 F 1.08 und 20 F 2/08, juris Rn 8.

84 BVerwG v. 23.6.2011, 20 F 21/10 Rn 11.

85 IdS BVerwG v. 26.8.2004, 20 F 16/03 juris Rn 10.

86 IdS zum Bundesrecht: BVerwG v. 25.6.2010, 20 F 1.10, Rn 17 zu fachgesetzlichen Geheimhaltungsgründen; v. 6.4.2011, 20 F 20/10, Rn 20.

87 Debus Verweisungen in deutschen Rechtsnormen 143 f, 172 ff.

88 AM Weber NVwZ 2008, 1284, 1288.

89 BVerwG v. 23.6.2011, 20 F 21/10, Rn 12; VGH HE v. 1.12.2011, 27 F 1730/10, juris Rn 8.

90 BVerwG v. 23.6.2011, 20 F 21/10, Rn 12.

91 BVerwG v. 12.4.2013, 20 F 6.12, Rn 9; VGH HE v. 1.12.2011, 27 F 1730/10, juris Rn 10.

92 BVerwG v. 12.4.2013, 20 F 6.12, Rn 9; VGH HE v. 1.12.2011, 27 F 1730/10, juris Rn 11.

93 BVerwG v. 25.6.2010, 20 F 1.10, Rn 17; BeckOK InfoMedien/Sicko IFG § 9 Rn 81.

94 BVerwG v. 25.6.2010, 20 F 1/10, Rn 20; v. 6.4.2011, 20 F 20/10, Rn 22; OVG BE-BB v. 7.12.2012, OVG 95 A 1.12, Rn 13 f; Schroeter NVwZ 2011, 457, 461; enger Weber NVwZ 2008, 1284, 1288: Ermessen idR reduziert.

Die Überprüfung der Sperrerklärung erfolgt auf Antrag eines Beteiligten nach § 99 Abs. 2 VwGO in einem Zwischenverfahren vom OVG oder BVerwG. Eine gerichtliche Aufhebung einer Sperrerklärung aufgrund von Unsubstantiiertheit oder Ermessensfehlern der zuständigen obersten Aufsichtsbehörde hindert die Behörde grds. nicht, erneut eine Sperrerklärung abzugeben.[95] Wird umgekehrt die Rechtmäßigkeit der Sperrerklärung bestätigt, befindet sich die Behörde in einem nach § 99 VwGO unverschuldeten **Beweisnotstand**, der weder der Behörde iSd Beweisvereitelung zum Nachteil gereichen darf noch den Grundsatz der freien Beweiswürdigung durch eine gesetzlich Beweisregel zu ihren Gunsten einschränkt.[96] 58

5. Vorläufiger Rechtsschutz. a) Regelungsanordnung auf Informationszugang ohne Bescheid. Im Falle einer **Ablehnung** des Zugangsantrags kann die antragstellende Person den Erlass einer Regelungsanordnung nach § 123 VwGO beantragen.[97] 59

Da sich der Informationszugang unabhängig von der Entscheidung in der Hauptsache nicht mehr rückgängig machen lässt, kollidiert eine nur „einstweilige“ Preisgabe der Informationen unweigerlich mit dem grds. **Verbot der Vorwegnahme der Hauptsache.**[98] Von diesem Grundsatz sind mit Blick auf das in Art. 19 Abs. 4 GG niedergelegte **Gebot effektiven Rechtsschutzes** Ausnahmen notwendig. Eine solche Ausnahme ist nach einer Ansicht immer schon dann gegeben, wenn sowohl Anordnungsanspruch als auch Anordnungsgrund vorliegen, da in solchen Fällen idR kein Zweifel an der Eilbedürftigkeit des gerichtlichen Rechtsschutzes bestünde.[99] Überwiegend werden aber zu Recht strengere Anforderungen an eine Ausnahme vom Verbot der Vorwegnahme der Hauptsache gestellt. Sie kommt nur in Betracht, „wenn ohne ihn schwere und unzumutbare, anders nicht abwendbare Nachteile entstünden, zu deren nachträglicher Beseitigung die Entscheidung in der Hauptsache nicht mehr in der Lage wäre“.[100] 60

b) Sofortvollzug des Zugangsbescheids. Bei einem **zugangsgewährendem Bescheid**, gegen den ein von einem betroffenen Personen eingelegte Rechtsbehelf aufschiebende Wirkung entfaltet, ist ein Vorgehen der antragstellenden Person nach §§ 80 a Abs. 3 S. 2, 80 Abs. 5 VwGO statthaft.[101] Ebenso wie bei einem Antrag nach § 123 VwGO (s. Rn 60) ist auch hier das grds. Verbot der Vorwegnahme der Hauptsache zu berücksichtigen.[102] 61

---

95 Dazu Ziekow/Debus/Musch 401 f mN.
96 Blatt/Franßen NWVBl. 2014, 412, 420 mN.
97 BeckOK InfoMedien/Sicko IFG § 9 Rn 85; Fluck/Theuer/Ziekow/Debus IFG § 9 Rn 51; NK-IFG/Rossi § 9 Rn 35.
98 VGH HE v. 15.9.2009, 6 B 2325/09; BeckOK InfoMedien/Sicko IFG § 9 Rn 85; NK-IFG/Rossi § 9 Rn 36; Ziekow/Debus/Musch 411; krit. Schoch IFG § 9 Rn 111.
99 VGH HE v. 16.3.2006, 12 Q 590/06 juris Rn 26; v. 4.1.2016, 12 2828/05, juris Rn 26; Schoch IFG § 9 Rn 111.
100 Allg. BVerfG v. 25.10.1988, 2 BvR 745/88, NJW 1989, 827; idS auch: BVerwG v. 21.1.1999, 11 VR 8/98, NVwZ 1999, 650; v. 13.8.1999, 2 VR 1/99, NJW 2000, 160, 162; zum IFG: OVG BE-BB v. 6.5.2009, OVG 12 S 29.09; Blatt/Franßen NWVBl. 2014, 412, 416 f mN und Bsp.
101 BeckOK InfoMedien/Sicko IFG § 9 Rn 89.
102 BeckOK InfoMedien/Sicko IFG § 9 Rn 89; Fluck/Theuer/Ziekow/Debus IFG § 9 Rn 50.

§ 10 LIFG Gebühren und Auslagen

(1) Für individuell zurechenbare öffentliche Leistungen nach diesem Gesetz können Gebühren und Auslagen nach dem für die informationspflichtige Stelle jeweils maßgebenden Gebührenrecht erhoben werden.

(2) [1]Übersteigen die Gebühren und Auslagen zusammen voraussichtlich die Höhe von 200 Euro, hat die informationspflichtige Stelle die antragstellende Person über die voraussichtliche Höhe der Kosten vorab gebühren- und auslagenfrei zu informieren und zur Erklärung über die Weiterverfolgung des Antrags aufzufordern. [2]Wird die Weiterverfolgung des Antrags nicht innerhalb eines Monats nach Bekanntgabe der Aufforderung nach Satz 1 gegenüber der informationspflichtigen Stelle erklärt, gilt der Antrag als zurückgenommen. [3]Zwischen Absendung der Information nach Satz 1 und dem Zugang der Erklärung der antragstellenden Person über die Weiterverfolgung des Antrags ist der Ablauf der Frist zur Beantwortung von Anträgen gehemmt. [4]Die Festsetzung der Gebühren und Auslagen darf ohne vorherige Information 200 Euro nicht übersteigen; im Übrigen darf die nach Satz 1 übermittelte Höhe nicht überstiegen werden.

(3) [1]Informationspflichtige Stellen im Sinne des § 2 Absatz 1 Nummer 1 dürfen für den Informationszugang in einfachen Fällen keine Gebühren und Auslagen erheben. [2]Sie haben die Gebühren auch unter Berücksichtigung des Verwaltungsaufwandes so zu bemessen, dass der Informationszugang nach § 1 Absatz 2 wirksam in Anspruch genommen werden kann. [3]Im Übrigen haben die jeweiligen Festlegungen der Gebührentatbestände und Gebührensätze auch Höchstsätze zu enthalten.

Literatur: *Debus*, Gebühren für Informationen nach dem Informationsfreiheitsgesetz des Bundes, DVBl. 2013, 9 ff; *Gassner*, Die Widerspruchsgebühren in Baden-Württemberg, VBlBW 2012, 405 ff; *Gössl*, Neuregelung des Gebührenrechts für Verwaltungsleistungen, BWGZ 2008, 115 ff; *Hofmann/Kasteel*, Kalkulation von Verwaltungsgebühren, BWGZ 2008, 136 ff; *Musil*, Verfassungsrechtliche Vorgaben für Gebühren im Steuerstaat, in: FS für Josef Isensee, 2007, 929 ff; *Sauerwein*, Die Gebührenerhebung nach der Informationsgebührenverordnung – ein Hemmschuh für den Informationszugang?, JB InfoR 2009, 137 ff; *Schlabach*, Gebührenrecht der Verwaltung in Baden-Württemberg, Loseblatt; *Siegel*, Einführung in das Kommunalabgabenrecht, JuS 2008, 1071 ff; *Wild*, Die Höhe der Verwaltungsgebühr, Die Verwaltung 39 (2006), 493 ff.

I. Allgemeines

1. Europa- und verfassungsrechtliche Vorgaben. a) Europarechtliche Vorgaben. Als **europarechtliche Vorgabe** ist neben den allgemeinen Vorgaben für das Gebührenrecht[1] die sog. Weiterverwendungs- oder PSI-Richtlinie (2013/37/EU) zu beachten. Nach Art. 6 der PSI-Richtlinie sind die Gebühren auf die „durch die Reproduktion, Bereitstellung und Weiterverbreitung verursachten Grenzkosten beschränkt“. Daher bestehe nach Ansicht des Städtetages die Gefahr, dass eine wesentliche Mehrbelastung für die Kom- 1

1 Dazu Schlabach aaO LGebG § 7 Rn 221 ff.

munen entstünde, weil keine vollständige Kostendeckung möglich sei, wogegen der Erwägungsgrund Nr. 22 zu dieser Richtlinie spricht.[2]

2 **b) Verfassungsrechtliche Vorgaben.** Nach der **Finanzverfassung** des Grundgesetzes sind die **Kompetenzbereiche** zwischen Bund und dem Land Baden-Württemberg abzugrenzen. Bei gegenleistungsbezogenen Abgaben wie der Gebühr kann problemlos an die jeweilige Sachkompetenz angeknüpft werden.[3] Damit ist die im LIFG und LGebG enthaltene Regelung insoweit unproblematisch.

3 Im Verhältnis zwischen dem Land und den Kommunen sind nach dem **Konnexitätsprinzip** des Art. 71 Abs. 3 LV wesentliche Mehrbelastungen der Kommunen, die ausgleichspflichtig wären, durch das LIFG nicht zu erwarten. Durch die dezentrale Gebührenfestsetzung wird nämlich den Gemeinden und Gemeindeverbänden die Möglichkeit zur vollen Kostendeckung für die Gewährung des Informationszugangs durch die Erhebung von Gebühren und Auslagen eingeräumt, weil für diese die Beschränkungen für informationspflichtige Stellen des Landes nach Abs. 3 nicht gelten. Nur im seltenen Fall einer nach Abs. 2 erforderlichen Information verbleiben insoweit die Kosten bei den Gemeinden und Gemeindeverbänden.[4]

4 Der aus dem Rechtsstaats- und Demokratieprinzip (Art. 20 Abs. 1 und Abs. 3 GG) hergeleitete Grundsatz der **Gesetzmäßigkeit der Abgabenerhebung** bedeutet neben der materiellen Richtigkeit auch die **Rechtssicherheit** und **Vorhersehbarkeit staatlichen Handelns.**[5] Eng damit verknüpft ist der aus dem Rechtsstaatsprinzip hergeleitete **Vertrauensschutz** mit einem grundsätzlichen Rückwirkungsverbot.[6] Damit wird auch vorausgesetzt, dass Abgaben nur erhoben werden dürfen, wenn und soweit ein Gesetz dies bestimmt (**Gesetzesvorbehalt**).[7]

5 Für Regelungen in Satzungen folgt aus dem Vorbehalt des Gesetzes nach Art. 20 Abs. 3 GG in der Gestalt der Wesentlichkeitstheorie, dass wesentliche grundrechtsrelevante Regelungen eines Parlamentsgesetzes bedürfen. Für Rechtsverordnungen ist das Bestimmtheitsgebot in Art. 61 Abs. 1 S. 2 LV geregelt. „Das **Bestimmtheitsgebot** erfordert, dass Leistungsempfänger erkennen können, welcher öffentliche Leistungsbereich einer Gebührenpflicht unterworfen wird. Die Bestimmtheit der gebührenrechtlichen Festlegungen muss dem betreffenden öffentlichen Leistungsbereich bzw. dem jeweiligen Sachzusammenhang angemessen sein.“[8]

6 Aus dem **Verhältnismäßigkeitsprinzip** folgt, dass Abgaben nicht erdrosselnd oder konfiskatorisch wirken dürfen.[9] Im Rahmen der Verhältnismäßigkeitsprüfung ist ein verfassungsrechtlich legitimer Zweck der Gebüh-

---

2 LReg LT-Drs. 15/7720, 47 f.
3 Musil aaO 935. Zur Gesetzgebungskompetenz für das LGebG Schlabach aaO LGebG § 7 Rn 23 ff.
4 LReg LT-Drs. 15/7720, 78.
5 Raden, in: Terwiesche, FA-VerwR Kap. 40 Rn 38.
6 Raden, in: Terwiesche FA-VerwR Kap. 40 Rn 47 ff.
7 Raden, in: Terwiesche FA-VerwR Kap. 40 Rn 36 f.
8 Nr. 1.4 zu § 4 AH-LGebG (s. Rn 47); Hervorhebung nicht im Original.
9 Raden, in: Terwiesche FA-VerwR Kap. 40 Rn 40.

renerhebung die Kostendeckung, wobei das Kostendeckungsgebot aber nicht als verfassungsrechtliches Prinzip bewertet wird.[10] Dagegen ist das **Äquivalenzprinzip** als Ausprägung der Angemessenheitsprüfung des Verhältnismäßigkeitsprinzips auch selbst verfassungsrechtlich verankert.[11] Nach der überwiegend vertretenen negativen Ausprägung dieses Prinzips darf zwischen einer Leistung der Verwaltung und dem dafür in Anspruch genommenen Entgelt kein offensichtliches Missverhältnis bestehen.[12] Dabei kommt dem Gesetzgeber ein politischer Handlungsspielraum zu, für welche individuell zurechenbaren öffentlichen Leistungen zu tragen sind.[13]

Grund und Höhe einer Gebühr werden auch am **allgemeinen Gleichheitssatz** gemessen.[14] Dabei dürfen die an den Normgeber zu stellenden Anforderungen nicht überspannt werden, vielmehr ist es aufgrund des prognostischen Charakters zulässig, zu verallgemeinern und zu pauschalieren. Ausreichend, aber auch erforderlich ist die Wahrung einer Typengerechtigkeit, nach welcher typische Fälle gleichartig zu behandeln sind.[15] 7

Neben dem Gleichheitssatz können auch die **Freiheitsgrundrechte** Maßstäbe für die Gebührenerhebung enthalten, welche aber zumeist nicht spezifisch gebührenrechtlicher Natur sind, sondern es ist vielmehr nach den konkreten Auswirkungen der Gebührenerhebung auf die Freiheitsbetätigung zu fragen.[16] Dem wird insoweit Rechnung getragen, als bei der Gebührenbemessung nach § 7 Abs. 2 LGebG die wirtschaftliche und sonstige Bedeutung der öffentlichen Leistung für den Gebührenschuldner zu berücksichtigen ist. 8

Aus dem **Sozialstaatsprinzip** folgt die Pflicht des Staates, für eine Sozialordnung zu sorgen, jedoch ist die Einführung von Sozialtarifen im Gebührenrecht wegen des Äquivalenzprinzips nur in einem sehr eingeschränkten Umfang zulässig.[17] 9

2. Entstehungsgeschichte. Im Gesetzgebungsverfahren (dazu allgemein s. LIFG § 1 Rn 3 f), wurde vor allem thematisiert, ob einer vollen Kostendeckung die sog. PSI-Richtlinie entgegenstehe (s. Rn 1), ob nicht erst ab 200 EUR, sondern immer eine Kosteninformation (s. Rn 51 ff) versendet werden solle und ob allgemein die Regelung zu ändern wäre, insb. im Hinblick auf eine Gebührenhöchstgrenze oder die Einführung einer Missbrauchsgebühr.[18] 10

3. Normzweck. Abs. 1 trägt dem Grundsatz der **dezentralen Gebührenfestsetzung** (s. Rn 20) Rechnung, welcher durch Abs. 2 und 3 eingeschränkt 11

10 IdS Schlabach aaO LGebG § 7 Rn 153 ff.
11 IdS: BVerwG v. 24.9.1987, 8 C 28/86, NVwZ 1988, 159, 160; Schlabach aaO LGebG § 7 Rn 169 ff; Siegel JuS 2008, 1071, 1073.
12 So bspw.: BVerfG v. 19.3.2003, 2 BvL 9, 10, 11, 12/98, BVerfGE 108, 1, 19; Siegel JuS 2008, 1071, 1073. Zur weiterreichenden positiven Ausprägung als Entsprechung von Leistung und Gegenleistung: Musil aaO 937 ff.
13 BVerwG v. 12.7.2006, 10 C 9.05, DÖV 2007, 123, 127; Debus DVBl. 2013, 9, 11.
14 Dazu Schlabach aaO LGebG § 7 Rn 208 ff.
15 Siegel JuS 2008, 1071, 1072.
16 Musil aaO 942.
17 Raden, in: Terwiesche FA-VerwR Kap. 40 Rn 54 ff.
18 Vgl LReg LT-Drs. 15/7720, 48 f.

wird. Insgesamt ist § 10 LIFG Ausfluss des Grundsatzes, dass der Informationszugang selbst zwar voraussetzungslos, aber nicht kostenfrei gewährleistet ist.[19] Die Norm bezweckt, dass **Spannungsverhältnis** zwischen einer möglichst umfassenden finanziellen Entlastung der informationspflichtigen Stellen und einem möglichst ungehinderten Informationszugang mit Vermeidung von prohibitiven Kosten für Bürgerinnen und Bürger zu überbrücken.[20] Diese Zwecksetzung umfasst nicht die Abwehr von querulatorischen Anträgen durch die Erhebung von Missbrauchsgebühren, aber eine abschreckende Wirkung kann ein willkommener faktischer Nebeneffekt sein.[21]

12 **4. Vergleichbare Regelungen des Bundes oder anderer Bundesländer.** § 10 IFG; § 16 IFG BE; § 10 AIG BB; § 10 BremIFG; § 13 Abs. 4 HmbTG; § 13 IFG M-V; § 11 IFG NRW; § 24 LTranspG RP; § 5 SIFG; § 10 IZG LSA; § 12 IZG-SH; § 10 ThürIFG.

II. Geltung der allgemeinen Regeln (Abs. 1)

13 Für individuell zurechenbare öffentliche Leistungen nach dem LIFG (s. Rn 14 ff) können Gebühren und Auslagen (s. Rn 18 f) nach dem für die informationspflichtige Stelle jeweils maßgebenden Gebührenrecht (s. Rn 20) erhoben werden (§ 10 Abs. 1 LIFG). Diskutiert wird die Frage, ob und ggf in welchen Fällen solche Leistungen kostenfrei sind (s. Rn 21 f). Zum maßgebenden Gebührenrecht gehören bei Kommunen das KAG (s. Rn 48 ff) und ansonsten das LGebG (s. Rn 23 ff).

14 **1. Individuell zurechenbare öffentliche Leistungen nach LIFG.** Der in Abs. 1 verwendete Begriff der **öffentlichen Leistung** ist iS der Legaldefinition in § 2 Abs. 2 LGebG zu verstehen. Danach ist jedes behördliche Handeln erfasst.

15 Auch bei der Frage der **individuellen Zurechenbarkeit** kann auf die Definition in § 2 Abs. 3 LGebG zurückgegriffen werden. Davon werden sämtliche Handlungen der informationspflichtigen Stellen erfasst, die sich auf die Bearbeitung eines Informationszugangsantrags richten.[22] Der Einzelne muss nach Nr. 3.1. zu § 2 AH-LGebG (s. Rn 47) der öffentlichen Leistung näher stehen als die Allgemeinheit. Unerheblich ist insoweit, ob die Allgemeinheit von der Informationsgewährung profitiert.[23] Erfasst sind auch Antragsablehnung und Antragsrücknahme.[24] Dagegen nicht individuell zurechenbar sind Maßnahmen der allgemeinen Pflege des Informationsbestandes.[25] Auch bei der Erfüllung der Pflichten nach § 11 LIFG dürfte die

19 Zum Bundesrecht: Debus DVBl. 2013, 9; NK-IFG/Rossi § 10 Rn 4; Schoch IFG § 10 Rn 1; BeckOK InfoMedien/Sicko IFG § 10 Rn 2.
20 Zum Bundesrecht: Debus DVBl. 2013, 9; Schoch IFG § 10 Rn 8; Ziekow/Debus/Musch 235.
21 Zum Bundesrecht Schoch IFG § 10 Rn 9.
22 Zum Bundesrecht BeckOK InfoMedien/Sicko IFG § 10 Rn 6 b.
23 Zum Bundesrecht: BeckOK InfoMedien/Sicko IFG § 10 Rn 14; NK-IFG/Rossi § 10 Rn 17; Schoch IFG § 10 Rn 34.
24 Zum Bundesrecht BeckOK InfoMedien/Sicko IFG § 10 Rn 8 mN.
25 Zum Bundesrecht: BeckOK InfoMedien/Sicko IFG § 10 Rn 9; Schoch IFG § 10 Rn 26.

individuelle Zurechenbarkeit zu verneinen sein.[26] Bei der Anrufung der oder des Landesbeauftragten nach § 12 LIFG ist umstritten, ob eine individuell zurechenbare öffentliche Leistung vorliegt.[27] Jedenfalls wird die Kostenfreiheit beider Handlungen (auch) aus der systematischen Stellung nach § 10 LIFG geschlossen.[28]

Die Formulierung in Abs. 1 **„nach diesem Gesetz“** stellt klar, dass die Regelung nicht anwendbar ist, wenn der Informationszugang auf Grundlage anderer Gesetze erfolgt.[29] Dabei basiert der Informationszugang nicht auf einem anderen Gesetz, wenn er im Wege der einstweiligen Anordnung durchgesetzt wird.[30] Auch bei Beschaffung der Informationen ohne Rechtspflicht nach dem LIFG können die Kosten hierfür nicht auf die antragstellende Person abgewälzt werden.[31] 16

Eher von akademischer Natur ist auf Bundesebene die Diskussion, inwieweit kommerziell aufbereitete **Mehrwertinformationen** mit zielgruppen- oder fachspezifischen Inhalten vom Anwendungsbereich der informationsrechtlichen Kostenregelung ausgenommen sind und weiterhin mit angemessenem Gewinn verkauft werden dürfen.[32] 17

2. Gebühren und Auslagen. Gebühren sind nach § 2 Abs. 4 LGebG „öffentlich-rechtliche Geldleistungen, die aus Anlass individuell zurechenbarer öffentlicher Leistungen dem Gebührenschuldner auferlegt werden.“ Die Definition erfolgt in Anlehnung an die Rechtsprechung des BVerfG,[33] und knüpft an die in Abs. 1 verwendeten Begriffe individuell zurechenbare, öffentliche Leistung (s. Rn 14 f) an. 18

Auslagen sind nach § 2 Abs. 5 LGebG „Ausgaben, die die Behörde Dritten bezahlt, um die öffentliche Leistung erbringen zu können.“ Eine etwaige Auslagenerstattung richtet sich nach § 14 LGebG (s. Rn 42). 19

3. Grundsatz der dezentralen Gebührenfestsetzung. Abs. 1 berücksichtigt die Zielsetzung der durch Art. 1 des Gesetzes zur Neuregelung des Gebührenrechts vom 14.12.2004 (GBl. 895) eingeführten **dezentralen Gebührenfestsetzung.** Dabei geht es darum, betriebswirtschaftliche Grundsätze verstärkt zur Geltung zu bringen.[34] 20

4. Ausnahmen vom Grundsatz der Kostenpflicht? § 10 LIFG iVm LGebG gehen von einer Kostenpflicht für Leistungen nach dem LIFG aus. Ausnahmsweise kostenfrei sind der Informationszugang bei sachlicher Gebüh- 21

---

26 Zum vergleichbaren Streit auf Bundeseben BeckOK InfoMedien/Sicko IFG § 10 Rn 9 f.
27 Zum vergleichbaren Streit auf Bundeseben BeckOK InfoMedien/Sicko IFG § 10 Rn 9 f.
28 Zum Bundesrecht: BeckOK InfoMedien/Sicko IFG § 10 Rn 9.1; Debus DVBl. 2013, 9, 10; Fluck/Theuer/Guckelberger IFG § 10 Rn 22; NK-IFG/Rossi § 10 Rn 5, 37; Ziekow/Debus/Musch 239.
29 Zum Bundesrecht: BeckOK InfoMedien/Sicko IFG § 10 Rn 10; NK-IFG/Rossi § 10 Rn 11; Schoch IFG § 10 Rn 19.
30 Zum Bundesrecht BeckOK InfoMedien/Sicko IFG § 10 Rn 10.
31 Zum Bundesrecht: BeckOK InfoMedien/Sicko IFG § 10 Rn 12; Schoch IFG § 10 Rn 22.
32 Dazu ausführlich BeckOK InfoMedien/Sicko IFG § 10 Rn 46 ff.
33 LReg LT-Drs. 13/3477, 41 unter Hinweis auf BVerfGE 50, 217, 226.
34 LReg LT-Drs. 15/7720, 77.

renfreiheit nach § 9 LGebG (s. Rn 36), in einfachen Fällen nach § 10 Abs. 3 S. 1 LIFG (s. Rn 61 ff) und aufgrund der Veröffentlichungspflichten nach § 11 LIFG (s. Rn 15) sowie die Anrufung der oder des Landesbeauftragten für die Informationsfreiheit (s. Rn 15). Außerdem sollen gebühren- und/oder auslagenfrei nach wohl hM auf Bundesebene die Antragsablehnung[35] und/oder die Antragsrücknahme[36] sein. Dafür werden im Wesentlichen drei Argumente angeführt: Erstens trage die Gebührenfreiheit der von § 10 Abs. 2 IFG geforderten Vermeidung von abschreckenden Gebühren Rechnung.[37] Entsprechendes lässt für das Verbot nach § 10 Abs. 3 S. 2 LIFG (s. Rn 64 ff) bei Stellen des Landes vertreten. Zweitens wird die Gesetzesbegründung zur Bundesregelung[38] angeführt, wonach die Ablehnung gebührenfrei sei und wo auf das Umweltinformationsrecht verwiesen wird, welches nur Gebühren für die Informationsgewährung vorsieht.[39] Entsprechende Aussagen fehlen in der Gesetzesbegründung zur Landesregelung. Schließlich wird auf Bundesebene die kryptische Regelung in § 10 Abs. 3 S. 2 IFG angeführt, wonach die Regelung über Gebühren in besonderen Fällen nach § 10 BGebG, die auch Ablehnung und Rücknahme von Anträgen behandelt, nicht anwendbar sei.[40] Auf diese kryptische Regelung wurde im LIFG verzichtet.

22 Für die Möglichkeit einer Gebührenerhebung wird angeführt, dass normalerweise nur ein kleiner Teil der Bevölkerung an der Nutzung interessiert ist und diese nicht von der übrigen Bevölkerung subventioniert werden sollten.[41] Demgegenüber wird **rechtspolitisch** ein gebührenfreier Informationszugang gefordert.[42] Außerdem wird ein gebührenfreier Informationszugang gefordert, wenn dieser „im öffentlichen Interesse erfolgt, also zB durch die Presse oder Bürgerinitiativen".[43] Dies erscheint als wenig zielführend, denn dann wären im Antrag nähere Erklärungen notwendig, welche die antragstellende Person sonst nicht abzugeben braucht, die häufig nicht überprüfbar und daher leicht zu umgehen sind, so dass Rechtstreitigkeiten vorprogrammiert wären.[44] Schließlich wird bei schleppender Bearbeitung

35 Zumindest für Gebührenfreiheit: OVG BE-BB v. 6.11.2014, 12 B 14.13, Rn 36; BMI GMBl. 2005, 1346, 1349; BeckOK InfoMedien/Sicko IFG § 10 Rn 25; Sauerwein JB InfoR 2009, 137, 138 f; aM Schoch IFG § 10 Rn 57 ff.

36 Zumindest für Gebührenfreiheit: BMI GMBl. 2005, 1346, 1349; BeckOK InfoMedien/Sicko IFG § 10 Rn 25; Fluck/Theuer/Guckelberger IFG § 10 Rn 17/18; Kloepfer/v. Lewinski DVBl. 2005, 1277, 1286; Sauerwein JB InfoR 2009, 137, 138 f. Kritisch dazu: Matthes IFG 59, der dies aus dem Fehlen eines Gebührentatbestandes in der IFGGebV herleitet; Schoch IFG § 10 Rn 61 f.

37 ZB NK-IFG/Rossi § 10 Rn 36, für die Kostenfreiheit bei Ablehnung eines Antrags.

38 Vgl Fraktionen SPD und BÜNDNIS 90/DIE GRÜNEN BT-Drs. 15/4493, 16.

39 ZB Debus DVBl. 2013, 9, 11.

40 ZB BeckOK InfoMedien/Sicko IFG § 10 Rn 29 f.

41 Europäische Kommission, KOM(1998) 585 Tz. 94.

42 IdS: Angelov 212, 248; Mecklenburg/Pöppelmann IFG § 10 Rn 16; Piltz et al. BT-Drs. 16/659, 2; Stokar von Neuforn et al. BT-Drs. 16/10880, 3, 5.

43 Partsch 11.

44 IdS: Debus DVBl. 2013, 9, 15; Meltzian, Das Recht der Öffentlichkeit auf Zugang zu Dokumenten der Gemeinschaftsorgane, 2004, 274; Ziekow/Debus/Musch 262.

als Sanktion und Ausgleich für wirtschaftliche Folgen einer Verzögerung die Kostenfreiheit gefordert.[45]

5. Ergänzende Anwendung des LGebG. In der Gesetzesbegründung zum LIFG wird an mehreren Stellen von der ergänzende Anwendbarkeit von verschiedenen Regelungen des LGebG ausgegangen.[46] Daher soll nachfolgend kurz auf die wesentlichen Regelungen des LGebG und deren etwaige Modifizierungen durch § 10 LIFG eingegangen werden. 23

a) **Entstehung nach § 3 LGebG.** Die Gebühren- und Auslagenschuld entsteht nach § 3 Nr. 1 LGebG bei öffentlichen Leistungen, die auf Antrag erbracht werden, mit dessen Eingang bei der Behörde. Anderes hat nach § 10 Abs. 2 S. 1 LIFG zu gelten, wenn Gebühren über 200 EUR in Betracht kommen (s. Rn 54). 24

b) **Festsetzung nach § 4 Abs. 1 bis 3 und 5 LGebG.** Die informationspflichtigen Stellen, die die öffentliche Leistung erbringen, setzen nach § 4 Abs. 1 LGebG für individuell zurechenbare öffentliche Leistungen Gebühren und Auslagen nach dem LGebG fest. Mit der Gebührenfestsetzung können nach § 4 Abs. 2 S. 2 bzw Abs. 3 S. 2 LGebG auch Gebührenerleichterungen nach § 11 LGebG verbunden werden. Dabei sind die Regelung über die Information bei Kosten über 200 EUR nach § 10 Abs. 2 LIFG zu beachten (s. Rn 51 ff). Stellen des Landes (s. LIFG § 1 Rn 22 ff) haben außerdem die Gebührenerleichterungen des § 10 Abs. 3 LIFG (s. Rn 60 ff) zu beachten, während andere Besonderheiten für Kommunen gelten (s. Rn 48 ff). 25

Die **Landratsämter und Verwaltungsgemeinschaften** setzen nach § 4 Abs. 3 S. 1 LGebG für ihren Bereich, sofern sie Aufgaben der unteren Verwaltungsbehörden iSd Landesverwaltungsgesetzes oder Aufgaben der unteren Baurechtsbehörden iSd Landesbauordnung wahrnehmen, die gebührenpflichtigen Tatbestände und die Höhe der Gebühren durch Rechtsverordnung fest. Dies kommt für das LIFG allerdings nicht in Betracht, wenn der Landkreis die Pflichten des LIFG nach § 2 Abs. 1 LKrO grds. „unter eigener Verantwortung" erfüllt (vgl LIFG § 9 Rn 40). 26

Im Übrigen setzen die **obersten Landesbehörden** nach § 4 Abs. 2 LGebG für ihren Geschäftsbereich die gebührenpflichtigen Tatbestände und die Höhe der Gebühren durch Rechtsverordnung fest. Was eine oberste Landesbehörde ist, kann anhand der Definition in § 7 des Landesverwaltungsgesetzes bestimmt werden. Bei einer funktionalen Betrachtung könnte überdies auch die Landtagsverwaltung als oberste Landesbehörde qualifiziert werden. 27

c) **Auffanggebührentatbestand des § 4 Abs. 4 LGebG.** Für eine Leistung, für die weder ein Gebührentatbestand noch Gebührenfreiheit in den Festsetzungen nach § 4 Abs. 2 und 3 LGebG vorgesehen ist, kann nach § 4 Abs. 4 LGebG eine Gebühr bis 10.000 EUR erhoben werden. Der Tatbestand erfasst atypische Fallgestaltungen, die nicht unter bestehende Gebührentatbestände subsumiert werden können.[47] Dieser **Auffanggebührentat-** 28

45 Schaar/Roth JB InfoR 2011, 1, 14 f.
46 LReg LT-Drs. 15/7720, 48, 50, 78, 79.
47 Nr. 2.4 zu § 4 AH-LGebG (s. Rn 47).

bestand dürfte nach Inkrafttreten des LIFG zunächst häufig Anwendung finden. Diese Generalklausel ist wegen ihrer Unbestimmtheit hinsichtlich Spielraum und Anwendungsfälle verfassungsrechtlich problematisch.[48] Dabei ist § 4 Abs. 5 LGebG zu beachten, wonach regelmäßig, spätestens aber nach zwei Jahren, die festgelegten gebührenpflichtigen Tatbestände, die Höhe der Gebühren sowie Gebührenerleichterungen zu überprüfen und nach Bedarf anzupassen sind.

29 **d) Schuldner nach § 5 LGebG und Gläubiger nach § 6 LGebG. Schuldner** der Gebühren ist nach § 5 Abs. 1 Nr. 1 LGebG derjenige, dem die öffentliche Leistung zuzurechnen ist. Dies ist die antragstellende Person.[49] Dies ist vor dem Hintergrund der Zielsetzung des LIFG dann problematisch, wenn der Antrag einer nicht antragsberechtigten Bürgerinitiative (s. LIFG § 3 Rn 5) von einem Mitglieder als natürliche Person gestellt wird.[50]

30 **Gebühren- und Auslagengläubiger** ist nach § 6 LGebG der Rechtsträger der Behörde, die die öffentliche Leistung erbringt. Bei Leistungen nach LIFG ist dies die Stelle, die die Leistung erbracht hat.[51]

31 **e) Gebührenbemessung nach § 7 LGebG. Anwendungsbereich** der Maßstäbe für die Gebührenbemessung nach § 7 LGebG ist einerseits die Festsetzung der Gebührentatbestände und Gebührensätze nach § 4 Abs. 2 und 3 LGebG und anderseits die Festsetzung von Verwaltungsgebühren im Einzelfall nach § 4 Abs. 1 LGebG bei Rahmengebühren oder bei der Gebühr nach § 4 Abs. 4 LGebG.[52]

32 Nach dem in § 7 Abs. 1 LGebG normierten **Kostendeckungsprinzip** soll die Gebühr die mit der öffentlichen Leistung verbundenen Verwaltungskosten aller an der Leistung Beteiligten decken. Kein berücksichtigungsfähiger verwaltungsaufwand ist bei der Gewährung des Informationszugangs das Paginieren der Behörde, weil die Behörde zum Führen der Akte verpflichtet, was das fortlaufende Paginieren umfasst.[53] Die Verwaltungskosten brauchen nicht präzise nach einer Kosten- und Leistungsrechnung erfasst werden, sondern können anhand der geltenden VwV-Kostenfestlegung (s. Rn 47) ermittelt werden, sofern im Einzelfall keine besonderen Verhältnisse vorliegen.[54]

33 Die Vorgaben des verfassungsrechtlich gewährleisteten **Äquivalenzprinzips** (s. Rn 6) hat der Gesetzgeber in § 7 Abs. 2 und 3 LGebG übernommen und konkretisiert.[55] Danach ist die wirtschaftliche und sonstige Bedeutung der öffentlichen Leistung für den Gebührenschuldner zum Zeitpunkt ihrer Beendigung zu berücksichtigen. Außerdem darf die Gebühr nicht in einem Missverhältnis zur öffentlichen Leistung stehen. Da die antragstellende Per-

---

48 Schlabach aaO LGebG § 4 Rn 32.
49 Zum Bundesrecht: BeckOK InfoMedien/Sicko IFG § 10 Rn 50; Schoch IFG § 10 Rn 40.
50 Zum Bundesrecht BeckOK InfoMedien/Sicko IFG § 10 Rn 50.
51 Zum Bundesrecht Schoch IFG § 10 Rn 40.
52 Schlabach aaO LGebG § 7 Rn 4 und 12.
53 VG Karlsruhe v. 26.7.2011, 6 K 2797/10.
54 VGH BW v. 2.3.1995, 2 S 1595/93, NVwZ 1995, 1029; Nr. 2.3 zu § 7 AH-LGebG (s. Rn 47); Schlabach aaO LGebG § 7 Rn 78.
55 Schlabach aaO LGebG § 7 Rn 18.

son aber keine Gründe für ihr Interesse an der begehrten Information darlegen muss, scheint für die informationspflichtige Stelle praktisch ausgeschlossen, einen eventuellen Vorteil der antragstellenden Person zu quantifizieren, so dass Gebührenbemessung am individuellen Nutzen der Information ausscheidet und nur eine typisierende Bestimmung des Werts der zugänglich gemachten Information in Betracht kommt.[56]

Keines der in § 7 LGebG Kriterien ist vorrangig.[57] Dem Verordnungsgeber 34 ist bei der Festlegung, in welchem Detailierungsgrad die Gebührentatbestände formuliert werden und hinsichtlich der Höhe der jeweiligen Gebühr **Ermessen** eingeräumt.[58]

Bei der Festsetzung der Gebührenhöhe in konkreten Fällen wurde eine Be- 35 rücksichtigung von anderen Kriterien als dem Verwaltungsaufwand für nicht erforderlich bewertet, weil keine Angaben zu einer anderen Gebührenbemessung hätten veranlassen müssen.[59] Zur Begründung genügt grds. ein Verweis auf die Bemessungsgesichtspunkte des § 7 LGebG.[60]

f) **Sachliche Gebührenfreiheit nach § 9 LGebG.** Gebühren werden nach § 9 36 Abs. 1 Nr. 5 und 6 LGebG insb. nicht erhoben für öffentliche Leistungen, mündliche, einfache schriftliche oder elektronische Auskünfte, soweit bei schriftlichen oder elektronischen Auskünften nicht durch Gebührenordnungen oder -satzungen etwas anderes bestimmt ist, und einfache elektronische Kopien. Die Regelung ist § 10 Abs. 3 S. 1 LIFG (s. Rn 61 ff) ähnlich, aber nach LIFG besteht für informationspflichtige Stellen des Landes keine Abweichungsmöglichkeit.

g) **Gebührenerleichterungen nach § 11 LGebG.** Die Gesetzesbegründung 37 verweist ausdrücklich darauf, dass die Möglichkeit, Gebühren niedriger festzusetzen oder von der Festsetzung der Gebühren ganz abzusehen, wenn dies aus Gründen der Billigkeit oder aus öffentlichem Interesse nach § 11 LGebG geboten ist. [61]

h) **Gebührenarten (§ 12 LGebG) und Beispieltatbestände.** Bei den **Gebüh- 38 renarten** (§ 12 LGebG) ist zwischen Gebührentatbestände nach festen Sätzen und als Rahmengebühr zu unterscheiden.[62] Gebührentatbestände und Gebührensätze mit Höchstsätzen sind von den informationspflichtigen Stellen des Landes nach § 10 Abs. 3 S. 3 LIFG (s. Rn 68) festzulegen, während von den sonstigen Stellen die Gebührenart gewählt werden kann.

Für den Informationszugang kommt als Unterfall der **Gebühr nach festen** 39 **Sätzen** eine nach Zeiteinheiten bestimmte Gebühr (§ 12 Abs. 2 Nr. 2 LGebG) in Betracht, wie etwa in § 10 Abs. 2 ThürIFG iVm Nr. 1.2 des Allgemeinen Verwaltungskostenverzeichnisses erfolgt. Eher unpassend dürfte

---

56 IdS: BeckOK InfoMedien/Sicko IFG § 10 Rn 37; Schoch IFG § 10 Rn 76.
57 Schlabach aaO LGebG § 7 Rn 60.
58 Schlabach aaO LGebG § 7 Rn 36.
59 Zum Bundesrecht: VG BE v. 8.11.2007, VG 2 A 15.07, UA, 7; v. 6.5.2008, VG 2 A 84.07, UA, 6; zust. Debus DVBl. 2013, 9, 11.
60 VGH BW v. 15.3.1991, A 14 S 2616/90; tendenziell weitergehende Ermessenserwägungen fordernd VG Karlsruhe v. 26.7.2011, 6 K 2797/10.
61 LReg LT-Drs. 15/7720, 78.
62 Zur Auswahl zwischen den Gebührenarten siehe § 12 AH-LGebG (s. Rn 47).

ein bestimmter unveränderlicher Beitrag oder ein von Wert des Information abhängige Gebühr nach § 12 Abs. 2 Nr. 1 bzw 3 LGebG sein.

40 Am nächsten dürfte liegen, dass informationspflichtige Stellen nach § 4 Abs. 2 LGebG **Rahmengebühren** mit einem Mindest- und Höchstsatz für die Gebühr in Anlehnung an die IFGGebV des Bundes festlegen. Nur durch einen Gebührenrahmen kann der aus dem Äquivalenzprinzip abgeleiteten Forderung nach einer angemessenen Werterelation zwischen Leistung und Gegenleistung am wirksamsten Rechnung getragen werden.[63] Dabei ist auch das Interesse des Gebührenpflichtigen zu berücksichtigen, welches nicht gemessen werden kann, so dass es in der Kalkulation nur im Rahmen einer wertenden Entscheidung (die auf Grundlage eines großen Beurteilungsspielraumes zu treffen ist) berücksichtigt werden kann.[64]

41 Daran anknüpfend kann eine **Widerspruchsgebühr** festgelegt werden, deren Berechnung teilweise umstritten ist.[65]

42 **i) Auslagen (§ 14 LGebG).** Nach § 14 Abs. 1 und 2 LGebG sind die der Behörde erwachsenen Auslagen (s. Rn 19) abgegolten, außer diese übersteigen im Einzelfall das übliche Maß erheblich. Wenn also der im Vergleich mit dem Normalfall, der sich aus dem vorgeschriebenen oder üblichen Ablauf der jeweiligen Verwaltungsverfahren ergibt, festgestellte Unterschied offensichtlich ist,[66] sind nach § 14 Abs. 2 LGebG die tatsächlich entstanden Auslagen gesondert in der tatsächlich entstandenen Höhe festzusetzen. Dies gilt nach § 14 Abs. 3 LGebG auch dann, wenn die öffentliche Leistung gebührenfrei oder die Gebühr ermäßigt ist.

43 **j) Gebühren- und Auslagenentscheidung (§ 16 LGebG).** Die Gebühren und Auslagen sind nach § 16 LGebG von Amts wegen festzusetzen. Zuständig dafür ist bei Leistungen nach LIFG die verantwortlichen Stelle iSd § 7 Abs. 1 S. 1 LIFG.[67]

44 **k) Gebührenerhebung (§§ 18 ff LGebG).** Die Regelungen über die Erhebung der Gebühren sind in §§ 18 ff LGebG enthalten. Im Hinblick auf die Informationsfreiheit sind keine größeren Probleme bekannt.

45 Nach § 19 LGebG kann die Behörde eine öffentliche Leistung, die auf Antrag erbracht wird, von der Zahlung eines Vorschusses oder von der Leistung einer Sicherheit bis zur Höhe der voraussichtlich entstehenden Gebühren und Auslagen abhängig machen. Trotz Verbot einer prohibitiv wirkenden Gebührengestaltung bei Stellen des Landes (s. Rn 64 ff) wird darauf hingewiesen, dass ein Gebührenvorschuss oder eine Sicherheitsleistung grds. auch im Anwendungsbereich des IFG zulässig ist.[68] Da den informationspflichtigen Stellen diesbezüglich Ermessen eingeräumt ist, besteht aber Einigkeit, dass die Vorgaben des § 10 Abs. 3 S. 2 LGebG im Rahmen dieser

63 Gössl BWGZ 2008, 115, 128.
64 Hofmann/Kasteel BWGZ 2008, 136, 144.
65 Dazu Gassner VBlBW 2012, 405, 408 f.
66 Schlabach aaO LGebG § 14 Rn 47 f.
67 Zum Bundesrecht: BeckOK InfoMedien/Sicko IFG § 10 Rn 50; Schoch IFG § 10 Rn 39.
68 Zum Bundesrecht: BeckOK InfoMedien/Sicko IFG § 10 Rn 43; Schoch IFG § 10 Rn 42.

Ermessensentscheidung entsprechend Niederschlag finden müssen, was zu einer äußerst restriktiven Nutzung der durch § 19 LGebG eingeräumten Möglichkeiten verpflichtet.[69]

Eine **Niederschlagung** nach § 22 Abs. 1 LGebG ist möglich, wenn feststeht, dass die Einziehung keinen Erfolg haben wird oder wenn die Kosten der Einziehung außer Verhältnis zu dem einzuziehenden Betrag stehen. Außerdem kann ein vollständiger oder teilweiser **Erlass** nach § 22 Abs. 2 LGebG erfolgen, wenn deren Einziehung nach Lage des einzelnen Falles unbillig wäre. Unter den gleichen Voraussetzungen können bereits entrichtete Beträge erstattet werden. 46

l) **Verwaltungsvorschriften (§ 26 LGebG).** Nach § 26 Abs. 1 LGebG wurden die Allgemeinen Hinweise des Finanzministeriums zum Landesgebührengesetz (**AH-LGebG**) vom 15.8.2005[70] und die Verwaltungsvorschrift des Finanz- und Wirtschaftsministeriums über die Berücksichtigung der Verwaltungskosten insbesondere bei der Festsetzung von Gebühren und sonstigen Entgelten für die Inanspruchnahme der Landesverwaltung (**VwV-Kostenfestlegung**) vom 13.10.2015[71] erlassen. 47

6. Besonderheiten für Kommunen nach KAG. Während auf Landesebene die Gebührenfestsetzung durch Rechtsverordnung (s. Rn 26 f) erfolgt, werden die Gebühren in Kommunen aufgrund von **Gebührensatzungen** nach § 2 KAG erhoben. 48

Hinsichtlich der Gebührenerhebung für öffentliche Leistungen erklärt § 11 KAG viele Bestimmungen des LGebG (s. Rn 29 ff) für entsprechend anwendbar. Dabei sind die Besonderheiten hinsichtlich einer Information bei Kosten über 200 EUR nach Abs. 2 zu beachten (s. Rn 51 ff). Auch weist die Gesetzesbegründung ausdrücklich darauf hin, dass die Möglichkeit besteht, Gebühren niedriger festzusetzen oder von der Festsetzung der Gebühren ganz abzusehen, wenn dies aus Gründen der Billigkeit oder aus öffentlichem Interesse nach § 3 Abs. 1 Nr. 4 lit. c und Nr. 5 lit. a KAG iVm § 156 Abs. 2, § 163 bzw § 227 AO geboten ist.[72] 49

Ein **wesentlicher Unterschied** zwischen LGebG und KAG besteht beim Kostendeckungsgebot. Während nach § 2 Abs. 6 LGebG kalkulatorische Zinsen ansatzfähige Kosten sind, gilt dies nach § 11 Abs. 2 S. 1 Hs 2 KAG nicht für kommunale Gebühren. Von untergeordneter Bedeutung ist, dass § 24 LGebG keine Anwendung findet (s. Rn 76 f). 50

III. Information vor Kostenerhebung über 200 EUR (Abs. 2)

1. Gebühren- und auslagenfreie Information und Aufforderung (S. 1). Ergänzend zu den nach Abs. 1 anwendbaren allgemeinen Regeln statuiert Abs. 2 S. 1 eine gebühren- und auslagenfreie Informationspflicht, wenn die 51

69 Zum Bundesrecht: VG BE v. 8.11.2012, 2 K 2.12, Rn 19; BeckOK InfoMedien/Sicko IFG § 10 Rn 43; Debus DVBl. 2013, 9, 12; Schoch IFG § 10 Rn 43.
70 Az.: 2-0541/26, GABl. 2005, 786, geändert durch Verwaltungsvorschrift v. 16.11.2012 (GABl. 898).
71 Az.: 2-0541.8/36, GABl. 2015, 811.
72 LReg LT-Drs. 15/7720, 78.

Gebühren und Auslagen zusammen voraussichtlich die Höhe von 200 EUR übersteigen.[73] Ob und ggf wann eine solche Hinweispflicht bereits aus der Beratungspflicht nach § 25 VwVfG folgt, ist auf Bundesebene umstritten.[74] Teils wird ein Hinweis auf hohe Gebühren von der antragstellenden Person als Versuch der Abschreckung gewertet.[75] Demgegenüber wurde im Rahmen der Verbändeanhörung die Regelung eher begrüßt und teils sogar eine Information vor jeder möglichen Gebührenerhebung gefordert.[76] Insgesamt ergänzt Abs. 2 die allgemeinen Regeln (zB LGebG, §§ 25, 28 LVwVfG) nur, aber verdrängt sie nicht.[77]

52 Eine solche Information ab 200 EUR dürfte in der Praxis im Hinblick auf die bislang erhobenen Gebühren nur selten erforderlich sein, denn etwa über 97 % der Anträge konnten nach der Evaluation in Bremen innerhalb von 0,5 bis 3 Stunden bearbeitet werden.[78]

53 Aufgrund der Information über die voraussichtlichen Kosten kann die antragstellende Person darüber entscheiden, ob sie den Antrag angesichts der voraussichtlichen Kosten weiterverfolgt oder nicht.[79]

54 Nach S. 1 ist die antragstellende Person „vorab gebühren- und auslagenfrei zu informieren", mithin sind vor der eigentlichen Antragsbearbeitung gebühren- und auslagenfrei die Kosten zu schätzen. Wird der Antrag auf die Information hin nicht weiterverfolgt dürfen – wie sich aus S. 1 ergibt – keine Gebühren oder Auslagen erhoben werden.[80] Daher beginnt die eigentliche Antragsbearbeitung erst, wenn die Prognose Kosten bis zu 200 EUR ergeben oder wenn der Antrag nach entsprechender Information über höhere Kosten weiterverfolgt wird. Erst daran anschließend entsteht die Gebühren- und Auslagenschuld, so dass insoweit eine Abweichung von § 3 Nr. 1 LGebG vorliegt, wonach die Gebühren- und Auslagenschuld bei öffentlichen Leistungen, die auf Antrag erbracht werden, mit dessen Eingang bei der Behörde entsteht (s. Rn 24).

55 Außerdem ist die antragstellende Person „zur Erklärung über die Weiterverfolgung des Antrags aufzufordern". Für diese Regelung sind keine Vorbilder im Bund oder anderen Ländern ersichtlich. Auch schweigt sich die Begründung zu näheren Anforderungen an die Aufforderungen aus. Aus Gründen der Rechtsklarheit muss die die **Aufforderung** erkennen lassen, dass andernfalls nach S. 2 die Rücknahme des Antrags fingiert wird.

56 **2. Rechtsfolge der (Nicht-)Weiterverfolgung (S. 2).** Die Erklärung über die Weiterverfolgung des Antrags ist, wie die Antragstellung (s. LIFG § 7

73 LReg LT-Drs. 15/7720, 78.
74 Tendenziell für Hinweise: BMI GMBl. 2005, 1346, 1350; Debus DVBl. 2013, 9, 12; Fluck/Theuer/Guckelberger IFG § 10 Rn 6; Sauerwein aaO 144; Ziekow/Debus/Musch 236 f. Eine Informationspflicht verneinend VG BE v. 8.11.2007, VG 2 A 15.07, UA, 9. Kritisch zu Hinweisen: BfDI 1. TB 2006 und 2007 BT-Drs. 16/8500, 19; Piltz et al. BT-Drs. 16/659, 2.
75 BfDI 1. TB 2006 und 2007 BT-Drs. 16/8500, 19.
76 LT-Drs. 15/7720, 48.
77 IdS wohl auch LReg LT-Drs. 15/7720, 78.
78 LReg LT-Drs. 15/7720, 78.
79 LReg LT-Drs. 15/7720, 78.
80 LReg LT-Drs. 15/7720, 78.

Rn 10) auch, formlos möglich. Unterlässt die antragstellende Person dies einen Monat lang, ist nach S. 2 aus Gründen der Rechtsklarheit – auch ohne Erklärung der antragstellenden Person – von der Rücknahme des Antrags auszugehen.[81]

Rechtsfolge der Nichtweiterverfolgung des Antrags ist – wie sich aus S. 1 ergibt –, dass keine Gebühren oder Auslagen erhoben werden dürfen. Durch die (fingierte) Rücknahme wird eine erneute Antragstellung nicht ausgeschlossen.[82] 57

3. Hemmung der Beantwortungsfrist (S. 3). Solange die informationspflichtige Stelle keine Kenntnis hat, ob die antragstellende Person das Verfahren weiterbetreibt, ist nach S. 3 der Ablauf der Frist zur Beantwortung von Anträgen nach § 7 Abs. 7 S. 1 und 2 (iVm § 9 Abs. 1) LIFG gehemmt.[83] 58

4. Höchstgrenze für Gebühren und Auslagen (S. 4). S. 4 deckelt die Festsetzung der Gebühren und Auslagen auf 200 EUR bzw die nach S. 1 übermittelte Information, damit – wie die Gesetzesbegründung betont – etwaige Fehler bei der Schätzung nicht zulasten der antragstellenden Person gehen.[84] Diese Aussage der Gesetzesbegründung und der Verwendung des Singulars in Abs. 2 sprechen dafür, dass eine **mehrfache Information** über die Kosten zur Erhöhung der Höchstgrenze nicht zulässig. Die Praxis wird sich wahrscheinlich damit behelfen, dass die Kosten eher großzügig geschätzt werden. 59

IV. Besonderheiten bei Stellen des Landes (Abs. 3)

Abs. 3 schränkt die Kostenerhebung durch informationspflichtige Stellen iSd § 2 Abs. 1 Nr. 1 LIFG („**Stellen des Landes**" s. LIFG § 1 Rn 22 ff) zugunsten der antragstellenden Person ein. Die Einschränkungen gelten somit bei den obersten Landesbehörden iSd § 7 des Landesverwaltungsgesetzes, den Regierungspräsidien nach § 11 des Landesverwaltungsgesetzes und den besonderen Verwaltungsbehörden nach § 23 des Landesverwaltungsgesetzes, nicht aber bei den unteren Verwaltungsbehörden in den Land- und Stadtkreisen nach § 15 des Landesverwaltungsgesetzes. Dies entspricht der Systematik der § 4 Abs. 2 und 3 LGebG, wonach nicht die obersten Landesbehörden, sondern die Landratsämter, Verwaltungsgemeinschaften und Gemeinden auch als untere Verwaltungsbehörde für ihren Bereich die Gebühren selbst festsetzen.[85] 60

1. Kostenfreiheit in einfachen Fällen (S. 1). Nach Abs. 3 S. 1 ist der Informationszugang in Anlehnung an die Bundesregelung in § 10 Abs. 1 S. 2 IFG in einfachen Fällen gebühren- und auslagenfrei. Während nach der Bundesregelung nur einfache Auskünfte kostenfrei sind, ist nach dem LIFG unerheblich in welcher Art der Informationszugang erfolgt. 61

81 LReg LT-Drs. 15/7720, 78.
82 LReg LT-Drs. 15/7720, 78.
83 LReg LT-Drs. 15/7720, 78.
84 LReg LT-Drs. 15/7720, 78.
85 LReg LT-Drs. 15/7720, 79.

62 Diese Regelung hat den **Zweck**, den Informationszugang zu erleichtern, weil bestimmte Anträge von der Kostenpflicht ausgenommen sind.[86] Außerdem entlastet sie die Verwaltung, da gerade in einfachen Fällen die Kostenberechnung und -festsetzung aufwendiger sein kann, als die Informationsgewährung selbst.[87]

63 Bei der Präzisierung des Adjektivs „**einfach**" verbietet sich eine Generalisierung, vielmehr ist auf die Umstände des jeweiligen Einzelfalls abzustellen.[88] Im Hinblick auf den mit der Regelung verfolgten Zweck (s. vorherige Rn) sowie auf die Systematik des § 10 LIFG muss bei der Konkretisierung des Begriffs „einfach" der für die Bearbeitung des Zugangsbegehrens erforderliche Verwaltungsaufwand Maßstab sein und nicht der Umfang der Information selbst oder die Bedeutung für die antragstellende Person.[89] „Einfach" wird im Bundesrecht bejaht, wenn die Vorbereitung gar keinen oder zumindest nur einen sehr geringen Verwaltungsaufwand verursacht.[90] Und eine „mündliche und einfache schriftliche Auskünfte" erfasst nach der AH-LGebG (s. Rn 47) zu § 9 Abs. 1 Nr. 5 LGebG „schriftliche Auskünfte, die der Auskunft gebenden Stelle anhand ihr unmittelbar zugänglicher Informationsquellen möglich sind, ohne dass dabei eine Auswertung von Archivgut, eine behördeninterne Abstimmung, bzw eine besondere rechtliche Wertung erforderlich ist."

64 **2. Bemessung unter Berücksichtigung des Verwaltungsaufwands und wirksamer Inanspruchnahmemöglichkeit (S. 2).** Nach S. 2 sind in Anlehnung an die Bundesregelung in § 10 Abs. 2 IFG die Gebühren auch unter Berücksichtigung des Verwaltungsaufwandes so zu bemessen, dass der Informationszugang wirksam in Anspruch genommen werden kann.[91] Dabei enthält S. 2 für die Bemessung der Gebühren keine abschließende Regelung, mithin ist ergänzend insb. § 7 LGebG (s. Rn 31 ff) heranzuziehen.[92]

65 Mit dem in S. 2 verwendeten Wort „berücksichtigen" ist zum Ausdruck gebracht, dass eine exakte Berechnung des Aufwands (minutengerechte Abrechnung) entbehrlich ist und dass **Pauschalierungen** zulässig sind.[93]

66 Aus der Gesetzesformulierung, dass die Gebührenbemessung „auch unter Berücksichtigung des Verwaltungsaufwandes" zu erfolgen hat, wird deutlich, dass der Aspekt der Kostendeckung nur als ein Parameter im Wege der Abwägung mit den anderen Faktoren zu berücksichtigen ist, mithin das Kostendeckungsprinzip (s. Rn 32) abgeschwächt ist.[94] Damit besteht

86 Zum Bundesrecht: BeckOK InfoMedien/Sicko IFG § 10 Rn 18; Schoch IFG § 10 Rn 47.

87 Zum Bundesrecht: BeckOK InfoMedien/Sicko IFG § 10 Rn 18; Debus DVBl. 2013, 9, 10; Schoch IFG § 10 Rn 47.

88 Zum Bundesrecht: BeckOK InfoMedien/Sicko IFG § 10 Rn 21; Schoch IFG § 10 Rn 52.

89 Zum Bundesrecht: BeckOK InfoMedien/Sicko IFG § 10 Rn 21; Schoch IFG § 10 Rn 53 f.

90 Zum Bundesrecht: BeckOK InfoMedien/Sicko IFG § 10 Rn 21; NK-IFG/Rossi § 10 Rn 32; Schoch IFG § 10 Rn 53.

91 LReg LT-Drs. 15/7720, 79.

92 Zum Bundesrecht BeckOK InfoMedien/Sicko IFG § 10 Rn 32.

93 Zum Bundesrecht Debus DVBl. 2013, 9, 11.

94 Zum Bundesrecht BeckOK InfoMedien/Sicko IFG § 10 Rn 34.

nach hM weder eine Verpflichtung zur kostendeckenden Erhebung noch ein absolutes Verbot der Kostenüberdeckung.[95] Dies ist verfassungsrechtlich zulässig, weil das Kostendeckungsprinzip nicht in der Verfassung verankert ist.[96]

Außerdem verlangt S. 2 bei einer Gebührenbemessung, dass eine wirksame Inanspruchnahme des Informationszugangsanspruchs gewährleistet ist. Die Gebühren dürfen nach der Gesetzesbegründung also nicht abschreckend wirken.[97] Die dadurch vorgegebene Beschränkung geht über die Geltung des Äquivalenzprinzips (s. Rn 33) hinaus.[98] S. 2 verpflichtet immer dann zu einer Gebührenreduzierung, wenn die Gefahr besteht, dass die nach Kostendeckungs- und Äquivalenzprinzip ermittelte Gebührenhöhe eine abschreckende Wirkung entfaltet; zu denken ist insb. an Fälle, in denen Verwaltungsaufwand und Wert der Information eine hohe Gebühr rechtfertigen würden.[99] Es ist zu prüfen, ob die Gebühr ihrer Höhe nach objektiv geeignet ist, Personen von der Geltendmachung eines Anspruchs auf Informationszugang abzuhalten.[100] Eine Abschreckung liegt nicht vor, solange die antragstellende Person durch die Gebühr weder „in unzumutbarer Weise belastet" wird noch die Gebühr „in einem grobem Missverhältnis zu dem Wert der mit ihr abgegoltenen Leistung der öffentlichen Hand" steht.[101] 67

3. Festlegung der Gebührentatbestände mit Höchstsätzen (S. 3). Die informationspflichtigen Stellen des Landes haben nach S. 3 unter Berücksichtigung von S. 1 und 2 Gebührentatbestände und Gebührensätze mit Höchstsätzen festzulegen. Die Bevorzugung solcher Gebührenschuldner, bei denen der zurechenbare Verwaltungsaufwand über dem Höchstsatz unberücksichtigt bleibt, verstößt nicht prinzipiell gegen den Gleichbehandlungsgrundsatz. Denn der Gestaltungsspielraum bei dieser bevorzugenden Typisierung ist weiter gespannt als bei benachteiligender Typisierung und beispielsweise bei dem auf Bundesebene gewählten Gebührenhöchstsatz von 500 EUR wird die Bevorzugung nur eine verhältnismäßig kleine Zahl betreffen.[102] 68

V. Konkurrenzen

1. Verwirklichung mehrerer Gebührentatbestände infolge eines Antrags. Ob ein Antrag denselben Gebührentatbestand einfach oder mehrfach verwirklicht, ist entsprechend dem prozessualen Streitgegenstand zu 69

95 Zum Bundesrecht BeckOK InfoMedien/Sicko IFG § 10 Rn 34, 34 a mN.
96 Zum Bundesrecht BeckOK InfoMedien/Sicko IFG § 10 Rn 35 unter Hinweis auf BVerfG NJW 1998, 2128, 2130.
97 LReg LT-Drs. 15/7720, 79.
98 OVG BE-BB v. 19.3.2015, OVG 12 B 26.14.
99 Zum Bundesrecht: BeckOK InfoMedien/Sicko IFG § 10 Rn 38; Schoch IFG § 10 Rn 76.
100 OVG BE-BB v. 19.3.2015, OVG 12 B 26.14.
101 Zum Bundesrecht: VG BE v. 8.11.2007, VG 2 A 15.07; v. 5.6.2008, VG 2 A 84.07; BeckOK InfoMedien/Sicko IFG § 10 Rn 42.
102 Zum Bundesrecht: VG BE v. 8.11.2007, VG 2 A 15.07, UA, 8; Debus DVBl. 2013, 9, 12; Ziekow/Debus/Musch 242 f.

bestimmen.[103] In Fällen, in denen nur ein Informationsantrag zu einem einheitlichen Lebenssachverhalt gestellt wird, liegt auch gebührenrechtlich ein einheitliches Informationsbegehren vor, welches nicht in mehrere – jeweils für sich genommen – gebührenpflichtige Leistungen aufgespalten werden darf. Die Art und Weise der Aktenführung bei der informationspflichten Stelle, eine Aufgliederung des Begehrens in mehrere Einzelbescheide aus Gründen der Übersichtlichkeit oder einer abschnittsweise teilweisen Bearbeitung des Antrags darf sich nämlich gebührenrechtlich nicht zulasten der antragstellenden Person auswirken.[104]

70 Soweit in den für die informationspflichtigen Stellen geltenden Gebührenregelungen keine Höchstgrenze für einen Antrag festgelegt ist, kann **ein Antrag mehrere Gebührentatbestände für unterschiedliche Arten des Informationszugangs** (zB für eine schriftliche Auskunft und eine Akteneinsicht) verwirklichen, welche zu addieren sind.[105]

71 **2. Verhältnis zu Kostenregelungen von parallel anwendbaren Informationszugangsansprüchen.** Soweit § 1 Abs. 3 LIFG es zulässt, dass der begehrte Informationszugang gleichzeitig auf das LIFG und weitere Anspruchsgrundlagen (§ 29 LVwVfG und § 25 SGB X) gestützt werden kann, scheint unumstritten, dass die Kosten nur einmal erhoben werden dürfen.[106] In diesen Fällen sollen die Kosten im Einklang mit der Zwecksetzung des LIFG nach der für die antragstellende Person **günstigsten Regelung** geltend gemacht werden.[107]

72 **3. Verhältnis zu Kostenregelungen von spezielleren Informationszugangsansprüchen.** Durch das LIFG erfolgt **keine Verdrängung** der mit den spezialgesetzlichen Informationszugangsregeln zusammenhängenden Vorschriften zu Gebühren und Auslagen.[108] Daher kann von dem Grundsatz, dass für einen Informationszugang nur einmal Kosten geltend gemacht werden dürfen (s. vorherige Rn.), abgewichen werden, wenn die Zugangsgewährung tatsächlich auf zwei verschiedenen Gesetzen basiert, weil Informationen begehrt werden, die nur teils von der Anspruchsgrundlage des speziellen Informationszugangsgesetzes (zB UVwG) erfasst werden, ansonsten aber nach dem LIFG zugänglich zu machen sind.[109]

VI. Rechtsschutz

73 **1. Gegen die Gebührenregelung der informationspflichtigen Stelle.** Eine **abstrakte Normenkontrolle** nach § 47 VwGO iVm § 4 AGVwGO ist gegen

103 IdS Debus DVBl. 2013, 9, 10.
104 OVG BE-BB v. 19.3.2015, OVG 12 B 26.14 (die Revision wurde zurückgewiesen von BVerwG v. 20.10.2016, 7 C 6.15).
105 Zur IFGGebV: BeckOK InfoMedien/Sicko IFG § 10 Rn 59; Debus DVBl. 2013, 9, 10; Fluck/Theuer/Guckelberger IFG § 10 Rn 61; Jastrow/Schlatmann IFG § 1 IFGGebV Rn 13; Sauerwein JB InfoR 2009, 137, 141; Ziekow/Debus/Musch 243.
106 Zum Bundesrecht BeckOK InfoMedien/Sicko IFG § 10 Rn 11.
107 Zum Bundesrecht: BeckOK InfoMedien/Sicko IFG § 10 Rn 11; Debus DVBl. 2013, 9, 10; Schoch IFG § 10 Rn 25.
108 LReg LT-Drs. 15/7720, 58.
109 Zum Bundesrecht: BeckOK InfoMedien/Sicko IFG § 10 Rn 11; Debus DVBl. 2013, 9, 10.

Kostenregelungen in Rechtsverordnungen nach § 4 Abs. 2 und 3 LGebG oder in Satzungen nach § 2 KAG möglich. Darüber hinaus findet bei Klagen gegen den Gebührenbescheid eine **inzidente Normenkontrolle** der Kostenregelung statt.[110]

2. Gegen die Kosteninformation nach Abs. 2. Eine selbständige Anfechtungsklage gegen die Kosteninformation dürfte unzulässig sein, weil sie nur einen vorbereitenden, unselbständigen Charakter haben dürfte und damit nicht die Merkmale eines Verwaltungsakts iSv § 35 S. 1 LVwVfG erfüllt. Außerdem dürfte die Kosteninformation eine nicht selbständig anfechtbare Verfahrenshandlung iSd § 44 a S. 1 VwGO sein. 74

3. Gegen die Kostenfestsetzung im konkreten Fall. a) Widerspruch (§§ 68 ff VwGO, §§ 15 ff AGVwGO). Ob und wie ein Widerspruchsverfahren vor Erhebung einer Klage durchzuführen ist, ergibt sich mangels Besonderheiten im LIFG, anders als auf Bundesebene nach § 9 Abs. 4 IFG, aus §§ 68 ff VwGO und §§ 15 ff AGVwGO (s. dazu LIFG § 9 Rn 39). Dabei entfaltet ein Widerspruch gegen Kostenentscheidungen nach § 80 Abs. 2 S. 1 Nr. 1 VwGO keine suspensive Wirkung.[111] 75

b) Rechtsbehelf gegen Sach- und Kostenentscheidung (§ 24 LGebG). Der Rechtsbehelf gegen eine Sachentscheidung erstreckt sich nach § 24 S. 2 LGebG automatisch auch auf die Gebühren- und Auslagenentscheidung. Dieser sog. Anfechtungsverbund beruht auf der Überlegung, dass eine Entscheidung im Hauptsacheverfahren Auswirkungen auf die Kostenentscheidung haben kann. Dabei ist zu berücksichtigen, dass der von § 24 LGebG angeordnete Anfechtungsverbund nicht ganz auf die Situation im Bereich des LIFG passt ist: Eine Anfechtung der informationsgewährenden Sachentscheidung kommt für die antragstellende Person nicht in Betracht, denn sie wird die Sachentscheidung nur angreifen, wenn ihr der Informationszugang zumindest teilweise verwehrt wurde. Bei (teilweiser) Ablehnung sind der Verpflichtungswiderspruch und die Verpflichtungsklage die statthaften Rechtsbehelfe (s. LIFG § 9 Rn 39 ff), so dass es zu einem gemeinsamen Angriff auf Sach- und Kostenentscheidung. Praktische Bedeutung dürfte damit vor allem die isolierte Anfechtung der Kostenentscheidung (s. Rn 78 f) im Falle der Zugangsgewährung entfalten.[112] 76

Als Besonderheit bei kommunalen Verwaltungsgebühren ist zu beachten, dass zwar § 24 LGebG nicht direkt für Verwaltungsgebühren gilt, die aufgrund von § 11 KAG erhoben werden, aber die in § 24 LGebG erfolgten Klarstellungen können auch insoweit herangezogen werden.[113] 77

c) Isolierter Rechtsbehelf gegen Kostenentscheidung. Gegen die Kostenentscheidung ist als rechtlich eigenständige Entscheidung nach allgemeinen verwaltungsprozessualen Grundsätzen ein isolierter Rechtsbehelf zulässig, 78

110 Dazu allg. bspw. Debus, in: Terwiesche FA-VerwR Kap. 29.
111 So zum Bundesrecht BeckOK InfoMedien/Sicko IFG § 9 Rn 60.
112 Zum Bundesrecht: BeckOK InfoMedien/Sicko IFG § 10 Rn 64; Schoch IFG § 10 Rn 110 f.
113 Schlabach aaO LGebG § 24 Rn 15 f.

ohne die Sachentscheidung angreifen zu müssen.[114] Im Falle eines isolierten Angriffs der Kostenentscheidung ist aber zu beachten, dass nur die Fehlerhaftigkeit der Kostenentscheidung selbst gerügt werden kann, während mögliche Fehler bei der Sachentscheidung nicht vorgebracht werden können, zumal die Sachentscheidung mit Ablauf der Rechtsbehelfsfrist bestandskräftig wird.[115]

79 Bei der **isolierten Anfechtung von Widerspruchsgebühren** der Regierungspräsidien ist nach § 15 AGVwGO die sofortige Klage vorgesehen. Im Übrigen besteht Streit, ob und ggf in welchen Fällen zunächst dagegen ein Widerspruch eingelegt werden muss.[116]

80 **d) Anfechtungsklage nach § 42 VwGO.** Bei der Anfechtungsklage ist zusätzlich zu den bereits direkt zuvor dargestellten Problemen mit dem Widerspruch umstritten, ob bzw in welchen Fällen **Klagegegenstand** gegen die Sachentscheidung der Ausgangsbehörde zugleich die Kostenentscheidung einschließlich der im Widerspruchsbescheid festgesetzten Widerspruchsgebühr ist.[117]

81 In der Begründetheitsprüfung der Anfechtungsklage ist zu beachten, dass das behördliche Ermessen bei der Gebührenfestsetzung nach § 114 S. 1 VwGO nur eingeschränkt überprüfbar ist.[118]

82 **4. Anrufung der oder des Landesbeauftragten für die Informationsfreiheit.** Neben den Möglichkeiten des gerichtlichen Rechtsschutzes gegen Kostenentscheidungen kann die antragstellende Person nach § 12 LIFG die oder den Landesbeauftragten für die Informationsfreiheit anrufen. Anders als die Gerichte kann die oder der Landesbeauftragte aber nicht die Kostenentscheidung aufheben, sondern er kann nur auf die informationspflichtige Stelle einwirken, um diese selbst zu einer Korrektur der Entscheidung zu bewegen.[119]

VII. Ausblick

83 Bei den informationspflichtigen Stellen ist die **Festsetzung von Gebührentatbestände** nach § 4 Abs. 1 bis 3 LGebG (s. Rn 25 ff) bzw § 2 KAG wichtig. Dabei ist eine Orientierung an der IFGGebV Bund oder auch der Anlage 5 zum UVwG zu erwarten. Nach § 4 Abs. 5 LGebG sind regelmäßig, spätestens aber nach zwei Jahren, die festgelegten gebührenpflichtigen Tatbestände, die Höhe der Gebühren sowie Gebührenerleichterungen zu überprüfen und nach Bedarf anzupassen.

114 Zum Bundesrecht BeckOK InfoMedien/Sicko IFG § 10 Rn 65; NK-IFG/Rossi § 10 Rn 50; Schoch IFG § 10 Rn 111.
115 Zum Bundesrecht: BeckOK InfoMedien/Sicko IFG § 10 Rn 65; Schoch IFG § 10 Rn 111.
116 Dazu Gassner VBlBW 2012, 405, 409.
117 Dazu Gassner VBlBW 2012, 405, 409 f.
118 Zum Bundesrecht: VG BE v. 8.11.2007, VG 2 A 15.07, UA, 5 ff; v. 6.5.2008, VG 2 A 84.07, UA, 5 f; Debus DVBl. 2013, 9, 11; Ziekow/Debus/Musch 240.
119 Zum Bundesrecht BeckOK InfoMedien/Sicko IFG § 10 Rn 66.

Fünf Jahre nach Inkrafttreten des LIFG ist eine **Evaluierung** nach Art. 3 des Gesetzes zur Einführung der Informationsfreiheit vom 17.12.2015 (GBl. 1201) durchzuführen. 84

§ 11 LIFG Veröffentlichungspflichten und Informationsregister[1]

(1) [1]Für die informationspflichtigen Stellen im Sinne des § 2 Absatz 1 Nummer 1 gilt der Grundsatz, dass möglichst viele zur Veröffentlichung geeignete amtliche Informationen nach Maßgabe dieses Gesetzes über öffentlich zugängliche Netze zur Verfügung zu stellen sind. [2]Insbesondere sind dementsprechend zu veröffentlichen:

1. Verzeichnisse, aus denen sich die vorhandenen Informationssammlungen und -zwecke erkennen lassen,
2. Organisations- und Aktenpläne ohne Angabe personenbezogener Daten im Sinne des § 3 Absatz 1 LDSG,
3. Informationen über die Voraussetzungen des Anspruchs aus § 1 Absatz 2 und das Verfahren, insbesondere elektronische Antragstellung und entsprechende Kontaktinformationen,
4. Informationen über die Initiativen und das Abstimmungsverhalten der Landesregierung im Bundesrat,
5. Geodaten nach Maßgabe des Landesgeodatenzugangsgesetzes,
6. nach Inkrafttreten dieses Gesetzes erlassene oder geänderte Verwaltungsvorschriften,
7. nach Inkrafttreten dieses Gesetzes veröffentlichte Berichte, Broschüren, Listen, Pläne, Pressemeldungen und Statistiken,
8. nach Inkrafttreten dieses Gesetzes in öffentlicher Sitzung gefasste Beschlüsse sowie
9. wesentliche Unternehmensdaten von Beteiligungen des Landes an privatrechtlichen Unternehmen.

(2) Durch Rechtsverordnung kann die Landesregierung weitere zur Veröffentlichung geeignete amtliche Informationen bestimmen, ein Informationsregister einrichten sowie Einzelheiten in Bezug auf Betrieb und Nutzung des Registers festlegen.

Literatur: *Guckelberger*, Personalisierte Behördenauftritte im Internet, ZBR 2009, 332 ff; *Janda*, Open Mehr Transparenz und Partizipation durch Open Government Data, VM 2011, 227 ff; *Kubicek*, Die Umsetzung der Veröffentlichungspflicht nach § 11 BremIFG, 2013.

1 Inkrafttreten gem. Art. 4 Satz 1 G v. 17.12.2015 (GBl. S. 1201) am 30.3.2016.

I. Allgemeines

1 **1. Europa- und verfassungsrechtliche Vorgaben.** Für Veröffentlichungspflichten gelten grds. dieselben europa- und verfassungsrechtlichen Vorgaben wie für den individuellen Zugangsanspruch nach § 1 Abs. 2 LIFG (s. LIFG § 1 Rn 1 f).

2 Die Einhaltung der verfassungsrechtlichen Vorgaben (s. LIFG § 1 Rn 2) ist idR unproblematisch, weil zum einen die zu veröffentlichenden Informationen meistens grundrechtsneutral sein dürften und zum anderen stellt § 11 LIFG eine spezifische Rechtsgrundlage für die Veröffentlichung dar.[2]

3 **2. Entstehungsgeschichte.** Dem Regierungsentwurf (s. LIFG § 1 Rn 3 f) wurden durch den Antrag aller damals im Landtag vertretenen Fraktionen zwei weitere Informationskategorien in § 11 Abs. 1 S. 2 Nr. 8 und 9 LIFG in Anlehnung an § 7 Abs. 1 Nr. 3 bzw Nr. 13 LTranspG RP angefügt.[3]

4 **3. Zweck der Norm und von Open (Government) Data.** Als nächste Entwicklungsstufe nach dem Informationszugang auf Antrag enthält Abs. 1 für bestimmte Kategorien von Informationen **proaktive Veröffentlichungspflichten.** Dies bezweckt eine Erleichterung für Informationssuchende, individuelle Informationszugangsanträge entbehrlich zu machen und zugleich die informationspflichtigen Stellen zu entlasten.[4] Das stärkt die Bür-

2 Zum Bundesrecht BeckOK InfoMedien/Schnabel IFG § 11 Rn 2.
3 Fraktionen der CDU, GRÜNE, SPD und FDP/DVP LT-Drs. 15/7881, 2.
4 LReg LT-Drs. 15/7720, 79.

gergesellschaft.[5] Dabei enthält § 11 Abs. 1 S. 2 LIFG nur Mindestanforderungen, aber keinen Ausschluss des Informationszugangs auf Antrag oder durch proaktive Veröffentlichung.[6]

Veröffentlichungspflichten sind eine wichtige Säule von **Open Government** 5
Data.[7] Offene Verwaltungsdaten gehen über das Konzept der Informationsfreiheit hinaus.[8] In angelsächsischen Staaten wird „Open Data", „Linked Open Data", „Open Government Data" und „Linked Open Government Data" praktisch realisiert.[9] Durch frei verfügbare Verwaltungsdaten eröffnen sich Potentiale zur Öffnung von Staat und Verwaltung, zur Weiterverwertung bestehender Datenbestände, zur Stärkung von Transparenz, Partizipation, Kollaboration und Innovation sowie die Perspektiven zur Governance und zur Wirtschaftsförderung.[10] Dabei ist die Offenheit der Daten abhängig von verschiedenen Faktoren wie der Zugänglichkeit, den Formaten und den Bedingungen unter denen die Daten genutzt werden dürfen.[11]

Als weitere Stufe kann die LReg durch Rechtsverordnung nach Abs. 2 ein 6
umfassendes Informationsregister einrichten. Diese **Verordnungsermächtigung** bezweckt, sowohl auf die fortschreitenden Möglichkeiten durch die technische Entwicklung wie etwa die Einführung der elektronischen Aktenführung als auch auf die Bedürfnisse der Öffentlichkeit flexibel reagieren zu können.[12]

4. Vergleichbare Regelungen des Bundes oder anderer Bundesländer. § 11 7
IFG (iVm § 1 S. 1 SIFG); § 17 IFG BE; § 11 BremIFG, § 3 HmbTG; § 11 IZG LSA § 11 IZG SH; § 11 IFG NRW; §§ 6-10 LTranspG RP; keine vergleichbaren Regelungen waren im AIG BB und IFG M-V ersichtlich.

II. Veröffentlichungspflichten (Abs. 1)

1. Veröffentlichungsgrundsatz (S. 1). S. 1 enthält den Grundsatz, dass die 8
informationspflichtigen Stellen iSd § 2 Abs. 1 Nr. 1 LIFG möglichst viel veröffentlichen. Zur Veröffentlichung sind insb. solche amtlichen Informationen geeignet, bei denen die informationspflichtige Stelle aufgrund von Anträgen auf ein allgemeines Interesse schließt und für die Zukunft die Veröffentlichung als weniger aufwendigen Informationszugang wählt.[13] Aber nicht jede auf Antrag zugängliche Information ist auch im Internet zu veröffentlichen, weil das Urheberrecht entgegenstehen kann (s. LIFG § 6 Rn 27 f) oder weil die Eingriffstiefe derselben personenbezogenen Daten im

5 Fraktionen der CDU, GRÜNE, SPD und FDP/DVP LT-Drs. 15/7881, 2.
6 Zum IFG: VG Gießen v. 24.2.2014, 4 K 2911/13.GI; VG Neustadt a.d.W. v. 4.9.2014, 4 K 466/14.NW; BeckOK InfoMedien/Schnabel IFG § 11 Rn 11.
7 Ziekow/Sicko/Piesker 9 f.
8 Janda VM 2011, 227, 230.
9 Lucke/Geiger II; zu den Begriffen dort auf S. 2 ff.
10 Lucke/Geiger II.
11 Dazu ausführlich Klessmann/Denker/Schieferdecker/Schulz 32 und 85 ff.
12 LReg LT-Drs. 15/7720, 79.
13 IdS LReg LT-Drs. 15/7720, 80.

Internet größer ist. Dies verdeutlicht, dass zwischen beiden Zugangsarten erhebliche Unterschiede bestehen können.[14]

9 a) **Veröffentlichungspflichtige Stellen. Veröffentlichungspflichtige Stellen** sind nur Stellen des Landes iSd § 2 Abs. 1 Nr. 1 LIFG (s. LIFG § 2 Rn 22 ff).

10 b) **Nach Maßgabe dieses Gesetzes.** Die Veröffentlichungspflichten bestehen **nach Maßgabe dieses Gesetzes**, daher können sie nicht über das hinausgehen, was auf Antrag zugänglich zu machen ist, sodass die Ausnahmetatbestände (§§ 4 ff LIFG) auch insoweit anzuwenden sind.[15]

11 c) **Verfügungsbefugnis und Urheberschaft der veröffentlichungspflichtigen Stelle.** Da die Veröffentlichungspflichten nicht über das hinausgehen, was auf Antrag gilt, ist zumindest – wie beim Informationszugang auf Antrag nach § 7 Abs. 1 S. 1 Hs 1 LIFG (s. LIFG § 7 Rn 11 f) – die **Verfügungsbefugnis** erforderlich.

12 Bestünde die Veröffentlichungspflicht schon dann, wenn Informationen einer veröffentlichungspflichtigen Stelle von anderen Stellen zur Verfügung überlassen wurden, würde dies zu einem Sammelsurium von Informationen führen und diese Stellen hätten die Verantwortung für die Veröffentlichung oder teilweise Schwärzung von Informationen aus fremden Verantwortungsbereichen, was erkennbar nicht gewollt ist.[16] Um dies zu vermeiden, ist die Veröffentlichungspflicht auf die **Urheber** zu beschränken.

13 d) **Zeitliche Reichweite der Veröffentlichungspflicht.** Je nach den Umständen ist es sinnvoll, die Veröffentlichung von nicht mehr aktuellen Informationen zu beenden, um eine Informationssuche nicht durch eine zu hohe Informationsmenge zu erschweren.[17] So könnte zB bei § 11 Abs. 1 S. 2 Nr. 3 LIFG die Angabe von veralteten neben aktuellen Kontaktinformationen verwirren.

14 e) **Art und Weise der Informationsbereitstellung.** Die Pflicht, die Informationen „über öffentlich zugängliche Netze zur Verfügung zu stellen", wird durch § 10 EGovG BW näher ausgestaltet. Ein zentrales Informationsregister ist nur nach Maßgabe einer etwaigen Rechtsverordnung aufgrund § 11 Abs. 2 LIFG erforderlich, so dass es auch ausreicht, wenn jede verpflichtete Stelle ihre Informationen auf ihrer Homepage oder über Dienste wie insb. bei Verwaltungsvorschriften über http://www.landesrecht-bw.de veröffentlicht.

15 **2. Gegenstände der Veröffentlichungspflicht (S. 2).** Für bestimmte Kategorien von Informationen legt S. 2 eine verbindliche Veröffentlichungspflicht fest.[18] Die in S. 2 genannten Gegenstände sind im Rahmen der gesetzlichen Ablehnungsgründe (s. Rn 10), der Verfügungsbefugnis bzw Urheberschaft (s. Rn 11 f) und des zeitlichen Geltungsbereichs (s. Rn 13) zwingend zu veröffentlichen.

14 BeckOK InfoMedien/Schnabel IFG § 11 Rn 15.
15 LReg LT-Drs. 15/7720, 80.
16 IdS Maatsch/Schnabel/Maatsch HmbTG § 3 Rn 2 ff.
17 IdS LReg LT-Drs. 15/7720, 80.
18 IdS LReg LT-Drs. 15/7720, 80.

a) **Verzeichnisse über Informationssammlungen (Nr. 1).** Die nach Nr. 1 zu veröffentlichenden **Verzeichnisse**, die vorhandene Informationssammlungen und -zwecke erkennen lassen, ermöglichen den Bürgerinnen und Bürgern einen Überblick, welche Informationen bei welchen Stellen vorhanden sind.[19] Über die Gestaltung der Verzeichnisse kann die jeweilige Stelle nach Zweckmäßigkeitserwägungen entscheiden, solange die von Nr. 1 vorgegebenen Inhalte enthalten sind, sie also die vorhandenen Informationssammlungen und –zwecke erkennen lassen.[20] 16

b) **Organisations- und Aktenpläne (Nr. 2).** Durch die zu veröffentlichenden Organisationspläne werden Aufbau, Zusammenarbeit, Weisungsbefugnisse, Zuständigkeiten und Aufgabenwahrnehmung innerhalb der Stelle erkennbar.[21] Dabei enthält ein **Organisationsplan** die innere Zuständigkeitsordnung, worin festgelegt wird, welche Aufgaben und welche Zuständigkeiten welchen internen Einheiten zugewiesen werden.[22] 17

Die zu veröffentlichenden **Aktenpläne** geben eine konkretisierte Übersicht über den Aufgabenbereich.[23] Die veröffentlichungspflichtige Stelle hat nach pflichtgemäßem Ermessen einen Detaillierungsgrad zu wählen, der dem Aktenplan die Erfüllung seiner dienenden Funktion ermöglicht und nicht verwirrt.[24] 18

Die Veröffentlichungspflicht nach Nr. 2 gilt für Organisationspläne und Aktenpläne **ohne personenbezogene Daten**. Daraus folgt nicht, dass die Veröffentlichung oder der Informationszugang auf Antrag in diesen Fällen ausgeschlossen ist.[25] 19

Keiner Veröffentlichungspflicht unterliegen **Geschäftsverteilungspläne**, die idR personenbezogene Daten iSd § 3 Abs. 1 LDSG enthalten. Sie sind nur auf Antrag mitzuteilen. Dies dient der persönlichen Sicherheit der Mitarbeiterinnen und Mitarbeiter, deren Arbeitsfähigkeit und dem behördlichen Interesse an einer ordnungsgemäßen Aufgabenwahrnehmung.[26] 20

c) **Informationen über Informationszugangsanspruch und Verfahren (Nr. 3).** Durch die nach Nr. 3 zu veröffentlichenden Informationen wird den Interessierten die Antragstellung erleichtert.[27] Die Regelung knüpft an die Evaluierung im Bund an, welche einen deutlichen Hinweis auf das Recht auf Informationszugang auf der Einstiegs-Webseite der informationspflichtigen Stelle empfiehlt: Dieser Hinweis müsse leicht verständlich sein, das Verfahren beschreiben, die Möglichkeit eines elektronischen Informations- 21

19 LReg LT-Drs. 15/7720, 80.
20 Zum IFG: BeckOK InfoMedien/Schnabel IFG § 11 Rn 5; Schoch IFG § 11 Rn 21.
21 LReg LT-Drs. 15/7720, 80.
22 IdS: BVerwG v. 27.8.1997, 6 P 10/95, Rn 33 zum Personalvertretungsrecht; BeckOK InfoMedien/Schnabel IFG § 11 Rn 9 zum IFG.
23 LReg LT-Drs. 15/7720, 80.
24 Zum Bundesrecht: BeckOK InfoMedien/Schnabel IFG § 11 Rn 12; Schoch IFG § 11 Rn 33.
25 VG Leipzig v. 10.1.2013, 5 K 981/11, BeckRS 2013, 45900 (unter II 2); BfDI BT-Drs. 17/9100, 63; Debus NJW 2015, 981, 983; Eichelberger K&R 2013, 211; Guckelberger ZBR 2009, 332, 336; aM Wenner SozSich 2013, 77, 78.
26 LReg LT-Drs. 15/7720, 80.
27 LReg LT-Drs. 15/7720, 80.

gewährungsantrags vorsehen und eine Ansprechperson für Rückfragen und die Antragstellung mit Kontaktdaten benennen.[28]

22 d) **Initiativen und Abstimmungsverhalten im Bundesrat (Nr. 4).** Die nach Nr. 4 zu veröffentlichenden **Initiativen und das Abstimmungsverhalten im Bundesrat** erleichtern den Interessierten nachzuverfolgen, wie die LReg auf der Bundesebene mitwirkt.[29] Die Veröffentlichung erfolgt auf der Homepage der Landesvertretung in BE.

23 e) **Geodaten (Nr. 5).** Durch Nr. 5 wird darauf hingewiesen, dass Geodaten nach Maßgabe des nach § 1 Abs. 3 LIFG abschließenden LGeoZG zugänglich zu machen sind.[30] **Geodaten** sind nach § 3 Abs. 1 LGeoZG „alle Daten mit direktem oder indirektem Bezug zu einem bestimmten Standort oder geografischen Gebiet." Die Anforderungen an die Bereitstellung sind in den §§ 5 ff LGeoZG geregelt.

24 f) **Verwaltungsvorschriften (Nr. 6). Verwaltungsvorschriften** in Nr. 6 erfassen nach der Gesetzesbegründung abstrakt-generelle Anordnungen der informationspflichtigen Stellen des Landes.[31] Nach der Nr. 2.3 der Verwaltungsvorschrift der Landesregierung und der Ministerien zur Erarbeitung von Regelungen (VwV Regelungen) v. 27.7.2010 – Az.: 5-05/22 –, zuletzt geändert durch VwV v. 26.7..2016 (GABl. 560) sind Verwaltungsvorschriften „generell abstrakte und verbindliche Weisungen der Landesregierung und der Ministerien gegenüber Landesbehörden und den vom Land beaufsichtigten Körperschaften, Anstalten und Stiftungen." Diese Definition ist an den Geltungsbereich der Veröffentlichungspflichten für alle Stellen des Landes iSd § 2 Abs. 1 Nr. 1 LIFG anzupassen. Bei den vergleichbaren Regelungen in RP und HH wird davon ausgegangen, dass nur Anordnungen „mit Geltung für die gesamte Verwaltung" einer Veröffentlichungspflicht unterliegen.[32]

25 Die Veröffentlichungspflicht bezieht sich nur auf **nach Inkrafttreten dieses Gesetzes erlassene oder geänderte** Verwaltungsvorschriften. Nach der Gesetzesbegründung[33] bestimmt sich der Zeitpunkt des Inkrafttretens nach Art. 4 S. 2 des Gesetzes über die Einführung zur Informationsfreiheit vom 17.12.2015 (GBl. 1201), mithin den Tag nach Gesetzesverkündung am 29.12.2015.

26 g) **Veröffentlichte Berichte, Broschüren, Listen, Pläne, Pressemitteilungen und Statistiken (Nr. 7).** Nr. 7 stellt sicher, dass nach **Inkrafttreten des Gesetzes** (s. Rn 25) veröffentlichte Berichte, Broschüren, Listen, Pläne, Pressemitteilungen und Statistiken der informationspflichtigen Stellen des Landes auch über öffentlich zugängliche Netze verfügbar sind.[34]

---

28 Ziekow/Debus/Musch 463.
29 LReg LT-Drs. 15/7720, 80.
30 LReg LT-Drs. 15/7720, 81. Zur vergleichbaren Regelung in HH Maatsch DuD 2014, 192 ff.
31 LReg LT-Drs. 15/7720, 81.
32 IdS: LReg RP LT-Drs. 16/5173, 37 bzw Maatsch/Schnabel/Maatsch HmbTG § 3 Rn 50 f unter Hinweis auf Bürgerschaft-Drs. 20/4466, 15.
33 LReg LT-Drs. 15/7720, 81.
34 LReg LT-Drs. 15/7720, 81.

Ob eine **Veröffentlichung** vorliegt, kann anhand der zu § 6 LArchG (s. § 6 LArchG Rn 20 ff) entwickelten Grundsätze bestimmt werden. 27

Eine **Abgrenzung zwischen den veröffentlichten Gegenständen** ist teils unmöglich: So sind Polizeiberichte Pressemitteilungen. Gemeinsamkeit von allen Gegenständen dürfte sein, dass sie zumindest auch (mittelbar) an die antragsberechtigten Personen gerichtet sind. 28

Berichte sind weder im Gesetz noch in der Begründung definiert. Auch bei Neufassung des vergleichbaren § 11 Abs. 4 S. 2 Nr. 2 BremIFG erfolgte keine Erläuterung (vgl Bürgerschaft HB Drs. 18/1831). Nach dem allg. Sprachgebrauch bedeutet Bericht die „sachliche Wiedergabe eines Geschehens od. Sachverhalts".[35] 29

Broschüre wird in der Gesetzesbegründung nicht erläutert. Auch zum vergleichbaren § 11 Abs. 4 S. 2 Nr. 3 BremIFG fehlt eine Erläuterung (vgl Bürgerschaft HB Drs. 18/1831). Eine Broschüre ist nach allg. Sprachgebrauch ein „kleineres, geheftetes Schriftstück".[36] 30

Auch der Begriff der **Listen** ist anhand des allg. Sprachgebrauchs zu konkretisieren: „Schriftliche Zusammenstellung, Verzeichnis".[37] 31

Ein **Plan** ist das Produkt einer Planung, welche als das „vorausschauende Setzen von Zielen und gedankliche Vorwegnahme der zu ihrer Verwirklichung erforderlichen Verhaltensweisen" verstanden wird. Die Handlungsform Plan umfasst damit grds. alles, was vom Handelnden als Plan bezeichnet wird, wenngleich die Bezeichnung als Plan keine zwingende Voraussetzung ist.[38] Beispiel ist ein Chancengleichheitsplan nach ChancenG. 32

Pressemitteilungen sind Mitteilungen an die Presse (zum Begriff der Presse vgl. LPresseG). 33

Nach § 1 S. 1 LStatG hat die amtliche Statistik des Landes (Landes- und Kommunalstatistik) „im föderativ gegliederten Gesamtsystem der amtlichen Statistik die Aufgabe, entsprechend dem Informationsbedarf von Bund, Ländern, Gemeinden und Gemeindeverbänden, Gesellschaft, Wirtschaft, Wissenschaft und Forschung laufend Daten über Massenerscheinungen zu erheben, zu sammeln, aufzubereiten, darzustellen und zu analysieren." Daran anknüpfend wird unter **Statistik** die methodische Erhebung, Sammlung, Darstellung und Auswertung von Daten und Fakten verstanden.[39] 34

h) In öffentlicher Sitzung gefasste Beschlüsse (Nr. 8). Nach dem allg. Sprachgebrauch ist ein **Beschluss** jede abschließende, dh verbindliche Entscheidung, soweit sie von einem mehrköpfigen Gremium gefasst worden ist, der eine Abstimmung sowie idR eine Beratung vorausgegangen sind.[40] Da sich die Veröffentlichungspflicht nur auf vorhandene Aufzeichnungen 35

35 Duden Deutsches Universalwörterbuch 7. Aufl. 2011, 289.
36 Kluge Etymologisches Wörterbuch der deutschen Sprache 25. Aufl. 2012.
37 Pfeiffer Etymologisches Wörterbuch des Deutschen 6. Aufl. 2003, 805.
38 IdS ausführlich Maatsch/Schnabel/Maatsch HmbTG § 3 Rn 105.
39 IdS ausführlich Maatsch/Schnabel/Maatsch HmbTG § 3 Rn 60 ff.
40 IdS Maatsch/Schnabel/Maatsch HmbTG § 3 Rn 12.

(vgl § 3 Nr. 3 LIFG) bezieht, sind bei mündlich gefassten Beschlüssen auch nur etwaige Aufzeichnungen zu veröffentlichen.[41]

36 Die Beschlussfassung erfolgte **in öffentlicher Sitzung**, wenn öffentlich eingeladen wurde und grds. jede Person zuschauen konnte,[42] wobei unerheblich ist, ob tatsächlich die Öffentlichkeit vertreten war.[43] Dagegen ist eine Teilöffentlichkeit, dh nur Vertreter bestimmter Gruppen konnten zuhören, nicht ausreichend.[44] Keine Veröffentlichungspflicht besteht für solche Punkte, bei denen die Öffentlichkeit ausgeschlossen war.[45]

37 **i) Wesentliche Unternehmensdaten von Beteiligungen des Landes an privatrechtlichen Unternehmen (Nr. 9).** Die Pflicht in Nr. 9 bezieht sich auf Unternehmensdaten, die mit dem **Beteiligungsbericht** bereits auf freiwilliger Basis veröffentlicht wurden.[46] Zur inhaltlichen Konkretisierung dieser Pflicht drängt sich ein Vergleich mit den gemeindlichen Beteiligungsberichten in § 105 Abs. 2 und 3 GemO auf.

III. Rechtsverordnungsermächtigung zur Ergänzung der Informationspflichten und zum Informationsregister (Abs. 2)

38 Anknüpfend an Abs. 1 kann die LReg aufgrund der Erfahrungen aus der Anwendung dieses Gesetzes weitere zur Veröffentlichung geeignete amtliche Informationen durch Rechtsverordnung festlegen.[47]

39 Weiter kann die LReg durch Rechtsverordnung ein **Informationsregister** einführen und Einzelheiten in Bezug auf dessen Betrieb und Nutzung festlegen. Soweit die Vorhaben auf Bundes- oder EU-Ebene zu einem zentralen Open-Data-Portal so weit fortgeschritten sind, dass sie sich für die Veröffentlichung der Informationen eignen, kann ein Informationsregister wahlweise dort eingebunden oder dorthin überführt werden.[48] In Betracht kommt auch ein Ausbau von https://opendata.service-bw.de/.

IV. Konkurrenzen

40 Das Verhältnis zwischen Veröffentlichungspflicht und individuellem Zugangsanspruch nach § 1 Abs. 2 LIFG ist ambivalent: Die Veröffentlichungspflicht nach § 11 LIFG erfolgt nach Maßgabe „dieses Gesetzes", setzt damit voraus, dass dieselben Informationen auf einen hypothetischen Antrag nach § 1 Abs. 2 LIFG zugänglich wären (s. Rn 10). Umgekehrt kann aber aus dem Fehlen einer Veröffentlichungspflicht nach § 11 Abs. 1 S. 2 LIFG nicht auf die Unzulässigkeit einer Veröffentlichung oder eines Informationszugangs auf Antrag geschlossen werden (s. Rn 8).

41 IdS Maatsch/Schnabel/Maatsch HmbTG § 3 Rn 21.
42 IdS LReg RP LT-Drs. 16/5173, 37.
43 IdS Maatsch/Schnabel/Maatsch HmbTG § 3 Rn 14.
44 IdS Maatsch/Schnabel/Maatsch HmbTG § 3 Rn 16.
45 IdS Maatsch/Schnabel/Maatsch HmbTG § 3 Rn 17.
46 Fraktionen der CDU, GRÜNE, SPD und FDP/DVP LT-Drs. 15/7881, 2.
47 LReg LT-Drs. 15/7720, 81.
48 LReg LT-Drs. 15/7720, 81.

Wird die Veröffentlichungspflicht nach § 11 LIFG erfüllt, kann ein Zugangsantrag auf die gleichen Informationen nach § 9 Abs. 3 Nr. 5 LIFG wegen anderweitiger Zugänglichkeit abgelehnt werden (s. LIFG § 9 Rn 25 ff). 41

V. Kosten

Für die Informationsmaßnahmen nach § 11 LIFG dürfen keine Gebühren und Auslagen verlangt werden (s. LIFG § 10 Rn 15, 21). 42

VI. Rechtsschutz

Von der Veröffentlichung betroffene Personen können **Unterlassung** verlangen, wenn die Veröffentlichung nicht durch die Pflichten des § 11 LIFG oder sonst gerechtfertigt sind. 43

Rechtsschutz **gegen Rechtsverordnungen** aufgrund Abs. 2 ist zwar nach § 47 VwGO iVm § 4 AGVwGO gewährleistet, aber eine Antragsbefugnis iSd § 47 Abs. 2 S. 1 VwGO dürfte nur selten gegeben sein.[49] 44

Ein gerichtlich durchsetzbarer Anspruch auf **Erfüllung der Veröffentlichungspflichten** besteht nicht.[50] Die durch die Veröffentlichungspflichten entstehenden Vorteile des Einzelnen sind reine Rechtsreflexe.[51] Dagegen räumen § 1 Abs. 2 iVm § 3 HmbTG[52] und § 2 Abs. 1 LTranspG RP ausdrücklich jeder Person ein Recht auf Veröffentlichung ein. Ein solcher Anspruch ist ungewöhnlich und bedarf daher deutlicher Hinweise.[53] 45

VII. Ausblick

Nach dem Koalitionsvertrag wird eine „Integration der Open-Data-Portale von Land und Kommunen in der Bundesplattform govdata.de“ angestrebt.[54] Bereits 2014 war die Verwaltungsvereinbarung GovData vom Bund und den Länder Baden-Württemberg, Berlin, Brandenburg, Hamburg, Nordrhein-Westfalen, Rheinland-Pfalz und Sachsen unterzeichnet worden. Eine entsprechende Veröffentlichungspflicht auf dem Portal könnte für das Land aufgrund einer Rechtsverordnung nach § 11 Abs. 2 LIFG erreicht werden. Anhaltspunkte für eine Erweiterung der Veröffentlichungspflichten könnte ein Gutachten zu § 11 BremIFG aF geben.[55] Dazu kann mithilfe der Verordnungsermächtigung zeitnah nachgesteuert werden,[56] womit spätestens 5 Jahren nach Inkrafttreten aufgrund der nach 46

49 Dazu allg. Debus, in: Terwiesche FA-VerwR Kap. 29 Rn 17 ff.
50 Zur IFG: BeckOK InfoMedien/Schnabel IFG § 11 Rn 3; Schoch IFG § 11 Rn 2; Jastrow/Schlatmann IFG § 11 Rn 1; NK-IFG/Rossi § 11 Rn 45, der kein subjektives Recht bezüglich der Pflicht zur Veröffentlichung, aber hinsichtlich der Führung von Verzeichnissen annimmt.
51 Zur IFG: BeckOK InfoMedien/Schnabel IFG § 11 Rn 3; Schoch IFG § 11 Rn 2.
52 Dazu Maatsch/Schnabel/Maatsch HmbTG § 1 Rn 24 ff.
53 Zum IFG BeckOK InfoMedien/Schnabel IFG § 11 Rn 3.
54 Koalitionsvertrag zwischen Bündnis 90/Die Grünen Baden-Württemberg und der CDU Baden-Württemberg 2016 – 2021, http://www.baden-wuerttemberg.de/fileadmin/redaktion/dateien/PDF/160509_Koalitionsvertrag_B-W_2016-2021_final.PDF, 68 f.
55 Kubicek aaO.
56 LReg LT-Drs. 15/7720, 52.

Art. 3 des Gesetzes zur Einführung der Informationsfreiheit v. 17.12.2015 (GBl. 1201) erforderlichen Evaluierung zu rechnen ist.

§ 12 LIFG Landesbeauftragte oder Landesbeauftragter für die Informationsfreiheit

(1) Die Aufgabe der oder des Landesbeauftragten für die Informationsfreiheit wird von der oder dem Landesbeauftragten für den Datenschutz wahrgenommen.

(2) Antragsberechtigte, betroffene Personen und informationspflichtige Stellen können die Landesbeauftragte oder den Landesbeauftragten für die Informationsfreiheit anrufen und sich über sie selbst betreffende Rechte und Pflichten nach diesem Gesetz beraten lassen.

(3) Die Bestimmungen des Landesdatenschutzgesetzes über die Rechtsstellung (§ 26 Absatz 2 bis 4), über die Kontrollaufgaben (§ 28 Absatz 1), über die Pflicht zur Unterstützung (§ 29), über die Mitteilung des Ergebnisses der Kontrolle, Beanstandungen (§ 30) sowie über weitere Aufgaben gemäß § 31 Absatz 2 bis 4 gelten entsprechend.

Literatur: *Debus,* Die behördlichen Beauftragten für Datenschutz und Informationsfreiheit, DÖV 2012, 917 ff; *Lehr,* Pressefreiheit und Persönlichkeitsrecht – Ein Spannungsverhältnis für die Öffentlichkeitsarbeit der Justiz, NJW 2013, 728 ff; *Sajuntz,* Die Entwicklung des Presse- und Äußerungsrechts in den Jahren 2010 bis 2012, NJW 2012, 3761 ff; *Sajuntz,* Die Entwicklung des Presse- und Äußerungsrechts in den Jahren 2012/2013, NJW 2014, 25 ff; *Schoch,* Amtliche Publikumsinformation zwischen staatlichem Schutzauftrag und Staatshaftung, NJW 2012, 2844 ff; *Vahle,* Auskunftspflicht trotz möglicher Selbstbelastung, Datenschutz Berater 2012, 202.

I. Allgemeines

1 **1. Europa- und verfassungsrechtliche Vorgaben.** Die europarechtlichen Vorgaben von Art. 28 der **Datenschutzrichtlinie** 95/46/EG an die Landesbeauftragte oder den Landesbeauftragten für den Datenschutz setzten deren

oder dessen völlige Unabhängigkeit voraus, welche durch weitere Aufgaben beeinträchtigt werden könnte.[1] Dies ist aber durch § 12 LIFG nicht zu befürchten, weil auch für diese weiteren Aufgaben nach § 12 Abs. 3 LIFG iVm § 26 Abs. 2 LDSG die Unabhängigkeit gewährleistet ist.

Dementsprechend unproblematisch sind auch die verfassungsrechtlichen Vorgaben an die Unabhängigkeit der oder des Landesdatenschutzbeauftragten durch das LIFG erfüllt. 2

2. Entstehungsgeschichte. Im Gesetzentwurf, welcher in die Anhörung gegeben wurde, war zunächst keine Regelung zu der oder dem **Landesbeauftragten für die Informationsfreiheit** enthalten.[2] Die daraufhin in § 13 des Entwurfes eingefügte Regelung wurde im weiteren Verfahren durch einen fraktionenübergreifenden Änderungsantrag lediglich nach § 12 LIFG verschoben.[3] 3

3. Normzweck. Die Norm dient dazu, dass sich betroffene Personen, Antragsberechtigte und die informationspflichtigen Stellen von einem eigens dafür institutionalisierten und unabhängigen Beauftragten beraten lassen können, welche Rechte und Pflichten ihnen nach dem LIFG zustehen und wie sie diese wahrnehmen können. Der oder dem Landesbeauftragten kommt dabei die Funktion einer Streitschlichtungsstelle zu,[4] welche die Verwaltung und Gerichte entlasten soll.[5] 4

Mit der Einschaltung der oder des Landesbeauftragten ist eine objektive Verwaltungskontrolle in Bezug auf die Anwendung des LIFG in der Praxis verbunden.[6] 5

4. Vergleichbare Regelungen. § 12 IFG; § 18 IFG BE; § 11 AIG BB; § 13 BremIFG, § 14 HmbTG; § 14 IFG M-V; § 13 IFG NRW; § 19 LTranspG RP; § 12 IZG LSA; § 13 IZG-SH; § 4 SIFG; § 12 ThürIFG. 6

II. Wahrnehmung der Aufgaben durch die oder den Landesbeauftragten für den Datenschutz (Abs. 1)

Das LIFG verzichtet darauf, für die Funktion einen Informationsfreiheitsbeauftragten zu installieren und weist diese Aufgabe dem **Landesbeauftragten für den Datenschutz** zu. Die Stellvertretung des Landesbeauftragten ergibt sich aus § 26 Abs. 5 LDSG. Im Übrigen trifft der Landesbeauftragte die organisatorischen Entscheidungen für seine Dienststelle einschließlich des Personaleinsatzes. Eine strikte Trennung der Bereiche „Datenschutzbeauftragter“ und „Informationsfreiheitsbeauftragter“ innerhalb der Dienststelle ist mangels denkbarer Interessenkollisionen nicht geboten. 7

1 S. dazu auf Bundesebene Debus DÖV 2015, 917, 918 f.
2 LReg LT-Drs. 15/7720, 23.
3 Änderungsantrag der Fraktion der CDU, der Fraktion GRÜNE, der Fraktion der SPD und der Fraktion der FDP/DVP LT-Drs. 15/7881.
4 IdS Ziekow/Debus/Musch 423.
5 Zum Bundesrecht Schoch IFG § 12 Rn 5.
6 Zum Bundesrecht Schoch IFG § 12 Rn 5.

III. Anrufung der oder des Landesbeauftragen für Informationsfreiheit (Abs. 2)

8 Die von einem Bürger um Auskunft ersuchten Stellen können sich vom Landesbeauftragten für die Informationsfreiheit beraten lassen, inwieweit sie Anfragen beantworten müssen. Betroffene Personen iSd § 3 Nr. 4 LIFG sind zu beraten, inwieweit und auf welchem Wege sie verhindern können, dass sie betreffende personenbezogene Daten, Urheberrechte und Betriebs- und Geschäftsgeheimnisse durch Beauskunftung gefährdet werden. Personen, die bei einer zur Auskunft verpflichteten Stelle angefragt haben bzw anfragen wollen, sind das Verfahren, der Umfang des Auskunftsanspruchs, die zu erwartenden Kosten und die in Frage kommenden Rechtsbehelfe zu erläutern. Dagegen ist es nicht Aufgabe des Landesbeauftragten, dem Petenten die begehrte Auskunft von einer anderen Stelle zu beschaffen. Das ergibt sich daraus, dass das LIFG nicht auf § 27 Abs. 1 LDSG verweist. Auch erklärt das LIFG den § 23 Abs. 1 LDSG, nach dem sich jedermann an den Landesbeauftragten wenden kann, wenn er der Ansicht ist, bei der Verarbeitung seiner personenbezogenen Daten von einer öffentlichen Stelle in seinen Rechten verletzt worden zu sein, für die Auskunftsbegehren nach dem LIFG nicht für anwendbar.

IV. Entsprechende Anwendung der Regelungen über die oder den Landesbeauftragten für den Datenschutz (Abs. 3)

9 **1. Rechtsstellung (entsprechend § 26 Abs. 2 bis 4 LDSG).** Nach § 12 Abs. 3 LIFG, § 26 Abs. 2 LDSG ist der Landesbeauftragte auch bei der Wahrnehmung dieser Funktion **unabhängig.** Er unterliegt keiner Fach- und Rechtsaufsicht. Über ihn erhobene Dienstaufsichtsbeschwerden entscheidet der Landtagspräsident, wobei dabei die eu-rechtlich gewährte Unabhängigkeit des Datenschutzbeauftragten nicht beeinträchtigt werden darf.

10 **2. Kontrollaufgaben (entsprechend § 28 Abs. 1 LDSG), Pflicht zur Unterstützung (entsprechend § 29 LDSG) sowie Mitteilung des Ergebnisses der Kontrolle, Beanstandungen (entsprechend § 30 LDSG).** Der Landesbeauftragte hat gegenüber den informationspflichtigen Stellen keine Rechts- oder Fachaufsicht, kann diesen Stellen also keine Weisungen erteilen. Auch gibt es keine Rechtsgrundlage für den Erlass von zur Auskunft verpflichtenden Verwaltungsakten. Der Landesbeauftragte kann, was die Erteilung von Auskünften anbetrifft, nur Bitten äußern. Seine persönliche Stellung ist in § 26 Abs. 2 und 3 LDSG geregelt. Er kann bei den öffentlichen Stellen iSd § 2 Abs. 1, 2 und 4 LIFG die Einhaltung des Landesinformationsfreiheitsgesetzes anlasslos oder auf Beschwerden von Bürgern kontrollieren (vgl § 28 Abs. 1 LDSG). Die bei seiner Dienststelle zu Eingaben von Bürgern geführten Akten unterliegen nach § 4 Abs. 1 Nr. 6 LIFG nicht der Beauskunftungspflicht nach diesem Gesetz. Die zur Auskunft verpflichteten Stellen, also nicht die in § 2 Abs. 3 LIFG genannten, haben den Landesbeauftragten bei seiner Aufgabenerfüllung nach dem LIFG zu unterstützen. Dabei haben sie insb. seine Fragen zu beantworten, ihm Einsicht in Akten, Unterlagen und automatisierte Datenverarbeitungssysteme zu gewähren

und ihm den Zutritt zu ihren Diensträumen zu ermöglichen (vgl § 29 Abs. 1 LDSG). Die um Auskunft ersuchten Stellen haben die Anfragen des Landesbeauftragten selbst dann zu beantworten, wenn ihre Mitarbeiter dadurch strafrechtlich belastet werden, doch dürfen solche Erkenntnisse nicht in einem Straf- oder OWi-Verfahren verwendet werden.[7] Die Kontrollbefugnis einschließlich der Unterstützungspflicht besteht auch insoweit, ob die von einem Bürger mit einem Auskunftsbegehren angegangene Stelle im Hinblick auf den Schutz von besonderen öffentlichen Belangen nach § 4 LIFG, dem Schutz personenbezogener Daten Dritter iSd § 5 LIFG und dem Schutz des geistigen Eigentums und von Betriebsgeheimnissen nach § 6 LIFG die Beantwortung der Anfrage zu Recht abgelehnt hat. Die Unterstützungspflicht gilt nach § 2 Abs. 3 Nrn. 1 und 4 LIFG nicht für den Verfassungsschutz und die Finanzverwaltung, soweit sie in Steuersachen tätig ist. Die Staatsanwaltschaft und die Dienststellen des Polizeivollzugsdienstes (vgl § 70 PolG) sind nur zur Unterstützung verpflichtet, soweit die jeweilige oberste Landesbehörde zugestimmt hat (§ 29 Abs. 2 S. 2 LDSG). Stellt der Landesbeauftragte Mängel beim Vollzug des LIFG fest, kann er nach Maßgabe des § 30 LDSG Beanstandungen aussprechen.

3. Weitere Aufgaben entsprechend § 31 Abs. 2 bis 4 LDSG. Der Landesbe- 11
auftragte hat entsprechend dem § 31 Abs. 2 LDSG jedes zweite Jahr zum 1. Dezember dem Landtag über seine Tätigkeit nach dem LIFG Bericht zu erstatten. Weitere Aufgaben ergeben sich aus § 31 Abs. 3 und 4 LDSG.

V. Presseerklärungen der oder des Landesbeauftragten

Für vom Landesbeauftragen aus eigenem Antrieb vorgenommene **Presseer-** 12
klärungen und sonstige Verlautbarungen gegenüber der Öffentlichkeit gibt keine ausdrückliche gesetzliche Ermächtigung. Behörden können sich nicht auf das Grundrecht der Meinungsfreiheit berufen. Soweit Presseverlautbarungen der öffentlichen Verwaltung mit Grundrechtseingriffen verbunden sind, insb. wenn unter Inanspruchnahme amtlicher Autorität beabsichtigt und zielgerichtet oder vorhersehbar in Kauf genommen wird, dass es zu schwerwiegenden Einbußen grundrechtlich geschützter Freiheit kommt, hielt das BVerfG in seiner früheren Rechtsprechung solche Eingriffe nur für zulässig, wenn es dafür eine gesetzliche Ermächtigungsgrundlage gibt.[8] Diese Rechtsprechung wurde aufgegeben. Jetzt lässt die Rechtsprechung derartige Verlautbarungen der Regierung und der Verwaltung grds. auch ohne Rechtsgrundlage zu, soweit diese für die Information einer demokratischen Öffentlichkeit und für die politische Willensbildung erforderlich sind. Die amtliche Unterrichtung der Allgemeinheit stehe in einem unmittelbaren Zusammenhang mit der demokratischen Ordnung des Grundgesetzes.[9] Ein informationeller Grundrechtseingriff sei - ungeachtet ausdrücklicher Gesetzesvorbehalte im Grundgesetz - schon dann gerechtfertigt, wenn die Publikumsinformation kompetenzgemäß erfolgt und wenn das

7 Vahle Datenschutz Berater 2012, 202.
8 BVerfG v. 25.2.1999, 1 BvR 1472/91 und 1 BvR 1410/91, NJW 1999, 3404.
9 BayVGH v. 14.2.2003, 5 CE 02.3212, NVwZ 2003, 998.

Sachlichkeitsgebot und das Übermaßverbot beachtet werden.[10] Die Verwaltungsgerichte haben diese Befugnis auch für die Datenschutzbeauftragten anerkannt.[11] Die Befugnis für Presseerklärungen auch in personenbezogener Form folge aus der Zuständigkeit der Behörde. So könne diese gegenüber den Medien erklären, dass sie gegen bestimmte Personen vorgeht, um einen öffentlichen Missstand abzustellen.[12] Die Literatur empfindet dies als „Sonderdogmatik".[13]

13 Voraussetzung für die Zulässigkeit einer behördlichen Presseverlautbarung in personenbezogener Form ist somit:

14 Die Dienststelle muss zuständig sein und über einen ausreichenden Kenntnisstand verfügen.[14]

15 Tatsachenangaben müssen zutreffend sein.[15] Ist eine Information in tatsächlicher Hinsicht - noch - nicht gesichert, ist die Verbreitung dennoch zulässig, wenn ein öffentliches Interesse an der Publikumsinformation besteht und auf die Unsicherheit bei der Richtigkeit hingewiesen wird.[16]

16 Werturteile müssen angemessen sein und auf einer ausreichenden und zutreffenden Tatsachengrundlage fußen. Sie dürfen nicht von sachfremden Erwägungen getragen sein,[17] können aber je nach Anlass auch drastisch ausfallen.[18] Allerdings darf sich eine Behörde nicht herabsetzend über Dritte in der Öffentlichkeit äußern,[19] selbst wenn die Medien ihrerseits auf die Behörde einen entsprechenden Druck ausüben.[20]

17 Der **Grundsatz der Verhältnismäßigkeit** (Übermaßverbot) ist zu beachten. Die Verlautbarung muss zur Verfolgung der behördlichen Aufgabe geeignet, erforderlich und angemessen sein. Den betroffenen öffentlichen und privaten Belangen ist gleichermaßen Rechnung zu tragen. Genügt es, Diskussionen intern zu führen, dürfen Differenzen unter den Behörden nicht mit für diese oder für Dritte nachteiligen Auswirkungen in der Öffentlichkeit ausgetragen werden.[21] Bei Grundrechtsbeeinträchtigungen muss die

10 Schoch NJW 2012, 2844 ff mwN.
11 VG Köln v. 11.3.1999, 20 L 3757/98, MMR 1999, 744; VG Schleswig v. 5.11.2013, 8 B 50/13.
12 Vgl Janich JuS 2012, 636, 638 mwN.
13 Schoch NJW 2012, 2844, 2847.
14 OVG NW v. 12.7.2005, 15 B 1099/05, NVwZ-RR 2006, 273; v. 23.4.1999, 21 A 490/97, NVwZ-RR 2000, 599; VG Schleswig v. 5.11.2013, 8 B 50/13.
15 OVG NW v. 12.7.2005, 15 B 1099/05, NVwZ-RR 2006, 273; v. 23.4.1999, 21 A 490/97, NVwZ-RR 2000, 599.
16 BVerfG v. 26.6.2002, 1 BvR 558/91 und 1428/91, NJW 2002, 2621 – Glykolwarnung.
17 OLG Köln v. 3.5.2011, I-15 U 194/10 und 15 U 194/10, AfP 2011, 489; OVG NW v. 12.7.2005, 15 B 1099/05, NVwZ-RR 2006, 273; v. 23.4.1999, 21 A 490/97, NVwZ-RR 2000, 599.
18 VG Köln v. 11.3.1999, 20 L 3757/98, MMR 1999, 744.
19 Vgl BVerfG v. 17.8.2010, 1 BvR 2585/06, NJW 2011, 511; OLG Düsseldorf v. 27.4.2005, I-15 U 98/03 und 15 U 98/03, NJW 2005, 1791.
20 Lehr NJW 2013, 728, 732 mwN; vgl OLG Köln v. 18.7.2012, I-16 U 184/11 und 16 U 184/11, NJW-RR 2012, 1187.
21 VG Schleswig v. 5.11.2013, 8 B 50/13.

Presseauskunft auf das Notwendige beschränkt sein.[22] Die Intimsphäre eines Menschen darf grds. nicht verletzt werden.[23]

Die Verlautbarung muss ausgewogen sein, da es sonst zu einem Ansehensverlust der Behörde kommen kann, zumal eine behördliche Äußerung als „Expertenwissen" von der Öffentlichkeit kaum hinterfragt, sondern vielmehr als objektiv richtig empfunden wird.[24] Das gilt selbst für den Fall, dass die Behörde in der Öffentlichkeit unsachlich angegriffen worden ist.[25] 18

Ist ein festgestellter Mangel inzwischen beseitigt worden, ist die Behörde nicht gehindert, die Öffentlichkeit über den früheren Missstand zu informieren. Es darf aber nicht der fälschliche Eindruck erweckt werden, der festgestellte Verstoß bestehe noch fort. Stellt sich eine amtliche Publikumsinformation im Nachhinein als unrichtig heraus, ist dies umgehend öffentlich bekannt zu machen, wenn es der Betroffene beantragt oder wenn es zur Wahrung von Gemeinwohlbelangen geboten ist.[26] 19

Zum Richtigstellungsanspruch, zum Gegendarstellungsanspruch, zum Rechtsschutz gegen unzulässige behördliche Verdachtsäußerungen und zur Amtshaftung bei fehlerhafter oder unterlassener Publikation[27]: Ehrverletzende Äußerungen können den Betroffenen neben seinem allgemeinen Persönlichkeitsrecht in der Ausübung seiner beruflichen Tätigkeit bzw. seiner wirtschaftlichen Entfaltungsmöglichkeiten nachhaltig einschränken (Art. 2 Abs. 1, 12 GG). Darüber hinaus kann auch das Recht am eingerichteten und ausgeübten Gewerbebetrieb betroffen sein (Art. 14 GG). Diese Grundrechte schützen abgesehen vom Persönlichkeitsschutzrecht auch juristische Personen des Privatrechts.[28] 20

VI. Ausblick

Das Recht auf Informationsfreiheit ist nach Art. 85 Abs. 1 der **Datenschutz-Grundverordnung**, VO (EU) 2016/679, bis 25.5.2018 (vgl Art. 99 Abs. 2) mit der Verordnung „in Einklang" zu bringen. Solange die Aufgaben der Aufsichtsbehörde im Bereich der Informationsfreiheit und des Datenschutzes von einer Stelle wahrgenommen werden, müssen die Vorgaben von Art. 51 ff der Datenschutz-Grundverordnung auch im Bereich der Informationsfreiheit beachtet werden. Dort werden insb. zu Anfragen und Beschwerden von Betroffenen in Art. 57 Abs. 1 lit. e und f, Abs. 2 bis 4 nähere Regelungen getroffen. 21

---

22 BVerfG v. 15.8.1989, 1 BvR 881/98, NJW 1989, 3269; v. 26.6.2002, 1 BvR 558/91 und 1428/91, NJW 2002, 2621 – Glykolwarnung.
23 Lehr NJW 2013, 728, 732.
24 VG Schleswig v. 5.11.2013, 8 B 50/13.
25 Lehr NJW 2013, 728, 732.
26 Schoch NJW 2012, 2844 mwN.
27 Sajuntz NJW 2012, 3764; 2014, 25, 29; Lehr NJW 2013, 723, 728; Schoch NJW 2012, 2844.
28 BVerfG NJW 2001, 505; VG Schleswig v. 5.11.2013, 8 B 50/13.

§ 25 LVwVfG Beratung, Auskunft, frühe Öffentlichkeitsbeteiligung

(1) [1]Die Behörde soll die Abgabe von Erklärungen, die Stellung von Anträgen oder die Berichtigung von Erklärungen oder Anträgen anregen, wenn diese offensichtlich nur versehentlich oder aus Unkenntnis unterblieben oder unrichtig abgegeben oder gestellt worden sind. [2]Sie erteilt, soweit erforderlich, Auskunft über die den Beteiligten im Verwaltungsverfahren zustehenden Rechte und die ihnen obliegenden Pflichten.

(2) [1]Die Behörde erörtert, soweit erforderlich, bereits vor Stellung eines Antrags mit dem zukünftigen Antragsteller, welche Nachweise und Unterlagen von ihm zu erbringen sind und in welcher Weise das Verfahren beschleunigt werden kann. [2]Soweit es der Verfahrensbeschleunigung dient, soll sie dem Antragsteller nach Eingang des Antrags unverzüglich Auskunft über die voraussichtliche Verfahrensdauer und die Vollständigkeit der Antragsunterlagen geben.

(3) [1]Die Behörde wirkt darauf hin, dass der Träger bei der Planung von Vorhaben, die nicht nur unwesentliche Auswirkungen auf die Belange einer größeren Zahl von Dritten haben können, die betroffene Öffentlichkeit frühzeitig über die Ziele des Vorhabens, die Mittel, es zu verwirklichen, und die voraussichtlichen Auswirkungen des Vorhabens unterrichtet (frühe Öffentlichkeitsbeteiligung). [2]Die frühe Öffentlichkeitsbeteiligung soll möglichst bereits vor Stellung eines Antrags stattfinden. [3]Der betroffenen Öffentlichkeit soll Gelegenheit zur Äußerung und zur Erörterung gegeben werden. [4]Das Ergebnis der vor Antragstellung durchgeführten frühen Öffentlichkeitsbeteiligung soll der betroffenen Öffentlichkeit und der Behörde spätestens mit der Antragstellung, im Übrigen unverzüglich mitgeteilt werden. [5]Satz 1 gilt nicht, soweit die betroffene Öffentlichkeit bereits nach anderen Rechtsvorschriften vor der Antragstellung zu beteiligen ist. [6]Beteiligungsrechte nach anderen Rechtsvorschriften bleiben unberührt.

Literatur: *Ehlers/Vorbeck*, Der Anspruch auf Erteilung von Verwaltungsinformationen – Teil 1, JURA 2013, 1124 ff.

I. Allgemeines

1. Europa- und verfassungsrechtliche Vorgaben. Die Mitgliedstaaten sind an die **Grundsätze einer guten Verwaltung** iSv Art. 6 EUV gebunden, so dass das nationale Recht ggf unionsrechtskonform ausgelegt werden muss.[1] Als Teil des Rechts auf gute Verwaltung enthält Art. 41 Abs. 2 Spiegelstrich 2 GRCh „das Recht einer jeden Person auf Zugang zu den sie betreffenden Akten unter Wahrung des legitimen Interesses der Vertraulichkeit sowie des Berufs- und Geschäftsgeheimnisses". Diese Grundrechte binden – ebenso wie der Grundsatz der Offenheit nach Art. 15 AEUV – nur die Stellen der Union (vgl Art. 41 Abs. 1 GRCh).[2] 1

Die Pflichten zum Genehmigungsverfahren aus Art. 13 der **Dienstleistungsrichtlinie 2006/123/EG** setzt § 25 Abs. 2 LVwVfG um.[3] 2

Verfassungsrechtliche Grundlagen der Betreuungspflicht der Behörde sind insb. das Rechts- und Sozialstaatsprinzip, wonach unter Beachtung der Menschenwürde verboten ist, Menschen als Objekt des Verfahrens anzusehen.[4] Außerdem ist der Aspekt des Grundrechtsschutzes durch Verfahren iVm dem jeweils einschlägigen Spezialgrundrecht und Art. 3 GG in seiner verfahrensrechtlichen Ausprägung zu berücksichtigen.[5] 3

2. Entstehungsgeschichte. Das allg. Verwaltungsverfahrensrecht wird idR durch **Simultangesetzgebung** von Bund und Ländern gleich erlassen. § 25 VwVfG ist mit § 25 LVwVfG wortgleich, so dass eine Differenzierung nach Bundes- und Landesrecht grds. nicht notwendig ist, jedoch sind die durch die §§ 1 und 2 VwVfG bzw §§ 1 und 2 LVwVfG gezogenen Grenzen des Anwendungsbereichs (vgl unten Rn 12) zu beachten. 4

Die in **Abs. 1** geregelten Beratungs- und Auskunftspflichten waren bereits in der ursprünglichen Fassung des § 25 LVwVfG wortgleich normiert. 5

Die bestehenden allg. Beratungs- und Auskunftspflicht (jetzt in Abs. 1) wurden durch Anfügung der bewährten Regelungen des § 71 c LVwVfG (Vorschrift über die Beschleunigung von Genehmigungsverfahren) in die allg. Vorschrift des § 25 **Abs. 2** LVwVfG übernommen.[6] Dies erfolgte durch Art. 1 Nr. 2 des Gesetzes zur Änderung des Landesverwaltungsverfahrensgesetzes und anderer Gesetze v. 30.9.2009 (GBl. 363) im Anschluss an die bundesrechtliche Änderung durch Art. 1 Nr. 3 des Vierten Gesetzes zur Änderung verwaltungsverfahrensrechtlicher Vorschriften (4. VwVf-ÄndG) v. 11.12.2008 (BGBl. I 2418). 6

Die frühe Öffentlichkeitsbeteiligung wurde in **Abs. 3** durch Gesetz zur Änderung des Landesverwaltungsverfahrensgesetzes und anderer Gesetze v. 12.5.2015 (GBl. 324) im Anschluss an die bundesrechtliche Änderung 7

1 Ehlers/Vorbeck JURA 2013, 1124, 1131.
2 Ehlers/Vorbeck JURA 2013, 1124, 1131.
3 Ziekow VwVfG § 25 Rn 3.
4 BeckOK VwVfG/Herrmann § 25 Rn 1; Hufen/Siegel Rn 328 f. IdS auch: VGH BW v. 20.6.2006, 1 S 1136/05, NVwZ 2006, 1305; VG Wiesbaden v. 27.6.2007, 4 E 562/06, NVwZ 2008, 110 nennt nur das Sozialstaatsprinzip.
5 Hufen/Siegel Rn 328 f.
6 Dazu LT-Drs. 14/4780, 18 f.

durch das Gesetz zur Verbesserung der Öffentlichkeitsbeteiligung und Vereinheitlichung von Planfeststellungsverfahren (PlVereinhG) v. 31.5.2013 (BGBl. I 1388) eingefügt.[7]

8 **3. Normzweck.** Die **Beratung und Auskunft nach Abs. 1 und 2** bezwecken, dass durch Unkenntnis der Betroffenen ihnen keine Rechtsverluste eintreten.[8] Dabei ist das Ziel der Beratung und Auskunft eine zweckentsprechende Verfahrensdurchführung, aber keine Rechtsberatung.[9]

9 Dabei dient Abs. 2, der nachträglich eingefügt wurde (s. Rn 6), insb. der Unterstützung von Antragstellern in komplexen Genehmigungsverfahren[10] und der Verfahrensbeschleunigung.[11]

10 Die **frühe Öffentlichkeitsbeteiligung nach Abs. 3** bezweckt keine rechtliche Verpflichtung zu deren Durchführung, sondern nur eine Verpflichtung der Behörde, auf diese hinzuwirken, so dass die Behörde somit auf die freiwillige Mitwirkung des Vorhabenträgers angewiesen ist.[12] Dementsprechend wird durch die Regelung für die Bürgerinnen und Bürger kein direktes Informationszugangsrecht begründet, so dass hier auf eine Kommentierung verzichtet wird.[13]

11 **4. Vergleichbare Regelungen des Bundes oder anderer Bundesländer.** § 25 VwVfG (iVm § 1 Abs. 1 LVwVfG RP, § 1 Abs. 1 NVwVfG, § 1 S. 1 SächsVwVfG, § 1 Abs. 1 S. 1 VwVfGBbg, § 1 Abs. 1 VwVfG BE, § 1 Abs. 1 S. 1 VwVfG LSA); Art. 25 BayVwVfG; § 25 BremVwVfG, HmbVwVfG bzw HVwVfG; § 83 a LVwG SH; § 25 SVwVfG, ThürVwVfG, VwVfG M-V bzw VwVfG. NRW. Vgl für den Vorsitzenden des Verwaltungsgerichts auch § 86 Abs. 3 VwGO.

12 **5. Anwendungsbereich.** § 25 LVwVfG setzt die Eröffnung des Anwendungsbereichs nach § 1 LVwVfG (zu vorrangigen Spezialregelungen s. unten Rn 45 f) und § 2 LVwVfG voraus. Dies erfordert insb. eine „öffentlich-rechtliche Verwaltungstätigkeit der Behörden des Landes" (vgl dazu LIFG § 2 Rn 17 ff). Ist dies nicht der Fall, so kommt nur der ungeschriebene Anspruch nach Ermessen (s. Einl. Rn 34 ff) in Betracht. Eine allg. Pflicht zur Beratung oder Auskunft besteht – sofern keine einschlägigen gesetzlichen Bestimmungen wie § 25 LVwVfG Anwendungen finden – nicht.[14]

13 Der **sachliche Anwendungsbereich** beschränkt sich nicht auf Verwaltungsverfahren im engen Sinne des § 9 LVwVfG, die auf den Erlass eines Verwaltungsakts oder den Abschluss eines öffentlich-rechtlichen Vertrags abzielen, sondern gilt zumindest entsprechend auch in Bezug auf andere Verfahren und Formalitäten – etwa bei reinen Anzeigeverfahren.[15] In Betracht

7 Dazu LT-Drs. 15/6618, 15 f.
8 IdS VGH BW v. 23.4.2008, 13 S 783/08, NJW 2008, 2519, 2520.
9 IdS Ziekow VwVfG § 25 Rn 9.
10 OVG Lüneburg v. 12.11.2012, 13 ME 231/12, BeckRS 2012, 59508.
11 Hufen/Siegel Rn 360.
12 BeckOK VwVfG/Herrmann § 25 Rn 22.
13 S. stattdessen neben den einschlägigen Kommentierungen insb. auch: Hertel/Munding, „Frühe Öffentlichkeitsbeteiligung" bei der Planung von Großvorhaben, NJW 2012, 2622 ff; Ziekow, Frühe Öffentlichkeitsbeteiligung, NVwZ 2013, 754 ff.
14 BVerwG v. 8.12.1995, 8 C 37/93, NJW 1997, 71, 75; Ziekow VwVfG § 25 Rn 4.
15 LT-Drs. 14/4780, 18.

kommt eine Anwendung als konkretisiertes Verfassungsrecht, als Ausdruck eines allg. Rechtsgedanken oder im Wege des Analogieschlusses auch auf schlicht hoheitliche Maßnahmen der Behörden sowie auf privatrechtliches Verwaltungshandeln, außer bei abweichender Interessenlage, wenn die privatrechtlich handelnde Verwaltung nur mittelbar Staatsaufgaben wahrnimmt, wie bei der Teilnahme am Wirtschaftsleben, den Vermögensverwertungsgeschäften oder der Auftragsvergabe.[16] Nicht erfasst ist der Informationsaustausch mit Behörden oder Gerichten, da hier die §§ 4 ff LVwVfG bzw § 99 Abs. 1 S. 1 VwGO oder Spezialrecht einschlägig ist.[17]

Der **zeitliche Anwendungsbereich** ist bereits vor Beginn des Verwaltungsverfahrens nach § 22 LVwVfG eröffnet, wenn die Stellung eines Antrags konkret beabsichtigt ist oder ein Bezug zu einem konkreten, zumindest in Aussicht gestellten Verwaltungsverfahren besteht.[18] Nach Abschluss des Verfahrens ist § 25 LVwVfG nicht mehr anwendbar.[19] 14

Der **persönliche Anwendungsbereich** umfasst die Beteiligten des Verfahrens iSv § 13 LVwVfG einschl. Einwender iSv § 73 Abs. 4 LVwVfG und deren Bevollmächtigte, Vertretern und Beiständen iSv §§ 14 ff LVwVfG.[20] Darüber hinaus gilt die Regelung für Personen, die einen Antrag nach § 22 LVwVfG stellen wollen oder ihre Zuziehung zum Verfahren nach § 13 LVwVfG anstreben.[21] Sonstige Personen wie etwa Zeugen oder Sachverständige werden nicht erfasst.[22] 15

II. Beratung bei Mängeln (Abs. 1 S. 1)

Die Behörde soll nach Abs. 1 S. 1 die Abgabe von Erklärungen, die Stellung von Anträgen oder die Berichtigung von Erklärungen oder Anträgen anregen, wenn diese offensichtlich nur versehentlich oder aus Unkenntnis unterblieben oder unrichtig abgegeben oder gestellt worden sind. Der Begriff der **Erklärung** ist weit auszulegen und erfasst Willens- und Wissensbekundungen sowie alle sonstigen Mitwirkungshandlungen außer Anträgen.[23] 16

Antrag ist das ausdrückliche oder konkludente Begehren gegenüber der Behörde.[24] 17

Erklärungen und Anträge sind **unrichtig**, wenn sie formell oder materiell fehlerhaft abgegeben bzw gestellt worden sind.[25] Beispiele sind die Verwendung von veralteten Formularen oder das Fehlen einer Unterschrift.[26] 18

Ein Versehen oder die Unkenntnis ist **offensichtlich**, wenn der Mangel für einen durchschnittlichen Beamten ohne weiteres erkennbar ist.[27] 19

16 Ehlers/Vorbeck JURA 2013, 1124, 1125.
17 IdS BeckOK VwVfG/Herrmann § 25 Rn 12.
18 BeckOK VwVfG/Herrmann § 25 Rn 4.
19 Hufen/Siegel Rn 353.
20 IdS BeckOK VwVfG/Herrmann § 25 Rn 5.
21 BeckOK VwVfG/Herrmann § 25 Rn 5.
22 Ehlers/Vorbeck JURA 2013, 1024, 1126 f; aM BeckOK VwVfG/Herrmann § 25 Rn 5.
23 BeckOK VwVfG/Herrmann § 25 Rn 7.
24 Ziekow VwVfG § 25 Rn 7.
25 BeckOK VwVfG/Herrmann § 25 Rn 7.
26 BeckOK VwVfG/Herrmann § 25 Rn 7.
27 Ziekow VwVfG § 25 Rn 7.

20 Als Ausdruck der aus dem Rechtsstaatsprinzip iVm dem Sozialstaatsprinzip folgenden Betreuungs- und Fürsorgepflicht setzt die Beratungspflicht keine Anfrage voraus, vielmehr ist sie **von Amts wegen** zu erfüllen.[28] Diese Verpflichtung entsteht, sobald sich der Behörde der entsprechende Eindruck aufdrängen muss.[29]

21 Die Behörde **soll** ihrer Beratungspflicht nachkommen, was ein regelmäßiges Tätigwerden erfordert und nur in atypischen Ausnahmefällen aus besonderen Gründen unterbleiben kann.[30]

22 Die Auskunft oder Beratung muss richtig, klar, unmissverständlich und vollständig sein, kann sich aber nur darauf beziehen, was bei verständiger Würdigung voraussichtlich erforderlich sein wird.[31] Diese Soll-Regelung bezweckt letztlich nur, dass die Aktivitäten eines Antragstellers in die richtigen Bahnen gelenkt werden, dies begründet aber keine Verpflichtung der Behörde einen Antragsteller, der seine Angelegenheiten selbst nachlässig betreibt, um jeden Preis zum Erfolg zu verhelfen.[32]

23 **Keine Beratungspflicht** besteht grds. hinsichtlich:

- konkreter Änderungsvorschläge, die ggf geeignet sind, die Baurechtswidrigkeit des zur Genehmigung gestellten Vorhabens zu beheben,[33] oder
- Belehrung über die Freiwilligkeit einer (Zeugen-)Aussage.[34]

24 Demgegenüber besteht eine **Beratungspflicht**

- zur Information eines tatsächlich Betroffenen von der Einleitung eines Verfahrens oder der Stellung eines Antrags, wenn kein besonderer Grund entgegensteht,[35]
- zur Veranlassung von zur Rechtsverfolgung wichtigen Anträgen bzw Willenserklärungen,[36] bspw. Notwendigkeit einer Erneuerung des Widerspruchs bei irrtümlich verfrüht eingelegtem Widerspruch,[37]
- zum Korrigieren von Fehlern bei Anträgen bzw Willenserklärungen,[38]
- zum Hinweis auf offenkundige Begründungsdefizite eines Beteiligten[39] oder

---

28 VGH BW v. 20.6.2006, 1 S 1136/05, NVwZ 2006, 1305; BeckOK VwVfG/Herrmann § 25 Rn 9; Ziekow VwVfG § 25 Rn 6.

29 IdS BeckOK VwVfG/Herrmann § 25 Rn 6.

30 BeckOK VwVfG/Herrmann § 25 Rn 9; Ziekow VwVfG § 25 Rn 6; aM Hufen/Siegel Rn 354: Muss-Vorschrift.

31 BeckOK VwVfG/Herrmann § 25 Rn 17. IdS allg. zu Auskünften und Beratungen: BGH v. 3.5.2001, III ZR 191/00, NVwZ 2002, 373, 374; VG Frankfurt v. 4.3.2009, 1 K 3876/08, BeckRS 2009, 32919; BeckOK VwVfG/Herrmann § 25 Rn 17, 34.

32 VGH HE v. 25.2.1985, VIII OE 30/82, NVwZ 1985, 915.

33 VGH BW v. 25.9.1992, 5 S 415/91, NVwZ-RR 1994, 133, 134.

34 BVerwG v. 17.3.1994, 3 B 12/94, NVwZ-RR 1995, 113; BeckOK VwVfG/Herrmann § 25 Rn 10.1.

35 Hufen/Siegel Rn 357.

36 Hufen/Siegel Rn 357.

37 OVG NW v. 31.5.1985, 14 A 1057/84, NVwZ 1986, 134, 135; BeckOK VwVfG/Herrmann § 25 Rn 10.1.

38 Hufen/Siegel Rn 357.

39 Hufen/Siegel Rn 357.

- zur gleichmäßigen Beratung mehrerer Beteiligten oder zum Ausgleich von offenkundigen Ungleichheiten im Informationsstand im Rahmen des Möglichen.[40]

Der **Umfang der Pflichten** orientiert sich auch an der konkret betroffenen Person.[41] So braucht ein Beteiligter, der durch einen Rechtsanwalt vertreten wird, in einem geringeren Umfang eine Beratung.[42] Sofern die Behörde Zweifel über das objektiv richtige Vorgehen im konkreten Fall hat oder Fragen in der Rspr. oder im Schrifttum umstritten sind, beschränkt sich die Pflicht auf mögliche Alternativen und die bestehenden Zweifel hinzuweisen.[43] 25

III. Auskunft über das Verwaltungsverfahren (Abs. 1 S. 2)

Auskunft über die den Beteiligten im Verwaltungsverfahren zustehenden Rechte und die ihnen obliegenden Pflichten hat die Behörde nach Abs. 1 S. 2 zu erteilen, soweit dies erforderlich ist. Dabei ist **Auskunft** eine Wissenserklärung über Tatsachen oder Rechtspositionen, wobei § 25 LVwVfG nur letztere erfasst.[44] Auch folgt bereits aus dem Begriff Auskunft, dass die Behörde – anders als nach Abs. 1 S. 1 – nur auf Verlangen verpflichtet ist, die Hinweise zu erteilen.[45] Nichtsdestoweniger werden auch die in einem Merkblatt veröffentlichte Information als eine behördliche Auskunft bewertet und an diesen Anforderungen gemessen.[46] 26

Eine Auskunft ist **erforderlich**, wenn und soweit der Beteiligte auf die Auskunft angewiesen ist.[47] 27

Die Auskunftspflicht ist inhaltlich auf Rechte und Pflichten im Verfahren wie etwa Fristen und Formen beschränkt, aber sie umfasst inhaltlich nicht das materielle Recht und ist somit keine allg. Rechtsberatungspflicht.[48] Die Auskunft bezieht sich auf jede Verfahrenshandlung, die notwendig ist, um eigene materielle oder verfahrensmäßige Rechte der Bürgerin oder des Bürgers effektiv wahrnehmen zu können.[49] 28

Aus § 25 LVwVfG folgt auch, dass eine behördliche Auskunft, die tatsächlich erteilt wird, auch wenn sie nicht erforderlich war, jedenfalls wahrheitsgemäß sein muss; Bürgerinnen und Bürger haben insoweit also jedenfalls ein subjektives Recht auf Unterlassung unwahrer Auskünfte, welches durch eine unrichtige Auskunft verletzt wird.[50] 29

---

40 Hufen/Siegel Rn 357.
41 BeckOK VwVfG/Herrmann § 25 Rn 10.
42 BeckOK VwVfG/Herrmann § 25 Rn 10; auch BVerwG v. 29.3.1968, IV C 27/67, NJW 1968, 1842, 1844 zu § 86 Abs. 3 VwGO.
43 BeckOK VwVfG/Herrmann § 25 Rn 10.
44 IdS Ehlers/Vorbeck JURA 2013, 1124, 1125.
45 BeckOK VwVfG/Herrmann § 25 Rn 12.
46 IdS VG Frankfurt v. 4.3.2009, 1 K 3876/08, BeckRS 2009, 32919.
47 IdS BeckOK VwVfG/Herrmann § 25 Rn 13.
48 Ziekow VwVfG § 25 Rn 12.
49 VG Frankfurt v. 4.3.2009, 1 K 3876/08, BeckRS 2009, 32919.
50 VG Frankfurt v. 4.3.2009, 1 K 3876/08, BeckRS 2009, 32919.

IV. Erörterungspflicht (Abs. 2 S. 1)

30 Die Behörde hat nach Abs. 2 S. 1, soweit erforderlich, bereits vor Stellung eines Antrags mit dem zukünftigen Antragsteller zu erörtern, welche Nachweise und Unterlagen von ihm zu erbringen sind und in welcher Weise das Verfahren beschleunigt werden kann. Diese Verpflichtung setzt ein **Verlangen** dieser Person voraus.[51]

31 Ob die **Erforderlichkeit** gegeben ist, hängt von den Kenntnissen des Antragstellers ab, wobei eine anwaltliche Vertretung allein der Erforderlichkeit nicht entgegensteht.[52] An der Erforderlichkeit fehlt es jedenfalls dann, wenn der Antragsteller bereits Kenntnis über die zu erbringenden Nachweise und Unterlagen und über die Beschleunigungsmöglichkeiten hat oder haben könnte.[53]

32 Außerdem hat die Behörde nach Abs. 2 S. 1 mit dem zukünftigen Antragsteller zu erörtern, in welcher Weise das Verfahren **beschleunigt** werden kann. Dies umfasst alle von einem Regelverfahren abweichenden Verfahrensweisen, die zu einer Beschleunigung beitragen können.[54]

V. Auskunft über Vollständigkeit und Dauer (Abs. 2 S. 2)

33 Soweit es der **Verfahrensbeschleunigung** dient, soll die Behörde nach Abs. 2 S. 2 dem Antragsteller nach Eingang des Antrags unverzüglich Auskunft über die voraussichtliche Verfahrensdauer und die Vollständigkeit der Antragsunterlagen geben.

34 **Unverzüglich** erfolgt die Auskunft (s. Rn 26) entsprechend § 121 BGB, wenn sie ohne schuldhaftes Zögern erfolgt.[55]

35 Die Prüfung der **Vollständigkeit** der Unterlagen betrifft deren formale Vollständigkeit, weil eine materielle Prüfung gerade in komplexen Fällen nicht unverzüglich geleistet werden kann.[56]

36 Die Auskunft über die **voraussichtliche Verfahrensdauer** erteilt die Behörde aufgrund einer Prognose, bei der die eigene personelle und sachliche Kapazität zu berücksichtigen sowie etwaige Unwägbarkeiten abzuschätzen sind.[57]

37 Die Mitteilungspflichten in Abs. 2 S. 2 sind anders als im früheren § 71 c Abs. 3 LVwVfG (s. Rn 6) als **Soll-Vorschrift** ausgestaltet, weil diese Verpflichtung nicht mehr nur für idR komplexere und zeitintensivere Genehmigungsverfahren gilt, sondern allgemein und damit auch für einfachere Verfahren.[58] So erübrigt sich die Auskunft über die Verfahrensdauer etwa, wenn in der Angelegenheit sogleich entschieden werden kann.[59] Da die

51 BeckOK VwVfG/Herrmann § 25 Rn 16.
52 BeckOK VwVfG/Herrmann § 25 Rn 16.
53 BeckOK VwVfG/Herrmann § 25 Rn 16.
54 BeckOK VwVfG/Herrmann § 25 Rn 18.
55 BeckOK VwVfG/Herrmann § 25 Rn 19.
56 BeckOK VwVfG/Herrmann § 25 Rn 19.
57 BeckOK VwVfG/Herrmann § 25 Rn 19.
58 LT-Drs. 14/4780, 18 f.
59 LT-Drs. 14/4780, 19.

Prüfung und die Mitteilung der Verfahrensbeschleunigung dienen, kann darauf verzichtet werden, wenn dieser Zweck nicht erreicht werden kann.[60] Das gilt für Verwaltungsverfahren, die durch eine mündliche Anhörung des Antragstellers geprägt sind, wie etwa Asylverfahren oder für komplexe Verwaltungsverfahren, bei denen Angaben und Antragsunterlagen nicht vorher abstrakt bestimmt sind[61] oder wenn die Vervollständigung von Unterlagen aufgrund formeller Vorlagepflichten und Ausschlussfristen (bei einem vergabeförmigen Auswahlverfahren) ohnehin nicht mehr möglich ist.[62]

VI. Frühe Öffentlichkeitsbeteiligung (Abs. 3)

Auf eine Kommentierung zur frühen Öffentlichkeitsbeteiligung wird ver- 38
zichtet (s. Rn 10).

VII. Rechtsfolgen bei Verletzung der Pflichten

Die Verletzung der Pflichten stellt einen **Verfahrensfehler** dar, der zur 39
Rechtswidrigkeit des im Verfahren ergangenen Verwaltungsaktes führen kann.[63]

Der Verfahrensfehler ist nach § 46 LVwVfG unbeachtlich, wenn offensicht- 40
lich ist, dass die Verletzung die Entscheidung in der Sache nicht beeinflusst hat. Ob ein **beachtlicher Verfahrensfehler** vorliegt, beurteilt sich nach dem von der Behörde vertretenen Rechtstandpunkt.[64] Eine Auswirkung liegt etwa vor, wenn die Behörde es unterlassen hat, eine erforderliche Unterschrift nachzufordern, und allein aufgrund dieses Mangels den Antrag abgelehnt hat.[65]

Da die im Rahmen des § 25 LVwVfG zu gewährenden Informationen letzt- 41
lich die Basis für die Anhörung und damit das zentrale Verfahrensrecht der Beteiligten bilden, erscheint eine **Heilung** analog § 45 Abs. 1 Nr. 3 LVwVfG möglich.[66]

Eine Rückgängigmachung der Folgen kann nur iRd allg. **Folgenbeseiti-** 42
gungsanspruches geltend gemacht werden.[67] Ist ein Merkblatt (= Auskunft, vgl oben Rn 26) unrichtig, so dass derjenige, der sich an die Vorgaben des Merkblatts hält, deshalb die Voraussetzungen für die Gewährung einer Zuwendung nicht erfüllt, kommt ein Folgenbeseitigungsanspruch darauf in Betracht, dass er so gestellt wird, wie er stehen würde, wenn das Merkblatt

---

60 LT-Drs. 14/4780, 19.
61 LT-Drs. 14/4780, 19.
62 IdS OVG ND v. 12.11.2012, 13 ME 231/12, BeckRS 2012, 59508; VG BE v. 23.5.2014, VG 23 K 512.12, BeckRS 2014, 54058; BeckOK VwVfG/Herrmann § 25 Rn 20.
63 IdS BeckOK VwVfG/Herrmann § 25 Rn 32.
64 IdS OVG NW v. 14.4.2011, 15 A 592/11, BeckRS 2011, 49920; BeckOK VwVfG/Herrmann § 25 Rn 32.
65 BeckOK VwVfG/Herrmann § 25 Rn 32.
66 Hufen/Siegel Rn 363.
67 BeckOK VwVfG/Herrmann § 25 Rn 33.

korrekt gewesen wären.[68] Eine Übertragung des sozialrechtlichen Herstellungsanspruches wird aber abgelehnt.[69]

43 Wird nach Abs. 2 die voraussichtliche **Verfahrensdauer** mitgeteilt, liegt darin weder eine Zusicherung iSd § 28 LVwVfG noch kann bei deren Überschreitung eine Genehmigungsfiktion angenommen werden, außer wenn dies spezialgesetzlich angeordnet ist.[70]

44 Da § 25 LVwVfG als Schutzvorschrift zugunsten der Personen im Anwendungsbereich (s. Rn 15) zu bewerten ist, kommt bei seiner Verletzung ein **Amtshaftungsanspruch** nach § 839 BGB iVm Art. 34 GG in Betracht.[71] So haftet etwa eine Gemeinde für die fehlerhafte Auskunft über die (nicht) anfallenden Erschließungskosten.[72]

VIII. Konkurrenzen

45 **1. Verhältnis zu anderen Rechtsvorschriften.** § 25 LVwVfG steht unter dem allg. Vorbehalt des vorrangigen Bundesrechts und von § 1 Abs. 1 LVwVfG, wonach die Regelungen des LVwVfG nur anwendbar sind, soweit nicht landesrechtliche Vorschriften inhaltsgleiche oder entgegenstehende Bestimmungen enthalten. Insoweit kann weitgehend auf die Überlegungen zu § 1 Abs. 3 LIFG zurückgegriffen werden (s. dort Rn 19 ff).

46 Als solche **Spezialregelungen** kommen etwa in Betracht:

- Aufklärungs-, Beratungs- und Auskunftspflichten nach §§ 13–15 SGB I,[73]
- Aufklärungs- und Beratungspflicht nach § 7 SGB XI,[74]
- Belehrungspflichten als Ausprägung der Fürsorgepflicht des Dienstherrn,[75]
- Pflichten des Verhandlungsleiters bei mündlichen Verhandlungen nach § 68 Abs. 2 LVwVfG (iVm § 73 Abs. 6 S. 6 LVwVfG bei Erörterungsterminen),[76] oder
- Unterrichtung über voraussichtlich beizubringende Unterlagen nach § 5 UVPG.[77]

68 VG Frankfurt v. 4.3.2009, 1 K 3876/08, BeckRS 2009, 32919; BeckOK VwVfG/Herrmann § 25 Rn 33.
69 BVerwG v. 18.4.1997, 8 C 38/95, NJW 1997, 2966 ff; BeckOK VwVfG/Herrmann § 25 Rn 33.
70 BeckOK VwVfG/Herrmann § 25 Rn 33.
71 Hufen/Siegel Rn 364.
72 BGH v. 3.5.2001, III ZR 191/00, NVwZ 2002, 373, 374; BeckOK VwVfG/Herrmann § 25 Rn 34.
73 BeckOK VwVfG/Herrmann § 25 Rn 3.
74 BeckOK VwVfG/Herrmann § 25 Rn 3.
75 BVerwG v. 30.1.1997, 2 C 10/96, NVwZ 1998, 400; BeckOK VwVfG/Herrmann § 25 Rn 3.
76 BeckOK VwVfG/Herrmann § 25 Rn 3.
77 BeckOK VwVfG/Herrmann § 25 Rn 3.

Über die Pflichten nach § 25 LVwVfG hinaus sind bei **Verfahren über die einheitliche Stelle** außerdem die Informationspflichten nach § 71 c LVwVfG zu erfüllen.[78] 47

Außerdem enthält § 25 LVwVfG **keinen Ausschluss für weitergehenden Pflichte**, die auf allg. Rechtsgrundsätzen beruhen: Dies gilt insb. für weitergehende Fürsorge-, Betreuungs- und Belehrungspflichten, die aus dem Grundsatz von Treu und Glauben entwickelt worden sind, und zwar auch dann, wenn ein Anspruch nicht auf einem Rechtsgeschäft, sondern auf einer Rechtsnorm beruht. So besteht insb. – unter Berücksichtigung des Schutzbedürfnisses der idR nicht Rechtskundigen, die eine Verpflichtungserklärung nach § 68 AufenthG abgeben – eine Pflicht der Ausländerbehörde bzw der Auslandsvertretung, über die Folgen und Risiken einer solchen Erklärung umfassend aufzuklären.[79] 48

2. Verhältnis zu anderen Rechtsinstituten. Bei Erklärungen von Behörden kann sich die Frage stellen, ob dies eine bloße Informationsgewährung oder eine **Zusage** (in der Form einer **Zusicherung** iSd § 38 Abs. 1 S. 1 LVwVfG) ist. Anders als der Informationszugang entfaltet die Zusage eine Bindungswirkung, die vom objektiven Bindungswillen der Behörde abhängt, welcher sich nach der Auslegung der Erklärung vor dem Empfängerhorizont entsprechend der Grundsätze des § 133 BGB richtet.[80] 49

Außerdem kann sich die Frage stellen, ob eine bloße Gewährung von Informationen oder ein **feststellender Verwaltungsakt** vorliegt. Während ein feststellender Verwaltungsakt verbindlich die Rechtslage konkretisiert kommt diese Regelungswirkung einer Auskunft nicht zu.[81] 50

IX. Kosten

Kostenregelungen zu § 25 LVwVfG waren nicht ersichtlich. 51

X. Rechtsschutz

Für den Rechtsschutz gelten die Erwägungen zum **Akteneinsichtsrecht** (s. LVwVfG § 29 Rn 75 f) **entsprechend.** 52

§ 29 LVwVfG Akteneinsicht durch Beteiligte

(1) [1]Die Behörde hat den Beteiligten Einsicht in die das Verfahren betreffenden Akten zu gestatten, soweit deren Kenntnis zur Geltendmachung oder Verteidigung ihrer rechtlichen Interessen erforderlich ist. [2]Satz 1 gilt bis zum Abschluss des Verwaltungsverfahrens nicht für Entwürfe zu Ent-

78 IdS LReg LT-Drs. 14/4780, 18. Dagegen teilweise keinen Anwendungsbereich von § 25 VwVfG neben § 71 c VwVfG annehmend NK-VwVfG/Brosius-Gersdorf § 71 c Rn 13.
79 VGH HE v. 29. 8.1997, 10 UE 2030/95, openJur 2012, 21470 Rn 59.
80 Dazu Ehlers/Vorbeck JURA 2013, 1124, 1125 f mit Beispielen.
81 Dazu Ehlers/Vorbeck JURA 2013, 1124, 1126 mit Beispielen.

scheidungen sowie die Arbeiten zu ihrer unmittelbaren Vorbereitung. [3]Soweit nach den §§ 17 und 18 eine Vertretung stattfindet, haben nur die Vertreter Anspruch auf Akteneinsicht.

(2) Die Behörde ist zur Gestattung der Akteneinsicht nicht verpflichtet, soweit durch sie die ordnungsgemäße Erfüllung der Aufgaben der Behörde beeinträchtigt, das Bekanntwerden des Inhalts der Akten dem Wohl des Bundes oder eines Landes Nachteile bereiten würde oder soweit die Vorgänge nach einem Gesetz oder ihrem Wesen nach, namentlich wegen der berechtigten Interessen der Beteiligten oder dritter Personen, geheim gehalten werden müssen.

(3) [1]Die Akteneinsicht erfolgt bei der Behörde, die die Akten führt. [2]Im Einzelfall kann die Einsicht auch bei einer anderen Behörde oder bei einer diplomatischen oder berufskonsularischen Vertretung der Bundesrepublik Deutschland im Ausland erfolgen; weitere Ausnahmen kann die Behörde, die die Akten führt, gestatten.

Literatur: *Bachmann/Pavlitschko*, Akteneinsicht in elektronische Behördenakten, MMR 2004, 370 ff; *Bohl*, Der „ewige Kampf" des Rechtsanwalts um die Akteneinsicht, NVwZ 2005, 133 ff; *Engel*, Akteneinsicht und Recht auf Information über umweltbezogene Daten, 1991; *Ehlers/Vorbeck*, Der Anspruch auf Erteilung von Verwaltungsinformationen – Teil 1, JURA 2013, 1124 ff; *Guckelberger*, Informationisierung der Verwaltung und Zugang zu Verwaltungsinformationen, VerwArch 2006, 62 ff; *Scherzberg*, Die Öffentlichkeit der Verwaltung, 2000; *Schoenemann*, Akteneinsichtsrecht und Persönlichkeitsschutz, DVBl. 1988, 520 ff; *Schwab*, Das Recht auf Akteneinsicht, 1989; *Troidl*, Informationszugang und Akteneinsicht, BayVBl. 2015, 581 ff; *Troidl*, Informationszugang und Akteneinsicht in Sachsen, SächsVBl. 2015, 233 ff.

I. Allgemeines

1. Europa- und verfassungsrechtliche Vorgaben. Den Zugang der Öffentlichkeit zu Dokumenten des Europäischen Parlaments, des Rates und der Kommission regelt die VO (EG) Nr. 1049/2001 (sog. **Transparenzverordnung**).[1] Mittlerweile wurde dies auch in Art. 15 Abs. 3 AEUV verankert. Außerdem ist das Recht als allg. Rechtsgrundsatz im Unionsrecht anerkannt.[2] 1

Zwar binden die **Grundsätze der guten Verwaltung** iSv Art. 6 EUV, das Zugangsrecht der Betroffenen nach Art. 41 Abs. 2 Spiegelstrich 2 GRCh und der Grundsatz der Offenheit nach Art. 15 AEUV nur die Stellen der Union (s. dazu LVwVfG § 25 Rn 1), aber gegenüber den Stellen der Mitgliedstaaten kann auf das Akteneinsichtsrecht als Rechtsgrundsatz im Rahmen des rechtlichen Gehörs zurückgegriffen werden.[3] 2

Das Akteneinsichtsrecht wird durch die **verfassungsrechtlichen Garantien der Menschenwürde** und **des Rechtsstaatsprinzips** geschützt, so dass ein Mensch wegen seiner personalen Würde nicht Objekt, sondern Subjekt des Verwaltungsverfahrens ist.[4] Diese Rechtsposition und den verfassungsrechtlich von Art. 19 Abs. 4 GG gewährleisteten Rechtsschutz sichern u.a. § 29 LVwVfG.[5] Darüber hinaus dient die Akteneinsicht der Verwirklichung des rechtlichen Gehörs nach Art. 103 Abs. 1 GG.[6] 3

2. Entstehungsgeschichte. § 29 LVwVfG ist wortgleich mit § 29 VwVfG, die im Wege der **Simultangesetzgebung** von Bund und Ländern gleich erlassen wurden, so dass eine Differenzierung nach Bundes- und Landesrecht grds. nicht notwendig ist, jedoch sind die durch die §§ 1 und 2 VwVfG bzw §§ 1 und 2 LVwVfG gezogenen Grenzen des Anwendungsbereichs (s.u. Rn 11) und die Unterschiede bei den Geheimhaltungsvorschriften von § 30 VwVfG und § 3 b LVwVfG (s.u. Rn 44) zu beachten. 4

Bereits bei Inkrafttreten[7] entsprach § 29 LVwVfG der heutigen Fassung, jedoch erfolgt eine Beeinflussung durch das Europarecht[8] und die elektronische Aktenführung (s. Kommentierung zu EGovG BW § 8). 5

---

1 Dazu Meltzian, Das Recht der Öffentlichkeit auf Zugang zu Dokumenten der Gemeinschaftsorgane, 2004.
2 BeckOK VwVfG/Herrmann § 29 Rn 2.
3 Hufen/Siegel Rn 374.
4 BeckOK VwVfG/Herrmann § 29 Rn 1; ausführlich dazu Engel aaO, 81 ff.
5 BayVGH v. 5.9.1989, 25 B 88.01631, NVwZ 1990, 775, 777; BeckOK VwVfG/Herrmann § 29 Rn 1.
6 BeckOK VwVfG/Herrmann § 29 Rn 1 unter Hinweis auf BVerfG v. 13.4.2010, 1 BvR 3115/08, NVwZ 2010, 954, 955 zum Akteneinsichtsrecht in finanzgerichtlichen Verfahren. Kritisch dazu Schwab aaO, 13.
7 Für davor zB NK-VwVfG/Engel § 29 Rn 4 f.
8 Dazu zB NK-VwVfG/Engel § 29 Rn 7.

6 **3. Normzweck.** Als ein Zweck des Akteneinsichtsrechts (zum Begriff der Akteneinsicht s. Einl. Rn 8) kann die **Verlängerung der Pflichten** der Behörde nach § 25 LVwVfG angesehen werden.[9] Dazu schreibt § 29 LVwVfG das **Prinzip der beschränkten Aktenöffentlichkeit** (Parteiöffentlichkeit) fest.[10]

7 Zudem kann die Akteneinsicht als **Anhang des Anhörungsrechts** bewertet werden, weil die Wahrnehmung des Anhörungsrechts oft von der Kenntnis der Akten abhängig ist.[11] Dieser Aspekt gewinnt Bedeutung bei den Folgen der Verletzung des Einsichtsrechts (s. Rn 60).

8 Ferner wurde früher häufiger darauf abstellt, dass das Akteneinsichtsrecht als eine Form **öffentlicher Kontrolle** der Verwaltungsentscheidungen und als eine Art präventives Rechtsmittel anzusehen sei.[12] Diese Funktion tritt heute aufgrund der nach § 44 a VwGO eingeschränkten Möglichkeit zu Rechtsbehelfen (s. Rn 79) und der Übernahme der Funktion durch die allg. Informationszugangsrechte nach LIFG, UVwG und AGVIG, die jede Person selbständig geltend machen kann, in den Hintergrund.

9 Aus dem Akteneinsichtsrecht wird eine indirekte **Pflicht zur Aktenführung** abgeleitet, weil dies eine Existenz von Akten voraussetzt.[13] Dies umfasst die Gebote der Vollständigkeit der Akten und der wahrheitsgetreuen Aktenführung.[14] Das Vollständigkeitsgebot verpflichtet, alle wesentlichen Vorgänge zu dokumentieren und so aufzubewahren, dass sie auf das konkrete Verfahren bezogen und zur Kenntnis genommen werden können.[15] Unzulässig sind das nachträgliche Entfernen oder Verfälschen von Aktenteilen und die Aktenvernichtung ohne Rechtsgrundlage.[16] Überdies besteht das Gebot der Aktenverständlichkeit.[17]

10 **4. Vergleichbare Regelungen des Bundes oder anderer Bundesländer.** § 29 VwVfG (iVm § 1 Abs. 1 LVwVfG RP, § 1 Abs. 1 NVwVfG, § 1 S. 1 SächsVwVfG, § 1 Abs. 1 S. 1 VwVfGBbg, § 1 Abs. 1 S. 1 VwVfG LSA); Art. 29 BayVwVfG; § 29 BremVwVfG, HmbVwVfG bzw HVwVfG; § 88 LVwG SH; § 29 SVwVfG bzw ThürVwVfG, § 4 a VwVfG BE, § 29 VwVfG M-V bzw VwVfG. NRW. Für den Bereich der Sozialverwaltung wurde mit § 25 SGB X eine sehr ähnliche, teilweise weitergehende Regelung geschaffen, während ansonsten – insb. im Bereich der Finanzverwaltung – auf einen ungeschriebenen Anspruch zurückzugreifen ist (s. Einl. Rn 34 ff).

---

9 Trantas 441.
10 Schwab aaO, 20.
11 Trantas 441 f.
12 Trantas 441 f.
13 IdS VGH BW v. 13.6.1995, 9 S 2091/94, NVwZ-RR 1996, 27, 28; Hufen/Siegel Rn 381; NK-VwVfG/Engel § 29 Rn 36; aM Trantas 445 f.
14 BeckOK VwVfG/Herrmann § 29 Rn 8.
15 Kopp/Ramsauer VwVfG § 29 Rn 1 b.
16 IdS BVerfG v. 6.6.1983, 2 BvR 244, 310/83, NJW 1983, 2135; BeckOK VwVfG/Herrmann § 29 Rn 8.
17 Dazu Hufen/Siegel Rn 382.

II. Voraussetzungen des Einsichtsrechts

1. Anwendungsbereich nach § 1 und § 2 LVwVfG. Das Einsichtsrecht nach § 29 LVwVfG setzt – wie § 25 LVwVfG (s. dort Rn 12) – die Eröffnung des Anwendungsbereichs nach § 1 LVwVfG (zu vorrangigen Spezialregelungen s.u. Rn 65 ff) und § 2 LVwVfG voraus. Ist dies nicht der Fall wie bspw. bei Petitionen, so kommt nur der ungeschriebene Anspruch nach Ermessen (s. Einl. Rn 34 ff) in Betracht. 11

2. Verfahren betreffende Akten (Abs. 1 S. 1). Das Einsichtsrecht besteht nach Abs. 1 S. 1 „in die das Verfahren betreffenden Akten". Dies erfasst auch **elektronisch geführte Akten,**[18] wofür ergänzend § 8 EGovG BW gilt (s. dazu die Kommentierung in diesem Band). Zu den **Akten** zählen alle Unterlagen, die das konkrete Verfahren betreffen, wie etwa Fotos, Karten, Gutachten, Mikrofiches sowie Ton- und Videobänder.[19] 12

Verwaltungsverfahren ist nach § 9 LVwVfG „die nach außen wirkende Tätigkeit der Behörden, die auf die Prüfung der Voraussetzungen, die Vorbereitung und den Erlass eines Verwaltungsaktes oder auf den Abschluss eines öffentlich-rechtlichen Vertrags gerichtet ist; es schließt den Erlass des Verwaltungsaktes oder den Abschluss des öffentlich-rechtlichen Vertrags ein." Daran fehlt es zB bei der Erstellung eines Untersuchungsberichts des Luftfahrtbundesamts, weil dieser mangels rechtlicher Regelung keinen Verwaltungsakt darstellt.[20] 13

Das „**Verfahren betreffend**" sind solche Akten, die im Laufe des Verfahrens angelegt bzw entstanden sind, und diejenigen, die von anderen Behörden im Wege der Amtshilfe oder zu Beweiszwecken oder von den Gerichten beigezogen worden sind.[21] Abgestellt wird auf einen **materiellen Aktenbegriff**, wonach alle das konkrete Verfahren betreffende Informationen von der Akte erfasst werden, gleichgültig ob sie etwa in einem Ordner zusammengefasst sind oder auch auf andere Vorgänge verteilt sind.[22] Angesichts dessen kann die Behörde nicht einzelne Aktenteile durch ein Unterlassen einer förmlichen Einbeziehung der Akteneinsicht entziehen, so dass auch solche Akten bzw Aktenbestandteile dazugehören, die ersichtlich für die Entscheidung von Bedeutung sein können, insb. auch Vorakten in derselben Angelegenheit.[23] 14

Nicht das Verfahren betreffend sind Akten anderer Behörden, die mit dem Verfahren nichts unmittelbar zu tun haben. Nicht erfasst sind (abstrakte) Verwaltungsvorschriften, Musterfälle sowie Akten aus Parallelfällen.[24] Nicht erfasst sind Prüfervermerke, denn sie sind nicht mit Bezug (auch) auf die Sachentscheidung im konkreten Verfahren erstellt worden, vielmehr handelt es sich um für den Prüfer unverbindliche, interne Hinweise, die 15

18 Hufen/Siegel Rn 379; Bachmann/Pavlitschko MMR 2004, 370, 371.
19 BeckOK VwVfG/Herrmann § 29 Rn 9; Kopp/Ramsauer VwVfG § 29 Rn 13 a.
20 Schwab aaO, 27.
21 BeckOK VwVfG/Herrmann § 29 Rn 10.
22 BeckOK VwVfG/Herrmann § 29 Rn 9.
23 BeckOK VwVfG/Herrmann § 29 Rn 10; Kopp/Ramsauer VwVfG § 29 Rn 14.
24 Hufen/Siegel Rn 380.

nicht Bestandteil der Bewertung der Klausuren sind.[25] Dasselbe gilt für eine von einem Prüfer selbst gefertigte Mustergliederung und Korrekturanmerkung, die er auf der Kopie der Prüfungsarbeit zur Vorbereitung seiner Bewertung anbringt, weil sie die abschließende Bewertung nur mittelbar vorbereiten und noch keine Entscheidungsentwürfe sind; notwendiger Bestandteil der Akten werden diese Unterlagen erst dadurch, dass sich der Prüfer auf sie zur Begründung seiner Bewertung bezieht.[26] Eine Einbeziehung erfolgt nicht bereits dann, wenn im Gutachten Formulierungen vorkommen wie „es war zu prüfen, ob“, denn entscheidend ist allein die Bewertung der Prüfungsleistung selbst, wobei die Begründung aus sich heraus nachvollziehbar sein und die maßgeblichen Gründe erkennen lassen muss.[27]

16 **3. Ausnahme von Entwürfen und Vorarbeiten (Abs. 1 S. 2).** Das Einsichtsrecht gilt nach Abs. 1 S. 2 **bis zum Abschluss des Verwaltungsverfahrens** nicht für Entwürfe zu Entscheidungen sowie die Arbeiten zu ihrer unmittelbaren Vorbereitung, um die unbefangene verwaltungsinterne Meinungsbildung (und vollständige Aktenführung) nicht zu beeinträchtigen und ferner zu vermeiden, dass etwaige Missverständnisse zu Verzögerungen führen.[28] Dadurch wird nicht ausgeschlossen, dass die Behörde die Entscheidungsentwürfe den Beteiligten zugänglich macht und sie dazu anhört.[29]

17 **Beispiele** für Entscheidungsentwürfe oder Vorarbeiten sind:

- Entwürfe von Sachbearbeitern oder zur Ausbildung zugewiesenen Personen,
- Weisungen und Auskünfte von Aufsichts- oder Rechnungsprüfbehörden zu der zu treffenden Entscheidung sowie
- Beschlussvorlagen an Entscheidungsgremien und deren Beratungsprotokolle.[30]

18 **Keine Entscheidungsentwürfe oder Vorarbeiten** sind:

- Aktenvermerke, Berichte, Gutachten, Stellungnahmen anderer Behörden, Auskünfte, soweit sie nicht unmittelbar der Vorbereitung der Entscheidung dienen,[31]
- Beweiserhebungen[32] und
- Stellungnahmen des ärztlichen Dienstes einer Wehrbereichsverwaltung in der Musterungsakte.[33]

19 Die Einschränkung des Einsichtsrechts gilt nach dem Wortlaut nur „bis zum Abschluss des Verwaltungsverfahrens“. Teils wird davon ausgegan-

25 BVerwG v. 3.4.1997, 6 B 4.97, BeckRS 1997, 31222038; VGH BW v. 23.4.2010, 9 S 278/10, BeckRS 2010, 48644; VG Köln v. 16.6.2011, 6 K 4008/10, Rn 29.
26 VGH BW v. 13.6.1995, 9 S 2091/94, NVwZ-RR 1996, 27, 28.
27 VG Köln v. 16.6.2011, 6 K 4008/10, Rn 31 ff.
28 NK-VwVfG/Engel § 29 Rn 41.
29 NK-VwVfG/Engel § 29 Rn 41.
30 Obermayer/Funke-Kaiser/Grünewald VwVfG § 29 Rn 23; BeckOK VwVfG/Herrmann § 29 Rn 19.
31 Kopp/Ramsauer VwVfG § 29 Rn 16; BeckOK VwVfG/Herrmann, § 29 Rn 19.
32 BT-Drs. 7/910, 53; BeckOK VwVfG/Herrmann § 29 Rn 19.
33 VG HH v. 13.12.1994, 10 VG W 4040/93, NVwZ-RR 1995, 681; BeckOK VwVfG/Herrmann § 29 Rn 19.

gen, dass der Anspruch danach wegen eines Umkehrschlusses und dem verfassungsrechtlichen Schutzgedanken immer besteht.[34] Andere lehnen den Anspruch generell ab, weil mit dem Abschluss des Verwaltungsverfahrens, das Akteneinsichtsrecht in jedem Fall ende.[35] Richtigerweise ist nach Abschluss der Zugang aufgrund den allg. Grundsätzen nach Ermessen (dazu Einl. Rn 34 ff) zu gewähren.[36]

4. Beteiligte oder Vertreter (Abs. 1 S. 1 bzw 3). Anspruch auf Einsicht haben die **Beteiligten.** Dies sind nach § 13 Abs. 1 LVwVfG 20

„1. Antragsteller und Antragsgegner,
2. diejenigen, an die die Behörde den Verwaltungsakt richten will oder gerichtet hat,
3. diejenigen, mit denen die Behörde einen öffentlich-rechtlichen Vertrag schließen will oder geschlossen hat,
4. diejenigen, die nach Absatz 2 von der Behörde zu dem Verfahren hinzugezogen worden sind.“

Noch nicht am Verfahren Beteiligte können unter den Voraussetzungen des § 13 Abs. 2 LVwVfG hinzugezogen werden, damit das Einsichtsrecht nach § 29 LVwVfG entsteht. Ansonsten kommt ein ungeschriebener Anspruch (dazu Einl. Rn 34 ff) in Betracht. 21

Wenn sich Beteiligte durch einen **Bevollmächtigten** (§§ 14-16 LVwVfG) vertreten lassen, behalten sie selbst neben dem Bevollmächtigten das Einsichtsrecht und können nicht auf die Akteneinsicht ihres Bevollmächtigten verwiesen werden.[37] Anderes gilt in **Massenverfahren**, soweit nach den §§ 17 und 18 LVwVfG eine Vertretung stattfindet, denn nach Abs. 1 S. 3 haben nur die Vertreter einen Anspruch. 22

Dass ein Rechtsanwalt iRd Ausübung seines Berufs u.a. Personen berät und vertritt, eröffnet ihm kein eigenes Einsichtsrecht.[38] Dies gilt ebenso für Vereine, die in Sachen ihrer Mitglieder vertretend oder beratend tätig sind.[39] 23

5. Erforderlichkeit zur Geltendmachung oder Verteidigung rechtlicher Interessen (Abs. 1 S. 1). Die Einsicht ist nach Abs. 1 S. 1 nur zu gestatten, „soweit deren Kenntnis zur Geltendmachung oder Verteidigung ihrer rechtlichen Interessen erforderlich ist.“ Ein **rechtliches Interesse** liegt vor, wenn die Einsichtnahme dem Zwecke dient, die Voraussetzungen für ein rechtlich relevantes Verhalten nach dem Ergebnis der Einsichtnahme zu klären oder eine Grundlage für die Verfolgung eines Anspruchs zu schaffen.[40] Aus der Verfahrensbeteiligung als solchen ergibt sich bereits eine 24

34 IdS Hufen/Siegel Rn 378.
35 IdS Meyer/Borgs VwVfG § 29 Rn 11.
36 Schwab aaO, 30.
37 Kopp/Ramsauer VwVfG, § 29 Rn 20.
38 BeckOK VwVfG/Herrmann § 29 Rn 12 unter Hinweis auf BVerwG v. 5.6.1982, 5C 73/82, NJW 1984, 2590.
39 BeckOK VwVfG/Herrmann § 29 Rn 12 unter Hinweis auf BVerwG v. 18.10.1984, 7 C 10/81, NJW 1985, 1234.
40 BT-Drs. 7/910, 53; BeckOK VwVfG/Herrmann § 29 Rn 15.

Vermutung, dass es um rechtlich geschützte Interessen geht, so dass die Erforderlichkeit der Akteneinsicht idR zu unterstellen ist.[41]

25 **Kein Einsichtsrecht** besteht bei solchen Akten, die

- unter keinem denkbaren Gesichtspunkt für die Entscheidung von Bedeutung sein können, etwa bei missbräuchlichen, offensichtlich querulatorischen Begehren,[42]
- nur einen parallelen Fall, Musterfall uÄ betreffen,[43] oder
- vom Landesbeauftragten für den Datenschutz geführt wurden, da es einen Rechtsanspruch auf Beanstandung durch den Landesbeauftragten nicht gibt.[44]

26 „Soweit" sich die Erforderlichkeit nur auf Teile der Akten beschränkt, besteht nur ein **Teilanspruch.**[45] Nichtsdestoweniger wird eine Einsichtsmöglichkeit in die gesamte Akte empfohlen, sofern kein Verweigerungsgrund nach Abs. 2 (s. Rn 34 ff) vorliegt.[46]

27 Die Erforderlichkeit ist gerichtlich voll überprüfbar.[47] Der Beteiligte muss substantiiert **darlegen**, inwiefern und wozu die Kenntnis der Akten erforderlich ist, sofern dies nicht offensichtlich ist.[48] Nichtsdestoweniger gehen Zweifel zu Lasten der Behörde.[49]

28 **6. Zeitliche Grenzen.** § 29 LVwVfG ist (nur) **während des laufenden Verwaltungsverfahrens** anwendbar.[50] Im Übrigen kann ein ungeschriebener Anspruch auf ermessensfehlerfreie Entscheidung geltend gemacht werden (s. Einl. Rn 34 ff).

29 Der **Beginn des Verfahrens** kann anhand des ebenso überschriebenen § 22 LVwVfG ermittelt werden. Bei der Hinzuziehung nach § 13 Abs. 2 LVwVfG besteht das Einsichtsrecht ab der (positiven) Entscheidung darüber.[51]

30 Während bei einem Vertrag das Verfahren nach Antrag und Annahme (§§ 62 S. 2 LVwVfG iVm §§ 145 f bzw 147 ff BGB) unstreitig abgeschlossen ist, ist beim Verwaltungsakt der Zeitpunkt des Verfahrensendes umstritten. Teilweise wird angenommen, dass das Verwaltungsverfahren mit Erlass des Verwaltungsaktes abgeschlossen ist.[52] Nachfolgend wird dann entweder § 29 LVwVfG analog[53] oder der ungeschriebenen Anspruch nach

---

41 Hufen/Siegel Rn 384.
42 BeckOK VwVfG/Herrmann § 29 Rn 17.
43 BeckOK VwVfG/Herrmann § 29 Rn 17; Kopp/Ramsauer VwVfG § 29 Rn. 19 a.
44 BayVGH v. 10.3.1988, 5 C 86.03492, NJW 1989, 2643; BeckOK VwVfG/Herrmann § 29 Rn 17.
45 BeckOK VwVfG/Herrmann § 29 Rn 15.
46 BeckOK VwVfG/Herrmann § 29 Rn 15; Kopp/Ramsauer VwVfG § 29 Rn 18 a.
47 BeckOK VwVfG/Herrmann § 29 Rn 16.
48 BayVGH v. 8.12.1987, 25 C 87.01145, NJW 1988, 1615; BeckOK VwVfG/Herrmann § 29 Rn 15 f.
49 BeckOK VwVfG/Herrmann § 29 Rn 16.
50 BVerwG v. 1.7.1983, 2 C 42/82, NVwZ 1984, 445 f.; BeckOK VwVfG/Herrmann § 29 Rn 20.
51 BeckOK VwVfG/Herrmann § 29 Rn 20.
52 Ehlers/Vorbeck JURA 2013, 1124, 1129; Troidl BayVBl. 2015, 581 = SächsVBl. 2015, 233, 234.
53 So Troidl BayVBl. 2015, 581, 582 = SächsVBl. 2015, 233, 234.

Ermessen[54] (s. Einl. Rn 34 ff) angewendet oder ein Einsichtsrecht **zwischen Bekanntgabe und Erhebung des Widerspruchs** abgelehnt, da diese zu der in diesem Zeitraum nur möglichen Überprüfung der Erfolgsaussichten des Widerspruchs nicht erforderlich sei.[55]

31 Für das **Widerspruchsverfahren** wird teils die Akteneinsicht im gleichen Umfang wie im ggf nachfolgenden gerichtlichen Verfahren nach § 100 VwGO befürwortet.[56] Dies wird aus einer „Vorwirkung" oder aus der Verweisung in § 79 LVwVfG auf die VwGO gefolgert. Die Verweisung auf die VwGO gilt nur, soweit deren Regeln der Eigenart des Vorverfahrens nicht widersprechen, andernfalls gelten die zuvor im Ausgangverfahren anwendbaren Regelungen.[57] § 29 LVwVfG enthält für das Vorverfahren als Verwaltungsverfahren eine besser passende Regelung als § 100 VwGO.[58] Dies lässt sich damit begründen, dass § 100 VwGO nur iVm § 99 VwGO sinnvoll anwendbar ist, aber die in § 99 VwGO vorgesehene Möglichkeit eines gerichtlichen in-camera-Verfahrens gegen eine Sperrerklärung auf ein Verwaltungsverfahren nicht passt.

32 Auch nach Durchführung des Widerspruchsverfahrens besteht nach wohl hM bis zur **Unanfechtbarkeit des Verwaltungsaktes** ein Einsichtsrecht nach § 29 LVwVfG, da nach zutreffender Ansicht erst für diesen Zeitpunkt der Abschluss des Verfahrens angenommen werden kann.[59] Dafür spricht die verfahrensrechtliche Vorwirkung des Art. 19 Abs. 4 GG, weil die vollständigen Entscheidungsgrundlagen zumeist erst kurz vor Erlass der Entscheidung vorliegen werden und somit vorher nur Einsicht in einen Teil der Akten möglich wäre.[60] Auch ist gerade nach Bekanntgabe des Verwaltungsaktes und nach Zustellung des Widerspruchsbescheides die Akteneinsicht wichtig für die Entscheidung der Beteiligten über die Frage, ob sie Widerspruch einlegen bzw Klage erheben wollen.[61]

33 Ab **rechtskräftigem Abschluss des Verwaltungsverfahrens** besteht kein Anspruch nach § 29 LVwVfG mehr.[62] Dagegen wird vorgebracht, dass aus der Formulierung des § 29 Abs. 1 S. 2 LVwVfG, wonach bis zum Abschluss des Verwaltungsverfahrens Einsicht in Entscheidungsentwürfe nicht zu gewähren ist, unmittelbar zu entnehmen sei, dass ein Einsichtsrecht selbst nach Abschluss des Verwaltungsverfahrens besteht.[63] Dieser Umkehrschluss aus einem Ausnahmegrund auf das Einsichtsrecht ist fernliegend. In Betracht

54 So Ehlers/Vorbeck JURA 2013, 1124, 1129.
55 Obermayer/Funke-Kaiser/Grünewald VwVfG § 29 Rn 10, der es aber gleichzeitig als empfehlenswert bezeichnet, die Akteneinsicht zu gewähren, um dem Betroffenen verständlich zu machen, warum die Entscheidung getroffen worden ist.
56 IdS VG Potsdam v. 8.7.2005, 2 L 185/05.
57 Ziekow VwVfG § 79 Rn 10; aM für BB VG Potsdam v. 8.7.2005, 2 L 185/05.
58 Im Ergebnis ebenso §§ 79 iVm 29 VwVfG anwendend: Ehlers/Vorbeck JURA 2013, 1124, 1129; Engel aaO, 20; Schoch/Bier/Dolde/Porsch VwGO § 73 Rn 27.
59 BeckOK VwVfG/Herrmann § 29 Rn 20; Hufen/Siegel Rn 378; Kopp/Ramsauer VwVfG § 29 Rn 23.
60 IdS BeckOK VwVfG/Herrmann § 29 Rn 20; Kopp/Ramsauer VwVfG § 29 Rn 23.
61 Kopp/Ramsauer VwVfG § 29 Rn 23.
62 BVerwG v. 1.7.1983, 2 C 42/82, NVwZ 1984, 445; Troidl BayVBl. 2015, 581, 582 = SächsVBl. 2015, 233, 234; aM Hufen/Siegel Rn 378 für Einzelfälle.
63 BayVGH v. 5.9.1989, 25 B 88.01631, NVwZ 1990, 775, 777.

kommt dann nur noch ein Einsichtsrecht nach Ermessen entsprechend den allg. Grundsätzen (s. Einl. Rn 34 ff).

III. Ausnahmen vom Einsichtsrecht (Abs. 2)

34 **1. Ausnahmegründe.** Die Ausnahmen vom Einsichtsrecht nach Abs. 2 sind **restriktiv** zu handhaben.[64] So ist es grds. nicht zu rechtfertigen, den Beteiligte Akteneinsicht zu verweigern, wenn sie in einem nachfolgenden gerichtlichen Verfahren ohnehin Anspruch auf Einsicht haben.[65]

35 Die **Darlegung** der Umstände, die die Geheimhaltungsbedürftigkeit begründen, muss von der Behörde in ihrer Ablehnungsentscheidung so einleuchtend sein, dass sie unter Berücksichtigung rechtsstaatlicher Belange als triftig anerkannt werden können.[66] Ob die Voraussetzungen gegeben sind, ist in tatsächlicher Hinsicht gerichtlich voll überprüfbar, die Behörde hat insofern keinen Beurteilungsspielraum.[67]

36 **a) Beeinträchtigung der Aufgabenerfüllung** (Var. 1). Nach der ersten Ablehnungsvariante besteht eine Pflicht zur Einsichtsgewährung nicht, „soweit durch sie die ordnungsgemäße Erfüllung der Aufgaben der Behörde beeinträchtigt" wird. Diese Regelung hat vor allem den **Zweck**, die Funktionsfähigkeit der Behörde vor übermäßiger Belastung durch Einsichtsanträge zu schützen.[68] Erforderlich ist eine konkrete Beeinträchtigung.[69]

37 **Beispiele** für zulässige Verweigerungsgründe sind:

- Beeinträchtigung des Verfahrensziels durch drohende Vermeidungsmaßnahmen etwa im Vollstreckungs- und Polizeirecht,[70]
- nicht vertretbare, übermäßige Benutzung der Diensträume oder Belastung des Personals oder die Verzögerung des Verfahrens[71] oder
- Geheimhaltung zur Wahrung der Funktionsfähigkeit ihrer notwendigen Informationsquellen.[72]

38 **Kein ausreichender Verweigerungsgrund** liegt in folgenden Fällen vor:

- bloße Gefährdung der allg. Aufgabenerfüllung, vielmehr müssen in jeweiligen Verfahren hinreichend gewichtige und konkrete Gründe für eine Funktionsvereitelung dargelegt sein[73] oder

---

64 BayVGH v. 5.9.1989, 25 B 88.01631, NVwZ 1990, 775, 778; BeckOK VwVfG/Herrmann § 29 Rn 21; Bachmann NJW-Spezial 2014, 364.
65 BeckOK VwVfG/Herrmann § 29 Rn 21.
66 BeckOK VwVfG/Herrmann § 29 Rn 26 unter Hinweis auf BVerwG v. 29.10.1982, 4 B 172/82, NVwZ 1983, 407 zu § 99 VwGO.
67 IdS BeckOK VwVfG/Herrmann § 29 Rn 25.
68 BT-Drs. 7/910, 53; BeckOK VwVfG/Herrmann § 29 Rn 23.
69 Hufen/Siegel Rn 387.
70 IdS BT-Drs. 7/910, 53; BeckOK VwVfG/Herrmann § 29 Rn 23.1.
71 BeckOK VwVfG/Herrmann § 29 Rn 23.1.
72 BeckOK VwVfG/Herrmann § 29 Rn 23.1 unter Hinweis auf BayVGH v. 12.2.1990, NVwZ 1990, 778, 779 f zu § 99 VwGO.
73 BeckOK VwVfG/Herrmann § 29 Rn 23 unter Hinweis auf BayVGH v. 5.9.1989, 25 B 88.01631, NVwZ 1990, 775, 778.

- Akte liegt zB zurzeit dem Behördenleiter oder Sachbearbeiter vor, wobei dieser Aspekt jedoch für den Zeitpunkt der Einsicht bedeutsam sein kann.[74]

b) **Nachteile für Wohl des Bund oder eines Landes (Var. 2).** Außerdem besteht kein Akteneinsichtsrecht, soweit „das Bekanntwerden des Inhalts der Akten dem Wohl des Bundes oder eines Landes Nachteile bereiten würde". Vergleichbare Voraussetzungen finden sich auch in § 5 Abs. 2 Nr. 2 LVwVfG (Verweigerung der Amtshilfe), § 84 Abs. 3 LVwVfG (Verweigerung der Aussagegenehmigung für ehrenamtlich Tätige), § 21 Abs. 5 Nr. 2 LDSG (Auskunftsrecht des Betroffenen), § 99 Abs. 1 S. 2 VwGO (Verweigerung der Aktenvorlage an Verwaltungsgericht), § 37 Abs. 4 S. 1 BeamtStG (Verweigerung der Aussagegenehmigung) und in § 96 StPO (Beschlagnahmeverbot amtlich verwahrter Schriftstücke). Entsprechende **Nachteile** liegen idR nur bei Beeinträchtigung oder Gefährdung der äußeren oder inneren Sicherheit des Bundes oder eines Landes oder einer erheblichen Störung der öffentlichen Sicherheit einschließlich der Funktionsfähigkeit wichtiger staatlicher Einrichtungen vor.[75] 39

Die Verweigerung kommt bei geheim zu haltende Angelegenheiten der Verteidigung, des Zivilschutzes, des Verfassungsschutzes oder für Angelegenheiten von erheblicher staatspolitischer Bedeutung oder einschneidenden fiskalischen Nachteilen in Betracht, wenn dadurch die Funktionsfähigkeit des Staatsapparates oder wichtige Leistungen des Staates in Frage gestellt werden.[76] 40

Kein ausreichender Verweigerungsgrund liegt vor, wenn die Ablehnung verhindern soll, dass legitime Ansprüche gegen den Staat oder einen anderen öffentlichen Rechtsträger verfolgt werden.[77] 41

Da die Verweigerung der Einsicht auch dann zulässig ist, wenn dadurch Beteiligte an der Verfolgung ihrer Ansprüche gehindert werden, kommen Entschädigungen für die entstehenden Nachteile unter dem Gesichtspunkt des enteignungsgleichen Eingriffs oder der Aufopferung in Betracht.[78] 42

c) **Geheimhaltungspflicht nach einem Gesetz (Var. 3).** Außerdem besteht keine Pflicht zur Gestattung der Akteneinsicht, „soweit die Vorgänge nach einem Gesetz..., namentlich wegen der berechtigten Interessen der Beteiligten oder dritter Personen, geheim gehalten werden müssen." Aus dem besonderen Hinweis auf berechtigte Interessen Beteiligter oder dritter Personen ergeben sich keine weitergehenden Anforderungen als nach einem Gesetz, da deren Erwähnung nur der Klarstellung dient.[79] 43

Inwieweit auch § 30 VwVfG bzw die teilweise landesrechtliche Entsprechung in § 3 b LVwVfG als eine Vorschrift anzusehen ist, die ein Verbot der Akteneinsicht nach sich zieht, ist umstritten. Gegen ein allg. Verbot wird 44

74 BeckOK VwVfG/Herrmann § 29 Rn 23.1.
75 BeckOK VwVfG/Herrmann § 29 Rn 25.
76 BeckOK VwVfG/Herrmann § 29 Rn 24 f.
77 BeckOK VwVfG/Herrmann § 29 Rn 26.
78 Kopp/Ramsauer VwVfG § 29 Rn 35.
79 BeckOK VwVfG/Herrmann § 29 Rn 27.

argumentiert, dass ansonsten undifferenziert alle Vorgänge mit der Geheimhaltung belegt würden.[80] Nichtsdestoweniger bezweckt § 30 VwVfG bzw § 3 b LVwVfG den Schutz der am Verfahren Beteiligten vor einer Preisgabe ihrer zum persönlichen Lebensbereich gehörenden Geheimnisse sowie von Betriebs- und Geschäftsgeheimnissen.[81] Natürlich schützt die Regelung nicht vor Preisgabe der Daten an sich selbst. Für die Anwendbarkeit spricht bei § 3 b LVwVfG auch die systematische Stellung im allg. Teil, woraus sich die Geltung über das Verwaltungsverfahren hinaus ergibt.

45 Hinsichtlich weiterer gesetzlicher Geheimhaltungsvorschriften gelten entsprechende Grundsätze wie bei § 4 Abs. 2 S. 1 LIFG (s. dort Rn 123 ff).

46 **d) Geheimhaltungspflicht ihrem Wesen nach (Var. 4).** Schließlich besteht das Einsichtsrecht nicht, „soweit die Vorgänge… ihrem Wesen nach, namentlich wegen der berechtigten Interessen der Beteiligten oder dritter Personen, geheim gehalten werden müssen."[82] Aus der Erwähnung berechtigter Interessen Beteiligter oder Dritter ergeben sich keine besonderen Anforderungen, da deren Erwähnung nur der Klarstellung dient.[83] Ihrem Wesen nach geheimhaltungsbedürftig sind Vorgänge, für die zwar keine Geheimhaltungsvorschriften gelten, für die aber ein legitimes Geheimhaltungsinteresse im Ausgleich zwischen den betroffenen öffentlichen und privaten Belangen besteht.[84] Die Entscheidung erfordert zumeist eine **Abwägung** zwischen dem Geheimhaltungsinteresse und dem (auf ein Grundrecht gestützten) Einsichtsinteresse der Beteiligten.[85] Geheimhaltungsinteressen können sich ergeben aus den in den Akten festgehaltenen Tatsachen, besonderen Umständen, insb. auch im Hinblick auf die Verpflichtung des Staates nach Art. 1 GG, die Menschenwürde und das Persönlichkeitsrecht sowie berechtigte Interessen zu schützen.[86]

47 **Beispiele für zulässige Geheimhaltung** können sein:

- von der Industrie- und Handelskammer eingeholte vertrauliche Auskünfte über einen Bewerber für eine öffentliche Bestellung als Sachverständiger,[87]
- Identität eines Informanten, dessen vertrauliche Informationen nicht offensichtlich falsch sind,[88]

---

80 Zur Bundesregelung Knack/Henneke/Ritgen VwVfG § 29 Rn 76. Dagegen für ein allg. Verbot: Hufen/Siegel Rn 389; NK-VwVfG/Engel § 29 Rn 60 f; Stelkens/Bonk/Sachs/Kallerhoff VwVfG § 29 Rn 70.

81 Zur Bundesregelung: BeckOK VwVfG/Herrmann § 29 Rn 29; Obermayer/Funke-Kaiser/Grünewald VwVfG § 29 Rn 39.

82 Kritisch zu dieser Regelung Hufen/Siegel Rn 390.

83 IdS BeckOK VwVfG/Herrmann § 29 Rn 27.

84 BeckOK VwVfG/Herrmann § 29 Rn 30.

85 IdS VG Frankfurt v. 2.11.2011, 7 K 1621/10.F, openJur 2012, 69107 Rn 50; BeckOK VwVfG/Herrmann § 29 Rn 30.

86 BeckOK VwVfG/Herrmann § 29 Rn 31; Kopp/Ramsauer VwVfG § 29 Rn 37.

87 IdS OVG RP v. 6.5.1976, 2 B 7/76, NJW 1977, 266 zu § 99 VwGO; BeckOK VwVfG/Herrmann § 29 Rn 31.1.

88 IdS VG Gießen v. 19.3.1991, I/1 E 760/90, NVwZ 1992, 401 f; BeckOK VwVfG/Herrmann § 29 Rn 31.1.

- Akten, deren Inhalt Rückschlüsse auf die Organisation und die Arbeitsweise des Verfassungsschutzes zulässt,[89]
- sog. Sicherheitsakten, die sich aus der Sicherheitsüberprüfung eines Beamten ergeben[90] oder
- Akten des Bundeskartellamtes mit Geschäftsgeheimnissen.[91]

Dagegen dürfte **Einsicht in folgenden Beispielsfällen** in Betracht kommen: 48

- eigene Gesundheitsakten, wobei ggf ein Arzt hinzuziehen ist, um eine Selbsttötungsgefahr zu begegnen,[92] oder
- Prüfungsakten.[93]

2. Rechtsfolge. Soweit einer der Ausnahmegründe vorliegt, ist die Behörde 49 zur Gestattung der Akteneinsicht nicht verpflichtet. Aus der Formulierung „soweit" folgt, dass ein **teilweises Verweigerungsrecht** hinsichtlich bestimmter Akteneile oder bestimmter Beteiligter möglich ist.[94]

Liegt keiner der Ausnahmegründe vor, so besteht ein Anspruch auf Akten- 50 einsicht.

Umgekehrt ist in den Fällen des Abs. 2 nicht schlechthin und ausnahmslos 51 die Einsicht verboten, sondern die Behörde ist nur „nicht verpflichtet" und kann nach ihrem **pflichtgemäßen Ermessen** (§ 40 LVwVfG) die Einsicht gewähren oder ablehnen. Angesichts des Gewichts der Verweigerungsgründe sind aber bei gebotener Abwägung kaum Fälle denkbar, in denen die Behörde trotz Vorliegen der tatbestandlichen Voraussetzungen wegen Besonderheiten des Falls im Ermessenswege Einsicht gewähren könnte.[95]

Wenn die Einsicht verweigert wird, sei nach einer Ansicht die Behörde ver- 52 pflichtet, die Beteiligten zur Wahrung des rechtlichen Gehörs in anderer Weise über den wesentlichen Inhalt der Akten zu unterrichten, um – was aus Art. 19 Abs. 4 GG folge – den Verlust des Einsichtsrechts zu kompensieren.[96] Zuzustimmen ist dieser Ansicht insoweit, als ein Mensch nicht zum bloßen Objekt des Verwaltungsverfahrens gemacht werden darf.[97]

IV. Gewährung der Einsicht

Hinsichtlich der Modalitäten der Akteneinsicht ist der Behörde Ermessen 53 eingeräumt (vgl Abs. 3 S. 2: „kann"). Dabei ist die Einsicht so zu gewähren, dass sie unter zumutbaren Bedingungen erfolgt.[98]

1. Ort der Einsichtnahme (Abs. 3). In örtlicher Hinsicht erfolgt die Ein- 54 sicht nach Abs. 3 S. 1 idR bei der Behörde, die die Akten führt. Im Einzelfall kann nach S. 2 Hs 1 die aktenführende Behörde die Einsicht auch bei

89 IdS VGH HE v. 4.2.1977, VI TE 444/76, NJW 1977, 1844, 1845 zu § 99 VwGO.
90 IdS BVerwG v. 26.1.1978, II C 66.73; BeckOK VwVfG/Herrmann § 29 Rn 31.1.
91 IdS KG v. 19.8.1986, 1 Kart 9/86; BeckOK VwVfG/Herrmann § 29 Rn 31.1.
92 Vgl BVerwG v. 27.4.1989, 3 C 4/86; BeckOK VwVfG/Herrmann § 29 Rn 31.2.
93 IdS BeckOK VwVfG/Herrmann § 29 Rn 31.2.
94 Stelkens/Bonk/Sachs/Kallerhoff VwVfG § 29 Rn 58. Kritisch zur teilweisen Gewährung wegen Manipulationsmöglichkeiten Bohl NVwZ 2005, 133, 135.
95 Stelkens/Bonk/Sachs/Kallerhoff VwVfG § 29 Rn 57.
96 Kopp/Ramsauer VwVfG § 29 Rn 27.
97 BeckOK VwVfG/Herrmann § 29 Rn 22.
98 IdS BeckOK VwVfG/Herrmann § 29 Rn 33.

einer anderen Behörde oder bei einer diplomatischen oder berufskonsularischen Vertretung der Bundesrepublik Deutschland im Ausland zulassen. Als weitere Ausnahme nach Hs 2 kommt auch ein anderer Ort in Betracht. Insb. ist die Überlassung der Akten in die Kanzlei eines Rechtsanwalts üblich (vgl die ausdrückliche Regelung in Art. 29 Abs. 3 S. 2 BayVwVfG, die aber in BW fehlt). Ein Anspruch darauf kann jedoch nicht geltend gemacht werden.[99] Umgekehrt ist eine Verwaltungsvorschrift, die die Überlassung der Akten an einen Rechtsanwalt generell ausschließt, mit Abs. 3 S. 2 nicht vereinbar.[100]

55 **2. Form der Einsichtnahme.** Die Einsichtnahme kann unter Aufsicht eines Behördenbeschäftigten erfolgen.[101] Dabei muss die Zeit für die Durchsicht der Akte und ggf die Fertigung von Notizen ausreichend bemessen sein.[102]

56 Ein Recht auf Kopien gegen Kostenerstattung ist – anders als in § 25 Abs. 5 SGB X – nicht geregelt, so dass es im Ermessen der Behörde steht.[103] Wollen die Beteiligten sich **Kopien auf eigene Kosten** selbst herstellen, so wird das Ermessen idR auf „Null“ reduziert sein, weil durch das eigene Anfertigen der Geschäftsgang idR nicht belastet wird.[104] Entsprechendes gilt für das Fotografieren einer Akte.[105]

57 **3. Besonderheiten bei elektronischen Akten.** Die Regelungen über die Gewährung der Einsicht werden bei **elektronischen Akten** durch § 8 EGovG BW (s. dort Rn 8 ff) überlagert.

58 **4. Erlöschen des Einsichtsrechts nach Gewährung?** Durch Gewährung der Einsicht wird der durch den Antrag konkret ausgelöste Anspruch erfüllt. Seiner Natur nach kann aber das Einsichtsrecht nicht durch Erfüllung erlöschen, vielmehr kann das Recht jederzeit und wiederholt geltend gemacht werden. Ob in seltenen Ausnahmefällen – etwa ein in äußerst kurzen Zeitabschnitten wiederholtes Einsichtsbegehrens, ohne dass eine Veränderung der Akte in Betracht käme – etwas anderes gelten könnte, kommt jedenfalls bei einem nahezu einjährigen Zeitraum seit der Durchführung einer Einsicht in eine Personalakte von vornherein nicht in Betracht.[106]

V. Ablehnung der Akteneinsicht

59 Die (teilweise) Ablehnung der Akteneinsicht hat den Charakter eines Verwaltungsaktes.[107]

---

99 IdS OVG NW v. 3.9.1979, VI A 2223/78, NJW 1980, 722; BeckOK VwVfG/Herrmann § 29 Rn 33.
100 IdS VG BE v. 21.4.2006, 31 V 35/05, BeckRS 2011, 50963; BeckOK VwVfG/Herrmann § 29 Rn 33.
101 BeckOK VwVfG/Herrmann § 29 Rn 34. Vgl auch Anwaltsgerichtshof NRW v. 30.10.2015, 1 AGH 24/15, Rn 36, wo die Gewährung nur in Anwesenheit des zuständigen Geschäftsführers als zu große Einschränkung bewertet wurde.
102 BeckOK VwVfG/Herrmann § 29 Rn 34.
103 BeckOK VwVfG/Herrmann § 29 Rn 35.
104 Bachmann NJW-Spezial 2014, 364; Kopp/Ramsauer VwVfG § 29 Rn 41 a.
105 Bachmann NJW-Spezial 2014, 364, 365.
106 IdS Anwaltsgerichtshof NRW v. 30.10.2015, 1 AGH 24/15, Rn 50.
107 BT-Drs. 7/910, 54; Kopp/Ramsauer VwVfG § 29 Rn 26; Bohl NVwZ 2005, 133, 138; Guckelberger VerwArch 2006, 62, 75; diff. BVerwG v. 24.2.1969, BVerwG I C

Wird die Einsicht rechtswidrig (teilweise) abgelehnt, liegt ein **Verfahrensfehler** vor.[108] Dies stellt einen Verstoß gegen § 28 LVwVfG dar, soweit eine Anhörung erforderlich ist und die Beteiligten nicht anders durch die Behörde informiert werden.[109] Dieser Fehler bewirkt idR nur die Rechtswidrigkeit, nicht aber die Nichtigkeit des später erlassenen Verwaltungsakts nach § 44 LVwVfG.[110] Der Verfahrensfehler ist nach § 46 LVwVfG unbeachtlich, wenn die Verletzung des Einsichtsrechts das Ergebnis offensichtlich nicht beeinflusst hat. Außerdem kommt entsprechend § 45 Abs. 1 Nr. 3 LVwVfG eine Heilung in Betracht.[111] 60

Die pflichtwidrige Verweigerung der Einsicht kann zu Schadensersatzansprüchen aus **Amtshaftung** nach § 839 BGB, Art. 34 GG führen.[112] 61

Umgekehrt kann die unberechtigte Offenbarung von Vorgängen, die der Geheimhaltung unterliegen, zu Schadensersatz- und Folgenbeseitigungsansprüchen der betroffenen Person führen.[113] 62

VI. Entsprechende Anwendung

Nach § 72 Abs. 1 LVwVfG ist die Akteneinsicht im Planfeststellungsverfahren nur nach pflichtgemäßem Ermessen zu gewähren. Dieser einschränkenden Regelung liegen verwaltungsökonomische Gesichtspunkte zugrunde. In verfassungskonformer Auslegung wird allerdings grds. eine Verpflichtung zur Einsichtsgewährung bejaht.[114] Außerdem wird das Akteneinsichtsrecht nach (L)VwVfG in vielen Spezialregelungen für (teilweise) entsprechend anwendbar erklärt: 63

- § 10 a der 9. BImSchV im förmlichen Genehmigungsverfahren,
- § 63 BNatSchG für anerkannten Naturschutzvereinigungen hinsichtlich einschlägiger Sachverständigengutachten und
- § 2 Abs. 3 und 4 TierSchMVG für anerkannte Tierschutzorganisationen.[115]

65.67, BVerwGE 31, 301, 306: Verwaltungsakt bei Prüfung durch Amt für Verfassungsschutz, ob und in welchem Umfang dem Begehren stattgegeben wird, aber kein Verwaltungsakt, wenn Auskunft vom Einwohnermeldeamt aus Register oder Rechtsauskunft; aM BayVGH v. 5.9.1989, 25 B 88.01631, NVwZ 1990, 775, 776: unselbständige Verfahrenshandlung. Differenzierend Ehlers/Vorbeck JURA 2013, 2014, 34, 38 f. Kritisch auch Hufen/Siegel Rn 401. Vgl auch die parallele Diskussion zur Ablehnung des Informationszugangs bei LIFG § 9 Rn 10.

108 Hufen/Siegel Rn 397 mit Auflistung von zehn Fehlertypen.

109 BeckOK VwVfG/Herrmann § 29 Rn 36.

110 Hufen/Siegel Rn 398.

111 BeckOK VwVfG/Herrmann § 29 Rn 36. Zu den Schwierigkeiten der Heilung im Verwaltungsprozess s. Hufen/Siegel Rn 400.

112 IdS LG Aachen v. 29.6.1988, 4 O 397/87, NJW 1989, 531 f: Ersatz für Rechtsanwaltskosten; BeckOK VwVfG/Herrmann § 29 Rn 37.

113 BeckOK VwVfG/Herrmann § 29 Rn 37 unter Hinweis auf VG Darmstadt v. 12.10.1997, 5 E 2837.92 (1), NVwZ-RR 1999, 552 ff.

114 Schoenemann DVBl 1988, 520, 522; Schwab aaO, 37.

115 Dazu LReg LT-Drs. 15/6593, 15.

64 Demgegenüber wird eine entsprechende Anwendung des § 29 LVwVfG hinsichtlich der Verfahrensakte der Bebauungspläne grds. abgelehnt, weil eine Lücke angesichts des § 10 Abs. 3 S. 2 BauGB nicht vorliegt.[116]

VII. Konkurrenzen

65 **1. Speziellere Einsichtsrechte.** § 29 LVwVfG steht unter dem allg. Vorbehalt des vorrangigen Bundesrechts und von § 1 Abs. 1 LVwVfG, wonach die Regelungen des LVwVfG nur anwendbar sind, soweit nicht landesrechtliche Vorschriften inhaltsgleiche oder entgegenstehende Bestimmungen enthalten.

66 **Speziellere Einsichtsrechte** sind gegenüber dem allg. § 29 LVwVfG vorrangig. Insoweit kann weitgehend auf die Überlegungen zu § 1 Abs. 3 LIFG zurückgegriffen werden (s. dort Rn 19 ff). In Betracht kommen vorrangige Informationsrechte etwa bei:

- öffentlichen Auslegungen (zB Bebauungsplan nach § 10 Abs. 3 BauGB oder bei der Planfestellung nach § 73 LVwVfG),
- Einsicht während der Planfeststellung (zu § 72 Abs. 1 LVwVfG s.o. Rn 63),
- Personalakten (zB § 58 BRAO, § 87 LBG),
- Prüfungen (zB § 24 Abs. 4 APrO-LMK, § 56 Abs. 3 JAPrO), oder
- im Sozialrecht das allg. Akteneinsichtsrecht nach § 25 SGB X.

67 Dabei ist die Reichweite der Spezialregelung zu beachten, so betrifft bspw. das Einsichtsrecht nach § 87 LBG nur das Recht des Beamten auf Einsicht in seine **Personalakten.** Im Übrigen richtet sich die Beantwortung der Frage, inwieweit einem Beamten Einsicht in Akten eines Verwaltungsverfahrens, an dem er beteiligt ist oder war, nach den allg. Grundsätzen. Dies gilt auch dann, wenn es sich um Aktenvorgänge handelt, die bei seinem Dienstherrn – etwa im Zusammenhang mit der Bewerbung um eine andere Stelle – entstehen oder entstanden sind, aber nicht zu seinen Personalakten (im materiellen Sinne) gehören.[117]

68 **2. LIFG.** Aufgrund der Kollisionsregelung in § 1 Abs. 3 LIFG stehen die Ansprüche nach dem LIFG und die Akteneinsichtsrechte der Beteiligten nach § 29 LVwVfG gleichrangig nebeneinander und können alternativ geltend gemacht werden (dazu s. LIFG § 1 Rn 19 ff). Problematisch erscheint aber die gleichzeitige Geltendmachung beider Anspruchsgrundlagen in einem Prozess (s. Rn 77). Dabei ist zu beachten, dass – wenn der Informationsanspruch einer jeden Person nach LIFG weitergehend als ein Akteneinsichtsrecht eines Beteiligten wäre – dies als Wertungswiderspruch bewertet würde.[118]

69 **3. Umweltinformationsrecht (UVwG).** Neben dem Anspruch auf Zugang zu Umweltinformationen bleiben nach § 24 Abs. 1 UVwG „andere Ansprüche auf Zugang zu Informationen unberührt“. Dementsprechend wird

116 VG Frankfurt a. M. v. 18.12.2009, 4189/08.F.
117 BVerwG v. 30.6.1983, 2 C 7681, BeckRS 1983, 31240426 zur damals geltenden Regelung.
118 IdS VG Köln v. 16.6.2011, 6 K 4008/10, Rn 46.

das Akteneinsichtsrecht und das Umweltinformationsrecht für nebeneinander anwendbar bewertet.[119]

4. Verbraucherinformationsrecht (AGVIG). Nach § 1 Abs. 3 AGVIG iVm 70 § 2 Abs. 4 VIG gelten die Vorschriften des VIG nicht, „soweit in anderen Rechtsvorschriften entsprechende oder weitergehende Vorschriften vorgesehen sind." Auch wenn das Verhältnis des VIG zu anderen Ansprüchen teilweise unklar ist (s. VIG § 2 Rn 22), dürfte angesichts der Unterschiede zwischen Beteiligtenrechten und Verbraucherinformationsrechten, die jeder grds. haben kann, ein Nebeneinander von beiden Ansprüchen anzunehmen sein.

5. Betroffenenrechten. Bei den Betroffenenrechten ist das datenschutz- 71 rechtliche Auskunftsrecht nach § 21 LDSG (s. dazu die Kommentierung in diesem Band) besonders wichtig, wovon nach § 21 Abs. 3 S. 5 LDSG das Akteneinsichtsrecht im Verwaltungsverfahren unberührt bleibt. § 29 LVwVfG ist für den Antragsteller insoweit nachteiliger als ein selbständiger Rechtsbehelf durch § 44 a VwGO (s. Rn 78) ausgeschlossen ist und nach § 21 Abs. 1 S. 1 LDSG das Auskunftsrecht unentgeltlich gewährt ist, während für eine Einsicht nach § 29 LVwVfG Gebühren und Auslagen (s. Rn 72 f) festgelegt sein können. Die **Abgrenzung erfolgt nach dem erkennbaren Zweck**, welcher sich bei § 21 LDSG auf die Information über die gespeicherten persönlichen Daten beschränkt, um ggf einen Berichtigungs- oder Löschungsanspruch geltend machen zu können, nicht aber um bspw. als Anwalt im Rahmen einer Vollmacht „wegen Aufenthaltsrecht" tätig zu werden.[120] Im Übrigen ist § 21 Abs. 3 LDSG eine Beschränkung auf Auskunft oder Akteneinsicht bei der Behörde zu entnehmen, während § 29 Abs. 3 S. 2 Hs 2 LVwVfG auch andere Formen zulässt, wie eine Aktenübersendung an den Rechtsanwalt.[121]

VIII. Kosten

Für die Akteneinsicht können nach allg. Regeln Gebühren und Auslagen (s. 72 LIFG § 10 Rn 13 ff) erhoben werden.

Gebührenschuldner ist nach § 5 Abs. 1 Nr. 1 iVm § 2 Abs. 3 LGebG die 73 Rechtsanwältin oder der Rechtsanwalt selbst, wenn sie bzw er die Aktenübersendung in die Kanzlei beantragt hat.[122]

IX. Rechtsschutz

Für den Rechtsschutz zur Abwehr oder Durchsetzung einer Akteneinsicht 74 gelten grds. dieselben Regelungen wie bei der Abwehr oder Durchsetzung von Ansprüchen nach dem LIFG (s. LIFG § 8 Rn 42 ff bzw LIFG § 9 Rn 34 ff). Aufgrund der Abhängigkeit vom jeweiligen zusammenhängenden Verwaltungsverfahren sind allerdings die nachfolgenden, besonderen Aspekte zu beachten.

119 Bohl NVwZ 2005, 133, 139.
120 VGH BW v. 23.10.2013, 11 S 1720/13, VBlBW 2014, 355, 356.
121 VGH BW v. 23.10.2013, 11 S 1720/13, VBlBW 2014, 355, 356.
122 VGH BW v. 23.10.2013, 11 S 1720/13, VBlBW 2014, 355, 356.

75 **1. Rechtsweg.** Nach § 40 Abs. 1 S. 1 VwGO wird das Einsichtsrecht grds. auf dem **Verwaltungsrechtsweg** geltend gemacht. Beispiele für abdrängende Sonderzuweisungen sind § 2 LwVfG[123] und § 48 Abs. 4 WpÜG.[124]

76 Außerdem kann sich eine **rechtswegüberschreitende Sach- und Entscheidungskompetenz** aus § 17 Abs. 2 S. 1 GVG ergeben, wonach das Gericht des zulässigen Rechtsweges den Rechtsstreit unter allen in Betracht kommenden rechtlichen Gesichtspunkten entscheidet. Diese setzt voraus, dass Gegenstand des Verfahrens ein einheitlicher Streitgegenstand (s. nächste Rn) ist. Liegen hingegen mehrere prozessuale Ansprüche vor, ist für jeden dieser Ansprüche die Rechtswegzuständigkeit gesondert zu prüfen.[125] Kommt eine einheitliche Entscheidung nach § 17 Abs. 2 GVG nicht in Betracht hat ein Verwaltungsgericht nach § 93 S. 2 VwGO eine Trennung der verschiedenen Streitgegenstände anzuordnen.[126]

77 **2. Streitgegenstand.** Bei einem nach § 29 LVwVfG geltend gemachten Einsichtsrecht und einem auf ein Informationsfreiheits-/Transparenzgesetz gestützten Anspruch auf Informationszugang handelt es sich um **verschiedene Streitgegenstände.**[127] Eine Mehrheit von Streitgegenständen kann nämlich bei gleichem Antrag auch dann vorliegen, wenn die materiellrechtliche Regelung die zusammentreffenden Ansprüche erkennbar unterschiedlich ausgestaltet sind.[128] Zwischen dem Einsichtsrecht nach § 29 LVwVfG und dem Informationsanspruch nach LIFG bestehen strukturellen Unterschiede: § 29 LVwVfG dient der Wahrnehmung von rechtlichen Interessen der Beteiligten iSv § 13 Abs. 1 LVwVfG und ist als Annex zu den Hauptrechten der Beteiligten untrennbar mit dem Verwaltungsverfahren verbunden, innerhalb dessen es geltend gemacht wird, während das LIFG unabhängig von einem Verwaltungsverfahren ein allg. Informationszugangsrecht für jeden begründet, das nicht nur hinsichtlich Zugangsarten, Voraussetzungen und Grenzen eine besondere gesetzliche Ausgestaltung erfahren hat, sondern für das auch hinsichtlich seiner Gewährung ein eigenständiges, im LIFG geregeltes Verwaltungsverfahren vorgesehen ist.[129]

78 **3. Keine selbständigen Rechtsbehelfe.** Gegen die rechtswidrige Verweigerung[130] oder eine unzureichende Art und Weise[131] der Einsichtsgewährung ist wegen § 44 a VwGO grds. kein selbständiger Rechtsbehelf zulässig.[132] Anstatt einer selbständigen Rechtsbehelfsbelehrung iSd § 58 VwGO kann

123 VG Neustadt (W) v. 10.3.2016, 4 K 1136/15.NW.
124 BGH v. 27.11.2013, III ZB 59/13, openJur 2013, 45876 Rn 18; BVerwG v. 20.9.2012, 7 B 5/12.
125 BGH v. 27.11.2013, III ZB 59/13, openJur 2013, 45876 Rn 20; BVerwG v. 20.9.2012, 7 B 5/12.
126 VG Neustadt (W) v. 10.3.2016, 4 K 1136/15.NW.
127 IdS BGH v. 27.11.2013, III ZB 59/13, openJur 2013, 45876 Rn 21; VG Neustadt (W) v. 10.3.2016, 4 K 1136/15.NW. Wohl aM, wenn Anspruch nach IFG auf Akteneinsicht gerichtet: BVerwG v. 20.9.2012, 7 B 5/12.
128 BGH v. 27.11.2013, III ZB 59/13, openJur 2013, 45876 Rn 23.
129 BGH v. 27.11.2013, III ZB 59/13, openJur 2013, 45876 Rn 23.
130 BVerwG v. 12.4.1978, 8 C 7/77, NJW 1979, 177.
131 VG Gießen v. 18.1.2001, 8 K 1836/10, NVwZ-RR 2011, 271.
132 BeckOK VwVfG/Herrmann § 29 Rn 38; aM Kopp/Ramsauer VwVfG § 29 Rn 44 f. Auch Kritik übend Hufen/Siegel Rn 402.

auf § 44 a VwGO hingewiesen werden. Rechtsbehelfe gegen behördliche Verfahrenshandlungen können grds nur gleichzeitig mit denen gegen die Sachentscheidung erhoben werden. Ein unbilliges Kostenrisiko besteht nicht, denn wenn die Behörde die Klageerhebung durch Verweigerung der Akteneinsicht verschuldet hat, muss die Behörde die Kosten tragen (vgl §§ 161 Abs. 2 S. 1 und Abs. 3, 155 Abs. 4 VwGO).[133]

Die Erschwerung von gerichtlichem Rechtsschutz, der durch Art. 19 Abs. 4 GG verfassungsrechtlich gewährleistet ist, darf aber für den Rechtssuchenden nicht zu unzumutbaren Nachteilen führen, die in einem späteren Rechtsbehelfsverfahren nicht mehr vollständig zu beseitigen sind.[134] Eine selbständige Klage kommt in Betracht, wenn die Verfahrenshandlungen vollstreckt werden oder gegen einen Nichtbeteiligten ergehen.[135] Daher können bisher nicht am Verfahren Beteiligte ihr Einsichtsrecht mit einem Rechtsbehelf geltend machen.[136] Außerdem kommt ein selbständiger Rechtsbehelf gegen die Einsichtsgewährung zum Schutz von Geheimhaltungsinteressen in Betracht.[137] 79

4. Statthafter Klageantrag. Statthafter Klageantrag bei Ablehnung der Akteneinsicht als Verwaltungsakt (s. bereits Rn 59) ist die Verpflichtungsklage nach § 42 Abs. 1 Alt. 2 VwGO.[138] Eine Leistungsklage ist zu erheben, wenn ein informationszugangsgewährender Verwaltungsakt nur falsch oder gar nicht ausgeführt worden ist.[139] 80

5. Klagebefugnis. Unselbständige oder relative Verfahrensrechte können die Klagebefugnis iSd § 42 Abs. 2 VwGO nicht unabhängig von, sondern nur zusammen mit einer materiellen Rechtsbetroffenheit des Klägers begründen.[140] Dementsprechend wird eine rechtswidrige Akteneinsichtsbeschränkung nur dann zum Klageerfolg führen, wenn der Kläger auch in seinen materiellen subjektiv-öffentlichen Rechten verletzt ist.[141] 81

X. Ausblick

Nachdem zum 30.12.2015 das LIFG in Kraft getreten ist, wird § 29 LVwVfG in der Gerichtspraxis weiter an Bedeutung verlieren, weil es grds. nur zusammen mit Rechtsbehelfen in der Hauptsache geltend gemacht werden kann (s. Rn 77 f), während ein Anspruch nach dem LIFG selbständig einklagbar ist. 82

133 IdS OVG NW v. 1.6.2015, 1 A 11/14, Rn 43 bei einer beamtenrechtlichen Konkurrentenklage.
134 VG Frankfurt a.M. v. 12.12.2007, 7 E 2249/07 (3), NVwZ 2008, 1390.
135 BeckOK VwVfG/Herrmann § 29 Rn 38.
136 BeckOK VwVfG/Herrmann § 29 Rn 38 unter Hinweis auf BayVGH v. 8.6.1988, 22 B 87.03045, NVwZ 1989, 266.
137 OVG NW v. 12.5.1999, 13 B 632/99; BeckOK VwVfG/Herrmann § 29 Rn 38.
138 Vgl die parallele Diskussion bei LIFG § 9 Rn 42 ff.
139 Ehlers/K. Vorbeck JURA 2014, 34, 39.
140 Schoch/Bier/Dolde/Porsch VwGO § 42 Abs. 2 Rn 74.
141 Bohl NVwZ 2005, 133, 139.

§ 71 c LVwVfG Informationspflichten

(1) [1]Die einheitliche Stelle erteilt auf Anfrage unverzüglich Auskunft über die maßgeblichen Vorschriften, die zuständigen Behörden, den Zugang zu den öffentlichen Registern und Datenbanken, die zustehenden Verfahrensrechte und die Einrichtungen, die den Antragsteller oder Anzeigepflichtigen bei der Aufnahme oder Ausübung seiner Tätigkeit unterstützen. [2]Sie teilt unverzüglich mit, wenn eine Anfrage zu unbestimmt ist.

(2) [1]Die zuständigen Behörden erteilen auf Anfrage unverzüglich Auskunft über die maßgeblichen Vorschriften und deren gewöhnliche Auslegung. [2]Nach § 25 erforderliche Anregungen und Auskünfte werden unverzüglich gegeben.

Literatur: *Ziekow,* Die Auswirkungen der Dienstleistungsrichtlinie auf das deutsche Genehmigungsverfahrensrecht, GewArch 2007, 179 ff.

I. Allgemeines

1 **1. Europa- und verfassungsrechtliche Vorgaben.** Neben allg. europarechtlichen Vorgaben (s. LVwVfG § 25 Rn 1) statuiert Art. 7 der **Dienstleistungsrichtlinie 2006/123/EG** vom 12.12.2006 sehr detailliert ein Recht auf Information. Dabei haben nach Abs. 1 die Mitgliedstaaten sicherzustellen, dass fünf aufgezählte Informationskategorien über die einheitlichen Ansprechpartner „leicht zugänglich" sind. Dementsprechend sind diese einheitlichen Ansprechpartner selbst zur Gewährung der Informationen, auch zur Beantwortung von Anfragen, zuständig und insoweit muss im nationalen Recht ein entsprechender Informationsanspruch verankert sein.[1]

2 Gleiches gilt nach Abs. 2 für den Anspruch gegen die zuständige Behörde, dem Dienstleistungserbringer und -empfänger auf Anfrage Informationen über die gewöhnliche Auslegung und Anwendung der maßgeblichen Anforderungen zu gewähren. Wenngleich der einheitliche Ansprechpartner insoweit nicht selbst zuständig ist, muss er an ihn herangetragene Informationsbegehren entgegennehmen, an die zuständige Behörde leiten und deren

1 Ziekow GewArch 2007, 179, 182.

Antwort wiederum weiterleiten, weshalb auch ihm gegenüber ein entsprechender Anspruch zu normieren ist.[2]

Die Informationen sind nach Abs. 3 und 4 in einer klaren und unzweideutigen Weise so schnell wie möglich zu erteilen, aus der Ferne und elektronisch leicht zugänglich sowie dem neuesten Stand entsprechend. Überdies ist der Antragsteller unverzüglich davon in Kenntnis zu setzen, wenn sein Ersuchen fehlerhaft oder unbegründet ist. Außerdem sollen nach Abs. 5 die Mitgliedstaaten und die Kommission begleitende Maßnahmen ergreifen, diese Informationen auch in anderen Gemeinschaftssprachen bereitzustellen. Schließlich stellt Abs. 6 klar, dass die Verpflichtung der zuständigen Behörden zur Unterstützung der Dienstleistungserbringer und -empfänger keine Rechtsberatung in Einzelfällen umfasst, sondern lediglich allg. Informationen darüber betrifft, wie Anforderungen gewöhnlich ausgelegt oder angewandt werden. 3

Hinsichtlich der **verfassungsrechtlichen Vorgaben** wird auf die Ausführungen zur allg. Regelung des § 25 LVwVfG (s. dort Rn 3) verwiesen. 4

2. Entstehungsgeschichte. Die Regelung wurde durch Art. 1 Nr. 5 des Gesetzes zur Änderung des Landesverwaltungsverfahrensgesetzes und anderer Gesetze v. 30.9.2009 (GBl. 363) im Anschluss an den wortgleichen § 71 c VwVfG, der durch Art. 1 Nr. 7 des Vierten Gesetzes zur Änderung verwaltungsverfahrensrechtlicher Vorschriften (4. VwVfÄndG) v. 11.12.2008 (BGBl. I 2418) eingefügt war, erlassen. Aufgrund dieser Simultangesetzgebung von Bund und Ländern ist eine Differenzierung nach Bundes- und Landesrecht grds. nicht notwendig, jedoch sind die durch die §§ 1 und 2 VwVfG bzw §§ 1 und 2 LVwVfG gezogenen Grenzen des Anwendungsbereichs zu beachten. 5

3. Normzweck. Zweck des § 71 c LVwVfG ist für Verfahren vor der einheitlichen Stelle die **Erweiterung und Konkretisierung der allg. Auskunfts- und Beratungspflicht** des § 25 LVwVfG.[3] Dabei gelten abgestufte Informationspflichten:[4] Die zuständigen Behörden geben innerhalb ihrer sachlichen Zuständigkeit Auskunft über die Anwendung der maßgeblichen Vorschriften.[5] Die einheitliche Stelle soll einen orientierenden Überblick über alle für das Vorhaben maßgeblichen Vorschriften und Verfahren und die zuständigen Behörden geben.[6] Sie hat die Funktion eines unterstützenden Verfahrensmittlers zwischen Antragsteller und den zuständigen Behörden und entspricht damit den Anforderungen der Dienstleistungsrichtlinie an einen einheitlichen Ansprechpartner.[7] Dieses Verfahren über eine einheitliche Stelle entfaltet – anders als etwa das Planfeststellungsverfahren – aber weder Konzentrations- noch Integrationswirkung.[8] 6

2 Ziekow GewArch 2007, 179, 183.
3 LT-Drs. 14/4780, 30; Hufen/Siegel Rn 326.
4 Zur Kritik des Landkreistags am gestuften Verfahren und der Erwiderung der LReg s. LT-Drs. 14/4780, 31.
5 LT-Drs. 14/4780, 30 f.
6 LT-Drs. 14/4780, 30.
7 LT-Drs. 14/4780, 12.
8 LT-Drs. 14/4780, 12.

7 **4. Vergleichbare Regelungen des Bundes oder anderer Bundesländer.** § 71 c VwVfG (iVm § 1 Abs. 1 LVwVfG RP, § 1 Abs. 1 NVwVfG, § 1 S. 1 SächsVwVfG, § 1 Abs. 1 S. 1 VwVfGBbg, § 1 Abs. 1 VwVfG BE, § 1 Abs. 1 S. 1 VwVfG LSA), Art. 71 c BayVwVfG, § 71 c BremVwVfG, HmbVwVfG bzw HVwVfG; § 138 c LVwG SH; § 71 c SVwVfG, ThürVwVfG, VwVfG M-V bzw VwVfG NRW.

8 **5. Anwendungsbereich.** § 71 c LVwVfG setzt neben der Eröffnung des Anwendungsbereichs nach § 1 und § 2 LVwVfG (vgl LVwVfG § 25 Rn 12 ff) die Anordnung in einer Rechtsvorschrift voraus, dass ein Verwaltungsverfahren über eine einheitliche Stelle abgewickelt werden kann (vgl § 71 a Abs. 1 LVwVfG). Dafür regelt § 71 c LVwVfG die Abwicklung eines oder mehrerer Verwaltungsverfahren über eine einheitliche Stelle und es werden Verfahrensvorschriften eingeführt, die unabhängig von der Inanspruchnahme der einheitlichen Stelle gelten, also auch wenn alle betroffenen Verfahren ausschließlich von den zuständigen Behörden durchgeführt werden.[9] Die Verfahrensabwicklung über die einheitliche Stelle erfolgt nur, wenn und soweit dies vom Antragsteller gewünscht wird.[10]

9 **Einheitliche Stelle** sind nach § 1 Abs. 1 S. 2 EAG BW die Einheitlichen Ansprechpartner. Dies sind nach § 2 EAG BW die Kammern, das dort genannte Ministerium oder die Stadt- und Landkreise, soweit sie dies angezeigt haben und im Gesetzblatt bekanntgemacht wurden.

II. Pflichten der und Ansprüche gegenüber der einheitlichen Stelle (Abs. 1)

10 Die einheitliche Stelle erteilt nach Abs. 1 S. 1 auf Anfrage unverzüglich Auskunft über die maßgeblichen Vorschriften, die zuständigen Behörden, den Zugang zu den öffentlichen Registern und Datenbanken, die zustehenden Verfahrensrechte und die Einrichtungen, die den Antragsteller oder Anzeigepflichtigen bei der Aufnahme oder Ausübung seiner Tätigkeit unterstützen. Diese Pflichten dienen im Anwendungsbereich der Dienstleistungsrichtlinie 2006/123/EG der Umsetzung von deren Art. 7 Abs. 1[11] iVm Abs. 4.

11 Außerdem teilt die einheitliche Stelle nach S. 2 unverzüglich mit, wenn eine Anfrage zu unbestimmt ist. Diese Pflicht dient im Anwendungsbereich der Dienstleistungsrichtlinie 2006/123/EG der Umsetzung von deren Art. 7 Abs. 4 (vgl oben Rn 3), wobei allerdings abweichend vom Wortlaut des Art. 7 Abs. 4 die Mitteilungspflicht an eine mangelnde Bestimmtheit anknüpft, weil Informationsersuchen nicht fehlerhaft oder unbegründet sein können.[12]

12 Die Pflichten sind nach § 71 c Abs. 1 LVwVfG **unverzüglich** zu erfüllen, während in Art. 7 Abs. 4 der Dienstleistungsrichtlinie 2006/123/EG nur hinsichtlich der konkreten Anfragen der Begriff „unverzüglich" und im

---

9 LT-Drs. 14/4780, 12.
10 LT-Drs. 14/4780, 12 f.
11 LT-Drs. 14/4780, 31.
12 LT-Drs. 14/4780, 31.

Übrigen die Umschreibung „so schnell wie möglich“ verwendet wird. Etwaige Unterschiede dürften marginal sein. In den Kommentierungen wird „unverzüglich“ zumeist entsprechend § 121 BGB als „ohne schuldhaftes Zögern“ interpretiert.[13]

III. Pflichten der und Ansprüche gegenüber der zuständigen Behörde (Abs. 2)

Abs. 2 dient im Anwendungsbereich der Dienstleistungsrichtlinie 2006/123/EG der Umsetzung von deren Art. 7 Abs. 2 und Abs. 4. Da die Informationspflichten der zuständigen Behörde aus Art. 7 sich im Wesentlichen bereits aus § 25 LVwVfG (s. dazu die dortige Kommentierung) ergeben, wurde lediglich die Maßgabe der unverzüglichen (vgl Rn 12) Auskunftserteilung ergänzt.[14] 13

IV. Rechtsfolgen bei Verletzung der Pflichten

Hinsichtlich der Rechtsfolgen bei Verletzung der Pflichten wird auf die Ausführungen zur allg. Regelung in § 25 LVwVfG (s. dort Rn 39 ff) verwiesen. 14

V. Konkurrenzen

§ 71 c LVwVfG ergänzt die allg. Regelung in § 25 LVwVfG (vgl dort Rn 47), dementsprechend gelten zum Konkurrenzverhältnis die Ausführungen zur allg. Regelung in § 25 LVwVfG (s. dort Rn 45 ff) entsprechend. 15

VI. Kosten

Kostenregelungen für öffentliche Leistungen nach § 71 c LVwVfG waren nicht ersichtlich. 16

VII. Rechtsschutz

Für den Rechtsschutz gelten die Erwägungen zur allg. Regelung in § 25 LVwVfG (s. dort Rn 52) entsprechend. 17

13 So etwa BeckOK VwVfG/Huck § 71 c Rn 5; NK-VwVfG/Brosius-Gersdorf § 71 c Rn 15.
14 LT-Drs. 14/4780, 31.

§ 22 UVwG Zweck, Anwendungsbereich

(1) Zweck dieser Vorschriften ist es, den rechtlichen Rahmen für den freien Zugang zu Umweltinformationen bei informationspflichtigen Stellen sowie für die Verbreitung dieser Umweltinformationen zu schaffen.

(2) Diese Vorschriften gelten für informationspflichtige Stellen des Landes, der Gemeinden und Landkreise und der unter ihrer Aufsicht stehenden juristischen Personen des öffentlichen Rechts sowie für private informationspflichtige Stellen im Sinne von § 23 Absatz 1 Nummer 2.

Literatur: *Feldmann/Heiland*, Das neue baden-württembergische Umweltverwaltungsgesetz – mehr Transparenz und Öffentlichkeitsbeteiligung im Umweltbereich, VBlBW 2015, 49 ff; *Gurlit*, Das neue Umweltinformationsrecht: Grenzverschiebungen im Verhältnis von Staat und Gesellschaft, EurUP 2006, 224 ff.

I. Allgemeines

1 **1. Europa- und verfassungsrechtliche Vorgaben.** Das Umweltinformationsrecht wird maßgeblich durch die Rechtssetzung auf völkerrechtlicher und europäischer Ebene geprägt.[1] §§ 22 ff UVwG dienen der **Umsetzung der UIRL 2003/4/EG**[2] in Landesrecht. Die Richtlinie dient nach deren Erwägungsgrund 5 der Anpassung an das am 25.6.1998 unterzeichnete Übereinkommen der UN-Wirtschaftskommission für Europa über den Zugang zu Informationen, die Öffentlichkeitsbeteiligung an Entscheidungsverfahren und den Zugang zu Gerichten in Umweltangelegenheiten („Übereinkommen von Aarhus").

2 Das Grundgesetz und auch die Verfassung des Landes Baden-Württemberg sehen **kein explizites Recht auf freien Zugang zu Umweltinformationen** vor.[3]

3 **2. Entstehungsgeschichte.** Die Vorschrift entspricht im Wesentlichen dem bislang geltenden § 1 LUIG aF.[4] Sie ist wortgleich zur bundesrechtlichen Regelung in § 1 UIG formuliert.

---

1 S. ausführlich Landmann/Rohmer/Reidt/Schiller Vorbem UIG Rn 16 ff.

2 Richtlinie 2003/4/EG des Europäischen Parlaments und des Rates vom 28. Januar 2003 über den Zugang der Öffentlichkeit zu Umweltinformationen und zur Aufhebung der Richtlinie 90/313/EWG des Rates (ABl. EG L 41, 26).

3 Vgl Landmann/Rohmer/Reidt/Schiller Vorbem. UIG Rn 52 ff; offener BeckOK InfoMedienR/Karg UIG § 1 Rn 8 ff, der eine verfassungsrechtliche Pflicht aus Art. 20 a GG herleitet; s. auch allgemein Wirtz/Brink NVwZ 2015, 1166 ff; Stollwerck LKV 2016, 538, 539.

4 Landesumweltinformationsgesetz (LUIG) v. 7.3.2006 (GBl. S. 50), außer Kraft getreten am 1.1.2015 aufgrund Art. 6 S. 2 des Gesetzes zur Vereinheitlichung des Umweltverwaltungsrechts und zur Stärkung der Bürger- und Öffentlichkeitsbeteiligung im Umweltbereich v. 25.11.2014 (GBl. S. 592).

II. Zweck und Regelungsinhalt (Abs. 1)

Abs. 1 nennt zwei parallel geltende Gesetzeszwecke: Die Vorschriften über Umweltinformationen dienen einerseits dazu, einen rechtlichen Rahmen für den freien Zugang zu Umweltinformationen (s. UVwG § 23 Rn 19 ff) bei informationspflichtigen Stellen (s. UVwG § 23 Rn 2 ff) zu schaffen. Sie geben andererseits den rechtlichen Rahmen für eine Verbreitung von Umweltinformationen vor. 4

1. Zugang zu Umweltinformationen. Mit der Schaffung eines rechtlichen Rahmens für den freien Zugang zu Umweltinformationen bei informationspflichtigen Stellen verfolgt der Gesetzgeber das Ziel, das allgemeine Umweltbewusstsein zu schärfen, einen freien Meinungsaustausch und eine wirksame Teilnahme der Öffentlichkeit an Entscheidungsverfahren zu ermöglichen und auf diese Weise den Umweltschutz zu verbessern.[5] 5

Der Anspruch auf Zugang zu Umweltinformationen wird voraussetzungslos Jedermann gewährt (s. UVwG § 24 Rn 3 ff). Er ist als **subjektiv-öffentliches Recht** ausgestaltet und erfordert die aktive Mitwirkung der Person. 6

2. Verbreitung von Umweltinformationen. Neben der passiven Zugangsgewährung verpflichtet Abs. 1 die informationspflichtigen Stellen dazu, aktiv bestimmte Informationen in der Öffentlichkeit zu verbreiten (s. UVwG § 30 Rn 2 ff). Auch hiermit soll das allgemeine Umweltbewusstsein erhöht und der Umweltschutz verbessert werden.[6] 7

Der Verbreitung von Umweltinformationen soll in Zukunft eine größere Bedeutung zukommen. Durch die Bereitstellung der behördlichen Datenbestände im Internet wird häufig ein Zugangsbegehren des Bürgers bei staatlichen oder sonstigen Stellen entbehrlich werden (s. UVwG § 27 Rn 17 und § 30 Rn 4). 8

III. Anwendungsbereich (Abs. 2)

Gem. Abs. 2 gelten die Vorschriften für informationspflichtige Stellen des Landes, der Gemeinden und Landkreise und der unter ihrer Aufsicht stehenden juristischen Personen des öffentlichen Rechts. 9

Die Vorschriften gelten auch für private informationspflichtige Stellen iSv § 23 Abs. 1 Nr. 2 UVwG. Diese wurden zur Klarstellung in Abs. 2 mit der Überführung des LUIG in das UVwG neu eingefügt.[7] 10

Für Bundesbehörden gilt das Umweltinformationsgesetz des Bundes.[8] 11

5 So auch BVerwG, 21.2.2008, 20 F 2.07, Rn 24; BVerwG, 19.1.2009, 20 F 23.07, Rn 13 zum Bundesrecht unter Rückgriff auf die Erwägungsgründe der UIRL 2003/4/EG. S. hierzu Erwägungsgrund 1 der UIRL 2003/4/EG.
6 Erwägungsgrund 21 der UIRL 2003/4/EG.
7 LReg LT-Drs. 15/5487, 83.
8 Umweltinformationsgesetz v. 27.10.2014, BGBl. I S. 1643.

§ 23 UVwG Allgemeine Bestimmungen

(1) Informationspflichtige Stellen sind

1. die Landesregierung und andere Stellen der öffentlichen Verwaltung einschließlich öffentlich beratender Gremien. Die beratenden Gremien gelten als Teil der Stelle, die deren Mitglieder beruft. Zu den informationspflichtigen Stellen gehören nicht
   a) die obersten Landesbehörden, soweit und solange sie im Rahmen der Gesetzgebung tätig werden, und
   b) Gerichte des Landes, soweit sie nicht Aufgaben der öffentlichen Verwaltung wahrnehmen,
2. natürliche oder juristische Personen des Privatrechts, soweit sie öffentliche Aufgaben wahrnehmen oder öffentliche Dienstleistungen erbringen, die im Zusammenhang mit der Umwelt stehen, insbesondere solche der umweltbezogenen Daseinsvorsorge, und dabei der Kontrolle des Landes, der Gemeinden und Gemeindeverbände, der Landkreise oder einer unter der Aufsicht des Landes, der Gemeinden, Gemeindeverbände oder der Landkreise stehenden juristischen Person des öffentlichen Rechts unterliegen.

(2) Kontrolle im Sinne von Absatz 1 Nummer 2 liegt vor, wenn

1. die Person des Privatrechts bei der Wahrnehmung der öffentlichen Aufgabe oder bei der Erbringung der öffentlichen Dienstleistung gegenüber Dritten besonderen Pflichten unterliegt oder über besondere Rechte verfügt, insbesondere ein Kontrahierungszwang oder ein Anschluss- und Benutzungszwang besteht, oder
2. eine oder mehrere der in Absatz 1 Nummer 2 genannten juristischen Personen des öffentlichen Rechts allein oder zusammen, unmittelbar oder mittelbar
   a) die Mehrheit des gezeichneten Kapitals des Unternehmens besitzen,
   b) über die Mehrheit der mit den Anteilen des Unternehmens verbundenen Stimmrechte verfügen oder
   c) mehr als die Hälfte der Mitglieder des Verwaltungs-, Leitungs- oder Aufsichtsorgans des Unternehmens bestellen können, oder
3. mehrere juristische Personen des öffentlichen Rechts zusammen unmittelbar oder mittelbar über eine Mehrheit im Sinne der Nummer 2 Buchstabe a bis c verfügen und zumindest der hälftige Anteil an dieser Mehrheit den in Absatz 1 Nummer 2 genannten juristischen Personen des öffentlichen Rechts zuzuordnen ist.

(3) Umweltinformationen sind unabhängig von der Art ihrer Speicherung alle Daten über

1. den Zustand von Umweltbestandteilen wie Luft und Atmosphäre, Wasser, Boden, Landschaft und natürliche Lebensräume einschließlich Feuchtgebiete, Küsten- und Meeresgebiete, die Artenvielfalt und ihre Bestandteile, einschließlich gentechnisch veränderter Organismen, sowie die Wechselwirkungen zwischen diesen Bestandteilen,

2. Faktoren wie Stoffe, Energie, Lärm und Strahlung, Abfälle aller Art sowie Emissionen, Ableitungen und sonstige Freisetzungen von Stoffen in die Umwelt, die sich auf die Umweltbestandteile im Sinne von Nummer 1 auswirken oder wahrscheinlich auswirken,
3. Maßnahmen oder Tätigkeiten, die
   a) sich auf die Umweltbestandteile im Sinne von Nummer 1 oder auf Faktoren im Sinne von Nummer 2 auswirken oder wahrscheinlich auswirken oder
   b) den Schutz von Umweltbestandteilen im Sinne von Nummer 1 bezwecken; zu den Maßnahmen gehören auch politische Konzepte, Rechts- und Verwaltungsvorschriften, Abkommen, Umweltvereinbarungen, Pläne und Programme,
4. Berichte über die Umsetzung des Umweltrechts,
5. Kosten-Nutzen-Analysen oder sonstige wirtschaftliche Analysen und Annahmen, die zur Vorbereitung oder Durchführung von Maßnahmen oder Tätigkeiten im Sinne von Nummer 3 verwendet werden, und
6. den Zustand der menschlichen Gesundheit und Sicherheit einschließlich der Kontamination der Lebensmittelkette, die Lebensbedingungen des Menschen sowie Kulturstätten und Bauwerke, soweit sie jeweils vom Zustand der Umweltbestandteile im Sinne von Nummer 1 oder von Faktoren, Maßnahmen oder Tätigkeiten im Sinne von Nummer 2 und 3 betroffen sind oder sein können.

(4) [1]Eine informationspflichtige Stelle verfügt über Umweltinformationen, wenn diese bei ihr vorhanden sind oder für sie bereitgehalten werden. [2]Ein Bereithalten liegt vor, wenn eine natürliche oder juristische Person, die selbst nicht informationspflichtige Stelle ist, Umweltinformationen für eine informationspflichtige Stelle im Sinne von Absatz 1 aufbewahrt, auf die diese Stelle einen Übermittlungsanspruch hat.

Literatur: *Feldmann/Heiland*, Das neue baden-württembergische Umweltverwaltungsgesetz - mehr Transparenz und Öffentlichkeitsbeteiligung im Umweltbereich -, VBlBW 2015, 49 ff; *Gärditz*, Parlamentarische Untersuchungsausschüsse als informationspflichtige Stellen?, NVwZ 2015, 1161 ff; *Schomerus*, Energieversorgungsunternehmen - informationspflichtige Stellen nach dem Umweltinformationsrecht?, ZNER 2006, 223 ff; *Wegener*, Aktuelle Fragen der Umweltinformationsfreiheit, NVwZ 2015, 609 ff.

I. Allgemeines

1 § 23 UVwG konkretisiert den personellen und materiellen Anwendungsbereich des Landes-Umweltinformationsrechts. Er bildet das Pendant zu § 2 UIG des Bundes und enthält alle Begriffsbestimmungen, die für die Anwendung des Umweltinformationsrechts maßgeblich sind. Statt der bisherigen Verweisungstechnik auf das Bundesrecht im LUIG aF wurden vor allem zur Verbesserung der Systematik und Übersichtlichkeit der Regelung alle Begriffsbestimmungen explizit aufgenommen.[1]

II. Informationspflichtige Stellen (Abs. 1)

2 **1. Erfasste Stellen der öffentlichen Verwaltung.** Die Norm entspricht weitestgehend § 2 Abs. 1 LUIG aF. **Informationspflichtige Stellen** sind alle Stellen der öffentlichen Verwaltung (ausführlich LIFG § 2 Rn 17 ff).

3 Erfasst werden alle Verwaltungsbehörden, auch **juristische Personen des öffentlichen Rechts** (Anstalten, Körperschaften, Stiftungen).[2] Des Weiteren zählen **Beliehene**[3] zu den informationspflichtigen Stellen, nicht jedoch Verwaltungshelfer.[4] Die zusätzliche Nennung der Landesregierung ist geboten, da es sich bei der Regierungstätigkeit nach hM nicht um eine Verwaltungsaufgabe handelt.[5]

4 Die Norm beschränkt den Anwendungsbereich nicht auf Stellen der Umweltverwaltung und deren spezifische Tätigkeiten. Erfasst wird sämtliches Verwaltungshandeln. Maßgeblich ist allein, ob die Stelle über Umweltinformationen verfügt.

5 Zu den informationspflichtigen Stellen gehören auch öffentlich **beratende Gremien**. Diese gelten als Teil der Stelle, die deren Mitglieder beruft. Zu den beratenden Gremien zählen sämtliche Einrichtungen, die aufgrund ihrer beratenden Tätigkeit auf den Entscheidungsgang öffentlicher Stellen Einfluss nehmen können.[6]

6 **2. Ausnahmen nach § 23 Abs. 1 Nr. 1 S. 3 UVwG.** Keine informationspflichtigen Stellen sind gem. § 23 Abs. 1 Nr. 1 S. 3 UVwG die obersten Landesbehörden, soweit und solange sie im Rahmen der Gesetzgebung tä-

1 Feldmann/Heiland VBlBW 2015, 49, 55.
2 VGH BW, 25.11.2008, 10 S 2702/06, NuR 2009, 650, 651 zur Anstalt.
3 Guckelberger UPR 2006, 89, 90.
4 BeckOK InfoMedienR/Karg UIG § 2 Rn 13.
5 Landmann/Rohmer/Reidt/Schiller UIG § 2 Rn 6.
6 Landmann/Rohmer/Reidt/Schiller UIG § 2 Rn 15 f.

tig werden, sowie Gerichte des Landes, soweit sie nicht Aufgaben der öffentlichen Verwaltung wahrnehmen.

a) **Schutz oberster Landesbehörden iRd Gesetzgebung.** Soweit und solange 7 oberste Landesbehörden iRd Gesetzgebung tätig werden, ist ein Informationsanspruch gegen diese ausgeschlossen. Dadurch sollen der **Normsetzungsprozess** und die hierfür erforderlichen Beratungsvorgänge geschützt werden.

Von der Auskunftspflicht werden sämtliche Stellen befreit, die an einem 8 Gesetzgebungsprozess beteiligt sind.[7] Dies gilt jedoch nur, solange das Gesetzgebungsverfahren noch **nicht abgeschlossen** ist.[8] Ist dieses abgeschlossen,[9] bedarf es keines Schutzes mehr. Der Erlass von Rechtsverordnungen wird von der Ausnahmeregelung nicht erfasst.[10]

b) **Schutz der Rechtsprechung der Gerichte des Landes.** Ausgenommen 9 vom Auskunftsanspruch sind auch Gerichte des Landes, soweit sie nicht Aufgaben der öffentlichen Verwaltung wahrnehmen. Die Ausnahme soll die **Funktionsfähigkeit der Rechtspflege** und die Tätigkeiten, die in richterlicher Unabhängigkeit durchgeführt werden, sichern.

Die Ausnahme für die Landesgerichte reicht nur soweit, wie sie Rechtspre- 10 chungsaufgaben im materiellen Sinne wahrnehmen. Somit wird der Bereich der sog. Justizverwaltung sowie der Aufgaben der freiwilligen Gerichtsbarkeit nicht erfasst.[11]

3. **Natürliche und juristische Personen des Privatrechts.** Die Verpflichtung 11 zur Information erfasst auch natürliche und juristische Personen des Privatrechts. Gründe hierfür sind vor allem die fortschreitende Verlagerung von staatlichen Aufgaben auf juristische Personen des Privatrechts (formelle und materielle Privatisierung) sowie die Änderungen im Dienstleistungsbereich.

a) **Person des Privatrechts.** Erfasst werden alle natürlichen und juristischen 12 Personen des Privatrechts (s. LIFG § 2 Rn 64). Informationspflichtig sind u.a. staatlich kontrollierte Unternehmen im Bereich der Wasserwirtschaft (Wasserversorgung, Abwasserentsorgung, Kanalverwaltungen) und Energieversorgungsunternehmen.[12] Nicht erfasst werden die nach verschiedenen Vorschriften[13] im Unternehmen zu bestellenden **Betriebsbeauftragten für Umweltschutz**, da sie Teil der innerbetrieblichen Organisation des Unternehmens sind und ihnen keine hoheitlichen Befugnisse übertragen werden.

---

7 S. hierzu auch Stollwerck LKV 2016, 538, 540; Gärditz NVwZ 2015, 1161 ff; Wegener NVwZ 2015, 609, 611 f.
8 S. zur restriktiven Auslegung der Bereichsausnahme EuGH, 14.2.2012, C-204/09, Rn 22 ff (Flachglas Torgau).
9 Spätestens mit Verkündung im Gesetzblatt.
10 EuGH, 18.7.2013, C-515/11, Rn 28, 33 ff (Deutsche Umwelthilfe e.V.); Stollwerck LKV 2016, 538, 540; Wegener NVwZ 2015, 609, 612; Eckardt NVwZ 2013, 1591, 1592.
11 Landmann/Rohmer/Reidt/Schiller UIG § 2 Rn 14.
12 Schomerus ZNER 2006, 223 ff.
13 S. u.a. §§ 53 ff BImSchG; §§ 59 f KrWG; §§ 64 ff WHG.

13 b) **Wahrnehmung öffentlicher Aufgaben oder Erbringung öffentlicher Dienstleistungen.** Die betreffenden privaten Stellen müssen **öffentliche Aufgaben** wahrnehmen oder **öffentliche Dienstleistungen** erbringen (s. LIFG § 2 Rn 65).

14 c) **Notwendiger Zusammenhang mit der Umwelt.** Die Wahrnehmung der öffentlichen Aufgaben oder die Erbringung öffentlicher Dienstleistungen müssen im Zusammenhang mit der Umwelt stehen. Die Tätigkeit muss Auswirkungen auf die Umwelt haben oder haben können.[14] Eine potentielle Auswirkung ist ausreichend. Beispielhaft nennt § 23 Abs. 1 Nr. 2 UVwG die umweltbezogene Daseinsvorsorge.

15 d) **Kontrolle oder Aufsicht des Landes, der Gemeinden und Gemeindeverbände und der Landkreise.** Das Handeln der privaten Stelle muss dem Land zumindest mittelbar zugerechnet werden können, was durch das Tatbestandsmerkmal der Kontrolle oder der Aufsicht realisiert wird.

16 Inhaber der Kontrolle können sowohl Behörden des Landes, der Gemeinden und Gemeindeverbände und der Landkreise als auch Körperschaften, Anstalten und Stiftungen des öffentlichen Rechts sein, sofern sie der Aufsicht des Landes, der Gemeinden, der Gemeindeverbände oder der Landkreise unterstehen (vgl. LIFG § 2 Rn 33 ff).

17 Den Begriff der Kontrolle hat der Gesetzgeber in § 23 Abs. 2 UVwG durch drei Fallgruppen definiert. S. zu den ersten beiden Fallgruppen LIFG § 2 Rn 66 ff. § 23 Abs. 2 Nr. 3 UVwG regelt den bisher nicht erfassten Fall, dass eine juristische Person des Privatrechtes nicht mehrheitlich unter der Kontrolle des Landes und auch nicht mehrheitlich unter der Kontrolle des Bundes steht, sondern sich die mehrheitliche Kontrolle ausnahmsweise aus der Addition der Anteile von Bund und Land ergibt. Eine Kontrolle durch das Land ist auch dann gegeben, wenn dieses innerhalb der öffentlichen Hand der (relative) Mehrheitseigener ist.[15]

18 e) **Umfang.** Aus dem Wortlaut „soweit“ folgt, dass Privatpersonen regelmäßig nicht hinsichtlich ihrer gesamten Tätigkeit informationspflichtig sind. Die zuvor genannten drei Tatbestandsmerkmale müssen **kumulativ** erfüllt sein. Fehlt es an einer dieser Voraussetzungen, ist die Privatperson auch nicht informationspflichtige Stelle.

III. Umweltinformation (Abs. 3)

19 Der zentrale Begriff des Umweltinformationsrechts ist der der „Umweltinformation“, da er zugleich den Gegenstand und die Reichweite des Informationsanspruchs nach § 24 Abs. 1 UVwG bestimmt. Die in § 23 Abs. 3 UVwG aufgeführten Fälle sind **abschließend**. Der Begriff ist jedoch weit auszulegen.[16] Er entspricht der bundesrechtlichen Regelung in § 2 Abs. 3 UIG.

14 Schomerus/Clausen ZUR 2005, 575, 578; Kommission KOM (2000) 402 endg., 11.
15 LReg LT-Drs. 15/5487, 84.
16 BVerwG, 21.2.2008, 4 C 13.07, BVerwGE 130, 223 Rn 11 ff; OVG Bln-Bbg, 6.3.2014, OVG 12 B 19.12 jeweils für das UIG des Bundes.

Die Art der Speicherung der Informationen (schriftlich, visuell, akustisch, elektronisch etc.) ist unerheblich. Damit ist die Norm technikneutral ausgestaltet.[17] 20

1. Zustand von Umweltbestandteilen (Abs. 3 Nr. 1). Umweltinformationen sind alle Daten über den Zustand von Umweltbestandteilen. Erfasst werden damit alle Umweltgüter. Die Norm nennt ausdrücklich Luft und Atmosphäre, Wasser, Boden, Landschaft und natürliche Lebensräume einschließlich Feuchtgebiete, Küsten- und Meeresgebiete, die Artenvielfalt und ihre Bestandteile, einschließlich gentechnisch veränderter Organismen.[18] 21

Erfasst werden auch die Wechselbeziehungen zwischen den Umweltbestandteilen und die sich daraus ergebenden Folgen für das Gesamtsystem „Umwelt". 22

Mit dem Begriff Zustand wird vorrangig die gegenwärtige Beschaffenheit der Umweltbestandteile erfasst. Aber auch in der Vergangenheit liegende und ggf abgeschlossene Vorgänge erfüllen die Definition der Umweltinformation. Diese können zur Beurteilung des gegenwärtigen Umweltzustandes erforderlich sein, da aus Fehlern der Vergangenheit Folgerungen für künftige Umweltschutzmaßnahmen gezogen werden können.[19] 23

2. Umweltfaktoren (Abs. 3 Nr. 2). Umweltinformationen sind nach § 23 Abs. 3 Nr. 2 UVwG auch die umweltrelevanten Faktoren, wie Stoffe, Energie, Lärm und Strahlung, Abfälle aller Art sowie **Emissionen**, Ableitungen und sonstige Freisetzungen von Stoffen in die Umwelt, die sich auf die in Abs. 3 Nr. 1 genannten Umweltbestandteile auswirken oder wahrscheinlich auswirken können. Die Aufzählung ist nicht abschließend.[20] 24

Erforderlich ist, dass sich die genannten Faktoren auf die Umwelt **auswirken oder wahrscheinlich auswirken**. Ein potentieller, nicht unwahrscheinlicher Wirkungszusammenhang ist ausreichend. 25

3. Maßnahmen und Tätigkeiten (Abs. 3 Nr. 3). Umweltinformationen sind auch alle Daten über **Maßnahmen**, die sich auf die Umweltbestandteile auswirken oder den Schutz von Umweltbestandteilen bezwecken. 26

Erfasst werden alle direkten und indirekten Auswirkungen menschlicher Aktivitäten, sofern ein Wirkungszusammenhang zwischen der menschlichen Handlung und der Einwirkung auf die Umwelt erkennbar ist.[21] Erfasst wird auch ein Unterlassen, sofern eine Pflicht zum Handeln bestand.[22] 27

Maßnahmen sind insb. alle Entscheidungen von Behörden. Zu nennen sind u.a. Genehmigungs- und Überwachungsmaßnahmen nach dem Immissi- 28

17 BeckOK InfoMedienR/Karg UIG § 2 Rn 65.
18 S. ausführlich zu den einzelnen Bestandteilen BeckOK InfoMedienR/Karg UIG § 2 Rn 81 ff; Landmann/Rohmer/Reidt/Schiller UIG § 2 Rn 33 ff.
19 VGH BW, 10.6.1998, 10 S 58/97, NVwZ 1998, 987, 987 f.
20 Ausführlich hierzu BeckOK InfoMedienR/Karg UIG § 2 Rn 87 ff; Landmann/Rohmer/Reidt/Schiller UIG § 2 Rn 38 ff.
21 BVerwG, 21.2.2008, 4 C 13/07, NVwZ 2008, 791, 792; OVG NW, 1.3.2011, 8 A 3358/08, NuR 2011, 441 ff.
22 Landmann/Rohmer/Reidt/Schiller UIG § 2 Rn 43 mwN.

onsschutz-, Kreislaufwirtschafts-, Wasser- oder Naturschutzrecht und Planfeststellungsbeschlüsse sowie Stellungnahmen hierzu.[23]

29 Der Schutz von Umweltbestandteilen wird dann bezweckt, wenn die Maßnahme oder Tätigkeit der Erhaltung oder der Verbesserung der Umweltbestandteile dient. Beispielhaft werden politische Konzepte, Rechts- und Verwaltungsvorschriften, Abkommen, Umweltvereinbarungen sowie Pläne und Programme genannt.[24]

30 **4. Umweltberichte (Abs. 3 Nr. 4).** Zu den Umweltinformationen gehören auch sämtliche Berichte und Stellungnahmen. Erfasst werden vor allem die Berichte, die der Umsetzung der Berichtspflichten des europäischen Sekundärrechts im Umweltbereich dienen.

31 **5. Kosten-Nutzen-Analysen und wirtschaftliche Analysen (Abs. 3 Nr. 5).** Auch ökonomische Untersuchungen und Analysen zur Vorbereitung von Maßnahmen und Tätigkeiten nach Abs. 3 Nr. 3 werden vom Begriff der Umweltinformation erfasst. Sie sind häufig umweltbedeutsamen Vorhaben vorgeschaltet und dienen als Entscheidungsgrundlage vor allem zur Bestimmung der wirtschaftlichen Realisierbarkeit.[25]

32 **6. Berichte zur menschlichen Gesundheit, Sicherheit und Lebensmittelumstände (Abs. 3 Nr. 6).** Schließlich unterfallen Informationen zum Zustand der menschlichen Gesundheit und Sicherheit einschließlich der Kontamination der Lebensmittelkette, zu den Lebensbedingungen des Menschen sowie zu Kulturstätten und Bauwerken, sofern sie vom Zustand der Umweltbestandteile (s. Rn 21 ff) oder von Faktoren, Maßnahmen oder Tätigkeiten (s. Rn 24 f und 26 ff) betroffen sind oder sein können, der Definition der Umweltinformation.[26]

IV. Verfügen (Abs. 4)

33 Informationspflichtige Stellen sind nur in dem Umfang zur Auskunft verpflichtet, wie diese über die jeweiligen Informationen **verfügen.** Dies ist der Fall, wenn die Umweltinformation bei der Stelle vorhanden ist (1. Alt.) oder für sie bereitgehalten wird (2. Alt.).

34 **Vorhandensein** meint, dass sich die Umweltinformationen im Besitz der Behörde befinden und von dieser Behörde erstellt worden oder bei ihr eingegangen sein müssen. Entscheidend ist allein, dass die Stelle die **tatsächliche räumliche Verfügungsbefugnis** über die Information besitzt.[27]

35 Ein **Bereithalten** liegt nach § 23 Abs. 4 S. 2 UVwG vor, wenn eine natürliche oder juristische Person, die selbst nicht informationspflichtige Stelle ist, Umweltinformationen für eine informationspflichtige Stelle aufbewahrt, auf die diese Stelle einen Übermittlungsanspruch hat. Hierbei werden zwei Fälle unterschieden: Zum einen kann sich eine informationspflichtige Stelle zur Aufbewahrung von Informationen eines Dritten, der keine informati-

23 BeckOK InfoMedienR/Karg UIG § 2 Rn 99.1.
24 Hierzu Landmann/Rohmer/Reidt/Schiller UIG § 2 Rn 46.
25 Landmann/Rohmer/Reidt/Schiller UIG § 2 Rn 48.
26 Ausführlich hierzu BeckOK InfoMedienR/Karg UIG § 2 Rn 108 ff.
27 Landmann/Rohmer/Reidt/Schiller UIG § 2 Rn 53.

onspflichtige Stelle ist, bedienen. Zum anderen wird der Fall erfasst, dass ein Unternehmen aufgrund einer speziellen Rechtsvorschrift oder durch Verwaltungsakt im Rahmen einer **Selbstüberwachung** verpflichtet ist, Messberichte oder andere Umweltinformationen für einen bestimmten Zeitraum für die informationspflichtigen Stellen aufzubewahren und auf entsprechende Anforderung herauszugeben.[28]

Der Wortlaut des Abs. 4 macht deutlich, dass informationspflichtige Stellen nicht zur **aktiven Beschaffung** von Informationen verpflichtet sind. Umweltinformationen sind nur vorhanden, wenn sie tatsächlich und dauerhaft vorliegen und Bestandteil eines Verwaltungsvorgangs geworden sind.[29] 36

Hat die informationspflichtige Stelle Kenntnis davon, wo sich die begehrte Umweltinformation befindet, hat sie den Antrag an diese (informationspflichtige) Stelle gem. § 25 Abs. 3 UVwG (s. dort Rn 17 ff) weiterzuleiten. 37

§ 24 UVwG Zugang zu Umweltinformationen

(1) [1]Jede Person hat nach Maßgabe dieses Gesetzes Anspruch auf freien Zugang zu Umweltinformationen, über die eine informationspflichtige Stelle im Sinne von § 23 Absatz 1 verfügt, ohne ein rechtliches Interesse darlegen zu müssen. [2]Daneben bleiben andere Ansprüche auf Zugang zu Informationen unberührt.

(2) [1]Der Zugang kann durch Auskunftserteilung, Gewährung von Akteneinsicht oder in sonstiger Weise eröffnet werden. [2]Wird eine bestimmte Art des Informationszugangs beantragt, so darf dieser nur aus gewichtigen Gründen auf andere Art eröffnet werden. [3]Als gewichtiger Grund gilt insbesondere ein deutlich höherer Verwaltungsaufwand. [4]Soweit Umweltinformationen der antragsstellenden Person bereits auf andere, leicht zugängliche Art, insbesondere durch Verbreitung nach § 27 zur Verfügung stehen, kann die informationspflichtige Stelle die Person auf diese Art des Informationszugangs verweisen.

(3) [1]Soweit ein Anspruch nach Absatz 1 besteht, sind die Umweltinformationen der antragsstellenden Person unter Berücksichtigung etwaiger von ihr angegebener Zeitpunkte, spätestens jedoch mit Ablauf der Frist nach Satz 2 Nummer 1 oder Nummer 2 zugänglich zu machen. [2]Die Frist beginnt mit Eingang des Antrags bei der informationspflichtigen Stelle, die über die Informationen verfügt, und endet

1. **mit Ablauf eines Monats oder**
2. **soweit Umweltinformationen derart umfangreich und komplex sind, dass die in Nummer 1 genannte Frist nicht eingehalten werden kann, mit Ablauf von zwei Monaten.**

Literatur: *Feldmann/Heiland*, Das neue baden-württembergische Umweltverwaltungsgesetz - mehr Transparenz und Öffentlichkeitsbeteiligung im Umweltbereich -, VBlBW

28 Mit Beispielen Landmann/Rohmer/Reidt/Schiller UIG § 2 Rn 54.
29 BVerwG, 27.5.2013, 7 B 43/12, Rn 11 zum IFG des Bundes.

2015, 49 ff; Guckelberger, Umweltinformationen unter europäischem Einfluss, VerwArch 105 (2014), 411 ff; *Gurlit*, Das neue Umweltinformationsrecht: Grenzverschiebungen im Verhältnis von Staat und Gesellschaft, EurUP 2006, 224 ff.

I. Allgemeines

1 § 24 UVwG bildet die zentrale Norm des landesrechtlichen Umweltinformationsrechts. Er normiert den **subjektiv-rechtlichen Anspruch** auf den voraussetzungslosen Zugang zu vorhandenen Umweltinformationen bei einer informationspflichtigen Stelle.

2 Die Norm entspricht § 3 des UIG des Bundes.

II. Anspruch auf Umweltinformation (Abs. 1 S. 1)

3 **1. Anspruchsberechtigte.** Gem. § 24 Abs. 1 S. 1 UVwG hat **„jede Person"** auf Antrag einen Anspruch auf freien Zugang zu Umweltinformationen, über die eine informationspflichtige Stelle iSd § 23 Abs. 1 UVwG (s. dort Rn 2 ff) verfügt.

4 Der ungehinderte Zugang zu Umweltinformationen ist Teil einer offenen Informationskultur und für eine Teilhabe der Bürger an politischen Entscheidungsprozessen fundamental.[1]

5 **a) Natürliche und juristische Personen des Privatrechts.** Anspruchsberechtigt sind zweifelsfrei natürliche und juristische Personen des Privatrechts. Hierzu zählen eingetragene Vereine, Aktiengesellschaften oder eingetragene Genossenschaften.

6 Unerheblich ist die Staatsangehörigkeit oder der Sitz der juristischen Person des Privatrechts. Auch **ausländische natürliche und juristische Personen** können unabhängig von ihrem Wohnsitz das Recht in Anspruch nehmen.[2]

7 **b) Teilrechtsfähige Vereinigungen.** Da der Zugang zu Umweltinformationen möglichst uneingeschränkt gewährt werden soll,[3] können auch **Verei-**

1 LReg LT-Drs. 15/5487, 84 f.
2 Fluck/Theuer/Gündling/Fluck UIG § 3 Rn 37; Guckelberger VerwArch 105 (2014), 411, 424.
3 BVerwG, 21.2.2008, 4 C 13/07, NVwZ 2008, 791, 793 f.

nigungen nach § 11 Nr. 2 LVwVfG das „Jedermanns-Recht" geltend machen. Erfasst sind daher auch teilrechtsfähige Personengesellschaften, wie die OHG und die KG sowie die GbR.[4]

Sofern eine gewisse zeitliche, personelle und thematische Kontinuität erkennbar ist, sind auch **nichtrechtsfähige Vereinigungen** anspruchsberechtigt. Hierunter fallen auch **Bürgerinitiativen**, sofern sie ein Mindestmaß an innerer Organisation aufweisen. Eine förmliche Anerkennung ist nicht erforderlich.[5] 8

c) **Juristische Personen des Öffentlichen Rechts.** Umstritten ist, ob auch juristische Personen des öffentlichen Rechts zu den anspruchsberechtigten Personen zählen.[6] Mit dem Wortlaut ist ein Ausschluss dieser nicht in Einklang zu bringen.[7] Ziel des Umweltinformationsrechts ist gerade die umfassende Herstellung von Offenheit staatlichen Handelns. Dies hat auch gegenüber juristischen Personen des öffentlichen Rechts zu gelten. 9

Staatliche Stellen der unmittelbaren und mittelbaren Verwaltung[8] können sich damit ebenfalls auf den Umweltinformationsanspruch berufen. Neben öffentlich-rechtlich anerkannten Religionsgemeinschaften[9] zählen hierzu auch ausdrücklich **Gemeinden.**[10] 10

2. Anspruchsverpflichtete. Der Anspruch richtet sich gegen die **informationspflichtige Stelle** (s. UVwG § 23 Rn 2 ff), die über die begehrte Umweltinformation verfügt. Richtet sich der Antrag gegen eine nicht informationspflichtige Stelle, ist er mangels Vorliegen der Anspruchsvoraussetzungen gem. § 28 Abs. 2 Nr. 3 UVwG (s. dort Rn 47) abzulehnen, sofern er nicht nach § 25 Abs. 3 UVwG weitergeleitet werden kann. 11

3. Anspruchsgegenstand. Der Anspruch richtet sich auf den Zugang zu Umweltinformationen (s. UVwG § 23 Rn 19 ff). Eine Pflicht, Informationen zu beschaffen, besteht nicht (s. UVwG § 23 Rn 36 f). 12

4. Anspruchsvoraussetzung. Der Zugang zu den begehrten Umweltinformationen wird **voraussetzungslos** gewährt. Er setzt weder eine spezifische Betroffenheit noch ein berechtigtes Interesse voraus. Auch die Angabe, wofür die Informationen benötigt werden, ist nicht erforderlich.[11] 13

---

4 Fluck/Theuer/Gündling/Fluck UIG § 3 Rn 38; Guckelberger VerwArch 105 (2014), 411, 424.
5 Gurlit EurUP 2006, 224, 226; Fluck/Wintterle VerwArch 94 (2003), 437, 443; Stollwerck LKV 2016, 538, 539; BeckOK InfoMedienR/Karg UIG § 3 Rn 14.
6 Fluck/Theuer/Gündling/Fluck UIG § 3 Rn 42: grds. kein Anspruch; differenzierend Landmann/Rohmer/Reidt/Schiller UIG § 3 Rn 7.
7 So auch BeckOK InfoMedienR/Karg UIG § 3 Rn 10; Guckelberger VerwArch 105 (2014), 411, 424.
8 Rundfunkanstalten, Universitäten; s. Gurlit EurUP 2006, 224, 226.
9 Für einen evangelischen Kirchengemeindeverband BVerwG, 20.3.2007, 4 C 13.07, BVerwGE 130, 223 Rn 26 ff.
10 BVerwG, 21.2.2008, 4 C 13.07, BVerwGE 130, 223 Rn 28 ff; s. auch Landmann/Rohmer/Reidt/Schiller UIG § 3 Rn 7.
11 Ausführlich BeckOK InfoMedienR/Karg UIG § 3 Rn 17 f.; Feldmann/Heiland VBlBW 2015, 49, 55.

14 Den schutzwürdigen Interessen, die eine Beschränkung des Informationsanspruchs erforderlich machen, wird mit den Ablehnungsgründen in §§ 28 und 29 UVwG Rechnung getragen.

III. Art und Form des Informationszugangs (Abs. 2)

15 **1. Mögliche Zugangsarten (S. 1).** Die informationspflichtige Stelle kann nach der **exemplarischen Aufzählung** in Abs. 2 S. 1 Auskunft erteilen, Akteneinsicht gewähren oder Informationen in sonstiger Weise zur Verfügung stellen (s. dazu LIFG § 7 Rn 34 ff, 42 ff).

16 **2. Wahlrecht der antragstellenden Person und dessen Einschränkung (S. 2 und 3).** Begehrt die antragstellende Person eine bestimmte Art des Informationszugangs, so darf dieser nach Abs. 2 S. 2 nur aus gewichtigen Gründen auf andere Art gewährt werden. Als solcher Grund gilt ein deutlich höherer Verwaltungsaufwand (s. hierzu LIFG § 7 Rn 38 ff).

17 **3. Verweis auf eine andere, leicht zugängliche Zugangsart (S. 4).** Abs. 2 S. 4 erlaubt der informationspflichtigen Stelle, die antragstellende Person auf andere, leichter zugängliche Arten des Informationszugangs zu **verweisen**, soweit diese den gleichen Informationsgehalt besitzen (vgl LIFG § 9 Rn 25 ff). Als andere, leicht zugängliche Art nennt die Norm die Verbreitung nach § 27 UVwG, gemeint ist allerdings § 30 UVwG (s. dort Rn 4), wie sich aus dem Vergleich mit dem Bundesrecht in der Gesetzesbegründung[12] ergibt. Veröffentlicht die informationspflichtige Stelle die begehrte Umweltinformation also zB auf ihrer Internetseite, so kann die antragstellende Person hierauf verwiesen werden. Allerdings darf die Verweisung nicht pauschal erfolgen, sondern muss weitere Aktenteile oder Informationen konkret benennen.[13]

IV. Erfüllungsfristen (Abs. 3)

18 Die **Regelfrist** für das Zugänglichmachen der begehrten Umweltinformation liegt bei **einem Monat**. Sie kann unter bestimmten Umständen verdoppelt werden, wenn die Umweltinformationen derart umfangreich und komplex sind, um sie innerhalb der vorgegebenen Monatsfrist zur Verfügung zu stellen. Über die Geltung der längeren Frist ist die antragstellende Person unter Angabe von Gründen spätestens nach Ablauf der Monatsfrist nach § 25 Abs. 5 UVwG zu unterrichten.

19 Die Frist beginnt mit **Eingang des Antrags** bei der informationspflichtigen Stelle, die über die Umweltinformationen verfügt (s. hierzu auch LIFG § 7 Rn 55).

20 Ungeachtet der Regelfrist muss die informationspflichtige Stelle den Antrag so schnell wie möglich bearbeiten.[14]

---

12 LReg LT-Drs. 15/5487, 85.
13 VGH HE, 31.10.2013, 6 A 1734/13.Z, Rn 13 f.
14 BeckOK InfoMedienR/Karg UIG § 3 Rn 37: unverzüglich; s. hierzu auch LIFG § 7 Rn 52 ff.

V. Kollision mit anderen Zugangsrechten (Abs. 1 S. 2)

§ 24 Abs. 1 S. 2 UVwG regelt das Verhältnis zu anderen Informations- und Auskunftsansprüchen. Diese bleiben unberührt. Im Gegensatz zu § 1 Abs. 3 LIFG enthält die Norm keine **Subsidiaritätsklausel** zugunsten spezieller oder bereichsspezifischer Informationsansprüche. Allerdings begründet sie auch keinen automatischen Vorrang. 21

Der Anspruch auf Umweltinformation geht dem Anspruch auf Informationszugang nach dem LIFG vor (s. LIFG § 1 Rn 19 ff). 22

Das Akteneinsichtsrecht für Beteiligte eines Verwaltungsverfahrens nach § 29 LVwVfG bleibt durch den Umweltinformationsanspruch unberührt. Dies ist Folge der unterschiedlichen Anwendungsbereiche.[15] 23

Neben dem Umweltinformationsanspruch bleiben u.a. auch Ansprüche aus §§ 8-10 UmweltHG, § 35 GenTG und § 63 Abs. 4 S. 1 BBergG bestehen. Unberührt bleiben ferner die vielfältigen Beteiligungsrechte im Planfeststellungs- und Anlagengenehmigungsrecht (s. etwa § 4 a BauGB, § 73 Abs. 3 LVwVfG, § 10 Abs. 3 BImSchG iVm §§ 8 ff der 9. BImSchV, §§ 4 ff AtVfV, § 9 Abs. 3 UVPG, § 18 GenTG).[16] 24

VI. Kosten

Gebühren und Auslagen für den Informationszugang sind in § 33 UVwG (s. dort) geregelt. 25

VII. Rechtsschutz

Der Rechtsschutz richtet sich nach § 32 UVwG (s. dort). 26

§ 25 UVwG Antrag und Verfahren

(1) Umweltinformationen werden von der informationspflichtigen Stelle auf Antrag zugänglich gemacht.

(2) [1]Der Antrag muss erkennen lassen, zu welchen Umweltinformationen der Zugang gewünscht wird. [2]Ist der Antrag zu unbestimmt, so ist der antragstellenden Person dies innerhalb eines Monats mitzuteilen und Gelegenheit zur Präzisierung des Antrags zu geben. [3]Kommt die antragstellende Person der Aufforderung zur Präzisierung nach, beginnt der Lauf der Frist zur Beantwortung von Anträgen erneut. [4]Die Informationssuchenden sind bei der Stellung und Präzisierung von Anträgen zu unterstützen.

(3) Wird der Antrag bei einer informationspflichtigen Stelle gestellt, die nicht über die Umweltinformationen verfügt, leitet sie den Antrag an die über die begehrten Informationen verfügende Stelle weiter, wenn ihr diese bekannt ist, und unterrichtet die antragstellende Person hierüber.

15 Für das Bundesrecht Landmann/Rohmer/Reidt/Schiller UIG § 3 Rn 31.
16 Für das Bundesrecht Landmann/Rohmer/Reidt/Schiller UIG § 3 Rn 30 ff, ausführlich auch Fluck/Theuer/Gündling/Fluck UIG § 3 Rn 75 ff.

(4) Wird eine andere als die beantragte Art des Informationszugangs im Sinne von § 24 Absatz 2 eröffnet, ist dies innerhalb der Frist nach § 24 Absatz 3 Satz 2 Nummer 1 unter Angabe der Gründe mitzuteilen.

(5) Über die Geltung der längeren Frist nach § 24 Absatz 3 Satz 2 Nummer 2 ist die antragstellende Person spätestens mit Ablauf der Frist nach § 24 Absatz 3 Satz 2 Nummer 1 unter Angabe der Gründe zu unterrichten.

Literatur: *Feldmann/Heiland*, Das neue baden-württembergische Umweltverwaltungsgesetz – mehr Transparenz und Öffentlichkeitsbeteiligung im Umweltbereich, VBlBW 2015, 49 ff.

I. Allgemeines

1 § 25 UVwG enthält die verfahrensmäßigen Anforderungen an die Geltendmachung eines Anspruchs auf Zugang zu Umweltinformationen.

2 Die Norm übernimmt in ihren Absätzen 1, 2, 4 und 5 die entsprechenden Regelungen des Bundesrechts aus § 4 Abs. 1, 2, 4 und 5 UIG. Die landesrechtliche Neuerung in Abs. 3 zielt auf eine bürgerfreundlichere Ausgestaltung des Umweltinformationsrechts und weicht vom Bundesrecht ab (s. unter Rn 17 ff).

II. Anforderungen an den zu stellenden Antrag (Abs. 1 und 2)

3 § 25 UVwG bestimmt, dass die Umweltinformationen von einer nach § 23 Abs. 1 UVwG informationspflichtigen Stelle auf **Antrag** zugänglich gemacht werden. Es handelt sich folglich um ein antragsgebundenes Verfahren iSv § 22 S. 2 Nr. 2 LVwVfG. Die Bestimmungen des Landesverwaltungsverfahrensgesetzes finden ergänzend Anwendung.[1]

4 § 25 Abs. 1 UVwG ist damit passiver Natur. Erfolgt die Bereitstellung von Informationen ohne Antrag, handelt es sich um eine Informationsverbreitung iSv § 30 UVwG.

5 **1. Form.** Die Antragstellung ist an keine **Form** gebunden. Sie kann auf unterschiedliche Weise erfolgen. Neben dem direkten Erscheinen der antragstellenden Person bei der informationspflichtigen Stelle ist auch die Antragstellung mittels Telefon, Email, Fax und einfacher Post möglich. Sofern die informationspflichtige Stelle (s. UVwG § 23 Rn 2 ff) andere moderne Formen der Kommunikation (zB Social Media) nutzt, kommen auch diese potentiell als Antragsoption in Betracht.[2]

1 Für das Bundesrecht Landmann/Rohmer/Reidt/Schiller UIG § 4 Rn 3; BeckOK InfoMedienR/Karg UIG § 4 Rn 3; differenzierend Fluck/Theuer/Scherzberg UIG § 4 Rn 12 f.
2 BeckOK InfoMedienR/Karg UIG § 4 Rn 3.

Aus Gründen der Rechtssicherheit und Eindeutigkeit sollte die Schriftform oder die elektronische Form gewählt werden.[3] Wird ein Antrag schriftlich gestellt, bedingt dies die zwingende Folge des § 27 Abs. 2 S. 1 UVwG. Eine etwaige Ablehnung hat sodann auch schriftlich zu erfolgen. 6

2. Inhalt. Die antragstellende Person ist nach § 25 Abs. 2 S. 1 UVwG – wie bei § 7 Abs. 2 LIFG (s. dort Rn 23 ff) – verpflichtet, den Antrag **hinreichend bestimmt** zu formulieren. Das Bestimmtheitserfordernis dient der Wahrung der Zwecke des Informationszugangs und soll die Arbeitsfähigkeit der informationspflichtigen Stelle erhalten.[4] 7

Aus dem Antrag muss **klar und eindeutig** zu erkennen sein, zu welchen Umweltinformationen Zugang gewünscht wird.[5] Hierfür hat der Antrag die begehrten Informationen zu benennen. Sie sind je nach Lage des Einzelfalles und soweit es dem Antragsteller möglich ist, durch Angaben über den Zeitraum, die Art der Information, beteiligte Personen oder Behörden oder weitere Umstände zu konkretisieren.[6] Die Anforderungen an die **Konkretisierung** dürfen dabei jedoch nicht überspannt werden.[7] 8

Ob es sich bei den begehrten Informationen um Umweltinformationen iSd § 23 Abs. 3 UVwG handelt, ist für die Ordnungsgemäßheit des Antrags unerheblich.[8] Auch ist die Angabe, zu welchem Zweck die Informationen begehrt werden, regelmäßig nicht erforderlich (s. UVwG § 24 Rn 13). 9

Anträge, die auf einen pauschalen Zugang zu Akten gerichtet sind, um sich einen Überblick über die bei der informationspflichtigen Stelle vorhandenen Informationen zu verschaffen (sog. „**Ausforschungsanträge**"), sind nicht per se unzulässig.[9] Aus dem Antrag muss allerdings erkennbar sein, auf welchen Themenkomplex sich das Begehren bezieht.[10] Zum weiteren Mindestinhalt des Antrags gehört auch, dass eine **Identifizierung** des Antragstellers möglich ist. Hierfür ist regelmäßig die Angabe von Name und Anschrift erforderlich.[11] 10

Die hinreichende Bestimmtheit des Antrags weist einen Bezug zur Gebührenerhebung nach § 33 UVwG auf. Ist die gewünschte Information so eingegrenzt, dass eine umfangreiche Auswertung des Aktenbestandes nicht notwendig ist, so ist die Übermittlung unter Umständen gebührenfrei (s. UVwG § 33 Rn 10 ff) oder kann wenigstens im Hinblick auf den vermin- 11

3 Landmann/Rohmer/Reidt/Schiller UIG § 4 Rn 4; Fluck/Theuer/Scherzberg UIG § 4 Rn 15.
4 Fluck/Theuer/Scherzberg UIG § 4 Rn 19.
5 OVG Bln-Bbg, 14.5.2012, OVG 12 S 12/12, NVwZ 2012, 979 ff.
6 BeckOK InfoMedienR/Karg UIG § 4 Rn 6.
7 Fluck/Theuer/Scherzberg UIG § 4 Rn 20.
8 BVerwG, 25.3.1999, 7 C 21.98, BVerwGE 108, 368, 371; BVerwG, 18.10.2005, 7 C 5/04, NVwZ 2006, 343 Rn 16 f.
9 Strittig. Wie hier Fluck/Theuer/Scherzberg UIG § 4 Rn 21; BeckOK InfoMedienR/Karg UIG § 4 Rn 6; aA Landmann/Rohmer/Reidt/Schiller UIG § 4 Rn 5 a; Kloepfer/v. Lewinski DVBl 2005, 1277, 1285.
10 BVerwG, 18.10.2005, 7 C 5/04, NVwZ 2006, 343 Rn 16 f.
11 Landmann/Rohmer/Reidt/Schiller UIG § 4 Rn 5; Fluck/Theuer/Scherzberg UIG § 4 Rn 16.

derten Verwaltungsaufwand kostengünstiger erfolgen (s. UVwG § 33 Rn 17).

12 **3. Nachträgliche Präzisierung.** Unbestimmte Anträge dürfen nicht ohne weiteres von der informationspflichtigen Stelle abgelehnt werden. Vielmehr ist die antragstellende Person nach § 25 Abs. 2 S. 2 UVwG aufzufordern, ihr Begehren zu konkretisieren. Sie ist dabei ggf **zu unterstützen** (§ 25 Abs. 2 S. 4 UVwG).[12]

13 Gelangt die informationspflichtige Stelle zu der Auffassung, dass der Antrag zu unbestimmt ist, hat sie dies der antragstellenden Person **innerhalb eines Monats** mitzuteilen. Die Aufforderung muss einen Hinweis darauf enthalten, in welcher Hinsicht der Antrag zu konkretisieren ist. Sie kann, wie sich aus § 28 Abs. 2 Nr. 5 UVwG ergibt, mit einer Frist verbunden werden.

14 Dem Antragsteller muss Gelegenheit zur Präzisierung des Antrags innerhalb einer **angemessenen Frist** (s. UVwG § 28 Rn 55) gegeben werden. Die Frist muss so bestimmt werden, dass die antragstellende Person der Aufforderung zur Präzisierung des Antrags in zumutbarer Weise nachkommen kann.[13] Die vergleichbare Regelung des § 7 Abs. 2 S. 2 LIFG gibt eine Monatsfrist vor.

15 Die Frist zur Beantwortung von Anträgen (s. UVwG § 24 Rn 18 ff) beginnt gem. § 25 Abs. 2 S. 3 UVwG erneut zu laufen, wenn die antragstellende Person der Aufforderung zur Präzisierung nachkommt. Hält die informationspflichtige Stelle den nachgebesserten Antrag immer noch nicht für hinreichend bestimmt, ist das Verfahren nach § 25 Abs. 2 S. 2 UVwG ggf zu wiederholen.

16 Verweigert die antragstellende Person ihre Mitwirkung oder kommt sie der Aufforderung nach Präzisierung nicht nach, hat die informationspflichtige Stelle den Antrag nach § 28 Abs. 2 Nr. 5 UVwG (s. dort Rn 54 f) insgesamt **abzulehnen.**[14] Gegen diese Entscheidung kann gem. § 32 UVwG vorgegangen werden.

III. Weiterleitung des Informationsantrags (Abs. 3)

17 § 25 Abs. 3 UVwG dient der Umsetzung einer bürgerfreundlicheren Ausgestaltung des Umweltinformationsrechts. Er ergänzt die in § 26 UVwG verankerten, über das Bundesrecht hinausgehenden Erleichterungen des Informationszugangs (s. dort Rn 5 ff, 16 ff).[15]

18 Anders als nach § 4 Abs. 3 S. 2 UIG des Bundes darf eine Behörde, die nicht über die begehrten Umweltinformationen verfügt, den Antragsteller nicht fakultativ an eine über derartige Informationen verfügende Stelle verweisen. Vielmehr muss sie den Antrag **selbst** an die zuständige Stelle **weiterleiten**, wenn ihr diese bekannt ist. Eine Nachforschungspflicht, wo die be-

12 OVG Bln-Bbg, 14.5.2012, OVG 12 S 12/12, NVwZ 2012, 979, 981.
13 Fluck/Theuer/Scherzberg UIG § 4 Rn 26.
14 Ausführlich Landmann/Rohmer/Reidt/Schiller UIG § 4 Rn 7 f.
15 LReg LT-Drs. 15/5487, 85.

gehrten Informationen abrufbar sein könnten, besteht bei fehlender Kenntnis der zuständigen Stelle aber nicht.[16]

Verfügt die informationspflichtige Stelle nur über einen Teil der gewünschten Informationen, ist sie verpflichtet, zu diesem Teil den Zugang zu gewähren oder bei Vorliegen eines Ablehnungsgrundes nach §§ 28 und 29 UVwG zu verweigern.[17] 19

Die antragstellende Person ist über die Weiterleitung des Antrags zu unterrichten. 20

IV. Unterrichtung über eine andere Art des Informationszugangs (Abs. 4)

§ 25 Abs. 4 UVwG enthält eine ergänzende Verfahrensvorschrift für den Fall der Eröffnung einer anderen als der im Antrag beantragten Art des Zugangs iSd § 24 Abs. 2 UVwG (s. dort Rn 16 f). 21

Die Mitteilung über die Abweichung von der im Antrag beantragten Art des Informationszugangs hat innerhalb der Frist des § 24 Abs. 3 S. 2 Nr. 1 UVwG, also **binnen eines Monats**, zu erfolgen. 22

Die Entscheidung ist nach § 27 Abs. 1 S. 2 UVwG als teilweise Ablehnung des Antrags zu qualifizieren. Der antragstellenden Person sind die **Gründe** für die Entscheidung mitzuteilen.[18] Auch gegen die teilweise Ablehnung des Zugangs kann gem. § 32 UVwG vorgegangen werden. 23

V. Unterrichtung über die Verlängerung der Entscheidungsfrist (Abs. 5)

§ 25 Abs. 5 UVwG bestimmt, dass der Antragsteller über die Geltung der längeren Frist nach § 24 Abs. 3 S. 2 Nr. 2 UVwG spätestens mit Ablauf der Frist des § 24 Abs. 3 S. 2 Nr. 1 UVwG unter **Angabe der Gründe** zu unterrichten ist. Es muss sich um konkrete fallbezogene Gründe handeln. Pauschale Aussagen oder die Wiederholung des Gesetzeswortlauts sind nicht ausreichend.[19] 24

Erfolgt die Fristverlängerung nicht, nicht rechtzeitig oder ohne eine ausreichende Begründung, können wegen § 44 a VwGO dagegen **keine eigenen Rechtsschutzmöglichkeiten** ergriffen werden. In Betracht kommt lediglich eine Untätigkeitsklage auf Informationszugang (s. UVwG § 32 Rn 23 iVm LIFG § 9 Rn 43). 25

---

16 Feldmann/Heiland VBlBW 2015, 49, 55; LReg LT-Drs. 15/5487, 85; kritisch zur fehlenden Nachforschungspflicht BeckOK InfoMedienR/Karg UIG § 4 Rn 14.
17 Landmann/Rohmer/Reidt/Schiller UIG § 4 Rn 10.
18 S. § 25 Abs. 4 aE und § 27 Abs. 1 S. 3 UVwG.
19 Landmann/Rohmer/Reidt/Schiller UIG § 4 Rn 17.

§ 26 UVwG Erleichterung des Informationszugangs

(1) Die informationspflichtigen Stellen fördern und erleichtern den Zugang zu den bei ihnen verfügbaren Umweltinformationen mit dem Ziel eines transparenten Verwaltungshandelns.

(2) Zu diesem Zweck wirken sie darauf hin, dass Umweltinformationen, über die sie verfügen, zunehmend in elektronischen Datenbanken oder in sonstigen Formaten gespeichert werden, die über Mittel der elektronischen Kommunikation abrufbar sind.

(3) Die informationspflichtigen Stellen unterstützen den Informationszugang durch Beratung und treffen praktische Vorkehrungen zur Erleichterung des Informationszugangs, beispielsweise durch

1. die Benennung von Auskunftspersonen oder Informationsstellen,
2. die Veröffentlichung von Verzeichnissen über verfügbare Umweltinformationen,
3. die Einrichtung öffentlich zugänglicher Informationsnetze und Datenbanken oder
4. die Veröffentlichung von Informationen über behördliche Zuständigkeiten.

(4) Soweit möglich, gewährleisten die informationspflichtigen Stellen, dass alle Umweltinformationen, die von ihnen oder für sie zusammengestellt werden, auf dem gegenwärtigen Stand, exakt und vergleichbar sind.

Literatur: *Britz/Eifert/Groß*, Verwaltungsinformation und Informationsrichtigkeit – Pflichten und Ansprüche nach dem Umweltinformations- und dem Informationsfreiheitsgesetz, DÖV 2007, 717 ff; *Feldmann/Heiland*, Das neue baden-württembergische Umweltverwaltungsgesetz – mehr Transparenz und Öffentlichkeitsbeteiligung im Umweltbereich, VBlBW 2015, 49 ff.

I. Allgemeines

1 § 26 UVwG enthält allgemeine Vorgaben zur Unterstützung des Zugangs zu Umweltinformationen. Er entspricht thematisch den Regelungen in § 7 UIG des Bundes,[1] auf die über § 3 Abs. 1 LUIG aF bisher verwiesen wurde.

2 Die Norm geht jedoch in ihrer Neufassung inhaltlich in zweierlei Hinsicht über die bundesrechtlichen Vorgaben hinaus: Zum einen wird in § 26 Abs. 1 UVwG das **Ziel der Erleichterung** des Informationszugangs und eine Pflicht zur Förderung dessen festgeschrieben (s. Rn 5 ff). Zum anderen wird eine **Beratungspflicht** der informationspflichtigen Stelle (UVwG § 23 Rn 2 ff) gegenüber der antragstellenden Person statuiert (s. Rn 16 f).[2]

3 § 26 UVwG richtet sich an die informationspflichtigen Stellen. Die mit dem Bundesrecht übereinstimmenden Regelungen enthalten eine **objektiv-rechtliche Verpflichtung** der informationspflichtigen Stellen, d.h. die Beachtung

1 Feldmann/Heiland VBlBW 2015, 49, 55.
2 LReg LT-Drs. 15/5487, 85; Feldmann/Heiland VBlBW 2015, 49, 55.

der Vorgaben kann durch die antragstellenden Personen nicht erzwungen oder bei fehlerhafter Umsetzung gerichtlich überprüft werden.[3]

Die über die bundesrechtliche Regelung hinausgehenden Pflichten sind nicht rein objektiv-rechtlicher Natur. So weist jedenfalls die Beratungspflicht in Abs. 3 einen subjektiv-rechtlichen Gehalt auf. Eine isolierte gerichtliche Geltendmachung des Beratungsanspruchs ist dennoch aufgrund von § 44 a VwGO ausgeschlossen. 4

II. Allgemeine Verpflichtung (Abs. 1)

§ 26 Abs. 1 UVwG enthält eine allgemeine Verpflichtung der informationspflichtigen Stellen zur **Förderung** und **Erleichterung** des Zugangs zu Umweltinformationen. Diese Pflicht wird in den nachfolgenden Absätzen der Norm konkretisiert. 5

Ziel der Förderung und Erleichterung des Zugangs zu den bei den informationspflichtigen Stellen verfügbaren Umweltinformationen ist ein **transparentes Handeln der öffentlichen Verwaltung.** 6

Im Gegensatz zu den in Abs. 3 genannten praktischen Vorkehrungen zur Erleichterung des Informationszugangs (s. Rn 20 ff) beziehen sich die hier angedachten Maßnahmen **unmittelbar** auf den Informationszugang. Hiervon erfasst werden u.a. **organisatorische Erleichterungen** wie die Bereitstellung von Räumen zur Akteneinsicht sowie die Unterhaltung einer technischen Mindestausstattung (zB Kopiergeräte).[4] 7

Mit der **Pflicht zur Förderung** des Zugangs zu Umweltinformationen geht die Norm über die bundesrechtlichen Vorgaben, den Zugang zu diesen Informationen zu erleichtern, hinaus. 8

Die Pflicht kann sowohl durch **allgemeine** als auch durch **individuelle** Maßnahmen[5] erfüllt werden, wobei die individuellen Maßnahmen in erster Linie im Zusammenhang mit der Beratungspflicht in Abs. 3 eine Rolle spielen dürften (s. hierzu Rn 16 f). Mögliche allgemeine Fördermaßnahmen sind etwa **Informationsveranstaltungen** zum Umweltinformationsrecht.[6] 9

III. Zugangserleichternde Maßnahmen (Abs. 2)

Nach § 26 Abs. 2 UVwG wirken die informationspflichtigen Stellen darauf hin, dass Umweltinformationen, über die sie verfügen, zunehmend in **elektronischen Datenbanken** oder in sonstigen Formaten gespeichert werden, die über Mittel der elektronischen Kommunikation abrufbar sind. 10

Mit der ausdrücklichen Regelung in Abs. 2 wurde die vormals landesrechtliche Verweisung auf das Bundesrecht entbehrlich. Gleichzeitig soll damit 11

3 BeckOK InfoMedienR/Karg UIG § 7 Rn 1; Landmann/Rohmer/Reidt/Schiller UIG § 7 Rn 1.
4 Landmann/Rohmer/Reidt/Schiller UIG § 7 Rn 4.
5 So auch Feldmann/Heiland VBlBW 2015, 49, 55.
6 LReg LT-Drs. 15/5487, 85 nennt beispielhaft den vom Ministerium für Umwelt, Klima und Energiewirtschaft am 19.11.2012 veranstalteten Kongress „Umweltinformation – Durch transparentes Verwaltungshandeln auf dem Weg zur Bürgergesellschaft".

der Forderung aus Art. 3 Abs. 4 der UIRL 2003/4/EG in besonderer Weise entsprochen werden.[7]

12 Die Regelung betrifft in erster Linie die interne Aufbereitung und **Speicherung** der Informationen als Voraussetzung für die Zugänglichmachung von Informationen. Eine solche Aufbereitung erleichtert nicht nur den Zugang zu diesen Informationen, sondern reduziert auch den Aufwand in Bezug auf das einzelne Informationsbegehren.[8]

13 Daneben soll auch der Abruf und die **Verfügbarmachung** der Informationen über elektronische Kommunikationswege realisiert werden. Wichtigste Mittel hierbei sind der Email-Verkehr und das Internet.

14 Die Regelung enthält eine **Zielvorgabe** für die informationspflichtigen Stellen. Aus ihr kann kein Anspruch der antragstellenden Person abgeleitet werden, die Umweltinformationen elektronisch und barrierefrei zur Verfügung gestellt zu bekommen.[9] Jedoch ist das **Wahlrecht** des Antragstellers auf Informationszugang nach § 24 Abs. 2 S. 2 UVwG zu beachten. Beantragt er den Informationszugang mittels elektronischer Kommunikation und sind die Informationen elektronisch verfügbar, so ist ihm der Informationszugang idR auf diesem Weg zu eröffnen (s. UVwG § 24 Rn 16; LIFG § 7 Rn 38 ff).

IV. Unterstützung des Informationszugangs (Abs. 3)

15 § 26 Abs. 3 UVwG verpflichtet die informationspflichtige Stelle in zweierlei Weise, den Informationszugang der antragstellenden Person zu unterstützen.

16 Zunächst statuiert die Norm die **explizite Pflicht** der informationspflichtigen Stelle zur **Beratung** des Informationssuchenden und geht damit über die bloße Information und eine Erleichterung des Zugangs zu dieser hinaus. Sie dient neben § 25 Abs. 3 UVwG (s. dort Rn 17 ff) dem Ziel einer bürgerfreundlichen Ausgestaltung des Umweltinformationsrechts.

17 Mit Beratung ist Unterstützung des Informationssuchenden beim Informationszugang gemeint. Gegenstand der Beratung ist das einzelne Informationsbegehren. Die Beratungspflicht ist damit individuell ausgerichtet.[10] Sie ergänzt die nach § 25 Abs. 2 S. 4 UVwG bestehende Verpflichtung zur Unterstützung bei der Stellung und Präzisierung von Anträgen (UVwG § 25 Rn 12 ff).

18 **Inhalt** der Beratungspflicht kann zB die Information über bestehende rechtliche Ansprüche und die Möglichkeiten zu deren Gewährung sein. Auch der Hinweis auf im Internet eingestellte Informationen oder sonstige Veröffentlichungen und die Wegweisung durch eine Fülle an Informationen können hierunter fallen.[11]

---

7 LReg LT-Drs. 15/5487, 86.
8 LReg LT-Drs. 15/5487, 86; BeckOK InfoMedienR/Karg UIG § 7 Rn 3.
9 BeckOK InfoMedienR/Karg UIG § 7 Rn 3.
10 Feldmann/Heiland VBlBW 2015, 49, 55.
11 S. hierzu ausführlicher Feldmann/Heiland VBlBW 2015, 49, 55.

Die Beratungspflicht bezieht sich nur auf den Informationszugang und nicht auf die gewünschten Informationen selbst. Umfangreiche **inhaltliche Auskünfte** werden folglich **nicht geschuldet.**[12] 19

Des Weiteren ergänzt § 26 Abs. 3 UVwG die allgemeine Pflicht aus Abs. 1 dahingehend, dass **praktische Vorkehrungen** zur Erleichterung des Informationszugangs zu schaffen sind. Die Regelung entspricht im Wesentlichen § 7 Abs. 2 UIG des Bundes 20

Praktische Vorkehrungen sind nicht auf den eigentlichen Vorgang des Zugänglichmachens der Umweltinformation gerichtet, sondern dienen **mittelbar** der Erleichterung des Informationszugangs, indem bereits im Vorfeld dem Bürger die Antragstellung erleichtert wird.[13] Dabei kann es sich sowohl um Aspekte der **innerbehördlichen Organisation** als auch um **technische Maßnahmen** handeln. 21

Der Gesetzgeber nennt in § 26 Abs. 3 Nr. 1 bis 4 UVwG als **Beispiele** die Benennung von Auskunftspersonen oder Informationsstellen, die Veröffentlichung von Verzeichnissen über verfügbare Umweltinformationen, die Einrichtung öffentlich zugänglicher Informationsnetze und Datenbanken oder die Veröffentlichung von Informationen über behördliche Zuständigkeiten. Die Aufzählung ist **nicht abschließend.** Art. 3 Abs. 5 lit. c) der UIRL 2003/4/EG[14] führt darüber hinaus zB noch den Aufbau und die Unterhaltung von Einrichtungen zur Einsichtnahme in die gewünschten Informationen auf. 22

Die zu ergreifenden Maßnahmen stehen im Ermessen der informationspflichtigen Stelle.[15] 23

V. Gewährleistung aktueller, exakter und vergleichbarer Daten (Abs. 4)

Die informationspflichtigen Stellen haben – soweit möglich – nach § 26 Abs. 4 UVwG zu gewährleisten, dass alle Umweltinformationen, die von ihnen oder für sie zusammengestellt werden, auf dem gegenwärtigen Stand, exakt und vergleichbar sind. 24

Umweltinformationen sind dann auf dem **gegenwärtigen Stand**, wenn die informationspflichtige Stelle selbst keine neueren Informationen gespeichert hat oder ihr diese nicht zur Verfügung stehen. § 26 Abs. 4 UVwG begründet **keine Beschaffungspflicht**. Deshalb ist es zunächst unerheblich, ob die Information bei einer anderen Stelle in aktuellerer Form vorliegt. Die bei der informationspflichtigen Stelle selbst vorhandenen Informationen sind jedoch von dieser **zu pflegen.** 25

Hat die Behörde Kenntnis davon, dass die begehrte Information bei einer anderen informationspflichtigen Stelle in einer aktuelleren Form vorliegt, hat sie im Rahmen ihrer Beratungspflicht nach § 26 Abs. 3 UVwG den In- 26

12 Ebenso Feldmann/Heiland VBlBW 2015, 49, 55.
13 Landmann/Rohmer/Reidt/Schiller UIG § 7 Rn 8.
14 ABl. EU L 41/26.
15 Landmann/Rohmer/Reidt/Schiller UIG § 7 Rn 8; BeckOK InfoMedienR/Karg UIG § 7 Rn 5.

formationssuchenden darauf hinzuweisen und ggf den Antrag nach § 25 Abs. 3 UVwG an die andere informationspflichtige Stelle weiterzuleiten.

27 **Exakt** ist die Umweltinformation, wenn sie den mit ihr verfolgten Informationszweck erfüllen kann.[16]

28 **Vergleichbar** sind die Informationen, wenn sie auf herkömmlichen wissenschaftlichen und üblicherweise verwendeten Bemessungsparametern beruhen.[17] Um einen Vergleich von Informationen unterschiedlicher Stellen zu ermöglichen, sind diese barrierefrei zur Verfügung zu stellen.

29 § 26 Abs. 4 UVwG soll **keine generelle Prüfpflicht** der informationspflichtigen Stelle im Hinblick auf die inhaltliche Richtigkeit der Information zu entnehmen sein.[18] Den Informationszweck können die Informationen aber nur dann erfüllen, wenn sie richtig sind.[19] Im Rahmen ihrer Möglichkeiten hat die Behörde deshalb die Richtigkeit der Informationen sicherzustellen. Eine absolute Richtigkeit kann aber nicht verlangt werden.[20]

30 Die Verpflichtung nach § 26 Abs. 4 UVwG gilt auch für die aktive Verbreitung von Umweltinformationen nach § 30 UVwG (s. dort Rn 39 ff) und für die Erstellung des Umweltzustandsberichts (s. UVwG § 31 Rn 13).

§ 27 UVwG Ablehnung des Antrags

(1) [1]Wird der Antrag ganz oder teilweise nach den §§ 28 und 29 abgelehnt, ist die antragstellende Person innerhalb der Fristen nach § 24 Absatz 3 Satz 2 hierüber zu unterrichten. [2]Eine Ablehnung liegt auch dann vor, wenn nach § 24 Absatz 2 der Informationszugang auf andere Art gewährt oder die antragstellende Person auf eine andere Art des Informationszugangs verwiesen wird. [3]Der antragstellenden Person sind die Gründe für die Ablehnung mitzuteilen; in den Fällen des § 28 Absatz 2 Nummer 4 ist darüber hinaus die Stelle, die das Material vorbereitet, sowie der voraussichtliche Zeitpunkt der Fertigstellung mitzuteilen. [4]§ 39 Absatz 2 des Landesverwaltungsverfahrensgesetzes findet keine Anwendung.

(2) [1]Wenn der Antrag schriftlich gestellt wurde oder die antragstellende Person dies begehrt, erfolgt die Ablehnung in schriftlicher Form. [2]Sie ist auf Verlangen der antragstellenden Person in elektronischer Form mitzuteilen, wenn der Zugang hierfür eröffnet ist.

(3) Liegt ein Ablehnungsgrund nach § 28 oder § 29 vor, sind die hiervon nicht betroffenen Informationen zugänglich zu machen, soweit es möglich ist, die betroffenen Informationen auszusondern.

---

16 Britz/Eifert/Groß DÖV 2007, 717, 722; Landmann/Rohmer/Reidt/Schiller UIG § 7 Rn 10.

17 Landmann/Rohmer/Reidt/Schiller UIG § 7 Rn 10.

18 So bereits BT-Drs. 15/3406, 18 für die bundesrechtliche Regelung; OVG NW, 6.11.2014, 8 B 1101/14, NVwZ 2015, 996, 998.

19 So auch Britz/Eifert/Groß DÖV 2007, 717, 723.

20 Ausführlich hierzu Britz/Eifert/Groß DÖV 2007, 717, 723.

(4) Die antragstellende Person ist im Falle der vollständigen oder teilweisen Ablehnung eines Antrags auch über die Rechtsschutzmöglichkeiten gegen die Entscheidung sowie darüber zu belehren, bei welcher Stelle und innerhalb welcher Frist um Rechtsschutz nachgesucht werden kann.

Literatur: *Feldmann/Heiland*, Das neue baden-württembergische Umweltverwaltungsgesetz - mehr Transparenz und Öffentlichkeitsbeteiligung im Umweltbereich -, VBlBW 2015, 49 ff.

I. Allgemeines

1 § 27 UVwG enthält besondere Bestimmungen im Hinblick auf die vollständige oder teilweise **Ablehnung eines Antrags** auf Informationszugang.

2 Er entspricht § 5 UIG des Bundes, auf den bislang durch § 3 Abs. 1 LUIG aF verwiesen wurde.

II. Ablehnung des Antrags, Unterrichtungs- und Begründungspflichten (Abs. 1)

3 § 27 Abs. 1 UVwG regelt – ggf iVm Abs. 3 – die inhaltlichen Anforderungen an die Ablehnung eines Informationsbegehrens und begrenzt die Ablehnungsgründe auf die genannten Fälle.

4 Ablehnung bedeutet **Verweigerung des Zugangs.** Sie liegt auch vor, wenn der Zugang zu den Informationen nur teilweise verweigert wird (s. hierzu auch Rn 32 ff). Die Änderung des Antrags durch die antragstellende Person ist keine Ablehnung.

5 **1. Ablehnung nach §§ 28 und 29 UVwG (Abs. 1 S. 1).** § 27 Abs. 1 S. 1 UVwG regelt, dass ein Antrag auf Informationszugang **ganz oder teilweise** verweigert werden kann und verweist auf §§ 28 und 29 UVwG. Durch die Inbezugnahme dieser Regelungen sind die Ablehnungsmöglichkeiten der informationspflichtigen Stelle neben den Fällen des § 27 Abs. 1 S. 2 UVwG auf diese zwingenden **Ablehnungsgründe beschränkt.**

6 Die antragstellende Person ist von der informationspflichtigen Stelle nach § 27 Abs. 1 S. 1 UVwG über die Ablehnung zu **unterrichten.** Die Unterrichtung ist grds. an keine Form gebunden. Sie kann mündlich, schriftlich oder in elektronischer Form erfolgen, sofern nicht eine Form nach Abs. 2 (s. Rn 26 ff) vorgeschrieben ist.

7 Die **Rechtsnatur** der Unterrichtung unterscheidet sich nach der handelnden informationspflichtigen Stelle:

8 Die Ablehnung des beantragten Informationszugangs durch eine **Behörde** stellt einen **Verwaltungsakt** iSd § 35 S. 1 LVwVfG dar.[1] Die „Unterrichtung" über die Ablehnung ist dann mit der Bekanntgabe des Verwaltungsaktes nach § 41 LVwVfG gleichzusetzen.[2]

9 Die Vorschrift gilt allerdings auch für private informationspflichtige Stellen nach § 23 Abs. 1 Nr. 2 UVwG (s. UVwG § 23 Rn 11 ff). Diese können bereits kraft Gesetzes keine Verwaltungsakte erlassen. Die Ablehnung eines Informationsanspruchs durch eine private informationspflichtige Stelle ist als **Akt sui generis** einzuordnen,[3] was insb. Auswirkungen auf die Rechtschutzmöglichkeiten hat (s. UVwG § 32 Rn 31).

10 Die Ablehnung hat nach § 27 Abs. 1 S. 1 UVwG innerhalb der **Fristen** des § 24 Abs. 3 S. 2 UVwG, also innerhalb eines Monats oder bei besonders umfangreichen und komplexen Informationen binnen zwei Monaten zu erfolgen (s. UVwG § 24 Rn 18 f).

11 An eine verspätete Ablehnung knüpft das Gesetz **keine unmittelbaren Sanktionen**. Insb. gilt der Antrag nicht als abgelehnt.[4] Der Antragsteller kann jedoch nach § 75 VwGO Untätigkeitsklage erheben.[5]

12 **2. Ablehnung bei vom Antrag abweichenden Informationszugang (Abs. 1 S. 2).** Nach § 27 Abs. 1 S. 2 UVwG liegt nicht nur dann eine vollständige oder teilweise Ablehnung eines Antrags vor, wenn die beantragten Informationen aus den in §§ 28 und 29 UVwG genannten Gründen nicht erteilt werden können, sondern auch dann, wenn der Informationszugang auf andere Art gewährt oder die antragstellende Person auf eine andere Art des Informationszugangs verwiesen wird.

13 Die erste Alternative bezieht sich auf die **Informationsgewährung auf andere Art** als die beantragte gem. § 24 Abs. 2 UVwG. Eine solche Änderung des Informationszugangs darf nach § 24 Abs. 2 S. 2 UVwG nur aus gewichtigen Gründen erfolgen (s. UVwG § 24 Rn 16).

14 Die zweite Alternative erfasst den Fall des § 24 Abs. 2 S. 4 UVwG, wonach eine informationspflichtige Stelle die Informationserteilung ablehnen darf, wenn der Antragsteller die gewünschten Informationen bereits auf **andere, leicht zugängliche Art**, erhalten kann (UVwG § 24 Rn 17). Ein Verweis an eine andere auskunftspflichtige Stelle, die einen vergleichbaren Aufwand für die Informationsbereitstellung hat, ist hierfür nicht ausreichend.[6]

---

1 Mit ausführlicher Begründung BeckOK InfoMedienR/Karg UIG § 5 Rn 4 ff; s. auch Landmann/Rohmer/Reidt/Schiller UIG § 5 Rn 23.

2 S. Fluck/Theuer/Fluck UIG § 5 Rn 35. Eine öffentliche Bekanntgabe nach § 41 Abs. 3 und 4 LVwVfG scheidet jedoch aus.

3 S. Fluck/Theuer/Ziekow/Debus UIG § 6 Rn 54.

4 S. zur stillschweigenden Ablehnung EuGH, 21.4.2005, C-186/04, NVwZ 2005, 792, 794 Rn 31 ff.

5 S. Fluck/Theuer/Ziekow/Debus UIG § 6 Rn 43 f.

6 S. Landmann/Rohmer/Reidt/Schiller UIG § 5 Rn 11, die darauf hinweisen, dass diese Stelle den Antrag aus den gleichen Gründen wiederum ablehnen könnte.

3. Mitteilung der Ablehnungsgründe (Abs. 1 S. 3). Dem Antragsteller sind gem. § 27 Abs. 1 S. 3, 1. Hs UVwG die Gründe für die Ablehnung mitzuteilen. Dies gilt sowohl bei einer vollständigen als auch bei einer teilweisen Ablehnung. Einer Begründung bedarf abweichend von § 39 LVwVfG auch die mündliche Ablehnung des Informationsanspruchs. Die Begründung muss **zeitgleich** mit der Ablehnung erfolgen.[7] 15

Die Pflicht, die Ablehnung des Antrags zu begründen, dient einerseits der **Selbstkontrolle** der informationspflichtigen Stelle. Sie soll andererseits der antragstellenden Person eine Plausibilitätsprüfung und die Abschätzung ermöglichen, ob Rechtsmittel einzulegen sind.[8] 16

In der Begründung hat die informationspflichtige Stelle die wesentlichen tatsächlichen und rechtlichen Erwägungen mitzuteilen, die sie zu ihrer Entscheidung bewogen haben.[9] 17

Die Begründung muss **konkret und fallbezogen** verfasst sein. Allgemeine oder formelhafte Aussagen, zB dass die Ablehnungsgründe der §§ 28 und 29 UVwG vorliegen, genügen nicht.[10] Vielmehr ist das Vorliegen dieser Gründe näher zu bezeichnen und darzulegen, weshalb die Voraussetzungen erfüllt sind. 18

Soweit der **Informationszugang auf eine andere Art** als die beantragte gewährt wird, folgt die Begründungspflicht bereits aus § 25 Abs. 4 UVwG (s. UVwG § 25 Rn 21 ff). 19

In den Fällen des § 28 Abs. 2 Nr. 4 UVwG, der die Ablehnung des Informationszugangs zu Material, das gerade vervollständigt wird, zu noch nicht abgeschlossenen Schriftstücken oder noch nicht aufbereiteten Daten regelt, es sei denn, das öffentliche Interesse an der Bekanntgabe überwiegt (s. UVwG § 28 Rn 48 ff), ist neben den Gründen für die Ablehnung die Stelle, die das Material vorbereitet, sowie der voraussichtliche Zeitpunkt der Fertigstellung mitzuteilen. 20

Die Stelle, die das Material vorbereitet, muss der informationspflichtigen Stelle zugehören oder dieser die Informationen zumindest nach Fertigstellung zur Verfügung stellen.[11] Der voraussichtliche Fertigstellungszeitpunkt muss zum Zeitpunkt der ablehnenden Entscheidung außerhalb der Monatsfrist von § 24 Abs. 3 S. 2 Nr. 1 UVwG liegen. 21

Die Begründungspflicht gilt auch für die Ablehnung des Informationsanspruchs durch eine private informationspflichtige Stelle (s. UVwG § 23 Rn 11 ff). 22

Eine aus Sicht des Antragstellers unzureichende Begründung kann wegen § 44 a VwGO **nicht isoliert**, sondern nur mit der zugrundeliegenden Sachentscheidung angegriffen werden. 23

---

7 Art. 4 Abs. 5 S. 2 der UIRL 2003/4/EG verlangt explizit, dass „in der Mitteilung" über die Ablehnung dem Antragsteller die Gründe dargelegt werden.
8 BeckOK InfoMedienR/Karg UIG § 5 Rn 23.
9 S. § 39 Abs. 1 S. 2 LVwVfG.
10 Landmann/Rohmer/Reidt/Schiller UIG § 5 Rn 15; Fluck/Theuer/Fluck UIG § 5 Rn 57.
11 Fluck/Theuer/Fluck UIG § 5 Rn 68; Landmann/Rohmer/Reidt/Schiller UIG § 5 Rn 19.

24 Ergeht die Ablehnung **ohne jede Begründung**, ist der Ablehnungsbescheid schon aus diesem Grund **rechtswidrig** und muss aufgehoben werden.[12]

25 **4. Nichtanwendung von § 39 Abs. 2 LVwVfG (Abs. 1 S. 4).** Die Ablehnung des Antrags ist nach § 27 Abs. 1 S. 3 UVwG immer zwingend zu begründen. Die im allg. Verwaltungsverfahrensrecht in § 39 Abs. 2 LVwVfG normierten Ausnahmen sind nicht anwendbar.

III. Formerfordernis (Abs. 2)

26 § 27 Abs. 2 UVwG regelt im Vergleich zum allg. Verwaltungsrecht abweichende Formvorschriften. Er ist insoweit lex specialis.

27 Nach § 27 Abs. 2 S. 1 UVwG hat die – ggf auch nur teilweise – Ablehnung zwingend in **schriftlicher Form** zu erfolgen, wenn der Antrag auf Informationszugang schriftlich gestellt wurde. Für den Fall, dass der Antrag mündlich oder in elektronischer Form gestellt und durch die antragstellende Person keine bestimmte Form vorgegeben wurde, ist keine besondere Form vorgeschrieben. Die Ablehnung durch die informationspflichtige Stelle kann dann in jeder in Betracht kommenden Form – insb. mündlich oder schriftlich – erfolgen.

28 Etwas anderes gilt, wenn die antragstellende Person ausdrücklich eine Ablehnung in Schriftform begehrt. Unabhängig davon, in welcher Form der Antrag selbst gestellt wurde, ist diesem Begehren zwingend Folge zu leisten.[13]

29 Aus Gründen der Beweisführung und der **Beweissicherheit** ist der informationspflichtigen Stelle zu empfehlen, für die Ablehnung grds. die Schriftform zu wählen.[14]

30 Die formellen Anforderungen an die schriftliche Ablehnung ergeben sich aus § 37 Abs. 3 LVwVfG, der für informationspflichtige Behörden direkt und für private informationspflichtige Stellen zumindest analog gilt.[15] Danach muss die schriftliche Ablehnung die erlassende Behörde erkennen lassen und die Unterschrift oder die Namenswiedergabe des Behördenleiters, seines Vertreters oder seines Beauftragten enthalten.

31 Die Ablehnung ist gem. § 27 Abs. 2 S. 2 UVwG auf Verlangen der antragstellenden Person in **elektronischer Form** mitzuteilen, wenn der Zugang hierfür eröffnet ist. Der Zugang ist eröffnet, wenn die Behörde über die hierfür notwendigen technischen Möglichkeiten verfügt. Die Vorgaben des § 3 a LVwVfG sind hierbei zu berücksichtigen.

IV. Teilzugang zu Informationen (Abs. 3)

32 Abs. 3 des § 27 UVwG stellt klar, dass in den Fällen, in denen ein Ablehnungsgrund nach §§ 28 und 29 UVwG nur einen **Teil der begehrten Informationen** betrifft, die restlichen Informationen dennoch antragsgemäß zu-

12 EuGH, 21.4.2005, C-186/04, NVwZ 2005, 792, 794 Rn 31 ff.
13 Landmann/Rohmer/Reidt/Schiller UIG § 5 Rn 12.
14 Ausführlich hierzu BeckOK InfoMedienR/Karg UIG § 5 Rn 20.
15 Fluck/Theuer/Fluck UIG § 5 Rn 83.

gänglich zu machen sind. Diese Vorgabe ist bereits Ausfluss des allg. Grundsatzes der **Verhältnismäßigkeit.** Der EuGH verlangt aus Gründen der Rechtssicherheit dennoch eine ausdrückliche Normierung.[16]

Liegt nur für einen Teil der begehrten Informationen ein Ablehnungsgrund vor, besteht die Pflicht der informationspflichtigen Stelle, den Zugang unter **Aussonderung** der geschützten Informationen partiell zu gewähren. 33

Die Pflicht zur Aussonderung der geschützten Informationen unterliegt dem **Vorbehalt**, dass die Trennung der geschützten von den übrigen Informationen überhaupt möglich ist, denn nur „soweit" eine **Trennung** tatsächlich **möglich** ist, ist sie auch verpflichtend. Der informationspflichtigen Stelle wird insoweit kein Ermessen eingeräumt. 34

Die Aussonderung muss **rein tatsächlich** möglich sein. Ausgesondert werden können schriftlich vorliegende Umweltinformationen, zB durch Schwärzung, Entnahme einzelner Teile aus einer Akte oder Teilkopien. Bei Informationen, die lediglich in elektronischer Form vorliegen, können zB nur bestimmte Dateien oder elektronische Dokumente mit Teillöschungen übermittelt werden.[17] 35

Eine Aussonderung der Informationen und eine Trennung von den schutzwürdigen Aspekten muss schließlich auch **inhaltlich** Sinn ergeben. Eine Aussonderung ist dann nicht sinnvoll, wenn der verbleibende Rest der Informationen keinen Erkenntniswert mehr hat und das Informationsbegehren der antragstellenden Person nicht mehr – auch nicht teilweise – erfüllt werden kann.[18] Hinsichtlich dieser Einschätzung ist jedoch Zurückhaltung geboten. Ggf ist ein Hinweis auf den Umfang der ausgesonderten Informationen und die damit möglicherweise verbundene Missverständlichkeit der Informationen hilfreich. 36

Sofern die Aussonderung der Informationen, die nicht zugänglich sind, nicht möglich ist, ist der Antrag vollständig abzulehnen. 37

V. Rechtsbehelfsbelehrung (Abs. 4)

Wird der Antrag auf Informationserteilung vollständig oder teilweise abgelehnt, ist nach Abs. 4 die antragstellende Person zwingend über die bestehenden Rechtsschutzmöglichkeiten gegen die Entscheidung sowie darüber zu belehren, bei welcher Stelle und innerhalb welcher Frist um Rechtsschutz nachgesucht werden kann. Diese Regelung dürfte neben dem kurz nach Inkrafttreten des UVwG eingefügten Abs. 6 in § 37 LVwVfG keine besondere, eigenständige Bedeutung mehr haben. 38

Muss die vollständige oder teilweise Ablehnung schriftlich oder in elektronischer Form vorgenommen werden (s. Rn 26 ff), so gilt dies auch für die Rechtsbehelfsbelehrung. Kann die Entscheidung mündlich erfolgen, kann auch die Rechtsbehelfsbelehrung mündlich vorgenommen werden. 39

16 EuGH, 26.6.2003, Rs. C-233/00, Rn 66 ff.
17 Fluck/Theuer/Fluck UIG § 5 Rn 91; Landmann/Rohmer/Reidt/Schiller UIG § 5 Rn 8.
18 Landmann/Rohmer/Reidt/Schiller UIG § 5 Rn 9; Fluck/Theuer/Fluck UIG § 5 Rn 93.

40 Zu beachten ist jedoch, dass bei behördlichen Entscheidungen gem. § 58 Abs. 1 VwGO die Widerspruchsfrist von einem Monat nur bei schriftlicher Belehrung zu laufen beginnt. Anderenfalls gilt gemäß § 58 Abs. 2 VwGO die Jahresfrist.

41 Der notwendige Inhalt der Rechtsbehelfsbelehrung für Ablehnungen durch eine informationspflichtige Stelle nach § 23 Abs. 1 Nr. 1 UVwG ergibt sich aus §§ 58 Abs. 1, 59 VwGO.

42 Die Pflicht zur Rechtsbehelfsbelehrung gilt auch für private informationspflichtige Stellen nach § 23 Abs. 1 Nr. 2 UVwG. Hierbei ist bezüglich des Inhalts zu beachten, dass für ablehnende Entscheidungen durch private informationspflichtige Stellen gem. § 32 Abs. 3 UVwG (s. dort Rn 16 ff) generell kein Widerspruchsverfahren, sondern nur die Möglichkeit zu einem speziellen Überprüfungsverfahren vorgesehen ist. Notwendig ist nach § 32 Abs. 1 UVwG nur die Erhebung einer verwaltungsgerichtlichen Klage.

43 Die notwendige Belehrung hat den Antragsteller sowohl auf die Überprüfungsmöglichkeit gem. § 32 Abs. 4 UVwG als auch darauf hinzuweisen, dass gegen die ablehnende Entscheidung Klage bei dem konkret zu bezeichnenden Verwaltungsgericht eingelegt werden kann.

§ 28 UVwG Schutz öffentlicher Belange

(1) [1]Soweit das Bekanntgeben der Informationen nachteilige Auswirkungen hätte auf

1. die internationalen Beziehungen, die Verteidigung oder bedeutsame Schutzgüter der öffentlichen Sicherheit,
2. die Vertraulichkeit der Beratungen von informationspflichtigen Stellen im Sinne des § 23 Absatz 1,
3. die Durchführung eines laufenden Gerichtsverfahrens, den Anspruch einer Person auf ein faires Verfahren oder die Durchführung strafrechtlicher, ordnungswidrigkeitenrechtlicher oder disziplinarrechtlicher Ermittlungen oder
4. den Zustand der Umwelt und ihrer Bestandteile im Sinne des § 23 Absatz 3 Nummer 1 oder Schutzgüter im Sinne des § 23 Absatz 3 Nummer 6,

ist der Antrag abzulehnen, es sei denn, das öffentliche Interesse an der Bekanntgabe überwiegt. [2]Der Zugang zu Umweltinformationen über Emissionen kann nicht unter Berufung auf die in den Nummern 2 und 4 genannten Gründe abgelehnt werden.

(2) Soweit ein Antrag

1. offensichtlich missbräuchlich gestellt wurde,
2. sich auf interne Mitteilungen der informationspflichtigen Stellen im Sinne des § 23 Absatz 1 bezieht,

3. bei einer Stelle, die nicht über die Umweltinformationen verfügt, gestellt wird, sofern er nicht nach § 25 Absatz 3 weitergeleitet werden kann,
4. sich auf die Zugänglichmachung von Material, das gerade vervollständigt wird, noch nicht abgeschlossener Schriftstücke oder noch nicht aufbereiteter Daten bezieht oder
5. zu unbestimmt ist und auf Aufforderung der informationspflichtigen Stelle nach § 25 Absatz 2 nicht innerhalb einer angemessenen Frist präzisiert wird,

ist er abzulehnen, es sei denn, das öffentliche Interesse an der Bekanntgabe überwiegt.

Literatur: *Feldmann/Heiland*, Das neue baden-württembergische Umweltverwaltungsgesetz - mehr Transparenz und Öffentlichkeitsbeteiligung im Umweltbereich -, VBlBW 2015, 49 ff.

I. Allgemeines

§ 28 UVwG enthält Ausnahmen zur Gewährung des voraussetzungslosen Informationsanspruchs gem. § 24 Abs. 1 UVwG (s. UVwG § 24 Rn 13 f), soweit es (überwiegend) um den Schutz öffentlicher Belange geht, die durch die Informationsgewährung gefährdet werden können. 1

Die Regelung gilt grds. für Informationsansprüche gegenüber informationspflichtigen Stellen nach § 23 Abs. 1 Nr. 1 und Nr. 2 UVwG (s. UVwG § 23 Rn 2 ff).[1] 2

Die Ablehnungsgründe stellen eine Ausnahme zum gesetzlich geregelten Informationsanspruch dar und beschränken diesen inhaltlich. Sie sind im 3

1 Schomerus ZNER 2006, 223, 227.

Sinne einer effektiven und umfassenden Informationsfreiheit grds. **eng auszulegen.**[2]

4 Während § 28 Abs. 1 UVwG die Ablehnung an nachteilige Auswirkungen auf die dort in Nr. 1 bis Nr. 4 genannten Schutzgüter stützt, genügt es für die Fälle des § 28 Abs. 2 UVwG, dass die aufgeführten Tatbestände gegeben sind.

5 Sind die Ausnahmetatbestände erfüllt, so hat die informationspflichtige Stelle den Informationsantrag grds. **abzulehnen**, es sei denn, trotz Vorliegens der tatbestandlichen Voraussetzungen überwiegt das öffentliche Interesse an der Bekanntgabe.

6 Die Prüfung der Ausnahmetatbestände des § 28 UVwG erfolgt damit in **zwei Stufen** (s. auch LIFG § 4 Rn 10). Liegen Versagungsgründe nach § 28 UVwG vor, hat auf zweiter Stufe eine **einzelfall**bezogene Abwägung stattzufinden, ob trotz dieser Gründe das öffentliche Interesse an einer Bekanntgabe überwiegt.

7 Die Norm entspricht den materiell rechtlichen Ablehnungsgründen in § 8 UIG des Bundes, auf die bisher in § 3 Abs. 1 LUIG aF verwiesen wurde.

II. Ablehnungsgründe gem. § 28 Abs. 1 UVwG

8 Die Ablehnungsgründe in § 28 Abs. 1 UVwG setzen alle voraus, dass die Bekanntgabe der begehrten Umweltinformationen **nachteilige Auswirkungen** auf die in Nr. 1 bis Nr. 4 genannten Schutzgüter hätte.

9 **Nachteilig** ist eine Auswirkung, wenn sich die Bekanntgabe der Information negativ oder ungünstig auf das betreffende Schutzgut auswirkt (s. LIFG § 4 Rn 24 ff).

10 Die informationspflichtige Stelle hat diesbezüglich eine **Prognoseentscheidung** zu treffen.[3] Sie hat diese substantiiert darzulegen. Die Prognose muss auf einer hinreichenden Sachverhaltsermittlung beruhen und inhaltlich nachvollziehbar sein.[4] Der informationspflichtigen Stelle kommt hinsichtlich der Einschätzung der nachteiligen Auswirkungen ein gewisser **Beurteilungsspielraum** zu.[5]

11 **1. Geschützte Belange (Abs. 1).** Für die Ablehnung eines Informationsanspruchs nach § 24 Abs. 1 UVwG ist es ausreichend, wenn einer der in § 28 Abs. 1 S. 1 Nr. 1 bis Nr. 4 UVwG genannten Fälle vorliegt. Diese stehen somit **alternativ** nebeneinander.

12 Im Einzelfall können jedoch auch mehrere der genannten Tatbestände gleichzeitig erfüllt sein oder neben Ablehnungsgründen nach § 28 UVwG auch solche des § 29 UVwG vorliegen. Dies hat Auswirkungen auf die im zweiten Schritt erfolgende **Abwägung**, ob öffentliche Interessen trotz des

2 OVG NW, 30.8.2016, 15 A 2024/13, Rn 77; OVG Bln-Bbg, 13.11.2015, OVG 12 B 6.14, ZUR 2016, 170, 171 f, Rn 52, 57; LReg LT-Drs. 15/5487, 86; Landmann/Rohmer/Reidt/Schiller UIG § 8 Rn 1; BeckOK InfoMedienR/Karg UIG § 8 Rn 1.

3 BVerwG, 29.10.2009, 7 C 22.08, NVwZ 2010, 321, Rn 27 zum IFG; BayVGH, 22.8.2008, 22 CE 07.1814, Rn 6.

4 Landmann/Rohmer/Reidt/Schiller UIG § 8 Rn 7.

5 BVerwG, 29.6.2016, 7 C 32/15, NVwZ 2016, 1566, 1569 Rn 28 ff.

Vorliegens der Ablehnungsgründe eine Bekanntgabe gebieten. Tendenziell wird bei Vorliegern mehrerer Ablehnungsgründe eher davon auszugehen sein, dass die Ablehnung nicht durch entgegenstehende öffentliche Interessen überwunden werden kann.[6]

a) **Internationale Beziehungen, Verteidigung, öffentliche Sicherheit** (**Nr. 1**). Der Informationszugangsanspruch besteht nach § 28 Abs. 1 S. 1 Nr. 1 UVwG nicht, soweit das Bekanntgeben der Information Auswirkungen auf die internationalen Beziehungen, die Verteidigung oder bedeutende Schutzgüter der öffentlichen Sicherheit hat. 13

Unter **internationalen Beziehungen** sind die Beziehungen zwischen Staaten zu verstehen (s. LIFG § 4 Rn 27 ff).[7] Sie können dadurch nachteilig berührt werden, dass das Landes- oder Bundesgebiet betreffende Umweltinformationen im In- oder Ausland bekannt werden als auch dadurch, dass bei informationspflichtigen Stellen verfügbare Umweltinformationen über ausländische Staaten im In- und Ausland bekannt werden.[8] Der informationspflichtigen Stelle kommt ein Beurteilungsspielraum zu.[9] 14

Unter **Verteidigung** ist die militärische Verteidigung zu verstehen. Umfasst werden alle deutschen Streitkräfte und Streitkräfte von Staaten, mit denen sich Deutschland gem. Art. 24 Abs. 2 GG in einem System der kollektiven Sicherheit befindet.[10] Letzteres betrifft vor allem die Streitkräfte der NATO, unabhängig davon, ob sie in der Bundesrepublik stationiert sind oder nicht.[11] Das Vorliegen des Ablehnungsgrundes erfordert, dass infolge der Bekanntgabe der Umweltinformationen Nachteile für die Wirksamkeit und Effektivität militärischer Einrichtungen und potentieller Verteidigungshandlungen entstehen. Dies ist zu bejahen, wenn die Prognose ergibt, dass die Bekanntgabe für das Schutzgut eine Gefahrenlage schafft oder erhöht.[12] Nicht ausreichend ist, dass sich das Informationsbegehren überhaupt auf eine militärische Einrichtung richtet. Erforderlich ist vielmehr ein hinreichender Verteidigungsbezug. 15

Der Informationsanspruch ist auch abzulehnen, soweit die Bekanntgabe negative Auswirkungen auf **bedeutsame Schutzgüter der öffentlichen Sicherheit** hätte. Der Begriff ist im unionsrechtlichen Sinne zu verstehen.[13] Er verlangt eine schwere tatsächliche Gefährdung von Grundinteressen der Gesellschaft.[14] Nachteilige Auswirkungen auf die öffentliche Sicherheit 16

6 Landmann/Rohmer/Reidt/Schiller UIG § 8 Rn 8.
7 Zum Verhältnis der Bundesrepublik Deutschland zur Europäischen Union Pesch EuZW 2012, 51, 52.
8 Landmann/Rohmer/Reidt/Schiller UIG § 8 Rn 11.
9 BVerwG, 29.6.2016, 7 C 32/15, NVwZ 2016, 1566, 1567 Rn 9 ff; BVerwG, 29.10.2009, 7 C 22.08, NVwZ 2010, 321, Rn 16 ff zum IFG.
10 BeckOK InfoMedienR/Karg UIG § 8 Rn 26.
11 Landmann/Rohmer/Reidt/Schiller UIG § 8 Rn 13.
12 ZB Erhöhung der Gefahr von Sabotage oder eines terroristischen Angriffs auf militärische Einrichtungen. BT-Drs. 15/3406, 18; BeckOK InfoMedienR/Karg UIG § 8 Rn 26.1.
13 Er deckt sich nicht mit dem Begriff der öffentlichen Sicherheit iSd Polizei- und Ordnungsrechts.
14 Landmann/Rohmer/Reidt/Schiller UIG § 8 Rn 16; s. auch OVG NW, 28.1.2014, 8 A 2190/11, UPR 2014, 450.

sind u.a. dann anzunehmen, wenn die staatliche Funktionsfähigkeit bedroht ist oder Güter von Verfassungsrang oder grundlegender Bedeutung, wie Leben, Gesundheit, Freiheit und nicht unwesentliche Vermögenswerte gefährdet sind.[15] Für das Vorliegen des Ausschlussgrundes ist es ausreichend, wenn durch die Bekanntgabe der Informationen mit Handlungen zu rechnen ist, die die öffentliche Sicherheit ernsthaft beeinträchtigen.[16]

17 **b) Vertraulichkeit der Beratungen von informationspflichtigen Stellen** (Nr. 2). § 28 Abs. 1 S. 1 Nr. 2 UVwG schützt die Vertraulichkeit der Beratungen von informationspflichtigen Stellen nach § 23 Abs. 1 UVwG (s. UVwG § 23 Rn 2 ff) vor einer Bekanntgabe. Zweck der Regelung ist der Schutz der internen, unbeeinflussten Willensbildung, um eine effektive, funktionsfähige und neutrale Entscheidungsfindung zu gewährleisten.[17] S. hierzu insgesamt auch LIFG § 4 Rn 67 ff.

18 Erfasst werden die Beratungen **innerhalb** der informationspflichtigen Stelle, nicht hingegen der Informationsfluss zwischen verschiedenen informationspflichtigen Stellen (s. auch Rn 45). Der Schutz umfasst sämtliche Vorgänge der internen Meinungsäußerung und -bildung (auch Besprechungen, Beratschlagungen, Abwägungen) und bezieht sich auf den gesamten Prozess vom Beginn des Verwaltungsverfahrens bis zur Entscheidungsfindung.[18] Nicht erfasst werden hingegen vorgelagerte Umstände, Informationen, die zur Grundlage der Beratungen gemacht werden, und die aus der Beratung resultierenden Entscheidungen.[19]

19 § 28 Abs. 1 S. 1 Nr. 2 UVwG schützt die **Vertraulichkeit** der Beratungen. Zum Begriff s. LIFG § 4 Rn 71. Der Schutz ist nicht auf Beratungen beschränkt, deren Vertraulichkeit durch eine Rechtsnorm vorgesehen ist.[20] Vielmehr enthält er selbst die Anordnung der Vertraulichkeit der Beratungen, soweit keine entgegenstehenden Bestimmungen existieren.[21]

20 Obwohl der Beratungsvorgang nur bis zur Entscheidungsfindung Vertraulichkeitsschutz genießt, reicht der Schutz zeitlich über die Entscheidungsfindung hinaus. Auch nachträglich müssen keine Informationen über den

---

15 BT-Drs. 12/7138, 28; BVerfG, 4.4.2006, 1 BvR 518/02, NJW 2006, 1939, 1941; tendenziell OVG NW, 27.6.2007, 8 B 920/07, NVwZ 2007, 1212 im Hinblick auf das Sicherheitskonzept des Transrapid; OVG RP, 20.2.2008, 1 A 10886/07, NVwZ 2008, 1141 ff in Bezug auf einen Störfallbetrieb; s. auch Landmann/Rohmer/Reidt/Schiller UIG § 8 Rn 17.

16 Landmann/Rohmer/Reidt/Schiller UIG § 8 Rn 18; Schmidt/Wörn NuR 2008, 770, 772.

17 BVerwG, 2.8.2012, 7 C 7.12, ZUR 2012, 675, 676 Rn 2 mwN.

18 BVerwG, 2.8.2012, 7 C 7.12, ZUR 2012, 675, 676 Rn 2; Landmann/Rohmer/Reidt/Schiller UIG § 8 Rn 21; Stollwerck LKV 2016, 538, 540.

19 BVerwG, 2.8.2012, 7 C 7.12, ZUR 2012, 675, 676 Rn 2; Schrader ZUR 1996, 98, 100; Landmann/Rohmer/Reidt/Schiller UIG § 8 Rn 21; BeckOK InfoMedienR/Karg UIG § 8 Rn 35. Das gesamte Verwaltungsverfahren wird somit nicht erfasst. AA Hellriegel EuZW 2012, 456, 458.

20 So jedoch Gurlit EurUP 2006, 224, 229.

21 BeckOK InfoMedienR/Karg UIG § 8 Rn 30; Landmann/Rohmer/Reidt/Schiller UIG § 8 Rn 23.

internen Beratungsvorgang preisgegeben werden, sofern nicht das öffentliche Interesse an der Bekanntgabe überwiegt.[22]

c) **Rechtspflege (Nr. 3).** Nach § 28 Abs. 1 S. 1 Nr. 3 UVwG besteht auch ein Ablehnungsgrund, wenn die Informationsbekanntgabe die Durchführung eines laufenden Gerichtsverfahrens, den Anspruch einer Person auf ein faires Verfahren oder die Durchführung strafrechtlicher, ordnungswidrigkeitenrechtlicher oder disziplinarrechtlicher Ermittlungen nachteilig beeinflussen kann. 21

Die Regelung bezieht sich auf die Beteiligung der informationspflichtigen Stellen – als Partei oder Beigeladene – an gerichtlichen, straf-, ordnungswidrigkeiten- oder disziplinarrechtlichen Verfahren. Schutzgut sind die Rechtspflege und die mit Sanktionsziel durchgeführten Verwaltungsverfahren).[23] S. hierzu auch LIFG § 4 Rn 56. 22

Ergeben sich Anhaltspunkte, dass die Preisgabe der betreffenden Umweltinformationen ein den **rechtsstaatlichen Anforderungen genügendes Verfahren** beinträchtigen kann und eine unbeeinflusste Entscheidungsfindung gefährdet[24] ist, ist von nachteiligen Auswirkungen auf die genannten Schutzgüter auszugehen. Sie können sowohl für die informationspflichtige Stelle selbst als auch für Dritte bei der Durchführung eines laufenden Gerichtsverfahrens eintreten.[25] 23

Der Begriff **Gerichtsverfahren** umfasst Verfahren in allen Gerichtszweigen (LIFG § 4 Rn 60). Nicht erfasst wird das verwaltungsbehördliche Widerspruchsverfahren nach §§ 68 ff VwGO.[26] 24

Geschützt ist das **laufende Gerichtsverfahren.** Der Ablehnungsgrund besteht insoweit von der Anhängigkeit des Verfahrens bis zum rechtskräftigen Abschluss. Ordentliche Rechtsmittel sind eingeschlossen, nicht jedoch die Verfassungsbeschwerde als außerordentlicher Rechtsbehelf.[27] 25

Anderweitige Ansprüche auf Informationszugang während des laufenden Verfahrens (zB Akteneinsicht) bleiben unberührt. 26

Die Sicherung des Anspruchs einer Person auf ein **faires Verfahren** dient neben der subjektivrechtlichen Komponente auch der Rechtspflege, indem die Unabhängigkeit und Entscheidungsfreiheit der Entscheidungsorgane vor Beeinflussung gewahrt werden soll.[28] Anknüpfungspunkt sind neben dem europarechtlich gewährten Verfahrensanspruch aus Art. 6 EMRK die verfassungsrechtlich in Art. 103 GG geschützten prozessualen Rechte des 27

22 Strittig. Wie hier Schmidt/Wörn NuR 2008, 770, 772; Beye VR 2013, 412, 415 f; Landmann/Rohmer/Reidt/Schiller UIG § 8 Rn 24; aA BeckOK InfoMedienR/Karg UIG § 8 Rn 34: kein Bedürfnis; OVG Bln-Bbg, 13.11.2015, OVG 12 B 6.14, ZUR 2016, 170 ff Rn 58 ff: auf die Dauer des behördlichen Entscheidungsprozesses beschränkt.

23 BeckOK InfoMedienR/Karg UIG § 8 Rn 36.

24 HessVGH, 21.3.2012, 6 A 1150/10, BeckRS 2012, 49879 zum IFG.

25 Landmann/Rohmer/Reidt/Schiller UIG § 8 Rn 26; BeckOK InfoMedienR/Karg UIG § 8 Rn 39.

26 Strittig. Landmann/Rohmer/Reidt/Schiller UIG § 8 Rn 26; aA BeckOK InfoMedienR/Karg UIG § 8 Rn 40 mwN.

27 Landmann/Rohmer/Reidt/Schiller UIG § 8 Rn 28.

28 BVerwG, 28.10.1999, 7 C 32/98, NVwZ 2000, 436, 438.

Einzelnen. Bedeutung erlangt der Anspruch auf ein faires Verfahren vor allem im strafrechtlichen Ermittlungsverfahren und im Strafprozess. Er gilt darüber hinaus aber für sämtliche staatliche Verfahren, insb. für Verwaltungsverfahren.

28 Schließlich kann die Bekanntgabe der begehrten Umweltinformationen verweigert werden, wenn sie sich nachteilig auf die Durchführung bestimmter **Ermittlungen** auswirken würde. Die Regelung bezweckt den Schutz der Effektivität staatlicher Ermittlungstätigkeit, die nicht durch die Bekanntgabe von Informationen vereitelt oder erschwert werden soll.

29 Erfasst werden strafrechtliche (s. LIFG § 4 Rn 58 f), ordnungswidrigkeitenrechtliche (s. LIFG § 4 Rn 61) und disziplinarrechtliche Ermittlungen (s. LIFG § 4 Rn 62).

30 Die im Zusammenhang mit Ermittlungsverfahren stehenden Ablehnungsgründe gelten sowohl für die Ermittlungsbehörden selbst als auch für diejenigen informationspflichtigen Stellen, die ggf als Fachbehörde in das Ermittlungsverfahren einbezogen werden oder deren Unterlagen Grundlage für die Ermittlungen sind.[29]

31 **d) Umweltbelange (Nr. 4).** Soweit sich die Bekanntgabe von Informationen nachteilig auf den Zustand der Umwelt und ihre Bestandteile nach § 23 Abs. 3 Nr. 1 UVwG (s. UVwG § 23 Rn 21 f) oder auf Schutzgüter nach § 23 Abs. 3 Nr. 6 UVwG (s. UVwG § 23 Rn 32) auswirken kann, greift der Ablehnungsgrund des § 28 Abs. 1 S. 1 Nr. 4 UVwG.

32 Mögliche Ablehnungsgründe für Informationsansprüche sind Gefährdungslagen wie „Besichtigungs-“ und „Abfalltourismus“.[30] Gefahren für seltene Biotope oder Tier- und Pflanzenarten durch Touristen und Sammler, falls deren Standorte bekannt würden, können den Informationsansprüchen entgegengehalten werden.[31] Nistplätze seltener Vögel müssen zum Schutz derselben nicht veröffentlicht werden. Auch kann die Bekanntgabe „wilder“ Müllablagerungen abgelehnt werden, um damit die Verstetigung des Zustandes zu unterbinden.

33 Für die Einschätzung, ob nachträgliche Auswirkungen durch die Bekanntgabe der Umweltinformationen auftreten können, kommt es bei diesem Ablehnungsgrund auch darauf an, **wer** den Antrag auf Informationsgewährung stellt. So wird einer Naturschutzvereinigung in der Regel nicht unterstellt werden können, dass sie die ihr übertragene Aufgabe des Schutzes der Natur und Umwelt so wahrnimmt, dass Beeinträchtigungen und Nachteile für die Umwelt entstehen.[32]

34 **2. Einschränkung der Ablehnungsgründe.** Trotz Vorliegens eines der Ablehnungsgründe in § 28 Abs. 1 S. 1 Nr. 1 bis Nr. 4 UVwG kann der Zugang zu Umweltinformationen durch die informationspflichtige Stelle ermöglicht werden, wenn das öffentliche Interesse an der Veröffentlichung der In-

---

29 Landmann/Rohmer/Reidt/Schiller UIG § 8 Rn 39.
30 BeckOK InfoMedienR/Karg UIG § 8 Rn 44; Blumenberg NuR 1992, 8, 9; Landmann/Rohmer/Reidt/Schiller UIG § 8 Rn 41.
31 Feldmann/Heiland VBlBW 2015, 49, 56.
32 Ausführlich Landmann/Rohmer/Reidt/Schiller UIG § 8 Rn 42.

formationen die jeweiligen Schutzinteressen überwiegt (s. Rn 37f) oder es in den Fällen des § 28 Abs. 1 S. 1 Nr. 2 und 4 um Umweltinformationen über Emissionen geht (s. Rn 36).

Eine grundsätzliche Ablehnung des Umweltinformationsanspruchs ist damit im Gesetz nicht vorgesehen. Vielmehr ist im **Einzelfall** zu prüfen, ob das öffentliche Interesse an einer Bekanntgabe hinter das Interesse am Schutz der Information zurückzutreten hat. Einer Abwägung bedarf es allerdings nur, wenn kein Fall des § 28 Abs. 1 S. 2 UVwG vorliegt. 35

a) **Umweltinformationen über Emissionen.** Bezieht sich der Umweltinformationsanspruch auf **Emissionen,**[33] so kann dieser nicht unter Berufung auf § 28 Abs. 1 S. 1 Nr. 2 und Nr. 4 UVwG abgelehnt werden. In einem solchen Fall findet **keine** einzelfallbezogene **Abwägung** statt, da bereits der Gesetzgeber eine Vorrangentscheidung zugunsten der Bekanntgabe getroffen hat.[34] Dem Anspruch können jedoch andere Ablehnungsgründe (zB aus § 28 Abs. 2 UVwG oder aus § 29 UVwG) entgegengehalten werden. 36

b) **Überwiegendes öffentliches Interesse an der Bekanntgabe.** Ein Informationsanspruch kann trotz Vorliegens eines Ablehnungsgrundes nicht abgelehnt werden, wenn das öffentliche Interesse an der Bekanntgabe der begehrten Information überwiegt. Ein Überwiegen liegt vor, wenn das öffentliche Interesse an der Bekanntgabe größer ist als das Interesse an der Verweigerung der Bekanntgabe.[35] 37

Mit dem Antrag auf Zugang zu Umweltinformationen muss ein Interesse verfolgt und nachvollziehbar geltend gemacht werden, das über das allgemeine Interesse hinausgeht, das bereits jeden Antrag rechtfertigt.[36] Andernfalls würde das öffentliche Interesse immer überwiegen und eine Abwägung im Einzelfall wäre nicht erforderlich.[37] 38

Die Ablehnungsgründe des § 28 Abs. 1 S. 1 UVwG sind nicht mit einer konkreten Gewichtungsvorgabe verbunden. Ihre Bedeutung ist jeweils für den konkreten **Einzelfall** zu ermitteln. Gleiches gilt für die Feststellung des öffentlichen Interesses. 39

Liegen mehrere Ablehnungsgründe gem. § 28 Abs. 1 und 2 UVwG und § 29 UVwG gemeinsam vor, so sind sie dem geltend gemachten öffentlichen Interesse in ihrer Gesamtheit gegenüberzustellen.[38] Andernfalls bestünde die Gefahr, dass bei singulärer Betrachtung Informationen bekanntgegeben würden, weil die schutzwürdigen Belange nach §§ 28 und 29 40

---

33 EuGH, 23.11.2016, C-442/14, ECLI:EU:C:2016:890: Auch das Freisetzen von Produkten oder Stoffen wie Pflanzenschutzmitteln oder Biozid-Produkten und in diesen Produkten enthaltenen Stoffen in die Umwelt unterfällt dem Begriff „Emissionen in die Umwelt". S. auch EuGH, 23.11.2016, C-673/13, ECLI:EU:C:2016:889.

34 BVerwG, 24.9.2009, 7 C 2.09, NVwZ 2010, 189 Rn 45.

35 Erwägungsgrund 16 der UIRL 2003/4/EG.

36 BeckOK InfoMedienR/Karg UIG § 8 Rn 6; Landmann/Rohmer/Reidt/Schiller UIG § 8 Rn 47.

37 BVerwG, 24.9.2009, 7 C 2.09, NVwZ 2010, 189 Rn 62; BVerwG, 21.2.2008, 20 F 2/07, NVwZ 2008, 554, 557 Rn 24 ff.

38 EuGH, 28.7.2011, C-71/10, NVwZ 2011, 1060, 1061.

UVwG kein solches Gewicht entwickeln, dass sie dem öffentlichen Interesse entgegengehalten werden könnten.[39]

41 Überwiegt das öffentliche Interesse an der Bekanntgabe der begehrten Umweltinformation nicht, so ist damit nicht zwingend die vollständige Ablehnung des Informationsanspruchs verbunden. Vielmehr muss die informationspflichtige Stelle prüfen, ob ggf nach § 27 Abs. 3 UVwG eine teilweise Bekanntgabe erfolgen kann (s. UVwG § 27 Rn 32 ff).

III. Ablehnungsgründe gem. § 28 Abs. 2 UVwG

42 Für die in § 28 Abs. 2 UVwG zusammengefassten Ablehnungsgründe zum Schutz öffentlicher Belange bedarf es keiner im konkreten Fall zu prognostizierenden nachteiligen Auswirkungen. Die Norm schützt maßgeblich die Arbeitsfähigkeit der informationspflichtigen Stelle und das Funktionieren ihrer internen Prozesse.[40]

43 Die Ablehnungsgründe sind nicht von einer Prognose oder Bewertung abhängig. Vielmehr indiziert eine Verletzung der Rechtsgüter eine nachteilige Auswirkung. Trotzdem greifen auch sie nicht ein, wenn das öffentliche Interesse an einer Bekanntgabe der begehrten Umweltinformationen überwiegt.

44 **1. Missbräuchlich gestellte Anträge (Abs. 2 Nr. 1).** Nach § 28 Abs. 2 Nr. 1 UVwG kann der Antrag auf Zugang zu Umweltinformationen abgelehnt werden, wenn er **offensichtlich missbräuchlich** gestellt wurde. Die Regelung stand Pate für die Regelung in § 9 Abs. 3 Nr. 1 LIFG (s. dort § 9 Rn 14 ff).

45 **2. Interne Mitteilungen (Abs. 2 Nr. 2).** Der Antrag auf Bekanntgabe der Informationen ist nach § 28 Abs. 2 Nr. 2 UVwG abzulehnen, wenn er sich auf **interne Mitteilungen informationspflichtiger Stellen** iSd § 23 Abs. 1 UVwG (s. dort Rn 2 ff) bezieht. Die Regelung bezieht sich auf die internen Mitteilungen innerhalb einer informationspflichtigen Stelle.[41]

46 Unter Mitteilungen sind sämtliche Formen des Informations- und Datenaustauschs zu verstehen.[42] Keine Mitteilungen sind jedoch Stellungnahmen, Gutachten oder die Dokumentation von Informationen, die sich an einen Empfänger außerhalb der informationspflichtigen Stelle richten.[43]

47 **3. Ablehnung wegen fehlender Verfügung über die Informationen (Abs. 2 Nr. 3).** Wird ein Antrag auf Zugang zu Informationen bei einer informationspflichtigen Stelle, die nicht über die gewünschten Informationen verfügt, gestellt, so ist dieser nach § 25 Abs. 3 UVwG an die über die begehrte Information verfügende Stelle **weiterzuleiten**, soweit diese bekannt ist. Ist

---

39 BeckOK InfoMedienR/Karg UIG § 8 Rn 3; Landmann/Rohmer/Reidt/Schiller UIG § 8 Rn 48.
40 BeckOK InfoMedienR/Karg UIG § 8 Rn 47.
41 BeckOK InfoMedienR/Karg UIG § 8 Rn 51, aA Landmann/Rohmer/Reidt/Schiller UIG § 8 Rn 58; Schmidt/Wörn NuR 2008, 770, 772: auch Zusammenwirken von verschiedenen informationspflichtigen Stellen.
42 Landmann/Rohmer/Reidt/Schiller UIG § 8 Rn 59.
43 BeckOK InfoMedienR/Karg UIG § 8 Rn 52.

die Weiterleitung ausgeschlossen, muss der Antrag abgelehnt werden. Eine Abwägung ist dann nicht erforderlich.[44]

4. Nicht abgeschlossene Schriftstücke und unaufbereitete Daten (Abs. 2 Nr. 4). Nach § 28 Abs. 2 Nr. 4 UVwG ist ein Informationsantrag abzulehnen, wenn er sich auf die Zugänglichmachung von Material, das gerade vervollständigt wird, noch nicht abgeschlossene Schriftstücke oder noch nicht aufbereitete Daten bezieht. Zweck der Regelung ist der Schutz der Funktionsfähigkeit und der Entscheidungsfindung der informationspflichtigen Stelle.[45] 48

§ 28 Abs. 2 Nr. 4 UVwG enthält nur einen **befristeten** Ablehnungsgrund. Er ist auf den Zeitpunkt bis zur Fertigstellung begrenzt. Er ist im Zusammenhang mit der Regelung in § 27 Abs. 1 S. 3 UVwG zu sehen, nach der dem Antragsteller die Stelle, die das Material aufbereitet, sowie der voraussichtliche Zeitpunkt der Fertigstellung mitzuteilen ist (s. UVwG § 27 Rn 20 f). 49

Der Begriff **Material** ist im Sinne von Umweltinformationen nach § 23 Abs. 3 UVwG zu verstehen (s. UVwG § 23 Rn 19 ff). Diese müssen während einer laufenden **Vervollständigung**, also einer Ergänzung, nicht veröffentlicht werden. 50

Der Ablehnungsgrund entfällt, wenn die informationspflichtige Stelle die Vervollständigung abgeschlossen hat. Dies ist zum einen der Fall, wenn die begehrten Umweltinformationen aus Sicht der informationspflichtigen Stelle vollständig sind. Die Vervollständigung ist zum anderen auch abgeschlossen, wenn die weitere Ergänzung der betreffenden Umweltinformationen dauerhaft oder für ungewisse Zeit abgebrochen wird.[46] 51

Die Ablehnung kann sich auch darauf beziehen, dass **Schriftstücke** noch nicht abgeschlossen sind. Nicht abgeschlossen sind sie, wenn sie lediglich als Entwurf vorliegen und noch nicht durch den verantwortlichen Entscheidungsträger oder mittels Übersendung an einen Dritten freigegeben worden sind.[47] 52

Die dritte Variante des § 28 Abs. 2 Nr. 4 UVwG bezieht sich auf noch **nicht aufbereitete Daten.** Erfasst werden alle gespeicherten Einzelinformationen unabhängig von der Art des Speichermediums.[48] Der Ablehnungsgrund greift auch dann, wenn die Daten vollständig vorliegen, aber noch nicht systematisch aufbereitet wurden.[49] **Aufbereitung** umfasst die Systematisierung und Ordnung des Datenmaterials. 53

5. Unbestimmtheit des Antrags (Abs. 2 Nr. 5). Ist der Antrag zu unbestimmt und kommt der Antragsteller der Aufforderung der informationspflichtigen Stelle nach § 25 Abs. 2 UVwG zur Präzisierung innerhalb einer 54

---

44 So auch BeckOK InfoMedienR/Karg UIG § 8 Rn 53.
45 BeckOK InfoMedienR/Karg UIG § 8 Rn 54; Landmann/Rohmer/Reidt/Schiller UIG § 8 Rn 64: Schutz des Arbeitsprozesses der vorbereitenden Sichtung und Sammlung.
46 Landmann/Rohmer/Reidt/Schiller UIG § 8 Rn 67.
47 BVerwG, 21.2.2008, 4 C 13/07, NVwZ 2008, 791, 792 Rn 15 ff; Thümer EurUP 2006, 231, 234.
48 Landmann/Rohmer/Reidt/Schiller UIG § 8 Rn 71.
49 AA BeckOK InfoMedienR/Karg UIG § 8 Rn 55: keine Anspruchsbeschränkung auf interpretierte und fachlich ausgewertete Daten.

angemessenen Frist nicht nach, so ist er abzulehnen. S. hierzu auch LIFG § 9 Rn 18.

55 Die angemessene Frist, nach deren Ablauf der Antrag bei nicht erfolgter Präzisierung abgelehnt werden kann, hängt vom konkreten Fall, insb. von den begehrten Informationen ab.[50]

56 **6. Einschränkung durch ein überwiegendes öffentliches Interesse an der Bekanntgabe.** Um den Antrag abzulehnen, darf ebenso wie nach § 28 Abs. 1 UVwG (s. Rn 37 ff) neben dem Vorliegen eines Ablehnungsgrundes das öffentliche Interesse auf Bekanntgabe nicht gegenüber den Schutzaspekten überwiegen. Auch hier hat die informationspflichtige Stelle eine **Einzelfallabwägung** vorzunehmen. Diese kann in den Fällen des § 28 Abs. 2 Nr. 3 und Nr. 5 UVwG nicht zu einem anderen Ergebnis führen wie die Tatbestandserfüllung.[51]

IV. Gerichtliche Kontrolldichte

57 Das Vorliegen der **Tatbestandsvoraussetzungen** in § 28 Abs. 1 und 2 UVwG unterliegt der vollständigen und uneingeschränkten gerichtlichen Kontrolle.[52]

58 Im Hinblick auf die **Prognoseentscheidung**, ob die Bekanntgabe der Umweltinformation nachteilige Auswirkungen hätte, ist die gerichtliche Kontrolle eingeschränkt.[53] Das Gericht kann nur überprüfen, ob die der Prognose zugrunde gelegten Sachverhaltsumstände zutreffend und vollständig ermittelt wurden und ob die von der informationspflichtigen Stelle getroffene Prognose nachvollziehbar und vertretbar ist.[54]

59 Auch bzgl. der Entscheidung, ob trotz des Bestehens eines Ablehnungsgrundes das öffentliche Interesse überwiegt, ist die gerichtliche Kontrolle eingeschränkt. Das Gericht kann nur überprüfen, ob alle maßgeblichen und erkennbaren Umstände, die für oder gegen eine Bekanntgabe der Informationen sprechen, vollständig ermittelt und bewertet wurden. Zudem kann das Gericht überprüfen, ob die Gewichtung in vertretbarer Weise erfolgt ist.[55]

§ 29 UVwG Schutz sonstiger Belange

(1) [1]Soweit

1. durch das Bekanntgeben der Informationen personenbezogene Daten offenbart und dadurch Interessen der Betroffenen erheblich beeinträchtigt würden,

50 Landmann/Rohmer/Reidt/Schiller UIG § 8 Rn 73.
51 Landmann/Rohmer/Reidt/Schiller UIG § 8 Rn 75.
52 Landmann/Rohmer/Reidt/Schiller UIG § 8 Rn 77.
53 BVerwG, 29.6.2016, 7 C 32/15, NVwZ 2016, 1566, 1570 Rn 37 ff; aA BeckOK InfoMedienR/Karg UIG § 8 Rn 20.
54 BVerwG, 29.10.2009, 7 C 22.08, NVwZ 2010, 321 Rn 33 ff zum IFG.
55 S. ausführlich hierzu Landmann/Rohmer/Reidt/Schiller UIG § 8 Rn 78.

2. Rechte am geistigen Eigentum, insbesondere Urheberrechte, durch das Zugänglichmachen von Umweltinformationen verletzt würden oder
3. durch das Bekanntgeben Betriebs- oder Geschäftsgeheimnisse zugänglich gemacht würden oder die Informationen dem Steuergeheimnis oder dem Statistikgeheimnis unterliegen,

ist der Antrag abzulehnen, es sei denn, die Betroffenen haben zugestimmt oder das öffentliche Interesse an der Bekanntgabe überwiegt. [2]Der Zugang zu Umweltinformationen über Emissionen kann nicht unter Berufung auf die in den Nummern 1 und 3 genannten Gründe abgelehnt werden. [3]Vor der Entscheidung über die Offenbarung der durch Satz 1 Nummern 1 bis 3 geschützten Informationen sind die Betroffenen anzuhören. [4]Die informationspflichtige Stelle hat in der Regel von einer Betroffenheit im Sinne des Satzes 1 Nummer 3 auszugehen, soweit übermittelte Informationen als Betriebs- und Geschäftsgeheimnisse gekennzeichnet sind. [5]Soweit die informationspflichtige Stelle dies verlangt, haben mögliche Betroffene im Einzelnen darzulegen, dass ein Betriebs- oder Geschäftsgeheimnis vorliegt.

(2) [1]Sind vor der Entscheidung über die Offenbarung nach Absatz 1 Satz 3 mehr als 50 Betroffene anzuhören, deren Belange offensichtlich gleichartig betroffen sind, und überwiegt das öffentliche Interesse an der Bekanntgabe erheblich oder handelt es sich um einen Fall des Absatzes 1 Satz 2 mit mehr als 50 Betroffenen, kann auf eine Anhörung verzichtet werden. [2]Unterbleibt die Anhörung, kann die Bekanntgabe der Entscheidung über die Offenbarung durch eine öffentliche Bekanntmachung erfolgen. [3]Die öffentliche Bekanntmachung wird durch Einstellung der Entscheidung auf der Internetseite der informationspflichtigen Stelle und außerdem durch einen entsprechenden Hinweis in ihrem amtlichen Veröffentlichungsblatt oder in örtlichen Tageszeitungen bewirkt. [4]Die Entscheidung gilt am Tag nach der öffentlichen Bekanntmachung als bekannt gegeben.

(3) [1]Umweltinformationen, die private Dritte einer informationspflichtigen Stelle übermittelt haben, ohne rechtlich dazu verpflichtet zu sein oder rechtlich verpflichtet werden zu können, und deren Offenbarung nachteilige Auswirkungen auf die Interessen der Dritten hätte, dürfen ohne deren Einwilligung anderen nicht zugänglich gemacht werden, es sei denn, das öffentliche Interesse an der Bekanntgabe überwiegt. [2]Der Zugang zu Umweltinformationen über Emissionen kann nicht unter Berufung auf die in Satz 1 genannten Gründe abgelehnt werden.

Literatur: *Feldmann/Heiland*, Das neue baden-württembergische Umweltverwaltungsgesetz – mehr Transparenz und Öffentlichkeitsbeteiligung im Umweltbereich, VBlBW 2015, 49 ff; Schmidt/Hungeling, Der Informationsanspruch nach dem Umweltinformationsgesetz – unterschätztes Risiko für Unternehmen?, NuR 2010, 449 ff.

I. Allgemeines

1 § 29 UVwG betrifft im Gegensatz zu § 28 UVwG den Schutz **individueller Geheimhaltungsinteressen**, die zugleich verfassungsrechtlichen Schutz genießen.

2 Geschützt werden die in Art. 12 und Art. 14 GG enthaltenen Grundrechte der **wirtschaftlichen Betätigung** und des Schutzes des **Eigentums** sowie das Recht auf **informationelle Selbstbestimmung** aus Art. 2 Abs. 1 iVm Art. 1 Abs. 1 GG als Teil des Allgemeinen Persönlichkeitsrechts.

3 Auch diese Ablehnungsgründe sind – ebenfalls wie die Ablehnungsgründe in § 28 UVwG (s. UVwG § 28 Rn 3) - **eng auszulegen.**[1]

4 Liegen die Voraussetzungen der Ausnahmetatbestände vor, so hat die informationspflichtige Stelle den Informationsantrag grds. **abzulehnen**, es sei denn, der Betroffene stimmt zu oder es überwiegt das öffentliche Interesse an der Bekanntgabe. Im Rahmen der Abwägung sind die zu schützenden Grundrechte und einfach gesetzlich geschützten Rechtpositionen Dritter entsprechend ihrem Gewicht zu würdigen und dem öffentlichen Interesse gegenüber zu stellen.[2]

5 Vor der Entscheidung, ob die begehrten Umweltinformationen, die unter den Schutztatbestand des § 29 Abs. 1 Nr. 1 bis 3 UVwG fallen, zugänglich gemacht werden, sind die Betroffenen gem. § 29 Abs. 1 S. 3 UVwG **anzuhören.**

6 Die Vorschrift entspricht der Regelung in § 9 UIG des Bundes, auf die bisher in § 3 Abs. 1 LUIG aF verwiesen wurde.

II. Einzelne Ablehnungsgründe

7 § 29 UVwG regelt die Ablehnung eines Antrags auf Zugang zu Umweltinformationen nach § 24 Abs. 1 UVwG (s. UVwG § 24 Rn 13 f) zum Schutz privater Belange.

8 Für die Ablehnung des Anspruchs auf Informationszugang genügt das Vorliegen eines Grundes in § 29 Abs. 1 oder Abs. 3 UVwG. Sie stehen somit **alternativ** nebeneinander. Die Ablehnungsgründe stehen auch alternativ neben den Gründen aus § 28 UVwG.

9 Sind mehrere Ablehnungsgründe kumulativ erfüllt, so sind sie ggf in ihrer Gesamtheit dem überwiegenden Informationsinteresse entgegenzuhalten,

1 S. auch Art. 4 Abs. 2 S. 2 der UIRL 2003/4/EG.
2 Landmann/Rohmer/Reidt/Schiller UIG § 9 Rn 1; Wegener NVwZ 2015, 609, 615 ff.

auch wenn bei isolierter Abwägung des jeweils einzelnen Ablehnungsgrundes das Informationsinteresse überwiegen würde (s. UVwG § 28 Rn 40).

§ 29 Abs. 1 S. 1 UVwG sieht dem Wortlaut nach als Rechtsfolge nur die Ablehnung des Anspruchs auf Zugang zu Umweltinformationen vor. Ist eine Betroffenheit nach § 29 Abs. 1 S. 1 Nr. 1 bis 3 UVwG nur bei (einer) bestimmten Form(en) der Zugänglichmachung der Umweltinformationen gegeben, so hat die Behörde nach pflichtgemäßem Ermessen auch darüber zu entscheiden, ob als gegenüber der Antragablehnung milderes Mittel die Zugänglichmachung der Umweltinformationen in einer bestimmten Art und Weise, welche die geschützten Rechte des Betroffenen wahrt, in Betracht kommt.[3] 10

1. Ablehnungsgründe gem. § 29 Abs. 1 UVwG. a) Schutz personenbezogener Daten (Abs. 1 S. 1 Nr. 1). § 29 Abs. 1 S. 1 Nr. 1 UVwG dient dem Schutz personenbezogener Daten, die durch einen Anspruch auf Zugang zu Umweltinformationen erheblich beeinträchtigt werden könnten. 11

Geschützt wird damit das **Recht auf informationelle Selbstbestimmung** aus Art. 2 Abs. 1 iVm Art. 1 Abs. 1 GG.[4] Diesem wird insoweit Vorrang gegenüber den Informationsinteressen eingeräumt, es sei denn, der Betroffene stimmt einer Bekanntgabe der Informationen zu oder das öffentliche Interesse überwiegt. Im letzteren Fall hat der Betroffene den Eingriff in seine Rechte zu dulden. 12

Die Norm enthält eine bereichsspezifische Spezialregelung zum Datenschutz, die in ihrem Anwendungsbereich dem Landesdatenschutzgesetz als besondere Rechtsvorschrift gemäß § 2 Abs. 5 S. 1 LDSG vorgeht. Die Bestimmungen des LDSG sind jedoch zum einen zur Auslegung des § 29 Abs. 1 S. 1 Nr. 1 UVwG heranzuziehen. Zum anderen sind die Regelungen des LDSG unmittelbar anwendbar, wenn es sich um solche handelt, die nicht vom UVwG erfasst werden und diesem vom Sinn und Zweck her nicht widersprechen.[5] 13

Personenbezogene Daten sind gem. § 3 Abs. 1 LDSG Einzelangaben über persönliche und sachliche Verhältnisse einer bestimmten oder bestimmbaren natürlichen Person.[6] Diese bezeichnet die Vorschrift als „Betroffenen". S. zu den personenbezogenen Daten LIFG § 5 Rn 6 f. 14

Zu den **sachlichen Verhältnissen** zählen u.a. Umweltdaten, die einem im Eigentum oder Besitz einer natürlichen Person stehenden Grundstück zugeordnet werden können, zB der Anbau gentechnisch veränderter Organismen[7] oder der Empfang von umweltbezogenen Subventionszahlungen.[8] Als Beispiel für **persönliche Verhältnisse** sind Ergebnisse aus Gesundheitsuntersuchungen im Zusammenhang mit Umweltbelastungen zu nennen.[9] 15

3 OVG LSA, 29.7.2016, 2 M 14/16, BeckRS 2016, 53883, Rn 33 ff.
4 S. hierzu BT-Drs. 15/3406, 30 für das Bundesrecht.
5 IdS VGH BW, 16.10.2014, 10 S 2043/14, DVBl 2014, 1600 ff zum LUIG aF; Landmann/Rohmer/Reidt/Schiller UIG § 9 Rn 6 zum Bundesrecht.
6 S. hierzu BT-Drs. 15/3406, 30 für das Bundesrecht.
7 BayVGH, 22.11.2000, 22 ZE 002779, NVwZ 2001, 342, 343.
8 VG Schleswig, 29.11.2007, 12 A 27/06, Rn 34.
9 Landmann/Rohmer/Reidt/Schiller UIG § 9 Rn 7.

16 Daten **juristischer Personen** des Privatrechts oder des öffentlichen Rechts werden nicht von § 29 Abs. 1 S. 1 Nr. 1 UVwG geschützt.[10] Weisen die Informationen einen wirtschaftlichen oder wettbewerblichen Bezug auf, ist ein Schutz über § 29 Abs. 1 S. 1 Nr. 2 oder Nr. 3 UVwG möglich. Nur wenn bei Informationen über juristische Personen die dahinterstehende natürliche Person eindeutig erkennbar ist, bleibt § 29 Abs. 1 S. 1 Nr. 1 UVwG einschlägig.[11]

17 Eine Berufung auf § 29 Abs. 1 S. 1 Nr. 1 UVwG ist ebenfalls möglich, wenn zwar im Zusammenhang mit bestimmten Umweltinformationen keine natürliche Person benannt wird, aber aus den Umständen und den bekannt gemachten Informationen diese ohne größeren Aufwand bestimmt werden kann.[12] Diese Situation kann sich im Umweltbereich vor allem bei georeferenzierten Informationen ergeben, die über den Bezug zu einem konkreten Ort auch mit den Eigentümern der jeweiligen Fläche in Verbindung gebracht werden können.[13]

18 Durch die Offenbarung personenbezogener Daten im Rahmen der Bekanntgabe von Umweltinformationen müssten die Interessen des Betroffenen **erheblich beeinträchtigt** werden. Dies scheidet aus, wenn die Daten bereits bekannt sind oder der Betroffene in die Bekanntgabe vorab eingewilligt hat.[14]

19 Bereits die Veröffentlichung personenbezogener Daten indiziert eine erhebliche Beeinträchtigung, da nach den Regelungen der §§ 23 ff UVwG die Umweltinformationen grds. zweckfrei zur Verfügung gestellt werden und die vom Datenschutzrecht geforderte Zweckbindung entfällt. Eine zum Schutz durch das LDSG zusätzlich hinzutretende erhebliche Beeinträchtigung ist deshalb nicht erforderlich.[15]

20 **b) Schutz des geistigen Eigentums (Abs. 1 S. 1 Nr. 2).** Nach § 29 Abs. 1 S. 1 Nr. 2 UVwG ist ein Antrag auf Zugang zu Umweltinformationen auch dann abzulehnen, wenn durch die Informationserteilung Rechte am geistigen Eigentum, insb. Urheberrechte verletzt würden.

21 Unter **geistigem Eigentum** sind Schutzrechte an immateriellen Gütern zu verstehen. S. ausführlich hierzu LIFG § 6 Rn 14 ff.

22 Nicht geschützt werden Ausschreibungsunterlagen, Antragsunterlagen im Genehmigungsverfahren, sofern sie nicht Betriebs- und Geschäftsgeheim-

10 Juristische Personen können sich nicht auf das Recht auf informationelle Selbstbestimmung berufen. Gurlit EurUP 2006, 224, 229; Stollwerck LKV 2016, 538, 541; BeckOK InfoMedienR/Karg UIG § 9 Rn 8.

11 Dies gilt zB für eine Ein-Mann-GmbH. S. Landmann/Rohmer/Reidt/Schiller UIG § 9 Rn 8.

12 Landmann/Rohmer/Reidt/Schiller UIG § 9 Rn 9.

13 S. hierzu VG Potsdam, 4.5.2012, VG 9 K 2029/10, BeckRS 2013, 52441; Götze LKV 2013, 241, 246.

14 BeckOK InfoMedienR/Karg UIG § 9 Rn 10; Landmann/Rohmer/Reidt/Schiller UIG § 9 Rn 12 f.

15 BeckOK InfoMedienR/Karg UIG § 9 Rn 11 f; aA Landmann/Rohmer/Reidt/Schiller UIG § 9 Rn 12 f; OVG Bln-Bbg, 12.2.2015, OVG 12 B 13/12, NVwZ-RR 2015, 801, 802.

nisse enthalten, behördliche Daten, Vertragsentwürfe[16] und Anwaltsschriftsätze. Wissenschaftliche Gutachten, Baupläne und umfangreiche Anwaltsschriftsätze unterliegen dem Schutz aber dann, wenn sie durch ihre weit überdurchschnittliche individuelle Eigenart und Originalität eine eigene geistige Leistung enthalten.[17]

Der Ablehnungsgrund greift nur, wenn Rechte am geistigen Eigentum **verletzt** würden. Wann dies der Fall ist, bestimmt sich nach den Anforderungen des jeweiligen Fachrechts. Was allerdings nach den fachgesetzlichen Bestimmungen über das geistige Eigentum zulässig ist, kann nicht im Umweltinformationsrecht anders bewertet werden.[18] Der Schutz des geistigen Eigentums über § 29 Abs. 1 S. 1 Nr. 1 UVwG ist damit erheblich **eingeschränkt**.[19] 23

c) **Schutz von Betriebs- und Geschäfts- sowie Steuer- und Statistikgeheimnissen (Abs. 1 S. 1 Nr. 3).** § 29 Abs. 1 S. 1 Nr. 3 UVwG regelt zwei eigenständige Ablehnungsgründe. Zum einen dient er dem Schutz von Geschäfts- und Betriebsgeheimnissen (s. Rn 25 ff), zum anderen erfasst er Informationen, die dem Steuergeheimnis oder dem Statistikgeheimnis unterfallen (s. Rn 31 f). 24

Sind von der Bekanntgabe der begehrten Umweltinformationen **Geschäfts- und Betriebsgeheimnisse** betroffen, so liegt ein Ablehnungsgrund vor. 25

Betriebs- und Geschäftsgeheimnisse sind durch Art. 12 Abs. 1 GG, Art. 14 GG[20] und durch die EU-Grundrechte geschützt. Geheimnisträger sind natürliche Personen oder juristische Personen des Privatrechts.[21] 26

Der Begriff Betriebs- und Geschäftsgeheimnis wird gesetzlich nicht definiert.[22] Nach allgemeinem Verständnis müssen in Bezug auf die zu schützende Information kumulativ vier Voraussetzungen vorliegen: 27

1. Information mit Unternehmensbezug, die
2. nur einem begrenzten Personenkreis bekannt ist und für die
3. ein Geheimhaltungswille und ein
4. berechtigtes Geheimhaltungsinteresse des Unternehmens besteht.[23] S. ausführlich hierzu LIFG § 6 Rn 33 ff.

Eine Berechtigung zur Geheimhaltung nach § 29 Abs. 1 S. 1 Nr. 3 UVwG liegt vor, wenn durch die Veröffentlichung der begehrten Informationen 28

16 Hierzu OVG RP, 28.9.2016, 8 A 10342/16.OVG, BeckRS 2016, 52851, Rn 35 ff.
17 BeckOK InfoMedienR/Karg UIG § 9 Rn 20; Landmann/Rohmer/Reidt/Schiller UIG § 9 Rn 17.
18 Landmann/Rohmer/Reidt/Schiller UIG § 9 Rn 16; VGH BW, 25.11.2008, 10 S 2702/06, NuR 2009, 650, 652 f.
19 BeckOK InfoMedienR/Karg UIG § 9 Rn 18.
20 BVerfG, 14.3.2006, 1 BvR 2087, 2111/03, BVerfGE 115, 205 Rn 76 ff; s. auch Schmidt/Hungeling NuR 2010, 449, 450.
21 S. zur Diskussion, ob auch juristische Personen des öffentlichen Rechts Geheimnisträger sein können LIFG § 6 Rn 42 und BeckOK InfoMedienR/Karg UIG § 9 Rn 22 a ff.
22 S. jedoch die Definition in § 7 HmbTG – Hamburgisches Transparenzgesetz v. 19.6.2012, HmbGVBl. 2012, 271.
23 Ausführlich zum Begriff der Betriebs- und Geschäftsgeheimnisse Roßnagel/Hentschel, Verfassungsrechtliche Grenzen gesetzlicher Pflichten zur Offenlegung von Arbeits- und Beschäftigungsbedingungen, WSI-Studie 6/2016, 36 ff; s. auch Schmidt/Hungeling NuR 2010, 449, 450.

möglicherweise **exklusives technisches oder betriebswirtschaftliches Wissen** Marktkonkurrenten zugänglich gemacht wird und dies die Position des Rechtsträgers im Wettbewerb nachteilig beeinflusst oder ihm einen sonstigen wirtschaftlichen Schaden zufügen würde.[24]

29 Gem. § 29 Abs. 1 S. 4 UVwG hat die informationspflichtige Stelle in der Regel von einer Betroffenheit iSv § 29 Abs. 1 S. 1 Nr. 3 UVwG auszugehen, wenn übermittelte Informationen als Betriebs- und Geschäftsgeheimnisse **gekennzeichnet** sind. Diese Vermutungsregelung ändert aber nichts daran, dass **objektiv** die Voraussetzungen eines Betriebs- und Geschäftsgeheimnisses vorliegen müssen. Ist dies nicht der Fall, dürfen die betroffenen Informationen auch trotz Kennzeichnung nicht als Betriebs- und Geschäftsgeheimnis behandelt werden.[25]

30 Nach § 29 Abs. 1 S. 4 UVwG haben mögliche Betroffene, soweit die informationspflichtige Stelle dies verlangt, im Einzelnen darzulegen, dass ein Betriebs- oder Geschäftsgeheimnis vorliegt.

31 § 29 Abs. 1 S. 1 Nr. 3 UVwG schützt außerdem Informationen vor einer Veröffentlichung, die dem Steuer- und Statistikgeheimnis unterfallen. Das Steuergeheimnis wird in § 30 AO[26] normiert. Er umfasst nach § 30 Abs. 2 AO die Verhältnisse eines anderen, Betriebs- und Geschäftsgeheimnisse sowie geschützte Daten in automatisierten Verfahren, unterliegt aber nach § 30 Abs. 4 AO auch gewissen Einschränkungen.[27] Adressaten des Ablehnungsgrundes sind in erster Linie die Steuerbehörden.

32 Das Statistikgeheimnis ist in § 14 LStatG[28] geregelt. Hiernach sind Einzelangaben, die für eine Landes- oder Kommunalstatistik gemacht werden und die dem Befragten oder Betroffenen zugeordnet werden können, von den mit der Durchführung der Statistiken betrauten Personen geheim zu halten, soweit durch besondere Rechtsvorschriften nichts anderes bestimmt ist.

33 **2. Einschränkung der Ablehnungsgründe.** § 29 Abs. 1 UVwG regelt drei verschiedene Fälle, in denen trotz Vorliegens der Voraussetzungen des einschlägigen Ablehnungsgrundes in S. 1 Nr. 1 bis 3 einem Anspruch auf Zugang zu Umweltinformationen zu entsprechen ist.

34 a) **Zustimmung des Betroffenen.** Die in § 29 Abs. 1 S. 1 Nr. 1 bis 3 UVwG geregelten Ablehnungsgründe sind nicht einschlägig, wenn der Betroffene der Informationserteilung zugestimmt hat. Eine Zustimmung kann vor allem im Rahmen der Anhörung nach § 29 Abs. 1 S. 3 UVwG erfolgen (s. Rn 40 ff).

35 Handelt es sich um mehrere Betroffene, deren Rechte nach § 29 Abs. 1 S. 1 Nr. 1 bis 3 UVwG beeinträchtigt werden, müssen alle zustimmen. Die Zu-

---

24 BVerfG, 14.3.2006, 1 BvR 2087, 2111/03, BVerfGE 115, 205 Rn 84 ff; BeckOK InfoMedienR/Karg UIG § 9 Rn 25 a; Landmann/Rohmer/Reidt/Schiller UIG § 9 Rn 20 mwN.
25 So auch Landmann/Rohmer/Reidt/Schiller UIG § 9 Rn 25.
26 Abgabenordnung v. 1.10.2002, BGBl. I S. 3866; 2003 I S. 61, zuletzt geändert durch Art. 1 des Gesetzes v. 22.12.2016, BGBl. I S. 3152.
27 S. hierzu ausführlich Landmann/Rohmer/Reidt/Schiller UIG § 9 Rn 26.
28 Landesstatistikgesetz (LStatG) v. 24.4.1991, GBl. 1991, 215.

stimmung ist an **keine bestimmte Form** gebunden.[29] Besonderheiten ergeben sich jedoch nach § 4 LDSG für den Zugang zu personenbezogenen Daten nach § 29 Abs. 1 S. 1 Nr. 1 UVwG.

Die Zustimmung ist gegenüber der informationspflichtigen Stelle zu erklären. Sie stellt eine empfangsbedürftige Willenserklärung dar, die mit Zugang bei der informationspflichtigen Stelle wirksam wird. Sie kann mit Wirkung für die Zukunft widerrufen werden.[30] 36

b) **Umweltinformationen über Emissionen.** Gem. § 29 Abs. 1 S. 2 UVwG kann der Zugang zu Umweltinformationen über Emissionen nicht unter Berufung auf die in § 29 Abs. 1 S. 1 Nr. 1 und 3 UVwG genannten Gründe abgelehnt werden.[31] S. hierzu auch UVwG § 28 Rn 36. 37

c) **Überwiegendes öffentliches Interesse.** Ein Informationsanspruch kann trotz Vorliegens eines Ablehnungsgrundes und fehlender Zustimmung des Betroffenen nicht abgelehnt werden, wenn das öffentliche Interesse an der Bekanntgabe der begehrten Information überwiegt. S. hierzu ausführlich UVwG § 28 Rn 37 ff. 38

Die Abwägung ist im Rahmen des § 29 Abs. 1 UVwG dadurch geprägt, dass dem öffentlichen Informationsinteresse private Belange gegenüberzustellen sind, die durch nationale und europäische Grundrechte sowie einfachgesetzliche Regelungen geschützt sind. Hinzu treten ggf wirtschaftliche Interessen.[32] 39

3. Verfahrensrechtliche Anforderungen. § 29 Abs. 1 S. 3 UVwG enthält die Pflicht, vor der Entscheidung über die Offenbarung der durch § 29 Abs. 1 S. 1 Nr. 1 bis 3 UVwG geschützten Informationen die Betroffenen anzuhören. Diese Pflicht ist weit zu verstehen. Sind mehrere Betroffene vorhanden, gilt die **Anhörungspflicht** für alle. 40

Die Anhörung ist an keine besondere Form gebunden. Es empfiehlt sich aber in der Regel die Schriftform. Die Anhörung hat eine Erläuterung der informationspflichtigen Stelle zu enthalten, hinsichtlich welcher Thematik der Informationszugang begehrt wird und wer den Antrag gestellt hat.[33] 41

Eine Frist, innerhalb derer die Anhörung vorzunehmen ist, ist nicht geregelt. Sie muss angemessen sein. Allerdings wird sie aufgrund der Entscheidungsfrist in § 24 Abs. 3 S. 2 UVwG (s. UVwG § 24 Rn 18 ff) von einem, höchstens zwei Monaten nicht länger als eine, max. zwei Wochen ausfallen.[34] 42

Zweck der Anhörung ist es, zu klären, ob aus Sicht der informationspflichtigen Stelle das Geheimhaltungs- oder das Offenbarungsinteresse überwiegt. 43

---

29 Landmann/Rohmer/Reidt/Schiller UIG § 9 Rn 31.

30 S. hierzu Landmann/Rohmer/Reidt/Schiller UIG § 9 Rn 32.

31 BVerwG, 24.9.2009, 7 C 2.09, NVwZ 2010, 189 Rn 39 ff in Bezug auf CO_2-Emissionen. S. auch EuGH, 23.11.2016, C-442/14, ECLI:EU:C:2016:890; EuGH, 23.11.2016, C-673/13, ECLI:EU:C:2016:889.

32 Ausführlich hierzu Landmann/Rohmer/Reidt/Schiller UIG § 9 Rn 34; Schmidt/Hungeling NuR 2010, 449, 451 f.

33 S. hierzu insgesamt Landmann/Rohmer/Reidt/Schiller UIG § 9 Rn 36.

34 Landmann/Rohmer/Reidt/Schiller UIG § 9 Rn 36 a.

44 Die informationspflichtige Stelle darf dem Betroffenen im Rahmen der Anhörung gezielt Fragen stellen. Für Betriebs- und Geschäftsgeheimnisse ist dies in § 29 Abs. 1 S. 4 und 5 UVwG näher geregelt. Will die informationspflichtige Stelle von der Einordnung der Information als Betriebs- und Geschäftsgeheimnis und damit von der Regelvermutung des § 29 Abs. 1 S. 4 UVwG abweichen, hat sie den Betroffenen im Rahmen der Anhörung darüber zu informieren. Nach § 29 Abs. 1 S. 5 UVwG kann sie verlangen, dass der Betroffene im Einzelnen darlegt, dass ein Betriebs- oder Geschäftsgeheimnis vorliegt.

45 Einer Anhörung bedarf es nicht, wenn die informationspflichtige Stelle den Antrag auf Informationszugang ablehnen möchte.

46 Kommt die informationspflichtige Stelle der Pflicht zur Anhörung nicht nach, liegt ein **Verfahrensfehler** vor, für den die §§ 45, 46 LVwVfG gelten. Eine fehlende Anhörung kann jedoch nachgeholt werden.

III. Sonderregelungen für Anhörung und Bekanntmachung (Abs. 2)

47 § 29 Abs. 2 UVwG enthält Sonderregelungen in Bezug auf sog. **Massenverfahren**. Sind mehr als 50 Betroffene vorhanden, sollen die informationspflichtigen Stellen unter bestimmten Voraussetzungen die Möglichkeit erhalten, über die Durchführung der Anhörung in einer bestimmten Form zu entscheiden. Die Entscheidung liegt im **Ermessen** der informationspflichtigen Stelle.

48 Auf Grund der Tatsache, dass § 29 Abs. 1 S. 3 UVwG eine zur allgemeinen verwaltungsrechtlichen Regelung in § 28 LVwVfG speziellere Regelung enthält und insoweit auf den Ausschlussgrund des § 28 Abs. 2 Nr. 4 LVwVfG in Bezug auf ein Absehen von einer Anhörung bei Allgemeinverfügungen oder gleichartigen Verwaltungsakten in größerer Zahl nicht zurückgegriffen werden kann, bedurfte es der Regelung in § 29 Abs. 2 UVwG. Sie ist jedoch gegenüber der Regelung in § 28 Abs. 2 Nr. 4 LVwVfG stark eingeschränkt.[35]

49 Voraussetzung für ein **Absehen von der Anhörung** ist nach § 29 Abs. 2 S. 1, 1. Alt. UVwG, dass die Belange der mehr als 50 Betroffenen **offensichtlich gleichartig** betroffen sind. Es muss ausweislich der Gesetzesbegründung ohne nähere Ermittlungen auf der Hand liegen, dass Art und Maß der möglichen Beeinträchtigung der Betroffenen gleich sind.[36] Weiterhin muss das Interesse an einer Bekanntgabe gegenüber der ermittelten gleichartigen Beeinträchtigung in der Abwägung **erheblich überwiegen**. Ist ein klares Überwiegen des öffentlichen Interesses in der Abwägung festzustellen, ist nach § 29 Abs. 2 S. 1 UVwG ein Verzicht auf die Anhörung möglich.

50 Ein Absehen von einer Anhörung ist nach § 29 Abs. 2 S. 1, 2. Alt. UVwG auch dann möglich, wenn es um Umweltinformationen über **Emissionen** geht. Neben der Betroffenheit von 50 Personen durch die beantragte Be-

35 LReg LT-Drs. 15/5487, 87.
36 LReg LT-Drs. 15/5487, 87.

kanntgabe von Umweltinformationen sind keine weiteren Voraussetzungen nötig. Vor allem bedarf es keiner Gleichartigkeit der Betroffenheit.[37]

Schließlich eröffnet § 29 Abs. 2 S. 2 UVwG für Massenverfahren nach § 29 Abs. 2 S. 1 UVwG, bei denen von einer Anhörung abgesehen wird, die Möglichkeit, die Bekanntgabe der Entscheidung über die Offenbarung der begehrten Umweltinformationen durch **öffentliche Bekanntmachung** vorzunehmen. Ob die informationspflichtige Stelle hiervon Gebrauch macht, steht in ihrem Ermessen. 51

Nach § 29 Abs. 2 S. 3 UVwG ist die öffentliche Bekanntmachung durch Einstellung der Entscheidung auf der **Internet**seite der informationspflichtigen Stelle und außerdem durch einen entsprechenden Hinweis im amtlichen **Veröffentlichungsblatt** oder in örtlichen Tageszeitungen vorzunehmen. Damit wird berücksichtigt, dass es Betroffene geben kann, die über Printmedien zuverlässiger erreichbar sind.[38] Für private informationspflichtige Stellen entfällt die Möglichkeit der Bekanntgabe im amtlichen Veröffentlichungsblatt. 52

Die informationspflichtige Stelle hat in die öffentliche Bekanntmachung die Entscheidung einschließlich der Belehrung über Möglichkeiten des Rechtsschutzes aufzunehmen. Die Entscheidung gilt nach § 29 Abs. 2 S. 4 UVwG am Tag nach der öffentlichen Bekanntmachung als bekannt gegeben. 53

IV. Ablehnungsgrund gem. § 29 Abs. 3 UVwG

§ 29 Abs. 3 S. 1 UVwG regelt einen Ablehnungsgrund für den Fall, dass private Dritte einer informationspflichtigen Stelle Umweltinformationen übermittelt haben, ohne dazu rechtlich verpflichtet zu sein oder rechtlich verpflichtet werden zu können.[39] Er steht eigenständig neben den Ablehnungsgründen gem. § 29 Abs. 1 UVwG und § 28 Abs. 1 und 2 UVwG. Schutzziel ist zum einen die vertrauensvolle Zusammenarbeit der informationspflichtigen Stelle mit ihren Informationsgebern[40] und zum anderen das eigene Interesse des Dritten, der die Informationen weitergegeben hat.[41] 54

Privater Dritter ist jede natürliche oder juristische Person des Privatrechts; auch eine, an der die öffentliche Hand ganz oder teilweise einen Anteil hält.[42] 55

Die Übermittlung der Umweltinformationen iSv § 23 Abs. 3 UVwG an eine informationspflichtige Stelle muss **freiwillig** erfolgt sein. Dies ist nicht gegeben, wenn sich aus Rechtsvorschriften, aus Verwaltungsakten oder aus vertraglichen Vereinbarungen zwischen dem privaten Dritten und der informationspflichtigen Stelle eine Verpflichtung zur Übermittlung der Informa- 56

37 LReg LT-Drs. 15/5487, 88; Feldmann/Heiland VBlBW 2015, 49, 56.
38 LReg LT-Drs. 15/5487, 88.
39 Die Regelung entspricht § 9 Abs. 2 UIG des Bundes. Auf sie wurde bisher in § 3 Abs. 1 LUIG aF verwiesen.
40 So die Gesetzesbegründung zur bundesrechtlichen Regelung in BT-Drs. 12/7138, 13 f. zu § 7 Abs. 4 UIG aF.
41 VGH BW, 25.11.2008, 10 S 2702/06, NuR 2009, 650, 652.
42 Landmann/Rohmer/Reidt/Schiller UIG § 9 Rn 43.

tionen ergibt. Auch die Übermittlung von Umweltinformationen in einem Genehmigungsantrag zur Errichtung und Betrieb einer Anlage erfolgt nicht freiwillig.[43] Ob eine Übermittlung auf Grund einer rechtlichen Verpflichtung erfolgt ist, ist anhand der objektiven Rechtslage zu ermitteln.

57 Die Offenbarung der freiwillig übermittelten Umweltinformationen durch den Dritten müsste schließlich **nachteilige Auswirkungen** auf die Interessen des Dritten haben. S. zu den nachteiligen Auswirkungen UVwG § 28 Rn 9 ff. Die Interessen des Dritten sind weit zu verstehen und umfassen jeden nachvollziehbaren Belang, sofern er nicht offensichtlich schutzunwürdig ist.[44]

58 Der Ablehnungsgrund des § 29 Abs. 3 UVwG entfällt, wenn der Dritte in die Bekanntgabe der Umweltinformationen **eingewilligt** hat. Dies kann sowohl im Vorhinein geschehen als auch anlässlich eines Informationsantrags. Eine nachträgliche Einwilligung zu einer bereits erfolgten Bekanntgabe ist hingegen nicht möglich. Eine Verpflichtung zur Einwilligung besteht nicht.

59 Nach § 29 Abs. 3 S. 2 UVwG kann der Zugang zu Umweltinformationen über **Emissionen** nicht unter Berufung auf die in § 29 Abs. 3 S. 1 UVwG genannten Gründe abgelehnt werden (s. auch UVwG § 28 Rn 36).

60 Der Ablehnungsgrund des § 29 Abs. 3 S. 1 UVwG greift auch dann nicht, wenn das **öffentliche Interesse** an einer Bekanntgabe überwiegt. Hiervon ist zB bei freiwillig übermittelten Umweltinformationen auszugehen, die später ohnehin einsehbar[45] sind.[46] Entscheidend ist aber auch hier bei der Abwägung der Einzelfall (s. schon UVwG § 28 Rn 37 ff).

61 Zwar ist in § 29 Abs. 3 UVwG keine vorherige Anhörung des Dritten vor Bekanntgabe der Information angeordnet, doch wird diese regelmäßig vor einer Bekanntgabe zu erfolgen haben, damit die informationspflichtige Stelle die Interessen des Privaten auch hinreichend sicher ermitteln und in der gebotenen Gewichtung in die Abwägung und Entscheidung einstellen kann.

V. Gerichtliche Kontrolldichte

62 Im Hinblick auf den Kontrollmaßstab des Gerichts wird auf UVwG § 28 Rn 57 ff verwiesen.

§ 30 UVwG Unterrichtung der Öffentlichkeit

(1) [1]Die informationspflichtigen Stellen unterrichten die Öffentlichkeit in angemessenem Umfang aktiv und systematisch über die Umwelt. [2]In die-

---

43 So auch Landmann/Rohmer/Reidt/Schiller UIG § 9 Rn 45.
44 VGH BW, 25.11.2008, 10 S 2702/06, NuR 2009, 650, 652; Landmann/Rohmer/Reidt/Schiller UIG § 9 Rn 49.
45 ZB nach Abschluss eines Genehmigungsverfahrens durch Akteneinsicht oder in einem Verwaltungsprozess. So Landmann/Rohmer/Reidt/Schiller UIG § 9 Rn 52.
46 BVerwG, 21.2.2008, 4 C 13.07, BVerwGE 130, 223 Rn 19.

sem Rahmen verbreiten sie Umweltinformationen, die für ihre Aufgaben von Bedeutung sind und über die sie verfügen.

(2) [1]Zu den zu verbreitenden Umweltinformationen gehören zumindest

1. der Wortlaut von völkerrechtlichen Verträgen, das von den Organen der Europäischen Union erlassene Recht sowie Rechtsvorschriften von Bund, Ländern oder Kommunen über die Umwelt oder mit Bezug zur Umwelt,
2. politische Konzepte sowie Pläne und Programme mit Bezug zur Umwelt,
3. Berichte über den Stand der Umsetzung von Rechtsvorschriften sowie Konzepten, Plänen und Programmen nach den Nummern 1 und 2, sofern solche Berichte von den jeweiligen informationspflichtigen Stellen in elektronischer Form ausgearbeitet worden sind oder bereitgehalten werden,
4. Daten oder Zusammenfassungen von Daten aus der Überwachung von Tätigkeiten, die sich auf die Umwelt auswirken oder wahrscheinlich auswirken,
5. Zulassungsentscheidungen, die erhebliche Auswirkungen auf die Umwelt haben und Umweltvereinbarungen sowie
6. die zusammenfassende Darstellung und Bewertung der Umweltauswirkungen nach den §§ 11 und 12 UVPG im Hinblick auf Umweltbestandteile im Sinne von § 23 Absatz 3 Nummer 1.

[2]In Fällen des Satzes 1 Nummer 5 und 6 genügt zur Verbreitung die Angabe, wo solche Informationen zugänglich sind oder gefunden werden können. [3]Die veröffentlichten Umweltinformationen werden in angemessenen Abständen aktualisiert.

(3) [1]Die Verbreitung von Umweltinformationen soll in für die Öffentlichkeit verständlicher Darstellung und in leicht zugänglichen Formaten erfolgen. [2]Hierzu sollen, soweit vorhanden, elektronische Kommunikationsmittel verwendet werden.

(4) Die Anforderungen an die Unterrichtung der Öffentlichkeit nach Absatz 1 und 2 können auch dadurch erfüllt werden, dass Verknüpfungen zu Internetseiten eingerichtet werden, auf denen die zu verbreitenden Umweltinformationen zu finden sind.

(5) [1]Im Falle einer unmittelbaren Bedrohung der menschlichen Gesundheit oder der Umwelt haben die informationspflichtigen Stellen sämtliche Informationen, über die sie verfügen und die es der eventuell betroffenen Öffentlichkeit ermöglichen könnten, Maßnahmen zur Abwendung oder Begrenzung von Schäden infolge dieser Bedrohung zu ergreifen, unmittelbar und unverzüglich zu verbreiten. [2]Dies gilt unabhängig davon, ob diese Bedrohung Folge menschlicher Tätigkeit oder einer natürlichen Ursache ist. [3]Verfügen mehrere informationspflichtige Stellen über solche Informationen, sollen sie sich bei deren Verbreitung abstimmen.

(6) § 26 Absatz 1, 2 und 4 und die §§ 28 und 29 finden entsprechende Anwendung.

(7) Die Wahrnehmung der Aufgaben nach den Absätzen 1 bis 6 kann auf bestimmte Stellen der öffentlichen Verwaltung oder private Stellen übertragen werden.

Literatur: *Feldmann/Heiland*, Das neue baden-württembergische Umweltverwaltungsgesetz – mehr Transparenz und Öffentlichkeitsbeteiligung im Umweltbereich, VBlBW 2015, 49 ff.

I. Allgemeines

1 § 30 UVwG enthält die bisher schon durch Verweisung auf Bundesrecht geltende **Verpflichtung,** die Öffentlichkeit eigeninitiativ und losgelöst von einzelnen Informationsersuchen über die Umwelt zu unterrichten und entsprechende Umweltinformationen zu verbreiten.[1]

2 Mit der **aktiven Bereitstellung** von Umweltinformationen durch die informationspflichtigen Stellen wird ein wesentlicher Beitrag dazu geleistet, das **Umweltbewusstsein** zu **erhöhen** und damit eine wirksame Teilnahme der Öffentlichkeit an Entscheidungsprozessen im Umweltbereich zu ermöglichen. Der Gesetzgeber möchte mit der expliziten Regelung der aktiven Information der Öffentlichkeit die besondere Bedeutung derselben als **Transparenz** erhöhendes Instrument und als Grundlage eines informierten bürgerlichen Engagements hervorheben.[2]

3 Die Unterrichtung der Öffentlichkeit nach § 30 UVwG ergänzt die in § 26 UVwG normierte Verpflichtung zur Erleichterung des Zugangs zu Umweltinformationen. Gemeinsam mit § 31 UVwG regelt sie den sog. **aktiven Informationszugang.**

4 Die von Amts wegen veröffentlichten Umweltinformationen können dazu beitragen, dass sich spezielle individuelle Anträge auf Informationszugang erübrigen oder deren Beantwortung erleichtert wird. Auch führt die Be-

1 Feldmann/Heiland VBlBW 2015, 49, 56.
2 LReg LT-Drs. 15/5487, 88; Feldmann/Heiland VBlBW 2015, 49, 56.

kanntmachung dazu, dass die Verwaltung selbst die bei ihr vorhandenen Umweltinformationen überblickt.[3]

II. Aktive Unterrichtungspflicht (Abs. 1)

§ 30 Abs. 1 UVwG verpflichtet die informationspflichtigen Stellen, die Öffentlichkeit in angemessenem Umfang aktiv und systematisch über die Umwelt zu unterrichten. **Aktiv** meint dabei, dass die Initiative von den informationspflichtigen Stellen ausgehen muss. **Systematisch** ist die Unterrichtung dann, wenn sie auf einem planmäßigen, taktischen oder zielbewussten Vorgehen beruht.[4] 5

Adressat der Unterrichtungspflicht sind alle informationspflichtigen Stellen nach § 23 Abs. 1 UVwG (s. UVwG § 23 Rn 2 ff). Erfasst werden folglich auch private informationspflichtige Stellen.[5] 6

Gegenständlich ist die Unterrichtungspflicht auf die bei der informationspflichtigen Stelle vorhandenen oder für sie bei einer anderen Stelle aufbewahrten Umweltinformationen beschränkt (UVwG § 23 Rn 33 ff). Damit geht die aktive Unterrichtungspflicht nicht weiter als der passive Informationsanspruch nach § 24 Abs. 1 UVwG.[6] 7

§ 30 Abs. 1 UVwG ist keine Pflicht der informationspflichtigen Stellen zu entnehmen, sich Umweltinformationen aktiv zu beschaffen. Die Norm enthält damit lediglich einen bloßen **Programmsatz.**[7] 8

Ein Rechtsanspruch auf die aktive Veröffentlichung von Umweltinformationen besteht nicht. § 30 Abs. 1 UVwG entfaltet nur eine **objektiv-rechtliche Bedeutung.**[8] Auch fehlt es an einem Sanktionssystem.[9] 9

III. Umfang der Unterrichtung (Abs. 2)

Der Umfang der zu verbreitenden Umweltinformationen ist in § 30 Abs. 2 UVwG geregelt. Der Katalog beschreibt den **Mindestumfang** der veröffentlichungspflichtigen Umweltinformationen. Informationspflichtige Stellen sind nicht gehindert, über die genannten Informationen hinausgehende Umweltinformationen zu verbreiten.[10] Machen sie hiervon Gebrauch, sind sie bzgl. dieser Umweltinformationen auch an die Vorgaben in § 30 Abs. 2 S. 3 bis Abs. 7 UVwG gebunden. 10

1. Rechtsquellen (Abs. 2 S. 1 Nr. 1). Nach § 30 Abs. 2 S. 1 Nr. 1 UVwG sind der Wortlaut von völkerrechtlichen Verträgen, das von den Organen 11

3 Fluck/Theuer/Guckelberger UIG § 10 Rn 21; Schrader ZUR 2004, 130, 131.
4 Fluck/Theuer/Guckelberger UIG § 10 Rn 38.
5 Landmann/Rohmer/Reidt/Schiller UIG § 10 Rn 4; BeckOK InfoMedienR/Karg UIG § 10 Rn 7; Fluck/Theuer/Guckelberger UIG § 10 Rn 38.
6 Fluck/Theuer/Guckelberger UIG § 10 Rn 39; Landmann/Rohmer/Reidt/Schiller UIG § 10 Rn 5.
7 Fluck/Theuer/Guckelberger UIG § 10 Rn 39; BeckOK InfoMedienR/Karg UIG § 10 Rn 8.
8 S. ausführlich Landmann/Rohmer/Reidt/Schiller UIG § 10 Rn 48.
9 S. Fluck/Theuer/Guckelberger UIG § 10 Rn 40-42, die bei Nichterfüllung der Pflichten den Medien einen nicht zu unterschätzenden Druck attestiert.
10 BeckOK InfoMedienR/Karg UIG § 10 Rn 11.

der Europäischen Union erlassene Recht sowie Rechtsvorschriften von Bund, Ländern oder Kommunen über die Umwelt oder mit Bezug zur Umwelt zu verbreiten.

12 **Völkerrechtliche Verträge** sind in Schriftform geschlossene und vom Völkerrecht bestimmte internationale Übereinkünfte zwischen Staaten.[11]

13 Das von den Organen der Europäischen Union erlassene Recht umfasst nur das **europäische Sekundärrecht**. Erfasst werden in erster Linie die in Art. 288 AEUV genannten Rechtsakte Verordnung, Richtlinie, Beschluss, Empfehlung und Stellungnahme.[12]

14 Schließlich gilt die Verbreitungspflicht für Rechtsvorschriften von Bund, Ländern und Kommunen. Erfasst werden Gesetze und Rechtsverordnungen, nicht aber Verwaltungsvorschriften, Verwaltungsakte oder Gerichtsurteile.[13]

15 Die Veröffentlichungspflicht in Bezug auf die genannten Rechtsvorschriften beschränkt sich auf Vorschriften **über die Umwelt** oder **mit Bezug zur Umwelt**. Ein mittelbarer Bezug der Vorschriften zur Umwelt (s. UVwG § 23 Rn 19 ff) dürfte ausreichen.[14]

16 **2. Politische Konzepte, Pläne und Programme (Abs. 2 S. 1 Nr. 2).** Zu den bereitzustellenden Umweltinformationen gehören nach § 30 Abs. 2 S. 1 Nr. 2 UVwG auch politische Konzepte sowie Pläne und Programme. Die Norm nimmt damit Bezug auf § 23 Abs. 3 Nr. 3 lit. b) UVwG (s. UVwG § 23 Rn 29).

17 **Politische Konzepte** sind alle von der Leitung der Stelle der öffentlichen Verwaltung gebilligten Konzepte.[15] Zu nennen ist hier zB die Nachhaltigkeitsstrategie Baden-Württemberg.[16]

18 **Pläne und Programme** sind äußerst vielfältig. Erfasst werden u.a. Fachpläne der Raumordnung und Landesplanung, des Naturschutzes, wasserwirtschaftliche Maßnahmenprogramme und Bewirtschaftungspläne, Abfallwirtschaftspläne, Luftreinhaltepläne und Lärmaktionspläne.

19 **3. Berichte (Abs. 2 S. 1 Nr. 3).** Auch die Berichte über den Stand der Umsetzung der in § 30 Abs. 2 S. 1 Nr. 1 UVwG erwähnten Rechtsvorschriften und der in § 30 Abs. 2 S. 1 Nr. 2 UVwG geregelten politischen Konzepte, Pläne und Programme sind nach Maßgabe des § 30 Abs. 2 S. 1 Nr. 3 UVwG zu verbreiten.

20 Erfasst werden damit die in verschiedenen Richtlinien und Verordnungen der Europäischen Union vorgesehenen Verpflichtungen der Mitgliedstaaten, der Kommission über den Vollzug der Umweltvorschriften auf natio-

11 S. Art. 2 lit. a) der Wiener Vertragsrechtskonvention.
12 Ausführlich hierzu Landmann/Rohmer/Reidt/Schiller UIG § 10 Rn 9.
13 Ausführlich Fluck/Theuer/Guckelberger UIG § 10 Rn 46 f.
14 Landmann/Rohmer/Reidt/Schiller UIG § 10 Rn 11; Fluck/Theuer/Guckelberger UIG § 10 Rn 48-49.
15 Landmann/Rohmer/Reidt/Schiller UIG § 10 Rn 12.
16 S. http://www.nachhaltigkeitsstrategie.de/startseite.html.

naler Ebene zu berichten. Die Umsetzung auf Landesebene ist hiervon umfasst.[17]

Die Verbreitungspflicht beschränkt sich allerdings auf Berichte, die von den informationspflichtigen Stellen in **elektronischer Form** ausgearbeitet wurden oder in dieser Form bereitgehalten werden. Eine Pflicht der informationspflichtigen Stelle, Berichte elektronisch anzufertigen, um der Verbreitungspflicht nachzukommen, ist der Norm nicht zu entnehmen.[18] 21

4. Überwachungsdaten (Abs. 2 S. 1 Nr. 4). Zu den zwingend zu veröffentlichenden Umweltinformationen zählen nach § 30 Abs. 2 S. 1 Nr. 4 UVwG auch Daten oder Zusammenfassungen von Daten aus der Überwachung von Tätigkeiten, die sich auf die Umwelt auswirken oder wahrscheinlich auswirken. 22

Hierzu zählen Daten, die im Rahmen der **behördlichen Kontrolle** und Aufsicht[19] erlangt wurden, ebenso wie Daten aus einem sektoralen oder regionalen **Monitoring** sowie aus der allgemeinen Umweltbeobachtung.[20] 23

Die Verbreitungspflicht ist auf Daten beschränkt, die die informationspflichtige Stelle gerade aus ihrer Überwachungstätigkeit erlangt hat. Daten, die aus der Wahrnehmung anderer Tätigkeiten resultieren, müssen nicht nach § 30 Abs. 2 S. 1 Nr. 4 UVwG veröffentlicht werden.[21] 24

5. Zulassungsentscheidungen, Umweltvereinbarungen (Abs. 2 S. 1 Nr. 5). Nach § 30 Abs. 2 S. 1 Nr. 5 UVwG zählen zum Mindestumfang der zu verbreitenden Informationen auch Zulassungsentscheidungen und Umweltvereinbarungen. 25

Unter **Zulassungsentscheidungen** fallen alle vorhabenbezogenen Behördenakte, die für die Verwirklichung des Einzelvorhabens notwendig sind.[22] Dies sind u.a. Genehmigungen[23] und Planfeststellungsbeschlüsse. 26

Die Zulassungsentscheidung muss **erhebliche Auswirkungen auf die Umwelt** haben. Hiervon kann ausgegangen werden, wenn das zugelassene Vorhaben Umweltfolgen hervorruft, die aus rechtlicher Sicht nicht ohne weiteres hingenommen werden können.[24] Indiz hierfür kann die Pflicht zur Durchführung einer Umweltverträglichkeitsprüfung für ein Vorhaben sein.[25] 27

17 Landmann/Rohmer/Reidt/Schiller UIG § 10 Rn 14.
18 Fluck/Theuer/Guckelberger UIG § 10 Rn 52; Landmann/Rohmer/Reidt/Schiller UIG § 10 Rn 15.
19 ZB nach §§ 26 ff, 52, 52 a BImSchG; §§ 100 ff WHG; §§ 47 ff KrWG. S. hierzu auch Schoppen AbfallR 2015, 234 ff; Kment/Pleiner ZUR 2015, 330 ff.
20 Landmann/Rohmer/Reidt/Schiller UIG § 10 Rn 16.
21 Fluck/Theuer/Guckelberger UIG § 10 Rn 54.
22 Landmann/Rohmer/Reidt/Schiller UIG § 10 Rn 18.
23 In Form von Errichtungs- und Betriebsgenehmigungen, Teilgenehmigungen, Vorbescheide, Änderungsgenehmigungen. Die Bezeichnung der Genehmigung (Erlaubnis, Bewilligung) ist unerheblich.
24 Fluck/Theuer/Guckelberger UIG § 10 Rn 56; Landmann/Rohmer/Reidt/Schiller UIG § 10 Rn 19.
25 Landmann/Rohmer/Reidt/Schiller UIG § 10 Rn 19.

28 Mit **Umweltvereinbarungen** werden alle kooperativen Absprachen zwischen Behörden und Umweltnutzern verbindlicher oder freiwilliger Natur erfasst.

29 Anstelle der Veröffentlichung der Inhalte von Zulassungsentscheidungen und Umweltvereinbarungen kann die informationspflichtige Stelle nach § 30 Abs. 2 S. 2 UVwG einen **Hinweis** veröffentlichen, wo die betroffenen Umweltinformationen zugänglich sind oder gefunden werden können. Hierdurch soll die informationspflichtige Stelle vor zu großem Aufwand geschützt werden.[26]

30 **6. Umweltverträglichkeitsprüfungen, Risikobewertungen (Abs. 2 S. 1 Nr. 6).** Nach § 30 Abs. 2 S. 1 Nr. 6 UVwG sind die zusammenfassende Darstellung und Bewertung der Umweltauswirkungen nach §§ 11 und 12 UVPG im Hinblick auf Umweltbestandteile iSd § 23 Abs. 3 Nr. 1 UVwG zu veröffentlichen.

31 Die Veröffentlichungspflicht bezieht sich auf alle Vorhaben, bei denen eine Umweltverträglichkeitsprüfung durchgeführt wird. Dies erfasst sowohl alle nach dem UVPG UVP-pflichtigen Vorhaben als auch solche, bei denen die allgemeine oder standortbezogene Vorprüfung des Einzelfalles die Pflicht zur Durchführung einer Umweltverträglichkeitsprüfung ergeben hat.

32 Zu veröffentlichen sind die zusammenfassende Darstellung der Umweltauswirkungen nach § 11 UVPG und die Bewertung durch die Behörde nach § 12 UVPG.

33 Keiner Veröffentlichungspflicht unterliegt das Ergebnis der allgemeinen oder standortbezogenen Vorprüfung des Einzelfalles. Dies gilt unabhängig davon, zu welchem Ergebnis die Vorprüfung gelangt.[27]

34 Die explizite Veröffentlichung von **Risikobewertungen**, wie sie in § 10 Abs. 2 S. 1 Nr. 6 UIG des Bundes vorgesehen ist, ist der Norm nicht zu entnehmen. Allerdings ist zu vermuten, dass es sich hierbei um ein Redaktionsversehen des Gesetzgebers handelt oder er diese mit dem Begriff „Bewertung“ erfasst sah.

35 Für eine Veröffentlichung von Risikobewertungen mit Bezug auf die Umweltbestandteile nach § 23 Abs. 3 Nr. 1 UVwG auch auf Landesebene spricht, dass der Gesetzgeber ausweislich der Begründung die Unterrichtung der Öffentlichkeit in der Form übernehmen wollte, „die auch nach bisheriger Rechtslage im Wege des Verweises auf Bundesrecht vorgesehen war.“ Mit der expliziten Aufnahme sollte nur die Bedeutung der aktiven Umweltinformation hervorgehoben werden, Änderungen oder Streichungen waren nicht intendiert.[28]

36 Auch spricht ein Vergleich des Wortlautes der landesrechtlichen und bundesrechtlichen Vorschrift für diese Auslegung, fehlen doch in § 30 Abs. 2 S. 1 Nr. 6 UVwG lediglich die Worte „und Risikobewertungen“. Schließlich ist anzuführen, dass die zusammenfassende Darstellung und Bewertung

26 Ausführlich hierzu Landmann/Rohmer/Reidt/Schiller UIG § 10 Rn 21.
27 Landmann/Rohmer/Reidt/Schiller UIG § 10 Rn 24.
28 LReg LT-Drs. 15/5487, 88.

nach §§ 11 und 12 UVPG im Hinblick auf die in § 2 Abs. 1 S. 2 UVPG genannten Schutzgüter bezogen ist und nicht auf die in § 23 Abs. 3 Nr. 1 UVwG aufgeführten.[29] Dieser Verweis liefe insofern leer, wenn er sich nicht auf Risikobewertungen beziehen würde.

Unter Risikobewertung ist ein wissenschaftlich untermauerter Vorgang zu verstehen, der sich aus den vier Stufen Gefahrenidentifizierung, Gefahrenbeschreibung, Expositionsabschätzung und Risikobeschreibung zusammensetzt.[30] Die Risikobewertung muss sich auf die Umweltbestandteile nach § 23 Abs. 3 Nr. 1 UVwG beziehen. 37

Auch für § 30 Abs. 2 S. 2 Nr. 6 UVwG gilt § 30 Abs. 2 S. 2 UVwG. Die informationspflichtige Stelle kann durch **Hinweis,** wo die betreffenden Umweltinformationen zugänglich sind, ihrer Veröffentlichungspflicht nachkommen. 38

7. Aktualisierungspflicht (Abs. 2 S. 3). Gem. § 30 Abs. 2 S. 3 UVwG sind die veröffentlichten Umweltinformationen in angemessenen Abständen zu **aktualisieren.** 39

Wann ein angemessener zeitlicher Abstand für die Aktualisierung gegeben ist, ist dem Gesetz nicht zu entnehmen. Er ist abhängig von der Umweltinformation, der Art ihrer Verbreitung und der Bedeutung für die Interessen der Bevölkerung.[31] Umweltdaten, die einer starken Veränderung unterliegen, werden in einem kürzeren Abstand zu aktualisieren sein, als Daten, die eine langfristige gleichförmige Entwicklung nachzeichnen. Informationen, die für den Schutz der menschlichen Gesundheit von Interesse sind, bedürfen ebenfalls einer eher kurzfristigen Aktualisierung.[32] 40

Die Aktualisierungspflicht gilt nur für die verfügbaren Informationen. Eine Verpflichtung, Umweltinformationen in kürzeren Abständen zu erheben, kann der Vorschrift nicht entnommen werden. 41

Das Unterlassen der Aktualisierung kann aufsichtsrechtliche Maßnahmen nach sich ziehen.[33] 42

IV. Art und Weise der Unterrichtung (Abs. 3 und 4)

§ 30 Abs. 3 und 4 UVwG enthalten Vorgaben über die Art und Weise der Verbreitung der Umweltinformationen, also über die Erfüllung der Unterrichtungspflicht. 43

1. Verständliche Darstellung und leicht zugängliche Formate (Abs. 3 S. 1). § 30 Abs. 3 S. 1 UVwG bestimmt, dass die Verbreitung der Umweltinformationen in **verständlicher Darstellung** erfolgen soll. Dieses Erfordernis bezieht sich auf die **inhaltliche Aufbereitung** der Informationen.[34] 44

---

29 Die Aufzählungen sind zwar ähnlich, aber nicht identisch.
30 S. hierzu ausführlich Landmann/Rohmer/Reidt/Schiller UIG § 10 Rn 25 f.
31 BT-Drs. 15/3406, 21.
32 Landmann/Rohmer/Reidt/Schiller UIG § 10 Rn 37; Fluck/Theuer/Guckelberger UIG § 10 Rn 67.
33 Landmann/Rohmer/Reidt/Schiller UIG § 10 Rn 39; Fluck/Theuer/Guckelberger UIG § 10 Rn 67.
34 Landmann/Rohmer/Reidt/Schiller UIG § 10 Rn 33; Fluck/Theuer/Guckelberger UIG § 10 Rn 68.

45 Bei der Beurteilung der Verständlichkeit ist von einer durchschnittlich gebildeten Person auszugehen. Die Umweltinformationen sollten dementsprechend aufbereitet werden. Die Verwendung übermäßig vieler und in der Alltagssprache nicht verwendeter Fremdwörter sollte möglichst vermieden werden, ohne dass dadurch jedoch der Informationsgehalt geändert oder verfälscht wird.[35]

46 Die informationspflichtige Stelle ist nicht auf eine bestimmte Verbreitungsform festgelegt. Im Regelfall liegen die Umweltinformationen jedoch schriftlich (als Text oder in Form von Tabellen) vor. Sie können aber auch – sofern das verständlich ist – mittels Bildern oder Videos veröffentlicht werden. Soweit mehrere Verbreitungsformen verständlich sind, hat die informationspflichtige Stelle ein Wahlrecht. Auch eine Kombination verschiedener Formen ist möglich.[36]

47 Die Verbreitung der Umweltinformationen soll nach § 30 Abs. 3 S. 1 UVwG zudem durch **leicht zugängliche Formate** erfolgen. Leichte Zugänglichkeit ist gegeben, wenn die Interessierten auf einfache Weise die gewünschten Umweltinformationen zur Kenntnis nehmen können. Die Herausgabe von Broschüren, Faltblättern und Pressemitteilungen oder die Organisation von Informationsveranstaltungen wird dem gerecht.[37]

48 Auch der Einsatz von elektronischen Kommunikationstechnologien ermöglicht eine leichte Kenntnisnahme (s. unter Rn 49). Hierbei ist jedoch darauf zu achten, dass die hierüber veröffentlichen Umweltinformationen – sei es in Dateiform, als Bild oder Video – **barrierefrei** zur Verfügung gestellt werden.

49 **2. Elektronische Form (Abs. 3 S. 2).** Bei der Verbreitung der Umweltinformationen sollen nach § 30 Abs. 3 S. 2 UVwG, soweit vorhanden, **elektronische Kommunikationsmittel** zum Einsatz kommen. Die Norm ist technikneutral formuliert und erfasst deshalb, auch zukünftige, heute noch nicht absehbare Entwicklungen im Bereich der elektronischen Kommunikation.[38]

50 Zu den elektronischen Kommunikationsmitteln gehört u.a. das in § 30 Abs. 4 UVwG explizit erwähnte **Internet**. Dieses ermöglicht einer Vielzahl von Personen im Idealfall von zu Hause, sich zu jeder Tages- und Nachtzeit über die sie interessierenden Umweltinformationen zu unterrichten.[39] Die zu verbreitenden Umweltinformationen können über das Internet kostengünstig einer unbestimmten Zahl an Adressaten zur Verfügung gestellt werden.

51 **3. Verknüpfungen zu Internetseiten (Abs. 4).** § 30 Abs. 4 UVwG bestimmt, dass die Anforderungen an die Unterrichtung der Öffentlichkeit nach

35 Landmann/Rohmer/Reidt/Schiller UIG § 10 Rn 33.
36 BeckOK InfoMedienR/Karg UIG § 10 Rn 16.
37 Landmann/Rohmer/Reidt/Schiller UIG § 10 Rn 34; Fluck/Theuer/Guckelberger UIG § 10 Rn 69.
38 BeckOK InfoMedienR/Karg UIG § 10 Rn 18.
39 Guckelberger DVBl 2007, 985, 987; s. auch zur Argumentation im Genehmigungsverfahren und zur Nutzung von Suchhilfen Roßnagel/Hentschel in Führ (Hrsg.), GK-BImSchG, 2016, § 10 Rn 275.

Abs. 1 und 2 auch dadurch erfüllt werden können, dass Verknüpfungen zu Internetseiten eingerichtet werden, auf denen die zu verbreitenden Umweltinformationen zu finden sind.

52 Die Regelung dient einerseits der Entlastung der informationspflichtigen Stellen. Sind die Informationen bereits im Internet verfügbar, müssen sie diese nicht nochmals verbreiten, sondern können hierauf verlinken.[40] Sie wahrt aber andererseits auch die Informationsinteressen der Öffentlichkeit.[41]

53 Die Erfüllung der Unterrichtungspflicht mittels Verlinkung bedarf der Ergänzung um die Pflicht, die **Verknüpfungen** regelmäßig zu **überprüfen.** Nur wenn dies geschieht und die Verlinkungen ggf angepasst werden, kommt die informationspflichtige Stelle ihrer Verbreitungspflicht nach.

V. Informationsverbreitungspflicht in Katastrophenfällen (Abs. 5)

54 § 30 Abs. 5 UVwG enthält eine Spezialregelung zur aktiven Umweltinformation bei einer unmittelbaren Bedrohung der menschlichen Gesundheit oder der Umwelt. In einem solchen Katastrophenfall haben die informationspflichtigen Stellen sämtliche Informationen, über die sie verfügen und die es der eventuell betroffenen Öffentlichkeit ermöglichen könnten, Maßnahmen zur Abwendung oder Begrenzung von Schäden infolge dieser Bedrohung zu ergreifen, unmittelbar und unverzüglich zu verbreiten. Die Regelung ist auf Art. 5 Abs. 1 lit. c) der Aarhus-Konvention zurückzuführen.

55 Die verschärfte Informationspflicht setzt eine **unmittelbare Bedrohung der menschlichen Gesundheit oder der Umwelt** voraus. Der Begriff der menschlichen Gesundheit meint das körperliche und seelische Wohlbefinden.[42] Umwelt ist iSv § 23 Abs. 3 UVwG (s. UVwG § 23 Rn 19 ff) weit zu verstehen. Eine unmittelbare Bedrohung liegt dann vor, wenn ein akuter Schadenseintritt mit an Sicherheit grenzender Wahrscheinlichkeit zu erwarten ist.[43]

56 § 30 Abs. 5 S. 2 UVwG stellt eindeutig klar, dass die verschärfte Informationspflicht unabhängig davon gilt, ob diese Bedrohung Folge menschlicher Tätigkeit oder einer natürlichen Ursache ist. Der Bedrohung muss durch die Verbreitung von Umweltinformationen abgeholfen werden können.[44]

57 Die verschärfte Verbreitungspflicht greift bei Störfällen iSd 12. BImSchV. Erfasst werden auch alle Naturkatastrophen wie Erdbeben, Überschwemmungen, Erdrutsche, etc. Nicht ausreichend ist die Bedrohung nur weniger Personen. Hier reicht eine Benachrichtigung der Personen durch die Behörden aus.[45]

40 Zu den Einschränkungen im Hinblick auf Verlinkungen und die Wahrung der Objektivität s. Landmann/Rohmer/Reidt/Schiller UIG § 10 Rn 35.
41 Fluck/Theuer/Guckelberger UIG § 10 Rn 76.
42 Ausführlich hierzu Fluck/Theuer/Guckelberger UIG § 10 Rn 78.
43 Anlehnung an die polizeirechtliche Definition einer „unmittelbaren Gefahr". S. hierzu Landmann/Rohmer/Reidt/Schiller UIG § 10 Rn 41.
44 Zu dieser einschränkenden Auslegung Fluck/Theuer/Guckelberger UIG § 10 Rn 79.
45 Landmann/Rohmer/Reidt/Schiller UIG § 10 Rn 42; Fluck/Theuer/Guckelberger UIG § 10 Rn 79.

58 Liegen die Voraussetzungen vor, müssen die informationspflichtigen Stellen **sämtliche Informationen** verbreiten, über die sie verfügen und die es der eventuell betroffenen Öffentlichkeit ermöglichen könnten, Maßnahmen zur Abwendung oder Begrenzung von Schäden infolge dieser Bedrohung zu ergreifen. Der Kreis der relevanten Umweltinformationen ist weit zu ziehen. Ausreichend für die Verbreitungspflicht ist auch, dass die Informationen potentiell geeignet sind, Schäden abzuwenden oder zu begrenzen. Hierbei kommt es auf eine ex-ante Perspektive an.[46]

59 Die Umweltinformationen sind **unmittelbar** und **unverzüglich** zu verbreiten. Unmittelbar meint dabei nicht, dass die informationspflichtige Stelle mit jedem Betroffenen Kontakt aufnehmen muss. Ausreichend ist, wenn die Informationen über Funk und Fernsehen oder das Internet verbreitet werden. Damit die Informationen die betroffene Öffentlichkeit tatsächlich erreichen, wird es in der Regel aber auch erforderlich sein, die Öffentlichkeit zusätzlich über Pressemitteilungen gezielt zu unterrichten. Unverzüglich bedeutet „ohne schuldhaftes Zögern".

60 Verfügen mehrere informationspflichtige Stellen über relevante Umweltinformationen, sollen sie sich nach § 30 Abs. 5 S. 3 UVwG bei deren Verbreitung abstimmen.

VI. Qualität der verbreiteten Informationen (Abs. 6)

61 § 30 Abs. 6 UVwG verweist auf eine Reihe von Vorschriften, die zunächst für den Informationsanspruch nach § 24 Abs. 1 UVwG gelten.

62 Die Norm verweist zum einen auf § 26 Abs. 1, 2 und 4 UVwG. Am bedeutendsten dürfte die Verweisung auf § 26 Abs. 4 UVwG sein. Hiernach müssen die veröffentlichten Umweltinformationen **aktuell, exakt und vergleichbar** sein (s. UVwG § 26 Rn 24 ff).

63 Im Hinblick auf die Aktualisierung der zu verbreitenden Umweltinformationen geht § 30 Abs. 2 S. 3 UVwG jedoch den Anforderungen aus § 26 Abs. 4 UVwG vor. Dadurch dass er keinen Vorbehalt des Möglichen enthält, sind die Anforderungen an die Aktualisierung hiernach tendenziell höher.[47]

64 Zum anderen finden §§ 28 und 29 UVwG entsprechende Anwendung. Soweit eine Umweltinformation unter die Ausschlussgründe der genannten Normen fällt, besteht keine Verbreitungspflicht nach § 30 UVwG. Für den Schutz der Rechtsgüter in §§ 28 und 29 UVwG ist es unerheblich, ob die Umweltinformationen auf Antrag zugänglich gemacht oder aktiv verbreitet werden.[48] Die auf die individuelle Antragstellung zugeschnittenen Be-

46 Landmann/Rohmer/Reidt/Schiller UIG § 10 Rn 43; Fluck/Theuer/Guckelberger UIG § 10 Rn 80.
47 Britz/Eifert/Groß DÖV 2007, 717, 722 ff; Landmann/Rohmer/Reidt/Schiller UIG § 10 Rn 43.
48 Fluck/Theuer/Guckelberger UIG § 10 Rn 87.

schränkungen müssen jedoch im Falle einer Abwägungsentscheidung auf die Verbreitungspflicht angepasst werden.[49]

VII. Übertragung der Aufgabenwahrnehmung (Abs. 7)

Die informationspflichtige Stelle kann die ihr nach § 30 Abs. 1 bis Abs. 6 UVwG obliegenden Aufgaben gem. § 30 Abs. 7 UVwG auf bestimmte Stellen der öffentlichen Verwaltung oder private Stellen übertragen. 65

Adressat der Übertragung der Aufgaben können sowohl Stellen der **öffentlichen Verwaltung** als auch **private Stellen** sein. Die Übertragung kann mittels Verwaltungsvereinbarung oder durch Vertrag erfolgen.[50] Sie hat nicht zur Folge, dass der Adressat informationspflichtige Stelle nach § 23 Abs. 1 UVwG wird. Die Tätigkeit der wahrnehmenden Stelle wird der übertragenden informationspflichtigen Stelle zugeordnet.[51] Im Falle der Übertragung auf eine private Stelle agiert diese als Verwaltungshelfer. 66

Die Übertragung ist nicht an das Vorliegen bestimmter Voraussetzungen gebunden. Insb. erfordert sie nicht den Nachweis der Kostenersparnis oder höherer Verwaltungseffizienz.[52] 67

VIII. Kosten

Gem. § 33 Abs. 2 Nr. 4 UVwG ist die Unterrichtung der Öffentlichkeit gebühren- und auslagenfrei. 68

§ 31 UVwG Umweltzustandsbericht

[1]Das Land veröffentlicht regelmäßig im Abstand von nicht mehr als vier Jahren einen Bericht über den Zustand der Umwelt im Landesgebiet. [2]Hierbei berücksichtigt es § 30 Absatz 1, 3 und 6. [3]Der Bericht enthält Informationen über die Umweltqualität und vorhandene Umweltbelastungen.

Literatur: *Feldmann/Heiland*, Das neue baden-württembergische Umweltverwaltungsgesetz – mehr Transparenz und Öffentlichkeitsbeteiligung im Umweltbereich, VBlBW 2015, 49 ff.

I. Allgemeines

§ 31 UVwG verankert die gesetzliche Verpflichtung des Landes, in bestimmten Abständen von sich aus Umweltzustandsberichte zu veröffentlichen. Im Gegensatz zur Zugänglichmachung von Umweltinformationen auf Antrag nach § 25 Abs. 1 UVwG handelt es sich hierbei um eine **aktive Informationspflicht.** 1

49 S. hierzu ausführlich Fluck/Theuer/Guckelberger UIG § 10 Rn 87; kritisch zur Anwendung auf die Verbreitungspflicht BeckOK InfoMedienR/Karg UIG § 10 Rn 20 ff.
50 Fluck/Theuer/Guckelberger UIG § 10 Rn 89.
51 Landmann/Rohmer/Reidt/Schiller UIG § 10 Rn 51.
52 Landmann/Rohmer/Reidt/Schiller UIG § 10 Rn 54.

2 Die neu aufgenommene Regelung hebt die Bedeutung des Umweltzustandsberichts hervor.[1] Die Aufstellung bezweckt, dass sich die staatlichen Stellen mit dem Zustand der Umwelt befassen müssen. Der Umweltzustandsbericht dient u.a. der Unterrichtung des Parlaments, nach der Intention des Umweltinformationsrechts aber in erster Linie der Information der Öffentlichkeit.[2]

3 Die Pflicht zur Erstellung eines Umweltzustandsberichts ist in engem Zusammenhang zu § 30 UVwG zu sehen. Ergänzend zu diesen Veröffentlichungspflichten wird durch den Umweltzustandsbericht eine breite Informationsplattform bereitgestellt, mit der die Bürgerinnen und Bürger des Landes spezifisch über den Zustand der Umwelt im Land informiert werden sollen.[3]

4 Die Vorschrift orientiert sich an der bundesrechtlichen Regelung in § 11 UIG.

II. Adressat

5 Adressat der Pflicht, einen Umweltzustandsbericht zu erstellen, ist gem. § 31 S. 1 UVwG das **Land.** Für dieses handelt die Landesregierung als Kollegialorgan. Sie kann die Erstellung an ein Ministerium oder bestimmte Fachbehörden delegieren.

6 Die **„Umweltdaten Baden-Württemberg“** werden vom Ministerium für Umwelt, Klima und Energiewirtschaft zusammen mit der Landesanstalt für Umwelt, Messungen und Naturschutz Baden-Württemberg (LUBW) herausgegeben. An der Erstellung dieser Daten sind das Ministerium für Ländlichen Raum und Verbraucherschutz, das Ministerium für Verkehr und Infrastruktur, das Statistische Landesamt Baden-Württemberg sowie das Landesamt für Geologie, Rohstoffe und Bergbau (LGRB) im Regierungspräsidium Freiburg beteiligt.

III. Inhalt des Umweltzustandsberichts

7 Der Umweltzustandsbericht enthält nach § 31 S. 3 UVwG Informationen über die Umweltqualität und über vorhandene Umweltbelastungen.

8 Der Umweltzustandsbericht hat sich auf die in § 23 Abs. 3 Nr. 1 UVwG genannten Umweltbestandteile zu beziehen (s. UVwG § 23 Rn 21). Damit wird ein weiter Umweltbegriff zugrunde gelegt. Er hat nicht nur sektoral über bestimmte Umweltmedien zu unterrichten, sondern über den Zustand der Umwelt insgesamt einschließlich der Wechselwirkungen zwischen den Umweltgütern.[4]

9 Im Umweltzustandsbericht sind auch vorhandene **Umweltbelastungen** anzugeben. Unter solchen versteht man die Überbeanspruchung der Umwelt

1 LReg LT-Drs. 15/5487, 88 f.
2 Fluck/Theuer/Guckelberger UIG § 11 Rn 2.
3 LReg LT-Drs. 15/5487, 89.
4 Landmann/Rohmer/Reidt/Schiller UIG § 11 Rn 3; Fluck/Theuer/Guckelberger UIG § 11 Rn 9.

durch den Menschen.[5] Dies sind etwa Luftverschmutzung, Gewässerverunreinigung, Grundwasserverbrauch, Altlasten, Bodenverseuchung und -erosion, radioaktive Strahlung, Artengefährdung, Abfall und Lärm oder der Treibhauseffekt.

Abgesehen von den Vorgaben in § 31 S. 3 UVwG fehlen normative Anforderungen an die Detailliertheit der Informationen. Diesbezüglich besteht bei der Erstellung des Umweltzustandsberichts ein **Gestaltungsspielraum.** 10

Räumlich ist der Umweltzustandsbericht auf das gesamte Landesgebiet zu beziehen. 11

Bei der Erstellung sind nach § 31 S. 2 UVwG u.a. § 30 Abs. 3 und 6 UVwG zu berücksichtigen. § 30 Abs. 3 S. 1 UVwG schreibt eine für die Öffentlichkeit **verständliche Darstellung** der Umweltinformationen vor (s. UVwG § 30 Rn 44 ff). 12

Die im Bericht erfassten Umweltinformationen müssen **aktuell, exakt und vergleichbar** sein (§ 31 S. 2 iVm §§ 30 Abs. 6, 26 Abs. 4 UVwG). Sie dürfen sich auch nicht auf Daten beziehen, bei denen der Zugangsanspruch aufgrund von §§ 28 und 29 UVwG ausgeschlossen ist. 13

IV. Regelmäßige Berichterstattung

Nach § 31 S. 1 UVwG hat das Land in regelmäßigen Abständen von nicht mehr als **vier Jahren** einen Umweltzustandsbericht zu veröffentlichen. Die kontinuierliche Berichtspflicht führt dazu, dass sowohl die staatlichen Stellen als auch die Öffentlichkeit **regelmäßig** einen Eindruck vom Zustand der Umwelt erhalten.[6] 14

Die regelmäßige Berichterstattung ermöglicht einen Vergleich der Umweltdaten und Rückschlüsse über die Verbesserung oder Verschlechterung der Umweltbestandteile und zeigt ggf Handlungspotential auf. 15

Die Frist von vier Jahren muss nicht ausgeschöpft werden. Der Umweltzustandsbericht kann auch in kürzeren Intervallen erstellt werden. 16

V. Veröffentlichungs- und Verbreitungspflicht

§ 31 S. 1 UVwG sieht eine **Veröffentlichungspflicht** des Umweltzustandsberichts vor. Im Hinblick auf die Art der Veröffentlichung ergibt sich aus dem Verweis in § 31 S. 2 UVwG auf § 30 Abs. 3 UVwG die Verpflichtung, für die Veröffentlichung ein **leicht zugängliches Format** zu wählen. 17

Die Landesanstalt für Umwelt, Messungen und Naturschutz Baden-Württemberg (LUBW) und das Ministerium für Umwelt, Klima und Energiewirtschaft veröffentlichen seit mehr als 30 Jahren[7] im ca. dreijährigen Turnus gemeinsam die sog. **„Umweltdaten Baden-Württemberg“**.[8] Diese ent- 18

5 Landmann/Rohmer/Reidt/Schiller UIG § 11 Rn 3.
6 Fluck/Theuer/Guckelberger UIG § 11 Rn 14.
7 Seit 1979. Der dreijährige Turnus gilt jedenfalls für die Berichterstattung seitdem Jahr 2000.
8 http://www4.lubw.baden-wuerttemberg.de/servlet/is/255315/.

halten insb. auch Angaben über die Umweltqualität und vorhandene Umweltbelastungen. Der Bericht entspricht damit den gesetzlichen Vorgaben.

19 Mit der Möglichkeit, zum einen den Bericht im Internet einzusehen und downzuloaden, und zum anderen als Broschüre gedruckt zu beziehen, wird den Formanforderungen genügt.

20 § 31 UVwG richtet sich allein an das Land. Dem Einzelnen wird kein subjektiv-öffentliches Recht verliehen. Er kann die Veröffentlichung des Umweltzustandsberichts nicht einklagen. Verstöße gegen die Pflicht aus § 31 UVwG bleiben sanktionslos.

§ 32 UVwG Rechtsschutz

(1) Der Verwaltungsrechtsweg ist für Streitigkeiten nach Teil 3 dieses Gesetzes auch gegeben, soweit sie sich auf eine informationspflichtige Stelle im Sinne von § 23 Absatz 1 Nummer 2 beziehen.

(2) Gegen die Entscheidung durch eine Stelle der öffentlichen Verwaltung im Sinne von § 23 Absatz 1 Nummer 1 ist ein Widerspruchsverfahren nach den §§ 68 bis 73 der Verwaltungsgerichtsordnung auch dann durchzuführen, wenn die Entscheidung von einer obersten Landesbehörde oder einem Regierungspräsidium getroffen worden ist.

(3) [1]Ist die antragstellende Person der Auffassung, dass eine informationspflichtige Stelle im Sinne von § 23 Absatz 1 Nummer 2 den Antrag nicht oder nicht vollständig erfüllt hat, kann sie die Entscheidung der informationspflichtigen Stelle nach Absatz 4 überprüfen lassen. [2]Die Überprüfung ist nicht Voraussetzung für die Erhebung der Klage nach Absatz 1. [3]Eine Klage gegen die zuständige Stelle nach § 34 Absatz 1 ist ausgeschlossen.

(4) [1]Der Anspruch auf nochmalige Prüfung ist gegenüber der informationspflichtigen Stelle im Sinne von § 23 Absatz 1 Nummer 2 innerhalb eines Monats, nachdem diese Stelle mitgeteilt hat, dass der Anspruch nicht oder nicht vollständig erfüllt werden kann, schriftlich geltend zu machen. [2]Die informationspflichtige Stelle hat der antragstellenden Person das Ergebnis ihrer nochmaligen Prüfung innerhalb eines Monats zu übermitteln.

Literatur: Vgl § 9 LIFG.

I. Allgemeines

1. Europa- und verfassungsrechtliche Vorgaben. Nach dem Erwägungsgrund 19 zur UIRL 2003/4/EG sollen Antragsteller die Handlungen oder Unterlassungen von Behörden in Bezug auf einen Antrag auf dem Verwaltungs- oder Rechtsweg anfechten können. Anknüpfend an Art. 9 der Aarhus-Konvention v. 25.6.1998 enthält **Art. 6 der UIRL 2003/4/EG** genaue Vorgaben zum Zugang zu den Gerichten (zu den deshalb teilweise erforderlichen richtlinienkonformen Auslegungen s.u. Rn 8 und 17). Nach dessen Abs. 1 stellen die Mitgliedstaaten sicher, dass ein Antragsteller, welcher der Ansicht ist, sein Antrag sei nicht in Übereinstimmung mit den Artikeln 3, 4 oder 5 bearbeitet worden, Zugang zu einem Überprüfungsverfahren hat. Das Verfahren ist von der betreffenden oder einer anderen Behörde oder von einer auf gesetzlicher Grundlage geschaffenen unabhängigen und unparteiischen Stelle auf dem Verwaltungsweg zügig durchzuführen und darf keine oder nur geringe Kosten verursachen. Neben diesem Überprüfungsverfahren muss nach Abs. 2 auch Zugang zu einem Überprüfungsverfahren vor einem Gericht oder einer anderen auf gesetzlicher Grundlage geschaffenen unabhängigen und unparteiischen Stelle hat bestehen, deren Entscheidungen endgültig sein können. Außerdem können die Mitgliedstaaten für Dritte, die durch die Offenlegung von Informationen belastet werden, ebenfalls Rechtsbehelfsverfahren vorsehen. Diese endgültigen Entscheidungen sind nach Abs. 3 für die Behörde, die über die Informationen verfügt, verbindlich und sie sind schriftlich zu begründen, zumindest dann, wenn der Zugang zu Informationen abgelehnt wird. 1

Nach der **verfassungsrechtlichen Kompetenzordnung** des Art. 74 Abs. 1 Nr. 1 GG erstreckt sich die konkurrierende Gesetzgebung des Bundes auf das „gerichtliche Verfahren“, jedoch kann nach § 6 Abs. 5 UIG durch Landesgesetz für Streitigkeiten um Ansprüche gegen private informationspflichtige Stellen auf Grund von landesrechtlichen Vorschriften über den Zugang zu Umweltinformationen der Verwaltungsrechtsweg vorgesehen werden. Davon wurde mit § 32 Abs. 1 UVwG Gebrauch gemacht.[1] 2

2. Entstehungsgeschichte. Das UVwG wurde verkündet als Art. 1 des Gesetzes zur Vereinheitlichung des Umweltverwaltungsrechts und zur Stärkung der Bürger- und Öffentlichkeitsbeteiligung im Umweltbereich vom 25.11.2014 (GBl. S. 592) und trat am 1.1.2015 in Kraft. Gleichzeitig trat das Landesumweltinformationsgesetz (LUIG) vom 7.3.2006 (GBl. S. 50) außer Kraft, welches in § 4 LUIG und § 3 Abs. 1 LUIG iVm § 6 Abs. 3 3

1 LReg LT-Drs. 15/5487, 89.

und 4 UIG den § 32 Abs. 1 und 2 bzw Abs. 3 und 4 UVwG vergleichbare Regelungen enthalten hatte.

4 **3. Normzweck.** Die Vorschrift regelt den Rechtsschutz im Zusammenhang mit Umweltinformationen,[2] um die Vorgaben des Art. 6 der UIRL 2003/4/EG (s. Rn 1) 1:1 umzusetzen.[3]

5 **4. Vergleichbare Regelungen des Bundes oder anderer Bundesländer.** § 6 UIG; Art. 9 BayUIG, § 18 a Abs. 3 (Private) und Abs. 1 IFG BE iVm § 6 UIG; § 3 BbgUIG; § 3 BremUIG, § 2 (Private) und § 1 Abs. 2 HmbUIG iVm § 6 UIG; § 9 HUIG, § 4 LUIG M-V, § 4 NUIG, § 3 UIG NRW, § 22 LTranspG RP, § 6 SUIG, §§ 9 f SächsUIG, § 2 UIG LSA, § 7 IZG-SH, § 6 ThürUIG.

II. Verwaltungsrechtsweg (Abs. 1)

6 Abs. 1 sieht eine umfassende Zuständigkeit der **Verwaltungsgerichte** für alle Streitigkeiten um Umweltinformationsansprüche vor, insb. auch soweit es um Ansprüche gegen private informationspflichtige Stellen aufgrund von Vorschriften des Teils 3 des UVwG geht.[4] Für informationspflichtige Stelle iSv § 23 Abs. 1 Nr. 1 UVwG ergibt sich die Eröffnung des Verwaltungsrechtswegs bereits aus § 40 VwGO (vgl LIFG § 9 Rn 35 ff). Die abschließende Sonderzuweisung in Abs. 1 auf den Verwaltungsrechtsweg erfasst nicht nur Ansprüche von Antragstellern, wenn ihr Informationsbegehren ganz oder teilweise abgelehnt wird, sondern auch den Rechtsschutz von Betroffenen, die durch den Informationszugang möglicherweise beeinträchtigt werden.[5] Auch für Streitigkeiten im Zusammenhang mit Kosten bei Umweltinformationen ist der Rechtsweg zu den Verwaltungsgerichten eröffnet.[6]

III. Widerspruchsverfahren bei Stellen der öffentlichen Verwaltung (Abs. 2)

7 **1. Widerspruchsverfahren des Antragstellers.** Anders als nach den allg. Regelungen (vgl IFG § 9 Rn 39) ist nach Abs. 2 gegen die Entscheidung durch eine Stelle der öffentlichen Verwaltung iSv § 23 Abs. 1 Nr. 1 UVwG (s. UVwG § 23 Rn 2 ff) ein **Widerspruchsverfahren** nach den §§ 68 bis 73 VwGO auch dann durchzuführen, wenn die Entscheidung von einer obersten Landesbehörde oder einem Regierungspräsidium getroffen worden ist. Dies dient der Umsetzung von Art. 6 Abs. 1 der UIRL 2003/4/EG, weil ansonsten ein Vorverfahren nach § 68 Abs. 1 VwGO bzw § 15 Abs. 1 AGVwGO ausgeschlossen wäre.[7]

2 LReg LT-Drs. 15/5487, 89.
3 IdS Fluck/Theuer/Ziekow/Debus UIG § 6 Rn 18 zum entsprechenden Bundesrecht.
4 LReg LT-Drs. 15/5487, 89.
5 Zum Bundesrecht: BeckOK InfoMedienR/Karg UIG § 6 Rn 10; Fluck/Theuer/Ziekow/Debus UIG § 6 Rn 19; Landmann/Rohmer/Reidt/Schiller UIG § 6 Rn 4.
6 Zum Bundesrecht: BeckOK InfoMedienR/Karg UIG § 12 Rn 11; Fluck/Theuer/Guckelberger UIG § 12 Rn 103; Landmann/Rohmer/Reidt/Schiller UIG § 12 Rn 30.
7 IdS LReg LT-Drs. 15/5487, 89.

Allerdings ist weder im Gesetzeswortlaut noch in der Gesetzesbegründung berücksichtigt, dass nach § 15 AGVwGO noch andere Angelegenheiten ausgenommen sind, in denen auch Umweltinformationen relevant sein könnten. Art. 6 Abs. 1 S. 1 der UIRL 2003/4/EG ist mithin nur genügt, wenn auch in diesen Fällen der Antragsteller „Zugang zu einem Verfahren hat, in dessen Rahmen die Handlungen oder Unterlassungen der betreffenden Behörde von dieser oder einer anderen Behörde geprüft oder von einer auf gesetzlicher Grundlage geschaffenen unabhängigen und unparteiischen Stelle auf dem Verwaltungsweg überprüft werden können." Nach deutschem Verständnis kommt insoweit am ehesten eine Statthaftigkeit des Widerspruchsverfahrens durch teleologische Reduktion des § 15 AGVwGO oder analoge Anwendung des § 32 Abs. 2 UVwG in Betracht. 8

Abs. 2 enthält weder eine **Frist** für die Einlegung noch für die Bescheidung eines Widerspruchs. Die Einlegungsfrist beträgt nach § 70 Abs. 1 S. 1 VwGO ein Monat. Für die Bescheidung ist über das allg. Zügigkeitsgebot (§ 10 S. 2 LVwVfG) hinausgehend zu beachten, dass das Überprüfungsverfahren gemäß Art. 6 Abs. 1 S. 2 UIRL zügig verlaufen muss.[8] Als Anhaltspunkt hierfür wird teils auf die in § 24 Abs. 3 S. 2 UVwG genannten zeitlichen Vorgaben verwiesen.[9] Teils wird zur Vermeidung von einem Wertungswiderspruch zu der Frist von einem Monat für private informationspflichtige Stellen nach dem Überprüfungsverfahren diese Frist des Abs. 4 S. 2 auf das Widerspruchsverfahren entsprechend angewendet.[10] 9

Die **Widerspruchsbehörde** richtet sich nach § 73 VwGO, soweit die §§ 16 ff AGVwGO keine Spezialregelungen enthalten. Anders als im LIFG (vgl dazu LIFG § 9 Rn 40) ist im Wortlaut der Gebührenregelung in § 33 Abs. 4 S. 2 UVwG ein Hinweis enthalten, dass der Zugang zu Umweltinformationen auch eine Aufgabe der unteren Verwaltungsbehörde iSd Landesverwaltungsgesetzes sein könne. In diesen Fällen wäre der Widerspruchsbescheid von der nächsthöhere Behörde (§ 73 Abs. 1 Nr. 1 VwGO) und nur sonstigen Bereichen von der Selbstverwaltungsbehörde zu erlassen (§ 73 Abs. 1 Nr. 1 VwGO). Freilich würden bei dieser Lösung faktisch fast unlösbare Abgrenzungsprobleme zwischen Annex zur Fachaufgabe und Selbstverwaltungsaufgabe entstehen, so dass auch hier Annahme einer Selbstverwaltungsaufgabe nach den Grundregeln der § 2 Abs. 1 GemO bzw § 2 Abs. 1 LKrO die praktikablere Lösung darstellt (vgl dazu bereits LIFG § 9 Rn 40). 10

Der Verpflichtungswiderspruch gegen eine ablehnende Zugangsentscheidung hindert zwar deren Bestandskraft, er entfaltet aber **keine aufschiebende Wirkung** und ermöglicht es daher der antragstellenden Person auch nicht, sofort Zugang zu den begehrten Informationen zu erhalten (vgl LIFG § 9 Rn 41). 11

8 Landmann/Rohmer/Reidt/Schiller UIG § 6 Rn 7 zum Bundesrecht.
9 So für die entsprechende Bundesregelung: Fluck/Theuer/Ziekow/Debus UIG § 6 Rn 23; Landmann/Rohmer/Reidt/Schiller UIG § 6 Rn 7.
10 So zum Bundesrecht BeckOK InfoMedienR/Karg UIG § 6 Rn 18.

12 Ein Widerspruchsverfahren ist – anders als bei privaten informationspflichtigen Stellen nach Abs. 3 und 4 – **Zulässigkeitsvoraussetzung einer Klage** gegenüber informationspflichtigen Stellen iSd § 23 Abs. 1 Nr. 1 UVwG.[11]

13 **2. Außergerichtliche Beteiligung von Betroffenen.** Ein Widerspruchsverfahren ist nicht nur bei Antragstellern, sondern auch im Zusammenhang mit den Rechtsschutzmöglichkeiten von **Betroffenen** durchzuführen.[12] Die zugangsgewährende Entscheidung durch Verwaltungsakt (vgl LIFG § 7 Rn 17) ist nach § 41 Abs. 1 LVwVfG gleichzeitig dem Antragsteller und dem Betroffenen bekannt zu geben.[13] Zu beteiligen sind jedenfalls die, welche aufgrund der möglichen Beeinträchtigung schutzwürdiger Interessen nach § 29 Abs. 1 S. 3 UVwG angehört wurden.[14] Bereits vor der Entscheidung über den Informationszugang sind die davon Betroffenen unter den Voraussetzungen des § 29 Abs. 1 S. 3 UVwG (s. UVwG § 29 Rn 40 ff) anzuhören und deswegen auch nach § 13 Abs. 2 LVwVfG zum Verfahren hinzuzuziehen.[15]

14 Vor tatsächlichem Informationszugang hat die Behörde einen Betroffenen, der dem Zugang nicht zugestimmt hat, wegen Art. 19 Abs. 4 GG zu unterrichten, damit er Rechtsbehelfe gegen die Entscheidung vor der Informationserteilung einlegen kann. Nach einer Ansicht ist mit dem Informationszugang bis zur Bestandskraft der Entscheidung zu warten, während nach richtiger Ansicht der Zeitraum zwischen Bekanntgabe der Entscheidung und Informationszugang nur so bemessen sein braucht, dass dem Betroffenen die Inanspruchnahme einstweiligen Rechtsschutzes nicht unmöglich gemacht wird.[16] Dies ist eine Frage des Einzelfalles, wobei allerdings eine Anlehnung an § 8 Abs. 2 LIFG zu empfehlen ist.[17]

15 Wird der Betroffenen nicht ordnungsgemäß beteiligt, kann diese Pflichtverletzung zu einem **Amtshaftungsanspruch** nach § 839 BGB iVm Art. 34 GG des Betroffenen gegen die Behörde führen.[18]

IV. Überprüfungsverfahren bei privaten, informationspflichtigen Stellen (Abs. 3 und 4)

16 Das **fakultative Überprüfungsverfahren** nach Abs. 3 und 4 stellt für private informationspflichtige Stellen das Pendant zum Widerspruchverfahren dar.[19] Dies trägt einerseits den Anforderungen aus Art. 6 Abs. 1 der UIRL 2003/4/EG Rechnung und berücksichtigt andererseits auch, dass jedenfalls die privaten, informationspflichtigen Personen, die keine Beliehenen sind, keine Verwaltungsakte erlassen und daher auch nicht den Vor-

11 So zum Bundesrecht BeckOK InfoMedienR/Karg UIG § 6 Rn 16.
12 Landmann/Rohmer/Reidt/Schiller UIG § 6 Rn 16 zum Bundesrecht.
13 Fluck/Theuer/Ziekow/Debus UIG § 6 Rn 26 zum Bundesrecht.
14 Fluck/Theuer/Ziekow/Debus UIG § 6 Rn 26 zum Bundesrecht.
15 Fluck/Theuer/Ziekow/Debus UIG § 6 Rn 25 zum Bundesrecht.
16 Zum Bundesrecht: Fluck/Theuer/Ziekow/Debus UIG § 6 Rn 27 mN; dagegen Bestandskraft fordernd Landmann/Rohmer/Reidt/Schiller UIG § 6 Rn 17.
17 Fluck/Theuer/Ziekow/Debus UIG § 6 Rn 27 zum Bundesrecht.
18 IdS zum Bundesrecht: BeckOK InfoMedienR/Karg UIG § 6 Rn 12; Landmann/Rohmer/Reidt/Schiller UIG § 6 Rn 17 a; Fluck/Theuer/Ziekow/Debus UIG § 6 Rn 27.
19 BeckOK InfoMedienR/Karg UIG § 6 Rn 19 zum Bundesrecht.

schriften der §§ 68 ff VwGO über das Widerspruchsverfahren unterfallen.[20] Die antragstellende Person kann nach Abs. 3 S. 1 die Entscheidung der informationspflichtigen Stelle nach Abs. 4 (s.u. Rn 20 f) überprüfen lassen, wenn sie der Auffassung ist, dass eine informationspflichtige Stelle iSv § 23 Abs. 1 Nr. 2 UVwG den Antrag nicht oder nicht vollständig erfüllt hat.

Das Überprüfungsverfahren erstreckt sich auch auf im Zusammenhang mit 17
dem Informationszugang gestellten Rechnungen über **Gebühren und Auslagen**. Zwar ist angesichts des Gesetzeswortlauts zweifelhaft, ob dem Antragsteller diese Rechtsschutzmöglichkeit auch dann zur Verfügung steht, wenn sein Antrag erfüllt wurde, er aber mit den geltend gemachten Kosten nicht einverstanden ist, aber jedenfalls gebietet das Gemeinschaftsrecht eine entsprechende Ausdehnung, weil nach Art. 6 Abs. 1 UIRL 2003/4/EG die Mitgliedstaaten sicherstellen, dass ein Antragsteller, welcher der Ansicht ist, sein Antrag auf Zugang zu Informationen sei nicht in Übereinstimmung mit Art. 5 UIRL bearbeitet worden, Zugang zu einem Verfahren hat, in dem die Maßnahme überprüft werden.[21]

Die Überprüfung ist nach Abs. 3 S. 2 **keine Klagevoraussetzung**. Der An- 18
tragsteller kann also auch ohne vorhergehende Selbstkontrolle der informationspflichtigen Stelle unmittelbar auf Erteilung der begehrten Informationen klagen.[22] Diese Selbstkontrolle und die Klage können parallel durchgeführt werden, weil dadurch nicht das Rechtsschutzbedürfnis für den jeweils anderen Rechtsbehelf entfällt und dies dem Wortlaut von Art. 6 Abs. 2 S. 1 der UIRL 2003/4/EG („neben") entspricht.[23] Sollte im Fall der Klageeinreichung die informationspflichtige Stelle im Wege der Selbstkontrolle den Zugang zu den begehrten Informationen gewähren, würde sich die Klage erledigen.[24]

Nach Abs. 3 S. 3 ist eine Klage gegen die zuständige Stelle nach § 34 Abs. 1 19
UVwG, dh die die informationspflichtige private Stelle überwachende Behörde, ausgeschlossen. Dies entspricht dem Prinzip der Eigenverantwortlichkeit.[25]

Das Verfahren der Selbstkontrolle nach Abs. 4 ist an das Vorverfahren der 20
VwGO angelehnt.[26] Nichtsdestoweniger können die Vorschriften der §§ 68 ff VwGO auf das **Verfahren sui generis** nicht entsprechend angewendet werden.[27] Der Anspruch auf nochmalige Prüfung ist nach Abs. 4 S. 1 gegenüber der informationspflichtigen Stelle iSv § 23 Abs. 1 Nr. 2 UVwG innerhalb eines Monats schriftlich geltend zu machen, nachdem diese Stelle

20 Landmann/Rohmer/Reidt/Schiller UIG § 6 Rn 12 zum Bundesrecht.
21 Fluck/Theuer/Guckelberger UIG § 12 Rn 103 zum Bundesrecht.
22 Zum Bundesrecht: Fluck/Theuer/Ziekow/Debus UIG § 6 Rn 31; Landmann/Rohmer/Reidt/Schiller UIG § 6 Rn 13.
23 IdS zum Bundesrecht: Fluck/Theuer/Ziekow/Debus UIG § 6 Rn 31 mN auch zur Gegenansicht; Landmann/Rohmer/Reidt/Schiller UIG § 6 Rn 14.
24 IdS zum Bundesrecht: BeckOK InfoMedienR/Karg UIG § 6 Rn 20; Landmann/Rohmer/Reidt/Schiller UIG § 6 Rn 14.
25 Fluck/Theuer/Ziekow/Debus UIG § 6 Rn 32 zum Bundesrecht.
26 Landmann/Rohmer/Reidt/Schiller UIG § 6 Rn 13 zum Bundesrecht.
27 Fluck/Theuer/Ziekow/Debus UIG § 6 Rn 30 zum Bundesrecht.

mitgeteilt hat, dass der Anspruch nicht oder nicht vollständig erfüllt werden kann. Hält der Antragsteller die Monatsfrist nicht ein, kann die informationspflichtige Stelle gleichwohl eine erneute Prüfung vornehmen ohne dazu verpflichtet zu sein.[28]

21 Die informationspflichtige Stelle hat nach Abs. 4 S. 2 der antragstellenden Person das Ergebnis ihrer nochmaligen Prüfung innerhalb einer **Monatsfrist** zu übermitteln. Hält sie diese Monatsfrist nicht ein, sind daran keine Sanktionen geknüpft.[29]

V. Sonstige Fragen des gerichtlichen Rechtsschutzes

22 **1. Rechtsschutz gegen Stellen der öffentlichen Verwaltung (§ 23 Abs. 1 Nr. 1 UVwG). a) Rechtsschutz der Antragsteller.** Einer **selbstständigen Geltendmachung** der Ansprüche vor den Verwaltungsgerichten (s. Rn 6) nach dem UVwG steht § 44 a S. 1 VwGO nicht entgegen (vgl LIFG § 9 Rn 38).

23 Im **Hauptsacheverfahren** kommen als Klagearten die Verpflichtungsklage (vgl LIFG § 9 Rn 42), Untätigkeitsklage (vgl LIFG § 9 Rn 43), isolierte Anfechtungsklage (vgl LIFG § 9 Rn 44) und bei Erledigung die (Fortsetzungs-)Feststellungsklage (vgl LIFG § 9 Rn 45) in Betracht, während eine Kombination von Verpflichtungs- und Leistungsantrag oder Anfechtungs- und Leistungsklage nur selten sinnvoll sein könnte (vgl LIFG § 9 Rn 46). Dem steht nicht entgegen, dass das BVerwG[30] ohne nähere Begründung eine allg. Leistungsklage auf Erteilung von Umweltinformationen unmittelbar auf Grundlage der damals geltenden Umweltinformationsrichtlinie als zulässig bewertet hatte, weil die Entscheidung über den Informationszugang zumindest heute einen Verwaltungsakt darstellt.[31] Auch der Gesetzgeber hat durch die Erwähnung des nur bei Verpflichtungsklagen möglichen Widerspruchsverfahrens in Abs. 2 zum Ausdruck gemacht, dass er von einer Verpflichtungsklage ausgeht.[32]

24 Bei der gerichtlichen Sachentscheidung gelten grds. die **allg. verwaltungsprozessualen Grundsätze** (vgl LIFG § 9 Rn 47), wobei Besonderheiten bei der Darlegungslast und –tiefe (vgl LIFG § 9 Rn 48 ff) und bei in-camera-Verfahren nach § 99 VwGO (vgl LIFG § 9 Rn 51 ff) zu beachten sind.

25 Im **vorläufigen Rechtsschutz** kommt eine Regelungsanordnung nach § 123 VwGO auf Informationszugang in Betracht, wenn kein informationszugangsgewährender Bescheid vorliegt (vgl LIFG § 9 Rn 59 ff). Existiert bereits ein zugangsgewährender Bescheid, gegen den ein Rechtsbehelf eines Dritten aufschiebende Wirkung hat, ist ein Vorgehen der antragstellenden Person nach §§ 80 a Abs. 3 S. 2, 80 Abs. 5 VwGO statthaft (vgl LIFG § 9 Rn 61). Dabei ist unter Berücksichtigung der Zwecke von UVwG und

---

28 Zum Bundesrecht: Fluck/Theuer/Ziekow/Debus UIG § 6 Rn 30; Landmann/Rohmer/Reidt/Schiller UIG § 6 Rn 13.

29 Landmann/Rohmer/Reidt/Schiller UIG § 6 Rn 13 zum Bundesrecht.

30 BVerwGE 102, 282, 284 mit insoweit zust. Anm. Hendler JZ 1998, 245, 246.

31 IdS zum Bundesrecht: Fluck/Theuer/Ziekow/Debus UIG § 6 Rn 35 ff mit ausführlicher Begründung und Nachweisen auch zur Gegenansicht.

32 IdS Palme LUIG § 3 Erl. J.2.1 zum LUIG aF.

UIRL 2003/4/EG in eindeutigen Fällen der Zugang zu Umweltinformationen zu beschleunigen.[33]

26 **b) Rechtsschutz Betroffener.** Im Hinblick auf den für den Betroffenen nach Art. 19 Abs. 4 GG gebotenen **effektiven Rechtsschutz** ist erforderlich, dass die Behörde ihn nicht nur vor der Informationsgewährung anhört (s.o. Rn 13 f), sondern ihn dann, wenn er der Informationserteilung nicht zustimmt, vor deren tatsächlicher Durchführung entsprechend unterrichtet, damit er ggf die Möglichkeit hat, gegen die Entscheidung vor dem Informationszugang gerichtlich vorzugehen.[34] Nichtsdestoweniger ist **Rechtsschutz auf Beteiligung des Betroffenen** als unselbständige Verfahrenshandlung nach § 44 a VwGO grds. ausgeschlossen (vgl LIFG § 8 Rn 50).

27 Im **Hauptsacheverfahren** kann auf dem Verwaltungsrechtsweg (s.o. Rn 6) nach Erlass einer informationsgewährenden Entscheidung ein betroffener Dritter zur Verhinderung deren Rechtskraft zunächst einen Widerspruch einlegen (s.o. Rn 7 ff) und bei deren Ablehnung eine Anfechtungsklage erheben (vgl LIFG § 8 Rn 44 ff). Diese Rechtsbehelfe haben grds. aufschiebende Wirkung, so dass der Informationszugang unzulässig ist.[35] Für die nach § 42 Abs. 2 VwGO erforderliche Klagebefugnis kommt als drittschützende Norm vor allem § 29 UVwG und der Schutz des fairen Verfahrens nach § 28 Abs. 1 Nr. 3 UVwG in Betracht, während ansonsten § 28 UVwG nicht drittschützend ist.[36]

28 **Vorläufiger Rechtsschutz** erfolgt bei Anordnung der sofortigen Vollziehbarkeit der Zugangsentscheidung nach § 80 a VwGO (vgl LIFG § 8 Rn 49), wobei die Tendenz zur Beschleunigung bei Umweltinformationen zu beachten ist (s.o. Rn 25).

29 Anders als bei § 8 LIFG, der die Interessen von betroffenen Personen verfahrensmäßig besonders absichert (vgl LIFG § 8 Rn 51) fehlt im UVwG ein vergleichbarer Schutz. Nichtsdestoweniger kommt **vorbeugender Rechtsschutz des Betroffenen** gegen den Informationszugang nur ausnahmsweise in Betracht, wenn der Betroffene glaubhaft darlegt, dass die Behörde sich nicht an die Vorgaben aus Art. 19 Abs. 4 GG zum Schutz seiner Rechte halten wird.[37]

30 **2. Rechtsschutz gegen private informationspflichtige Stellen (§ 23 Abs. 2 Nr. 2 UVwG).** Da nach Abs. 1 auch privatrechtliche Streitigkeiten vor den **Verwaltungsgerichten** auszutragen sind und die öffentlich-rechtlichen Regelungen der VwGO hierfür nicht vollständig passen, entstehen einige Friktionen.[38]

---

33 IdS zum Bundesrecht: VHG HE, 4.1.2006, 12 Q 2828/05, ESVGH 56, 135, 139; Fluck/Theuer/Ziekow/Debus UIG § 6 Rn 46 f mit Beispielen; aM: OVG BE-BB, 12.11.2012, OVG 12 S 54.12, openJur 2012, 131202 Rn 6; BeckOK InfoMedienR/Karg UIG § 6 Rn 4 a.

34 Zum Bundesrecht: BeckOK InfoMedienR/Karg UIG § 6 Rn 13; Fluck/Theuer/Ziekow/Debus UIG § 6 Rn 27; Landmann/Rohmer/Reidt/Schiller UIG § 6 Rn 17.

35 Fluck/Theuer/Ziekow/Debus UIG § 6 Rn 49 zum Bundesrecht.

36 Zur entsprechenden Bundesregelung ausführlich Fluck/Theuer/Ziekow/Debus UIG § 6 Rn 50.

37 Fluck/Theuer/Ziekow/Debus UIG § 6 Rn 53 zum Bundesrecht.

38 Fluck/Theuer/Ziekow/Debus UIG § 6 Rn 34 zum Bundesrecht.

31 **a) Rechtsschutz der Antragsteller.** Gegen informationspflichtige Stellen gem. § 23 Abs. 1 Nr. 2 UVwG ist **im Hauptsacheverfahren** eine **allg. Leistungsklage** auf Zugang zu den Informationen zu erheben, weil diese privaten informationspflichtigen Stellen keine Verwaltungsakte erlassen.[39] Vor Klageerhebung ist mangels Statthaftigkeit kein Widerspruchsverfahrens durchzuführen, vielmehr hat der Antragsteller die Wahl, ob er daneben ein Überprüfungsverfahren nach Abs. 3 und 4 durchführt oder nicht (s. bereits oben Rn 16 ff). Dementsprechend besteht auch keine Klagefrist, insb. kann aus der Monatsfrist in Abs. 4 nicht auf eine etwaige Frist für eine verwaltungsgerichtliche Klage geschlossen werden.[40] Im Übrigen gelten die Ausführungen zum Rechtsschutz gegen öffentliche Stellen (s.o. Rn 22 ff) entsprechend.[41]

32 Auch in Bezug auf den **vorläufigen Rechtsschutz** geltenden die Ausführungen zum Rechtschutz gegen öffentliche Stellen (s.o. Rn 25) grds. entsprechend,[42] wobei freilich nur eine Regelungsanordnung und mangels Verwaltungsakt nicht die Anordnung oder Wiederherstellung der sofortigen Vollziehung nach §§ 80 a, 80 VwGO in Betracht kommt.

33 **b) Rechtsschutz Betroffener.** Auch private informationspflichtige Stellen iSv § 23 Abs. 1 Nr. 2 UVwG haben vor der Entscheidung über den Informationszugang die davon Betroffenen nach § 29 Abs. 1 S. 3 UVwG anzuhören und bei geplantem Informationszugang ihnen dagegen in vergleichbarer Weise die Zeit zur Erlangung gerichtlichen Rechtsschutzes einzuräumen, wie Stellen der öffentlichen Verwaltung dazu verpflichtet sind (s. dazu oben Rn 26).[43]

34 Gegen einen drohenden Informationszugang durch einen informationspflichtigen Privaten kann eine **allg. Leistungsklage** in Form einer **Unterlassungsklage** erhoben werden.[44] Dabei gelten für die notwendige Klagebefugnis sinngemäß die Ausführungen zur Anfechtungsklage (s.o. Rn 27).[45]

35 Da die Unterlassungsklage – anders als Rechtsbehelfe gegen Verwaltungsakte nach § 80 Abs. 1 VwGO – keine aufschiebende Wirkung entfaltet, ist ggf ergänzend ein Antrag auf Erlass einer **Sicherungsanordnung nach § 123**

---

39 IdS zum Bundesrecht: BeckOK InfoMedienR/Karg UIG § 6 Rn 5; Fluck/Theuer/Ziekow/Debus UIG § 6 Rn 54; Gassner UIG § 6 Anm. 1; Guckelberger UPR 2006, 89, 92 f; Gurlit EurUP 2006, 224, 231; Landmann/Rohmer/Reidt/Schiller UIG § 6 Rn 15. Demgegenüber eine Verpflichtungsklage für statthaft erachtend: Palme LUIG § 3 Erl. J.4.2; Schomerus/Claussen ZUR 2005, 575, 580.

40 Zum Bundesrecht: Fluck/Theuer/Ziekow/Debus UIG § 6 Rn 55; Guckelberger UPR 2006, 89, 94; dagegen die Fristen für die Anfechtungs-/Verpflichtungsklage nach §§ 74, 58 Abs. 1 VwGO entsprechend anwendend Palme LUIG § 3 Erl. J.4.2.

41 IdS zum Bundesrecht: Fluck/Theuer/Ziekow/Debus UIG § 6 Rn 55; Landmann/Rohmer/Reidt/Schiller UIG § 6 Rn 15.

42 Zum Bundesrecht: Fluck/Theuer/Ziekow/Debus UIG § 6 Rn 57; Landmann/Rohmer/Reidt/Schiller UIG § 6 Rn 15.

43 IdS zum Bundesrecht: Fluck/Theuer/Ziekow/Debus UIG § 6 Rn 58.

44 Zum Bundesrecht: Fluck/Theuer/Ziekow/Debus UIG § 6 Rn 59; Landmann/Rohmer/Reidt/Schiller UIG § 6 Rn 21.

45 Landmann/Rohmer/Reidt/Schiller UIG § 6 Rn 21 zum Bundesrecht.

VwGO zu stellen, wenn die informationspflichtige Stelle die Gewährung des Informationszugangs beabsichtigt.[46]

VI. Konkurrenzen

Neben dem oder anstatt des **Überprüfungsverfahren**(s) nach Abs. 3 und 4 kann bereits verwaltungsgerichtlicher Rechtsschutz erlangt werden (s.o. Rn 18). Dagegen ist nach Abs. 3 S. 3 eine Klage gegen die zuständige Stelle nach § 34 Abs. 1 UVwG ausgeschlossen. 36

Subsidiär zu den Spezialregelungen zum Rechtsschutz in § 32 UVwG gelten die allg. Regeln des verwaltungsgerichtlichen Verfahrens.[47] Danach kommt eine **objektive Klagehäufung** nach § 44 VwGO mit anderen Informationsansprüchen in Betracht, soweit die Informationsansprüche nach § 24 Abs. 1 S. 2 UVwG nebeneinander bestehen (s. dort Rn 21 ff) und sie sich gegen denselben Beklagten richten, im Zusammenhang stehen und dasselbe Gericht zuständig ist. Neben dem Umweltinformationszugangsanspruch kann auch ein bestehendes Akteneinsichtsrecht nach § 29 LVwVfG geltend gemacht werden, wenn dieses zusammen mit den Rechtsbehelfen gegen die Sachentscheidung geltend gemacht wird[48] oder eine Ausnahme zu § 44 a S. 1 VwGO (s. LVwVfG § 29 Rn 79) vorliegt. 37

Anders als nach § 12 LIFG kommt daneben eine Anrufung der oder des **Landesbeauftragten für die Informationsfreiheit** mangels Zuständigkeit nicht in Betracht. 38

§ 33 UVwG Gebühren und Auslagen

(1) Für die Übermittlung von Umweltinformationen aufgrund dieses Gesetzes werden von den informationspflichtigen Stellen im Sinne von § 23 Absatz 1 Nummer 1 Gebühren und Auslagen nach Maßgabe der für sie geltenden Vorschriften festgesetzt und erhoben, soweit nachfolgend nicht etwas anderes bestimmt ist.

(2) Gebühren- und auslagenfrei sind

1. **die Erteilung mündlicher und einfacher schriftlicher Auskünfte,**
2. **die Einsichtnahme in Umweltinformationen vor Ort,**
3. **Maßnahmen und Vorkehrungen zur Unterstützung des Zugangs zu Umweltinformationen nach § 26,**
4. **die Unterrichtung der Öffentlichkeit nach §§ 30 und 31,**
5. **die Ablehnung oder Rücknahme eines Antrags auf Übermittlung von Umweltinformationen sowie Entscheidungen, die die Rücknahme oder den Widerruf von Leistungen nach diesem Gesetz betreffen.**

46 IdS zum Bundesrecht: Fluck/Theuer/Ziekow/Debus UIG § 6 Rn 60; Landmann/Rohmer/Reidt/Schiller UIG § 6 Rn 22.

47 Fluck/Theuer/Ziekow/Debus UIG § 6 Rn 17 zum Bundesrecht.

48 IdS zum Bundesrecht Fluck/Theuer/Ziekow/Debus UIG § 6 Rn 42.

(3) Bei Anlagen, die in Anhang I der Richtlinie 2010/75/EU des Europäischen Parlaments und des Rates vom 24. November 2010 über Industrieemissionen (integrierte Vermeidung und Verminderung der Umweltverschmutzung) (Neufassung) (ABl. L 334 vom 17.12.2010, S. 17, ber. ABl. L 158 vom 19.6.2012, S. 25) aufgeführt sind, werden Gebühren und Auslagen nicht erhoben für die Übermittlung

1. der Ergebnisse der Überwachung von Emissionen nach den §§ 26, 28 und 29 des Bundesimmissionsschutzgesetzes,
2. der bei der zuständigen Behörde vorliegenden Ergebnisse der Überwachung der von einer Deponie ausgehenden Emissionen,
3. der Ergebnisse der Überwachung von Emissionen nach der Verordnung zur Regelung des Verfahrens bei Zulassung und Überwachung industrieller Abwasserbehandlungsanlagen und Gewässerbenutzungen (Industriekläranlagen-Zulassungs- und Überwachungsverordnung) vom 2. Mai 2013 (BGBl. I S. 973, 1011, 3756) in der jeweils geltenden Fassung,
4. der Planfeststellungsbeschlüsse, Genehmigungen und Anordnungen nach § 35 Absatz 2 und 3 und § 39 des Kreislaufwirtschaftsgesetzes sowie der Ablehnungen und Änderungen dieser Entscheidungen.

(4) [1]Die Gebühren werden nach den Rahmengebühren der Anlage 5 unter Berücksichtigung des Verwaltungsaufwands so bemessen, dass der Informationsanspruch wirksam in Anspruch genommen werden kann. [2]Informationspflichtige Stellen kommunaler Körperschaften, auch soweit sie Aufgaben der unteren Verwaltungsbehörden im Sinne des Landesverwaltungsgesetzes oder Aufgaben der unteren Baurechtsbehörden im Sinne der Landesbauordnung wahrnehmen, und informationspflichtige Landratsämter als untere Verwaltungsbehörden können abweichend von Satz 1 Halbsatz 1 eigene Regelungen nach Maßgabe von Satz 1 Halbsatz 2 treffen.

(5) Das Umweltministerium wird ermächtigt, die Rahmengebühren der Anlage 5 durch Rechtsverordnung zu ändern.

(6) [1]Informationspflichtige Stellen im Sinne von § 23 Absatz 1 Nummer 2 können für die Übermittlung von Informationen nach diesem Gesetz von der antragstellenden Person Kostenerstattung gemäß den Grundsätzen der Absätze 2 und 4 verlangen. [2]Die Höhe der erstattungsfähigen Kosten bemisst sich nach der Anlage 5 in der jeweils geltenden Fassung.

Anlage 5
(zu § 33 Absatz 4 bis 6)

Gebührenverzeichnis

Nummer	Gegenstand	Gebühr in Euro
1.	Übermittlung von Umweltinformationen durch schriftliche Auskünfte oder auf sonstigem Weg Informationsbegehren mit einem Bearbeitungsaufwand von 0,5 bis zu 3 Stunden, auch bei der Herausgabe von wenigen Duplikaten	gebührenfrei

Nummer	Gegenstand	Gebühr in Euro
2.	Informationsbegehren mit erheblichem Bearbeitungsaufwand (mehr als 3 bis zu 8 Stunden)	10 bis 250
3.	Informationsbegehren mit außergewöhnlich hohem Bearbeitungsaufwand (mehr als 8 Stunden)	250 bis 500

Literatur: Vgl § 10 LIFG sowie *Feldmann/Heiland*, Das neue baden-württembergische Umweltverwaltungsgesetz – mehr Transparenz und Öffentlichkeitsbeteiligung im Umweltbereich -, VBlBW 2015, 49 ff.

I. Allgemeines

1. Europa- und verfassungsrechtliche Vorgaben. Art. 5 der UIRL 2003/4/EG, der an Art. 4 Abs. 8 der Aarhus-Konvention v. 25.6.1998 anknüpft, begrenzt die Erhebung von Gebühren. Erfolgt der Informationszugang nicht durch Übermittlung, sondern durch Gewährung von Akteneinsicht, ist dies nach Art. 5 Abs. 1 der UIRL 2003/4/EG gebührenfrei.[1] Nach dessen Abs. 2 darf die Gebühr für die Bereitstellung von Umweltinformationen eine „angemessene Höhe“ nicht überschreiten. Außerdem müssen nach dessen Abs. 3 die Behörden ein entsprechendes Gebührenverzeichnis sowie Informationen über die Umstände veröffentlichen, unter denen eine Gebühr erhoben oder erlassen werden kann. Dies ist den Antragstellern zugänglich zu machen. Erläutert wird dies auch in Erwägungsgrund 18 der UIRL 2003/4/EG. Schließlich wurde nach der Gesetzesbegründung die Rechtslage an die durch die Verabschiedung der RL 2010/75/EU (sog. IED-RL) bedingten Änderungen angepasst,[2] wobei in der IED-RL mehrere Regelung zum Informationszugang enthalten sind, aber keine speziellen Regelungen für Gebühren ersichtlich waren. Außerdem ist die PSI-Richtlinie (s. LIFG § 10 Rn 1) zu berücksichtigen. 1

1 LReg LT-Drs. 15/5487, 90.
2 LReg LT-Drs. 15/5487, 90.

2 Die **verfassungsrechtlichen Vorgaben** für die Erhebung von Gebühren nach Umweltinformationsrecht entsprechen grds. denen beim allg. Informationsfreiheitsrecht (s. LIFG § 10 Rn 2 ff). Zweifelhaft ist aber, ob die Gesamtregelung aus der Verordnungsermächtigung in Abs. 5 und der Anlage 5 den Vorgaben des **Rechtsstaatsprinzips** und den Vorgaben an eine Rechtssetzung durch Rechtsverordnung nach Art. 61 der Verfassung des Landes Baden-Württemberg genügt, weil die Grenzen zwischen Gesetz und Verordnung zu verwischen drohen. Eine Verwischung dieser Grenzen ist unzulässig, wenn dies der Unterscheidung zwischen beiden Regelungsformen und der rechtsstaatlichen Klarheit in Bezug auf Geltungsvoraussetzungen, Rang, Rechtsschutzmöglichkeiten und Verwerfungskompetenzen, die für beide Normtypen unterschiedlich geregelt sind, zuwiderliefe.[3] Den im Zusammenhang mit der sog. Entsteinerungsklausel gemachten Ausführungen des BVerfG[4] dürfte allenfalls bei folgender Betrachtungsweise entsprochen werden können: Ausgangslage vor Inkrafttreten des UVwG war, dass die Gebührentatbestände durch die Verordnung des Umweltministeriums über Gebühren für die Inanspruchnahme von Leistungen nach dem Landesumweltinformationsgesetz vom 24.3.2006 (GBl. S. 112) geregelt worden waren, die nach Art. 6 S. 2 des Gesetzes zur Vereinheitlichung des Umweltverwaltungsrechts und zur Stärkung der Bürger- und Öffentlichkeitsbeteiligung im Umweltbereich vom 25.11.2014 (GBl. S. 592), welches in Art. 1 das UVwG enthält, außer Kraft trat. Wenngleich Anlagen zu Gesetzen üblicherweise deren Rang teilen, sollte die der ehemaligen Gebührenverordnung inhaltlich weitgehend entsprechende Anlage 5 wohl nur Verordnungsrang erhalten. Die Anlage 5 als Rechtsverordnung kann aufgrund der in Abs. 5 vorgesehen Ermächtigungsgrundlage geändert werden. Von dieser Normenhierachie ist wohl auch das Umweltministerium bei der nachfolgenden Änderung der Anlage 5 durch Art. 2 der Verordnung des Umweltministeriums zur Änderung der Gebührenverordnung UM und zur Änderung der Anlage 5 des Umweltverwaltungsgesetzes vom 13.8.2015 (GBl. 785) ausgegangen.

3 **2. Entstehungsgeschichte.** Das UVwG wurde verkündet als Art. 1 des Gesetzes zur Vereinheitlichung des Umweltverwaltungsrechts und zur Stärkung der Bürger- und Öffentlichkeitsbeteiligung im Umweltbereich vom 25.11.2014 (GBl. S. 592) und trat am 1.1.2015 in Kraft. Gleichzeitig trat das Landesumweltinformationsgesetz (LUIG) vom 7.3.2006 (GBl. S. 50) außer Kraft. Die bisher entsprechend in § 5 Abs. 5 S. 2 LUIG für Landratsämter und informationspflichtige Stellen kommunaler Körperschaften vorgesehene Möglichkeit, von den landesrechtlichen Gebührenregelungen abzuweichen, wurde beibehalten (§ 33 Abs. 4 S. 2 UVwG).[5] Neu eingeführt wurde die Gebührenfreiheit bei – bisher nach LUIG gebührenpflichtigen – Informationsbegehren, die noch unterhalb der Schwelle des erheblichen Bearbeitungsaufwands (3 Stunden) liegen (vgl § 33 Abs. 4 UVwG iVm Anlage

3 BVerfG, 13.9.2005, 2 BvF 2/03, Rn 203.
4 BVerfG, 13.9.2005, 2 BvF 2/03, Rn 198 ff.
5 LReg LT-Drs. 15/5487, 90.

5),[6] nachdem im Gesetzgebungsverfahren ein Gegenantrag,[7] welcher außerdem die Höchstgrenze für Gebühren auf 1000 Euro festlegen wollte, mit 9 gegen 8 Stimmen abgelehnt worden war. In Anlage 5 wurde durch Art. 2 der Verordnung des Umweltministeriums zur Änderung der Gebührenverordnung UM und zur Änderung der Anlage 5 des Umweltverwaltungsgesetzes vom 13.8.2015 (GBl. 785) die Mindestgebühr von 100 auf 10 Euro herabgesetzt.

3. Normzweck. Die Vorschrift bezweckt die Regelung der Gebühren und Auslagen im Zusammenhang mit der Übermittlung von Umweltinformationen.[8] Für individuell zurechenbare öffentliche Leistungen können danach grds. Gebühren (s. LIFG § 10 Rn 18) und Auslagen (s. LIFG § 10 Rn 19) erhoben werden. Entsprechend § 10 LIFG (s. dort Rn 11) bezweckt die Regelung, dass **Spannungsverhältnis** zwischen einer möglichst umfassenden finanziellen Entlastung der informationspflichtigen Stellen und einem möglichst ungehinderten Informationszugang mit Vermeidung von prohibitiven Kosten für Bürgerinnen und Bürger zu überbrücken. Dabei tragen Abs. 1 und Abs. 4 S. 2 dem Grundsatz der **dezentralen Gebührenfestsetzung** (s. LIFG § 10 Rn 20) Rechnung, der im Übrigen durch § 33 UVwG eingeschränkt wird. Die Gebührenfreiheit nach Abs. 2 dient der Umsetzung von Art. 5 Abs. 1 der UIRL 2003/4/EG. Die Gebührenfreiheit dient auch dem Zweck der Verwaltungsvereinfachung, weil manchmal die Erstellung des Gebührenbescheids länger als die Zurverfügungstellung der Umweltdaten dauert.[9] Außerdem wurde im Gesetzgebungsverfahren darauf abgestellt, dass kein Interesse bestehe, „dass Spezialisten aus der Bevölkerung – die gibt es, und darüber sind wir auch froh – ganze Verwaltungsapparate lahmlegen. Deshalb wird eine Verwaltungsgebühr ab dieser Grenze von drei Stunden erhoben."[10] Und schließlich bezweckt Abs. 6 die Übertragung der Regelungen für die Gebühren- und Auslagenerhebung von öffentlichen Stellen auf private informationspflichtige Stellen. 4

4. Vergleichbare Regelungen des Bundes oder anderer Bundesländer. § 12 UIG; Art. 12 BayUIG, § 18 a Abs. 4 und 5 IFG BE; § 6 BbgUIG, § 7 BremUIG; § 3 (Private) und § 1 Abs. 2 HmbUIG iVm § 12 UIG; § 11 HUIG; § 6 LUIG M-V, § 6 NUIG, § 5 UIG NRW, § 24 LTranspG RP, § 11 SUIG, § 13 SächsUIG, § 3 UIG LSA, § 12 IZG-SH, § 12 ThürUIG. 5

II. Geltung der allg. Gebührenregeln (Abs. 1)

Anknüpfungspunkt für die Erhebung von Gebühren und Auslagen ist die **Übermittlung von Umweltinformationen** (zu letzterem Begriff s. UVwG § 23 Rn 19 ff) als individuell zurechenbarer öffentlicher Leistung (vgl LIFG § 10 Rn 14). Der Begriff Übermittlung wird weit verstanden und umfasst sowohl den Übermittlungsvorgang als solchen wie auch vorbereitendes 6

6 LReg LT-Drs. 15/5487, 4, 90; Feldmann/Heiland VBlBW 2015, 49, 56.
7 Abg. Ulrich Lusche u. a. CDU, Änderungsantrag, LT-Drs. 15/5822, 12, 14.
8 LReg LT-Drs. 15/5487, 90.
9 Marwein GRÜNE Plenarprotokoll 15/106, 6324.
10 Renkonen GRÜNE Plenarprotokoll 15/112, 6732.

Verwaltungshandeln (zB Suche der Information, rechtliche Prüfung und ggf Schwärzung).[11] Keine Übermittlung von Umweltinformationen liegt bei einer Ablehnung des Antrags vor.[12] Ebenso wenig kostenpflichtig sind das Weiterreichen des Antrags oder die Bitte an den Antragsteller um Präzisierung seines Antrags.[13]

7 Als **Auslage** nach § 14 LGebG (vgl LIFG § 10 Rn 42) kann die Erstellung von **Kopien** erstattungsfähig sein,[14] soweit sich aus dem Gebührenverzeichnis (s. Rn 26) nichts anderes ergibt. Dies ist mit Art. 5 der UIRL 2003/4/EG vereinbar, wenngleich dort nur der Begriff „Gebühren" verwendet wird, allerdings ist der unionsrechtliche Begriff anders als der deutsche Begriff zu verstehen, wofür die Entstehungsgeschichte sowie die englische und französische Fassung der Richtlinie sprechen.[15]

8 Für die Geltendmachung der Gebühren und Auslagen besteht eine Pflicht („werden… erhoben und festgesetzt") und damit **kein Ermessen.**[16]

9 Abs. 1 geht bei Leistungen der informationspflichtigen Stellen iSv § 23 Abs. 1 Nr. 1 UVwG (s. dort Rn 2 ff) – wie § 10 Abs. 1 LIFG (s. dort Rn 20) – vom Prinzip der **dezentralen Gebührenfestsetzung** aus, soweit dies nicht durch die nachfolgenden Absätze modifiziert ist. Damit kommt grds. das ganze Gebührenrecht des LGebG (vgl LIFG § 10 Rn 23 ff) bzw bei Kommunen des KAG (vgl LIFG § 10 Rn 48 ff) zur Anwendung.

III. Gebühren- und Auslagenfreiheit (Abs. 2 und 3)

10 Neben der **sachlichen Gebührenfreiheit** nach § 9 LGebG (s. LIFG § 10 Rn 36) sind gebühren- und auslagenfrei nach Abs. 2 Nr. 1 die Erteilung **mündlicher und einfacher** (vgl LIFG § 10 Rn 61 ff) **schriftlicher Auskünfte.** Eine Auskunft (vgl Einl. Rn 9) erfolgt mündlich, wenn sie durch den Gebrauch der menschlichen Stimme (auch fernmündlich) bekannt gegeben wird.[17] Dagegen ist eine schriftliche Auskunft durch die Verkörperung eines Gedankeninhalts per Schriftzeichen (Buchstaben, Zahlen) auf einer Sache gekennzeichnet und ihr ist insoweit eine elektronische Auskunft gleichzustellen.[18]

11 Entsprechend Art. 5 Abs. 1 der UIRL 2003/4/EG ist nach Abs. 2 Nr. 2 die **Einsichtnahme** in Umweltinformationen vor Ort gebühren- und auslagen-

---

11 IdS: BVerwG, 27.3.2000, 7 C 25.98; Fluck/Theuer/Guckelberger UIG § 12 Rn 38; Landmann/Rohmer/Reidt/Schiller UIG § 12 Rn 5; Schomerus/Schrader/Wegner/Schomerus UIG § 10 Rn 12.

12 IdS: EuGH, 9.9.1999, C-217/97, Rn 55 ff; BVerwG, 27.3.2000, 7 C 25.98; Fluck/Theuer/Guckelberger UIG § 12 Rn 33 ff, 43; Landmann/Rohmer/Reidt/Schiller UIG § 12 Rn 6.

13 Zum Bundesrecht: Fluck/Theuer/Guckelberger UIG § 12 Rn 40-42; Landmann/Rohmer/Reidt/Schiller UIG § 12 Rn 5.

14 IdS zum Bundesrecht BeckOK InfoMedienR/Karg UIG § 12 Rn 4 a.

15 IdS: Fluck/Theuer/Guckelberger UIG § 12 Rn 63/64; Landmann/Rohmer/Reidt/Schiller UIG § 12 Rn 9.

16 Zum Bundesrecht: Fluck/Theuer/Guckelberger UIG § 12 Rn 25; Landmann/Rohmer/Reidt/Schiller UIG § 12 Rn 7.

17 Fluck/Theuer/Guckelberger UIG § 12 Rn 46.

18 Fluck/Theuer/Guckelberger UIG § 12 Rn 48-50.

frei. Dies umfasst nur den tatsächlichen Einblick in die Unterlagen und Akten an Ort und Stelle der informationspflichtigen Stelle einschließlich der notwendigen Vorbereitungsmaßnahmen.[19]

Außerdem sind nach Abs. 2 Nr. 3 **Maßnahmen und Vorkehrungen zur Unterstützung des Zugangs zu Umweltinformationen** nach § 26 UVwG gebühren- und auslagenfrei. 12

Anknüpfend an Art. 5 Abs. 1 der UIRL 2003/4/EG sind nach § 33 Abs. 2 Nr. 4 UVwG die **Unterrichtung der Öffentlichkeit** nach §§ 30 und 31 UVwG gebühren- und auslagenfrei. 13

Gebühren- und auslagenfrei sind nach Abs. 2 Nr. 5 die **Ablehnung oder Rücknahme** eines Antrags auf Übermittlung von Umweltinformationen sowie Entscheidungen, die die Rücknahme oder den Widerruf von Leistungen nach diesem Gesetz betreffen. Dies beruht auf der Überlegung, dass in diesen Fällen keine „Übermittlung" von Umweltinformationen iSd Art. 5 Abs. 2 der UIRL 2003/4/EG vorliegt, für die Gebühren erhoben werden können.[20] Auch bei beträchtlichem Aufwand ist keine „Strafgebühr" für Missbrauchsfälle vorgesehen.[21] 14

Schließlich werden nach Abs. 3 bei Anlagen, die in Anhang I der RL 2010/75/EU des Europäischen Parlaments und des Rates vom 24. November 2010 über **Industrieemissionen** (integrierte Vermeidung und Verminderung der Umweltverschmutzung) (Neufassung) (ABl. L 334 vom 17.12.2010, S. 17, ber. ABl. L 158 vom 19.6.2012, S. 25) aufgeführt sind, Gebühren und Auslagen nicht erhoben für die Übermittlung 15

1. der Ergebnisse der Überwachung von Emissionen nach den §§ 26, 28 und 29 des Bundesimmissionsschutzgesetzes,
2. der bei der zuständigen Behörde vorliegenden Ergebnisse der Überwachung der von einer Deponie ausgehenden Emissionen,
3. der Ergebnisse der Überwachung von Emissionen nach der Verordnung zur Regelung des Verfahrens bei Zulassung und Überwachung industrieller Abwasserbehandlungsanlagen und Gewässerbenutzungen (Industriekläranlagen-Zulassungs- und Überwachungsverordnung) vom 2.5.2013 (BGBl. I S. 973, 1011, 3756) in der jeweils geltenden Fassung,
4. der Planfeststellungsbeschlüsse, Genehmigungen und Anordnungen nach § 35 Abs. 2 und 3 und § 39 des Kreislaufwirtschaftsgesetzes sowie der Ablehnungen und Änderungen dieser Entscheidungen.

IV. Bemessungsgrundsätze (Abs. 4 S. 1)

Soweit nicht durch Abs. 4 S. 1 modifiziert, sind die **Bemessungsgrundsätze** des § 7 LGebG (vgl LIFG § 10 Rn 31 ff) bzw bei Kommunen des KAG (vgl LIFG § 10 Rn 48 ff) ergänzend anzuwenden. Dabei sind die Vorgaben von Art. 5 der UIRL 2003/4/EG (s.o. Rn 1) zu berücksichtigen. 16

---

19 BeckOK InfoMedienR/Karg UIG § 12 Rn 4; Landmann/Rohmer/Reidt/Schiller UIG § 12 Rn 12.
20 Vgl EuGH, 9.9.1999, C-217/97, Rn 55 ff.
21 Landmann/Rohmer/Reidt/Schiller UIG § 12 Rn 13 zum Bundesrecht.

17 **1. Bemessung nach Anlage 5 unter Berücksichtigung des Verwaltungsaufwands (S. 1 Hs 1).** Abs. 4 S. 1 Hs 1 erklärt für die Bemessung der Gebühren innerhalb des nach Anlage 5 (s.u. Rn 26 ff) vorgegebenen Rahmens die Berücksichtigung des Verwaltungsaufwandes für maßgeblich. Wie bei § 7 LGebG kommt damit das **Kostendeckungsprinzip** zur Anwendung (s. LIFG § 10 Rn 64 ff).[22]

18 **2. Bemessung unter Berücksichtigung wirksamer Inanspruchnahmemöglichkeit (S. 1 Hs 2).** Neben der Berücksichtigung des Verwaltungsaufwands sind nach Abs. 4 S. 1 Hs 2 die Gebühren so zu bemessen, dass der Informationsanspruch **wirksam in Anspruch genommen werden kann.** Dies entspricht § 10 Abs. 3 S. 2 LIFG (s. dort Rn 67) mit der Maßgabe, dass die Gebühr nach Art. 5 Abs. 2 der UIRL 2003/4/EG (s. Rn 1) eine „angemessene Höhe" nicht überschreiten darf. Nach Erwägungsgrund 18 der UIRL 2003/4/EG beinhaltet dies, „dass die Gebühr grundsätzlich die tatsächlichen Kosten der Anfertigung des betreffenden Materials nicht übersteigen darf. Fälle, in denen eine Vorauszahlung verlangt wird, sollten beschränkt werden. In besonderen Fällen, in denen die Behörden Umweltinformationen zu kommerziellen Zwecken zugänglich machen und in denen dies notwendig ist, um die weitere Sammlung und Veröffentlichung solcher Informationen zu gewährleisten, wird eine marktübliche Gebühr als angemessen angesehen; es kann eine Vorauszahlung verlangt werden."

V. Besonderheiten bei kommunalen Körperschaften (Abs. 4 S. 2)

19 Nach Abs. 4 S. 2 können Landratsämter und informationspflichtige Stellen kommunaler Körperschaften von den Rahmengebühren, insb. auch der Gebührenfreiheit nach Anlage 5, abweichen, müssen dabei aber gewährleisten, dass der Informationsanspruch wirksam in Anspruch genommen werden kann (s.o. Rn 18). Der Forderung der Umweltverbände nach Streichung der **kommunalen Abweichungsbefugnis** wurde nicht nachgekommen, da diese Abweichungsbefugnis einen Grundsatz des Landesgebührenrechtes darstellt und Bedenken, die Abweichungsbefugnis begünstige Gebühren mit Abschreckungspotenzial, mit Hinweis auf europarechtliche Vorgaben (effet utile) und den Gesetzeswortlaut („Gebühren werden so bemessen, dass der Informationsanspruch wirksam in Anspruch genommen werden kann") begegnet wurden.[23]

20 **Keine Abweichungsmöglichkeit** besteht hingegen bei der Gebührenfreiheit nach Abs. 2 oder Abs. 3,[24] wofür die systematische Stellung spricht und was sich in Bezug auf die Kostenfreiheit von Ablehnung und Rücknahme nach Abs. 2 Nr. 2 und 5 auch aus der UIRL 2003/4/EG ableiten lässt (s.o. Rn 1), da in diesen Fällen keine „Übermittlung" vorliegt.

---

22 Für die Anwendung der allg. Grundsätze bei der vergleichbaren Bundesregelung bspw. BeckOK InfoMedienR/Karg UIG § 12 Rn 5.

23 LReg LT-Drs. 15/5487, 102.

24 IdS LReg LT-Drs. 15/5487, 90, wo nur § 33 Abs. 2 Nr. 1 UVwG genannt ist; Feldmann/Heiland VBlBW 2015, 49, 56, wo nur § 33 Abs. 2 UVwG genannt ist.

VI. Verordnungsermächtigung für das Umweltministerium (Abs. 5)

Das Umweltministerium wird nach Abs. 5 ermächtigt, die Rahmengebühren der Anlage 5 durch Rechtsverordnung zu ändern. Trotz verfassungsrechtlicher Bedenken in Bezug auf die Rechtsklarheit (s.o. Rn 2) wurde von der Verordnungsermächtigung durch die Verordnung des Umweltministeriums zur Änderung der Gebührenverordnung UM und zur Änderung der Anlage 5 des Umweltverwaltungsgesetzes vom 13.8.2015 (GBl. 785) Gebrauch gemacht. 21

VII. Übertragung auf private informationspflichtige Stellen (Abs. 6)

Private informationspflichtige Stellen iSv § 23 Abs. 1 Nr. 2 UVwG können nach Abs. 6 S. 1 für die Übermittlung von Informationen nach dem UVwG von der antragstellenden Person Kostenerstattung gemäß den Grundsätzen der Abs. 2 und 4 verlangen. Für eine Gleichstellung der privaten mit anderen informationspflichtigen Stellen spricht, dass Art. 5 der UIRL 2003/4/EG insoweit keine Unterscheidung enthält.[25] Aus dem Wortlaut des Abs. 6 ergibt sich aber bereits der Unterschied, dass die privaten Stellen Kostenerstattung verlangen „können“, mithin ihnen **Ermessen** eingeräumt ist, während die öffentlichen Stellen zur Erhebung ohne Ermessen verpflichtet sind (s.o. Rn 8). 22

Dabei wurde allerdings nicht im UVwG geregelt, wie die privaten informationspflichtigen Stellen die Kosten geltend machen können. Da sie keine Befugnis haben einen Verwaltungsakt zu erlassen (s. UVwG § 27 Rn 9), verbleibt nur die Möglichkeit der Stellung einer **Rechnung.**[26] 23

Abs. 6 S. 2 bestimmt, dass sich die Höhe der **erstattungsfähigen Kosten** nach der Anlage 5 in der jeweils geltenden Fassung bemisst. Der Ausdruck „erstattungsfähige Kosten“ umfasst üblicherweise Gebühren und Auslagen, aber Anlage 5 enthält lediglich ein „Gebührenverzeichnis“. Dies deutet darauf hin, dass insoweit auch eine abschließende Regelung für die Auslagenerstattung getroffen worden sei, die auch einen Rückgriff auf die allg. Regeln über die Auslagenerstattung (s.o. Rn 7) verbietet. Da auf Bundesebene bei der vergleichbaren Verweisungsnorm in § 12 Abs. 4 S. 2 UIG auf eine Rechtsverordnung (UIGGebV) verwiesen wird, die auch Regelungen über Auslagen enthält, liegt der Verdacht nahe, dass die fehlende Regelung zur Auslagenerstattung bei der Übertragung ins Landesrecht übersehen wurde. Wohl vor diesem Hintergrund wurde zur bisherigen Regelung im LUIG die Ansicht vertreten, die Auslagensätze des Bundes seien zu übernehmen.[27] Näher dürfte liegen, entweder den Wortlaut für zwingend anzusehen und keine Auslagenerstattung für möglich zu erachten oder bei der Höhe der Auslagenerstattung die informationspflichtigen Stellen iSd 24

25 IdS Fluck/Theuer/Guckelberger UIG § 12 Rn 101.
26 IdS zum Bundesrecht: BeckOK InfoMedienR/Karg UIG § 12 Rn 11; Landmann/Rohmer/Reidt/Schiller UIG § 12 Rn 30. Demgegenüber eine Beleihung mit einer Verwaltungsaktsbefugnis durch das damalige LUIG annehmend Palme LUIG § 5 Erl. 7.
27 Palme LUIG § 5 Anm. 7.

§ 23 Abs. 1 Nr. 1 UVwG (s.o. Rn 7) mit den privaten informationspflichtigen Stellen iSd § 23 Abs. 1 Nr. 2 UVwG gleichzubehandeln.

25 Außerdem bestehen **Friktionen zwischen den Sätzen 1 und 2** des Abs. 6: Ausgehend von Satz 2 ist die Anlage 5 auch für private informationspflichtige Stellen iSd § 23 Abs. 1 Nr. 2 UVwG, die von kommunalen Körperschaften iSd § 23 Abs. 2 UVwG kontrolliert werden, anzuwenden. Allerdings überträgt Abs. 6 S. 1 ansonsten die Regelungen für die kommunalen Körperschaften in Abs. 4 S. 2 auch auf die kontrollierten Privaten, und es ist nicht ersichtlich, warum kommunale Körperschaften anderen Gebühren und Auslagen erheben sollen, als die von ihnen kontrollierten, privaten informationspflichtigen Stelle iSd § 23 Abs. 1 Nr. 2 UVwG. Insoweit dürfte Abs. 6 S. 2 teleologisch zu reduzieren sein, so dass die **kommunale Abweichungsbefugnis** (s.o. Rn 19) **auch für private, informationspflichtige Stellen** gilt.

VIII. Gebührenverzeichnis (Anlage 5 und Anlage zur GebVO UM)

26 Das in Anlage 5 enthaltene Gebührenverzeichnis wurde durch Art. 2 der Verordnung des Umweltministeriums zur Änderung der Gebührenverordnung UM und zur Änderung der Anlage 5 des Umweltverwaltungsgesetzes vom 13.8.2015 (GBl. 785) insoweit geändert als bei Nr. 2 die Mindestgebühr von 100 Euro auf 10 Euro herabgesetzt wurde. Durch Art. 1 Nr. 1 und 14 derselben Verordnung wurde das Gebührenverzeichnis auch noch als Nr. 17 in die Anlage (Gebührenverzeichnis) der Gebührenverordnung UM angefügt, so dass zwei inhaltlich gleiche Rechtsgrundlagen für die Erhebung der Gebühren bestehen (vgl unten Rn 30).

27 Durch die Veröffentlichung des Gebührenverzeichnisses als Anlage zum Gesetz bzw als Rechtsverordnung werden die Vorgaben von **Art. 5 Abs. 3 der UIRL 2003/4/EG** (Veröffentlichung und Zugänglichmachung von gebührenrelevanten Umstände) erfüllt.

28 Die Gebührentatbestände im Gebührenverzeichnis knüpfen an die „Übermittlung von Umweltinformationen" (s.o. Rn 6) „durch schriftliche Auskünfte oder auf sonstigem Weg" an. Im Übrigen ergibt sich die Zuordnung zu den einzelnen Gebührentatbeständen aus dem Bearbeitungsaufwand, der nach Stunden konkretisiert ist.

29 **Zweifel an der Rechtmäßigkeit** des Gebührenverzeichnisses in Anlage 5 bestehen neben den verfassungsrechtlichen Bedenken (s.o. Rn 2, 30) aufgrund mehrerer Unregelmäßigkeiten: So wird für einen Verwaltungsaufwand von 0,5 bis 3 Stunden die Gebührenfreiheit angeordnet, während dies bei kürzerem Verwaltungsaufwand nicht ausdrücklich geregelt ist. Dies dürfte darauf zurückzuführen sein, dass früher nach dem Gebührenverzeichnis zur LUIG-GebVO für diese Bearbeitungsspanne eine Gebühr von 10 bis 100 Euro vorgesehen war. Wenig durchdacht erscheint auch der neue (s.o. Rn 3) Mindestsatz von 10 Euro, der früher bei 0,5 Stunden erhoben werden konnte, nunmehr bei einer Mindestbearbeitungszeit von 3 Stunden bei gleichzeitiger Beibehaltung des Höchstsatzes für 8 Stunden von 250 Euro. Bei ersterer Dauer beträgt der Stundensatz mindestens 3,33 Euro und bei 8

Stunden beträgt der Stundensatz maximal 31,25 Euro. Außerdem ist nicht verständlich, dass für einen erheblichen Bearbeitungsaufwand bis 8 h und für einen außergewöhnlich hohen Bearbeitungsaufwand von mehr als 8 Stunden jeweils genau 250 Euro festgesetzt werden können, vielmehr wäre zumindest ein Unterschied von 1 Cent zwischen Grundtatbestand und qualifizierendem Tatbestand zu erwarten. Schließlich enthält nur der Gebührentatbestand Nr. 1 den Zusatz „auch bei der Herausgabe von wenigen Duplikaten", wobei offen bleibt, was bei Herausgabe von vielen Duplikaten und bei den übrigen Gebührentatbeständen gelten soll.

IX. Konkurrenzen

Fragen der Konkurrenzen im Zusammenhang mit Gebühren und Auslagen 30 nach dem UVwG sind entsprechend den allg. Überlegungen (s. LIFG § 10 Rn 69 ff) zu lösen. Eine merkwürdige Besonderheit, die aber wohl nicht zur Nichtigkeit wegen Rechtsunklarheit führen dürfte, besteht allerdings insoweit, als die gleichen Gebührentatbestände in Anlage 5 zum UVwG und in Nr. 17 des Gebührenverzeichnisses zur GebVO UM enthalten sind (s. bereits oben Rn 26). Insoweit ist davon auszugehen, dass trotz Verwirklichung zweier Tatbestände **nur einmal Gebühren** erhoben werden können.

X. Rechtsschutz

Besteht Streit über die Gebühren oder Auslagen ist hierfür nach § 32 Abs. 1 31 UVwG der **Verwaltungsrechtsweg** eröffnet (s. UVwG § 32 Rn 6).

Für den Rechtsschutz gegen Kostenentscheidungen **öffentlicher Stellen** iSd 32 § 23 Abs. 1 Nr. 1 UVwG gelten grds. die allg. Regelungen bei Kosten (vgl LIFG § 10 Rn 75 ff) mit der Besonderheit des immer durchzuführenden Widerspruchs (vgl UVwG § 32 Rn 7) entsprechend.

Möchte der Antragsteller die Kostenentscheidungen **privater informations-** 33 **pflichtiger Stellen** iSd § 23 Abs. 1 Nr. 2 UVwG überprüfen lassen, kann er dies im fakultativen **Verwaltungsverfahren** nach § 32 Abs. 2 und 3 UVwG überprüfen lassen (s. UVwG § 32 Rn 17). Dieses Überprüfungsverfahren schließt den gleichzeitigen gerichtlichen Rechtschutz nicht aus (s. dazu UVwG § 32 Rn 18).

Zahlt der Antragsteller auf eine **Rechnung** (s. dazu oben Rn 23) nicht frei- 34 willig und bleiben Mahnungen fruchtlos, kann die private, informationspflichtige Stelle iSd § 23 Abs. 1 Nr. 2 UVwG mittels **Leistungsklage** vor dem Verwaltungsgericht (s. UVwG § 32 Rn 6) den Kostenanspruch geltend machen.[28]

28 BeckOK InfoMedienR/Karg UIG § 12 Rn 11 f; Landmann/Rohmer/Reidt/Schiller UIG § 12 Rn 30.

§ 34 UVwG Überwachung

(1) Die zuständigen Stellen der öffentlichen Verwaltung, die die Kontrolle im Sinne von § 23 Absatz 2 für das Land, die Gemeinden und Gemeindeverbände, die Landkreise oder eine unter ihrer Aufsicht stehende juristische Person des öffentlichen Rechts ausüben, überwachen die Einhaltung dieses Gesetzes durch informationspflichtige Stellen im Sinne von § 23 Absatz 1 Nummer 2.

(2) Die informationspflichtigen Stellen im Sinne von § 23 Absatz 1 Nummer 2 haben den zuständigen Stellen auf Verlangen alle Informationen herauszugeben, die diese Stellen zur Wahrnehmung ihrer Aufgaben nach Absatz 1 benötigen.

(3) Die nach Absatz 1 zuständigen Stellen können gegenüber den informationspflichtigen Stellen im Sinne von § 23 Absatz 1 Nummer 2 die zur Einhaltung und Durchführung dieses Gesetzes erforderlichen Maßnahmen ergreifen oder Anordnungen erlassen.

(4) Das Umweltministerium wird ermächtigt, die Aufgaben nach den Absätzen 1 und 3 abweichend von Absatz 1 auf andere Stellen der öffentlichen Verwaltung zu übertragen.

I. Allgemeines

1 **1. Europa- und verfassungsrechtliche Vorgaben.** Die Mitgliedstaaten haben nach Art. 3 Abs. 1 und Art. 7 Abs. 1 **UIRL 2003/4/EG** zu „gewährleisten“ bzw „sicherzustellen“, dass die informationspflichtigen Stellen die Umweltinformationen zugänglich machen. Wie dies erfolgen muss, ergibt sich nicht aus der Richtlinie, so dass eine Überwachungsvorschrift nicht zwingend notwendig ist, weil die antragstellende Person gegen die private informationspflichtige Stelle klagen kann.[1]

2 Ein Berufen der privaten informationspflichtigen Stelle auf den **Schutz von Betriebs- und Geschäftsgeheimnissen (Art. 12, 14 GG)** dürfte bei einem überwiegenden öffentlichen Interesse ausgeschlossen sein.[2]

3 **2. Entstehungsgeschichte.** Die Vorschrift entspricht dem bisherigen § 6 LUIG.[3]

---

1 Landmann/Rohmer/Schiller/Reidt UIG § 13 Rn 18.
2 Zum Bundesrecht: Fluck/Theuer UIG § 13 Rn 26; Landmann/Rohmer/Schiller/Reidt UIG § 13 Rn 15.
3 LReg LT-Drs. 15/5487, 90.

3. Normzweck. Ergänzend zur Klage der antragstellenden Person (§ 32 UVwG) auf Zugang zu Umweltinformationen nach § 24 Abs. 1 S. 1 UVwG gegenüber privaten informationspflichtigen Stellen besteht nach § 34 UVwG eine staatliche Überwachung. Dabei legt Abs. 1 die Zuständigkeit der Überwachungsbehörden fest, welche davon abweichend vom Umweltministerium nach Abs. 4 übertragen werden kann. Abs. 2 und 3 enthalten die für die Überwachung notwendigen Befugnisse. 4

4. Vergleichbare Regelungen des Bundes oder anderer Bundesländer. § 13 UIG; Art. 13 BayUIG, § 4 BbgUIG, § 6 BremUIG; § 1 Abs. 2 HmbUIG iVm § 13 UIG; § 7 LUIG M-V; § 20 LTranspG RP, § 12 SUIG; in der anderen Hälfte der Bundesländer war eine entsprechende Regelung nicht ersichtlich. 5

II. Überwachungszuständigkeit (Abs. 1 und 4)

Nach Abs. 1 sind für die Überwachung von privaten informationspflichtigen Stellen iSd § 23 Abs. 1 Nr. 2 UVwG (s. UVwG § 23 Rn 11 ff) die Stellen zuständig, welche auch die Kontrolle nach § 23 Abs. 2 UVwG ausüben (s. UVwG § 23 Rn 15 ff). Damit wird nur eine Aufgabezuständigkeit aber keine Befugnis normiert.[4] Bei der Formulierung des Abs. 1 ist offen, ob die Ausübung dieser Kontrolle verpflichtend iSd Legalitätsprinzips ist[5] oder lediglich im pflichtgemäßen Ermessen der Behörde steht.[6] Für die Geltung des Opportunitätsprinzips spricht insb. die Formulierung des Abs. 3 (s.u. Rn 11).[7] 6

Von diesem Gleichlauf von Kontrollzuständigkeit nach § 23 Abs. 2 UVwG und Überwachungszuständigkeit nach § 34 Abs. 1 und 3 UVwG kann das Umweltministerium durch Übertragung der Überwachungszuständigkeit mittels einer Rechtsverordnung nach Abs. 4 abweichen. Nicht ersichtlich ist, warum die Übertragungsmöglichkeit nach dem Wortlaut – anders als in der Vorgängervorschrift in § 6 Abs. 4 LUIG und der Bundesregelung in § 13 Abs. 4 UIG – nicht auch auf § 34 Abs. 2 UVwG erstreckt wurde. Bislang ist eine Zuständigkeitsübertragung nicht ersichtlich. 7

III. Herausgabepflicht (Abs. 2)

Nach Abs. 2 haben die informationspflichtigen Stellen iSv § 23 Abs. 1 Nr. 2 UVwG den zuständigen Stellen auf Verlangen alle Informationen herauszugeben, die diese Stellen zur Wahrnehmung ihrer Aufgaben nach Abs. 1 benötigen. Die von Abs. 2 erfassten Informationen reichen weiter als Umweltinformationen iSd § 23 Abs. 3 UVwG.[8] Erfasst sind vielmehr alle Informationen, die sich auf einen dem UVwG unterfallenden Vorgang bezie- 8

4 IdS zum Bundesrecht Landmann/Rohmer/Schiller/Reidt UIG § 13 Rn 3.
5 IdS aber: Landmann/Rohmer/Schiller/Reidt UIG § 13 Rn 4 zum Bundesrecht; Palme LUIG § 6 Erl. 2.1 zum LUIG aF.
6 BeckOK InfoMedienR/Karg UIG § 13 Rn 5 zum Bundesrecht.
7 BeckOK InfoMedienR/Karg UIG § 13 Rn 5 zum Bundesrecht.
8 Zum Bundesrecht: BeckOK InfoMedienR/Karg UIG § 13 Rn 7; Landmann/Rohmer/Schiller/Reidt UIG § 13 Rn 8.

hen.[9] Warum vereinzelt der Behörde über den konkreten Umfang der Herausgabe von Informationen eine weite Einschätzungsprärogative zugebilligt wird,[10] ist nicht offensichtlich.

9 Gegen eine Herausgabepflicht kann sich eine private informationspflichtige Stelle zwar nicht auf den Schutz sonstiger Belange entsprechend § 29 UVwG, aber ggf auf eine Abwägung mit ihren grundrechtlich geschützten Belangen (insb. Betriebs- und Geschäftsgeheimnissen) berufen.[11]

10 Wird die Herausgabepflicht nicht erfüllt, können Maßnahmen und Anordnungen nach Abs. 3 getroffen werden (s. nächste Rn).

IV. Befugnisse (Abs. 3)

11 Die zuständigen Stellen (s. oben Rn 6 f) können gegenüber den informationspflichtigen Stellen iSv § 23 Abs. 1 Nr. 2 UVwG die zur Einhaltung und Durchführung des UVwG erforderlichen Maßnahmen ergreifen oder Anordnungen erlassen. Problematisch ist, ob und ggf wie die Begriffe Maßnahmen und Anordnungen voneinander abgrenzbar sind.[12] Jedenfalls ermöglicht Abs. 3 den Erlass von Verwaltungsakten.[13] Dabei hat die Überwachungsbehörde ein Auswahlermessen.[14] In Betracht kommt zB die Anordnung, die nötigen Informationen zusammenzustellen, sie der antragstellenden Person zugänglich zu machen oder bei genereller Weigerung der privaten Stelle, den Vorgang zu bearbeiten.[15] Eine Pflicht zur Beschaffung von Informationen kann aufgegeben werden, wenn für die private Stelle eine andere Person die Daten iSd § 23 Abs. 4 UVwG bereithält und die private Stelle sich weigert, von ihrem Übermittlungsanspruch nach § 23 Abs. 4 S. 2 UVwG Gebrauch zu machen; im Übrigen besteht ein Informationsbeschaffungsanspruch nach UVwG nicht und kann damit auch nicht nach Abs. 3 durchgesetzt werden.[16]

V. Konkurrenzen

12 Die Überwachung nach § 34 UVwG bezieht sich nur auf das Umweltinformationsrecht und ist von der Kontrolle nach § 23 Abs. 2 UVwG (s. dort Rn 15 ff) über die private informationspflichtige Stelle aufgrund des jeweiligen fachlichen Verhältnisses (etwa im Gesellschaftsvertrag) zu trennen.[17] Diese Möglichkeiten stehen gleichrangig nebeneinander.[18]

9 Landmann/Rohmer/Schiller/Reidt UIG § 13 Rn 8 zum Bundesrecht.
10 BeckOK InfoMedienR/Karg UIG § 13 Rn 7 zum Bundesrecht.
11 Fluck/Theuer UIG § 13 Rn 26 zum Bundesrecht.
12 Dazu Landmann/Rohmer/Schiller/Reidt UIG § 13 Rn 12 ff zum Bundesrecht.
13 Zum Bundesrecht: BeckOK InfoMedienR/Karg UIG § 13 Rn 8; Fluck/Theuer UIG § 13 Rn 41; Schomerus 2010, 137; zum LUIG aF Palme LUIG § 6 Erl. 2.2.
14 Zum Bundesrecht: Landmann/Rohmer/Schiller/Reidt UIG § 13 Rn 15; Schomerus 2010, 137.
15 Palme LUIG § 6 Erl. 2.1 zum LUIG aF.
16 Palme LUIG § 6 Erl. 2.2 zum LUIG aF.
17 Schomerus 2010, 137 zum Bundesrecht.
18 Landmann/Rohmer/Schiller/Reidt UIG § 13 Rn 10 zum Bundesrecht; dagegen wohl von einer Subsidiarität ausgehend Palme LUIG § 6 Erl. 2.2 zum LUIG aF.

VI. Kosten

13 Eine spezielle Kostenregelung im Zusammenhang mit der Überwachung nach § 34 UVwG ist nicht ersichtlich.

VII. Rechtsschutz

14 Gegen die Maßnahmen und Anordnungen nach Abs. 3 ist den privaten informationspflichtigen Stellen der Verwaltungsrechtsweg eröffnet.[19]

15 Eine Klage einer antragstellenden Person gegen die zuständige Stelle nach § 34 Abs. 1 UVwG ist nach § 32 Abs. 3 S. 3 UVwG (s. dort Rn 19) ausgeschlossen. Teils wird dieser Ausschluss eng interpretiert: Eine Klage mit dem Ziel, die Behörde solle auf die private informationspflichtige Stelle einwirken, den beantragten Informationszugang zu gewähren, sei ausgeschlossen, aber eine klageweise Durchsetzung eines Anspruchs auf ermessensfehlerfrei Entscheidung über ein Tätigwerden sei möglich.[20]

§ 35 UVwG Ordnungswidrigkeit

(1) Ordnungswidrig handelt, wer vorsätzlich oder fahrlässig einer vollziehbaren Anordnung nach § 34 Absatz 3 zuwiderhandelt.

(2) Die Ordnungswidrigkeit nach Absatz 1 kann mit einer Geldbuße bis zu 10 000 Euro geahndet werden.

I. Allgemeines

1 **1. Europa- und verfassungsrechtliche Vorgaben.** Auch wenn die §§ 24 ff UVwG der Umsetzung von Unionsrecht dienen (dazu UVwG § 24 Rn 1), ist jedoch eine **Sanktionierung** von Verstößen gegen das Umweltinformationsrecht nicht vom Unionsrecht vorgegeben.[1]

2 Art. 103 Abs. 2 GG enthält ein **besonderes Bestimmtheitsgebot**, wonach der Gesetzgeber verpflichtet ist, die Voraussetzungen der Strafbarkeit oder Bußgeldbewehrung so konkret zu umschreiben, dass Anwendungsbereich und Tragweite der Straf- oder Ordnungswidrigkeitentatbestände zu erken-

---

19 Dazu zum Bundesrecht: BeckOK InfoMedienR/Karg UIG § 13 Rn 8; Landmann/Rohmer/Schiller/Reidt UIG Rn 16.
20 So Landmann/Rohmer/Schiller/Reidt UIG § 13 Rn 17 zum Bundesrecht.
1 Landmann/Rohmer/Schiller/Reidt UIG § 14 Rn 1.

nen sind und sich durch Auslegung ermitteln lassen.[2] Diesen Anforderungen wird § 35 iVm § 34 Abs. 3 UVwG gerecht.

3 **2. Entstehungsgeschichte.** Das UVwG wurde verkündet als Art. 1 des Gesetzes zur Vereinheitlichung des Umweltverwaltungsrechts und zur Stärkung der Bürger- und Öffentlichkeitsbeteiligung im Umweltbereich vom 25.11.2014 (GBl. S. 592) und trat am 1.1.2015 in Kraft. Gleichzeitig trat das Landesumweltinformationsgesetz (LUIG) vom 7.3.2006 (GBl. S. 50) außer Kraft. Die Vorschrift entspricht dem bisherigen § 7 LUIG.[3]

4 **3. Normzweck.** Die Norm bezweckt, bei Nichtbeachtung der vollziehbaren Anordnungen nach § 34 Abs. 3 UVwG neben dem Verwaltungszwang zur Durchsetzung nicht zu vertretender Handlungen auch die Möglichkeit zur Ahndung als Ordnungswidrigkeit zu haben.[4] Dabei kann auf die Regelungen des allg. Ordnungswidrigkeitenrechts zurückgegriffen werden.[5]

5 **4. Vergleichbare Regelungen des Bundes oder anderer Bundesländer.** § 14 UIG; § 5 BbgUIG, § 1 Abs. 2 BremUIG iVm § 14 UIG, § 1 Abs. 2 HmbUIG iVm § 14 UIG, § 8 LUIG M-V, § 21 LTranspG RP, § 13 SUIG; in den meisten Bundesländern war eine vergleichbare Regelung nicht ersichtlich.

II. Ordnungswidrigkeitentatbestand (Abs. 1)

6 Voraussetzung für die Verwirklichung des Ordnungswidrigkeitentatbestands des Abs. 1 ist das Vorliegen einer **vollziehbaren Anordnung.** Diese ist nach § 2 LVwVG gegeben, wenn die Anordnung unanfechtbar geworden ist (Ablauf der Rechtsbehelfsfristen oder kein weiterer Rechtsbehelf) oder wenn die aufschiebende Wirkung eines Rechtsbehelfs – insb. wegen Anordnung des Sofortvollzugs nach § 80 Abs. 2 Nr. 4 VwGO – entfällt.[6] Aus § 13 Abs. 2 OWiG ergibt sich, dass der Versuch nicht geahndet werden kann.

7 **Adressat** der Anordnung nach § 34 Abs. 3 UVwG ist idR eine juristische Person, während das OWiG primär auf natürliche Personen ausgerichtet ist, so dass die Verhängung eines Bußgeldes gegenüber den Leitungspersonen problematisch ist, wenn diesen der Nichtvollzug der Anordnung nicht persönlich vorgeworfen werden kann, zB wegen Neubesetzung der Stelle.[7] Deshalb ist idR die Möglichkeit der Festsetzung der Geldbuße im selbständigen Verfahren nach § 30 Abs. 4 OWiG zu prüfen.[8]

8 **Vorsatz** liegt vor, wenn mit Wissen und Wollen gegen die Anordnung der Aufsichtsbehörde verstoßen wird.[9]

---

2 ZB BVerfG, Beschl. der 3. Kammer des Ersten Senats, 17.11.2009, 1 BvR 2717/08, Rn 16.
3 LReg LT-Drs. 15/5487, 90.
4 Zum Bundesrecht: BeckOK InfoMedienR/Karg UIG § 14 Rn 3; Landmann/Rohmer/Schiller/Reidt UIG § 14 Rn 4.
5 Palme LUIG § 7 zur Vorgängerregelung.
6 Palme LUIG § 7 zum LUIG aF.
7 BeckOK InfoMedienR/Karg UIG § 14 Rn 4 zum Bundesrecht.
8 BeckOK InfoMedienR/Karg UIG § 14 Rn 4 zum Bundesrecht.
9 Landmann/Rohmer/Schiller/Reidt UIG § 14 Rn 3.

Fahrlässigkeit setzt – grob gesagt – voraus, dass die Täterin oder der Täter objektiv die im Verkehr erforderliche Sorgfalt außer Acht lässt (objektive Sorgfaltspflichtverletzung) und dass sie oder er nach den persönlichen Kenntnissen und Fähigkeiten in der Lage ist, die Sorgfaltspflicht zu erfüllen (subjektive Sorgfaltspflichtverletzung).[10] 9

III. Bußgeldhöhe (Abs. 2)

Abs. 2 legt die Höhe für die Geldbuße auf 10.000 Euro fest. Daneben sind die allg. Regelungen in § 17 Abs. 2 bis 4 OWiG zu beachten.[11] 10

IV. Rechtsschutz

Gegen einen Bußgeldbescheid der zuständigen Verwaltungsbehörde (vgl §§ 35 Abs. 2, 65 OWiG) kann dort innerhalb von zwei Wochen nach Zustellung Einspruch eingelegt werden (vgl §§ 67 ff OWiG). Über den Einspruch entscheidet nach § 68 Abs. 1 S. 1 OWiG das Amtsgericht, in dessen Bezirk die erlassende Behörde ihren Sitz hat. 11

10 Dazu zB Noak zjs-online 2012, 175, 181 mN.
11 Zum Bundesrecht: BeckOK InfoMedienR/Karg UIG § 14 Rn 5; Landmann/Rohmer/Schiller/Reidt UIG § 14 Rn 5.

Stichwortverzeichnis

Fette Zahlen bezeichnen die Paragraphen, magere die Randnummern.

FSC
www.fsc.org
MIX
Papier | Fördert
gute Waldnutzung
FSC® C083411

Kolibri 360 GmbH
Ferdinand-Jühlke-Straße 7
99095 Erfurt, Deutschland
produktsicherheit@kolibri360.de